国家哲学社会科学成果文库

NATIONAL ACHIEVEMENTS LIBRARY OF PHILOSOPHY AND SOCIAL SCIENCES

中国共产党文化抗战史
（1931—1945）

王继平　著

学习出版社

图书在版编目（CIP）数据

中国共产党文化抗战史：1931-1945 / 王继平著． -- 北京：学习出版社，2023.8（2024.9 重印）

（国家哲学社会科学成果文库）

ISBN 978-7-5147-1218-6

Ⅰ．①中… Ⅱ．①王… Ⅲ．①中国共产党－抗日战争－文化史－研究－1931-1945 Ⅳ．①K265.103

中国国家版本馆 CIP 数据核字（2023）第 123173 号

中国共产党文化抗战史（1931—1945）

ZHONGGUO GONGCHANDANG WENHUA KANGZHANSHI (1931—1945)

王继平　著

责任编辑：李　岩

技术编辑：刘　硕

封面设计：杨　洪

出版发行：学习出版社

北京市崇外大街11号新成文化大厦B座11层（100062）

010-66063020　010-66061634　010-66061646

网　　址：http://www.xuexiph.cn

经　　销：新华书店

印　　刷：北京中科印刷有限公司

开　　本：710毫米×1000毫米　1/16

印　　张：50.5

字　　数：667千字

版次印次：2023年8月第1版　2024年9月第3次印刷

书　　号：ISBN 978-7-5147-1218-6

定　　价：168.00元

《国家哲学社会科学成果文库》
出版说明

为充分发挥哲学社会科学优秀成果和优秀人才的示范引领作用，促进我国哲学社会科学繁荣发展，全国哲学社会科学工作领导小组自2010年始，设立《国家哲学社会科学成果文库》。入选成果经同行专家严格评审，反映新时代中国特色社会主义理论和实践创新，代表当前相关学科领域前沿水平。按照“统一标识、统一风格、统一版式、统一标准”的总体要求组织出版。

全国哲学社会科学工作办公室

2023年3月

目　录

CONTENTS

绪 论

1931 年 9 月 18 日，日本关东军指使铁道“守备队”炸毁沈阳柳条湖附近日本修筑的南满铁路路轨，并栽赃嫁祸于中国军队，以此为借口，炮轰沈阳北大营，是为九一八事变，东北军将士面对日本的侵略，自发地进行了抵抗，从此开启了中华民族长达 14 年的抗日战争。

作为抗战中流砥柱的中国共产党，面对日本帝国主义的侵略，发出了抗战的号召。1931 年 9 月 20 日，中国共产党中央委员会发表《中国共产党为日本帝国主义强暴占领东三省事件宣言》，号召：“全中国工农兵士劳苦民众必须在反对第二次世界大战，推翻帝国主义统治，争取中国民族解放的利益之下实行坚决的斗争，一致反对日本强暴占领东三省，实行变帝国主义压迫中国的战争，为拥护苏维埃中国反帝国主义反国民党的革命战争，以解放中国。”[1]1935 年 8 月 1 日，正在长征途中的中国共产党，以中国共产党中央委员会和中华苏维埃政府的名义，发出《为抗日救国告全体同胞书》，提出“抗日救国十大纲领”，号召全国同胞：“为祖国生命而战！为民族生存而战！为国家独立而战！为领土完整而战！为人权自由而战！”号召建立抗日民族统一战线，团结抗战。

抗日战争是一场全面的抗战。它汇集了全民族的力量，在军事、政治、经济、文化等各个领域、各个方面展开了对日本帝国主义的殊死抵抗，并最终获得伟大的胜利。而文化领域的抗战，乃是中国共产党领导的全民族文化

1 中共中央文献研究室、中央档案馆编：《建党以来重要文献选编（一九二一——一九四九）》，第 8 册，中央文献出版社 2011 年版，第 549 页。

精英和进步人士以及全体中国人民共同奋斗的过程，是中华民族伟大抗日战争的一部分，对中华民族精神的凝聚起到了巨大的作用，为中华民族文化的复兴和发展谱写了辉煌篇章。

一、问题的提出：概念与范畴

毛泽东在《论持久战》中指出："长期而又广大的抗日战争，是军事、政治、经济、文化各方面犬牙交错的战争，这是历史上的奇观，中华民族的壮举，惊天动地的伟业。"毛泽东的论述，阐明了抗日战争也是一场文化的战争，即文化领域在抗战中具有重要的作用和地位。长期以来，学术界关于文化领域的抗战的研究一直在抗战文化和抗战文化运动的范式下进行。近年来，有学者开始从文化抗战的视角审视文化领域的抗战。因此，有必要厘清抗战文化、抗战文化运动、文化抗战这三个概念及范畴，进而明晰中国共产党领导的文化抗战所创造的"历史上的奇观，中华民族的壮举，惊天动地的伟业"。

（一）文化抗战与抗战文化、抗战文化运动

文化领域的抗战，是中华民族伟大抗战的重要组成部分。抗战初期，文化界人士即论述了文化与抗战的关系。南迁四川后出任四川大学文学院院长的朱光潜先生，入川不久，便提出了文化与抗战关系的问题。朱光潜在《在四川大学总理纪念周会的讲演》和《国难期中我们应有的自信与自省》两篇演讲中提出了文化与抗战关系的思想："救国之道，不只是在注意物质方面，就可以了事的，还要特别注意精神方面旳修养。在战争中交战两国所相互抗衡的不仅是枪炮，尤其是民族文化与民族精神。"[1]罗家伦在1939年出版

1《朱光潜全集》第8卷，安徽教育出版社1993年版，第568页。

了《抗战与文化》一书，提出了抗战的国力与文化的整体性问题，指出："近代的战争……不是单纯的武力战争，而是文化的战争。要看一国的胜败，不只是看他兵力的强弱，而且要看他国内文化水准的高下。"1941 年 8 月，国民党中央宣传部印行文化运动丛书，其中有《抗战四年来的文化运动》，陈立夫在《文化之战》一文中说："一民族文化之估价，往往因其经历有生死存续之大战而确定，因为文化的力量，有时需在战争中才能表现出来，而同时军事力量胜败的最终决定因素，还是文化而不是暴力。某一民族之文化具有特种优点，亦即必为其制胜之道。"[1] 以毛泽东同志为主要代表的中国共产党人，也同样认识到文化与抗战的关系，九一八事变以后，1931—1932 年中国共产党发布的《中国共产党为日本帝国主义强暴占领东三省事件宣言》《关于日本帝国主义强占满洲事变的决议》《为日本帝国主义强占东三省第二次宣言》等文件，是中国共产党动员和号召全国民众以民族革命战争来争取民族解放与独立的宣言，也是中国共产党担当抗日救亡领导责任的宣言，同时也开启了中国共产党文化抗战的序幕。在《关于日本帝国主义强占满洲事变的决议》中，中国共产党号召："组织各色各种的反对帝国主义的公开组织，或者参加一切已经存在的反帝组织而夺取它们的领导。经过这些组织正确实行反帝运动中的下层统一战线，和吸收广大的小资产阶级的阶层参加争斗。在各大城市中公开的出版群众的反帝日报，抓住国内的重要工厂——尤其日本工厂进行组织反日的罢工、示威。同时各地党部团部也应该注意学生中的工作，使一部贫苦学生群众离开民族主义武断宣传的影响而作坚决革命争斗。"[2] 中央红军到达陕北以后，鉴于国际国内形势的变化，特别是社会主要矛盾的变化，中华民族与日本帝国主义的矛盾逐渐上升为主要矛盾。为了

1 陈立夫：《文化之战》，《抗战四年来的文化运动》下集，正中书局 1941 年版，第 1 页。

2 中共中央文献研究室、中央档案馆编：《建党以来重要文献选编（一九二一—一九四九）》第 8 册，中央文献出版社 2011 年版，第 568 页。

动员全国人力、财力、物力反对日本帝国主义，1935 年 12 月中共中央在瓦窑堡召开政治局扩大会议，确立了抗日民族统一战线方针。从此，中国共产党在文化战线上积极转变策略，开始由苏区工农民主文化向抗日民主文化转变，并结合抗日战争的特殊形势，阐述了有关抗战文化的意义、抗战文化队伍的建设、抗战文化的任务以及如何开展抗战文化运动等一系列主张，逐步形成了独具特色的抗战文化思想体系。[1] 毛泽东明确提出了文化战线的抗日斗争问题："在我们为中国人民解放的斗争中，有各种的战线，其中也可以说有文武两个战线，这就是文化战线与军事战线。我们要战胜敌人，首先要依靠手里拿枪的军队，但是仅仅有这种军队是不够的，我们还要有文化的军队，这是团结自己、战胜敌人必不可少的一支军队。"[2] 可见，抗战初期，社会各界人士，尤其是文化界人士就深刻认识到文化与抗战的关系，认识到文化领域抗战的重要作用，但没有使用"文化抗战"一词。

关于"文化抗战"和"抗战文化"的表述，最早提出这两个概念的是马克思主义史学家沈志远先生。他在《半月》第 1 期（1937 年 9 月 17 日）发表了《文化的抗战与抗战的文化》一文，指出"文化抗战是全民抗战中的一面，而且是极重要的一面"。所谓文化抗战，主要是指"意识的上层建筑而言：政治觉悟、思想、学术、文艺、戏剧、教育、新闻、出版等等方面"。因此，"所谓文化抗战，就是这种种方面动员起来以加强和推进全民抗战的阵势，它须跟军事、政治、经济、外交各方面的抗战紧密地配合起来，以促成真正的最后胜利"。[3]

沈志远先生对文化抗战的内容也进行了概括，他认为：文化抗战有四个重要的环节或四个方面工作：文化抗战"有决定意义的一环，是唤起民众，

1 朱汉国、李小尉：《略论中国共产党的抗战文化思想》，《北京师范大学学报》2005 年第 4 期。

2《毛泽东选集》第 3 卷，人民出版社 1991 年版，第 847 页。

3 叶波澄：《抗战言论集》第 1 辑，汉口现代出版社 1937 年版，第 281 页。

启发民众的政治觉悟”，[1]“万分急迫地需要积极提高大众的文化水准——首先是启发大众的政治意识，使他们不但立即认识国家和民族的意念，而且须理解此次抵抗日本侵略的意义和自己的责任”；[2]“文化抗战中的另一重要环节，是思想的抗战”，即要批判“唯武器论”“等待主义”“失败主义”“唯军事论”以及“左倾的高调主义和阿Q主义”等错误思想，“创造思想统一的阵容，实行抗战时期大众的思想武装”；[3]“文化抗战的第三个重要的环节是教育的抗战和抗战的教育”，即在学校教育中加强“抗敌救亡教育”、“普遍实施抗敌救亡的政治训练”、修订教科书，增强学生的民族意识，实行抗战的社会教育；[4]“新闻的抗战也是文化抗战之重要的一环”，“报纸应当号召推动组织和指导民众的抗敌救亡运动”。[5]“我们文化人，在这个全面抗战的时期中，应该动员全部力量，拿抗战的文化以实行文化的抗战。”[6]

郭沫若先生于1941年8月发表了《四年来之文化抗战与抗战文化》一文，对抗战4年来文化抗战的状况和抗战文化的成果进行了总结。[7]从郭沫若文中对文化抗战两个时期的叙述来看，他所指的文化抗战与抗战文化，其含义与沈志远先生的表述是一致的。郭文中的文化抗战包括：第一，在思想上，严厉地打击了“投降”理论如“唯武器论”“三月亡国论”等，提高了

---

1 沈志远：《文化的抗战与抗战的文化》，《半月》第1期（1937年9月17日），载叶波澄：《抗战言论集》第1辑，汉口现代出版社1937年11月再版，第282页。

2 沈志远：《文化的抗战与抗战的文化》，《半月》第1期（1937年9月17日），载叶波澄：《抗战言论集》第1辑，汉口现代出版社1937年11月再版，第284页。

3 沈志远：《文化的抗战与抗战的文化》，《半月》第1期（1937年9月17日），载叶波澄：《抗战言论集》第1辑，汉口现代出版社1937年11月再版，第285页。

4 沈志远：《文化的抗战与抗战的文化》，《半月》第1期（1937年9月17日），载叶波澄：《抗战言论集》第1辑，汉口现代出版社1937年11月再版，第285—286页。

5 沈志远：《文化的抗战与抗战的文化》，《半月》第1期（1937年9月17日），载叶波澄：《抗战言论集》第1辑，汉口现代出版社1937年11月再版，第285—286页。

6 沈志远：《文化的抗战与抗战的文化》，《半月》第1期（1937年9月17日），载叶波澄：《抗战言论集》第1辑，汉口现代出版社1937年11月再版，第287页。

7 郭沫若：《四年来之文化抗战与抗战文化》，《郭沫若在重庆》，青海人民出版社1982年版，第309—310页。

自己民族的自尊心并坚定了对抗战胜利的自信心。第二，文化界各部门都直接动员起来，大部分文化工作者都离开了大都市，一批又一批的文艺工作者、新闻记者涌上了前线；工作队、宣传队、漫画队、孩子剧团、慰劳队、服务团等，一队复一队地走向军队，走向农村。兵营、战壕、广场、田野都成了课堂，抗战话剧、抗战电影、救亡歌曲，成了武装同志与人民大众生活的一部分。补习教育与识字运动也成为一时的潮流。文化运动得到了广泛的发展，普遍提高了全国人民大众的文化水准与政治水准。第三，各种杂志、小册子、通俗读物等大量出版，阐发了抗战建国必胜必成及可能遇到的各种困难与障碍的理论。同时，各地小城市的小型报纸也广泛发行，壁报贴满了街头与乡村，书报供应社、文化服务社等更努力于报章杂志的流通与输送，大大地提高了一般民众对抗日战争的意义与任务的了解和认识。第四，重要文化物的迁移珍藏，如文物、教育机构（高校）的迁移。[1]在对第二个时期（徐州会战以来）文化抗战的内容叙述来看，也是指思想上（国民精神总动员和反汪锄奸）、学术上与一般文化水准上、文化工作者的抗战活动上、军队政治工作部门的建立、对敌工作的普遍建立与猛进（主要是指对敌宣传、策反）、文化机关的抗战活动。由此可知，郭沫若所说的文化抗战，是指文化机关、文化组织、文化人士运用各自的文化武器（形式）如文学、艺术、新闻、出版、科学研究等，在思想上、文化上进行的反对日本帝国主义的文化侵略的活动以及配合军事、政治方面的抗日斗争文化运动。

关于抗战文化，郭沫若的《四年来之文化抗战与抗战文化》在回顾了4年来的文化抗战以后，列举了“文化抗战的战绩”，即“文艺作家对于敌人惨绝人寰的种种残暴兽行的揭露，对于抗战将士们英勇杀敌的种种可歌可泣故事的宣扬，对于各方面艰苦奋斗努力抗战建国的种种情形的描写；新闻工

1 郭沫若：《四年来之文化抗战与抗战文化》，《郭沫若在重庆》，青海人民出版社1982年版，第309—310页。

作者出入枪林弹雨采集前方战报向国内外报道，同时还在前后方创立了与支持了大型小型的全国性的、地方性的报纸，尽力于抗战的政治与督励；社会科学家勤奋地从事于革命理论与实际问题的研究与讨论，使国人对抗建事业有日益深刻的认识与了解，而且经常地对于妥协、投降、分裂、倒退等敌寇汉奸的有害言论作毫不放松的斗争，自然科学家埋头研究，从抗建资源的考察与技术的探讨；教育家以及一般文化工作者努力于文盲的扫除，广泛的宣传与鼓动，普教方法的改进，专门人才的培养，工作干部的训练，文化娱乐的设施；出版界在极其困苦的条件下，亦曾不稍懈地努力全国文化食粮的产出与供给——所有这一切，我们的文化战士们，四年来种种支持抗战帮助建国的业绩，是书不胜书的四年来的文化抗战的阵容，和我们整个抗战阵容一样，确是愈战愈强了；四年来文化抗战的战绩，确实增加了我们无限自信。”[1]可见，郭沫若所说“文化抗战的战绩”也就是所谓的“抗战文化”。

自沈志远先生提出“文化抗战”“抗战文化”概念以来，学术界一直没有对此进行界定。2013 年陈艳辉在其博士学位论文《湖南〈力报〉（1936—1945）研究——基于文化抗战视角的考察》一文中，从郭沫若“文化抗战”概念的考察入手，将“文化抗战”内涵界定为抗战时期各文化机关、组织或文化人以各种文化形式唤起民众、凝聚民族抗战精神以支持军事斗争进而达到抗战胜利，外延包括文学、教育、新闻出版、戏剧、电影、音乐、漫画及其他一切文化形式。[2]这是目前学术界对“文化抗战”所做的比较全面的一个界定，但她将思想战、宣传战、舆论战、心理战排除在“文化抗战”内涵之外是值得商榷的。在其他有关文化抗战的著作中，如《历史不能忘记系列——文化抗战》《中国东北角之文化抗战：1895—1945》《文化抗战珍档》

1 郭沫若：《四年来之文化抗战与抗战文化》，《郭沫若在重庆》，青海人民出版社 1982 年版，第 323—324 页。

2 陈艳辉：《湖南〈力报〉（1936—1945）研究——基于文化抗战视角的考察》，湖南人民出版社 2014 年版，第 18 页。

《文化抗战：抗日战争期间先进军事文化探源》等等，都只是叙述了具体文化的领域、部门、地区的抗战活动，如歌曲、诗人与诗作、电影、延安文艺座谈会、上海“孤岛”、桂林“文化城”、重庆、海外、教育、媒体、文化设施、文艺等的抗战活动。

目前学术界虽然对抗战文化研究取得很大成绩，但对抗战文化的概念也存在不同的意见。有学者认为，所谓抗战文化，是指20世纪三四十年代一切为抗战服务和于抗战有利的文化，它不是广义的文化，而是狭义的文化，不是指物质文化而是指精神文化，即作为哲学上层建筑重要组成部分的意识形态的文化，主要是指文学、艺术、新闻、出版、思想、理论、教育、社会科学等内容。[1]还有的学者认为，抗战文化是指20世纪三四十年代一切为抗日战争服务和有利于抗战的文化。它“是一种以民族大义为前提，以多元政治为基础，以多种形式表现出来的文化，它既反映了中华民族、中华大地所经历的一场沉重的历史劫难，又铸就了一个英雄民族不屈不挠的伟大灵魂”。[2]还有的学者将抗战文化与抗战文化运动联系起来考察，提出了抗战文化运动的概念。高向远认为，抗战文化运动“是指抗日战争时期中国文化工作者用文学、戏剧、电影、音乐、美术、新闻及出版等形式，以反映抗战生活，促成抗战胜利为目的而进行的轰轰烈烈、丰富多彩的文化活动”。[3]抗战文化运动是抗日战争时期中国文化发展的主流和方向，它密切地配合着中国人民在政治战线和军事战线的抗日斗争，为全民族抗战的进行和争取抗战的最后胜利产生了巨大的积极作用和影响。”[4]文天行认为：“抗战文化运动是反

1 唐正芒：《近十年抗战文化研究述评》，《湘潭大学学报（社会科学版）》2007年第4期。

2 范松：《试论抗战文化遗产的定义分析及其他》，《贵州社会科学》2010年第8期。

3 高向远：《论抗战文化运动在抗日战争中的地位和作用》，《陕西师范大学学报（哲学社会科学版）》1997年第3期。

4 高向远：《论抗战文化运动在抗日战争中的地位和作用》，《陕西师范大学学报（哲学社会科学版）》1997年第3期。

对日本帝国主义侵略的民族文化运动……以政治为基础、以群众为对象、以批判为武器，随时变而涌动”。[1]张文认为，抗战文化运动可以界定为：20世纪三四十年代，中华民族在文化阵线上为反抗日本帝国主义的侵略战争而兴起并发展起来的具有鲜明特色的民族文化运动。[2]

也有的学者在具体论述抗战文化的论著中加以定义。如王福琨主编的《中国共产党在桂林抗战文化形成和发展中的作用》一书中，在“绪论”中对桂林抗战文化的概念作了定义：“桂林抗战文化中的‘文化’有广义和狭义之分。广义文化，是社会发展到一定阶段的意识形态，它包括许多狭义的、不同表现形式的文化。而狭义文化，仅指文学艺术形式，是广义文化的一个组成部分。”“为了叙述上的方便，且将广义文化称为大文化，将狭义文化称为小文化。大、小文化内容，既有区别，又有联系：（1）大文化涵盖着许多形式的小文化。（2）大文化，尤其是共产主义文化思想是小文化的理论基础，并决定着小文化的发展方向。因此，我们谈论桂林文化城的文艺，就不能不谈其与广义文化，尤其是共产主义文化思想的联系。而共产主义文化思想和抗日文化，毛泽东在《新民主主义论》中指出：‘所谓新民主主义的文化，就是人民大众反帝反封建的文化；在今日，就是抗日统一战线的文化。这种文化，只能由无产阶级的文化思想即共产主义思想去领导，任何别的阶级的文化思想都是不能领导了的。’桂林文化城的文化，正是属于毛泽东指出的‘今日’的‘抗日统一战线的文化’。”[3]中共保山市委党史地方志工作委员会编著的《保山掌故》对滇西抗战文化也有一个界定：“‘滇西抗战文化’的概念是近年来随着研究的深入形成的。其核心是战争中中国军民表现的爱国主义精神。作为文化形态，它的载件还包括：（1）至今遗留在滇

1 文天行：《抗战文化运动的基本特征》，《中华文化论坛》2015年第7期。

2 张文：《桂林抗战文化及其当代价值研究》，山东大学2018年博士学位论文。

3 王福琨主编：《中国共产党在桂林抗战文化形成和发展中的作用》，广西人民出版社2007年版，第1—2页。

西地区的各种珍贵的战时文献、照片、实物、遗址、墓葬陵园、纪念设施、专题展室等。这些史料和遗迹是侵略和反侵略的铁证，是感召和激励后人庄敬自强的直观教材和文化旅游资源。（2）多年来，有关滇西抗战研究的学术成果，相关论著至少有数百万字。（3）取材于滇西抗战的各类作品，如文学作品、画册、音像制品、舞台节目、影视产品等。”[1]

从以上学术界关于文化抗战与抗战文化概念的表述来看，抗战文化与文化抗战概念界定还是不够清晰的。厘清这一概念，首先必须明了文化的概念。文化的概念是学术界至今众说纷纭、分歧颇大的问题。[2]但学术界一般都认同文化有广义与狭义之分。广义的文化“是社会和人在历史上一定的发展水平，它表现为人们进行生活和活动的种种类型和形式，以及人们所创造的物质和精神财富”；狭义的文化则指“人们的精神生活领域”。[3]目前学术界在讨论文化问题时，一般都使用狭义的文化概念，以区别于文明的概念。本课题负责人也倾向于从观念形态的角度来定义文化，即文化是人类在一定的物质生产条件下，在一定的历史时期和一定的区域内创造的反映一定民族特点的精神成果的总和。这些成果包括理论思维的成果，即知识系统和社会心理与民族精神系统。也即思想理论、科学技术、哲学宗教、思维方式、文学艺术、道德规范、风俗习惯、社会心理状态、生活方式、价值观念和民族精神等等。[4]从本质上来说，“一定的文化是一定社会的政治和经济在观念形

1 中共保山市委党史地方志工作委员会编著：《保山掌故》，云南民族出版社 2007 年版，第 194 页。

2 据统计，到目前为止，国内外学者从不同的理论前提，不同的学科角度给文化下的定义多达 260 多种（一说 170 多种）。

3《苏联大百科全书》。《大英百科全书》将文化概念分为两类。第一类是“一般性”的定义，即文化是“总体的人类社会遗产”；第二类是“多元的相对的”文化概念，即“文化是一种渊源于历史的生活结构的体系，这种体系往往为集团的成员所共有”，它包括这一集团的“语言、传统、习惯和制度，包括有激励作用的思想、信仰和价值，以及它们在物质工具和制造物中的体现”。《辞海》的“文化”定义也区分广义与狭义，广义是指“人类在社会历史发展中所创造的物质财富和精神财富的总和”，“从狭义来说，指社会的意识形态，以及与之相适应的制度和组织机构。”

4 王继平：《转换与创造：近代中国文化引论》，湖南人民出版社 1995 年版，第 10 页。

态上的反映”[1]，“人们的观念、观点、概念，简短地说，人们的意识，是随着人们的生活条件、人们的社会关系和人们的社会存在的改变而改变的”[2]。从上述关于文化抗战和抗战文化的概念表述来看，学术界是认同从狭义文化即观念形态的角度来界定文化抗战与抗战文化的。如果从广义的文化来界定，那抗日的军事、政治、经济等就无所不包，显然混淆了各个具体学科的界限。人类社会的任何存在都无不附丽着文化的因素，体现人们的观念、意识乃至于审美情趣、风俗、习惯，但那并不等同于文化本身。因此，从观念形态来界定文化抗战、抗战文化、抗战文化运动是比较恰当的。但现有的研究成果，在抗战文化、抗战文化运动、文化抗战等核心概念上还是有些混淆和不确定。

抗战文化、抗战文化运动、文化抗战是既有联系又有区别的 3 个概念。抗战文化是指抗日战争时期因抗战而形成的文化现象和文化形态，如抗战音乐、抗战戏剧、抗战文学、抗战漫画、抗战电影等等，是文化抗战所形成的结果，是对抗战的经济、政治、军事的反映。文化抗战则是中华民族特别是文化领域或文化界的爱国人士以各种文化媒介（如报刊、电台、出版、音乐、美术、戏剧、电影、学校、教育等）为武器，展开对日本帝国主义的抵抗，以此凝聚民族精神，激励抗战斗志，以夺取抗战胜利的抗战形式之一。它与政治、经济、军事、外交等领域的抗战一样，是中华民族伟大抗日战争的重要组成部分，是鼓舞人民士气和激励民族精神的有力武器。至于抗战文化运动，它是文化抗战的表现形式之一。因此，文化抗战是根本，抗战文化是结果，二者的范畴是不同的。

---

1 毛泽东：《新民主主义论》，《毛泽东选集》第 2 卷，人民出版社 1991 年版，第 694 页。

2 马克思、恩格斯：《共产党宣言》，《马克思恩格斯选集》，人民出版社 2012 年版，第 419—420 页。

（二）文化抗战及其范畴

文化抗战是抗战时期中国人民反对日本帝国主义侵略的抗战形式之一，它的主体是文化界，包括思想理论、新闻舆论、文学艺术、教育科学、文物博物等等领域。其抗战的形式是多种多样的，抗战文化运动是其表现形式之一，如抗战戏剧运动、抗战歌咏运动，乃至国民政府推进的新生活运动、国民精神总动员运动，都是以运动的形式推进的文化抗战活动。但更多的形式，是文化领域的爱国人士以自己熟悉的文化载体，如作家的小说创作、诗歌吟诵、散文创作；音乐家的高亢旋律；戏剧家的戏剧（戏曲）演出、歌唱家的激情高歌、漫画家的讽刺幽默、电影人的电影制作、科学家的学术创造、教师们的爱国教学等等，进行的反对日本帝国主义的斗争。这些构成了中华民族伟大的抗日战争的重要组成部分，也就是毛泽东所说的“文武两个战线”的“文化战线”，而且“这是团结自己、战胜敌人必不可少的一支军队”。文化抗战对于唤醒民族意识、激励人民斗志、凝聚民族精神具有重要的作用，伟大的抗战精神就包括文化抗战所体现、所凝聚的中华民族的伟大精神。因此，所谓文化抗战史，就是研究抗战时期中国人民特别是文化领域的爱国人士以文化为媒介所进行的抗战的历史，以揭示文化抗战的成就——抗战文化以及它在抗战中的地位、作用和深远的影响。

文化抗战的研究范畴，应从文化学的学科视角进行审视，包括文化抗战指导思想、文化抗战组织形式、文化抗战运动、文化抗战方式以及文化抗战的成果，即文化各领域因抗战而形成的抗战文学、抗战艺术（包括音乐、戏剧、舞蹈）、抗战学术（自然科学和社会科学）、抗战传媒（新闻、出版、教育）等等。从这个意义来看，抗战文化属于文化抗战的范畴之一。抗战文化是从属于文化抗战的范畴，是文化抗战的成绩或成果。

文化抗战的指导思想是指导文化抗战的纲领，是文化抗战政策、策略，包括文化抗战的意义，地位，文化抗战的队伍、文化抗战的任务、文化抗战的形式的指导性原则。1939年3月12日国民党以抗战之名发布《国民精神统总动员纲领及其实施办法》（以下简称《纲领》），这实际上是国民党文化抗战的重要指导思想，其中心口号是“国家至上，民族至上”“军事第一，胜利第一”“意志集中，力量集中”。所谓“国家至上，民族至上”，就是必须认定国家的利益应高于一切，国民“应牺牲一切私见、私心、私利、私益”，“牺牲个人之自由”。所谓“军事第一，胜利第一”，就是要“国民一切之思想行动，均应绝对受国家民族军事利益之支配”，所谓“意志集中，力量集中”，就是在抗战时期“要求国民全体的思想，绝对集中于国家至上民族至上与军事第一胜利第一两义之下，不容其分歧及怀疑，不容作其他之空想空论”。《纲领》要求确立所谓“救国之道德”。这种道德就是“忠孝仁爱信义和平之八德”。“八德之中，最根本者为忠孝”。要求国民“对国家尽其至忠，对民族行其大孝”，要求一切思想言论不能违反“三民主义”，不能“破坏军政军令及行政系统之统一”。违反规定，就要“一体纠绳”。对此，中共中央先后发出《关于精神总动员的指示》《关于精神总动员的第二次指示》，指出国民党政府公布《国民精神总动员纲领及实施办法》具有两面性：一方面是为抗日的，另一方面是“防共”的。中国共产党应采取的立场是：一方面运用与发挥其中一切积极的东西，来提高全民族的觉悟，振奋革命精神，为争取抗战建国的最后胜利而奋斗牺牲；另一方面要反对与打击一切“反共防共”阴谋和反民族分子的观点。号召全国为坚持抗战，为坚持统一战线，为坚持国共长期合作，争取民族最后胜利而奋斗。[1]各地的党组织要利用精神总动员的形式，根据其中一切积极的东西，来实际解释与发挥中国共产党坚持抗战的正确路线；使这一动员成为中国共产党巩固抗日民族统一

---

1 李勇、张仲田编著：《统一战线大事记·抗日战争时期卷》，群言出版社2014年版，第214页。

战线，坚持抗战，开展群众运动，反对“防共”要求民主的武器，以防止和打击顽固分子利用作为“防共”武器的企图。[1]与此相反，中国共产党从坚持全面抗战、全民抗战的思想出发，确立了自己的文化抗战思想。1936年11月22日，中国文艺协会成立，毛泽东等党内领导同志在成立大会上的讲话中指出：“发挥苏维埃的大众文艺，发扬民族革命战争的抗日文艺。”[2]全面抗战开始后，中国共产党进一步加强了文化抗战的工作，成立了中央文化委员会，确立了文化抗战“军队”的重要地位，这就是毛泽东表述的：“我们要战胜敌人，首先要依靠手里拿枪的军队。但是仅仅有这种军队是不够的，我们还要有文化的军队，这是团结自己、战胜敌人必不可少的一支军队。”[3]同时，颁布了一系列开展文化运动的文件，如《中央关于开展抗日民主地区的国民教育的指示》《中央关于发展文化运动的指示》《中央宣传部、中央文化委员会关于各抗日根据地文化人与文化团体的指示》《关于党的宣传鼓动工作提纲》等，阐述了开展文化抗战的重要性，制定了文化抗战的方针、政策和策略，特别强调了文化抗战的四大任务是：其一，团结一切抗日不反共的文化力量，建立文化运动上最广泛的统一战线，向着一个共同的目标：反对民族敌人——日本帝国主义，反对民族投降主义，反对黑暗复古主义。其二，发展进步的文化力量，发展民主思想，主张思想自由，研究各种学术，宣传科学的社会主义，推进中国的文化向前发展。其三，团结文化干部，培养文化干部，爱护文化干部，尤其在根据地内更应大批地吸收知识分子及各种专家学者参加一切抗战的工作。其四，参加国民教育，发展国民教育，这是文化运动最基层的工作。[4]根据总任务的要求，中共中央还制定了一系列文化抗战的方针、政策，逐步形成了自己的文化抗战思想。1940年1月，

1 李勇、张仲田编著：《统一战线大事记·抗日战争时期卷》，群言出版社2014年版，第215页。

2《毛泽东文集》第1卷，人民出版社1993年版，第462页。

3《毛泽东选集》第3卷，人民出版社1991年版，第847页。

4 中央档案馆：《中共中央文件选集》第13册，中共中央党校出版社1991年版，第135页。

毛泽东在陕甘宁边区文化协会第一次代表大会上作了题为《新民主主义的政治与新民主主义的文化》(即《新民主主义论》)的报告，这标志着中国共产党文化抗战指导思想的正式确立。从此，毛泽东提出的民族的、科学的、大众的新民主主义文化理论，成为抗日根据地和国统区进步文化界文化抗战的指导思想，推动着文化抗战的发展。

文化抗战的组织形式是确保文化抗战发展和胜利的组织保障。中国共产党进行文化抗战的组织形式就是建立广泛的抗日民族文化统一战线。中国共产党在推动建立抗日民族统一战线时就表达了在文化界建立抗日民族统一战线的思想。[1]1938 年 3 月 15 日，《新中华报》明确提出了“确立全国文化界统一战线”的目标和任务，不久，在周恩来、郭沫若等人的领导下，中华全国文艺界抗敌协会在武汉成立，标志着抗日战争时期中国文艺界结成了最广泛的统一战线。国民政府军事委员会第三厅成为共产党领导的文化界抗日统一战线组织。此后，毛泽东、周恩来、张闻天、陈毅等中共领导人多次就抗日民族文化统一战线进行了论述，指出要团结一切爱国的文化界人士，共同抗日，毛泽东指出：“今天中国政治的第一个根本问题是抗日，因此党的文艺工作者首先应该在抗日这一点上和党外的一切文学家艺术家（从党的同情分子、小资产阶级的文艺家到一切赞成抗日的资产阶级地主阶级的文艺家）团结起来。”[2]张闻天在陕甘宁边区文化界救亡协会第一次代表大会上指出：“一切文化人，只要他们赞成抗日，均应在抗日的目标下团结起来。不论他们在文化上所做的工作同抗日有无直接的关系。”[3]陈毅在《关于文化运动的

1 刘仓在《略论抗日战争时期我党的文化统一战线政策》中认为，1936 年 8 月 25 日，毛泽东指出：在文化界、科学界、艺术界、新闻界、实业界、妇女界、宗教界、医药界，尤其是在广大军队、国民党新旧党员和各级领导中，抗日民主力量迅速增加；“中国共产党人随时准备着同这些国民党人携手，组织坚固的民族统一战线，去反对全民族的最大敌人——日本帝国主义”。这表达了中国共产党团结文化界共同抗日的愿望。

2《毛泽东选集》第 3 卷，人民出版社 1991 年版，第 867 页。

3《张闻天文集》第 3 卷，中共党史出版社 1994 年版，第 57 页。

意见》中也指出："我们为了完成抗战建国的革命任务，在抗日高于一切的大前提之下，极愿意与一切抗日文化人文化团体或派别建立抗日的文化统一战线……只要是能打击日寇的力量，我们都主张联合。"[1]特别是毛泽东关于新民主主义文化的系统论述，成为抗日民族文化统一战线思想的理论纲领。中国共产党领导的文化抗战即是在这一组织形式下进行的。

文化抗战运动是文化抗战研究的重要范畴。它是文化抗战的重要内容，是抗战时期反对日本帝国主义侵略的民族的、群众性的文化运动。七七事变以后，随着全面抗战的开始，群众性的文化运动即已展开，战地服务团、救亡演剧队、抗敌后援工作团、抗敌歌咏团、漫画宣传队等等文化运动相继展开，形成了抗战时期文化运动的高潮。中国共产党十分重视文化抗战运动工作，1940 年 9 月 10 日，中共中央发出《关于发展文化运动的指示》，指出："在国民党统治区域很可能广泛发展与极应该广泛发展的一项极端重要的工作，是抗日文化运动。这项工作的意义在目前有头等重要性，因为他不但是当前抗战的武器，而且是在思想上干部上准备未来变化与推动未来变化的武器。因此在国民党统治区域的党（敌占大城市亦然）应对发展文化运动问题特别提起注意，应把对文化运动的推动、发展及其策略与方式等问题经常放在自己的日程上。对于文化运动的进行，应该联合一切不反共的自由资产阶级（即民族资产阶级）与广大小资产阶级的知识分子共同去做，而不应使共产党员尖锐突出与陷于孤立。在反对复古，反对大资产阶级的文化专制政策，反对日寇汉奸的奴隶文化等方针之下（根据各地情况将口号具体化）是能够动员各阶层知识分子、各部门文化人与广大青年学生加入这一运动的。"[2]在抗日根据地，"我们有全部权力来推行全部文化运动。我各地党部与

---

1 陈毅：《关于文化运动的意见》，《江淮》1941 年第 5 期。

2 中共中央文献研究室、中央档案馆编：《建党以来重要文献选编（一九二一—一九四九）》第 17 册，中央文献出版社 2011 年版，第 526 页。

军队政治部应对全部宣传事业、教育事业与出版事业作有组织的计划与推行，用以普及与提高党内外干部的理论水平及政治水平，普及与提高抗日军队抗日人民的政治水平及文化水平，要使各根据地上干部军队与人民的理论政治及文化水平高于与广于全国各地。各根据地上的文化教育工作，不论是消灭文盲工作，学校教育工作，报纸刊物工作，文学艺术工作，除党校与党报外，均应与不反共的资产阶级知识分子及小资产阶级知识分子联合去做，而不应由共产党员包办。要注意收集一切不反共的知识分子与半知识分子，使他们参加在我们领导下的广大的革命文化战线，应反对在文化领域中的无原则的门户之见。”[1]

文化抗战方式是文化抗战史的重要范畴，也是文化抗战史研究的主要内容。建立文化抗战团体，是文化抗战的重要方式。以中国共产党领导的文化抗战团体为例，数量众多，分布在抗日根据地、国统区乃至海外华人社会。1937 年 8 月 12 日，第十八集团军西北战地服务团（简称“西战团”）在延安成立，丁玲为主任，吴奚如为副主任。1937 年 11 月 14 日，陕甘宁边区文艺界救亡协会（简称“边区文协”）成立，艾思奇任主任（后由吴玉章接任）、柯仲平任副主任。它是陕甘宁边区抗日文艺运动的领导机构，也是一个广泛的群众性的文化组织。1938 年 1 月，陕甘宁边区音乐界救亡协会（简称“边区音协”）成立。1938 年 9 月 11 日，陕甘宁边区文艺界抗战联合会（简称“边区文联”）成立。1939 年 2 月 7 日，延安美术工作协会成立（后更名为陕甘宁边区美术工作者协会，简称“边区美协”）。1939 年 2 月 10 日，中华戏剧界抗战协会边区分会成立，潘汉年任理事长、沙可夫任副理事长。1939 年 5 月 14 日，中华全国文艺界抗敌协会延安分会（简称“边区文抗”）成立，周扬、萧三、沙可夫为常务理事。1940 年年底，延安文化俱乐

1 中共中央文献研究室、中央档案馆编：《建党以来重要文献选编（一九二一—一九四九）》第 17 册，中央文献出版社 2011 年版，第 527 页。

部成立，萧三任主任。文化俱乐部既是一个群众性的文化场所，也是一个组织和推动抗战文艺运动的团体。[1]在国统区，也成立了许多中共领导的或中共占主导地位的以及受中共影响的文化抗战团体。如在桂林一地，就有中华全国文艺界抗敌协会桂林分会、广西建设研究会、中华木刻界抗敌协会桂林分会、中华全国漫画家抗敌协会桂林分会、中华戏剧界抗敌协会西南分会、救亡日报社、国际新闻社和文化供应社等众多文化抗战团体。在重庆，中共党员创办的重庆救国会，下属有重庆学生界救国联合会（简称“学救会”）、重庆职业青年救国联合会（简称“职救会”）、重庆文化界救国联合会（简称“文救会”）、重庆妇女界救国联合会（简称“妇救会”）以及重庆怒吼剧社、重庆市救亡歌咏协会、中华全国戏剧界抗敌协会重庆分会、重庆文化界抗敌支会。此外，全国各地也建立了许多文化抗战团体。如成都，成立了成都市妇女华北抗敌后援会、四川青年救国会、成都市文化界救亡协会、成都市回教抗敌后援会等，还有成都工人抗敌宣传团、星芒抗敌宣传团、大声抗敌宣传团、成都群力抗敌宣传团、大众壁报抗敌宣传团、四川省妇女抗敌后援会、成都学生抗敌宣传团、成都大众抗敌宣传团、成都少年抗敌宣传团、成都市工商抗日后援会、四川民众华北抗敌后援会、成都市青年抗敌协会、四川旅外剧人抗敌演剧队、成都市记者抗敌后援会、成都天明歌咏团、成都四川妇女出征军人家属救济会、成都星芒通讯社、战时教育协会、成都战时学生社、救亡抗敌宣传社等等。[2]在西安，有西安文化界协会、西安编辑人协会、西北青年救国联合会、西北作家协会、陕西青年抗日决死队、西北民众抗战剧社、易俗社、西安新文艺促进会、新时代歌咏团、西安市世界语学会、西安市中等学校教职员联合会、中华民族解放先锋队西安队、西北教育界抗日救国大同盟等等。在海外，华侨华人组织救亡团体。据统计，截至

1 黄华文：《抗日战争史》，湖北人民出版社 2007 年版，第 250 页。

2 唐正芒：《中国西部抗战文化史》，中共党史出版社 2004 年版，第 95 页。

1940年，海外华侨组织大型救国团体649个；抗战时期全球共有3900多个各类华侨社团，其中900多个专门从事抗战工作。[1]在遍布全国的文化抗战团体的领导与组织下，戏剧、电影、文艺创作、教育、科学以及群众文化各领域开展了轰轰烈烈的文化抗战活动。

除了文化抗战团体有组织的文化抗战活动之外，爱国文化人士还以自己日常的工作方式进行着英勇的抗战，诚如郭沫若在《四年来之文化抗战与抗战文化》中描述的那样："文艺作家对于敌人惨绝人寰的种种残暴兽行的揭露，对于抗战将士们英勇杀敌的种种可歌可泣故事的宣扬，对于各方面艰苦奋斗努力抗战建国的种种情形的描写；新闻工作者出入枪林弹雨采集前方战报向国内外报道，同时还在前后方创立了与支持了大型小型的全国性的、地方性的报纸，尽力于抗战的政治与督励；社会科学家勤奋地从事于革命理论与实际问题的研究与讨论，使国人对抗建事业有日益深刻的认识与了解，而且经常地对于妥协、投降、分裂、倒退等敌寇汉奸的有害言论作毫不放松的斗争，自然科学家埋头研究，从抗建资源的考察与技术的探讨；教育家以及一般文化工作者努力于文盲的扫除，广泛的宣传与鼓动，普教方法的改进，专门人才的培养，工作干部的训练，文化娱乐的设施；出版界在极其困苦的条件下，亦曾不稍懈地努力全国文化食粮的产出与供给。"[2]在中国共产党领导的根据地，宣传、教育、报刊、出版、文艺创作、文化活动均围绕抗战展开。如文艺宣传通过组织文艺团体上前线深入部队，走上街头、田间，深入民众进行救亡文艺宣传。陕甘宁边区文协下属的"抗日文艺工作团"，曾先后组织6个小组分赴晋察冀、五台山、晋东南、陇海等前线开展救亡文化宣传。边区文抗会下属的数十个文艺小组，则经常走进工厂、街头、田间，用

---

1 ［澳大利亚］彭小仕：《辛亥革命、抗日战争中的华侨》，《统一论坛》2018年第5期。

2 郭沫若：《四年来之文化抗战与抗战文化》，《郭沫若在重庆》，青海人民出版社1982年版，第323—324页。

各种文艺形式，向工人、市民、农民宣传抗日救亡。[1]戏剧创作与演出，美术创作与美术作品展览也紧密联系全民抗战主题进行。抗战报纸、杂志如雨后春笋般遍布各抗日根据地。通过戏剧表演、文学创作、音乐活动、美术宣传、秧歌运动等形式，抗日根据地的文化人士乃至士兵、普通民众都参与文化抗战之中，激励广大人民的抗日斗志。

抗战文化是指文化抗战的成果，包括抗战媒体、抗战文学、抗战艺术、抗战学术、抗战教育以及凝聚中华民族不屈不挠抵御外侮的抗战精神。

抗战媒体是指广义的传播媒体，包括抗战报纸、抗战刊物、抗战广播、博物馆、图书馆等等宣传抗战和保存中华民族文化成果的媒介。抗战时期的大众传播媒体是非常繁荣的。仅以中国共产党建立的抗日根据地大众传播媒体的繁荣为例，就可以反映根据地文化抗战的迅猛发展及抗战文化的繁荣发达。在陕甘宁边区，除新华社及党报《解放日报》外，还组建了广播委员会，建立了广播发射台，设立了延安新华广播电台。报刊更是如雨后春笋般涌现。主要报纸有:《边区群众报》《抗战报》《战声报》《部队生活报》《关中报》《练兵报》《战力报》《战火报》《生产报》《前进报》《冲锋报》《新文字报》《民先报》等近30种。主要刊物有:《解放》《八路军军政杂志》《中国青年》《中国妇女》《共产党人》《中国工人》《中国文化》《文艺》《文艺战线》《新诗歌》《文艺月刊》《大众文艺》《谷雨》《草叶》等60余种。其他根据地的大众传媒也获得发展。在晋察冀根据地，创办的报纸有:《抗敌报》（后改名为《晋察冀日报》）《战士报》《子弟兵报》《冀中抗敌报》《冀中导报》《救国报》《边区导报》等50余种。创办的刊物有:《抗战生活》《晋察冀文艺》《晋察冀艺术》《华北文艺》《华北文化》《新大众》《新长城》《群众杂志》等。在晋察冀边区根据地，创办的报纸有:《晋鲁豫日报》《新华日报（华北

1 黄华文:《抗日战争史》，湖北人民出版社2007年版，第251页。

版)》《冀南日报》《太岳日报》《晋冀豫日报》《战斗日报》《黄河日报》《抗战导报》《新生报》等30多种。创办的刊物有:《文化生活》《抗战生活》《华北文艺》等38种。在晋绥根据地,创办的报刊有:《新西北报》《抗战日报》《晋绥大众报》《战地通讯》《前线月刊》《西北文艺》《战斗文艺》等。在华中根据地,创办了《抗敌报》《江淮日报》《新华报》《拂晓报》《抗战报》《苏中报》《滨海报》《淮南日报》《淮海报》《盐阜报》《人民报》《团结报》《七七报》《挺进报》《大众报》《苏南报》《大江报》等100多种报纸及几十种刊物。[1]在大后方,以《新华日报》为代表的抗战媒体,也发挥了巨大的作用,引领着国统区文化抗战的方向。

抗战文学是文化抗战重要而又普遍的形式。以中国共产党领导的根据地为例,延安和陕甘宁边区的抗战文学,在中共中央的直接领导下,得到了健康的发展,并推动着整个抗日根据地文学运动的发展。首先是抗战文学团体繁盛,有党和边区政府领导的,如中华全国文艺界抗敌协会延安分会、中华全国文艺界抗敌协会晋东南分会、中华全国文艺界抗敌协会晋西分会、中华全国文艺界抗敌协会晋察冀边区分会、中华全国戏剧界协会陕甘宁边区分会、中华全国戏剧界抗敌协会太行山分会、中华全国戏剧界协会晋察冀边区分会、中华全国戏剧界抗敌协会晋西分会、中华全国戏剧界抗敌协会晋冀鲁豫边区分会、山东文化界救亡协会筹备委员会、苏北文化协会等。也有由解放区作家自由结社建立的文艺团体,如延安和陕甘宁边区的战歌社、新诗歌会、山脉诗社、青年文艺学习会、延安诗会、怀安诗社、草叶社,晋察冀边区的燕赵诗社、战地社、铁流文艺社、晋察冀诗会,晋绥边区的根据地文社,晋冀鲁豫边区的太行诗社,华中地区的湖海诗文社,等等。[2]文学团体促进了文学创作的繁荣。小说创作成绩喜人,短篇小说成就很大,代表性作

1 黄华文:《抗日战争史》,湖北人民出版社2007年版,第254页。
2 刘增杰等:《中国解放区文学史》,河南大学出版社1988年版,第29页。

品有丁玲的《一颗未出膛的枪弹》，吴奚如的《土地在笑着》《老革命碰着新问题》，白浪的《杨树下》，杜映的《代耕》，刘御的《儿子到前线去了》，张英的《放了足干革命》，柳风的《边区故事》，雷加的《炮位周围》《一支三八式》，荒煤的《支那傻子》，刘白羽的《战斗着》，魏伯的《我们跟下原弥熊师团》，李清泉的《一颗石头》，孔厥的《调查》等；写游击队活动的有刘白羽的《总的突破》，雷加的《三个人的阵地》，刘祖春的《一个夜间的故事》，杜映的《在火光里》等；写勇于与敌人斗争的有严文井的《儿子与父亲》，金漫辉的《铁蹄下》，刘白羽的《在黄河一湾上》，李威深的《火车司机》等；写后方生产的有师田手的《劳动日记》，严文井的《春天》《一家人》，野蕻的《新垦地》，刘白羽的《突击运动》，白晓光的《动员》，梁彦的《战士的家》，莎寨的《红五月的补充教材》，周而复的《灾难里》《被炸毁的街市》，沙汀的《勘察加小景》《联保主任的消遣》；等等。这些作品密切配合全民抗战，富有生活气息，起到了动员群众、鼓舞斗志的作用，思想倾向是健康的，人物形象也相当生动。[1]涌现了丁玲、刘白羽、赵树理、孙犁等一大批作家。诗歌创作也获得丰收。朗诵诗、街头诗以其群众性、大众化在根据地获得发展，出现了《黄河大合唱》《生产大合唱》《八路军大合唱》等著名朗诵诗。延安文艺座谈会以后，民歌体、群众性诗歌创作也在根据地形成。抗战文学成为抗战文化最有成就的内涵。

抗战艺术是最能感染群众、激舞士气的文化形式。包括抗战戏剧、抗战音乐、抗战美术和抗战电影等等。在抗日根据地，抗战戏剧最初是以街头剧、活报剧、独幕剧的形式展开的，出现了《放下你的鞭子》《三江河》《最后一计》等著名的剧目。延安文艺座谈会以后，秧歌剧和新话剧获得发展。文艺工作者对古老的秧歌进行发掘和改造，创作了新的秧歌剧，服务于抗

1 刘增杰等：《中国解放区文学史》，河南大学出版社 1988 年版，第 131—132 页。

战。其中《兄妹开荒》成为新秧歌剧的起点和代表作。从此，秧歌剧在根据地特别是延安和陕北兴盛起来。“从一九四三年农历春节至一九四四年上半年，一年多的时间就创作并演出了三百多个秧歌剧，观众达八万人次。1944年春节期间，由延安的街道、工厂、部队、机关、学校组织起来的业余秧歌队有27个之多，演出了150多个节目。”[1]新歌剧的代表作是《白毛女》，此剧获得巨大的成功，风靡各个抗日根据地。在它的带动下，出现了《王秀鸾》《赤叶河》《不要杀他》《孙大伯的儿子》《雄刘四虎》等一大批新歌剧。在大后方，出现了抗战话剧高潮。仅以重庆为例，话剧团体就有怒吼剧社、上海业余剧人协会、怒潮剧社、国立剧校、复旦剧社、青年剧社、教导剧团、孩子剧团、抗敌剧社等，中华全国戏剧界抗敌协会在重庆举办了两届戏剧节，演出了《我们的国旗》《死里求生》《抗战进行曲》《全面总动员》《金玉满堂》《钦差大臣》《狐群狗党》《渡黄河》《冰天雪地》等剧。特别是郭沫若创作了一批历史剧，如《棠棣之花》《屈原》《虎符》《高渐离》《孔雀胆》《南冠草》等，产生了深远的影响。

抗战音乐自九一八事变后就在全国兴起，著名的如《松花江上》《义勇军进行曲》《大路歌》《新的女性》等成为不朽的经典。全面抗战爆发后，进步音乐届创作了大批反映抗战、鼓动群众的歌曲，如冼星海创作的《祖国的孩子们》《做棉衣》《到敌人后方去》《游击军》《在太行山上》等。张曙创作的《赶豺狼》《日落西山》《洪波曲》，麦新创作的《大刀进行曲》《游击队歌》，贺绿汀创作的《游击队歌》，江定仙创作的《打杀汉奸》《焦土抗战》《为了祖国的缘故》，夏之秋的《歌八百壮士》《思乡曲》，陈田鹤的《巷战歌》，吕骥的《武装保卫山西》《抗日军政大学校歌》等歌曲，有力地推动了抗日救亡歌咏运动的深入开展，鼓舞着全国人民的抗日热情。中国共产党领导的抗

1 刘增杰等：《中国解放区文学史》，河南大学出版社 1988 年版，第 267 页。

日根据地的抗战音乐创作活动更是轰轰烈烈，特别是延安文艺座谈会之后，创作了一批优秀的歌曲，如《游击乐》《战斗进行曲》《抗日军政大学校歌》《八路军军歌》《八路军进行曲》《新四军军歌》《行军小唱》《歌唱二小放牛郎》《晋察冀小姑娘》《红缨枪》《八路好》《忘不了》《五枝花》《没有共产党就没有新中国》《纪念碑》《子弟兵进行曲》《团结就是力量》《红五月》《大生产》《韩略村战斗小调》《我们的家乡光复了》《南泥湾》《反攻》《兄妹开荒》《夫妻识字》《减租会》《扬子江暴风雨》《农村曲》《军民进行曲》《白毛女》等。

美术是富有感染力的直观艺术，抗战时期，木刻、版画、漫画成为宣传抗战的有力武器。无论是抗日根据地还是大后方，抗战美术创作方兴未艾。在抗日根据地，美术成为宣传抗战的普遍形式，到处是宣传抗战的壁画、漫画。军队的宣传工作者，走到哪里画到哪里，“我们美术组带着这种标语筒，走到哪里，写到哪里，画到哪里，踏遍了太行山的山山岭岭。标语在内容上要紧密结合斗争形势，语言要通俗有力，这样才能产生鼓动和宣传的作用。在形式上，尽量美术化，做到鲜明、醒目、美观。有的用白色写字，红色勾边；有的红色字黑色边；有时也用投影方法拓字。壁画同样以三色组成，有条件时也适当配以其他颜色。山区大都是石屋石墙，平原则大部分是土屋土墙，不管墙壁的条件如何，我们尽量使所写的标语或壁画产生强烈醒目的效果。”[1]“敌后的美术工作有多种活动形式，主要是配合各种具体革命任务出版画报……为了宣传‘军民誓约’，采用木刻石版相结合的制作方法；为了瓦解敌人，采用漫画传单，在战场上散发；为了开展地雷战，根据边区内爆炸大王李勇的事迹，绘制成连环画印发各农村张贴；为了配合重大节日的庆祝纪念活动，办画展，巡回画展。平时美术工作者每到一个地方，在街头画壁画，写标语，搞街头展览更是经常性的工作。1942 年，文艺工作者

---

1 王邦彦：《我们在太行山上——晋察冀美术活动片断》，载中国人民解放军文艺史料编辑部编：《中国人民解放军文艺史料选编（抗日战争时期）》第 2 册，解放军出版社 1988 年版，第 295—296 页。

配合武装工作队对敌开展政治攻势，还曾进入敌占区写墙标语，散发传单，发挥了美术工作的战斗作用。”[1]

抗战电影也获得了发展。1938年1月20日，阳翰笙、罗刚发起组织全国电影界同人的抗敌组织，1月29日，中华全国电影界抗敌协会在武汉宣告成立，其在《成立宣言》中写道：“要求每一个电影从业人员，要把自己锻炼成民族革命战斗中勇敢的斗士，将自己献身祖国，将自己的工作献给神圣的抗战。”号召“要使每一张影片成为抗战的有力武器，使它深入军队、工厂和农村去，作为训练民众的基本的工具”。表示“要建立一个新的电影的战场”。[2]由沈西林、孙瑜、赵丹、白杨、魏鹤龄、王人美等优秀革命电影人士参与中央电影摄影场制片工作，在抗战期间拍摄了许多抗战新闻纪录片，发挥了重要的宣传抗战、鼓舞民众、记录日本侵略者罪行的作用。记录卢沟桥事变的纪录片《卢沟桥事变》，记录日军制造重庆大轰炸惨案的《二十八年一月十五日敌机轰炸重庆》和《二十八年五月三、四日敌机滥炸重庆》，记录淞沪空战的《空军战绩》，记录淞沪抗战的《淞沪前线》，等等。中国共产党领导的延安革命根据地的抗战电影活动，由于物质条件不如大后方繁盛，但也在抗战中艰难起步，“以战斗的姿态，揭开了中国电影史上划时代的又一页，开拓了党和人民军队电影历史的新纪元。”[3]1938年4月，中国共产党领导的延安抗日根据地成立了第一个民间电影社团——陕甘宁边区抗敌电影社。虽然电影社受物质、人员条件所限，并没有开展拍片活动，但也积极地进行着电影抗战，如下乡深入群众播放抗战电影。延安革命根据地

---

1 田零：《我对战争中美术工作的点滴回忆》，载刘佳、胡可等编：《抗敌剧社实录》，军事译文出版社1987年版，第477页。

2 郑洪泉、常云平总主编，袁佳红、王志昆、曾妍本册主编：《中国战时首都档案文献·战时文化》，西南师范大学出版社2018年版，第906页。

3 中国人民解放军文艺史料编辑部编：《中国人民解放军文艺史料选编（抗日战争时期）》第1册，解放军出版社1988年版，第156页。

作出突出贡献的抗战电影社团是延安电影团。1938年春，袁牧之在周恩来的鼓励下，前往延安，团结延安的电影制作力量成立了八路军总政治部电影团即延安电影团。延安电影团被称为“人民电影机构的初创，人民电影的开端”。延安电影团的主要电影摄制活动是拍摄纪录片。1938年10月1日，大型纪录片《延安与八路军》在桥山黄帝陵开机拍摄，由袁牧之编导，吴印咸、徐晓冰摄影，历时一年多的艰辛，1940年基本拍摄完成。以后又陆续拍摄了《延安庆祝百团大战胜利大会和追悼会》《国际青年节》《陕甘宁边区第二届参议会》《毛泽东同志在延安文艺座谈会上》《九一扩大运动会》《十月革命》《边区生产展览会》《刘志丹同志移灵》《南泥湾》等新闻纪录片。

抗战教育是抗战文化的重要组成部分。国民政府在抗战时期，将沦陷区的大学陆续内迁，使中国的高等教育得以延续，也改变了中国教育的布局，促进了西部地区教育的发展，取得了很大的成绩，特别是西南联合大学，堪称抗战高等教育的典范。中国共产党十分重视抗战教育，1937年，毛泽东在《反对日本进攻的方针、办法和前途》一文中指出，国防教育必须“根本改革过去的教育方针和教育制度。不急之务和不合理的办法，一概废弃。新闻纸、出版事业、电影、戏剧、文艺，一切使合于国防的利益”。[1]中国共产党制定的《抗日救国十大纲领》第8条“抗日的教育政策”中提出：“改变教育的旧制度、旧课程，实行以抗日救国为目标的新制度、新课程。”[2]1938年10月，毛泽东在中共六届六中全会扩大会议上作了《论新阶段》的报告，提出“伟大的抗战必须有伟大的抗战教育运动与之相配合”，应该把“实行抗战教育政策，使教育为长期战争服务”作为全民族当时的紧急任务之一。报告还明确指出：“第一，改订学制，废除不急需与不必要的课程，改变管理制度，以教授战争所必需之课程及发扬学生的学习积极性为原则。第二，创

1《毛泽东选集》第2卷，人民出版社1991年版，第318、第320页。

2《毛泽东选集》第2卷，人民出版社1991年版，第328页。

设并扩大增强各种干部学校，培养大批的抗日干部。第三，广泛发动民众教育，组织各种补习学校，识字运动，戏剧运动，歌咏运动，体育运动，创办敌前敌后各种地方通俗报纸，提高人民的民族文化和民族觉悟。第四，办理义务的小学教育，以民族精神教育后代。”[1]在十分困难的条件下，各抗日根据地根据实际情况，有针对性地举办了干部、部队、群众和儿童四个层次的抗战教育。干部的抗战教育主要通过干部学校、在职教育和短期训练班三种形式进行。干部教育最有名的是抗日军政大学，培养了成千上万的军事、政治、文化、地方各类人才。对部队的教育是经常的，主要是爱国主义教育、政治思想教育、军事技术教育和文化知识教育。对民众的抗战教育是通过冬学、民众学校和民众教育馆来进行。其中冬学是最主要的形式，“一般设在人口比较集中的村庄，学习时间为 3 个月（一般从 11 月到次年 1 月）。民众学校是冬学的延续，主要在巩固区和群众基础较好的游击区举办，它将教学时间从冬季农闲延长为全年”。[2]冬学教材由各根据地教育部门编写，如陕甘宁边区教育厅编有《识字课本》《日用杂字》《庄稼杂字》和《卫生课本》；山东根据地的冬学教材统一规定，识字教材用《战时民众课本》，政治课用《抗战道理》；晋冀鲁豫边区编印了《冬学政治教材》。儿童的抗战教育主要通过小学教育的方式进行。语文课教学生学写抗战标语、路条、墙报，美术课教学生画抗战漫画。音乐课教唱《义勇军进行曲》等抗战歌曲。

抗战学术同样是抗战文化的一部分。近代中国学术在民国时期有一定的发展，但遭到日本侵略的摧残。大学、科研机构被破坏，被迫西迁，科研人员流离失所。伴随大批科研机构内迁，战时大后方几乎聚集了中国科技界的全部精英。科研工作者在这种极端困难的情况下，为抵抗侵略、复兴民族，坚持科研工作。为了抗战需要，科研工作者中断了原有的科研项目，选择抗

---

1 毛泽东：《论新阶段》，新华日报馆 1938 年版，第 48 页。

2 赵国娟：《简论中国共产党的抗战教育》，《军事历史》2011 年第 1 期。

战亟须的项目进行研究。国民政府“对新学术研究之期望首先是研究工作必须与国家社会密切联系，俾国家得学术之用，社会获学术之益”。[1]研究方向主要集中在两大方面：“一方面是结合抗日战争的实际需要，各学科特别注重科学在国防军事及工业生产方面的应用研究。如化学研究重心转向硝酸、纤维、木材、汽油、酒精、煤油、橡胶等方面的研究；物理学注重研究其在军事上的应用；气象学、生物学、天文学、数学、地质学、地理学等都十分重视将科学研究与现实结合。另一方面则是结合开发西南西北大后方各地资源，支援后方工农业建设的需要。”[2]在十分艰苦的条件下，大后方科研工作者的科研工作，为保障抗战的需要，延续中国学术的发展作出了贡献。在中国共产党领导下的抗日根据地，也十分重视自然科学研究工作。1940年2月毛泽东在《在边区自然科学研究会成立大会上的讲话》中指出：“自然科学是人们争取自由的一种武器。”[3]1940年2月陕甘宁边区《自然科学研究会宣言》号召：“加强自然科学运动，掌握与提高自然科学成为抗战中的战斗力量……我们要用自然科学的战线，来粉碎敌人的经济封锁，打击敌人的文化政策。”[4]抗日根据地制定了优待科技人员的政策，设立了中国医科大学、延安自然科学院、陕北通信学校、延安摩托学校、太行工业学校、延安药科学校、晋察冀边区白求恩卫生学校、晋绥军区卫生学校、延安农业学校等科研和科技教育机构以及延安光华农场、农事试验场等农业科研机构。

在人文社会科学领域，抗战学术最大的贡献是中国马克思主义人文社会科学的成长。唯物史观的传播和马克思主义中国化的发展，使得人文社会科学工作者越来越自觉地运用马克思主义理论与观点研究哲学、历史、文学以及社会领域，从而产生和形成了中国马克思主义哲学与社会科学各学科。

1《杨钟健回忆录》，地质出版社1983年版，第101页。

2 张瑾、张新华：《抗日战争时期大后方科技进步述评》，《抗日战争研究》1993年第6期。

3 武衡：《抗日战争时期解放区科学技术发展史资料》第1辑，中国学术出版社1983年版，第5页。

4 何志平主编：《中国科学技术团体》，上海科学普及出版社1990年版，第388页。

毛泽东的《矛盾论》《实践论》，李达的《社会学原理》等著作为中国马克思主义哲学奠定了基础；郭沫若、范文澜、翦伯赞、吕振羽、侯外庐开创了中国马克思主义史学；王亚南、许涤新、薛暮桥则为中国马克思主义政治经济学的创建作出了杰出贡献；周扬也为中国马克思主义文艺学的形成与发展开先河。因此，从中国马克思主义人文社会科学发展历史进程来看，抗战时期是一个关键的时期，随着马克思主义中国化和大众化的进程，中国马克思主义人文社会科学开始建立，并伴随中国共产党领导的民族独立、人民解放事业的胜利而确立为20世纪后半期中国的主流学术形态。

抗战精神是抗战文化的核心范畴，是文化抗战的核心成果，是引领抗战文化发展的价值内核，是千百年来形成的中华民族精神在抗战时期的表现形态。抗战精神体现了“坚持国家和民族利益至上、誓死不当亡国奴的民族自尊品格；万众一心、共赴国难的民族团结意识；不畏强暴、敢于同敌人血战到底的民族英雄气概；百折不挠、勇于依靠自己的力量战胜侵略者的民族自强信念；开拓创新、善于在危难中开辟发展新路的民族创造精神；坚持正义、自觉为人类和平进步事业贡献力量的民族奉献精神”。[1] 在中国共产党的领导下，在新民主主义文化理论的引领下，抗战思想、抗战媒体、抗战文学、抗战艺术、抗战教育、抗战学术都起到了团结各民族人民、唤醒民族意识、抵御日本侵略，为实现民族独立和解放而斗争的巨大作用，共同凝聚起伟大的抗战精神。

二、学术史梳理

关于文化领域的抗战研究，学术界的研究主要是从抗战文化的视角展

1《胡锦涛文选》第2卷，人民出版社2016年版，第336页。

开的，而从文化抗战或抗战文化运动的角度来研究的比较少。目前所见的有《南方局领导的大后方抗战文化运动》（唐正芒，湖南师范大学出版社，1999年版）、《南方局领导下的重庆抗战文艺运动》（中共重庆市委党史工作委员会，重庆出版社，1989年版），从文化运动、文艺运动的角度阐释文化领域的抗战，也突出了南方局的领导作用。此外，还有一些论文探讨了抗日民族文化统一战线、中国共产党抗战时期的文化政策、局部地区党领导的抗战文化运动等等。如朱汉国、李小尉的《略论中国共产党的抗战文化思想》（《北京师范大学学报》，2005年第4期）、刘绍卫的《论抗日民族文化统一战线的形成与在抗战中的作用》（《楚雄师范学院学报》，2005年第6期）和《抗日民族文化统一战线的精神内涵与其在抗战中的作用》（《抗战文化研究》，第1辑）、郭伟伟的《中国共产党的抗战文化政策及其启示》（《党的文献》，2003年第5期）等等。此外，还有一批博士、硕士学位论文涉及这一领域。如丁毅的《抗战时期中国共产党意识形态建设研究》（博士学位论文，郑州大学，2013年）、张希贤的《延安时期党领导思想文化战线的历史经验初探》（博士学位论文，中共中央党校，1994年）、张志伟的《抗战时期国共两党文化政策研究》（博士学位论文，东北师范大学，2012年）、王有红的《延安时期中国共产党的文化理论发展研究》（博士学位论文，西北大学，2013年）、门忠民的《延安时期中国共产党构建民族共有精神家园研究》（博士学位论文，陕西师范大学，2013年）、曹建林的《苏北根据地抗战文艺研究（1940—1945）》（博士学位论文，苏州大学，2012年）、秦龙的《陕甘宁边区抗战文化运动研究》（硕士学位论文，山东师范大学，2015年）、王璐的《华中抗日根据地文化研究》（硕士学位论文，上海师范大学，2005年）、徐明珍的《抗日战争时期中国共产党在国统区的文化工作研究》（硕士学位论文，辽宁师范大学，2017年）等等。

上述论著从某一方面、某一领域或某一区域对中国共产党的抗战文化理论、思想、政策、运动进行了系统或深入的研究，对了解中国共产党文化抗战的历史及成就有重要的理论与学术价值。但到目前为止，学术界尚未有系统研究中国共产党在14年的抗日战争时期领导全国人民在文化战线上进行艰苦卓绝的抗战的专著，这是与中国共产党领导的伟大抗日战争的贡献不相适应的，也是与中国共产党领导的文化抗战的历史贡献不相适应的。

自21世纪以来，学术界从抗战文化的视角开展研究的比较多，也取得了较为丰硕的成果，经检索中国知网和国家图书馆藏书，历年来发表的论文300余篇，出版著作100余部（含资料集及研究著作）。呈现出以下特点：

一是关于具体文化领域的研究较多，如《抗日战争时期延安及各抗日民主根据地文学运动资料》（刘增杰等，知识产权出版社，2010年版）、《抗日战争时期解放区高等教育》（曲士培，北京大学出版社，2005年版）、《中国抗战文艺史》（蓝海，台湾秀威资讯科技股份有限公司，2010年版）、《抗战时期的中国文化》（涂文学等，人民出版社，2006年版）、《抗战精神》（金正纯，华中科技大学出版社，2011年版）、《抗战中内迁西南的知识分子》、（张红，江西人民出版社，2004年版）、《抗战音乐史》（陈志昂，黄河出版社，2005年版）、《抗战漫画》（沈建中，上海社会科学院出版社，2005年版）、《抗战诗歌》（刘增杰，河南大学出版社，2005年版）、《抗战电影》（田本相等，河南大学出版社，2005年版）、《抗战诗歌史稿》（苏光文，四川教育出版社，1991年版）、《抗战时期的中国戏剧》（乔玲梅，中国友谊出版公司，2001年版）、《抗战时期史学研究》（田亮，人民出版社，2005年版）等等。

二是关于区域抗战文化的论著较多，主要集中在桂林、延安及解放区、重庆、上海等地。如《桂林抗战文化史》（魏华龄等，漓江出版社，2011年版）、《桂林抗战文化史料》（漓江出版社，1995年版）、《抗战时期桂林出版史料》（漓江出版社，1999年版）、《桂林抗战文艺概观》（李建平，漓江出版社，1991 年版）、《桂林抗战文学史》（蔡定国等，广西教育出版社，1994 年版）、《抗战时期的延安史学》（洪认清，安徽大学出版社，2006 年版）、《抗战时期的延安鲁艺》（王培元，广西师范大学出版社，1999 年版）、《山东抗战歌曲选》（张桂林，山东文艺出版社，2005 年版）、《山东抗战诗文选》（房福贤等，山东文艺出版社，2005 年版）、《抗战时期的华北文学》（张泉，贵州教育出版社，2005 年版）、《重庆抗战文学区域性》（靳明全，重庆出版社，2012 年版）、《重庆抗战文学论稿》、（靳明全，重庆出版社，2003 年版）、《抗战时期重庆的文化》（苏光文，重庆出版社，1995 年版）、《抗战时期重庆的科学技术》（程雨辰等，重庆出版社，1995 年版）、《重庆抗战文学区域性》（靳明全，重庆出版社，2012 年版）、《重庆抗战文学论稿》（靳明全，重庆出版社，2003 年版）、《重庆抗战诗歌研究》（吕进等，西南师范大学出版社，2009 年版）、《上海抗战时期的话剧》（邵迎建，北京大学出版社，2012 年版）、《抗战时期的上海文化》（齐卫平等，上海人民出版社，2001 年版）等。

三是出版了研究集刊和书系，如《抗战文化研究》（李建平等，广西师范大学出版社出版）、《桂林抗战文化研究文集》（魏华龄等，漓江出版社、广西师范大学出版社出版）、《中国抗日战争时期大后方文学书系》（林默涵等，重庆出版社）等。从发表的论文来看（包括博士、硕士学位论文），所涉及的领域和区域较研究著作广泛，但主要还是集中在上述方面。不过，也有从整体上研究中国共产党的抗战文化思想、政策等论文，如《略论中国共产党的抗战文化思想》（朱汉国、李小尉，《北京师范大学学报》2005 年第 4 期）、《中国共产党的抗战文化政策及其启示》（郭伟伟，《党的文献》2003 年第 9 期）、《中国共产党在桂林抗战文化建构和传播中的作用研究》（莫鹤海，天津师范大学硕士学位论文，2015 年）、《中国共产党抗战文化理论与实践研究》（樊丹丹，东北师范大学硕士学位论文，2012 年）、《论抗战文化运动在抗日战争中的地位与作用》（高向远，西安邮电学院硕士学位论文，1997年）、《毛泽东与陕甘宁边区的抗战文化》（刘丽丽，湘潭大学硕士学位论文，2008年）等等。

以上研究表明，学术界从抗战文化的视域对抗日战争期间文化领域的抗战有较为丰富的成果，在一些具体领域，如抗战音乐、抗战文学、抗战戏剧等，研究比较深入，成果丰富。但从整个文化抗战研究的角度来考察，以下方面还有待进一步拓展和深入：

一是大多数研究从抗战文化的角度展开，即使有限的研究如《南方局领导的大后方抗战文化运动》（唐正芒，湖南师范大学出版社，1999年版）、《南方局领导下的重庆抗战文艺运动》（中共重庆市委党史工作委员会，重庆出版社，1989年版），突出了中共南方局的领导，但仍然是从抗战文化、抗战文艺的角度立论。抗战文化与文化抗战是两个既有联系又有区别的概念。抗战文化是指抗日战争时期因抗战而形成的文化现象和文化形态，它与政治、经济、军事领域的抗战一样，是中国共产党领导的抗日战争的重要组成部分，而且是鼓舞人民士气和激励民族精神的有力的武器。从文化抗战的视域研究文化领域的抗战，可以更好地揭示中国共产党及广大文化界人士抗战的主动精神和主导地位。

二是对整个文化领域的抗战缺乏整体的考察。已有的研究成果，大多数是从具体的文化领域如文学、音乐、戏剧，或某一区域如延安、桂林、武汉、大后方、西部等展开，如《抗战时期的华北文学》（张泉，贵州教育出版社，2005年版）、《粤港抗战文化史论稿》（袁小伦，广东人民出版社，2005年版）、《抗战时期的华北文学》（张泉，贵州教育出版社，2005年版）等等，对文化战线的整体，包括文化各个领域、全国各个地区的文化抗战缺乏系统、全局性的考察和研究，尤其是抗战时期中国共产党的文化抗战思想、抗战方针、抗战部署缺少整体考察，对文化抗战在凝聚中华民族精神、提振民族信心、弘扬民族精神等方面的作用评价不够深刻。

三是对中国共产党在文化抗战中的领导核心作用研究不够深入。就专著而言，目前所见有影响的如前文提到的《南方局领导的大后方抗战文化运动》《南方局领导下的重庆抗战文艺运动》，也是限于局部地区的考察。在一些关于大后方抗战文化研究的论著中，对国共双方的文化战线的抗战活动采取平分秋色的叙述方法，弱化了中国共产党对文化抗战的领导作用的研究和肯定；在整体上，缺乏对中国共产党文化抗战的总体思想方针政策的整体考察和评价；对中国共产党构建和领导的文化抗日民族统一战线的研究缺乏应有的高度；对中国共产党文化抗战取得的成就，特别是它对中华民族精神的凝聚和提升作用、对文化抗战在整个中国人民抗日战争中的地位，缺乏深刻的研究。

四是比较注重文化界精英人物的抗战活动，对民间和社会底层的文化抗战活动关注不够。中国共产党领导的抗战是全民族、全面抗战，因而在文化领域的抗战也是全面、全民族的抗战。作为代表工农群众利益的政党，中国共产党与劳苦大众的联系更为广泛和密切，也非常重视人民群众在抗战中的活动。在文化抗战中，党十分重视民间文化界的抗战活动。在抗日根据地，利用歌咏、秧歌、民间文艺来反映抗战主题的活动非常踊跃，同时也对传统的民间艺术形式进行现代的改造，使之为抗战服务，取得了巨大的成功。在国统区，在中国共产党的领导和影响下，群众性的演剧活动也很兴盛，文艺战地服务活动获得发展。因此，只有全面地反映文化抗战的各个层面，更多地关注民间文化抗战的活动及其作用，才能使文化抗战史的研究更加深入。

综上所述，关于中国共产党抗日战争时期领导的文化运动，特别是关于抗战文化的研究取得了很大的进展，有一批有见地、比较深入的成果，这些成果为中国共产党文化抗战史的研究奠定了基础。本课题将在充分研究、吸收这些成果的基础上，展开对中国共产党文化抗战历史及其成果的研究，以揭示中国共产党在文化抗战中的领导作用和历史地位，阐释中国共产党通过文化抗战对中华民族文化继承与发展的历史贡献，以及对弘扬中华民族精神的引领作用，以丰富和深化对抗日战争的研究。

三、本课题研究的对象、思路及价值

本课题以中国共产党领导的文化抗战为研究对象，研究 1931—1945 年 14 年间中国共产党领导全国人民特别是文化战线上的进步人士和爱国力量在思想、文化领域抵抗日本帝国主义侵略，捍卫和弘扬中华民族文化的历史，包括思想、舆论宣传、教育、新闻出版、文学艺术、科学技术等领域的抗战活动。力图从文化战线抗战的角度，展示中国共产党领导的抗战是全面的抗战，揭示中国共产党是文化抗战的领导核心和主要力量；阐释通过文化抗战，中国共产党为中华民族文化的复兴、为中华民族精神的凝聚所作出的巨大贡献。

本课题的重点是研究和阐释中国共产党在文化抗战中，以自己的政治主张、坚定意志、模范行动，支撑起全民族救亡图存的希望，引领着文化抗战的正确方向，成为文化抗战的领导核心和中流砥柱。

抗日战争时期，中国共产党制定了一系列有利于全民族抗战的文化方针政策，包括民主的文化人士政策、团结的抗日文化统一战线政策、适合各阶层特点的不同文艺政策等。通过这些政策，中国共产党团结了各阶层文化人士，建立起广泛的文化抗日统一战线，引领了文化抗战的正确方向。

中国共产党还通过建立各种文化抗日救亡团体，推动文化抗战的进行。中华全国文艺界抗敌协会等全国性和各地方文化界抗日救亡团体纷纷成立，成为中国共产党领导全国文化界人士进行抗战的机构。七七事变后，中国文化界的抗日统一战线迅速组织起来，仅上海文化界救亡协会就组织 40 多个救亡团体3000多人的宣传队，奔赴抗日前线慰问演出，被誉为“文化战斗的游击队”，掀起了文化抗战的浪潮。

中国共产党各级组织举办或指导各群众文化团体，创办了大量抗日刊物，宣传抗日救亡，如上海《救亡日报》《烽火》，长沙《抗战日报》，武汉《全民抗战》，广州《抗战戏剧》《文艺阵地》，成都《金箭》，等等。我党创办的《新华日报》，郭沫若为社长、夏衍为总编辑的《救亡日报》等报刊，成为中国共产党领导文化抗战的导向标。

可见，在文化抗战中，中国共产党通过自己的文化方针政策、文化团体、各种文化形式，领导着文化界的抗战活动，保证了文化抗战的正确方向，取得了文化抗战的胜利。本课题将以此为重点，阐扬中国共产党领导的文化抗战的成就及其对中国人民抗日战争胜利的贡献。

本课题研究的基本思路是：

（一）以中国共产党的领导为文化抗战的主线展开研究

“中国共产党的中流砥柱作用是中国人民抗日战争胜利的关键。”中国共产党不仅是政治军事战线抵抗日本帝国主义的领导力量，同样也是文化战线抗日的坚强领导。九一八事变发生后仅两天，中共中央就发表《中国共产党为日本帝国主义强暴占领东三省事件宣言》，响亮地喊出：“反对日本帝国主义强占东三省！”同一天，中共中央还通过《由于工农红军冲破第三次“围剿”及革命危机逐渐成熟而产生的党的紧急任务》的决议，提出了当前的紧急任务。其中一项就是：“党应该特别加紧反帝斗争，尤其是反日斗争的领导！”此后，又先后发表了《中国共产党为日本帝国主义强占东三省第二次宣言》《中国共产党为反对日本帝国主义占领锦州号召民族的革命战争的宣言》《中国共产党中央为上海事变第二次宣言》《中华苏维埃共和国临时中央政府宣布对日战争宣言》《中央为反对日本帝国主义进攻热河华北给河北省委的信》《中央关于日本帝国主义进攻华北的决议》《中央给满洲各级党部及全体党员的信》等一系列文件，号召全国人民进行抵抗日本侵略的民族战争，与国民党的消极妥协形成了鲜明的对照。不仅如此，在已沦为殖民地、形势最危险的东北地区，中国共产党迅速展开了艰苦卓绝的行动，履行了自己的抗日主张。派出大批优秀党团员骨干到义勇军中去开展工作，创建由党直接领导的游击队。文化战线上，在中国共产党的领导下，群众性抗日救亡宣传活动迅速展开。特别是一批文艺工作者创作了大量优秀抗战文艺作品，在全国范围内传播。如欧阳予倩的话剧《不要忘了》，中共党员张寒晖创作的歌曲《松花江上》，唱出了东北民众和中国人民的悲愤情怀，激起人民群众反抗侵略、保卫家园的斗志，成为抗战文艺作品的经典。全面抗战爆发后，中国共产党以民族大义为重，捐弃前嫌，主导和推动了抗日民族统一战线的形成。中国共产党开始在全国范围内全面地领导文化领域的抗战。国民政府军事委员会政治部第三厅是在抗日战争初期中国国民党和中国共产党第二次合作这一特殊历史条件下的产物，厅长为郭沫若。该厅虽属国民政府的一个军事部门，但实际上由中共长江局和周恩来直接领导。该厅下属一个办公室和三个处，负责一般宣传、艺术宣传和国际宣传。它坚持中国共产党的抗日民族统一战线政策，宣传党倡议的“十大救国纲领”。在国民党统治区，该厅在团结各民主党派、人民团体一致抗日方面起到了重要作用。中国共产党领导的敌后抗日根据地不仅是政治军事抗战的中心，也是文化抗战的坚强堡垒。可见，在 14 年的抗战中，中国共产党领导全国人民在政治、军事、文化等各条战线展开了全面的抗战，最终获得了彻底的胜利。正如习近平总书记所说：“中国共产党人，成为夺取战争胜利的民族先锋。”因此，本课题将以中国共产党的领导为主线，全面深入地研究和揭示中国共产党在文化抗战中的中流砥柱作用，描述中国共产党领导的文化抗战的伟大历史画卷。

（二）以文化史的学科范围为线索构建课题框架

“当作观念形态的文化是一定社会的政治和经济的反映，又给予伟大影响和作用于一定社会的政治和经济。”从文化史的范畴来说，文化是人类在一定的物质生产条件下，在一定的历史时期和一定的区域内创造的反映一定民族特点的精神成果的总和。这些成果包括理论思维的成果即知识系统和社会心理与民族精神系统即思想理论、科学技术、哲学宗教、思维方式、文学艺术、传播媒介（教育、新闻、出版等等）、道德规范、风俗习惯、社会心理状态、生活方式、价值观念和民族精神等等。从中国共产党领导的文化抗战的实践来说，是全面而深入的。无论是在思想战线上，还是在舆论宣传方面；无论是教育、新闻出版、报刊电台，还是社会科学、自然科学研究方面，抑或在文学艺术创造领域；无论是在文化团体的组织、领导，还是文艺作品的创作；无论是在国统区，还是在敌后抗日根据地，中国共产党都发挥了中流砥柱的领导作用。因此，本课题将以文化史的学科范畴为线索构建课题框架，全面地反映中国共产党领导的文化抗战，反映中国共产党在文化各领域抗战的成就，并以此构建成果的基本内容和逻辑体系。

（三）以中华民族精神的凝聚与弘扬为主题展开研究

文化是民族的血脉，民族精神是文化的深层结构和根本所在。中国自古是一个多民族的国家，具有现代意义的“中华民族”概念是清末民初以来逐步建构的。中国共产党自成立起，就承担着民族团结的责任。中共“二大”宣言是中国共产党官方文献首次使用“中华民族”的概念，从此在革命实践中特别是在抗日战争中逐步丰富和完善了中国共产党的民族思想，并在文化抗战的斗争中实践其思想，为中华民族精神的凝聚和弘扬作出了巨大的贡献。正如习近平总书记所指出的：“在内忧外患中诞生和成长起来的中国共产党，自成立之日起就把实现中华民族伟大复兴作为自己的历史使命，捍卫民族独立最坚定，维护民族利益最坚决，反抗外来侵略最勇敢。”因此，本课题将在具体研究中，始终把握中国共产党对中华民族精神的凝聚和弘扬的主题，阐释在伟大的抗日战争中，中国共产党通过领导文化抗战，为近代以来的中华民族精神的凝聚和弘扬所作出的牺牲与贡献。

本课题研究的难点，一是如何通过对文化抗战历史的研究，发掘其中蕴含的中华民族精神的凝聚、升华、弘扬的过程。习近平总书记指出：“近代以来，中国人民为争取民族独立和解放进行的一系列抗争，就是中华民族觉醒的历史进程，就是中华民族精神升华的历史进程。这种民族觉醒和民族精神升华，在抗日战争时期达到了全新的高度。”抗战中，中华民族精神的升华，主要是通过中国人民不怕牺牲顽强抵抗的英勇斗争体现出来，而中国共产党领导的文化抗战，通过文化的各种表现形式，如音乐、戏剧、电影，对此加以凝聚和弘扬。本课题将通过对这些形式的分析，发掘其中蕴含的民族精神。

二是对海外文化抗战的研究。中国共产党非常重视海外华侨、华人中蕴藏的爱国主义热情和力量，海外华侨、华人的文化抗战活动，也是中国共产党领导的文化抗战的重要组成部分。这方面难点的体现，主要是资料的收集，特别是海外相关外文资料的收集。从目前研究的现状来看，依据的资料大部分是回忆录。本课题拟注意当时海外华侨、华人所创办的报刊，出版的书籍以及华侨、华人所住在国的文献档案资料，针对此难点予以深入研究。

三是处理文化抗战与抗战文化的关系。抗战文化是因抗战而形成的文化，是对抗战经济、政治、军事的反映，侧重考察的是反映抗战经济政治军事的各种文化现象和文化成果；文化抗战则是文化界运用各种文化工具抵抗日本帝国主义的侵略，通过各种文化手段宣传抗战，鼓舞人民的抗日活动。在这一过程中产生了各种文化产品、文化现象，如抗战音乐、抗战戏剧、抗战文学、抗战宣传等等，它们既是文化抗战的方式，也是文化抗战的成果（抗战文化）。因此，本课题以文化抗战的视域研究中国共产党领导的文化界抗战活动，重点是研究文化战线反抗日本帝国主义侵略的实际运动，并对由此形成的文化现象文化成果（抗战文化）予以阐述和研究。这种阐述和研究不仅仅是对文化本身的分析，而是更注重造成（形成）这种文化的过程以及其中包含的深刻的文化意义。

总之，本课题将在充分研究和分析已有成果的基础上，全面考察分析相关文献资料，相对于已有的研究，在以下方面具有较为独到的学术理论价值：

一是从文化抗战的视域立论，区别于以往学术界的抗战文化的视角，将中国共产党领导的文化抗战当作经济、政治、军事战线的抗战一样，是中国人民伟大抗日战争的重要组成部分，进一步拓展和深化抗战史的研究范畴。本课题从文化抗战的视域展开研究，是一个新的视角，将拓展中国共产党领导的文化领域抗战历史的研究，全面地反映中国共产党领导的中国人民伟大抗日战争的历史。

二是从文化史研究的范畴规范设计课题，比较系统地研究和阐释中国共产党领导的文化抗战的历史。以往的研究或是从区域或是从个别文化领域（如音乐、文学、戏剧、电影等）对抗战文化或抗战文化运动进行研究，不能全面反映文化抗战的全貌。本课题将运用文化史的研究范式，从文化史所涵括的范畴对文化抗战进行全面的梳理和研究，比较完整地描述中国共产党领导的文化抗战历史，展现九一八事变至抗战胜利14年的斗争轨迹。

三是从文化抗战的视野，阐明中国共产党是全面抗战的领导核心。全面地反映和体现习近平总书记所指出的，中国共产党“捍卫民族独立最坚定，维护民族利益最坚决，反抗外来侵略最勇敢”，是抗日战争的中流砥柱。国民党在抗战期间也发起过“新生活运动”和“国民精神总动员”，但其实质是限制进步思想、抵制中国共产党的影响，实行文化上的专制主义。中国共产党在文化战线上的抗战，不但鼓舞了人民群众抗战的斗志，激励了全民族的抗战精神，而且始终如一，坚定坚决，把握了文化领域抗战的领导权，代表着中华民族文化前进的方向。

四是从中华民族文化精神的层面，阐释文化抗战对中华民族精神凝聚和升华的巨大作用。文化是民族的血脉，民族精神是文化的内核，是文化的深层结构。通过对中国共产党领导的文化抗战运动，发掘抗战音乐、美术、戏剧、文学对民族精神的凝聚和升华，揭示文化抗战对中华民族精神传承和弘扬作用。

本书在学术思想、学术观点、研究方法等方面的特色和创新之处在于：

在学术思想方面，一是对“抗战文化”和“文化抗战”从学理上加以区别和界定，使文化抗战区别于因抗战的经济、政治、军事而形成的抗战文化，成为独立的学术话语，不仅仅从历史本来面目上体现了中国共产党领导的文化战线抗战是全面抗战和全民抗战中的重要战线，而且也将文化抗战与经济、政治尤其是军事领域的抗战一样，视为中华民族伟大抗日战争的重要组成部分。二是本课题试图构建中国共产党文化抗战研究的学术范式，即构建文化抗战的学术内涵及其逻辑结构。该课题以中共党史和文化史的学科理论与方法为依据，初步构建包括抗战指导思想、抗战舆论宣传、文化抗战团体、抗战教育、新闻出版界抗战、文学界抗战、艺术界抗战、科学界抗战以及文化抗战与民族精神等范畴在内的文化抗战学术话语体系或学术范式。这是本课题的一种尝试，其目的是探索文化抗战研究的途径。三是阐释中国共产党是文化抗战的中流砥柱。在抗日战争中的国共双方中，从经济、政治、军事实力对比乃至文化资源的占有中，中国共产党并不占有优势，但是中国共产党人以自己的政治主张、坚定意志、模范行动，在思想文化战线始终坚定地领导和支撑着抗战，并通过文化抗战的巨大影响力，支持和影响了包括国统区、敌占区在内的抗战大局。

在学术观点方面，主要在三个方面进行创新探索和形成特色。一是突出中国共产党在文化抗战中的领导地位。在文化抗战中，中国共产党逐步确立了民族的、科学的、大众的文化方针，既以群众喜闻乐见的方式在广大民众中进行文化抗战活动，又以宽阔的胸怀和民族大义引导高层文化人士，结成了文化上的广泛的抗日民族统一战线，始终领导着敌后抗日根据地和左翼进步人士的文化抗战，引导着国统区文化抗战的方向，是文化抗战的中流砥柱。本课题在叙述文化战线各个领域的抗战活动时，阐明中国共产党是文化抗战的领导核心的观点。二是彰显文化抗战中中华民族精神的凝聚和弘扬。以“中华民族”来表达中国多民族的统一称谓是在清末民初，而中华民族作为统一民族的精神凝聚和弘扬，则是在抗日战争中得以彰显的。中国共产党领导的文化抗战，对凝聚中华民族的精神，弘扬和光大中华民族的文化，起到了巨大的作用，《义勇军进行曲》所表达的民族危机意识和民族斗争精神，通过中国共产党领导的文化抗战得以传承和弘扬。本课题将通过研究，阐明中国共产党领导的文化抗战是中华民族精神凝聚剂的观点。三是中国共产党领导的文化抗战所形成的成果——抗战文化，是中国文化发展史上的辉煌篇章。中国共产党通过文化抗战，形成了抗战音乐、抗战戏剧、抗战文学、抗战媒体、抗战教育等等抗战文化现象和文化成果，特别是中国共产党在文化抗战中凝聚和弘扬的民族精神，已成为中华民族文化的深厚文化记忆，融入民族文化的血脉，构成中华民族文化的优秀传统。通过对文化抗战和抗战文化及其关系的研究，说明文化抗战所形成的抗战文化是中国文化发展史上的重要组成部分的观点。

在研究方法方面，坚持历史唯物主义的观点和方法的指导，结合文献研究法和历史研究法，以实事求是的精神，以历史资料为依据，阐明中国共产党领导的文化抗战的历史作用和历史地位，从方法论上来审视学术界存在的某些历史虚无主义的思想和观点。

总之，在充分研究和吸收已有的学术成果的基础上，本课题拟对中国共产党的抗战指导思想、中国共产党的文化抗战思想及抗战舆论宣传、中国共产党领导的文化抗战团体、中国共产党领导的抗战教育、中国共产党领导的新闻出版界抗战活动、中国共产党领导的文学界抗战活动、中国共产党领导的艺术界抗战活动、中国共产党领导的科学界抗战活动、中国共产党文化抗战与中华民族精神的凝聚与弘扬、中国共产党领导的文化抗战地位与作用等10个问题进行阐述和论证。

第一章
日本侵略对中国文化的破坏与中国共产党领导的文化抗战

九一八事变特别是卢沟桥事变以后，日本帝国主义除了直接采取全面的军事侵略以外，在文化上对我国也采取了野蛮残暴的手段，对中国文化造成了极大的破坏。中国的中小学、高校、科学研究机构、图书馆、出版社等文化设施遭受了巨大的损失，给我国的文化事业造成深刻的影响，给源远流长的中华文明带来了沉重的灾难。日本帝国主义通过确立文化侵略的“思想指导”政策，扶植建立文化侵略组织，肆意摧残我国的文化事业和文化成果；在占领区大力推行奴化教育、实行文化专制等手段，企图消灭中国的传统文化，牢牢控制我国人民的思想，来达到从文化上控制中国人民大众的目的。

一、日本侵略对中国文化的破坏

日本帝国主义侵略中国，对中国文化造成了巨大的破坏。正如张闻天所揭露的：日本帝国主义“用武力毁灭与强占中国的文化机关与学校，摧毁与取缔中国革命的图书、文献、报章、杂志，屠杀与监视爱国的文化人与青年知识分子。直接由日本文化浪人与经过汉奸文化人宣扬其奴化理论。如建立‘东亚新秩序’、‘东亚协同体’，提倡‘中日亲善’、‘共存共荣’，宣传‘反共灭党’、‘共同防共’，以‘新民主义’、‘全民主义’，反对共产主义与三民主义等。在抗战现阶段内更利用汉奸汪精卫等着重于‘和平防共’及假三民主义的宣传，来进行诱降活动，并为伪中央政府的建立肃清道路。在它的占领区，建立奴化教育的统治机关与制度。如华北日军司令部特务机关所制造的‘新民会’、‘东亚文化协议会’，华中的‘大民会’等，及其他在它们统制下的整个奴化教育的系统（在华北从新民学院一直到新民小学）。报纸、杂志、通讯社的建立。各种教科书的修改与编印。收买、欺骗、引诱、麻醉与强迫文化人与青年知识分子为其服务。特别重视青年学生，开办各种训练班，培养奴化人才。首先抓住大地主、大资本家、官僚汉奸的子弟。汉奸汪派的文化人，是日寇灭亡中国的最得力的走卒。利用与提倡中国买办性的封建主义的旧文化、旧道德、旧制度。强迫尊孔、祭孔、读经，实行复古运动。提倡迷信、盲从、落后、诲淫诲盗。组织佛教会、道德会、盂兰会、盛德坛，遍设妓馆、烟馆。强迫学习日文、日语，以日文、日语代替国文、国语。利用各种下流无耻的，多种多样性的宣传鼓动方法，如挑拨离间、伪造文件刊物、造谣中伤、利用旧形式等，以达到它奴化之目的。”[1]

（一）日本帝国主义对华文化侵略的方针

从明治维新开始，日本就逐步确立了侵略中国的所谓“国策”。1868年，明治天皇即位时，发布《御笔信》称，“继承列祖列宗的伟业”，“欲开拓万里波涛，布国威于四方”。从此定下了大陆政策的基调，对外扩张的野心初露端倪。1890年12月6日，内阁首相山县有朋在日本第一届帝国议会上发表施政演说，提出了所谓“利益线”理论，明确提出：“国家独立自卫之道，一是捍卫主权线，二是防护利益线。何谓主权线？国家之疆域是也。

1 张闻天：《抗战以来中华民族的新文化运动与今后任务》，载《延安文艺丛书》编委会编：《文艺理论卷》，湖南人民出版社1984年版，第118—119页。

何谓利益线？即同我主权线的安全紧密相关的区域是也。”明确把朝鲜、中国等邻国疆土视为“利益线”，认为必须“保卫利益线”，才能维护日本本土利益。这是大陆政策得以形成和确立的标志。据此“二线论”，日本国对东亚素怀觊觎之心。其中，侵略并灭亡中国是大陆政策的核心和前提，19 世纪末的中日甲午战争和 20 世纪三四十年代的侵华战争，都是日本帝国主义实行“大陆政策”的必然结果。

1. 确立文化侵略的“思想理论”。明治维新是日本近代史上的重要转折点。日本侵略中国的思想，在明治维新后发展到了一个新的层面。在此之前，日本的侵略扩张基本上停留在空洞的理论层面；明治维新后，日本开始在侵略扩张理论的指引下，屡次发动对周边国家的侵略战争。日本的侵华思想理论逐渐系统化。日本侵华思想经历了漫长的演变过程，从明朝日本入侵朝鲜便已经出现。19 世纪，学者佐藤信渊、福泽谕吉、德富苏峰、小寺谦吉、北一辉等等，都提出了侵华的思路。而侵华的方式，也从赤裸裸的武力侵华，向“新秩序”等法西斯主义思想转变，并且最后基本上都付诸实践，给中国人民带来了深重的灾难。

福泽谕吉的“文明国家”论。福泽谕吉是“日本近代最重要的启蒙思想家”，他设计的侵华方针，基本都被付诸实践。福泽谕吉并不是日本的在仕人员，但是他作为一名教师和报纸行业的文人，在日本的影响巨大。福泽谕吉的思想，体现在对中国和中国人的鄙视，进而使日本脱亚、侵华，建立一个“文明国家”等方面。

福泽谕吉创办了《时事新报》。和普通民间报纸不一样的是，福泽谕吉的《时事新报》有极强的政治色彩。该报的主旨是“专记近时文明状况，议论文明进展之方略事项，追踪日新月异之风潮，并报道于世人”。事实上，《时事新报》确实也成了其发表政见、制造舆论的重要平台。

福泽谕吉在 1885 年发表了《脱亚论》一文，系统深刻地阐述了他的脱离亚洲的思想。首先他认为“日本国土虽位居亚细亚东边，但其过敏的精神已脱去亚细亚的瘤陋而移向西洋文明”。[1]他从根本上坚持日本和亚洲其他国家是不一样的。中国和朝鲜留给西方国家落后、野蛮、无情的印象，会使西方国家用同样的眼光看待日本，从而影响日本在世界上的形象，阻碍日本的外交。“与其坐等邻国开明而共兴亚洲，毋宁不与他们为伍，而与西洋文明共进退”，“要从心里谢绝亚细亚东方的恶友”[2]。

福泽谕吉的脱亚思想和鄙视中国的思想是互为表里、互相支持的。他作为文人，对中国有相当程度的研究。但是他对中国的研究，是建立在一种鄙视的情感基础上的。“在支那群民中，虽然也有通晓外语的人……但在进口商品中，西洋书籍却很少，特别是有关事物的真理原则的科学书籍几乎没有，因为从事商业贸易的支那人不读这类的书”，这就导致了“由于支那的迟钝，对文明为何物一无所知”。[3]他对中国的研究和关注，更多的是用一种审视的眼光，其目的也是掠夺中国。

福泽谕吉在思想文化层面是鄙视中国的，是主张脱离亚洲，摒弃与中国有关的任何东西，与“西洋文明共进退”的；在经济军事层面，则是鼓励日本民众到中国去。他先后写了《日本不能被支那屏蔽》《到支那去应受奖励》等文章，鼓励日本人去中国经营。他认为中国是“天兴的富国”，日本民众去中国经营事业，大到扩张国家势力，小到发家致富，都是有裨益的。

福泽谕吉一直密切关注着中国的形势——他研究中国的目的是趁机攫取利益。《支那的交涉事件是我国的好机会》这篇文章的创作就是由此而来的。当时他观察到英、法等国因为中国人民对传教士的杀害和对宗教设施的破坏而和中国交涉的时候，他就创作了这篇文章来呼吁日本趁机和清政府谈

1 ［日］岩波雄二郎：《福泽谕吉全集》第 10 卷，（东京）岩波书店 1961 年版，第 238 页。
2 ［日］岩波雄二郎：《福泽谕吉全集》第 10 卷，（东京）岩波书店 1961 年版，第 238 页。
3 ［日］岩波雄二郎：《福泽谕吉全集》第 10 卷，（东京）岩波书店 1961 年版，第 49 页。

判。为日本谋求更大的侵略权益。

在中法战争时，福泽谕吉就认为清政府必被瓜分，因此他建议日本侵占台湾和福建。“占领台湾全岛和福建省的一半，实在是理所当然的事情。特别是福建、浙江沿海地区，在支那的上一个朝代大明的末叶，一时为日本兵侵略之地”，最后达到“在故地插上日本的国旗使之飘扬，可使日本国人得以满足”的目的。[1]在甲午中日战争时期，福泽谕吉写了《强令割让台湾的理由》等一系列文章。通过种种论调，鼓吹日本占领台湾的必要性和合理性。

福泽谕吉一边鼓吹军事进攻中国，割占中国土地，一边用“文明”的幌子包装美化侵略战争。首先，他认为日本在精神领域是“脱亚”的，和西方国家是一个队列，是“文明国家”。中国和朝鲜等国家是未开化的，是落后的、野蛮的。所以日本对中国的侵略是“文明”对“野蛮”的战争，是对中国的“开化”。福泽谕吉在《日清战争是文明与野蛮的战争》中说道，“日清两国展开海战，我军取得了伟大胜利……战争虽然发生在日清之间，而如果要问其根源，实在是努力于文明开化之进步的一方，与妨碍其进步的一方的战争，而绝不是两国之争”。[2]谕吉认为，日本真正的目标是打到北京，“要以文明之势席卷四百余州，让四亿人民沐浴革新的阳光雨露”，日本俨然是文明的化身，带着世界文明的使命。总而言之，让日本国旗“尽早在北京城迎着晨风飘扬”才是日本知识分子和日本政府最终的目的。

小寺谦吉的“大亚细亚主义论”。小寺谦吉是日本的地主、政治家。辛亥革命以后，中国局势更加混乱，日本的侵华理论也更加成熟起来。作为侵华理论的代表之一，大亚细亚主义也发展到了比较成熟的阶段。大亚细亚主义的核心内容是亚细亚联合起来，对抗“白祸”——西方资本主义国家；而所谓的“联合”则是本书的重中之重——由日本占领中国。

1［日］岩波雄二郎：《福泽谕吉全集》第10卷，（东京）岩波书店1961年版，第78页。

2［日］岩波雄二郎：《福泽谕吉全集》第14卷，（东京）岩波书店1961年版，第491页。

小寺谦吉在《大亚细亚主义论》的序中指出“受白色人种政府威胁的有色人种，却少有叫喊‘白祸’者。黄祸早已成为梦呓，而‘白祸’却是事实”。[1]这就为本书奠定了建立泛亚细亚、反抗西方殖民统治的基调。而双方争夺的焦点是太平洋问题——中国问题。

中国地大物博，资源丰富，这一点让岛国日本极其羡慕。日本自认为是文明发达的新兴国家，人民之精神，制度之先进，国力之强盛，都是当时没落的清政府所不能比拟的。然而日本最致命的缺陷，就是国土狭小，资源匮乏。日本想要增加人口，发展工业，资源和国土面积的天然缺陷是自身无法克服的难题。而当时的清政府，资源丰富，市场广阔，制度落后，国局混乱，国力衰弱。这与日本形成了鲜明的对比。日本对中国是垂涎已久的——这也是日本大东亚概念的基础。

面对西方国家对中国的侵略，日本无法坐视中国这块自家门口的肥肉被西方列强瓜分。所以日本提出了“指导支那”“保全支那”的政策。“日本冒着极大的危险……使支那本土陷于虎口之中，东亚的和平遭到威胁。日本虽然在自卫上很有压力，但鉴于支那没有实力遏制，日本只有代支那对抗俄国南下的势力。”[2]日本自封为东方文明的守护者，有理由帮助中国对抗西方侵略者——尽管其保护方式是占领中国，使中国成为日本的附庸。

小寺谦吉认为，西方国家的侵略，是日本实施大亚细亚政策的动因之一。而为了避免东方文明被破坏，由日本统一支那，相互配合，则是十分必要的。“日本向支那供给知识，支那向日本供给物资，日本对支那提供军事援助，支那向日本提供经济利益。”因为“支那是农业国，日本是工业国，支那位于大陆，日本位于海洋”。[3]日本处于优势地位，去“保护中国”，另

1［日］小寺谦吉：《大亚细亚主义论》，商务印书馆 1918 年版，第 2 页。
2［日］小寺谦吉：《大亚细亚主义论》，商务印书馆 1918 年版，第 240 页。
3［日］小寺谦吉：《大亚细亚主义论》，商务印书馆 1918 年版，第 474 页。

一个原因是中国在政治上落后，军事上软弱。综上，小寺谦吉认为必须由日本“保护”中国，必须建立大亚细亚主义。

小寺谦吉大亚细亚主义论的核心内容是日本必须“保全、指导、改造”中国。保全是指“保护”中国免受西方列强侵略，避免中国被西方列强瓜分。日本方面认为中国在甲午战争中，暴露了中国的实力，引来了西方列强瓜分中国的狂潮。而把同俄国争夺中国东北地区则解释为日本为了保全中国而被迫发动的战争。这次日本付出了巨大牺牲而取得的胜利，就是在保全中国；把东北地区从俄国的霸占下转到日本的控制下，就是在“改造中国”。所谓的“改造中国”，不过是按照日本的意愿，将中国中部和东部沿海一带置于日本的控制之下。依靠日本的力量，把即将被其他国家强占的领土归于日本。由此可见，日本的保全方针和改造方针，都是赤裸裸地侵略中国，和西方列强的侵略并无二致。

小寺谦吉大亚细亚主义论的实质，“就是使中国承认日本对亚洲、对中国的领导地位”，就是“接受日本在政治，经济、军事、文化、语言等方面的全面提携，最终完成支那与日本的统一”。[1]随着日本军国主义的发展、法西斯政治体制的建立，鼓吹侵略扩张的“大亚细亚主义”逐渐受到越来越多人的支持，并最终在侵华战争中被实施。在各种“对支文化方案”中，核心观点可以概括为以下几点。

第一，在文化层面上为日本发动侵略中国的战争洗白。大多数日本学者认为第二次世界大战是两种文化的战争。这种观点建立在世界上有两种文化：欧洲文化和东方文化，并且欧洲文化已经走向没落，东方文化正在兴起的基础之上。具体到侵华问题，宇田尚的观点很有代表性。他认为，中国政府背后是一边侵略中国一边支持中国的英、美、法等国家，他们提倡的是代

1 王向远：《日本对中国的文化侵略：学者、文化人的侵华战争》，昆仑出版社 2005 年版，第 105 页。

表西洋文明的自由民主等文化内涵，是对东方文明的侵略。同时，“东洋文化在支那和印度早已经失去了生命，东洋文化的精神只保留在日本文化之中”。综上，日本“进入”中国，不是一场侵略战争，而是一场“圣战”。从战争的目的上来区分，大体可以分为“圣战”和侵略战争两种。“圣战”是必须打的战争，在保护自己的同时又能纠正对方的错误。[1]宇田尚的这种论调，是对日本侵华战争的无耻洗白。

第二，以日本的“皇道”作为对华文化侵略的“指导原理”。面对东洋文明遭受侵略，而“支那印度文明已经死亡”的局面，日本学者提出了由日本统领亚洲，对抗西方侵略的思想主张。而把“皇道”确立为东洋文明的指导原理，就能确立日本对中国等国家的“指导”地位。

白鸟库吉的“中国社会停滞论”。“中国社会停滞论”是日本学界为侵略中国而炮制的所谓历史观点，最早出自福泽谕吉，后来逐渐成为日本史学界比较普遍的观点。如白鸟库吉在其代表作《支那上古史》中，认定中国文化始终停留在“知情意”的阶段，其文化贡献只表现在伦理道德方面，而正是这种伦理道德导致了中国社会的停滞。[2]在抗日战争时期，这一论调又被日本侵华史学宣扬，为其侵略寻找根据。日本史学家秋泽修二在其1939年出版的《支那社会构成》中，认为中国社会具有所谓停滞性的“根本性质”，这种停滞性是中国社会“一以贯之”的“特有”属性，造成中国的落后：“支那社会和巴比伦、埃及并称世界文明古国之一，至少在汉代处于亚细亚的‘罗马’的地位，但由于其特有的停滞性——亚细亚的停滞性的缘故，结果变成了欧美帝国主义的隶属国、欧美资本的半殖民地。所以，应该说，支那社会的最大的不幸，就是将支那社会导向隶属于欧美的这种特有的停滞性。至少，支那社会的停滞的性格，为欧美列强将支那半殖民地化提供了可能的

1 王向远：《日本对中国的文化侵略：学者、文化人的侵华战争》，昆仑出版社2005年版，第219页。
2 王向远：《日本对中国的文化侵略：学者、文化人的侵华战争》，昆仑出版社2005年版，第144页。

根本条件。”而日本的侵略，“是给支那社会带去了光明。也就是说，皇军的武力，把支那社会‘亚细亚式’停滞性的政治的支柱——军阀统治，从支那的主要区域清扫了出去。这样，由于和前进的、自立的日本的结合，就为支那社会特有的停滞性的最后克服，并获得真正自立的道路——东亚协同体实际如此——开辟了道路。”[1]

2. **建立文化侵略的组织及文化侵略的手段**。1923 年，日本制定了《对支文化事业特别会计法》，其核心内容是通过日本政府的资金支持，保障日本对中国文化事业的持续稳定侵略，从而消泯中国人的文化认同、民族认同，最终达到接受日本统治的目的。需要注意的是，该款项并不会直接从日本的财政收入里面支出，而是利用中国的“庚子赔款”——用中国的资金，推行对中国的文化侵略。从此加快了对华文化侵略的步伐。

确立文化侵略的政策和组织。日本对中国的文化侵略，结合军队的进攻，共同构成了立体的全方位侵略格局。文化侵略造成的损失，相对于军事侵略不遑多让。早在甲午战争期间，日本政府就根据国内的《战时清国宝物收集办法》颁布了《敌产管理法》，其中规定对被占领国的图书文物进行收集整理，对于有价值的文物则立刻运送到兵站，再统一运回国内图书馆或博物馆。这种对我国文物有组织、有系统的“收集”，正是日本帝国主义对我国进行文化侵略的表现之一。

1938 年 7 月，日本政府制定了专门的文化侵略指导政策《从内部指导中国政权的大纲》，其核心指导方针就是：“对于抗日思想泛滥的现状，必须一面以威力为后盾，打开局面，一面提高国民经济，收揽人心……恩威并施，以促进一般汉民族的自发的合作。”[2] 企图达到从文化上灭亡中国的目的。

1《支那社会构成》，中国农村经济研究社、生活社 1939 年版，第 4—5 页。

2 复旦大学历史系日本史组编译：《1931—1945 日本帝国主义对外侵略史料选编》，上海人民出版社 1985 年版，第 272—273 页。

1940 年 12 月 10 日，侵华日军的“战略指导”中明确列出“思想指导”政策：“解决这次事变之指导思想在于，以日满华之亲善合作为直接目标，以从道义上复兴东亚为终极目标”，“使现地中国方面的思想统一于东亚联盟思想，击破敌方抗战思想，驱逐共产思想”。[1]1941 年 1 月 25 日，日本军部制定了“对华思想指导要领”：“应展开思想攻势，对反对派势力展开积极的斗争，有效地对敌方进行渗透，瓦解敌之军、政、民抗日意志，以促进事变的解决。”[2] 日本帝国主义正是在其制定的文化侵略政策的指导下，扶植建立了一系列文化侵略组织机构。新民会是日本帝国主义于 1937 年 12 月 24 日在北平成立的反动文化侵略组织，这个组织的基层机构遍布华北各行各业，同时利用当地的宗教、帮会组织来增强它的影响力。它“护持新政权”，“发扬东方文化道德”，“于剿共灭党之大纛下，参加防共战线”等。[3] 燕京大学英国籍教授班威廉在目睹这一系列现状之后，在其著作《新西行漫记》中对这一组织展开这样的评价：“新民会在日本顾问指导下，负责精神上奴化中国人的任务。所用方法的卑劣几乎令人不能置信，造谣和欺骗，敲诈和勒索，腐败和争夺，酷刑和恐怖，毒化，娼妓，邪行，凡是世界上种种最下流的行为都在这个机构里培养出来，专为破坏人民道德，动摇大众的信念。”[4] 日本帝国主义利用新民会这个组织对我国进行文化渗透、侵略，种种罪行罄竹难书。1939 年在我国的各沦陷区先后掀起了一场“东亚联盟运动”，在日军各机关的刻意宣传之下，各种宣传组织先后建立，同时出版一批著作、刊物。1941 年，日军在南京成立了“东亚联盟中国总会”，统一领导各协会。同时，该会在各个占领区建立支部、小组和分会，并且将注意力放到青少年、妇女组织中，形成了很大的规模。1940 年 7 月 28 日成立于南京的中日文化

1 涂文学、邓正兵主编：《中国抗战时期的中国文化》，人民出版社 2006 年版，第 361 页。
2 转引自军事科学院军事历史研究部编：《中国抗日战争史》中卷，解放军出版社 2000 年版。
3 北京市档案馆选编：《日伪北京新民会》，光明日报出版社 1989 年版。
4 ［英］班威廉、［英］克兰尔著：《新西行漫记》，斐然等译，新华出版社 1988 年版，第 7—8 页。

协会是日伪势力扶持的御用文化侵略组织，充当着日本帝国主义对我国进行文化侵略的重要工具。该协会宣称其宗旨是“沟通中日两国之文化，融合双方朝野人士之感情，并发扬东方文明，以期达到善邻友好之目的为宗旨”。其真实目的是让我国人民服从日本的文化，以摧残中国文化。九一八事变以后，日军在各部队中都安排有经过专门训练的“文物收集员”，在占领区对当地的文物古籍进行全面的搜刮。日本发动全面侵华战争以后，对我国的文化掠夺变得更加猖獗。日本军部每占领一地，就肆意破坏我国的古建筑，搜集当地珍贵文物书籍。除了军部之外，还成立一些专门的搜刮机构，如臭名昭著的“满铁调查部”“中国中部占领区图书文献接收委员会”，以及设在日本东京的“政治经济研究所”等，再加上一些所谓从事学术研究的团体，如日本京都东方文化研究所、日本东亚考古学会、日本东亚文化协会等。这些反动文化组织机构，在我国从事着肆意破坏和掠夺珍贵文物的勾当。

（二）日本侵略对中国文化教育事业的破坏

在日本文化侵华的思想和政策指导下，抗日战争期间，日本侵略者对中国文化进行了肆无忌惮的掠夺和破坏。教育是国家发展的根本。中国教育自清末民初转型以来，由书院体制向适应现代工业社会的欧美教育体制转变。经过数十年的发展，到抗日战争前，基本建立了初等、中等、专科、大学、研究生培养等一整套较为完备的现代教育体制，为中国经济和社会发展培养了一批专业技术人才，也逐步提升中华民族的文化教育素质。据统计，到1937年，全国有小学229911所，在校小学生12847924名[1]，中学1896所，在校中学生389948名[2]，高等学校108所，在校大学生41922名。就人口占比而言，教育是非常不发达的，但它是中国现代教育的基础。抗日战争爆发

1 娄立志主编:《中国教育史》，山东人民出版社2008年版，第296页。
2 娄立志主编:《中国教育史》，山东人民出版社2008年版，第298页。

后，日本帝国主义对此进行了摧残，造成中国教育事业的重大损失。[1]

1. 日寇对中国教育事业的破坏。

对高等教育的破坏。抗日战争前，全国大专院校分为国立、省立、市立和私立4种。大学分科改为学院，分设文、理、法、农、工、商、医各学院，并增设教育学院。凡具备3个学院（必须具备理学院和农、工、医学院之一）以上者，方可立为大学，否则只能作为独立学院。同时，根据《专科学校组织法》将专门学校改为专科学校，分为四类：甲类（工业）、乙类（农业）、丙类（商业）、丁类（医药、艺术、音乐体育、市政、图书馆、商船等）。1931年，全国专科以上高校共187个学院，其中文法类占59%，理工类占41%；学生总数44167人，其中文科学生占74.5%，理科学生占25.5%。至1935年，文科学生占48.8%，理科学生占51.2%。[2] 到1937年抗战前，全国已有专科以上学校108所，大学42所，独立学院34所，专科学校32所，其中42所大学中，有12所设有研究学部。由于中国半殖民地半封建社会的历史原因，高校的地域分布极不均衡，108所学校多集中在东南部的少数几个大城市之中，北平有高校14所，上海25所，以天津为主的河北有8所，广东7所，占半数以上。其后陆续增设至1945年8月，共有专科以上学校142所。[3]

日军在军事进攻的同时，将我高等教育机构列为重点轰炸目标之一。日军所到之处，对中国的学校等教育机关进行了疯狂的摧毁。当时教育部编定

---

1 关于日本帝国主义对中国文化的摧残所造成的损失，国内学术界研究比较深入和成果丰硕的学者是孟国祥先生。他通过查阅民国档案资料，撰写了《大劫难：日本侵华对中国文化的破坏》（中国社会科学出版社，2005年版）、《文化大劫难》（中国社会科学出版社，2005年版）、《南京文化的劫难》（南京出版社，2007年版）、《抗战时期的中国文化损失》（中共党史出版社，2010年版）、《江苏文化的劫难：1937—1945》（南京出版社，2013年版）、《南京文化的劫难：1937—1945》（南京出版社，2017年版）、《抗战时期的中国文化教育与博物馆事业损失窥略》（中共党史出版社，2017年版）等专著，还发表了系列论文。本章相关数据均采自孟国祥的研究成果，特此说明，并在相应引用处注明。

2 娄立志主编：《中国教育史》，山东人民出版社2008年版，第300页。

3 孟国祥：《抗战时期的中国文化教育与博物馆事业损失窥略》，中共党史出版社2017年版，第1页。

的《敌人摧残我文化事业录》记载，截至 1937 年 10 月，除北平的 14 所大学被敌盘踞而未被轰炸外，3 个月来全国共计有 23 所高校被炸。到 1938 年 8 月底，108 所高校中有 91 所遭受敌人破坏，其中 25 所被迫停办。[1] 七七事变后的 1 年时间里，据不完全统计，“沦陷区的高等学校遭到破坏者达 91 所”，“损失财产达 3600 余万元”，“受破坏的图书馆 2118 所，民众教育馆 835 所，博物馆 42 所，古物保存所 54 所”。[2]

初等教育的损失。战前全国有小学 32 万余所，在校学生 1836 万人。至 1938 年 10 月，小学 206704 所，损毁 11863 所。有近 13 万所学校关闭，25.7 万名教师被迫失业，643.8 万人失学。战后，国民政府教育部的调查显示，沦陷区 16 省及北平、南京、上海、天津、青岛 5 市至 1937 年年底，全国有 10 余万所初级教育学校或毁于战火或被迫关闭，学校数骤减至 22 万所。1938 年 10 月，在沦陷区和战区的初等教育机关，即有 12.97 万所学校不得不中断其教育功能。[3]

中等教育的损失。战前，全国原有中等学校 3264 所，至 1937 年年底，全国 1368 所中学被迫关闭，占总数的 40% 左右，在校生由 62 万余人减少到 38 万余人，约有 24 万人失学或流亡内地。部分学校内迁，据 1938 年年底统计，抗战以来各省市（不包括县）中等学校迁移者 203 所，在本省内办理迁移 94 所，在本省内数校合并迁移 44 所，迁移省外 60 所，迁移省外数校合并者 5 所。沦陷区中等教育急剧萎缩，如南京 1936 年有公立、私立中学 46 所，学生 2.4 万余人。沦陷后，中学或毁于战火，或遭占用、解散，1938 年全市只有 2 所中学开学，学生总共才 319 人。日本投降时，全市也仅有中学 15 所，学生不足 6000 人。战后，教育部调查沦陷区 16 省，及南

1 孟国祥：《抗战时期的中国文化教育与博物馆事业损失窥略》，中共党史出版社 2017 年版，第 2 页。
2 肖效钦：《抗日战争文化史 1937—1945》，中共党史出版社 1992 年版，第 434 页。
3《各省教育复员均感经费困难》，《新华日报》1946 年 2 月 15 日。

京、上海、北平、天津、青岛 5 市，中等学校 2676 所，损毁 1867 所。[1]

师资力量的损失。民国时期中国的教育事业并不发达，而师资更是宝贵。有限的宝贵师资在抗战时期遭受重大损失。以高等教育为例，全国原有大专教师 7500 多人，职工 4300 人，学生 42000 人。1938 年 8 月底，因战争失业的教职工达 2000 人，而失学者超过 2 万人，占了一半。据北京大学、北平大学、清华大学、中央大学、同济大学、暨南大学、南开大学、复旦大学等 46 所高校统计，师生死伤不知下落者 108 人。[2]

据估计，到 1943 年全国文教机构损失情况如下：在全国专科以上高等院校中，国立 26 所院校损失 35970 千元。省立 20 所院校损失 7700 千元。私立 43 所院校损失 31080 千元。综上 89 所院校，共损失 74750 千元；抗战 6 年沦陷区中等学校约 1450 所，损失约为 118900 千元，再加上后方被炸损失，共损失不低于 150000 千元；沦陷区小学校约计 100000 处，损失额为 181000 千元，共损失约计 200000 千元；社会教育机关包含一切短期民众学校、教养院、体育场、公园、古物保存所、博物院、图书馆等，损失更难计算，仅以普通财产为限，图书、古物等项损失不在此列，沦陷区损失共约 93500 千元，加入后方损失，总计损失 534750 千元。[3]

2. 高校西迁的损失。由于中国高校主要分布在北京、天津、上海、南京等大城市，全面抗战爆发后，为了避免遭到日军的破坏，大部分开始了西迁。抗战时期高校比较集中的西迁有 3 次：第一次大的迁移是自 1937 年全面抗战爆发至 1938 年广州、武汉失守，近 1 年半时间。这一次内迁高校共有 75 所，占 1938 年年底全国高校总数 97 所的 77%，占抗战时期高校内迁总数 124 所的 60%。第二次大迁移是太平洋战争爆发至 1942 年上半年，约

---

1 孟国祥：《抗战时期的中国文化教育与博物馆事业损失窥略》，中共党史出版社 2017 年版，第 7 页。
2 孟国祥：《抗战时期的中国文化教育与博物馆事业损失窥略》，中共党史出版社 2017 年版，第 7 页。
3 韩启桐：《中国对日战争损失之估计（1937—1943）》第 9 辑，台北，文海出版社 1974 年版。

半年时间。这一时期总计迁移高校近 20 所。第三次大迁移是 1944 年国民党正面战场豫湘桂战役大溃退时，广西、贵州的一些高校和早先云集在广西、贵州、湘西、粤北的大批高校急迁四川、黔北。这一时期共迁高校 26 所。除这 3 次集中迁移外，零散迁移或再迁移的高校还有近 50 所。[1]1937—1939 年，先后共有 69 所高校内迁。内迁高校大致迁往西南昆明地区、四川、西北地区和广西、贵州 4 个地区。在此之前，湖南也曾经是西迁高校的暂住地，如迁入湖南的院校有国立商业专科学校、北平民国专院。北大、清华、南开就一度迁往长沙，更名为长沙临时大学，1938 年春再迁云南昆明，改成西南联合大学。迁往西南昆明等地的院校还有同济大学、杭州艺术专科学校、中法大学、华中大学、中正医学院等。中山大学先拟迁广东罗定，继改迁广西龙州，后再迁云南澄江，1940 年回迁广东坪石。

迁入四川的高等院校共计 48 所，占战前全部 108 所高等学校的 44%。有山东大学、东北大学、牙医专科学校、清华大学航空研究所、东吴大学法学院、中央工业职业学校、戏剧学校、光华大学成都分部、朝阳学院、山东医学专科学校、中央政治学校、复旦大学、蒙藏学校、北平师范大学劳作专修科、江苏省立蚕丝专科学校、武汉大学、武昌文华图书馆学专科学校、武昌中华大学、两江女子体育专科学校、齐鲁大学、江苏医政学院、南通学院医科、铭贤学校、南开大学经济研究所、武昌艺术专科学校、吴淞商船学校、国立音乐院、中央国术馆体育专科学校。太平洋战争爆发后，原设于租界的大学被迫内迁。如上海交通大学、沪江大学、之江大学从上海租界迁往重庆；滞留北平的燕京大学迁到成都；迁到昆明的上海医学院、同济大学、国立艺专等校内迁四川；立信会计专科学校、上海法学院等也迁入四川。

迁往西北地区的院校有东北大学，该校九一八事变后迁往北平，1936 年

---

1 唐正芒：《抗战时期的高校西迁述论》，《云梦学刊》2002 年第 5 期。

2 月，该校工学院迁往西安。1938 年 3 月，东北大学迁往四川三台。内迁西安的北平大学、北平师范大学、天津北洋工学院和北平研究院、北平大学医学院等院校，设立西安临时大学。后迁汉中，并改名为西北联合大学。1938 年 6 月，西北联合大学撤销，分别成立西北大学、西北师范学院、西北工学院、西北医学院、西北农学院。合组西北工学院的院校有北平大学工学院、北洋工学院、私立焦作工学院（已迁至甘肃天水）和东北大学工学院（已迁至四川台县）。迁到陕西的还有私立山西川至医专。

迁往广西、贵州等地的院校：迁往广西的院校有浙江大学、中央国术体育专科学校、江苏教育学院、无锡国学专科、广东教育学院等院校，迁往贵州的院校有复旦大学、大夏大学、湘雅医学院、交大唐山工程学院等。先前内迁云南的中正医学院 1940 年后又迁往贵州。1944 年日军发动湘桂作战，迫使原内迁广西、云南、贵州等省的部分高校再次内迁。之江文理学院、东亚体育专科学校、华侨工商学院、交通大学唐山土木工程学院、交通大学北平铁道管理学院、东方语文专科学校迁往四川。广西大学、桂林师范学院迁往贵州。

此外，还有一些高校迁往本省偏远地区。如湖南高校进入湘西地区，广东高校迁入粤北、粤西地区或避居香港，福建高校内迁闽西，等等。

高校西迁，主要有 3 条通道：一条由汉口溯长江而上，经宜昌，入夔门，过万县，再到重庆。如中央大学、金陵大学、药学专科学校。水路入川较为近便，但船少客多，甚为艰难。第二条路从湖北过安康，入汉水，走汉中，取道川北。第三条路多为八一三事变后从上海来的，他们到汉口后溯湘江而南入湖南、广西，从桂林经贵州入川。西迁的高校，无论走哪条通道，都备尝艰辛，蒙受重大损失。

西迁使得基础薄弱的中国高等教育雪上添霜。首先是长途跋涉，路途遥远，师生异常艰辛，且常有敌人、土匪骚扰，加之水土不服，疾病横生，损失极大。河南大学在迁徙途中遭遇日军，22 人被捕，5 人被杀。据北京大学、北平大学、清华大学、中央大学、同济大学、暨南大学、南开大学、复旦大学等 46 所高校统计，师生死伤不知下落者 108 人。[1] 内迁高校医疗条件差，师生发病率高。根据武汉大学 1942 年统计，每天有 40 人患疟疾。学生病死的达 60 人，教授也因病损失不小。西北联合大学在 1939 年 3 月 8—29 日 20 天内，生病就诊者达 2177 人次，而全校师生仅 8000 人左右，可见生病率之高。

西迁的高校还要经受日寇经常的轰炸。位于重庆和昆明的高校成为日寇飞机重点轰炸的对象，损失巨大。西北地区的高校也常常被炸。师生们往往不得不中断课程，躲避空袭，因此也经常有伤亡。

在教学设备方面，由于长途跋涉，很多仪器设备不能随校迁移，被迫存放在沦陷区原校址而损失殆尽。转移出来的设备在路途中遭遇敌机轰炸而损失不小。

1946 年 6 月，教育部第 5 次统计汇编全国公私学校、社会教育机关损失，直接损失项目包括建筑、图书、仪器、器具、医药用品、现款等，间接损失项目包括搬迁费、防空费等，共计损失 114200304572 元。折合 1945 年 8 月之价值为 4748871585686 元，依照美元 1 元合国币 2000 元，折成 2374435793 美元。[2]

（三）日本侵略对中国文物典籍的破坏

中国是一个历史悠久的文明古国，遗留了大量历代的古代建筑、古代典籍、古代文物，是中国乃至世界宝贵的文化遗产，具有极高的历史、艺术和科学价值。日本发动侵华战争以后，在对学校、图书馆等机构破坏的同时，还对古建筑、古文物、古代图书文献进行了肆意的掠夺和破坏。据不完整的

1 孟国祥：《抗战时期的中国文化教育与博物馆事业损失窥略》，中共党史出版社 2017 年版，第 4—5 页。

2 孟国祥：《抗战时期的中国文化教育与博物馆事业损失窥略》，中共党史出版社 2017 年版，第 7 页。

统计，“全国被毁坏或被掠夺的古代文物就达 36 万多件”，[1] 给中国文化造成巨大损失。

1. 日寇对中国古代建筑的破坏。古代建筑是指具有历史、艺术、科学价值的古代建筑（就抗日战争时期而言，当指清代及以前的古建筑）。它包括宫殿、寺庙、道观、祠堂、陵墓、碑塔、城墙、堡垒、炮台、园林、牌坊、亭台、水榭、祭坛、别墅、驿站、码头、烽火台等实用性、观赏性、纪念性、娱乐性的场所及其附属物，与重大历史事件或著名人物有关的建筑物，以及风格独特的民居等都属于古建筑的范畴。[2] 中国是历史悠久的文明古国，古代建筑遗留十分丰富，种类繁多，分布广泛，价值难以估计。

日本发动侵华战争以来，为镇压中国军民的反抗，实行残暴的武力摧毁政策，因此中国古代建筑损毁严重，其波及范围之广，损毁程度之严重，主观破坏之意图，都是中外战争史上所罕见的。日军对中国古建筑的破坏，主要是 3 种途径造成的。

轰炸与炮火。城市是古建筑集中的地方，同时也是中国军队据守的战略要地，因此日军为了攻占城市，往往使用狂轰滥炸的手段，使宝贵的古建筑毁于一旦。南京是一座有着 7000 多年文明史、近 2600 年建城史和近 500 年建都史的城市，有“六朝古都”“十朝都会”之称。抗战时期是国民政府的首都。日军在进攻南京时，遭到南京军民的英勇抵抗，而对其进行了野蛮的轰炸，造成南京古建筑破坏严重。明朝初年修建的砖石城墙工艺堪称世界第一，有极高的历史与科学研究价值。即使在晚清湘军进攻作为太平天国都城的天京时的，明城墙也损毁有限。但在遭受日军炮火摧残后，中山门城墙、光华门城墙、中华门城墙大部分被毁，30 多公里的古城墙只余约 20 公里，

---

1 肖效钦：《抗日战争文化史 1937—1945》，中共党史出版社 1992 年版，第 434 页。

2 关于日军对中国古建筑的破坏，戴雄先生（《侵华日军对中国古建筑的毁损》，《民国档案》2000 年第 3 期）和孟国祥先生（《大劫难：日本侵华对中国文化的破坏》，中国社会科学出版社 2005 年版）有精到的研究和叙述范式，本节描述从中受益良多。

所剩部分大多也伤痕累累，残破不堪。南京南郊南朝陈武帝万安陵前的石麒麟横遭日军炮火攻击，这一公元6世纪的石刻艺术瑰宝被摧毁。牛首山是中国佛教名山，文化底蕴深厚，是佛教牛头禅宗的开教处和发祥地。牛首山南南朝建有佛窟寺、唐代又添建宏觉寺塔，“凤”字形石壁上除有梵文和诗刻外，还有明代所建4龛石刻佛像，多者达75尊，高者近2米。在南京沦陷后，侵华日军将全山砍伐一空，历代建筑付之一炬。夫子庙的棂星门、大成殿与所有配殿、楼阁悉遭破坏；秦淮河一带大片明清民居沦为废墟，北平是古建筑众多的古都，也在日军的轰炸下损失惨重。有1200余年历史的北平云居寺，也因日机轰炸而被夷为平地。天津古建筑在日军的轰炸下也损失惨重，海地区王口镇文昌阁、禅林寺、万寿庵、康熙碑等古建筑被毁。1938年4月，在第一次长沙会战中，日机轰炸长沙岳麓山一带，致使创建于宋太祖开宝九年（976年）的岳麓书院被毁。崇道祠、船山祠、六君子堂、中丞堂、文庙大成殿被炸毁。衡阳雁峰寺的梵宇僧楼，石鼓书院被炸成一片废墟，仅剩50多块石刻碑。日军对寺庙、碑塔、庐墓的破坏，以山西、山东、河南为最烈，可谓无庙不毁。高密的晏子像、菏泽的僧格林沁像、郯城的孝昌碑和郯子墓、沂水的古塔、安阳的玄庙观和南阳的诸葛庐等古物、古迹和建筑，先后被毁。

纵火焚毁。1937年12月，日军在镇江焦山古寺放火，碧山庵、松寥阁、水晶庵被付之一炬，定慧寺被烧毁古建筑119间。日军盘踞山西期间，方山、襄垣、汾阳3县有279处颇具价值的古代建筑被烧毁。山西沁县被日军毁坏的古代寺庙庵观，就有北魏时期的乔村永泰寺、开村普兴寺，唐代的南景圆通寺、仁胜广济寺，宋代的乌苏大明寺，元代的端村永庆寺，明代的烟立福兴寺、北漳石佛寺等36处。

以北京为例，被日军于1938年9月至1940年秋数度轰炸的建于隋朝的房山云居寺，1940年秋又遭日军放火，烧毁禅房、殿宇300多间。为建下庄岗楼，日军还拆毁了南压经塔。云居寺遗址仅剩下 2 只石狮子、残破的山门石券和一座北压经塔。建于元代的永寿禅寺，1938 年 2 月 18 日被日军烧毁，仅剩千佛殿和钟鼓楼。此外，门头沟的惠济寺、仰山栖隐寺，大兴区的西庵庙、娘娘庙、玉皇庙 3 座明代庙宇，平谷区的兴善寺、云岩寺、大兴隆寺、白云寺、轩辕庙，延庆县的应梦寺、朝阳寺等古寺庙建筑，也被日军烧毁。[1]

抗战期间，蓟县的天成寺、万松寺、天香寺、双峰寺、普济寺、香水寺、静安寺、报国寺、中盘寺、定慧寺、招提寺、法藏寺、净土庵、瑞云庵、甘露庵等数十座庙宇被日军焚毁。[2] 江苏境内遭日军损毁的宗教古建筑有数百座之多。其中著名的有：宿迁的玄朝律寺、扬州的静慧寺、江都的西明寺、水陆寺，淮安的净名寺，建湖的净慧寺，盐城的永宁禅寺，连云港的法起寺、花果山的三元宫，镇江的定慧寺、招隐寺、圌山楞伽禅寺，茅山道院，丹阳的昌国寺，宜兴的磬山崇恩寺，锡县的泰伯庙，常熟的崇教兴福寺，昆山的华藏寺，苏州观前街的玄妙观。[3]

内蒙古召庙是我国著名的古代建筑，是鄂尔多斯草原蒙古族人民宗教与文化中心。该庙气势恢宏，整个建筑汲取汉、藏各族寺庙之精华，占地约 50 亩，庙亭 259 间，院墙外建有 9 座大庙，内供奉伊克昭盟七族祖先等 13 座塔坟，各塔坟大小不一，形式各异，全部采用银质建造，并镀金裱。此外，庙中还存有吉农汉使用过的银质镀金的马鞍和弓箭。1941 年 2 月 9 日（农历正月十四），日军铁蹄踏进王爱召，疯狂搜索各种文物，经日军 3 天洗劫，嵌有宝石的释迦牟尼银质佛像，珍贵的经卷，银质镀金的马鞍、弓箭，以及各式壁挂、地毯等被抢劫一空。为了掩盖其抢劫王爱召的罪行，日军在

1 孟国祥：《惨遭日军摧残的中国古建筑》，《团结报》2016 年 3 月 31 日。
2 孟国祥：《惨遭日军摧残的中国古建筑》，《团结报》2016 年 3 月 31 日。
3 孟国祥：《惨遭日军摧残的中国古建筑》，《团结报》2016 年 3 月 31 日。

洗劫之后，在召庙各建筑物上浇洒汽油，堆遍干柴，进行焚烧。这座我国内蒙古民族文化、宗教中心，中华瑰宝遂成一片废墟。[1]

征用造成古建筑拆毁或破坏。日军为了驻军或其他军事用途，往往征用现有的古建筑。为了适合军用，肆意拆毁和改建，对古建筑造成破坏。据统计，抗战时期日军共损毁长城45公里，敌楼197座，瓮城2座。1940年，日军为修建兵营，拆毁湖北荆沙地区20余处名胜古迹。为修建飞机场，拆毁了具有1500余年历史的荆州承天寺。其中最典型的是日军团河行宫的行为。团河位于北京南郊大兴县，团河行宫是清乾隆年间在北京名苑“南海子”里修建的4座行宫最豪华的一座，它集中国古代园林艺术之大成，在历代帝王行宫中最具特色和代表性。行宫周围约4华里，四周筑有土山。宫中分东西两湖，中间有桥梁相连，宫门三楹，内有前殿、后殿和配殿，宫中别宇、亭台众多。在宫堂之间，共有游廊124间，处处雕梁画栋金碧辉煌。1937年7月，团河行宫饱受日军战火摧残后一直被占用。1942年，日军为修筑南苑飞机场将团河行宫完全拆毁，这座充分展示中国园林建筑艺术精华的一代名苑从此永久消失。[2]

南京汉中门内蛇山的古灵应观、诸葛武侯寺也被日军拆毁：

窃古灵应观自唐宋建修以来，历有千余年历史。皆赖历代住持经营有司，保护香火未尝中断，士庶官宦咸称显应威灵，道德重深，由是香火日胜，祈祷渐繁。有志书碑文可考，战前全部为市地政局土地权利登记，本观确为京都善名之古迹文化之区也。讵料于民国二十六年日寇陷京，德圆随政府西迁，而敌寇顽横无法无天，惨无人道，随便杀人，至今人民及先师均在难民区不能归家。敌人丧心病狂，竟于次年之春夏间将本观观宇大殿房屋全部拆毁，以能用之件改建鸽房，驻扎鸽子通讯大队；不能用之件任令人民自

1 孟国祥、喻德文：《中国抗战损失与战后索赔始末》，安徽人民出版社1995年版，第108—109页。
2 戴雄：《侵华日军对中国古建筑的毁损》，《民国档案》2000年第3期。

由拆毁，以便就基建筑。观中所有古迹、神像、神器及法物、道藏经典、乐器等尽行毁灭，损失之价不可计数，千余年之香火随兹中断、道为之残，是令人痛心。[1]

总之，日军通过各种方法毁灭和破坏的中国古建筑不可胜数，犯下的罪行罄竹难书。

2. **日寇对中国文物的掠夺和损毁**。早在甲午战争时期，日本就制定了《战时清国宝物搜集办法》，有组织地系统掠夺中国文物，掠夺中国文物成为日本侵略者侵华政策的重要组成部分。侵华战争开始后，设立了众多的官方或民间机构专门实施对华文物的劫掠，如满铁调查部[2]、东方文化事业总委员会[3]、东方文化研究所[4]、日本东亚考古学会[5]、（华中）占领地区图书文献接收委员会[6]、"文物搜集员"（配备在日军师团一级）等，在日本侵略中国的14年间，日军对中国文物进行疯狂的掠夺和损毁，能搬运回国的就运回国，不能运回国的则随意丢弃或干脆付之一炬。中国的文物遭受了重大的损失。

劫夺博物馆藏公共文物。博物馆是保存文物的场所，大量的文物集中于博物馆，供民众参观和文物工作者研究。中国近代博物馆事业虽然不是很发达，但在抗日战争全面爆发前，全国比较有影响的博物馆37家。但到

1 孟国祥编：《侵华日军对南京文化的破坏》，南京出版社2007年版，第37页。

2 1906年，日本在中国东北设立"南满洲铁道株式会社"（简称"满铁"），其业务范围不仅在经济领域，在文化领域也有很大作为。建立了"满铁大连图书馆""满铁哈尔滨图书馆""满铁奉天图书馆""南满洲长春图书馆"等，"满铁"存在的40多年中，共在中国掠得各种珍稀图书70余万册。

3 1925年10月在北京正式成立，1931年，该委员会在北京和上海分别组建了"北京人文科学研究所"和"上海自然科学研究所"。

4 1929年成立，创办初期称为东方文化学院京都研究所。1939年8月，改名为京都大学附设人文科学研究所。该研究所在战争期间，通过劫掠、盗窃、发掘、诱骗等种种途径获得了大量的中国典藏古籍和文物资料。该所藏有殷商甲骨3609片，为日本最多。

5 1928年前后成立，其成员多为日本著名大学和研究所的历史学或考古学专家学者，主要从事对中国历史的研究和考古发掘工作，是劫掠、盗窃中国文物的专业性组织。

6 1937年12月初，即在日军攻占南京前夕，日"华中方面军"特务机关匆忙组织了一个所谓"（华中）占领地区图书文献接收委员会"的机构，专门负责劫掠南京、上海、杭州等地的图书文献。

1944 年全国仅存博物馆 18 家，较战前减少一半以上，其中的文物则可想而知，损失巨大。其他如附设于学校或图书馆中的博物馆则有 3/4 被毁。[1] 其中北平故宫博物院文物损毁最大。在战争爆发前，国民政府组织故宫博物院文物南迁，故宫大部分文物计 13427 箱又 64 包经平汉、陇海、津浦、京沪铁路运往上海，最后转到南京。北平故宫博物院还存留不少，转移的一部分在全面抗战爆发前继续西迁外，还有 2953 箱来不及转移而暂存南京，这两部分都遭到日军的劫掠和破坏。1942 年 8 月至 1944 年 2 月，日军在北平故宫博物院内搜刮金缸金屑和铁器等，劫得 220 余吨，故宫内铜缸 66 口、铜炮 1 尊、铜灯亭 97 件亦遭日军抢夺。[2] 存于南京的故宫文物，也遭到日军的劫掠。1938 年 6 月，日军当局打开存放于南京的北平故宫博物院文物 575 箱，清点所得 8096 件。1939 年，又对存放于南京的 2272 箱故宫文物进行“清理”。其中包括玉牒、红档、实录 541 箱、普通档案 1271 箱、图书类 475 箱、地图类 15 箱，其他 25 箱。其中重要者有清实录、圣训、玉牒 300 件，御笔、书画 34 件，玉、象牙、珊瑚、砚墨、陶瓷器、铜器 317 件，玉座、御案、御玺等 11 件，以及颐和园部分文物 99 件，计 761 件，其他如档案、器具、兵器、图书、绸缎、首饰等不计其数。其中字画如“兰亭入柱帖”“唐太宗御笔”“宋徽宗御笔牡丹”“宋徽宗御笔荔枝山雀图真迹”“马远江山万里图”“苏东坡墨迹”“（宋）刘松年群仙图”“米芾尺牍”“御临争座帖（颜真卿）”等等珍贵文物，而没有被登记的则难以估算。[3]

除故宫博物院之外，其他各地博物馆损失也很大。如北平研究院收藏的陕西宝鸡斗鸡台文物 300 多件、中央博物院筹备处存于北平的宋清瓷器、绣花屏风等 88 件、南齐石刻佛 1 尊、山西赵城佛寺壁画 4 块、乾隆五彩瓷笾

1 陈文海主编：《世界文化遗产导论》，长春出版社 2013 年版，第 85 页。
2 中国第二历史档案馆：“国民政府教育部档案”。
3 戴雄：《抗战时期中国文物损失概况》，《民国档案》2003 年第 2 期。

豆等，金陵女子文理学院的星镜、蟠螭镜、菱花镜、宋镜、青铜剑、青铜戈等50余件先后被日本占领军劫夺。[1]无锡县立博物馆所藏金石、雕刻、书画等2000余件文物被日本占领者抢劫一空；江苏省立国学图书馆所存的清季江南各公署档案6484宗与未及整理的60余大篓，或作废纸处理，或干脆付之一炬。据国民政府教育部编《南京市抗战期间公私文物损失数量及估价目录》统计，南京地区战时文物损失查明有据者至少有古字画28000余件、古玩7300余件，尚不包括中央研究院殷墟发掘所的古物、陶片等和该院历史语言研究所的954箱文物，上述文物大多遭日本侵略者抢夺而造成了损失。[2]

私立金陵女子文理学院所藏的古玉器金石，50余种。包括星云镜5面、蟠螭镜3面、菱花镜3面、宋镜4面、玉质素璧1具、玉璜玉珩10个、铜质汉印3方、铜质唐印5方、石质虎符1个。铜器部分有夔凤纹尊1个、夔龙纹角尊1个、青铜剑1把、青铜戈4具、青铜带钩2具。另有该校存于南京阴阳营二十三号的出土文物和古器物，共有殷墟龟甲兽骨183片，原为刘鹗所藏，弥足珍贵。敦煌千佛洞唐人写《四分戒经》1卷。壁画天女像1幅、大理石插屏、其他贝器、康熙乾隆年间的瓷器、山水画等，也都被日军没收。[3]

据1946年国民政府教育部编制的《中国战时文物损失数量及估价总目》统计，战时中国被劫被毁之公私文物包括书籍、字画、碑帖、古物、古迹、艺术品、仪器、标本、地图、杂件等，合计为3607074件、741处、1870箱，估价达9885546元。据1945年8月31日国立中央博物院筹备处主任李济呈文所附《我国历年被日本掠夺文物清册》记载，日本公开收藏从中国掠夺来文物的公私机关有东京帝室博物馆、东方文化研究院京都研究所等63

1 张皓主编：《铁账难销：日本到底欠中国人民多少》，新华出版社2005年版，第171页。

2 戴雄：《抗战时期中国文物损失概况》，《民国档案》2003年第2期。

3 中共中央党史研究室科研管理部编：《日军侵华罪行纪实1931—1945》，中共党史出版社1995年版，第398页。

家，私人收藏者所藏中国文物不可计数。[1]

劫夺私家文物。在劫掠公共文物的同时，日军对中国民间收藏文物也进行劫掠。中国民间历来有文物收藏的习惯，文物收藏家和民间百姓收藏有不少价值高的珍贵文物。在抗日战争时期，日军对此也进行了大肆劫掠。

私人文物收藏家的损失巨大。江浙为富庶之地，也是文物之邦，日军占领江浙以后，此地文物藏家历经浩劫。1937 年 11 月，日军占据江苏太仓县城，“城中金银珠宝，字画古玩，被搜索一空”。[2]11 月 19 日，苏州沦陷。日军入城后大肆抢劫，华中派遣军最高指挥官、南京大屠杀元凶松井石根大将在苏州地区抢到一份古物字画目录后便指使爪牙按图索骥，一一加以抢劫，劫夺之余，实施纵火，苏州城内许多文物连同古建筑一起葬身火海。[3]同年 12 月，江阴要塞失陷。“日军进入城内以后，肆意纵火淫掠，以至城厢夜间到处火光灼天……钱财、字画及文物被掠一空。”[4]杭州的王鲲徙收藏甚丰，仅著名文物就有东周长方鼎、梁代观音石造像、秦镜、汉镜、端砚等在日军占领期间被洗劫；王绶珊 3000 多种宋元明版书及精品方志 1100 种。常熟瞿氏铁琴铜剑楼 1000 多种善本被劫。

南京地区的藏家也损失巨大。国民政府原教育部官员王鲲楚被劫走郑板桥书屏 4 幅、郑板桥中堂花卉 1 幅及曾国藩所书对联 2 副；中央大学教授金毓黻被劫走字画 60 幅、古物 112 件；金陵大学崔敏俊被劫走古物 85 件；胡小石字画 206 幅、碑帖 3000 种、古物 900 件被劫；赵廷炳古物 34 件被劫；陆禹云半生喜著古钱，精鉴别，所藏不下万金之价值。此钱在仓促间未携出，悉被贼劫；叶德辉观古堂的 20 余万卷珍本藏书被劫；石筱轩被劫去 4

1 严昌洪、黎霞：《抗战期间日本对华文化侵略述论》，《中南民族大学学报（人文社会科学版）》2005 年第 4 期。

2 政协太仓县委员会文史委员会办公室：《太仓文史资料辑存》第 1 辑，第 157 页。

3 孟国祥：《江苏文化的劫难 1937—1945》，南京出版社 2013 年版，第 53 页。

4 政协江阴县委员会文史委员会办公室：《江阴文史资料》第 3 辑，第 115 页。

箱珍善本、字画古玩2000多件；龚启昌古物200件、字画300件被劫；肖孝嵘字画27件、古物44件被劫。

古都北平藏家如云，损失亦巨。历史学家、燕京大学教授顾颉刚书籍、字画40件、碑帖30件、金石拓本100种、印章150方、照片1000帧、古钱650枚、古镜3个、石刀2柄、古经2卷手稿等，另明清善本6000册、印谱20部、小说唱本3000册全部被掠夺。[1]

盗掘墓葬、遗址。侵华战争期间，日本对中国沦陷区的各处古迹、遗址进行了大规模、有计划的盗掘。特别是日本一些以“考古”为幌子的学会、学者，紧随日军的侵略步伐，对中国各地墓葬、遗址进行劫掠式考古调查与发掘，然后把珍贵文物劫掠回国。日本东亚考古学会等先后发掘貔子窝先史遗址、汉代牧羊城址、营城子汉墓、辽代遗址、渤海上京龙泉府的宫殿遗址、北大古城址、珲春八连城宫殿址；在华北、华中，发掘了邯郸赵王城遗址、齐国故城遗址及滕、薛二国故城遗址，曲阜汉鲁灵光殿遗址，商都殷墟遗址等。1938年5月，松本信广等人在杭州、南京、信阳等地发掘，并将所得文物劫藏于日本庆应大学。[2]

抗战时期，日本帝国主义对文物的劫掠给中国造成了巨大的损失。抗战胜利后国民政府进行了统计，但也只是一个不完全的统计。根据统计，仅北平市损失公私书籍58.6万册，古物2800余件，碑帖2.1万余件。上海市损失公私图书约30万册。天津、济南、杭州等地，约各10万余册。江苏省公私文物损失为：书籍132270册另3部，字画984幅，碑帖642件，古物1334件，古迹119间，杂件3箱，共计135376件另119处3箱。南京市的文物损失为：书籍公共部分406461册156箱1725种。私人图书53118册1790种840部59箱，字画7720件另6箱，碑帖3851件，古物26584

1 王聿均：《战时日军对中国文化的破坏》，《“中研院”近代史研究所集刊》1985年第14期，第345页。
2 参见本书编写组：《中国抗日战争史简明读本》，人民出版社2015年版。

件，仪器 990 件另 63 箱，标本 20614 件另 1165 箱，杂件 648368 件，合计 1180982 件另 1449 箱，按战前价值估价为 2330430 元。据《中国战时文物损失数量及估价总目》统计，南京、上海、浙江、江苏、河南、湖南、湖北、陕西、东北、安徽、河北、福建、广东及香港、广西、江西及其他各省等共 17 个省、市、地区战时中国被劫遭毁图书、文物、字画、碑帖、古迹古建筑等公私文物被掠夺和破坏者，查明有据者计有 3607074 件又 1870 箱，古迹 741 处。[1]

3. **日寇对中国文献典籍的搜刮和损坏**。中国是一个有 5000 多年文明史的古老国家，卷帙浩繁的图书文献记录了中国悠久灿烂的历史，其中不乏历代积累、保存完好的珍贵典籍。日本帝国主义发动侵华战争以后，大量珍贵的古籍文献或毁于炮火，或遭侵略者掠夺，损失巨大，是为中华民族文化的浩劫，其损失无法估量。

对大学图书馆的摧毁。大学图书馆汇集古今中外典籍最多，是日本帝国主义刻意摧毁的目标。早在一·二八事变时，国立中央大学商学院、国立中央大学医学院、国立暨南大学、国立同济大学等 14 所专科以上学校及其附设图书馆就遭到日军炮火摧残。[2] 日本全面侵华战争开始后，大学图书馆成为其主要目标。1937 年 7 月，南开大学图书馆横遭日军飞机轰炸，损失图书 10 万册。[3] 上海商学院图书馆藏书 2 万余册，在炮火中大部分被毁。复旦大学之仙舟图书馆藏书 5 万余册，遭炮火损失严重。诚明学院损失图书杂志 5.4 万余册。新华艺术专科学校馆藏图书全部被毁。暨南大学损失图书 6.5 万册。大同大学损失西文书 4696 册、中文书 21695 册。上海法学院图书馆在一·二八事变期间尽毁，恢复后的图书馆在淞沪战事中又遭轰炸，损失图

1 韩文琦：《抗战时期日本侵占中国文物述论》，《南京政治学院学报》2012 年第 5 期。
2 农伟雄、关健文：《日本侵华战争对中国图书馆事业的破坏》，《抗日战争研究》1994 年第 3 期。
3 农伟雄、关健文：《日本侵华战争对中国图书馆事业的破坏》，《抗日战争研究》1994 年第 3 期。

书杂志30.6万册。厦门集美学校图书馆，1938年5月22日因敌机轰炸，书刊被焚3万余册。厦门大学战后申报，损失中文书籍28349册，西文书籍19353册。福州乌山图书馆部分藏书被劫至台湾大学。私立福建协和大学图书馆于福州沦陷时损失中西文图书40747册。国立中山大学图书馆，1938年藏书35万余册，战时损失图书杂志20多万册。武昌华中大学西迁时留在汉口的2.2万多册图书全部散失。武汉大学图书馆存于新泰堆栈的42080册图书杂志于1940年3月4日遭日军掠夺。[1]南京失陷后的12月13日，日军闯入金陵女子文理学院宿舍，抢去书籍、古物、字画等物品，其中书有1700册，包括湖北官书局版的《十三经注疏》、扫叶山房本《资治通鉴正续编》、古香斋本《史记》、古阁本《汉书》和《后汉书》、竹简斋本《三国志》等33种。[2]

对公共图书的摧毁。根据《商务印书馆申请归还劫物表格》所列，可知仅东方图书馆的损失就十分巨大。被毁的图书资料中，平装书计有：中文书26.8万册，外文书8万册，图表照片5000册。线装善本书计有：经部2364册，共274种；史部10201册，共996种；子部8438册，共876种；集部8710，共1057种；购进的何氏善本约40000册；方志25682册，共2841部。损失各种中外报纸杂志4万册。另毁目录卡片40万张。[3]

各省图书馆也惨遭损失。安徽省立图书馆1935年已有藏书94515册，战时该馆将善本及线装古籍30000余册运藏桐城罗家岭，普通图书40000多册运六安，拨给第一临时中学使用。1938年6月，第一临时中学遭日机轰

1 湖北省委党史研究室编：《湖北省抗日战争时期人口伤亡和财产损失》，中共党史出版社2014年版，第163页。

2 中共中央党史研究室科研管理部编：《日军侵华罪行纪实1931—1945》，中共党史出版社1995年版，第398页。

3 中共中央党史研究室第一研究部、中国第二历史档案馆编，李忠杰主编：《国民政府档案中有关抗日战争时期人口伤亡和财产损失资料选编》，中共党史出版社2014年版，第834页。

炸，图书散毁殆尽。广东省立图书馆 1944 年 5 月转移连县途中，运船被击沉，损失图书 15639 册。山东省立图书馆总计损失 232000 册，战后图书仅存 7600 余册，存量不及战前藏量的 4%。[1]1937 年 12 月，南京市立图书馆被炸毁，损失图书杂志 25 万册。江苏省立国学图书馆以收藏国学典籍见长，被劫被毁“损失计藏书约 7 万册，印行秘籍约 9 万册”。江苏省立镇江图书馆，战前有图书 11 万册，战时内运湖南 1.4 万册，战后镇江旧藏仅 17822 册。镇江定慧寺因遭日军焚毁损失 12377 册。苏州图书馆因日军侵占，损失图书 12798 册、杂志 15163 册。湖南省立图书馆定王台馆舍被炸，损失 5 万余册。广西省立桂林图书馆，损失书刊 20 多万册，劫余仅存 68369 册。柳州市图书馆因日军撤退时焚城，馆藏图书尽毁。1939 年春，甘肃省立兰州图书馆被炸，损失图书 8000 余册，期刊 2.2 万余册。

各县图书馆也惨遭日寇的摧毁，特别是江浙一带人文荟萃之处，县级图书馆藏书丰富，或被日军炮火轰毁，或遭日军抢劫。以江苏省为例，抗战时期，江苏县级图书馆数量不少，但在日寇炮火和劫掠下损失很大。昆山县立图书馆在沦陷后，馆藏被毁。战后申报，昆山县立图书馆损失 3065 册。嘉定县图书馆被日寇劫走地方志 535 种、《图书集成》及殿版《二十四史》各一部。常熟县立图书馆被日本宪兵劫去图书 224 册。无锡县立图书馆损失 21715 册。宿迁县立图书馆、溧阳县立图书馆、海门县立图书馆馆舍及图书悉数被焚毁，宜兴县立图书馆图书全部被毁，南通县立图书馆、东台县立图书馆毁于兵燹，“图书文物损失一空，是以一时无法查填”。武进县立图书馆、图书散失殆尽。[2]浙江县级图书馆损失也很大，海宁、嘉善两县图书馆藏书被劫，合计损失 4 万余册。鄞县县立图书馆抗战爆发后仓促撤离，全

1 中共中央党史研究室第一研究部、中国第二历史档案馆编，李忠杰主编：《国民政府档案中有关抗日战争时期人口伤亡和财产损失资料选编》，中共党史出版社 2014 年版，第 834 页。

2 孟国祥：《抗战时期的中国文化教育与博物馆事业损失窥略》，中共党史出版社 2017 年版，第 15 页。

部 4 万册图书中损失了 3 万余册。吴兴县立图书馆，1937 年冬湖州沦陷后 3 万余册图书全部被毁。湖州所属各县中，长兴县立图书馆在转移中毁损大部分藏书，德清县图书馆 1.2 万余册图书与馆舍尽毁。由古越藏书楼发展而成的绍兴县图书馆，战前有藏书 7 万余册，1941 年 4 月沦陷后，损失大半。绍兴所属各县中，诸暨县立图书馆于 1939 年 9 月毁于战火，藏书部分被毁；上虞县立中山图书馆 1.6 万册图书、嵊县图书馆万余册图书均于沦陷后损失殆尽。江山图书馆于 1942 年沦陷后，藏书毁损 2000 余册。常山图书馆馆藏古籍在 1942 年沦陷时被毁损。[1]

对私人藏书的劫掠。顾颉刚教授遭掠的仅书籍、信札就有：普通书和杂志 3 万册；明朝、清初善本书 6000 册；钞本书 500 册；小说唱本 3000 册；史料 500 册；稿本书 300 册；信札 3 万册；稿本及讲义 2 箱。[2] 私立浙江流通图书馆 1937 年有藏书 94519 册，抗战胜利时仅余 23304 册。南浔镇嘉业堂所藏典籍，或散，或卖，或劫，损失惨重。平湖县建于清同治年间的“先守阁”藏书楼被毁，内有藏书 40 万余册和各种方志及历代珍贵名字画。

南京是民国政府的首都，日军对其的破坏包括图书是非常严重的。“日军在攻占南京前后，首先对南京的图书、文化、出版机构与设施进行疯狂的破坏。其中被日军完全毁掉的图书馆有 43 家，毁掉图书 170 余万册。”[3]“战前南京共有公私藏书 142 万册。据战后中方统计，除去抗日战争胜利后从汪精卫傀儡政权收回的图书外，由于日军侵略南京造成公共藏书损失 406461 册，私人藏书损失 53118 册，共计 459579 册。”[4]

据统计，抗战时期，沦陷区和战区共损失图书馆 2118 所，民众教育馆

1 孟国祥：《抗战时期的中国文化教育与博物馆事业损失窥略》，中共党史出版社 2017 年版，第 16 页。

2 谢荫明主编：《一腔无声血：从〈四世同堂〉看沦陷时期的北平》，北京联合出版公司 2015 年版，第 110 页。

3 经盛鸿：《侵华日军对南京图书文物的劫掠》，《南京党史》2006 年第 2 期。

4 李彭元：《南京大屠杀期间日本对南京文献资源之掠夺》，《江苏图书馆学报》1999 年第 4 期。

839所。其中南京被破坏的图书馆43所，北平61所。私家藏书损失更无从论计。1940年4月，美国调查委员会指出，“中日战争爆发以后，中国损失书籍达1500万册”。1946年年初，据中国政府不完全统计，抗战期间中国公私图书损失达27421万册以上。

（四）日本在占领区的舆论控制与奴化教育

文化是民族的血脉。欲征服一个民族，必从文化上进行征服。正如毛泽东在《论持久战》中所指出的：“日本帝国主义灭亡中国的政策，分为物质的和精神的两方面……在物质上，掠夺普通人民的衣食，使广大人民啼饥号寒；掠夺生产工具，使中国民族工业归于毁灭和奴役化。在精神上，摧残中国人民的民族意识，在太阳旗下，每个中国人只能当顺民，做牛马，不许有一丝一毫的中国气。”日本在侵华战争中，在军事侵略的同时，也对承载中华民族精神的中华文化进行了疯狂的破坏和摧残，企图用军国主义文化、法西斯文化征服中国几千年的古老文明，使中华文化蒙受了巨大损失。

1. **炮制侵略理论，控制舆论，美化侵略**。日本占领中国东北、华北等地区后，为了加强对中国民众的思想控制，加强沦陷区民众对日本“王道”“皇道”的认同，严格控制沦陷区的舆论宣传。日本对舆论控制的方式，主要有两种：一是由日本的御用文人大量炮制亲日言论，鼓吹大东亚共荣；二是严格控制反日言论，积极打压进步刊物。在1940年颁布的《全国重要都市新闻检查暂行办法》中明确规定，对于宣传抗日、“企图颠覆政府危害国民”等要严肃处理。同时，利用《中华日报》《申报》等报纸，大量发表宣扬“圣战”、鼓吹“中日提携”等法西斯理论文章，用来麻痹中国民众，洗白侵略行径。

炮制“东亚联盟论”“大东亚共荣圈论”。为了侵略中国，日本炮制了许多宣传支持、美化侵略扩张的理论，其中对华影响最大的有“东亚联盟论”

和“大东亚共荣圈论”。“东亚联盟论”始于20世纪30年代，“东亚联盟”这个词，最早出现在1933年3月“满洲国”协和会制定的《“满洲国”协和会会务纲要》中：

“满洲国”协和会根据王道主义，向国民彻底地普及建国精神，团结有明确信念的国民，排除反国家思想和反国家运动，以期建成民族协和理论之地，同时向全中国普及民族协和运动，进而扩展到整个东亚，结成东亚联盟以重建东洋文化，确保东亚的永久和平。[1]

随后，以石原莞尔的《东亚联盟建设纲要》和《昭和维新论》等文章为标志，成为一种系统的侵华理论。“东亚联盟论”包括两方面，一是“王道主义”，二是结成东亚联盟的具体内容即“国防共同、经济一体化、政治独立”和“文化沟通”（汪精卫所提出）。

“王道主义”是“东亚联盟论”的思想基础和指导思想。石原莞尔的《昭和维新论》对“王道主义”的内涵进行了解说。他所谓的“王道”就是在政治上联盟各国要顺从民众的理性和良心，依赖和服从最高价值，要将内治与外治对立观念综合统一起来，要以东洋民族觉醒和统一为前提。[2]认为“承接天照大神的天皇，是世界唯一于天成君主”，[3]石原还认为“八纮一宇”的世界观，就是依靠“王道”统一世界，各国可以在“道义”的基础上从民族独立走向民族协和。石原莞尔所说的“最高价值的信赖与服从”的含义，其真实目的是让人们“信赖与服从”万世一系的神——天皇。其实质就是企图借“王道”鼓吹天皇，将其视为东亚民族的偶像，抬到东亚各国的领导位置。

所谓“国防共同、经济一体化、政治独立”和“文化沟通”实际上是确立以日本为领导的东亚经济、政治、军事、文化体制。“国防共同”就是建

1 ［日］山口重次：《民族协和运动と当面の课题》，《东亚联盟》（东京）1942年第8期，第27页。
2 ［日］石原莞尔：《东亚联盟建设纲要》，《石原莞尔选集》6，たまいらぼ社1986年版，第19页。
3 ［日］石原莞尔：《东亚联盟建设纲要》，《石原莞尔选集》6，たまいらぼ社1986年版，第34页。

立以日本为主导的东亚防卫体系。日本把这一体系描绘为抵制欧美侵略的正义之举。他们鼓吹日本侵略中国乃至亚洲，是“为了使有色人种从白种人的压迫下解放出来”，甚至说：“帝国的大陆政策不仅是求日本的发展，而且要救济和解放东洋被压迫民族。”[1]日俄战争是亚洲人与欧洲人之战。“从此以后亚洲各民族纷纷起来反抗欧美势力”，[2]“最近数百年来亚洲民族对欧洲人的首次胜利，由此对被压迫民族产生了不可估量的影响，随后埃及、秘鲁、土耳其、阿富汗、印度等国纷纷掀起独立运动。”[3]日本胁迫中国签订“二十一条”是“为了誓死抵抗西欧帝国主义的压迫，不得不进入中国大陆”。[4]可见，所谓“国防共同”实际上是在反对欧美帝国主义侵略的幌子下确立日本在亚洲的霸权，美化日本的侵略战争。所谓“经济一体化”是实现“东亚联盟”的经济基础，其本质是把中国及东南亚地区变为日本的原料产地和商品市场。其步骤是先实行日、“满”、华“经济一体化”，再延伸至太平洋沿岸。因此，日本战领东北后，扶持伪满洲国，在东北大规模移民，“打算对这块作为战胜者所得到的新开垦地区，大量地移居国民，建设一个第二祖国。”[5]移民不仅有经济目的，更重要的是还有政治、军事、思想意图，是日本推行大陆政策，实现大亚洲主义的步骤之一。全面侵华战争之后，日本企图进一步通过控制中国经济，把中国经济纳入其殖民经济体系。汪伪政府则配合日本，为日本开发“华北及蒙疆的特定资产，尤其是国防上必要的资源”，“提供必要的便利”。[6]以“遵从经济一体化的原则，为增强联盟的经济力量，不

1 [日] 多田骏:《对支基础の观念》,《东亚联盟》(东京) 1940 年第 2 期，第 140 页。

2 [日] 宫本诚三:《国内维新の完遂》,《东亚联盟》(东京) 1942 年第 1 期，第 53 页。

3 [日] 石原莞尔:《东亚联盟建设纲要》,《石原莞尔选集》6，たまいらぼ社 1986 年版，第 10 页。

4 [日] 石原莞尔:《东亚联盟建设纲要》,《石原莞尔选集》6，たまいらぼ社 1986 年版，第 11 页。

5 [日] 高桥勇八:《大连市》，大陆出版社 1990 年版，第 30—31 页。

6 复旦大学历史系编译:《日本帝国主义对外侵略史料选编 1931—1945》，上海人民出版社 1983 年版，第 317 页。

仅要开发内蒙古、北部中国，还应开发西藏、云南”，[1]实际上就是为了更多地掠夺、控制中国经济，为日本的“东亚联盟”战略服务。为此，“东亚联盟”论者提出建立统制经济体制，“重点是最大限度地提高军需的生产，即使牺牲部门经济、地区经济，也要尽可能保持军需部门的平衡，这个计划是综合东亚国土的计划”，[2]确保日本在东亚经济中的主导地位，为其称霸东亚和世界服务。所谓“政治独立”，并非所指联盟内各国领土、主权完整，而是东亚联盟各国应服从东亚盟主——日本的领导。因此，所谓独立“是立足于东亚总体幸福上的政治独立”，“站在整个东亚全民族利益上的具有进步主义的政治独立”，[3]是服从日本在东亚总体战略的所谓“独立”。所谓“文化沟通”被当作结成东亚联盟最根本的条件，竭力宣扬东亚一家，日中同文同种，以利用文化教育，达到愚民政策的目的。实际上，日本侵略中国14年，殖民统治台湾50年，在“文化沟通”的幌子下推行文化专制政策，对文化实行高度控制，实为殖民文化，对中华民族文化进行摧残，诸如查封带有中华民族意识的图书，禁止《申报》《时报》等36种报刊进入东北，却将日本书刊、电影大量输入，日本电影输入东北的数量逐年递增：1936年为154部、1937年为232部、1938年为1352部、1939年跃为1630部。[4]还强迫中国人学说日本语、唱日本国歌、按日本风俗生活等。显然，东亚联盟论者是以“文化沟通”之名，推广“奴役文化”之实，以扼杀中华民族文化；以建立永久和平为借口，加强日本的殖民统治。总之，所谓“东亚联盟论”的实质是为日本推行大陆政策的侵略理论，目的是消弭中国人民反抗侵略的意识，从而在文化上控制中国人民。

“大东亚共荣圈”一词，由时任外相的松冈洋右在1940年8月1日发表

1《东亚联盟与近卫声明》，《东亚联盟》（东京）1939年第1期，第6页。
2［日］石原莞尔：《东亚联盟建设纲要》，《石原莞尔选集》(6)，たまいらぼ社，1986年版，第92页。
3［日］西乡正纲：《中国の东亚联盟运动》，《东亚联盟》（东京）1943年第3期，第32页。
4 姜念东等：《伪满洲国史》，吉林人民出版社1980年版，第437页。

的《皇道外交宣言》中正式使用的，又被称为“东亚新秩序”乃至“东亚安定圈”。松冈洋右发表《皇道外交宣言》演说称，“近来，我们向世界宣布的皇道就是我们皇国的使命”，“要根据我们皇道的伟大精神，必须首先建立以日、满、华三国为一环的‘大东亚共荣圈’，然后宣布强有力的皇道，贡献于公正的世界和平的树立”。[1]实际上“大东亚共荣圈”是日本为其侵略扩张炮制的侵略理论。1940 年 9 月初，在决定与德国、意大利进行军事同盟谈判时，确定了“大东亚共荣圈”范围：以日、满、华为基本，旧属德国委任统治诸岛、法属印度支那及太平洋诸岛、泰国、英属马来、英属婆罗洲、荷属东印度、缅甸、澳大利亚、新西兰及印度等。从 1941 年 12 月至 1942 年 5 月，日本发动了对东南亚诸国的战争。向西越过泰国，侵占了英属缅甸，向南占领马来西亚、新加坡及荷属东印度，在菲律宾打败了美军，控制了整个东南亚海岛地区，逼近澳大利亚和新西兰。至此，日本侵略军所控制的地域已达 386 万平方公里，人口达 1.5 亿。加上朝鲜、中国沦陷区和印度支那在内，总面积达 700 万平方公里，人口 5 亿多，形成了一个北起阿留申群岛，南临澳大利亚，西迄印度洋的庞大殖民帝国，基本达成了日本所制定的建立“大东亚共荣圈”的目标。但是，所谓“大东亚共荣圈”并非日本所宣扬的“王道乐土”，而是以日本为主导的殖民经济体系。在这个体系中，中国是日本资源供给地，允许存在一些轻工业；“满洲国”是农业和初级基本工业；南洋各地为农矿产品供给地，兼及纤维等特产加工业。[2]

在所谓的“大东亚共荣圈”内，日本采取各种方式进行统治。在政治上，扶持傀儡政府，为其称霸亚洲服务。在中国东北，建立“满洲国”；在南京，扶持汪伪政府，确定“应互相紧密协力，尽量援助”的方针，狼狈为奸；在东南亚，则根据不同情况建立傀儡政权。有的利用原有政府架构，有

1 〔日〕奥村房夫等：《近代日本战争史第 4 编（大东亚战争）》，同台经济恳话会平成七年，第 298 页。

2 参见野村合名会社海外事业部调查部编：《大东亚共荣圈建设的设想》，1942 年版。

的成立“军政府”。在经济上，进行疯狂的掠夺。通过《南方占领地行政实施要领》《关于南方经济处理之件》《应如何使用帝国资源圈》等文件指导，接收并管理占领区的铁道、船舶、港湾、航空、电信及邮政；施行贸易及外汇管理，特别是严禁石油、橡胶、锡、钨、奎宁皮等特殊重要物资运往敌国等，[1]强调“南方经济对策的方针是充实重要的必要资源，以期彻底推进当前对英美作战，并确立大东亚自给自足的经济体制”。[2]在文化上则实行奴化教育，消弭占领区人民的民族意识。

总之，无论是“东亚联盟论”还是“大东亚共荣圈论”，都是日本军国主义为侵略中国、称霸亚洲，进而称霸世界而炮制出来的侵略“理论”，是日本对华文化侵略的基石。

控制舆论。日本占领军为了美化侵略、消弭中国人民的反抗意志，对舆论采取严厉的控制措施。首先是成立出版统制机构和颁布严厉的出版管制法规。汪伪政府成立了中央宣传局、中央报业管理处等机构，对出版物进行审查，报刊“无论消息发布、资料保管、言论态度与记者活动等，均须受伪中宣部的指示和审查”。[3]在管制法规方面，颁布了所谓的《出版法施行细则》《查禁反动刊物书籍暂行办法》和《警察治安出版法》等，明确规定任何有抗日思想的或足以引起抗日思想的言论，均在绝对禁止之列。[4]特别是1940年10月，汪伪政权颁布了《全国重要都市新闻检查暂行办法》，建立了一整套较为完善的出版检查制度，对新闻进行严厉的检查，杜绝一切抗日思想。如1942年3月上海新闻检查所检删稿件达172件。南京新闻检查所在1942年

1［日］服部卓四郎：《大东亚战争全史》，（东京）原书房1993年新装版，第17—18页。

2《关于南方经济处理之件》，复旦大学历史系日本史组编译：《日本帝国主义对外侵略史料选编1931—1945》，上海人民出版社1975年版。

3 臧剑秋：《敌寇在沦陷区的出版发行》，《解放日报》1942年6月11日。

4 臧剑秋：《敌寇在沦陷区的出版发行》，《解放日报》1942年6月11日。

1月查扣稿件达44件，2月查扣稿件达38件。[1]在东北地区，管制更为严厉，“没有经过日伪统治机关的批准，国人一律不准办报。各种期刊杂志要刊载关于东北时局的文章，也必须到相应机构办理批准手续。任何准备刊发的文章，日伪当局如认为内容不妥，一律不准发表。对于不听命令的报纸杂志，通通停刊”。[2]东北地区所有的新闻稿件均必须采用伪满洲国通讯社的电稿，必须按伪满洲国通讯社的要求进行发稿。

其次是自创各种媒体或渗透、扶植各类亲日媒体，控制和占领舆论宣传阵地。在东北，由日本军方实际控制的“满洲弘报协会”控制了东北的主要媒体。弘报协会直接管控的报纸有29家，其中中文报纸15家，日文报纸11家，俄文、英文、朝鲜文报纸各1家，垄断了东北的主流媒体。卢沟桥事变以后，日军在中国各地创办的报纸或扶植的亲日报纸有139种，最多时达600—900种。北平的《世界日报》被日寇没收，后改为《新民报》，社长为日本人武田南阳。《实报》也沦为日伪的宣传报纸。天津的《庸报》，1935年时已为华北的日本特务机关所收买，天津沦陷前后即由日本华北方面军扩建为其机关报，由日本人大矢信彦、板本桢年分别担任社长和总编辑。广州的《国华报》和《星粤日报》被日本人劫夺改名《迅报》出版。上海的《新申报》实际上是日文《大陆新报》的中文版，成为日本占领军的机关报。[3]

除报刊以外，广播和电影是当时能广泛影响大众的媒介。日本侵略中国以后，对广播、电影也实行严厉的管控，杜绝任何有反日倾向的言论。日军开设广播电台，臭名昭著的如伪满洲国的“新京放送局”、北平伪临时政府的“中央广播电台”、上海的“大上海广播电台”、南京的“南京广播电台”等。在电影方面，日本先后扶植建立了长春“株式会社满洲映画协会”、北

1　余子道、曹振威、石源华、张云：《汪伪政权全史》下卷，上海人民出版社2006年版，第876页。
2　黑龙江日报社新闻编辑室：《东北新闻史》，黑龙江人民出版社2001年版。
3　刘家林编著：《中国新闻通史》下册，武汉大学出版社1995年版，第325—329页。

京“华北电影股份有限公司”、上海“中华电影股份有限公司”、“中华联合制片股份有限公司”等，垄断了东北、华北和汪伪政权控制区的电影制作和发行，使电影公司在不同程度上为日本对华文化侵略服务。同时，严格推行审查制度。各地伪政府成立后，对沦陷区各新闻媒体的控制立即假手于各伪政权，规定凡日军不允许报道之事，一律不得予以报道。对一切不利于日本帝国主义侵略扩张的电影题材、内容、表现手法，日军坚决给予删改或停映。如电影《天涯歌女》中歌词“唱不得白山黑水徒伤心”即被删除。

对出版物，规定不得登载“违反国策”即反日的内容。上海最大的出版机关“新书业公会”被取缔，该会所属之商务、中华、大东、世界、生活、开明、光明等书店均遭检查。对于文艺界日本一方面限制进步文艺，另一方面扶植汉奸剧团，编写“和平建国”样板戏巡回演出。并培植汉奸音乐人，编写以“东亚联盟”“反共清乡”为主题的歌曲，供各地学生、伪军唱。而包括《义勇军进行曲》在内的多首抗日救亡的歌曲被禁唱。在日伪的严厉控制下，美术、摄影等艺术部门也是一片沉寂，所有反映爱国题材的作品均被严加取缔。

利用宗教泯灭人民的反抗意志。日本帝国主义发动侵华战争以后，为了控制人民的思想，利用宗教组织控制民众，曲解宗教教义麻痹民众，为其侵略服务。九一八事变后，首先在东北开始利用和控制宗教。日本侵略者在伪满洲国设立的伪民生部社会司、伪文教部礼教司是宗教的直接管理部门，伪满洲国治安部警务司特务科和在伪满洲国积极活动的协和会，对宗教事务进行管理。日伪对东北地区宗教的控制主要从两方面入手。一是对原有的宗教加强控制。佛教是东北地区流传时间最长、范围最广、影响最大的宗教，所以日伪当局对佛教最为重视。先后建立了“满洲国佛教护法会”“满洲国佛教总会”，以影响和控制佛教。在镇压抗联过程中，组织亲日的佛教徒组成“宣抚班”，对长白山区的百姓进行思想毒害，探听东北抗联的活动情况，成为日军的鹰犬。佛教总会则参与对所谓“思想犯”即具有反日思想的人进行“教诲”，模糊民众思想上的敌我界限，消除民间的抗日斗志。对于道教，日伪也采取控制和利用政策。先是采取抑制和限制政策，后来又将日本的神道教与道教“糅合”，又假借道教，同化中国东北民众，再将道教纳入战时体制，如指令道观为日军“胜利”做祈祷仪式，强行征集道观财产，勒令道教为“金属献纳”活动“捐献”铜质神像，强迫年轻体健的道士参加“勤劳奉仕”。对于民间宗教如萨满教、在理教、一贯道等，日伪当局十分重视，一方面防止成为反日的势力，另一方面取缔抗日救国的民间宗教组织，拉拢扶植反动的民间宗教组织。日伪对东北地区宗教控制的第二个举措是强制推行日本神道教。神道教，是日本的民族宗教，是日本崇拜祖先的一种最原始的宗教。神道教最初是以自然崇拜和祖先崇拜为主要内容的，在其形成过程中，也吸收佛教、道教的若干教义或某些思想和中国儒家的伦理道德。明治维新以后，为了强化天皇的权力，日本实行神佛分离，以神社神道作为国家神道。随着日本军国主义的发展，神道教与军国主义相结合，成为日本侵华的精神帮手。神道基本思想是敬神爱国、崇祖尊皇、国体主义、日本主义，“绝对顺从，就是要舍己忘我一心一意为天皇效劳”。[1]神道进入中国东北是通过溥仪的两次访日，日本胁迫伪满洲国将神道教作为国教，强制人民信仰：“完全处于强迫。强迫军队、学校及包括我个人在内的公务员和全体人民，一律要崇拜这种神道。而且法律规定，如不崇敬神社，应处以一年以上十年以下的徒刑。”[2]“日本拿神道作为工具，把它扩大到中国甚至全亚洲，来控制人民的心理、精神、希望和行动。很多的事实可以证明，它绝不是单纯的宗教的支配，还有另一种恶毒的目的存在。日本的战争指导者，利用神道为手段，侵略中国及整个亚洲地域，借着这种宗教的信心，来达成

1 鸣准：《靖国神社揭秘》，新世界出版社 2003 年版，第 47 页。

2 中国国民党中央委员会党史委员会编印：《中华民国重要史料初编・傀儡政权》，第 247 页。

日本的侵略目的”。[1] 在台湾岛的神道教神社有十几座，在东北地区的神社有290多座。

全面侵华战争爆发后，日本加紧对中国沦陷区宗教的控制。1941年（昭和十六年）8月19日兴亚院文化部与文部省宗教局联署颁发绝密文件《对支〔中国〕进出宗派体指导纲要》，要求“强化扩充”对华布道，进一步将此纳入政府管辖渠道：“一、宗派团体入华，必须符合我国策大政，即在为谋日支提携、为全力协和建设东亚新秩序之国策而努力之方针指导下进行。二、在华各神道、佛教、基督教必须在政府统制下活动。三、对中国民众布道时务以收揽人心为重点，辅之以必要的文化事业。四、对日侨布教时，应努力教化使之同样成为大陆建设指导者。五、赴华教士应具有优秀宗教家资格。”[2]

同年8月1日，文部省宗教局向各教派发出《关于支那布教的基本方针》，规定凡传教士赴华、在华开设寺院须经“军特务部许可”，“凡布教使赴中国时，必须令其向文部省提交一定的申请书，由宗教局长发给推荐书，将其提交给当地的军特务部，并听从其指挥”；同时须经常汇报“保持联络”，从而将整个在华开教置于军部与特务机关指挥和控制之下，[3] 使之成为武力占领的辅佐、文化侵略的尖兵。随着日本侵华战争的推进，许多宗教宗派开始动员起来，协力于如火如荼的侵华战争。侵华战争期间，日本大部分佛教宗派都公开宣称支持军国政府侵华国策，许多教派背叛了不杀生的基本戒律，成为鼓吹杀人的宗教。日军所到之处，必有神道教和佛教僧侣紧随其后。日本佛教自觉自愿地依附在政府与军部的卵翼之下，对华传教无论从形式上还是实质上都成为对华侵略和实现战争目的的组成部分。日本佛教在华

1 中国国民党中央委员会党史委员会编印：《中华民国重要史料初编・傀儡政权》，第247页。

2〔日〕小岛胜、木场明志：《ヂッヂの開教上と教育》，（东京）法藏馆1992年版，第133页。

3〔日〕中浓教笃：《佛教のヂッヂ传道と殖民主义》，载《讲座日本近代七佛教6战时下⑦佛教》，国书刊行会1977年版。

机构也以此为圭臬，极力以宗教的形式推行“皇民化”。他们向当时派赴中国传教士灌输的基本理念是：“向占领地区之民众阐述帝国理想，纠正其以往错误的对日观念，使彼等民众成为帝国最优秀的合作者，此项宣抚工作是完成此次出师目的的至关重要之问题。”[1] 每到一处，首先要做的是配合战争所需的以“宣抚”为形式的“社会事业”，即以宣抚“怀柔”为主要目的的工作，如西派在天津设立的“华北宣抚工作本部”规定了四项基本工作，即（1）普及大同思想；（2）人事磋商；（3）设立日语学校；（4）救济工作。[2]

日本佛教组织还为来华的传教士举办“培训班”，训练其为战争服务的“技能”。1932 年起先后举办了各类培训班，诸如“满洲拓事讲习所”即举办了有关传教知识的各种培训班。从 1938 年起随传教对象以在华日人为主向华人为主转换，对传教士的要求与培训条件也不断提高，资格为“专门学校毕业以上”，1938 年日本佛教联合会主办了“中国开教讲习会”，要求 25—35 岁的中学毕业生方可参加。各派也纷纷举办开教使养成会，其特征是重视中国知识，如 1939 年 5 月由东西本愿寺合办的为期 1 个月的“开教使养成讲习会”上，先后请了诸如大阪大学校长、内阁情报局长本愿寺务总长、医学博士、回教研究所长、华南开教总监等各类上层名人作了近 30 场关于中国国情与文化的讲演，主要是关于中国方言、国民性、农业、人口、医学、诗歌文学、山川地理、天文气候、经济物产、文化教育、思想政治、军事布局等内容，其中涉及宗教内容的仅 7 场，真正关于宗教内容的讲演只有 3 场。[3]

正是在日本政府和宗教团体的鼓励下，日本佛教人士来华踊跃，直接或间接地为日本侵华战争服务。据统计，到 1933 年，日本佛教真言宗、净土

1 忻平：《全息史观与近代城市社会生活》，复旦大学出版社 2009 年版，第 345 页。
2 忻平：《全息史观与近代城市社会生活》，复旦大学出版社 2009 年版，第 345 页。
3 忻平：《全息史观与近代城市社会生活》，复旦大学出版社 2009 年版，第 346 页。

宗等佛教宗派在旅大就建立了寺院和布教所20多座。到七七事变时，上海租界已有9所日本佛教寺院，天津租界有5座日本寺庙。据日本方面1936年11月调查，仅哈尔滨一地，就有日本多种宗教的布教场所24处，其中佛寺9座。全面侵华后，日本宗教更是渗透到华北与东南各省。仅日本东本愿寺就在中国各地设立多处布教所。日本神道除在东北伪都搞“建国神庙”外，还在我国东北各地搞了不少日本“神社”。据1945年统计，东北城乡的大小日本神社就有295座。[1] 日本在华的宗教活动，主要是配合日本的军事侵略和政治稳定，他们或亲赴前线为死亡日军将士“超度”，甚至有亲自操刀上阵屠杀中国人民的。大部分则是以宗教为武器，向中国人民兜售所谓“王道乐土”“东亚共荣”之类精神鸦片，麻痹中国人民的精神，消弭中国人民的反抗意志。无论如何，他们的行为已远远超出了文化侵略的范畴，宗教只是日本侵华活动的补充。思想控制和文化奴役才是其本质。

2. **推行奴化教育**。教育是影响、培养后一代的主要渠道，是传播和传承民族文化的基石。日本帝国主义为了在文化上灭亡中华民族，在沦陷区大力推行奴化教育，他们确立奴化教育方针、政策，强制进行日语教学，培养亲日的师资，建立适应奴化教育的教育体系，建设符合消除中华文化、宣扬日本文化的教材体系，推行奴役思想的社会教育。

确定奴化教育方针政策。日本为了消除中国人民的民族意识，本着“欲先征服中国，必先征服中华民族的心理”的原则，把思想战提高到战略高度，即所谓“对华战争是一个总力战，而思想战为其重要部分”，认为“教育界应为思想战之主力军，教育界应负起思想战之全责”，[2] 强调奴化教育的重要性。1938年7月，日本政府制定了《从内部指导中国政权的大纲》，其

1 孟国祥：《日本利用宗教侵华之剖析》，《民国档案》1996年第1期。

2 王谦主编：《晋察冀边区教育资料选编》，《教育方针政策》（上册），河北教育出版社1990年版，第335页。

中规定占领区的文化教育，要“振兴儒家思想”，“尊重汉族的固有文化，特别尊重中日共通的文化，恢复东方大同精神，促进中日合作”。[1]1940年，日本制定了专门针对华北的文件《华北地区思想战指导纲要》，该文件将“思想战”上升至战略高度，“思想战”的要点是：向华北民众宣扬“新民主义”“灭共亲日”等思想，极力吹嘘中日携手共建“大东亚新秩序”“东亚联盟”等内容。根据这一思想，各地日伪政府相继制定了奴化教育的发展政策。伪华北临时政府教育部所定的教育方针注重于“东方固有道德”，目的是“期予以心理上之再建，而收效于潜移默化之中”[2]。其训育方针则为“杜绝容共思想，以亲仁善邻之旨，谋东亚及全世界之和平”，乡村教育也以“培养和平反共建国与中日亲善之思想”为目的。[3]伪华北政府教育总署督办周作人宣称：“现在所施行的教育方针，是以亲仁善邻为主”，“藉着教育行政的力量，以圆满达到善邻友好、共同防共、经济提携的三种目的”。[4]华北伪政权颁布的《各级学校实施训育方针》规定8项内容，主要有：（1）尽力提倡我国固有之美德，以领导学生之思想趋于正规，而为建设东亚新秩序之始基；（2）根绝容共思想，以亲仁善邻之旨，谋东亚及全世界之和平；（3）善用中国固有之家族精神，以敦风纪而固国本；（4）阐发修齐治平之道，以儒家经义为依归，摒弃外来之功利主义；（5）注重人格之修养，品德之陶铸，宜使学生有以国士自许之志向，俾将来能以担负复兴东亚之责任。[5]河南日伪当局本着教育界应当担负“思想战之全责”的重任，在训育方针中规定：“根本绝杀容共意识，以亲仁善邻为宗旨，共谋东亚乃至世界的和平

---

1 北京师范大学历史系中国现代史教研室编：《中国现代史》下册，北京师范大学出版社1995年版。

2《教育时报》，1941年第1期。

3 王谦主编：《晋察冀边区教育资料选编》，《教育方针政策》上册，河北教育出版社1990年版，第335页。

4《教育时报》，1941年第1期。

5 中国第二历史档案馆编：《中华民国史档案资料汇编》第5辑第2编附录（上），江苏古籍出版社1997年版，第599—600页。

事业。”[1] 伪河北省教育厅厅长孙今善在各种集会上大肆宣称：“窃以为吾国今日之教育宗旨函须先以维系东亚和平之大意灌输于各级教育之中，务使全国民众对中日提携之真义，皆能明了。”[2] 伪山东省政府则提出，“以中国固有文化为中心，融合日本近代文化为教育方针”，中国固有文化是五伦八德，而“日本与中国同文同种，唇齿相关，故挽救中国之危机，实有赖于日本之援助也”。[3]1943 年伪山东省公署公布了《山东省教育主旨》：“山东为孔孟桑梓之邦，文化发祥之地，圣经贤传，历代所宗。凡我同胞应恪遵力行，敬祖先，孝父母，尊师长，友兄弟，信朋友，和乡里，尚勤检，重道义，刻苦耐劳，锻炼体魄，博学深思，促进科学技术，勇于负责，严守纪律，知行合一，自强不息，爱国家，爱东亚，精诚团结，共进大同。”[4] 归纳各地教育部门宣示的所谓教育方针，大约包含了“新民主义”“中日亲善”“共存共荣”“王道乐土”等内容。

所谓“新民主义”，即新民会的指导思想。新民会是日本帝国主义在华北沦陷区建立的一个反动政治组织。1937 年 12 月，日本侵略者在北平成立伪中华民国临时政府傀儡政府的同时，又成立了一个所谓思想团体“新民会”。其主要任务是：防共反共，收买汉奸，搜集情报，宣扬“中日亲善”“大东亚共存共荣”等奴化思想，推行日本的治安强化运动，镇压沦陷区人民的反抗；控制沦陷区各机关、学校、工厂、农村和各社会团体，举办各种训练班、讲演会等，推行奴化教育和欺骗宣传，直接为日本侵略政策服务。新民主义的基本内容有两点：“（1）为新民主义的教育，这就是说，教育要新民主义化，目的是造成新民主义的中国；（2）为革新全国民（或全

1 中国昌：《抗战时期区域教育研究：以山西为个案》，社会科学文献出版社 2014 年版，第 301 页。
2 南开大学历史系、唐山市档案馆合编：《冀东日伪政权》，档案出版社 1992 年 5 月版。
3《青岛教育周刊 · 刊词》，《青岛教育周刊》1938 年 6 月 13 日第 1 卷第 1 期。
4 山东省公署教育厅编：《山东省教育主旨解说》，第 1 页，山东省图书馆特藏部。

世人）的思想及精神的教育，目的是教化全国人民要作新民'。"[1]日伪也称赞新民主义是"集古今国民之所望，行仁义道德之精华，以整个东亚人民幸福为对象，以五千年文化为中心，可谓古今中外唯一好主义"。[2]所谓"中日亲善""共存共荣""王道乐土"等等，也只是在漂亮的辞藻下掩盖着日本军国主义侵略中国，变中国为日本殖民地的野心。日伪的这些欺骗性的宣传和教育，目的是麻痹沦陷区人民的思想，使中国人相信"日本来中国，是为了帮助中国人建设新生活"，从而甘心情愿地受日本人的奴役。

强制推进日语教育。强制推行日语教育是日本在中国推行奴化教育的主要手段。为了泯灭中国人的民族性，长期统治中国，日本强迫沦陷区的学校学习日语，有关机构制定了日语普及方策，明确提出普及日语的内涵是指导大陆民族使之练成纯正日本人，外延是青少年的教育和一般民众的教化。"语言问题是文化的核心问题，也是教育的核心问题。而将自己的民族语言有意识地向外民族渗透与推行，则是帝国主义殖民主义文化的核心问题"。[3]日本学者平野晃等人在日语的推广等问题上有详细的论述。他认为，日本在大东亚的语言政策，一个是加，也就是日本语的普及；另一个是减，即对欧美语的排斥。而这个加的过程，也就是把日本语在大东亚范围内推广的过程。尽管这类日本文人把亚洲分为几个不同的地区并制定了不同的推广程度，但总体上来看，要把日语变成亚洲地区的通用语言——至少是"教育用语"和"文化用语"。日本在中国推行日语，不仅仅是把日语当作文化来推广，更是作为一种侵华武器来使用——日语教育在中国的铺开，如同日本军队在中国领土上的推进一样都具有战略意义。1939年6月，日本"对华中央机关"——兴亚院颁行《普及日语方策要领》，详细规定了在中国占领区

1 杨克己：《新民主义研究》，《新民》第1卷，第1期。
2《实报》1938年10月21日。
3 王向远：《日本对中国的文化侵略：学者、文化人的侵华战争》，昆仑出版社2005年版，第323页。

普及日语教育的根本方针、要领等。把通过日语教育把握“兴亚”精髓作为“在政治、经济、文化所有领域完成兴亚大业”的“先决的”“紧急的”“恒久的”“必需的”事业。通过日语这个“武器”，加强以“皇道精神”为核心的“教育”，则“内可培养能指导大陆民族的纯正的日本人，外可教育青少年、教化一般民众生活”。[1] 日本大力在中国的中小学推行日语教育，就是希望中国人从小接触日语，接纳日语，认同日语，最终成为承认日本统治的顺民。日本在中国推行日语教育，最早从台湾开始。日本人从 1895 年占领台湾后，就在台湾推行日语教育，并把日语称为台湾的“国语”。在学校，日本统治者要求学生一律说日语。在伪满洲国推行日语时，日本积极借鉴在台湾推行奴化教育的经验。为了在思想上使民众接受日语，日本展开了“王道”“皇道”的宣传。其次日本在学校强行推广日语，在教学中，日语是第一用语；甚至在入学考试中，规定日语不及格者不能录取。对于中小学教师，则是以奖赏、升职为诱饵，诱导他们学习日语。在各沦陷区，日本人全面控制了从小学到大学各级各类学校的教育主权，按照“皇化教育”理念实施教学，还在一般学校之外开设了大量专门的日语学校，试图通过日语学习推销日本文化，培养中国人的亲日情感。1937 年 11 月 1 日，伪天津治安维持会教育局通令各小学高年级每周添授日语课，通令规定“自本年十一月一日起先择市私立各小学，有高年级班者四十处，每周添授日语各一时。所有教员，业经由局委定，并拟分组、分校，按周轮流教授，以便学习”。[2] 及至 1938 年，天津特别市公署饬令推行日语。法令明确规定 3 个方面：一是增设各校日语课程并组设日语普及班。二是特设日语专修科于市立师范学校，造就日语师资。三是调查及增设日语学校。1939 年 11 月 18 日，伪天津市

1 王士花：《华北沦陷区教育概述》，《抗日战争研究》2004 年第 3 期。

2 中共天津市委党史研究室：《日本帝国主义在天津的殖民统治》，天津人民出版社 1998 年版，第 483 页。

公署训令各新民教育管调查平民日语班出勤。规定“自令到之日起，每日由教员捺印，月末由馆长统计。同时并将学生受业情形，一并具文呈报，以凭考核。”[1]日伪统治河北时期，日语成为各级学校的必修课，每个学校都配有日籍教师，每个学校都要求学唱日语歌曲。为了鼓励人们学习日语，伪河北省公署于1942年3月2日公布了《河北省公署鼓励学习日语考试暂行规程》。其中规定：考试每年举行一次，凡经考试合格者由“考试委员会”发给合格证书，并按考试等级发给“语学津贴”。考试等级分为特等奖、一等奖、二等奖、三等奖、四等奖。考试科目分笔试和口试。为强化日语课程的教学效果，日伪发给学校学生的图书都印有日本风光、飞机大炮、军舰枪支的彩色图片，他们还责令学生学唱日本的国歌《君之代》、日军曲目《爱马进行曲》与《战斗进行曲》以及日本黄色歌曲《满洲姑娘》《支那之夜》等。即使在日语课堂，日籍教师也大量讲述大日本帝国为何如此强大，亲日反共为何重要以及建设新东亚的谬论，用以向学生灌输奴化思想。

审查教师思想，培养亲日的师资力量。为了取得奴化教育的效果，沦陷区各教育当局在日本军政支持下对教师进行严格的思想审查，“深恐不良分子，滥竽其间”。日本中国派遣军总司令冈村宁次说：“小学教师是向农民灌输东亚解放思想的中心力量。”[2]所以日伪甄别教师非常严格。如河北省，公布了《河北省小学教员检定暂行规则》，要求“有新学识，并以认清新时代，以及中日亲善、紧密提携”。[3]为了使教师“充分灌输新时代的教育精神和正确的思想”，举办培训班，必修课为：“精神训话、东方文化及伦理、教育行

1 中共天津市委党史研究室：《日本帝国主义在天津的殖民统治》，天津人民出版社1998年版，第483页。

2 王谦主编：《晋察冀边区教育资料选编·教育方针政策分册》下，河北教育出版社1990年版，第21页。

3《河北省小学教员检定暂行规则》，《河北日报》1940年6月23日。

政、乡村教育、特别演讲、日本语。”[1] 讲习科目有：“精神训话（包括世界情势与东亚新秩序、日本事情、新教育精神与灭共工作），会话，读解。”[2]

另外，注重对教师进行亲日训练。华北政务委员会教育总署每年都要抽调中学教师到师资讲肄馆学习，毕业后送到日本参观，培养成为推行奴化教育的骨干。日伪控制下的河南省教育厅召集各校校长、教务主任、训育主任等参加训练班，主要是讲“建立大东亚共荣圈”“支持大东亚战争”，并进行军事训练。汪伪政府规定“清乡”区的中小学教师必须学习“和运理论”“清乡要义”等课程，以“统一教职员工思想”。对那些“防碍邦交”的教师，则予以严厉制裁。在浙江，日本特务机关人员常对教师进行思想问题测试，不合格的免职，他们还选送部分受训学员回各校对教员进行监视。日伪政权还派遣学生留日，据华北政务委员会统计，1938—1943 年期间，包括豫、冀、鲁、晋、京津等地在内的华北沦陷区，向日本派遣的留学生人数多达 943 人。其中有公费生 411 人，自费生 532 人。而在全国范围内来看，由伪政权派出的留日学生人数将近 4000 人。[3] 华北日伪派遣的留日学生在择选专业时，大多数为理工专业，据《抗战期间留日学生登记甄审总表》的统计，在所有的留日学生中，只有 36% 的学生选择学习文、法、商、教等学科，其余 64% 的学生全部学习理、工、农、医等专业，这些专业中又以学医、学农的人占大多数。[4] 目的就是不让中国留学生接触人文学科，以免产生反日思想。每个留日学生在出国前要认真学习《留日学生须知》，要求他们“须有为东亚新秩序建设者之国民修养”，“须对日本国情充分理解”，公费生尤

1《河北省公署四周年施政纪要—教育概况》，第 36 页。

2《河北省公署四周年施政纪要—教育概况》，第 1 页。

3 刘志强、张学继：《留学史话》，社会科学文献出版社 2011 年版，第 130 页。

4《抗战期间留日学生登记甄审总表》，国民政府教育部档案，中国第二历史档案馆藏，全宗号 5，案卷号 15355。

应“随时留意本省及华北之情势”，以便利于以后回国服务。[1]

确立奴化教育的教育体制。在教育行政管理体制方面，采取专门行政机构与“民间机构”相结合的体制，都是围绕推进奴化教育进行的。1937 年 12 月伪中华民国临时政府成立后，即在伪临时政府行政委员会下设立了教育部，下设总务、文化、教育三局，其中文化局掌理图书馆、博物馆以及其他文化事项。教育局掌理大中小学教育、师范教育、职业教育、社会教育等事项[2]。与伪府教育部相对应，各级伪政权均设有相应教育行政管理机关，如各伪省、特别市公署设有教育厅（局），道、县设有教育科。以伪河北省教育厅为例，该厅承伪教育部及伪河北省省长之命，负责掌理河北沦陷区各项奴化教育事宜，主要包括：关于学校教育事项；关于社会教育事项；关于图书馆、博物馆、公共体育场事项；其他教育行政事项。[3] 各特别市公署下设教育局，特别市教育局内设机构与各省公署教育厅机构大体相同。如伪天津市公署教育局下设秘书室、督学室和第一、二、三科，其第一科设高等、调查、企划三股，分掌高等教育、教科书编审、教员检定、教员团体管理、学区划分变更、国外留学等事项。第二科设初等、义职、统计三股，分掌有关初等教育、幼稚园教育、义务教育、职业教育等事项。第三科设民教、文艺、体育三股，分掌有关社会教育、文艺体育等事项。[4] 各道、县教育科内设学务股和社教股，分别执掌学校教育和社会教育事项。

与此同时，组织了“中华民国教育会”“乡村教育促进会”“教育研究所”“新民会”等所谓民间组织，配合日伪当局推行奴化教育。特别是新民会，建立了新民教育馆、新民茶社、新民阅览室、新民映画班以及新民妇女会、新民青年团、新民少年团等等团体，特别是各级教育分会，其宗旨是

1《河北省公报》第 115 号，河北省档案馆藏。
2《华北日报》1938 年 1 月 5 日。
3《河北省公报》第 4 号，河北省档案馆藏。
4《天津市行政纪要》，河北省档案馆藏。

“秉承新民精神，仍负敦品厉行，端正思想，整躬率物，式表儒林，以期上不负国家，下不误学生，发扬固有文化之道德，促成中日亲善，而推进东亚和平之大业”，[1] 宣称：“新民主义的中国即是王道政治的中国，所以我们的教育，永远是要适应着这一大国策。一切教育，通以造就王道国家的政治人才与一般国民为最高目的。”[2]

在教育体制方面，官办学校有初、中、高三级学校之分。中等教育将重点放在职业教育和师范教育方面，高等教育则侧重培养工程技术人员、教员和医务人员，其目的在于培养供其驱使的技术人员和经过奴化教育的师资。接管改组了一些原有的国立大学，如取消原北京大学和北平大学，合并改组为“国立北京大学”；设立了“新民学院”“国立北京师范学院”“国立北京女子师范学院”“陆军军官学校”“外国语学校”等院校。[3] 日伪在河南沦陷区共建立 3 所高等院校，即河南医学专科学校、开封中央日语学院及省立河南大学。日伪统治河北期间，仅设有省立师范专科学校和省立农业专科学校两所高等专科学校。由此可见，在沦陷区，日伪政权除恢复中小学教育之外，侧重于职业教育，对高等教育则是限制发展，主要是发展一些工程技术或师范类学校，其培养为巩固日伪统治的目的性很明显。在新增高等学校方面，主要是以日语院校为主，奴化教育的色彩十分明显。

建立服务奴化教育的课程体系和教材体系。在课程设计中，最突出的是强化日语教学。首先是把日语定为中小学的必修课，并规定了课时和教材。如规定小学三、四年级每周日语课时不得少于 60 分钟；五、六年级 90 分钟；中学 3 小时；师范 2 小时。有的地方甚至禁止教授中国历史、地理课，代之以“东亚和平，中日亲善”等内容。

1《新民会唐山指导部工作概况》，河北省档案馆藏。
2《新民主义的教育方针》，《新民周刊》1938 年第 2 期。
3 任超：《抗战时期日本对北平的文化侵略》，《北京党史》2019 年第 2 期。

在教材方面，日伪对于各级学校采用的教科书，非常注重于封建伦理道德的灌输和殖民精神的渗透。1938 年 5 月 4 日，伪华北临时政府教育部公布了《教科图书审定规程》。同年 9 月 8 日，又公布了《修正教科图书审定规程》。其中规定："学校用之教科图书依本规程须经临时政府教育部之审定，其未经审定者不得发行或采用，但小学教科书应完全采用编审会自行编纂之课本。"[1] 对中国教材进行篡改和删减，凡含有中华民族国家意识或足以引起民族国家仇恨的内容，一律加以删改。国语、史地、社会、公民等教科书中有关国耻史料、不平等条约、九一八、"三民主义"之类的内容都完全被删掉。各师范院校原来的教育课本一律禁用，伪教育部上半年编制成"新教育课本"供各校使用。为满足日语教学，河北日伪当局还成立了"检查禁书审定委员会"，对违反奴化教育方针的内容进行查禁，主要包括："（1）抗日言论；（2）共产主义；（3）马克思主义；（4）社会主义；（5）与前述四种有间接关联者；（6）主张前述四种思想者。"[2] 日伪当局编印了大量日语教材，除伪临时政府教育部编审会编的《小学日本语读本》外，还有日军宣抚班本部编写的《日本语会话读本》，伪南满教育会编的《初等日本语读本》《标准日本语读本》《日语会话宝典》《初级日文模范教科书》以及其他日伪机构和人员编写的日语教材共达几十种。

推行奴役思想的社会教育。对民众的社会教育方面，日伪当局重视社会教育工作，通过各种形式的社会教育对人们灌输封建意识和"亲日""媚日"观念，以图控制人们的思想，达到奴役沦陷区人民的目的。华北沦陷区的社会教育工作主要由伪政府教育部门和新民会等伪组织共同负责。华北沦陷区的社会教育以新民教育馆、新民学校、各种文化或职业补习学校等为中心机构，图书馆、文化宫、博物馆、剧院、电影院、体育场等也是重要的

1《河北省公报》，第 15 号，河北省档案馆藏。

2《河北省公署四周年施政纪要—教育概况》，第 56 页，河北省档案馆藏。

社教机构。[1]“识字运动”是日伪当局在社会教育中采取的重要举措之一。日伪政权特别编印了充满奴化思想的《新民识字运动课本》，作为识字运动基本教材。该教材主要包括以下内容：“（1）关于理念者；（2）关于新国民运动；（3）关于社会知识者；（4）关于衣食住及娱乐者；（5）关于自然科学者；（6）关于工商知识者；（7）关于伟人之佳言懿行者；（8）关于国际大势；（9）关于东亚民族者”，[2]无非是宣扬“大东亚共荣”“东亚圣战必胜”之类。

日本推行的奴化教育，对中国各类教育的正常发展所造成的阻碍，对中国青少年的健康自由成长所造成的破坏，对中国人民精神与心灵所造成的伤害，是巨大的、是无法估量的。日本当局在占领地大肆普及日语和日本文化的教育。在 1937 年，全香港学校总数为 1177 间，学生总数为 86993 人。到 1941 年即香港沦陷前，学生总数高达 12 万人。可是在日本占领后的 1942 年，学生人数急降，至 1945 年，学生人数只剩 4000 余人，[3]香港原有的教育饱受摧残。与此相比，日本当局却大力推进日本语教育，除规定学校每周教授日语 4 小时外，更积极成立了“日语讲习所”。1943 年 3 月，全港共有 41 间日语讲习所，学生人数达 4000 多人，到日本投降时为止，这些讲习所毕业的学生达 9000 多人，远超当时在校的学生人数。[4]1912 年成立的香港大学是香港的最高学府，在沦陷后被视作“敌产”旋遭封闭。由日本人创办的东亚学院，以“东洋精神为原则，日本道德为基础”，“培养成中国人成为真正东亚之中国人，奉行日本一德一体，亲善友好提携之实现，向共同的大东亚

---

1 郭贵儒：《华北沦陷区日伪奴化教育述论》，《河北师范大学学报（哲学社会科学版）》2005 年第 6 期。

2 王长春：《识字运动与国民教化》，《新民月报》第 5 卷，1944 年。

3 梁炳华：《香港在日占时期的教育概况》，《纪念抗日战争胜利 50 周年学术讨论会论文集》，香港珠海书院亚洲研究中心 1996 年版，第 375 页。

4 梁炳华：《香港在日占时期的教育概况》，《纪念抗日战争胜利 50 周年学术讨论会论文集》，香港珠海书院亚洲研究中心 1996 年版，第 381 页。

共荣圈建设之途迈进”。[1] 该学院所有教授科目，一切均服务于“确立大东亚战争必胜思想之根据，须坚韧不拔之信念”。[2] 日本人创办东亚学院，借以培养深受日本文化和军政思想熏陶的人才，其用意在于“以汉制汉”。

在抗日战争期间，日军对我国的文化摧毁是无法计量的，对我国文化成果的破坏更是不可估量的。大量古城毁于战火，无数珍贵艺术品被劫掠一空，更推行奴化教育，企图摧毁中国人民的精神堡垒，打压限制中国的进步文化发展，这是我国文化所遭受的一场浩劫，是中国文化史及中国历史的沉痛一页。

二、中国共产党领导的文化抗战及其发展阶段

中国共产党领导的文化抗战，是在中国共产党抗战思想指导下，在中国共产党的领导下，在抗日文化统一战线的旗帜下，在舆论宣传、新闻出版、教育、文学艺术、科学研究等文化领域进行的抗日救国活动。

（一）中国共产党领导的文化抗战

中国共产党领导的文化抗战，从一开始就是其领导的抗日救国运动的重要组成部分。九一八事变以后，1931—1932 年中国共产党发布了《中国共产党为日本帝国主义强暴占领东三省事件宣言》《关于日本帝国主义强占满洲事变的决议》《为日本帝国主义强占东三省第二次宣言》，这些是中国共产党动员和号召全国民众以民族革命战争来争取民族解放与独立的宣言，也是中国共产党担当抗日救亡领导责任的宣言，同时也开启了中国共产党文化抗战的序幕。在《关于日本帝国主义强占满洲事变的决议》中，中国共产

1 梁炳华：《香港在日占时期的教育概况》，《纪念抗日战争胜利 50 周年学术讨论会论文集》，香港珠海书院亚洲研究中心 1996 年版，第 378 页。

2 梁炳华：《香港在日占时期的教育概况》，《纪念抗日战争胜利 50 周年学术讨论会论文集》，香港珠海书院亚洲研究中心 1996 年版，第 381 页。

党号召："组织各色各种的反对帝国主义的公开组织，或者参加一切已经存在的反帝组织而夺取它们的领导。经过这些组织正确实行反帝运动中的下层统一战线，吸收广大的小资产阶级的阶层参加争斗。在各大城市中公开的出版群众的反帝日报，抓住国内的重要工厂——尤其日本工厂进行组织反日的罢工、示威。同时各地党部团部也应该注意学生中的工作，使一部贫苦学生群众离开民族主义武断宣传的影响而作坚决革命争斗。"[1]由于这一时期中国共产党领导的革命根据地大多在南方和西北，主要任务是反击国民党的军事"围剿"，因此这一时期中国共产党文化抗战主要在东北地区及国统区开展。

1931年9月19日，即事变后的第二天，中共满洲省委迅速作出反应，发表《中共满洲省委为日本帝国主义武装占领满洲宣言》，揭露日本帝国主义的阴谋，认识到事件发生的必然性，号召工农兵劳苦群众武装反抗日本帝国主义，将侵略者赶出中国。9月20日，中共满洲省委、团满洲省委发表《中共满洲省委、团满洲省委告群众书》，号召东北地区所有的工农、学生及各民族劳苦大众联合起来，在中国共产党的领导下，反抗日本帝国主义武装占领满洲。[2]与此同时，国统区各级党组织按照中共中央的指示，在广大地区开展文化领域的抗日救亡活动。中央红军到达陕北以后，鉴于国际国内形势的变化，特别是社会主要矛盾的变化，中华民族与日本帝国主义的矛盾逐渐上升为主要矛盾。为了动员全国人力、财力、物力反对日本帝国主义，1935年12月，中共中央在瓦窑堡召开了政治局扩大会议，确立了抗日民族统一战线方针。随后，中国共产党在文化战线上积极转变策略，开始由苏区工农民主文化向抗日民主文化的思想转变，并结合抗日战争的特殊形势，阐述了有关抗战文化的意义、抗战文化队伍的建设、抗战文化的任务以及如何开展抗战

---

1 中共中央文献研究室、中央档案馆编：《建党以来重要文献选编（一九二一—一九四九）》第8册，中央文献出版社2011年版，第568页。

2《中共满洲省委、团满洲省委告群众书》，中央档案馆等编：《东北地区革命历史文件汇集》甲9，1988年版，第54页。

文化运动等一系列主张，逐步形成了独具抗战特色的文化思想体系。[1]

在这一时期，中国共产党领导的文化抗战也取得了丰硕的成果。一是中国共产党提出了在文化战线上抗日的方针和任务。毛泽东在 1936 年 11 月 22 日中国文艺协会上的讲话提出了这一思想。毛泽东说："中国苏维埃成立已很久，已做了许多伟大惊人的事业，但在文艺创作方面，我们干得很少。今天这个中国文艺协会的成立，这是近十年来苏维埃运动的创举。过去我们是有很多同志爱好文艺，但我们没有组织起来，没有专门计划的研究，进行工农大众的文艺创作，就是说过去我们都是干武的。现在我们不但要武的，我们也要文的了，我们要文武双全。因为现在中国有两条战线，一条是抗日战线，一条是内战。要结成抗日民族统一战线，把日本帝国主义赶出去，争取中国民族的独立解放，首先我们就要停止内战。但现在有人不愿停止内战，反而来进攻抗日主力的人民红军，要消灭抗日的领导者和核心的苏维埃，要消灭一切抗日力量，抗日的文艺也要消灭。所以我们要抗日首先就要停止内战。怎样才能停止内战呢？我们要文武两方面都来。要从文的方面去说服那些不愿停止内战者，从文的方面去宣传教育全国民众团结抗日。"[2] 在这里，毛泽东提出了"抗日文艺"的概念，也提出了抗日文艺的作用是"宣传教育全国民众团结抗日"，提出了"发扬民族革命战争的抗日文艺"的"伟大的光荣任务。"[3] 这标志着抗日民族统一战线方针确立后，中国共产党在文化战线上指导思想的转变。二是中国共产党在国统区领导文化界特别是教育界、文艺界广大进步人士开展了抗日救亡活动。其中，教育界最著名的是对东北流亡学生抗日救亡活动的领导和组织以及著名的一二九运动的发动。这

---

1 朱汉国、李小尉：《略论中国共产党的抗战文化思想》，《北京师范大学学报》2005 年第 4 期。

2 中共中央文献研究室、中央档案馆编：《建党以来重要文献选编（一九二一——一九四九）》第 13 册，中央文献出版社 2011 年版，第 386 页。

3 中共中央文献研究室、中央档案馆编：《建党以来重要文献选编（一九二一——一九四九）》第 13 册，中央文献出版社 2011 年版，第 387 页。

些活动得到了全国学生的响应和全国人民的支持，形成了全国人民抗日民主运动的新高潮，推动了抗日民族统一战线的建立。文艺界爱国人士在中国共产党的领导下，通过音乐、电影、舞蹈等各种形式，进行抗日救亡的文化宣传活动，创作了《松花江上》《义勇军进行曲》《放下你的鞭子》《风云儿女》等抗日救国歌曲、戏剧及电影，启发和鼓舞了人民的抗日激情。

卢沟桥事变以后，全民族抗战开始。国共两党第二次合作，抗日民族统一战线形成。在中国共产党的领导下，抗日民族文化统一战线也逐步形成。中国共产党领导的文化抗战进入了全面和深入的时期。为了进一步团结全国文化界人士共同抗日，1938 年 3 月 27 日，在周恩来、郭沫若等人的领导下，中华全国文艺界抗敌协会在武汉成立，标志着抗日战争时期中国文艺界结成了最广泛的统一战线。4 月 1 日，国民党政治部成立第三厅。第三厅是当时文化抗战的战斗堡垒，是共产党人士主导的包括民主党派、人民团体和爱国人士参加的抗日民族文化统一战线组织。1939 年 1 月，经中共中央书记处批准，中共中央南方局正式成立，成为中国共产党领导国统区抗日民族文化统一战线的核心机构。从此，中国共产党领导的文化抗战在更广大的地区、在更多的领域、在更深的层面展开。

首先，中国共产党确立了文化抗战的系统思想理论，并以此指导抗日民族文化统一战线的文化抗战斗争。1938 年 4 月 28 日，毛泽东在鲁迅艺术学院讲话时指出："在艺术界也需要统一战线……在统一战线原则之下，我们不用马克思主义来排斥别人。排斥别人，那是关门主义，不是统一战线。"[1]1938 年 8 月 4 日，周恩来指出："发展抗战文化与提倡进步思想，是我党文化政策方向。""文化口号应该是民族化、大众化、民主化。"[2]1940 年毛泽东完整、准确地提出："所谓新民主主义的文化，就是人民大众反帝反

1《毛泽东文集》第 1 卷，人民出版社 1993 年版，第 121—122 页。
2 刘隆华：《我对于南方局广西统战工作的回忆》，载《重庆党史研究资料》1983 年第 9 期。

封建的文化；在今日，就是抗日统一战线的文化。”[1]1941年6月20日，《中共中央宣传部关于党的宣传鼓动工作提纲》强调，开展文化运动必须要结合实际情况，“文化运动实际上是我党对外宣传工作的一个有力的武器。党应当经过文化运动来宣传革命思想、科学社会主义思想”。[2]并提出了党在抗战时期文化工作的四大任务，即“第一，团结一切抗日不反共的文化力量，建立文化运动上最广泛的统一战线，向着一个共同的目标；反对民族敌人——日本帝国主义，反对民族投降主义，反对黑暗复古主义。第二，发展进步的文化力量，发展民主思想，主张思想自由，研究各种学术，宣传科学的社会主义，推进中国的文化向前发展。第三，团结文化干部，培养文化干部，爱护文化干部，尤其在根据地内更应大批地吸收知识分子，各种专家学者参加一切抗日的工作。第四，参加国民教育，发展国民教育，这是文化运动最基层的工作。”[3]

其次，建立各种文化抗战团体，在广泛的文化领域开展了抗战文化工作。在中共抗日中心延安，先后建立了第十八集团军西北战地服务团（简称“西战团”）、陕甘宁边区文艺界救亡协会（简称“边区文协”）、陕甘宁边区音乐界救亡协会（简称“边区音协”）、陕甘宁边区文艺界抗战联合会（简称“边区文联”）、延安美术工作协会成立（后更名为陕甘宁边区美术工作者协会，简称“边区美协”）、中华戏剧界抗战协会边区分会、中华全国文艺界抗敌协会延安分会（简称“边区文抗”）、延安文化俱乐部等文化抗战团体。[4]在国统区，也成立了许多中共领导的或中共占主导地位的以及受中共影响的

1《毛泽东选集》第2卷，人民出版社1991年版。

2 中共中央文献研究室、中央档案馆编：《建党以来重要文献选编（一九二一—一九四九）》第18册，中央文献出版社2011年版，第429页。

3 中共中央文献研究室、中央档案馆编：《建党以来重要文献选编（一九二一—一九四九）》第18册，中央文献出版社2011年版，第429—430页。

4 黄华文：《抗日战争史》，湖北人民出版社2007年版，第250页。

文化抗战团体。如中华全国文艺界抗敌协会桂林分会、广西建设研究会、中华木刻界抗敌协会桂林分会、中华全国漫画家抗敌协会桂林分会、中华戏剧界抗敌协会西南分会、救亡日报社、国际新闻社、文化供应社、重庆救国会、重庆文化界救国联合会（简称“文救会”）、重庆妇女界救国联合会（简称“妇救会”）以及重庆怒吼剧社、重庆市救亡歌咏协会、中华全国戏剧界抗敌协会重庆分会、重庆文化界抗敌支会、成都市妇女华北抗敌后援会、四川青年救国会、成都市文化界救亡协会、成都市回教抗敌后援会等，还有成都工人抗敌宣传团、星芒抗敌宣传团、大声抗敌宣传团、成都群力抗敌宣传团、大众壁报抗敌宣传团、四川省妇女抗敌后援会、成都学生抗敌宣传团、成都大众抗敌宣传团、成都少年抗敌宣传团、成都市工商抗日后援会、四川民众华北抗敌后援会、成都市青年抗敌协会、四川旅外剧人抗敌演剧队、成都市记者抗敌后援会、成都天明歌咏团、成都四川妇女出征军人家属救济会、成都星芒通讯社、战时教育协会、成都战时学生社、救亡抗敌宣传社，等等。[1]此外，还有西安文化界协会、西安编辑人协会、西北青年救国联合会、西北作家协会、陕西青年抗日决死队、西北民众抗战剧社、易俗社、西安新文艺促进会、新时代歌咏团、西安市世界语学会、西安市中等学校教职员联合会、中华民族解放先锋队西安队、西北教育界抗日救国大同盟，等等。在遍布全国的文化抗战团体的领导与组织下，戏剧、电影、文艺创作、教育、科学以及群众文化各领域开展了轰轰烈烈的抗战救国运动，形成了丰硕的抗战文化成果。

最后，中国共产党领导的文化抗战活动遍及全国及海外。一是中共领导的抗日根据地，二是国统区，三是海外华侨华人地区。抗日根据地的文化抗战是由中国共产党直接领导和组织的，因而是最活跃和最繁荣的。根据地的

1 唐正芒：《中国西部抗战文化史》，中共党史出版社 2004 年版，第 95 页。

宣传、教育、报刊、出版、文艺创作、文化活动均围绕抗战展开。如文艺宣传通过组织文艺团体上前线深入部队，走上街头、田间，深入民众进行救亡文艺宣传。

在国民党统治区，特别是在西南大后方，以周恩来为领导的中共南方局，团结一切爱国、进步的文化人士，在文化的各个领域掀起了抗战的热潮。其中，抗战文艺运动是最具特色的文化抗战形式。如戏剧运动，1938年6月中华全国戏剧界抗敌协会重庆分会成立后，推动了重庆抗战戏剧运动的大发展。据统计，从抗战开始至1941年7月，在重庆公演的剧目达99个，先后在重庆演出过的剧社、剧团近30个[1]。而从1941年10月至1945年10月，仅重庆春季公演的剧目就达106个，其中有影响的话剧有《屈原》《天国春秋》《棠棣之花》《大地回春》等。在桂林，先后有70多个剧团在桂林活动过。据不完全统计，从1938年至1944年，在桂林出版话剧30多部，先后在桂林演出过的话剧团队有102个，演出的话剧剧目有360多个。[2]又如文学运动，大量文艺刊物问世，仅在重庆就有40多种，有文协机关刊物《抗战文艺》，郭沫若主编的《中原》，茅盾主编的《文艺阵地》，夏丏尊、叶圣陶、朱自清编辑的《国文月刊》，王鲁彦、邵荃麟编辑的《文艺刊志》，胡风主编的《七月》，徐霞村、老舍等编辑的《文坛》，陈铨主编的《文学》等。在成都有20多种抗战文学刊物，主要有：《笔阵》、《火炬》、《文艺后防》、《金沙》、《青年文艺》、《四川风景》、《群众》周刊、《惊蛰》半月刊、《战潮》半月刊、《五月》、《朔风》、《野风》、《文艺堡垒》、《半月文艺》、《流火》等。在贵阳有《十月旬刊》《每周文艺》《文讯》《抗战文艺》《轻骑兵》等。在昆明有《西南文艺》、《战歌》、《诗与散文》、《金碧旬刊》、《文学评论》月刊、《风林文艺》、《文聚》、《北鸥文丛》、《高原文艺》、《文学季

1 唐正芒等：《中国西部抗战文化史》，中共党史出版社2004年版，第128—129、第134—135页。
2 唐正芒等：《中国西部抗战文化史》，中共党史出版社2004年版，第128—129、第134—135页。

刊》、《文艺新报》，等等。[1]此外，还有抗战音乐运动、抗战电影运动，也出现了许多抗战爱国的佳作。当然，最有影响的是新闻报业的发展。据不完全统计，在西南大后方各大城市出版发行的期刊达1600种以上。其中，重庆900多种，成都400多种，桂林300多种，昆明40多种，贵阳10多种。[2]属于中共领导和支持的《大声周刊》、《星芒周刊》、《救国周报》、《统一抗战》、《抗日周刊》、《金沙》、《大学》、《文艺创作》、《火炬》半月刊、《笔阵》半月刊、《戏剧战线》月刊等。其他刊物还有《抗战与教育》《抗敌评论》《四川动员》《远东问题》《中国行政》《中国文化研究汇刊》《边疆研究通讯》《东方文化》《风土杂志》《文学集刊》《青年问题》等。在桂林的300多种刊物中，有中共领导和影响下的《国民公论》《群众》《半月文萃》《世界知识》《时代中国》《文艺生活》《中国农村》等；有抗日团体创办的《歼敌》、《抗战文艺》（桂林版）、《建设研究》、《时论分析》、《广西学生》、《人民之友》等。[3]

在海外及港澳地区，中国共产党在文化领域也进行了卓有成效的工作。抗日战争爆发前，中国共产党就已经开始着手对外宣传工作。最著名的有《先锋报》和《救国时报》。《先锋报》于1927年在美国创办，1930年在纽约正式创刊，以在美国卖苦力的华侨为主要读者对象，被视为“美洲华侨劳苦群众唯一喉舌”。《救国时报》是以中共驻共产国际代表王明的名义、实际上由吴玉章等人于1935年在巴黎创办的一份重要的宣传刊物，发行范围遍及欧美等国家，在美国华人华侨中影响很大。宣传了中国共产党及其领导的军队和所在根据地的情况，并大力呼吁建立抗日统一战线，团结一切力量，一致抗日。抗战爆发后，中国共产党尽一切力量在海外创办报刊，特别强调对华侨的宣传，争取对外宣传话语权。1938年1月，中国共产党在香港成立了八

1 黄华文：《抗日战争史》，湖北人民出版社2007年版，第204—205页。
2 黄华文：《抗日战争史》，湖北人民出版社2007年版，第209页。
3 黄华文：《抗日战争史》，湖北人民出版社2007年版，第210页。

路军驻香港办事处，开展对外宣传工作，创办了《华侨通讯》《抗战大学》《东江》《海外青年》等刊物，为争取国际友人援助中国抗战和扩大国际反法西斯战线作出了贡献。1940 年，中共中央创办外文宣传刊物《中国通讯》，邀请在延安的外籍友好人士，用英、德、俄、法文撰写稿件。1941 年 3 月，陕甘宁边区文委国际宣传委员会成立了国际报道社，出版了多份国际报道外文刊物，向全世界宣传了中国共产党的抗日思想主张和军民英勇抗日的事迹。[1]

在中国共产党的领导与影响下，海外华侨华人的文化抗战如火如荼。据统计，1935 年世界各地华侨报刊有 84 种，至 1941 年年底达 135 种，是华侨报刊史上空前繁荣的时期。其中声势和影响较为突出的是东南亚各地华侨所办报刊。另外，抗战的文艺团体不断涌现，救亡歌曲、剧本广为流传。据统计，至 1940 年世界各地有侨办电影院、戏剧院、戏剧社 97 个。关于抗战题材的小说、诗歌、散文等作品大量涌现。再者，华侨华人组织救亡团体。据统计，截至 1940 年，海外华侨组织大型救国团体 649 个；抗战时期全球共有 3900 多个各类华侨社团，其中 900 多个专门从事抗战工作。[2]

中国共产党领导的文化抗战具有重大的意义。首先，中国共产党领导的抗战是全面的抗战，从政治、军事、经济、社会各个方面，都展开了对日本帝国主义的殊死决战，而文化的抗战是极其重要的方面。习近平总书记指出："文化是一个国家、一个民族的灵魂。文化兴国运兴，文化强民族强。"日本对华侵略，在文化领域实行的是殖民地奴化政策，妄图在文化上灭亡中国、征服中华民族。中国共产党领导的文化抗战，实际上也是中华民族的文化保卫战，是从文化上抵御日本帝国主义的侵略，弘扬中华优秀传统文化，使中华文化血脉得以延续和发展，它最终与政治、军事、经济方面的抗战一样，取得了伟大的胜利。

---

1 刘婕：《抗战时期中共对美宣传工作历史考察》，湖南科技大学 2017 年硕士学位论文。

2［澳］彭小仕：《辛亥革命、抗日战争中的华侨》，《统一论坛》2018 年第 5 期。

其次，中国共产党领导的文化抗战，引领了国统区文化的方向，代表着先进的抗战文化方向。在抗战时期，国民党及其国民政府在文化领域也采取了一些措施，其中最重要的有所谓“新生活运动”及“国民精神总动员”。但这两个运动，在本质上是为维护所谓“一个国家、一个主义、一个领袖”的独裁统治服务的，对中国共产党及其进步力量加以限制、防范；在具体推动中，存在着形式主义的倾向，因而实际效果乏善可陈。中国共产党的文化抗战，是以科学的、先进的文化理论和思想为指导的。这就是毛泽东在《新民主主义论》中所阐述的“人民大众的反帝反封建的文化”，就是“民族的、科学的、大众的文化”，是为全民族 90% 以上的工农劳苦大众服务的。同时，由于中国革命的特点，即中国新民主主义革命是由无产阶级领导的，由于中国共产党抗战文化是人民大众反帝反封建的新民主主义文化，因此它代表着历史的进步方向，引领了包括国统区在内的抗战文化发展方向。

最后，中国共产党领导的文化抗战，成为中华民族精神的凝聚剂。在抗日战争时期，中国共产党坚持维护抗日民族统一战线，对国民党顽固派破坏统一战线的行径进行了坚决的斗争，坚持“有理、有利、有节”的原则，以斗争求团结，巩固了抗日民族统一战线。在文化抗战领域，也坚持最广泛的抗日民族维护统一战线，团结各方面的文化人士，在各个领域进行坚决的抗战，以弘扬和践行中华民族优秀文化为主旋律，颂扬爱国主义精神，激励民族牺牲精神。《义勇军进行曲》《黄河颂》《大刀进行曲》等优秀文化艺术作品，成为中华民族精神的象征，鼓舞千千万万爱国人士为民族解放和民族独立而献身。同时，中国共产党在抗日战争中形成了关于中华民族独立和解放的理论与思想，构建了关于中华民族的话语体系，既体现了中国共产党作为一个具有担当的政党，主动构建和传播中华民族话语，肩负起动员民众参与抗战的责任；又以中华民族话语的构建和传播强化中国共产党在抗日战争中地位合法化并获得广大民众的支持，使中国共产党领导的文化抗战及其抗战文化，凝聚起中华民族精神，推动抗日战争的胜利。

中国共产党的文化抗战，是近代中国文化发展史上的重要阶段，它形成的抗战文化也是代表中国近代文化前进方向的文化形态。毛泽东对鸦片战争以来的中国文化发展作过精到的分析，他指出："在中国文化战线或思想战线上，'五四'以前和'五四'以后，构成了两个不同的历史时期。在'五四'以前，中国文化战线上的斗争，是资产阶级的新文化和封建阶级的旧文化的斗争。在'五四'以前，学校与科举之争，新学与旧学之争，西学与中学之争，都带着这种性质。那时的所谓学校、新学、西学，基本上都是资产阶级代表们所需要的自然科学和资产阶级的社会政治学说（说基本上，是说那中间还夹杂了许多中国的封建余毒在内）。在当时，这种所谓新学的思想，有同中国封建思想作斗争的革命作用，是替旧时期的中国资产阶级民主革命服务的。"[1]"在'五四'以后，中国产生了完全崭新的文化生力军，这就是中国共产党人所领导的共产主义的文化思想，即共产主义的宇宙观和社会革命论。五四运动是在一九一九年，中国共产党的成立和劳动运动的真正开始是在一九二一年，均在第一次世界大战和十月革命之后，即在民族问题和殖民地革命运动在世界上改变了过去面貌之时，在这里中国革命和世界革命的联系，是非常之显然的。由于中国政治生力军即中国无产阶级和中国共产党登上了中国的政治舞台，这个文化生力军，就以新的装束和新的武器，联合一切可能的同盟军，摆开了自己的阵势，向着帝国主义文化和封建文化展开了英勇的进攻。这支生力军在社会科学领域和文学艺术领域中，不论在哲学方面，在经济学方面，在政治学方面，在军事学方面，在历史学方面，在文学方面，在艺术方面（又不论是戏剧，是电影，是音乐，是雕刻，是绘画），都有了极大的发展。二十年来，这个文化新军的锋芒所向，从思想到

1《毛泽东选集》第 2 卷，人民出版社 1991 年版。

形式（文字等），无不起了极大的革命。其声势之浩大，威力之猛烈，简直是所向无敌的。其动员之广大，超过中国任何历史时代。”[1] 中国共产党的文化抗战，是近代文化发展史上第二个时期的一个重要阶段。这个阶段的文化发展，正如毛泽东所说，“却是新民主主义性质的文化，属于世界无产阶级的社会主义的文化革命的一部分”，因此，“中国新的国民文化的内容，既不是资产阶级的文化专制主义，又不是单纯的无产阶级的社会主义，而是以无产阶级社会主义文化思想为领导的人民大众反帝反封建的新民主主义”。“民族的科学的大众的文化，就是人民大众反帝反封建的文化，就是新民主主义的文化，就是中华民族的新文化。”“所谓新民主主义的文化，就是人民大众反帝反封建的文化；在今日，就是抗日统一战线的文化。这种文化，只能由无产阶级的文化思想即共产主义思想去领导，任何别的阶级的文化思想都是不能领导了的。所谓新民主主义的文化，一句话，就是无产阶级领导的人民大众的反帝反封建的文化。”[2] 在抗战时期，中国共产党人以高度的文化自信，担当起文化抗战的领导责任，高举抗日民族文化统一战线的旗帜，创造着“中华民族的新文化”。这一时期创造的抗战文学、抗战音乐、抗战戏剧、抗战电影、抗战诗歌等抗战文化形态，构成抗战时期中国文化发展的绚丽篇章，特别是反映中华民族文化精神的抗战精神，成为中华民族精神的象征，融入中华文化的血脉，成为中华民族优秀文化的组成部分，为中华民族精神家园的构建添上浓墨重彩的一笔。

（二）中国共产党文化抗战的发展阶段

关于文化抗战史分期的论述也比较少。就目前文献所见，是关于区域抗战文化史的分期和抗战文化运动史的分期问题讨论。

1《毛泽东选集》第 2 卷，人民出版社 1991 年版。

2《毛泽东选集》第 2 卷，人民出版社 1991 年版。

唐正芒先生在《中国西部抗战文化史》一书中对西部抗战文化历史进行了分期。他将西部抗战文化史分为3个阶段：从七七事变到武汉失守，是抗日战争的初期阶段，也是西部抗战文化运动的兴起和初步发展阶段；从武汉失守到豫湘桂战役为西部抗战文化运动在曲折中发展和繁荣的阶段（包括相持阶段）；从豫湘桂战役到抗战胜利后是抗战文化由抗日民主文化运动向人民民主文化运动的转变阶段，时间包括从1944年6月豫湘桂战役大溃退到1945年10月14日中华全国文艺界抗敌协会更名为中华全国文艺界协会。[1]

关于桂林抗战文化史的分期研究论著比较多，看法不尽一致。杨益群的《桂林抗战文化》[2]，肖效钦、钟兴锦主编的《抗日战争文化史》[3]，蔡定国、杨益群、李建平的《桂林抗战文学史》等都主张以皖南事变为界分为前后两个时期[4]；另一种意见是划分为3个时期，即1938年10月—1941年2月、1941年3月—1942年1月、1942年2月—1944年9月。[5]还有一种意见也主张分为3个时期，只是在具体时间划分上有所不同。[6]魏华龄发表了《论桂林抗战文化运动的分期及其特征》赞同以皖南事变为界分为前后两个时期，并对分为3个时期的不同意见进行了辨析。[7]

关于抗战文化运动的分期，文天行先生认为抗战文化运动的发展可以分成3个时期。1931年九一八事变到1937年七七事变为第一时期，全面抗战到1945年日本无条件投降为第二时期，抗战胜利到1949年第一次全国文代

1 唐正芒等：《中国西部抗战文化史》，中共党史出版社2004年版，第56—70页。

2 杨益群：《桂林抗战文化》，《广西社会科学要览》，第240页。

3 肖效钦、钟兴锦主编：《抗日战争文化史》，中共党史出版社1992年版，第326—346页。

4 蔡定国、杨益群、李建平：《桂林抗战文学史》，广西教育出版社1994年版，第372—375页。

5 李建平：《桂林抗日文艺运动的几个发展阶段》，《广西社会科学》1986年第3期。

6 苏关鑫认为："桂林文化城大致可分为三个阶段。第一阶段：从1938年10月广州、武汉沦陷到1941年1月皖南事变；第二阶段：从1941年1月皖南事变到同年12月太平洋战争爆发；第三阶段：从1941年12月太平洋战争爆发到1944年下半年湘桂大撤退。"（苏关鑫《桂林文化城将因他们而增添光彩》，见《旅桂作家》代序，广西人民出版社1989年版。）

7 魏华龄：《论桂林抗战文化运动的分期及其特征》，《社会科学家》1995年第3期。

会的召开为第三时期。1949 年的全国文代会是对抗战时期文艺、文化进行总结的大会，也是走向新的历史未来的大会。[1]

上述关于分期问题的观点之所以产生分歧，主要是划分时期的标准不同。唐正芒主张按照抗战时期民族矛盾与阶级矛盾的变化来划分全部抗战文化的时期，他认为："作为意识形态的一定时期的文化它总是一定时期政治、经济及军事形势的反映。政治、经济及军事形势的变化，必然导致这个时期的文化在规模、程度、方式、性质、内容、目标等方面的变化。抗战年代的文化必然反映抗战、服务抗战。而抗战年代又是民族矛盾与阶级矛盾交织的特殊的年代，现实生活在双重矛盾中发展变化，人民大众在双重矛盾中生活战斗。这就必然使抗战文化除反映民族矛盾外，还一定要反映阶级矛盾。因而随着抗战时期各个阶段战争形势和矛盾冲突的发展变化，各个阶段的抗战文化也必然呈现出各阶段的特点和特征。抗战全面爆发后至抗战胜利的八年间，抗战形势有过几次大的变化，即呈现出几个发展阶段。在这几个阶段中，抗战文化也分别显现出不同的特点，从而使抗战文化也呈现出几个不同的发展阶段。"[2]

魏华龄、李建平先生虽然在具体分期上有不同的意见，但在分期标准上并无不同，都主张应以桂林抗战文化的内容与特征来划分历史时期，节点是皖南事变。李建平认为，皖南事变造成了桂林抗战文艺运动一个短暂的低潮时期，即 1942 年在低潮中坚持和发展的时期，故桂林抗战文艺运动可分为 3 个时期："这就是前期的文艺运动形成高涨局面，中期的在低潮中坚持和发展，后期的文艺高潮的再度兴起。"[3] 具体标志则是："前期一九三八年十月下旬的武汉、广州失守，一九四一年二月二十八日《救亡日报》被迫停刊；中期一九四一年三月《救亡日报》停刊之后，一九四二年一月底沪港文化人

1 文天行：《抗战文化运动的分期》，《现代中国文化与文学》第 16 辑，巴蜀书社 2015 年版，第 177 页。
2 唐正芒等：《中国西部抗战文化史》，中共党史出版社 2004 年版，第 56 页。
3 李建平：《桂林杭日文艺运动发展的几个阶段》，《广西社会科学》1986 年第 3 期。

到桂之前；后期一九四二年二月三日夏衍、蔡楚生、郁风、司徒慧敏等大批香港文化人脱险后到达桂林，一九四四年九月十二日桂林城防司令部下达第三道紧急疏散令，柳亚子、邵荃麟等最后一批文化人撤离桂林。”[1]魏华龄认为，皖南事变虽然对桂林抗战文化运动造成了一定的影响，但是必须同时考虑桂系与蒋介石的关系、中国共产党在皖南事变后的措施和政策这两个因素。因此，“对桂林文化城的文化运动影响较大的主要还是皖南事变以及蒋桂之间的关系。”[2]“由于蒋、桂之间存在矛盾，由于中国共产党统一战线的作用，当国民党顽固派于1939年冬至1940年春发动第一次反共高潮的时候，桂系并没有跟着蒋介石一道反，当时桂系与中共的关系还是比较好的，在这样的政治形势下，抗战文化在桂林有了很大的发展，这是桂林抗战文化运动的黄金时代。直到国民党顽固派掀起第二次反共高潮时，特别是1941年1月皖南事变以后，由于桂系转到了反共方面，桂林才出现了白色恐怖，使桂林抗战文化受到了很大的影响。尽管在第一次反共高潮时居于中间立场的桂系，在第二次反共高潮中‘虽然转到了反共方面却和蒋系仍然有矛盾，不可视同一律’。”[3]魏华龄认为，而皖南事变不久，中共中央南方局派李亚群、刘隆华、徐鸣来到桂林，组成了中共中央南方局桂林统一战线工作委员会，同时，又建立了由邵荃麟、张锡昌、狄超白3人负责党的文化工作组，具体领导桂林的文化工作。很快就恢复和重建了党在文化战线的组织。因此。“1941年初的皖南事变，是影响桂林抗战文化运动的重要政治因素，只有以1941年为界划分为前后两个时期，才能把握桂林抗战文化运动的内容和特征。”[4]

文天行先生划分抗战文化运动为3个时期，虽然他没有阐述分期的标准，但显然是建立在他对抗战文化分期的观点上的。他认为：“抗战文化的

1 李建平：《桂林杭日文艺运动发展的几个阶段》，《广西社会科学》1986年第3期。
2 魏华龄：《论桂林抗战文化运动的分期及其特征》，《社会科学家》1995年第3期。
3 魏华龄：《论桂林抗战文化运动的分期及其特征》，《社会科学家》1995年第3期。
4 魏华龄：《论桂林抗战文化运动的分期及其特征》，《社会科学家》1995年第3期。

发展可以分成三个时期。1931 年‘九一八’到 1937 年‘七七’卢沟桥事变为第一时期，全面抗战到 1945 年日本无条件投降为第二时期，抗战胜利到 1949 年第一次全国文代会的召开为第三时期。1949 年的全国文代会是对抗战时期文艺、文化进行总结的大会，也是走向新的历史未来的大会。作为抗战文化组成部分的运动的分期自然是在分‘三个时期’的框架之内。”[1]

上述分期及其分期的标准都表达了关于对文化抗战分期的不同意见，也从不同层面上揭示了划分文化抗战历史时期的标准，但仍然有值得进一步探讨的空间，特别是关于划分历史时期的标准，是划分文化抗战时期的依据，有必要进行讨论。我们认为，划分文化抗战时期的标准，可以从以下 3 个方面讨论。

第一，作为抗日战争史的一个重要组成部分，文化抗战史的分期，毫无疑问应当与中国人民抗日战争史的分期相一致。作为抗日战争一部分的文化抗战，必定与整个抗日战争的进程相联系，随着抗日战争由局部到全面、由防御到相持再到反攻胜利，文化抗战也必然经历从兴起到高涨，从发展到胜利的过程。目前学术界比较一致的观点，是将抗日战争史分为 4 个阶段：局部抗战阶段（1931—1937 年）、战略防御阶段（1937 年 7 月—1938 年 10 月）、战略相持阶段（1938 年 10 月—1943 年 12 月）、战略反攻阶段（1944 年 1 月—1945 年 8 月 15 日）。因此，文化抗战的分期也应当与此相一致。

第二，抗日战争是在国共合作的抗日民族统一战线的旗帜下进行的，文化抗战也是在抗日民族文化统一战线的基础上展开的。抗日民族统一战线成分非常复杂，包括中国共产党领导的工人阶级、农民阶级、小资产阶级，也包括民族资产阶级、开明士绅、地方实力派以及海外华侨中的广大爱国人士，还包括蒋介石所代表的大资产阶级。统一战线内部各阶级和各阶层，既

1 文天行：《抗战文化运动的分期》，《现代中国文化与文学》第 16 辑，巴蜀书社 2015 年版，第 177 页。

有合作抗日的共性，也存在矛盾甚至对立。中国共产党和国民党代表了抗日民族统一战线的左右两翼，在抗战的态度、抗战路线和战略战术以及战时政治、经济政策各方面都有分歧。尤其是以蒋介石为代表的顽固派对中共力量的发展始终采取戒备、限制甚至消灭的政策，不断发动反共高潮，经常制造摩擦。在抗日战争不同发展阶段，抗日民族统一战线内部的斗争呈现不同的特点，由此也影响到抗日民族文化统一战线内部，造成文化抗战也呈现不同的特征，划分为不同的时期。

第三，文化抗战作为文化领域的抗战，也受到文化自身发展特点、规律的制约。文化作为意识形态，是一定经济政治的反映，又反过来影响着经济政治。因此，在不同的时期，文化抗战按照其自身发展的规律表现出不同的特点，构成不同时期的特殊景象。在抗战初期，由于群众抗日热情高涨，文化抗战多以大众化、通俗化的方式呈现，群众性的歌咏、戏剧活动兴起，以激励和鼓舞抗战士气；抗战进入相持阶段以后，长篇的文艺作品、历史题材的剧作、理论性的学术研究开始呈现。

根据上述划分文化抗战运动的标准，我们认为文化抗战史可以划分为4个阶段：文化抗战兴起阶段（1931—1937年）、文化抗战高涨阶段（1937年7月—1938年10月）、文化抗战发展阶段（1938年10月—1943年12月）、文化抗战胜利阶段（1944年1月—1945年8月15日）。

文化抗战兴起阶段。九一八事变爆发，日本帝国主义占领了东北。以东北文化界爱国人士为主体的文化抗战与东北抗联为主体的武装抗日斗争同时兴起。这一时期的文化抗战是以爱国学生为主体的，1931年9月21日，在九一八事变爆发的第3天，旅居北平的3500多名东北学生在北平大学法学院组建了“东北留平学生抗日救国会”。[1]不久，以东北学生为主体的东北

1 张万杰：《“九一八”事变后东北流亡学生群体的抗日救国实践评析》，《长白学刊》2018年第1期。

旅平同乡反日救国会、东北民众抗日救国会相继成立。学生们组织抗日救亡宣传队，深入街头、工厂、农村、学校，以其自编自演的一些歌曲、舞蹈、话剧等进行抗日救亡宣传活动，甚至还深入东北沦陷区进行宣传。北平、上海、南京、广州等地的学生也立即行动起来，走上街头，贴标语，呼口号，散传单，发报纸，聚众演讲，宣传抗日。中国共产党在九一八事变后，也立即作出反应。1931 年 9 月 19 日，即事变后的第二天，中共满洲省委迅速作出反应，发表《中共满洲省委为日本帝国主义武装占领满洲宣言》，号召人民起来进行反抗斗争；1931 年 9 月 20 日，中共中央发表《中国共产党为日本帝国主义强暴占领东三省事件宣言》，表明了坚决反对日本帝国主义侵略的决心。中共满洲省委先后共派遣了 200 多名党员、共青团员到义勇军等各个抗日武装中参加革命动员宣传鼓动工作。在文化战线上，中国共产党发动包括学生在内的文化界人士进行抗战工作。特别是 1935 年的一二九运动，这是中国共产党领导的一次大规模学生爱国运动，掀起了全国抗日救国新高潮。正如毛泽东同志所指出的，一二九运动“是抗战动员的运动，是准备思想和干部的运动，是动员全民族的运动”，“有着重大的历史意义”。在文艺界，中共领导的文艺工作者创作了大量的文艺作品，鼓舞人民的抗战斗志，著名的《松花江上》就是共产党员张寒晖创作的，唱出了九一八事变后东北民众以至中国人民的悲愤情怀，被誉为《流亡三部曲》之一，风靡中华大地。田汉作词、聂耳谱曲的《义勇军进行曲》更是鼓舞人民抗日斗争的进行曲，是这一时期文化抗战的标志性成果。在东北沦陷区，文化界爱国人士坚决抵抗日本帝国主义的文化侵略和文化殖民。爱国教育家宋良忱任庄河县教育局局长兼庄河中学校长，在 1931 年九一八事变以后，坚决抵制日本的奴化教育，拒绝使用伪满编发的教材，坚持用中华书局或商务印书馆出版的历史、地理、国语及英语等教材，直到 1936 年被迫调离教育部门。但他调离后用实际行动坚持抗日，成立了安东救国会庄河分会，自任会长，直到被日军杀害。新闻界的爱国人士也用各种方式进行抗日宣传。中共满洲省委的秘密刊物《满洲红旗》旗帜鲜明地宣传抗日，一些报刊则想方设法、曲折隐晦地传递抗战的消息。[1]

文化抗战高涨阶段。全面抗战开始后，文化抗战也进入了高涨阶段。国共合作达成，中国共产党领导的抗日民族文化统一战线建立，成为领导文化抗战的阵线，中共主导的军事委员会第三厅成为文化抗战的领导和组织机构。中共中央南方局成立后，成为中国共产党领导国统区抗日民族文化统一战线的核心机构，中共领导的文化抗战在国统区各地广泛进行。北平、上海沦陷后，武汉、广州、重庆、桂林等地成为文化抗战的中心。中华全国文艺界抗敌协会（“文协”）、中华全国戏剧界抗敌协会（“剧协”）、上海市文化界抗日救亡协会、上海战时文艺协会、重庆市文化界抗日救亡协会、成都市文化界抗敌协会等文化抗战团体纷纷建立，组织各种形式的活动进行抗日宣传和慰问前方将士，鼓舞后方人民。以周恩来为领导的中共南方局，团结一切爱国、进步的文化人士，在文化的各个领域掀起了抗战的热潮。其中，抗战文艺运动是最具特色的文化抗战形式。在陕甘宁边区及其他抗日民主根据地，党领导的文化抗战运动高涨。在海外，抗战爆发后，中国共产党尽一切力量在海外创办报刊，开展对外宣传工作，为争取国际友人援助中国抗战和扩大国际反法西斯战线作出了贡献。据统计，截至 1940 年，海外华侨组织大型救国团体 649 个；抗战时期全球共有 3900 多个各类华侨社团，其中 900 多个专门从事抗战工作。[2]

文化抗战发展阶段。抗日战争进入相持阶段以后，文化抗战出现了两种趋势。一是文化抗战持续发展，形成了丰富的抗战文化成果；二是随着相持阶段的到来，国民党顽固派加强了对中共领导的抗日力量的限制、排挤乃至

---

1 丁宗皓主编：《中国东北角之文化抗战》，辽宁人民出版社 2015 年版，第 198—221 页。
2［澳］彭小仕：《辛亥革命、抗日战争中的华侨》，《统一论坛》2018 年第 5 期。

镇压。1939 年 1 月国民党召开五届五中全会，确立了“溶共、防共、限共、反共”的反动方针。配合这一反动方针，国民党在文化抗战领域也加强了控制，第三厅被“改组”，成立文化工作委员会，其任务被指定为做研究工作，不准做对外的政治活动。公布了经过重大修改后的《战时图书杂志原稿审查办法》，颁布了《战时新闻检查办法》《战时新闻违检惩罚办法》《修正战时新闻禁载标准》《非常时期报社通讯社杂志社登记管制暂行办法》《抗战时期报纸通讯社申请及变更登记暂行办法》。封禁郭沫若任社长的《救亡日报》，限制《新华日报》，“《新华日报》从 1940 年 12 月至 1941 年 5 月被砍稿件达 260 篇，被删节 150 次，使其几乎无法照常出版，从 1941 年 2 月起被迫改为每天只出半张。”[1] 颁布所谓《抗战期间宣传名词正误表》，规定：“边区政府”“抗日政府”等词不许用；“亲日派”“两面派”“各阶层人民”“国共合作”“抗日民族统一战线”等词为谬误名词；“革命的三民主义”“真正的三民主义”必须改为“三民主义”；“拥护革命的领袖”“拥护抗日的领袖”必须改为“拥护领袖”。在国民党的压制下，文化抗战受到很大的限制，以报纸为例，仅 1942 年，国统区报纸杂志被封闭的就达 500 种之多，被禁售的书籍 1400 余种。[2] 与此相反，中国共产党领导的抗日根据地的文化抗战继续蓬勃发展并走向成熟。通过延安文艺座谈会，在文艺界确立了正确的文艺方针。理论上的成熟，推动了根据地的文化抗战运动，涌现了优秀的文化成果。音乐方面，《黄河大合唱》《生产大合唱》《延水谣》《太行山上》等优秀作品，是“为抗战发出怒吼，为大众谱出呼声”。美术方面，也创作了不少优秀美术作品，如连环画《开荒的故事》《保卫边区保卫警区》，漫画《破坏团结是间接帮助敌人》《墨索里尼“荣膺”第一名》《榜样》，版画《敌寇的“扫

1 唐正芒：《抗战时期大后方反对国民党文化专制政策的斗争》，《湘潭大学学报（哲学社会科学版）》1999 年第 1 期。

2 中共四川省委党史研究室编、彭亚新主编：《中共中央南方区的文化工作》，中共党史出版社 2009 年版，第 113 页。

荡”：来势凶，去势颓！》《准备自卫的吴家枣园》，年画《丰衣足食》《平型关大捷》，木刻《高尔基》《燃起新文化的火炬》，等等。在文学方面，小说、散文、戏剧、报告文学等创作也取得丰硕的成果。

文化抗战胜利及转型阶段。随着抗战进入反攻阶段，文化抗战也随着抗战胜利的到来，进入了新阶段。这一阶段，世界反法西斯战争发生了变化，在欧洲战场和太平洋战场，形势向着有利于同盟国的方向发展，而在中国战场，国民党军队在日军的进攻下，节节败退，豫湘桂大溃退，国民政府政治上日益独裁，经济上加紧搜刮，民不聊生。中国共产党提出了废除一党独裁、建立民主联合政府的主张，得到文化界人士的赞同。重庆文化界300余人签名发表了《对时局进言》，被视为文化界的“民主宣言”，接着昆明、成都文化界也发表了同样的宣言。由此导致国统区文化领域发生了变化，文化抗战进行的同时，出现了反独裁、反压迫、争民主、争自由的人民民主文化运动，标志着文化抗战正在向争取人民民主的方向转变。在延安和抗日根据地，经过延安文艺座谈会和整风运动以后，文化界人士掀起了深入实际、深入工农群众的热潮，文艺创作更深入地为抗战服务、为工农兵大众服务。1945年6月，《新华日报》发表社论《中国文艺工作者的路程》，指出“争民主、争自由”是知识分子的斗争目标，文艺工作者要为人民的民主、为斗争的幸福服务。同年10月，中华全国文艺界抗敌协会更名为中华全国文艺界协会，成为领导文化界进行人民民主文化运动的机构，标志着文化抗战转变为民主文化运动。

三、中国共产党领导的文化抗战的特点

与中华民族的伟大抗战相始终，中国共产党领导的文化抗战经历14年的艰苦卓绝的斗争，取得了伟大的胜利，成为中国人民抗日战争的重要组成

部分，凝聚了中华民族的伟大精神，引领了抗战时期的先进文化，推动进入中华民族文化发展的新时期，创造了“历史上的奇观，中华民族的壮举，惊天动地的伟业”。[1]

反侵略的抗日民族解放战争，不仅仅是军事、政治、经济的决战，更重要的是文化的决战，是民族文化的保卫战。在抗日战争中，中国共产党及其领导的各抗日民主根据地和国民党及其国民政府，都在文化领域开展了抗日斗争。国民党及其国民政府先后开展了“新生活运动”和“国民精神总动员”运动，文化领域也相继开展了抗战活动。但是，最终中国共产党以其坚强的领导、先进的文化理论、最广泛的抗日民族文化统一战线，动员最广泛的人民群众参加，实行坚定的原则和灵活的策略，取得了文化抗战的领导权，并在文化抗战领域获得巨大胜利，创造了丰富多彩、绚烂夺目的抗战文化，为抗日战争的胜利作出了贡献。因此，中国共产党领导的文化抗战，具有鲜明的特点。

（一）中国共产党始终坚持对文化抗战的领导

中国共产党对文化领导权的问题最早是瞿秋白提出的。在大革命失败后的白色恐怖时期，瞿秋白明确指出“文艺革命上的领导权的争取，也就是无产阶级的严重的任务”，[2] 中国共产党应充分利用文化的重要作用，以马克思主义先进的思想武装群众，“在文化战线上，动员广大民众来参加无产阶级领导之下的工农苏维埃革命”。[3] 瞿秋白关于“文化领导权”概念是以政治革命为逻辑起点而提出的，进一步促进了左翼文化运动的发展，扩大了马克思

1《毛泽东选集》第 2 卷，人民出版社 1991 年版，第 474 页。

2 瞿秋白：《欧化文艺》，载文振庭：《文艺大众化问题讨论资料》，上海文艺出版社 1987 年版，第 104—105 页。

3 瞿秋白：《苏维埃的文化革命》，《瞿秋白文集 · 政治理论编》第 7 卷，人民文学出版社 1991 年版，第 231 页。

主义的宣传，为冲破国民党的文化“围剿”提供了方向和保障。[1]抗战时期，毛泽东从文化与经济、政治的关系以及中国文化发展的历史阶段，阐明党对文化的领导权问题。毛泽东指出：“一定的文化是一定社会的政治和经济在观念形态上的反映。”[2]鸦片战争以后，中国的文化以五四运动为界，划分为两个时期。“在‘五四’以前，中国的新文化，是旧民主主义性质的文化，属于世界资产阶级的资本主义的文化革命的一部分。在‘五四’以后，中国的新文化，却是新民主主义性质的文化，属于世界无产阶级的社会主义的文化革命的一部分。在‘五四’以前，中国的新文化运动，中国的文化革命，是资产阶级领导的，他们还有领导作用。在‘五四’以后，这个阶级的文化思想却比它的政治上的东西还要落后，就绝无领导作用，至多在革命时期在一定程度上充当一个盟员，至于盟长资格，就不得不落在无产阶级文化思想的肩上。这是铁一般的事实，谁也否认不了的……这种文化，只能由无产阶级的文化思想即共产主义思想去领导，任何别的阶级的文化思想都是不能领导了的。”[3]因此，“所谓新民主主义的文化，就是人民大众反帝反封建的文化；在今日，就是抗日统一战线的文化……所谓新民主主义的文化，一句话，就是无产阶级领导的人民大众的反帝反封建的文化。”[4]在毛泽东新民主主义文化理论指导下，中国共产党始终坚持文化抗战的领导权。全国抗战开始后，中共进一步加强了文化抗战的工作，成立了中央文化委员会。颁布了一系列开展文化运动文件，如《中央关于开展抗日民主地区的国民教育的指示》《中央关于发展文化运动的指示》《中央宣传部、中央文化委员会关于各抗日根据地文化人与文化团体的指示》《关于党的宣传鼓动工作提纲》等。

---

1 刘红：《新民主主义革命时期中国共产党文化领导权的理论与实践研究》，陕西师范大学 2018 年博士学位论文。

2《毛泽东选集》第 2 卷，人民出版社 1991 年版，第 694 页。

3《毛泽东选集》第 2 卷，人民出版社 1991 年版，第 698 页。

4《毛泽东选集》第 2 卷，人民出版社 1991 年版，第 698 页。

在国统区，则有中共中央南方局团结广大进步爱国人士领导国统区的文化抗战运动。在全国抗战初期，则通过国民政府军事委员会第三厅组织国统区的文化抗战活动，该厅下属一个办公室和3个处，负责一般宣传、艺术宣传和国际宣传。它坚持了中国共产党的抗日民族统一战线政策，宣传了党倡议的“十大救国纲领”。与国民党反动派消极抗战、积极反共的行径进行针锋相对的斗争。在抗日战争初期，在国民党统治区，该厅在团结各民主党派、人民团体一致抗日方面也起了重要作用。

中国共产党在各个方面强调对文化抗战的领导。一是通过各级党组织高度重视和强化对文化抗战的领导。如在抗战舆论方面，中国共产党强调对舆论阵地的领导，提出“应该把报纸拿在自己手里，作为组织一切工作的一个武器，反映政治、军事、经济并且又指导政治、军事、经济的一个武器，组织群众和教育群众的一个武器。要以很大的精力来注意这个工作，使它一年比一年进步”。[1] 中共中央宣传部还发出《关于各抗日根据地报纸杂志的指示》，要求中央局、中央分局和地域上有独立性的区（如晋察冀、晋西北等）党委系统地举办党报、党刊、内刊、文化文艺刊物、通俗报纸等系列报刊，要求所办的党报“它的任务在于及时的报道时局的动向，具体的解释党、政、军、民的各方面的政策，具体的反映当地的各种情况与实际工作，尤其是每个时期的中心工作，并指导之”；所办的党刊“它的任务是：论述国内外重大的时事政治问题，系统的深入的解释党、政、军、民的各种政策，反映当地各种情况，总结工作经验，宣传马列主义，用马列主义解释中国历史与现状，并指导干部的学习”；所办的党内刊物，“它的任务是在不妨碍党的秘密工作的原则下着重于党的建设、党的教育、党的政策之党内的传达和解释及各种实际工作之党内的检讨等”；所办的综合的文化文艺性质的杂志，

1 中共中央文献研究室、中央档案馆编：《建党以来重要文献选编（一九二一—一九四九）》第21册，中央文献出版社2011年版，第113页。

“作为各种学术研究与文艺活动的理论的和实践的指导刊物，及文艺作家发表作品的园地”；所办的作为社会教育工具的通俗报纸（如晋西北的《大众报》及陕甘宁的《群众报》），“它担负着政治的、社会的、科学的和大众文化的有计划的启蒙任务”。[1] 为了充分发挥报刊对地方党的工作的指导作用，中共中央发出指示，要求：“从中央局起一直到省委区党委，以至比较带有独立性的地委中心县委止，均应出版地方报纸。党委与宣传部均应以编辑、出版、发行地方报纸成为自己的中心任务。各中央局、中央分局、区党委、省委，应用各种方法建立自己的印刷所（区党委与省委力求设立铅字机）以出版地方报纸，翻印中央党报及书籍小册子。在不能设立铅印时，即石印油印亦极重要。”[2] 由于党对新闻舆论的重视，新闻舆论界的抗战活动，成为文化抗战的重要力量，为宣传中国共产党的方针政策，鼓舞抗战士气，作出了重要的贡献。

二是通过文化抗战团体加强对文化抗战的领导。文化抗战团体是中国共产党组织文化界人士进行抗战的群众团体，也是中国共产党领导文化抗战的组织。在抗日民主根据地，文化抗战团体是中国共产党直接领导的团结文化界爱国人士的团体。这些文化抗战团体在抗日民主根据地各级党组织的领导下，开展了轰轰烈烈的文化抗战活动。在大后方，文化抗战团体是中国共产党的领导团结和组织进步、爱国文化人士进行文化抗战的组织。他们在大后方开展的文化抗战活动，产生了深远的影响，扩大和彰显了中国共产党在大后方文化界的影响。

此外，中国共产党还通过思想宣传工作加强对文化抗战的领导。如加强马克思主义的宣传教育，编译介绍马列主义原著；使马列主义中国化，创造中

1　中央档案馆编：《中共中央文件选集》第 13 册，中共中央党史出版社 1991 年版，第 148—149 页。

2　中共中央文献研究室、中央档案馆编：《建党以来重要文献选编（一九二一—一九四九）》第 16 册，中央文献出版社 2011 年版，第 305 页。

国的马列主义作品；编印各种通俗的马列主义小册子；组织马列主义的研究会、研究院等，以培养马列主义的干部，以传播马列主义的思想到全中国去。[1]"在根据地内彻底实施新民主主义的文化教育政策；大量地吸收与培养全国各地的文化人与知识分子，使他们能够成为全国新文化运动的基本干部；大量创作与编写新文化各部门的教科书、教材、读物、作品、小册子、杂志、报纸、研究资料，建设大规模的出版机关，以供给全国文化界的需要；经常以新民主主义文化教育政策的实施情况及其经验教训供给全国；同全国文化界发生多方面的关系。"[2]

（二）中国共产党以先进的文化理论引领文化抗战，使中国共产党的文化抗战始终代表着先进文化的方向

这一先进的文化理论，就是以毛泽东同志为主要代表创立的新民主主义文化理论。毛泽东从中国历史、中国文化和中国革命运动的实际出发，梳理了自鸦片战争以来中国文化发展的脉络，正确地分析了中国文化当下所处的阶段，阐释了当前阶段中国文化的性质、特点和发展方向，提出了新民主主义文化的概念，从而确定了马克思主义在新民主主义文化中的指导地位，也就确定了中国共产党在新民主主义文化发展中的地位。在文化抗战中，中国共产党以新民主主义文化理论为指导，引领着文化抗战的正确方向。

中国共产党以新民主主义文化理论为武器，坚决反对日本帝国主义的文化侵略和文化奴役。中国共产党特别强调文化战线的抗日斗争的重要性，指出这是反抗日本帝国主义对中国进行文化侵略和文化奴役的唯一方法。日本帝国主义为了巩固其对中国的占领，除了军事、政治、经济的手段外，还用各种方式摧毁中国文化。对此，无论是在局部抗战时期，还是在全面抗战

1《张闻天文集》第 3 卷，中共党史出版社 2012 年版，第 37 页。
2《张闻天文集》第 3 卷，中共党史出版社 2012 年版，第 37 页。

时期；无论是在战略防御阶段，还是在战略相持阶段和战略反攻阶段，中国共产党始终坚持率领人民进行文化领域的抗战，通过报刊宣传、文学艺术作品、教育、科学等各种方式，揭露日本帝国主义对中国文化的侵略与摧残，凝聚人民的抗战精神，弘扬民族文化，为中华文化的传承和发展作出了巨大的努力。

中国共产党以新民主主义文化理论为武器，坚决抵制国民党的“专制文化”和文化独裁。国民党政府不但在政治上限制共产党，在军事上制造“摩擦”，多次发动反共高潮，而且在文化上也限制抗战言论、封杀进步刊物，破坏党领导的文化抗战。对此，中国共产党在维护统一战线的基础上，采取有理、有利、有节的原则，坚决给予抵制和反对，始终引领文化抗战的进步方向。针对国民党名为“精神动员”实则加强文化、精神控制的“国民精神总动员”运动，中共中央先后发出《关于精神总动员的指示》《关于精神总动员的第二次指示》，指出国民党政府公布《国民精神总动员纲领及实施办法》具有两面性：一方面是为抗日的，另一方面是防共的。对此，中国共产党应采取的立场是：一方面运用与发挥其中一切积极的东西，来提高全民族的觉悟，振奋革命精神，为争取抗战建国的最后胜利而奋斗牺牲；另一方面要反对与打击一切反共防共阴谋和反民族分子的观点。号召全国为坚持抗战，为坚持统一战线，为坚持国共长期合作，争取民族最后胜利而奋斗。[1] 在战略相持阶段，国民党加紧反共活动，在文化方面，加紧对共产党采取限制措施，对进步刊物、进步文化团体进行迫害。实行文化专制主义政策。1941 年 1—4 月，重庆《全民抗战》等数十种进步刊物被取缔。1942 年，先后被查禁的书刊有 500 余种。[2] 从 1941 年年初开始，国民党当局还强令解散了 48

---

1 李勇、张仲田编著：《统一战线大事记・抗日战争时期卷》，群言出版社 2014 年版，第 214 页。

2 薛新力：《抗战时期重庆文化的发展演变及特点》，《渝州大学学报（哲学社会科学版）》1995 年第 2 期。

个进步文化团体，解散和改组了几个抗敌演剧队和抗敌宣传队，将保留下来的改名为抗敌演剧宣传队。[1]针对国民党的文化专制主义，中国共产党进行了坚决的斗争，首先，在舆论上进行批判，张闻天、王稼祥、艾思奇、范文澜、陈伯达等分别发表了《拥护真三民主义反对假三民主义》《关于三民主义与共产主义》《关于三民主义的认识》《谁革命？革谁的命？》《袁世凯再版》《没有共产党，就没有中国》《评〈中国之命运〉》等一系列文章，予以批判，特别是毛泽东的《新民主主义论》，系统地阐述了新民主主义文化理论，成为指导中国共产党文化抗战的纲领性文献。

中国共产党以新民主主义文化理论为武器，坚决反对封建复古文化。在抗战时期，面对民族危机和文化危机，各阶级、阶层人士提出了不同的救亡方案。在文化领域也是如此，其中比较有影响的是具有复古倾向的新儒学思想。新儒家学派将挽救民族危机与文化危机的希望寄托在复兴儒家文化上面，认为"民族复兴本质应该是民族文化的复兴，儒家文化的复兴"，[2]主张把封建伦理道德看作中华传统文化精华并主张将其发扬光大，等等。新儒学的某些观点和主张为当时的统治集团所利用，自觉不自觉地充当了维护国民党一党专制和文化统制的工具，在客观上也给抗战文化的发展带来了危害。对此，中国共产党和进步文化界予以批判。胡绳发表文章指出，封建文化的核心价值——伦理道德已经不适应现代社会了，"当我们发现了它们已不合于新时代的生存时，就要毫不容情地加以抛弃，这才能使我们对于民族的新生有充分的自信"。[3]至于儒学复兴可以拯救文化危机甚至民族危机，则更是谬误，因为，"理学是决定地终结了"。[4]毛泽东则指出："中国的长期封建社会中，创造了灿烂的古代文化。清理古代文化的发展过程，剔除其封建性

1 彭亚新：《中共中央南方局的文化工作》，中共党史出版社 2009 年版，第 113 页。

2 贺麟：《文化与人生》，商务印书馆 1988 年版，第 2 页。

3《胡绳全书》第 1 卷（上），人民出版社 1998 年版，第 220 页。

4《杜国痒文集》，人民出版社 1962 年版，第 377 页。

的糟粕，吸收其民主性的精华，是发展民族新文化提高民族自信心的必要条件；但是决不能无批判地兼收并蓄。必须将古代封建统治阶级的一切腐朽的东西和古代优秀的人民文化即多少带有民主性和革命性的东西区别开来。”[1]但是“替帝国主义和封建阶级服务的，是应该被打倒的东西。不把这种东西打倒，什么新文化都是建立不起来的。不破不立，不塞不流，不止不行，它们之间的斗争是生死斗争”[2]。

中国共产党坚持无产阶级对新民主主义文化的领导作用，适时地将抗战文化向人民民主文化推进。这就是“扩大共产主义思想的宣传，加紧马克思列宁主义的学习”[3]。在抗日根据地，出现了马克思主义中国化、大众化的热潮。共产党员、进步人士自觉地学习和宣传马克思主义，用马克思主义的理论和方法训练干部、指导实际工作。在大后方，《新华日报》和《群众》周刊也发表了不少文章，如《纪念马克思与孙中山》《列宁与中国》等，介绍共产主义，翻译介绍马列著作、出版进步社科书籍，大力宣传马列主义，郭沫若、胡绳、侯外庐、吕振羽、翦伯赞、许涤新、蔡仪等马克思主义学者或进步人士运用马克思主义研究哲学、史学、经济学、文学、美学，特别是郭沫若的《甲申三百年祭》影响深远，这些对启迪大后方人民的觉悟，接受马克思主义，起到了很大的作用。随着抗战形势向胜利发展，中国共产党又适时地引导抗战文化向人民民主文化方向发展。毛泽东发表了《在延安文艺座谈会上的讲话》，提出了文艺为工农兵服务、无产阶级文学艺术是无产阶级整个革命事业的一部分、要用辩证唯物主义和历史唯物主义观察世界、观察社会、观察文学艺术。在延安文艺座谈会精神的指引下，抗日根据地广大文化工作者掀起了深入基层、深入社会、深入工农兵群众的热潮，世界观、

1《毛泽东选集》第 2 卷，人民出版社 1991 年版，第 707—708 页。

2《毛泽东选集》第 2 卷，人民出版社 1991 年版，第 695 页。

3《毛泽东选集》第 2 卷，人民出版社 1991 年版，第 706 页。

文化观发生了深刻的变化，创作了一批优秀的文艺作品。在大后方，中国共产党提出的废除一党独裁、建立民主联合政府的主张，得到文化界人士的赞同。重庆文化界300余人签名发表了《对时局进言》，被视为文化界的“民主宣言”，接着昆明、成都文化界也发表了同样的宣言。由此导致国统区文化领域发生了变化，出现了反独裁、反压迫、争民主、争自由的人民民主文化运动，标志着文化抗战正在向争取人民民主的方向转变。

（三）中国共产党坚持最广泛的抗日民族文化统一战线，推动全民族的文化抗战

抗日民族文化统一战线是中国共产党组织文化抗战的形式，是在中国共产党领导下，以党的文化工作者为主体，团结抗日爱国文化界人士进行文化抗战的联合阵线。建立广泛的抗日民族文化统一战线，是组织文化抗战的主要形式，是确保文化抗战发展和胜利的组织保障。

1937年11月24日，陕甘宁边区成立了陕甘宁边区文化界救亡协会，艾思奇、吴玉章、柯仲平先后为主任。下设社会科学研究会、国防教育研究会、战歌社、海燕社、音乐界救亡协会、文艺突击社、戏剧界抗战联合总会等文化团体，这标志着在中国共产党领导下的边区，实现了文化统一战线。1938年3月15日，《新中华报》明确提出了“确立全国文化界统一战线”的目标和任务，1938年3月27日，在周恩来、郭沫若等人的领导下，中华全国文艺界抗敌协会在武汉成立，标志着抗日战争时期中国文化界结成了最广泛的统一战线。在中国共产党文化抗战思想的指导下，在抗日民族文化统一战线的组织形式下，中国共产党领导全国人民特别是文化界人士开始了伟大的文化抗战。

中国共产党以博大的胸怀，包容一切愿意抗战的文化人士，提出：“一切文化人，只要他们赞成抗日，均应在抗日的目标下团结起来。不论他们在

文化上所做的工作同抗日有无直接的关系。我们欢迎任何文化人使用他的文化武器（如文学、艺术科学等）为抗战直接服务。在文化人中发展文化也应该服从于抗战、服从于政治的思想。但文化人之间，除以抗日不抗日作为团结的分界线外，还可以在关于文化的各种方面与各种问题上进行统一战线。这种统一战线，不但不会减弱抗日文化统一战线，而且会加强这个统一战线的内容与力量。抗日文化统一战线，同其他抗日统一战线一样，也有它的统一性，也有它的斗争性，而斗争的目的，则是为了求得更充实的与坚强的统一。”“文化统一战线是思想上的统一战线。因此，凡各文化人对于当前某个政治问题或某个文化问题有共同思想上的一致，即可联合起来，除采取适当方法发表他们的共同意见外，不必有其他行动上的要求与限制。在工作方式上生活方式上不必强同，要避免规定许多规则条例去限制他们的文化活动”；“在一个广泛的共同目的下，可建立广泛的文化统一战线（如文化界救亡协会），但在同一部门内（如文学、艺术、自然科学、社会科学或哲学内），甚至一个问题上，更容易建立某一部门的统一战线（如文艺界救亡协会或哲学研究会等）”；“统一战线的组织，不应有很严密的集中的组织生活。应保证统一战线组织内的文化工作者有发表、辩论、创作与生活的充分民主与自由，并给他们以足够的单独工作的时间。”“统一战线内部的意见上的某种不一致、意气之争、门户之见，一般是不可避免的。应经过民主的方式来解决各种争论。应该提倡自由辩论与讨论的风气。争论一时不能解决也不要紧，不必过早做结论。对某个文化人的缺点的提出，也要经过适当的方式。”[1]

受中国共产党领导的抗日民族文化统一战线的感召，文化界的爱国人士，纷纷投入轰轰烈烈的文化抗战之中。最主要的形式是组织和加入各种文化抗战团体，在文化各领域进行抗日斗争。在国统区，文化界人士组织的文

1《张闻天文集》第 3 卷，中共党史出版社 2012 年版，第 38—39 页。

化抗战团体就遍布国统区各地，涵盖文化各领域。在海外，华侨华人组织救亡团体。据统计，截至1940年，海外华侨组织大型救国团体649个；抗战时期全球共有3900多个各类华侨社团，其中900多个专门从事抗战工作。[1]

（四）中国共产党坚持全面的全民族抗战的思想，动员广大的人民群众参加文化抗战

全民抗战、全面抗战是中国共产党的抗日主张。在《八一宣言》中，中国共产党就号召“一切不愿当亡国奴的同胞们！一切有爱国天良的军官和士兵兄弟们！一切愿意参加抗日救国神圣事业的党派和团体的同志们！国民党和蓝衣社中一切有民族意识的热血青年们！一切关心祖国的侨胞们！中国境内一切被压迫民族（蒙、回、韩、藏、苗、瑶、黎、番等）的兄弟们”投身于伟大的抗战之中。[2]“卢沟桥事变”以后，中国共产党主张，“只有全民族实行抗战，才是我们的出路！”[3]“立即开放全国民众爱国运动，发扬抗战的民气，立即动员全国海陆空军，准备应战”，[4]“立刻实行全中国人民的总动员”，“立即实行全面的对日抵抗”。[5]国共合作达成后的洛川会议，中国共产党提出了“全面的全民族的抗战”的概念“必须抛弃单纯政府抗战的方针，实现全面的民族抗战的方针”，[6]“今天争取抗战胜利的中心关键，在使已发动的抗战发展为全面的全民族的抗战。只有这种全面的全民族的抗战，才能使

1 ［澳］彭小仕：《辛亥革命、抗日战争中的华侨》，《统一论坛》2018年第5期。

2 中共中央文献研究室、中央档案馆编：《建党以来重要文献选编（一九二一—一九四九）》第12册，中央文献出版社2011年版，第265—267页。

3 中共中央文献研究室、中央档案馆编：《建党以来重要文献选编（一九二一—一九四九）》第14册，中央文献出版社2011年版，第356页。

4 中共中央文献研究室、中央档案馆编：《建党以来重要文献选编（一九二一—一九四九）》第14册，中央文献出版社2011年版，第357页。

5 中共中央文献研究室、中央档案馆编：《建党以来重要文献选编（一九二一—一九四九）》第14册，中央文献出版社2011年版，第391页。

6 中共中央文献研究室、中央档案馆编：《建党以来重要文献选编（一九二一—一九四九）》第14册，中央文献出版社2011年版，第482页。

抗战得到最后的胜利。”[1]

在文化抗战领域，中国共产党的“全面的全民族的抗战”也是一以贯之的。全面的全民族的文化抗战包含两个方面的内涵。一是团结、动员一切民众参加文化抗战，二是文化抗战的目的在于唤醒民众的民族意识，为抗战服务，即以为人民群众服务为宗旨。

团结、动员一切民众投入文化抗战之中，是中国共产党在文化领域领导抗战的根本任务，也是新民主主义文化的本质要求。“革命文化，对于人民大众，是革命的有力武器。革命文化，在革命前，是革命的思想准备；在革命中，是革命总战线中的一条必要和重要的战线”，“一切进步的文化工作者，在抗日战争中，应有自己的文化军队，这个军队就是人民大众”。[2]在各级党组织的领导下，广大民众踊跃地参与到文化抗战之中。其中最具群众参与性的是抗日民主根据地的秧歌运动和国统区的歌咏活动。秧歌成为根据地人民表达抗日激情，参与文化抗战的重要形式之一。据不完全统计，整个陕甘宁边区“共有 600 个民间秧歌队，大的有二三百人，小的也有二三十人。据丁玲的估计，在边区人民中，每 12 个人里必有一个人是会扭秧歌的”[3]。涌现了一大批优秀剧目，如《兄妹开荒》《白毛女》《翻身秧歌》《斗争秧歌》《胜利腰鼓》《打花鼓》《龙灯》《小车》《旱船》《挑花篮》《张公背张婆》《生产舞》《运盐》等，极大地鼓舞了根据地人民抗日士气。在大后方，群众参与度最高的文化抗战活动是歌咏活动。以重庆为例，战时重庆歌咏团体数目不少，有影响的团体有：业余歌咏团、谐医歌咏团、民众歌咏会、青年歌咏研究社、中航歌咏队、四川水泥厂职工歌咏团、嘉陵歌咏团、育才歌咏团、华夏歌咏团、中苏文化协会歌咏队、政治部抗敌歌咏团、山城合唱团、中国

---

1 中共中央文献研究室、中央档案馆编：《建党以来重要文献选编（一九二一—一九四九）》第 14 册，中央文献出版社 2011 年版，第 474 页。

2《毛泽东选集》第 2 卷，人民出版社 1991 年版，第 708 页。

3 尹均生主编：《中外记者眼中的延安解放区》，华中师范大学出版社 1995 年版，第 109 页。

电影制片合唱团等。[1]曲目有《大刀进行曲》《救亡进行曲》《游击军》《游击队进行曲》《流浪儿》《上战场》《打回东北去》《义勇军进行曲》《玉门出塞》《抗敌歌》《胜利进行曲》《抵抗》《黄河大合唱》等。在抗战文化城桂林，歌咏活动也是如火如荼，抗战期间，桂林举行的千人以上的群众歌咏集会就有几十次之多，万人以上的抗战歌咏集会如抗战歌咏团在市公共体育场举行的“万人火炬公唱大会”也有近10次。以至于有人描述，桂林当时的老百姓，人人都会唱几首抗战歌曲。[2]

抗战教育也是大众参与度比较高的文化抗战活动。中国共产党在全国抗战初期，制定了根据地的教育方针，即“在一切为着战争的原则下，一切文化教育事业均应使之适合战争的需要，因此全民族的第十个任务，在于实行如下各项的文化教育政策。第一，改订学制，废除不急需与不必要的课程，改变管理制度，以教授战争所必需之课程及发扬学生的学习积极性为原则。第二，创设并扩大增强各种干部学校，培养大批的抗日干部。第三，广泛发展民众教育，组织各种补习学校、识字运动、戏剧运动、歌咏运动、体育运动，创办敌前敌后各种地方通俗报纸，提高人民的民族文化与民族觉悟。第四，办理义务的小学教育，以民族精神教育新后代。”[3]在这一教育方针指导下，群众性的教育抗战迅速发展，特别是以民众为对象的社会教育，具有群众参与度高的特色。根据地的社会教育组织形式主要是各种短期的识字班、夜学、半日校、冬学，尤其是冬学，是北方地区冬季开展社会教育的一种主要形式。陕甘宁边区政府确定“冬学就是国防教育领域内总动员的具体任务，所以边区教育部特决

1 李滨荪、胡婉玲、李方元：《抗日战争时期音乐资料汇集——重庆〈新华日报〉专辑》，西南师范大学出版社1985年版。

2 王小昆：《壮声破敌奴肝胆——试论桂林抗战歌咏运动的特点与历史经验》，《武汉音乐学院学报》2005年第3期。

3 中共中央文献研究室、中央档案馆编：《建党以来重要文献选编（一九二一——一九四九）》第15册，中央文献出版社2011年版，第618—619页。

定冬学是经常的学制之一”。[1]冬学的教育内容中，文字教育是基础教育，主要课程为政治和国语，军事教育和文化教育也贯穿教育的全过程，政治教育的内容是结合边区和根据地革命与抗战实践的经验或教训，使群众能够在接受文化教育的过程中了解全国抗战局势的变化。此外，根据地的社会教育还有博物院、美术馆、民众茶园、通俗讲演所、民众问字及代笔处、公共体育场、公园、娱乐剧场、电影场等，这些社会教育机构都是以促进民众参与抗战为组织形式，通过不同的方式承担着抗战期间的民众文字教育和政治教育。

为大众服务，是中国共产党文化工作的宗旨，在土地革命时期，体现在文化工作的大众化。所谓大众化具有双重意义：为大众服务和为大众接受。土地革命时期以无产阶级革命文学为号召，所谓大众化即为苏维埃服务，为工农兵服务，无产阶级革命文化的大众化，不仅仅是作品与批评的大众化，“必须以‘属于大众，为大众所理解，所爱好’为原则”。[2]抗战时期，“中华民族的新文化运动服从于抗战建国的政治目的”，“新文化必须是代表大众的利益、为大众的解放而斗争的武器”，“新文化要完成自己的任务，必须为大众所接受、所把握。因此，新文化的大众化，还有另一方面的意义，即为了使新文化成为大众所懂得、所接受的文化，必须使新文化去适应大众今天的文化水平”。[3]正如毛泽东同志指出的，文化抗战的目的，是为大众、为群众服务的，因为“新民主主义的文化是大众的……它应为全民族中百分之九十以上的工农劳苦民众服务，并逐渐成为他们的文化”[4]。因此，在文化抗战中，中国共产党号召文化工作者到群众中去，要求“进一步普及文化到农村

1 中央教育科学研究所、陈元晖、邹光威等：《老解放区教育资料·二：抗日战争时期（上）》，教育科学出版社 1986 年版，第 1 页。

2 中共中央宣传部办公厅、中央档案馆编研部编：《中国共产党宣传工作文献选编：1915—1937》，学习出版社 1996 年版，第 1059 页。

3《张闻天文集》第 3 卷，中共党史出版社 2012 年版，第 31 页。

4《毛泽东选集》第 2 卷，人民出版社 1991 年版，第 708 页。

中去、到工厂中去、军队中去、大众中去。为此必须动员大批文化人与青年知识分子到农村中、工厂中、军队中、大众中去工作；发展抗战建国的普及教育，国民教育与社会教育，大规模进行消灭文盲工作；军队中的文化教育工作，应该成为政治机关工作中的一个重要部门；发展文化供应的工作，把文化食粮输送到军队中、乡村中、工厂中去；分区建立各种印刷、出版发行机关，出版各种地方的报纸、杂志与书籍”。[1]“我们的文化是人民的文化，文化工作者必须有为人民服务的高度的热忱，必须联系群众，而不要脱离群众。”在延安文艺座谈会上，毛泽东号召：“中国的革命的文学家艺术家，有出息的文学家艺术家，必须到群众中去，必须长期地无条件地全心全意地到工农兵群众中去，到火热的斗争中去，到唯一的最广大最丰富的源泉中去，观察、体验、研究、分析一切人，一切阶级，一切群众，一切生动的生活形式和斗争形式，一切文学和艺术的原始材料，然后才有可能进入创作过程。”[2]

在中国共产党的号召下，广大文化工作者深入群众，深入基层，创作了众多优秀的抗战文化作品。以大众喜闻乐见的秧歌剧为例，歌颂根据地大生产运动的《南泥湾》，宣传减租减息运动的《减租》，写土地革命时的真实情境的《惯匪周子山》，特别是反映人民群众受地主剥削迫害的《白毛女》，不仅在延安人民中产生巨大影响，在各根据地广受欢迎，成为新中国歌剧舞台上长演不衰的经典。在抗战音乐方面，诞生了《黄河大合唱》《生产大合唱》《太行山上》《到敌人后方去》等著名作品，成为鼓舞人民抗日热情的好作品。

中国共产党领导的文化抗战，是中国共产党领导的抗日战争的重要组成部分。它所展现的上述特点，是中国共产党文化抗战指导思想、文化抗战政策及文化抗战组织形式所决定的，也充分体现在中国共产党领导的文化抗战的各个方面。

1《张闻天文集》第 3 卷，中共党史出版社 2012 年版，第 37 页。

2《毛泽东选集》第 3 卷，人民出版社 1991 年版，第 860—861 页。

第二章
中国共产党的文化抗战思想与抗日民族文化统一战线

文化抗战是伟大抗日战争的一部分。在抗日战争中，中国共产党领导包括文化界在内的广大人民群众运用思想宣传、新闻媒体、报纸杂志、教育、科学、文学艺术等武器，与日本帝国主义的军事、政治、经济、文化侵略进行了殊死的斗争，抗击了日本帝国主义的文化侵略和文化奴役，为中华民族文化的传承和弘扬建立了不朽的功勋，中国共产党在文化抗战领域，与其在军事、政治、经济、外交等抗战领域一样，起到了中流砥柱的作用。在文化抗战的指导思想的确立方面，中国共产党发挥了主导作用，以其先进的文化抗战指导思想引领着抗战文化的发展；它是抗日民族文化统一战线的倡导者和领导者，是文化抗战进步方向的引领者，是文化抗战的中流砥柱。

一、中国共产党的抗战思想

中国共产党的抗战思想是随着日本帝国主义侵略的不断扩大，国际国内的形势、社会矛盾以及阶级关系的变化而逐步形成和确立的。九一八事变发生后，中国共产党先后发表了《中国共产党为日本帝国主义强暴占领东三省事件宣言》《关于日本帝国主义强占满洲事变的决议》，1935 年 8 月 1 日，中国苏维埃政府、中共中央发表《为抗日救国告全体同胞书》，这 3 个宣言表达了中国共产党坚决抗日的方针；在瓦窑堡会议上，中共中央作出了《关于目前政治形势与党的任务决议》，毛泽东随后在党的活动分子会议上发表《论反对日本帝国主义的策略》的报告，提出了建立抗日民族统一战线的主张；卢沟桥事变以后，中共中央发表《为日军进攻卢沟桥通电》《中共中央为日本帝国主义进攻华北第二次宣言》，毛泽东撰写《反对日本进攻的方针、办法和前途》一文，再次表达了抗战决心，提出了如何进行抗战的方针政策；国共合作达成后，中共中央召开洛川会议，通过了《中央关于目前形势与党的任务的决定》《中国共产党抗日救国十大纲领》和毛泽东起草的《为动员一切力量争取抗战胜利而斗争》宣传提纲，比较全面地阐述了中国共产党的抗战主张；1938 年 5 月，毛泽东连续撰写了《抗日游击战争的战略问题》和《论持久战》两篇重要著作，对抗战的军事战略战术进行了探讨。同年 10 月，毛泽东在中共六届六中全会上作了《论新阶段》的报告，对中国共产党在抗日战争中的地位和作用做出了回答。通过这一系列的宣言、决定、报告、讲话、著作，中国共产党在关于抗战方针、指导思想、前途、战略战术以及党在抗战中的地位等问题上做出了系统的回答，形成了中国共产党的抗战思想。

（一）坚决抗战的指导方针

面对日本帝国主义的侵略，应该采取什么样的方针，是抵抗，还是妥协？中国共产党的主张是坚决抵抗。九一八事变后，中共中央主张坚决抗战，反对妥协退让：“全中国工农兵士劳苦民众必须在反对第二次世界大战、推翻帝国主义统治、争取中国民族解放的利益之下实行坚决的斗争，一致反对日本强暴占领东三省，实行变帝国主义压迫中国的战争为拥护苏维埃中国反帝国主义反国民党的革命战争，以解放中国。”[1]1935年8月1日，中国苏维埃政府、中共中央发表《为抗日救国告全体同胞书》，与九一八事变后发表的宣言和决议相比较，中国共产党这次的宣言纠正了“左”的错误倾向，提出了反蒋抗日的统一战线主张，提出：“为祖国生命而战！为民族生存而战！为国家独立而战！为领土完整而战！为人权自由而战！”号召：“有钱的出钱，有枪的出枪，有粮的出粮，有力的出力，有专门技能的贡献专门技能，以便我全体同胞总动员，并用一切新旧式武器，武装起千百万民众来。共产党和苏维埃政府坚决相信：如果我们四万万同胞有统一的国防政府作领导，有统一的抗日联军作先锋，有千百万武装民众作战备，有无数万东方的和全世界的无产阶级和民众作声援，一定能战胜内受人民反抗和外受列强敌视的日本帝国主义！”[2]瓦窑堡会议提出了建立抗日民族统一战线的主张，确定在日本帝国主义企图灭亡中国、民族矛盾成为社会最主要的矛盾的情况下，“党的策略路线，是在发动，团聚与组织全中国全民族一切革命力量去反对当前主要的敌人：日本帝国主义与卖国贼头子蒋介石。不论什么人，什么派别，什么武装队伍，什么阶级，只要是反对日本帝国主义与卖国贼蒋介石的，都应该联合起来，开展神圣的民族革命战争，驱逐日本帝国主义出中国，打倒日本帝国主义的走狗在中国的统治，取得中华民族的彻底解放，保持中国的独立与领土的完整。只有最广泛的反日民族统一战线（下层的与上层的），才能战胜日本帝国主义及其走狗蒋介石”。[3]

卢沟桥事变发生后，已达成国共合作的国共两党发出了一致坚决抗战

---

1 中共中央文献研究室、中央档案馆编：《建党以来重要文献选编（一九二一—一九四九）》第8册，中央文献出版社2011年版，第549页。

2 中共中央文献研究室、中央档案馆编：《建党以来重要文献选编（一九二一—一九四九）》第12册，中央文献出版社2011年版，第267页。

3 中共中央文献研究室、中央档案馆编：《建党以来重要文献选编（一九二一—一九四九）》第12册，中央文献出版社2011年版，第536页。

的声音。中共中央在《为日军进攻卢沟桥通电》中表示，“只有全民族实行抗战，才是我们的出路！我们要求立刻给进攻的日军以坚决的反攻，并立刻准备应付新的大事变。全国上下应该立刻放弃任何与日寇和平苟安的希望与估计”。[1] 在《中共中央为日本帝国主义进攻华北第二次宣言》中，提出 8 项主张，要求立即“动员全中国的海陆空军实行抗战。立刻召集国防会议，集中抗战的军事领导，建立各个战线上的统一指挥，以积极抵抗的方针去对付日寇的进攻”；“立刻实行全中国人民的总动员，开放党禁，开放爱国运动，释放政治犯，实行民主权利，满足人民生活上的迫切需要，实行大规模的发动民众，组织民众与武装民众，建立各种各样人民的抗日统一战线的组织”；“立即实行全面的对日抵抗，停止对日外交谈判，实行武装缉私，抵制日货，没收日本帝国主义在华的一切银行矿山工厂与财产，取消日本帝国主义在中国的一切政治的与经济的特权，封闭一切日本大使馆领事馆与特务机关，逮捕一切日本侦探与汉奸，解除日寇与汉奸在中国内地的一切武装的与非武装的团体”；“立刻实现国共两党的亲密合作，以国共两党的合作为基础，团结一切抗日救国的党派，创立巩固的抗日民族统一战线，以实现真正的精诚团结，共赴国难的方针”。[2] 此外，还提出了改革国内政治、实施财政经济劳动文化教育的政策，改善民生。这些主张，都反映了中国共产党坚决抗战的思想。毛泽东发表了《反对日本进攻的方针、办法和前途》一文，对蒋介石在卢沟桥事变以后在庐山发表的谈话中所表达的“政府对于卢沟桥事件，已确定始终一贯的方针和立场。我们知道全国应战以后之局势，就只有牺牲到底，无丝毫侥幸求免之理。如果战端一开，那就地无分南北，人无分老幼，无论何人皆有守土抗战之责任”表示了赞同，认为这是“具有历史意

---

1 中共中央文献研究室、中央档案馆编：《建党以来重要文献选编（一九二一—一九四九）》第 14 册，中央文献出版社 2011 年版，第 356 页。

2 中共中央文献研究室、中央档案馆编：《建党以来重要文献选编（一九二一—一九四九）》第 14 册，中央文献出版社 2011 年版，第 390—391 页。

义的政治宣言”，与中国共产党的宣言具有共同点，是“主张坚决抗战，反对妥协退让”的。[1]

中国共产党坚决抗战的方针，也体现在坚决与国内妥协乃至投降势力的斗争中。这种斗争以国共合作达成抗日民族统一战线为界限，区分为两个时期。从九一八事变到统一战线建立之前，中国共产党主要反对的是蒋介石对外妥协、坚持内战政策和国内“亡国论”的论调。南京国民政府成立以后，面对日本帝国主义的侵略和中国共产党领导的武装斗争，蒋介石采取的是“攘外必先安内”的方针。蒋介石多次公开表示：“帝国主义一向是幸灾乐祸兼弱攻昧取乱侮亡的，所以我们由内乱而招致外侮，是必然的；反转来说，只要能够正本清源，先将这个心腹之患彻底清除，那么外面皮肤小病，一定不成问题，现在剿匪就是要来治疗心腹之患。只要剿匪成功，攘外就有把握”，[2]“抗日必先剿匪，征诸历代兴亡，安内始能攘外，在匪未肃清之前，绝对不能言抗日，违者即予最严厉处罚”。[3]中国共产党则始终坚持抗战的立场。无论是九一八事变、一·二八淞沪抗战、《塘沽停战协议》，还是《何梅协定》《秦土协定》，中国共产党对蒋介石不抵抗的妥协投降政策都给予及时的揭露，表达中国共产党抗日的决心。

全面抗战爆发后，中国共产党反对的主要是国民党内的投降势力。日本帝国主义在全面进攻中国的同时，也以种种方法向国民党展开诱降。1937年11月太原失陷后，日本通过德国驻华大使陶德曼将谈和条件转达蒋介石，蒋介石表示必须在日本恢复卢沟桥事变以前的原状的基础上进行谈判，但不久日军攻陷南京，日本的条件提高，在原有条件基础上增加了战争赔款事项，陶德曼的所谓调停失败。但是在这一过程中，蒋介石及其国民党一部

---

1 中共中央文献研究室、中央档案馆编：《建党以来重要文献选编（一九二一——一九四九）》第14册，中央文献出版社2011年版，第394页。

2 解放军政治学院党史教研室编：《中共党史参考资料》第六册，解放军出版社1979年版，第348页。

3 张蓬舟：《中日关系五十年大事记（1932—1982）》第一卷，文化艺术出版社2006年版，第126页。

分人表现出了妥协投降的倾向。1937 年 12 月 2 日，蒋介石在会见陶德曼时表示：“中国允将日本之要求作为和平谈判之基础。对华北之领土主权，领土之完整，行政权等不得加以变更。中国将以协调精神讨论日本之要求，且有达成谅解之准备。期待日方也能如此。”[1]1940 年年初，宋子良、宋美龄等与日方代表今井武夫、铃木卓尔等又在香港谈判，基本达成了日本的要求。但国民党担心公开承认“满洲国”独立会遭到国内舆论反对，谈判未能继续。1940 年 5 月，日军占领宜昌后，国民党被迫主动要求恢复和谈，6 月 4 日双方在澳门会谈。虽然后来因各种原因未能成功，但反映了国民党内部始终存在对日妥协投降的倾向。正如有学者研究指出的：“1941 年之前，蒋介石长期陷在战与和的矛盾中。蒋曾寄希望于国际共同干涉或第三国调停，以和平方式解决中日战争，也有过直接和日方秘密谈判，在相对有利的条件下结束战事的幻想。”[2] 对于国民党内部的投降妥协倾向，中国共产党始终保持警惕，加以揭露和阻止的同时也坚持自己抗战到底的决心。1939 年 6 月，毛泽东在延安高级干部会议上的报告中分析了国民党内部可能的妥协投降，指出：“然而抗战是一定要坚持下去的，抗日民族统一战线与国共合作，是一定要使之巩固发展的，三民主义旗帜与三民主义共和国口号是一定要坚持的，这是党的基本任务。”[3] 中共中央要求：“全党努力，同一切爱国进步分子，一切爱国进步的国民党人员（上层的、中层的、下层的群众）亲密联合在一块，并和他们一道（如果在国民党统治区域：必须和他们一道，不是我们单独）去动员群众，开展反投降斗争，公开揭穿反共即准备投降的实质，以孤立投降派与反共分子，以便继续抗日”，“不论何种情况，党的基本任务

1 蔡济生编：《日本军国主义侵华资料长编》，四川人民出版社 1987 年版，第 388 页。

2 杨天石：《抗战与战后中国》，中国人民大学出版社 2007 年版，第 219 页。

3 中共中央文献研究室、中央档案馆编：《建党以来重要文献选编（一九二一——一九四九）》第 16 册，中央文献出版社 2011 年版，第 375 页。

是巩固扩大抗日民族统一战线，坚持国共合作与三民主义，必须坚持这种方针，不能有任何的动摇。党的一般任务就是这样”。[1]

在整个抗日战争期间，国民党不断制造摩擦，先后秘密颁布了《限制异党活动办法》《异党问题处理办法》《处理异党问题实施方案》等限制共产党的办法，并且在可能的情况下，发动对八路军、新四军以及中共领导的抗日武装的进攻，“皖南事变”是其最大的行动。对此，中国共产党始终从大局出发，进行“有理、有利、有节”的反击，始终把维护抗日民族统一战线、坚持抗战放在首位，表达“我们共产党人是一定要战下去，团结下去的。全国一切爱国党派，一切爱国同胞，也是一定要战下去，团结下去的”[2]。为了减少误会，在国民党军队发展党员的问题上，中共明确规定，指出：“在中国军队中发展共产党，一般应限于汉奸与准备变为汉奸的军队，目的是在破坏之，其他则不应发展。任何军队，只要变了汉奸军队，或直接准备变为汉奸军队，都应采取坚决的破坏方针。某些抗日军队中已因党的组织问题发生了有碍合作的问题时，应公开表示撤退，以求合作之继续。”[3]这些都充分体现了中国共产党的博大胸怀，体现了中国共产党复兴中华民族的担当：“我们的任务不是别的……为着打败日本侵略者，建立一个光明的新中国，建设一个独立的、自由的、民主的、统一的、富强的新中国而奋斗。”[4]

（二）全面抗战的指导思想

作为中国共产党抗战的指导思想或抗战路线的全面抗战思想，经历了一

---

1 中共中央文献研究室、中央档案馆编：《建党以来重要文献选编（一九二一—一九四九）》第16册，中央文献出版社2011年版，第380页。

2《毛泽东选集》第2卷，人民出版社1991年版，第573页。

3 中共中央文献研究室、中央档案馆编：《建党以来重要文献选编（一九二一—一九四九）》第16册，中央文献出版社2011年版，第385页。

4《毛泽东选集》第3卷，人民出版社1991年版，第1026页。

个逐步完善的过程，但始终是和推进社会改革、政治革新相联系的。[1]九一八事变到抗日民族统一战线建立之前，中国共产党的抗战主张包含着全面抗战的思想，但有着明显的无产阶级革命战争的色彩。在《中国共产党为日本帝国主义强暴占领东三省事件宣言》中，中国共产党动员的对象是“全中国工农兵士劳苦民众”，其目标是在“推翻帝国主义统治、争取中国民族解放的利益之下实行坚决的斗争，一致反对日本强暴占领东三省，实行变帝国主义压迫中国的战争为拥护苏维埃中国反帝国主义反国民党的革命战争，以解放中国”。[2]相应地，中国共产党的中心任务是：“加紧的组织领导发展群众的反帝国主义运动，大胆地警醒群众的民族自觉，而引导他们到坚决的无情的革命争斗上来。抓住广大的群众对于国民党的失望与愤怒，而组织他们引导他们走向消灭国民党统治的争斗，抓住一切灾民、工人、兵士的具体的切身要求，发动他们的争斗走到直接的革命争斗。领导群众为反对日本帝国主义的暴力政策，反对帝国主义的奴役和侵略，反对进攻苏联和苏区，拥护苏维埃，武装保卫苏联，反帝国主义的强盗战争而争斗。”[3]1934 年 4 月，中国共产党提出了《中国人民对日作战基本纲领》，主要内容为：全体海陆空军总动员对日作战；全体人民总动员；全体人民总武装；没收日本帝国主义在华

---

1 关于全面抗战的概念，本书作者认为它具有时间、地理、社会、军事、政治 5 个层面的含义。从时间上来看，相对于九一八事变后的东北地区的抗战，卢沟桥事变以后的抗战为全面抗战，前者称为局部抗战；从地理概念来说，它指的是全国抗战，即相对于东北抗战、淞沪抗战、长城抗战等局部地域的抗战；从社会空间的层面来说，全面抗战是指全民族的抗战，包括中国境内所有民族的抗战；从军事层面来看，全面抗战是指全部武装力量（包括海陆空、国共双方的军队，也包括民间抗日武装）的总动员；从政治层面来看，包含两个方面：一是全国人民包括社会各阶层尤其是占中国人口绝大部分的农民的总动员和抗战；二是伴随抗战的经济、政治、文化、社会各方面的改革。在国民党，是倡导所谓抗战建国；在中国共产党则是“抗日救国十大纲领”所包含的政治、经济、社会、文化诸方面的革新，目标是为建设“一个光明的新中国，建设一个独立的、自由的、民主的、统一的、富强的新中国而奋斗”。

2 中共中央文献研究室、中央档案馆编：《建党以来重要文献选编（一九二一——一九四九）》第 8 册，中央文献出版社 2011 年版，第 549 页。

3 中共中央文献研究室、中央档案馆编：《建党以来重要文献选编（一九二一——一九四九）》第 8 册，中央文献出版社 2011 年版，第 567 页。

财产及卖国贼财产以解决抗日战费；成立工农兵学商代表选举出来的全中国民族武装自卫委员会；联合日本帝国主义的一切敌人作友军，与一切善意保持中立的国家建立友谊关系。[1]在这里，包含了“全体人民”的概念，提出了全体人民的总动员和总武装，全国海陆空军的总动员。

1935年8月1日，中国苏维埃政府、中共中央发表《为抗日救国告全体同胞书》，提出了抗日主张：“无论各党派间有任何政见和利害的不同，无论各界同胞间有任何意见上或利益上的差异，无论各军队间有任何敌对行动，大家都应当有‘兄弟阋墙外御其侮’的真诚觉悟，首先大家都应当停止内战，以便集中一切国力（人力、物力、财力、武力等）去为抗日救国的神圣事业而奋斗。”动员的范围包括全国人民、全体军队、全民族：“一切不愿当亡国奴的同胞们！一切有爱国天良的军官和士兵兄弟们！一切愿意参加抗日救国神圣事业的党派和团体的同志们！国民党和蓝衣社中一切有民族意识的热血青年们！一切关心祖国的侨胞们！中国境内一切被压迫民族（蒙、回、韩、藏、苗、瑶、黎、番等）的兄弟们！”同时也提出了“救灾治水安定民生”，“废除苛捐杂税、整理财政金融、发展工农商业”，“加薪加饷、改良工农军学各界生活”，“实行民主自由、释放一切政治犯”，“实行免费教育、安置失业青年”，“实行中国境内各民族一律平等政策”，“保护侨胞在国内外生命，财产、居住和营业的自由”等政治主张。这个宣言较之九一八事变后中共的宣言和决议，增加了“中国境内一切被压迫民族”的概念，包含了全民族的意义，尤其是提出了建立“全中国统一的国防政府”的政治主张。[2]可以说，《八一宣言》初步包含了中国共产党全面抗战思想的基本内容。

瓦窑堡会议通过的《中共中央关于目前政治形势与党的任务决议》是对

1《宋庆龄选集》，人民出版社1966年版，第92—93页。

2 中共中央文献研究室、中央档案馆编：《建党以来重要文献选编（一九二一——一九四九）》第12册，中央文献出版社2011年版，第265—267页。

《八一宣言》的具体化，它确立了抗日民族统一战线的政策，“党的策略路线，是在发动、团聚与组织全中国全民族一切革命力量去反对当前主要的敌人：日本帝国主义与卖国贼头子蒋介石。不论什么人，什么派别，什么武装队伍，什么阶级，只要是反对日本帝国主义与卖国贼蒋介石的，都应该联合起来，开展神圣的民族革命战争，驱逐日本帝国主义出中国，打倒日本帝国主义的走狗在中国的统治，取得中华民族的彻底解放，保持中国的独立与领土的完整。只有最广泛的反日民族统一战线（下层的与上层的），才能战胜日本帝国主义及其走狗蒋介石。”[1] 党的任务，“是在不但要团结一切可能的反日的基本力量，而且要团结一切可能的反日同盟者，是在使全国人民有力出力，有钱出钱，有枪出枪，有知识出知识，不使一个爱国的中国人，不参加到反日的战线上去。这就是党的最广泛的民族统一战线策略的总路线。只有这种路线，我们才能动员全国人民的力量去对付全国人民的公敌：日本帝国主义与卖国头子蒋介石”。[2] 在政治诉求和社会改革方面，基本上延续了《八一宣言》的内容，如“国防政府”和“行动纲领”。

卢沟桥事变后，中共中央先后发表了《为日军进攻卢沟桥通电》《中共中央为日本帝国主义进攻华北第二次宣言》，毛泽东也发表了《反对日本进攻的方针、办法和前途》的文章，在这两个文件和毛泽东的文章中，毛泽东和中共中央明确提出了“全民族抗战”“全国人民的总动员”“全面的对日抵抗”“动员全国的海陆空军实行抗战”等概念，指出：“只有全民族实行抗战，才是我们的出路！”[3]“立即开放全国民众爱国运动，发扬抗战的民气，立

1 中共中央文献研究室、中央档案馆编：《建党以来重要文献选编（一九二一——一九四九）》第 12 册，中央文献出版社 2011 年版，第 536 页。

2 中共中央文献研究室、中央档案馆编：《建党以来重要文献选编（一九二一——一九四九）》第 12 册，中央文献出版社 2011 年版，第 536 页。

3 中共中央文献研究室、中央档案馆编：《建党以来重要文献选编（一九二一——一九四九）》第 14 册，中央文献出版社 2011 年版，第 356 页。

即动员全国海陆空军，准备应战”，[1]“立刻实行全中国人民的总动员”，“立即实行全面的对日抵抗”。[2]同时，中共中央还提出了“开放党禁，开放爱国运动，释放政治犯，实行民主权利，满足人民生活上的迫切需要，实行大规模的发动民众，组织民众与武装民众，建立各种各样人民的抗日统一战线的组织”，“立刻改革政治机构，使中央与地方政府民主化，吸收各党各派及人民团体的代表参加国民会议与政府，使国民会议真正成为代表民意的权力机关，使国民政府真正成为抗日救国的国防政府，肃清潜在政府内部的一切亲日派汉奸分子，这样使政府与人民团结一致，共同抗敌”，“立刻实施财政经济土地劳动文化教育等各种新政策，以巩固国防，改善民生”等一系列的政治主张，这是对《八一宣言》体现的抗战思想的进一步深化。

国共合作达成后的洛川会议，通过了《中央关于目前形势与党的任务的决定》《抗日救国十大纲领》和毛泽东起草的《为动员一切力量争取抗战胜利而斗争》的宣传提纲。在这些文件中，中共中央把卢沟桥抗战当作“中国全国性抗战的起点”[3]，提出了“全面的全民族的抗战”的概念。至此，中国共产党全面抗战的指导思想完全确立。此后，中国共产党的领导人和文件，比较多地使用“全面的全民族的抗战”来表述中国共产党的全面抗战的思想。

中国共产党的全面抗战的思想包含两个重要的内容：一是全国人民的总动员。这是中国共产党自 1934 年在《中华人民对日作战基本纲领》中就提出来的。毛泽东对此有比较明确的论述。1937 年 5 月 2—14 日在延安召开的中国共产党全国代表会议（即苏区党代表会议）上的报告《中国共产党在

1 中共中央文献研究室、中央档案馆编：《建党以来重要文献选编（一九二一——一九四九）》第 14 册，中央文献出版社 2011 年版，第 357 页。

2 中共中央文献研究室、中央档案馆编：《建党以来重要文献选编（一九二一——一九四九）》第 14 册，中央文献出版社 2011 年版，第 391 页。

3 中共中央文献研究室、中央档案馆编：《建党以来重要文献选编（一九二一——一九四九）》第 14 册，中央文献出版社 2011 年版，第 473 页。

抗日时期的任务》一文中指出：“抗战需要全国的和平与团结，没有民主自由，便不能巩固已经取得的和平，不能增强国内的团结。抗战需要人民的动员，没有民主自由，便无从进行动员。没有巩固的和平与团结，没有人民的动员，抗战的前途便会蹈袭阿比西尼亚的覆辙。”[1]1937 年 11 月在延安中国共产党的活动分子会议上的报告中，毛泽东更是明确指出，“我们主张全国人民总动员的完全的民族革命战争，或者叫作全面抗战。因为只有这种抗战，才是群众战争，才能达到保卫祖国的目的”，“不要人民群众参加的单纯政府的片面抗战，是一定要失败的。因为它不是完全的民族革命战争，因为它不是群众战争”[2]。毛泽东认为，全国人民总动员的完全的民族革命战争即全面抗战的主张，是区别于国民党片面抗战主张的原则，“这是共产党的抗战主张和现时国民党的抗战主张的原则分歧。如果共产党员忘记了这个原则性，他们就不能正确地指导抗日战争，他们就将无力克服国民党的片面性，就把共产主义者降低到无原则的地位，把共产党降低到国民党。他们就是对于神圣的民族革命战争和保卫祖国的任务犯了罪过”。[3]

全面抗战思想的第二个重要内容，就是要改革国内的政治，最关键的就是改变国民党一党专制的独裁政治，成立容纳一切抗日党派的民主政府，并且由民主政府实行政治、经济、文化、教育、社会等一切适应于抗战的改革，即中国共产党在《抗日救国十大纲领》中提出的各项改革。毛泽东也详细地表述过，这就是：“中国必须立即开始实行下列两方面的民主改革。第一方面，将政治制度上国民党一党派一阶级的反动独裁政体，改变为各党派

1 中共中央文献研究室、中央档案馆编：《建党以来重要文献选编（一九二一——一九四九）》第 14 册，中央文献出版社 2011 年版，第 182 页。

2 中共中央文献研究室、中央档案馆编：《建党以来重要文献选编（一九二一——一九四九）》第 14 册，中央文献出版社 2011 年版，第 660 页。

3 中共中央文献研究室、中央档案馆编：《建党以来重要文献选编（一九二一——一九四九）》第 14 册，中央文献出版社 2011 年版，第 660 页。

各阶级合作的民主政体。这方面，应从改变国民大会的选举和召集上违反民主的办法，实行民主的选举和保证大会的自由开会做起，直到制定真正的民主宪法，召集真正的民主国会，选举真正的民主政府，执行真正的民主政策为止，只有这样做，才能真正地巩固国内和平，停止国内的武装敌对，增强国内的团结，以便举国一致抗御外敌。"[1]"第二方面，是人民的言论、集会、结社自由。没有这种自由，就不能实现政治制度的民主改革，就不能动员人民进入抗战，取得保卫祖国和收复失地的胜利。当前几个月内，全国人民的民主运动，必须争取这一任务的某种最低限度的完成，释放政治犯、开放党禁等等，都包括在内。政治制度的民主改革和人民的自由权利，是抗日民族统一战线纲领上的重要部分，同时也是建立真正的坚实的抗日民族统一战线的必要条件。"[2]"在完全的民族革命战争或全面抗战中，必须执行共产党提出的抗日救国十大纲领，必须有一个完全执行这个纲领的政府和军队。"[3]

因此，中国共产党的全面抗战的思想，就是中国共产党在《抗日救国十大纲领》中所表达的内容，即：[4]

实行全国的军事总动员。包括动员全国海陆空军实行全国抗战，反对单纯防御的消极作战方针，采取独立自主的积极作战方针，建立经常的国防会议，讨论与决定国防计划与作战方针，武装人民，发展抗日的游击战争，配合主力军作战，改革军队的政治工作，使指挥员与战斗员团结一致，军队与人民团结一致，发扬军队的积极性，援助东北人民革命军东北义勇军，破坏

1 中共中央文献研究室、中央档案馆编：《建党以来重要文献选编（一九二一——一九四九）》第 14 册，中央文献出版社 2011 年版，第 182 页。

2 中共中央文献研究室、中央档案馆编：《建党以来重要文献选编（一九二一——一九四九）》第 14 册，中央文献出版社 2011 年版，第 182 页。

3 中共中央文献研究室、中央档案馆编：《建党以来重要文献选编（一九二一——一九四九）》第 14 册，中央文献出版社 2011 年版，第 661 页。

4 中共中央文献研究室、中央档案馆编：《建党以来重要文献选编（一九二一——一九四九）》第 14 册，中央文献出版社 2011 年版，第 475—477 页。

敌人的后方，实现一切抗战军队的平等待遇，建立全国各地军区，动员全民族参战，以便从雇佣兵役制转变为义务兵役制。

实行全国人民的总动员。包括全国人民除汉奸外，皆有抗日救国的言论、出版、集会、结社，以及武装抗敌之自由，废除一切束缚人民爱国运动的旧法令，颁布革命的新法令，释放一切爱国的革命的政治犯，开放党禁，全中国人民动员起来武装起来，参加抗战，实行有力出力，有钱出钱，有枪出枪，有知识出知识，动员蒙民、回民及其他一切少数民族，在民族自决和民族自治的原则下，共同抗日。

改革政治机构。召集真正人民代表参加的国民大会，通过真正的民主宪法，决定抗日救国方针，选举国防政府。国防政府必须吸收各党各派及人民团体的革命分子，驱逐亲日分子。国防政府采取民主集中制，他是民主的，但又是集中的。国防政府执行抗日救国的革命政策。实行地方自治，铲除贪官污吏，建立廉洁政府。

实行抗日的外交政策。在不丧失领土主权的范围内，与一切反对日本侵略主义的国家订立反侵略的同盟，以及抗日的军事互助协定，拥护和平阵线，反对德、日、意侵略阵线，联合朝鲜、中国台湾及日本国内的工农人民反对日本帝国主义。

实行战时的财政经济政策。以有钱出钱及没收汉奸财产做抗日经费为原则，经济政策是整顿与扩大国防生产，发展农村经济，保证战时农产品的自给。提倡国货，改良土产，禁绝日货，取缔奸商，反对投机操纵。

改良人民生活。改良工人、农民、职员、教员及抗日军人的待遇。优待抗日军人的家属；废除苛捐杂税，减租减息；救济失业；调节粮食，赈济灾荒。

实行抗日的教育政策。改变教育的旧制度旧课程，实行以抗日救国为目标的新制度新课程。实施普及的义务的免费的教育方案，提高人民民族觉悟的程度。实行全国学生的武装训练。

肃清汉奸卖国贼亲日派，巩固后方。对一切破坏抗日根据地的阴谋，必须加以坚决的打击。对一切暗藏在抗日武装、抗日政权、抗日团体中的汉奸反共分子，必须加以肃清。

抗日的民族团结。在国共两党彻底合作的基础上，建立全国各党各派各界各军的抗日民族统一战线，领导抗日战争，精诚团结，共赴国难。

中国共产党全面抗战的思想，与国民党片面抗战主张相比，更具有彻底性和革命性，国民党的片面抗战“把抗战看成只是政府的事，处处惧怕和限制人民的参战运动，阻碍政府、军队同民众结合起来，不给人民以抗日救国的民主权利，不去彻底改革政治机构，使政府成为全民族的国防政府。这种抗战可能取得局部的胜利，然而决不能取得最后的胜利。相反的，这种抗战存在着严重失败的可能”[1]。正是在全面抗战思想的指导下，中国共产党在抗日根据地不但取得了抵抗日本帝国主义的军事胜利，而且将抗日根据地建成了一个民主活跃、充满朝气的模范区域，为向新中国的过渡积累了经验。

（三）持久战的战略

持久战和游击战是中国共产党抗战思想的重要组成部分，是八路军、新四军和党领导的抗日武装战胜日本帝国主义的战略战术。作为军事战略的持久战理论与概念的提出，无疑可以追溯到毛泽东《论持久战》发表之前，但作为对抗日本帝国主义侵略的系统战略理论，无疑是以毛泽东为代表的中国共产党人的独立创造。[2]毛泽东最早使用“持久战”一词是在 1935 年 12 月

1　中共中央文献研究室、中央档案馆编：《建党以来重要文献选编（一九二一——一九四九）》第 14 册，中央文献出版社 2011 年版，第 474 页。

2　最新的研究是桑兵先生的《全面抗战前持久战思想的发生与衍化》（《抗日战争研究》2018 年第 3 期），他认为，在中文世界的军事学领域，至少 1914 年已经有完整清晰的持久战论述。《浙江兵事杂志》1914 年第 4 期、第 5 期“学术”栏连载“楚魂”的《决战与持久战》，将战斗分为决战与持久战两大类，“决战为始终决胜负之战，而持久战为非决战之一切战斗也。”

23 日，毛泽东在《关于战略方针和作战指挥的基本原则》中指出，“战略的持久战，战役的速决战，反对战役持久战，反对‘拼消耗’”。[1]1935 年 12 月 27 日，毛泽东就在《论反对日本帝国主义的策略》一文中分析国内革命和反革命两方面的形势后明确表示：“中国革命战争还是持久战，帝国主义的力量和革命发展的不平衡，规定了这个持久性。”[2]但是，毛泽东在这里所说的持久战并不是指反抗日本帝国主义的抗日战争，而是指中国共产党领导的革命战争。不过，从这两篇时间比较集中的文章可以看出，毛泽东在瓦窑堡会议前后，就开始思考持久战的问题了。毛泽东对抗日战争胜利的时间的估计，最早是与斯诺的谈话。毛泽东对斯诺说：“如果中国单独作战，相对地说，牺牲就会大些，战争的时间也会拖得长些，因为日本是一个充分武装的强国，而且还会有它的盟国。”[3]从目前的材料来看，中国共产党领导人中最早提出抗日战争是一场持久战观点的是朱德。朱德在 1937 年 7 月 15 日发表的《实行对日抗战》的文章中指出，“抗战不是那么容易的事情，也许有着超出我们想象之外的困难，它将是一个持久的、艰苦的抗战。这需要我们动员全国一切人力、智力、财力和物力以赴之”[4]。1937 年 8 月 11 日，朱德、周恩来在国民政府军委员会军政部谈话会上的讲话中谈道：“全国抗战在战略上要实行持久防御，在战术上应取攻势，即实行积极防御的方针；华北战区须培养独立持久的作战能力，并由阵地战转为运动战，同时在敌人侧翼和后方发动民众，展开游击战争。在政治上，要动员全国军民，方能取得最后胜利。”[5]可以说，中国共产党在确立了建立抗日民族统一战线之后，就开始

1《毛泽东文集》第 1 卷，人民出版社 1993 年版，第 381 页。

2 中共中央文献研究室、中央档案馆编：《建党以来重要文献选编（一九二一——一九四九）》第 12 册，中央文献出版社 2011 年版，第 562 页。

3《毛泽东文集》第 1 卷，人民出版社 1993 年版，第 400—401 页。

4 中共中央文献研究室、中央档案馆编：《建党以来重要文献选编（一九二一——一九四九）》第 14 册，中央文献出版社 2011 年版，第 382 页。

5 中共中央党史研究室：《中国共产党历史》第 1 卷下册，中共党史出版社 2011 年版，第 509 页。

思考与日本帝国主义作战的战略了。

1937 年 8 月 22 日的洛川会议，第一次以党的决议的形式判断抗日战争是一场持久战。会议通过的文件《中央关于目前形势与党的任务的决定》指出："应该看到这一抗战是艰苦的持久战。但我们相信，已经发动的抗战，必将因为我党和全国人民的努力，冲破一切障碍物而继续地前进和发展。"[1]洛川会议以后，中国共产党领导人开始比较频繁地使用和论述持久战的战略思想。1937 年 9 月 18 日，张闻天发表《论抗日民族革命战争的持久性》一文，指出："中日两国的战争，将带有持久的性质。""日本帝国主义从速战速决转变到持久战将是不得已的与被逼的。而中国，则必须用持久战以战胜日本。因为这种持久战对于日本非常不利，而对于中国却是有利的。中日战争愈持久，则日本国内的矛盾愈益尖锐化，日本方面的困难愈益增加。这就是造成了中国战胜日本的有利条件。"[2]1938 年 1 月 7 日周恩来在《群众》周刊发表《怎样进行持久战？》一文，总结了全面抗战 5 个月来的情况，针对当时的"速胜""妥协"等思想，指出："只有持久抗战，才能争取最后胜利，这是抗战五个月中最主要的教训！""坚定持久抗战，争取最后胜利的基本条件是获得了，现在的困难是要依据与发展现有的力量和基础，阻止敌人的深入，以渡过这一青黄不接的难关，以准备决定胜负的战斗。"[3]并从 8 个方面论述了怎样坚持持久战。此外，朱德、刘少奇、彭德怀等领导人也就坚持持久战进行了论述。党的领导人对持久战的共识和论述，对毛泽东构建持久战的理论体系提供了重要的启示和思想资料。

1938 年 5 月，毛泽东发表了《论持久战》这一重要著作，总结了 10 个

1 中共中央文献研究室、中央档案馆编：《建党以来重要文献选编（一九二一—一九四九）》第 14 册，中央文献出版社 2011 年版，第 382 页。

2 中共中央文献研究室、中央档案馆编：《建党以来重要文献选编（一九二一—一九四九）》第 14 册，中央文献出版社 2011 年版，第 513 页。

3《周恩来军事文选》第 2 卷，人民出版社 1997 年版，第 83 页。

月的抗战经验，批驳了“亡国论”“速胜论”等错误观点，回答了抗日战争为什么是一场持久战，持久战的发展阶段，如何取得抗日持久战的胜利等问题，系统地论述了持久战的理论，从而形成了中国共产党抗战的战略方针。持久战的理论主要包括以下 3 个方面。

1. **抗日战争是一场持久战**。抗日战争之所以是一场持久战，主要是由中日两国的国情决定的。毛泽东分析了中日两国的国情，从日本方面来看，一方面，它的军事实力、经济实力以及政治组织力是非常强大的，其体制具有封建军事专制的色彩，武士道的精神灌输非常深入，“是一个强的帝国主义国家，它的军力、经济力和政治组织力在东方是一等的，在世界也是五六个著名帝国主义国家中的一个。这是日本侵略战争的基本条件，战争的不可避免和中国的不能速胜，就建立在这个日本国家的帝国主义制度及其强的军力、经济力和政治组织力上面”。[1] 另一方面，日本也存在弱点。其一，日本国土面积狭小，经不起长期战争的消耗，“以战养战”的方法因被侵略国家人民的反对而不能达到。“日本国度比较地小，其人力、军力、财力、物力均感缺乏，经不起长期的战争。日本统治者想从战争中解决这个困难问题，但同样，将达到其所期求的反面，这就是说，它为解决这个困难问题而发动战争，结果将因战争而增加困难，战争将连它原有的东西也消耗掉。”[2] 其二，日本进行的是非正义的侵略战争，因而得不到国际的支持。“日本虽能得到国际法西斯国家的援助，但同时，却又不能不遇到一个超过其国际援助力量的国际反对力量。这后一种力量将逐渐地增长，终究不但将把前者的援助力量抵消，并将施其压力于日本自身。这是失道寡助的规律，是从日本战争的本性产生出来的。”[3] 其三，“由于日本社会经济的帝国主义性，就产生了

1《毛泽东选集》第 2 卷，人民出版社 1991 年版，第 447 页。
2《毛泽东选集》第 2 卷，人民出版社 1991 年版，第 448 页。
3《毛泽东选集》第 2 卷，人民出版社 1991 年版，第 448 页。

日本战争的帝国主义性，它的战争是退步的和野蛮的。时至二十世纪三十年代的日本帝国主义，由于内外矛盾，不但使得它不得不举行空前大规模的冒险战争”，“这样就要最大地激起它国内的阶级对立、日本民族和中国民族的对立、日本和世界大多数国家的对立”。“总起来说，日本的长处是其战争力量之强，而其短处则在其战争本质的退步性、野蛮性，在其人力、物力之不足，在其国际形势之寡助”。[1]

从中国的情况来看，一方面，中国自鸦片战争以来就逐步沦为半殖民地半封建国家，经济落后，现代工业基础薄弱，军事力量也很弱小，“在军力、经济力和政治组织力各方面都显得不如敌人”[2]，但是，另一方面，中国也有其优势。其一，“中国又是一个很大的国家，地大、物博、人多、兵多，能够支持长期的战争”，[3]有着巨大的兵源和可回旋的战略空间。“中国是一个庞大的国家，就是日本能占领中国一万万至二万万人口的区域，我们离战败还很远呢。我们仍然有很大的力量同日本作战，而日本在整个战争中须得时时在其后方作防御战。中国经济的不统一、不平衡，对于抗日战争反而有利。例如将上海和中国其他地方割断，对于中国的损害，绝没有将纽约和美国其他地方割断对于美国的损害那样严重。日本就是把中国沿海封锁，中国的西北、西南和西部，它是无法封锁的。”[4]其二，中华民族百年来的争取民族独立的斗争，积累了反侵略的丰富经验，出现了代表民族解放的进步力量，“今日中国的军事、经济、政治、文化虽不如日本之强，但在中国自己比较起来，却有了比任何一个历史时期更为进步的因素。中国共产党及其领导下的军队，就是这种进步因素的代表。中国今天的解放战争，就是在这种进步的基础上得到了持久战和最后胜利的可能性。中国是如日方升的国家，

1《毛泽东选集》第2卷，人民出版社1991年版，第447—448页。
2《毛泽东选集》第2卷，人民出版社1991年版，第449页。
3《毛泽东选集》第2卷，人民出版社1991年版，第450页。
4《毛泽东选集》第2卷，人民出版社1991年版，第444页。

这同日本帝国主义的没落状态恰是相反的对照。中国的战争是进步的，从这种进步性，就产生了中国战争的正义性。因为这个战争是正义的，就能唤起全国的团结”，[1]“所以问题的中心点还是中国全体人民团结起来，树立举国一致的抗日阵线”。[2]其三，中国抗日战争是进步性、正义性的战争，因而能够得到国际广大援助，同日本的失道寡助又恰恰相反。

因此，中日两国的特点，决定了抗战是一场持久战，是一场中国必胜的民族解放战争。虽然从表面上看，中日双方力量悬殊，敌强我弱，我方占据地利和人心，但“敌强我弱，我有灭亡的危险。但敌尚有其他缺点，我尚有其他优点。敌之优点可因我之努力而使之削弱，其缺点亦可因我之努力而使之扩大。我方反是，我之优点可因我之努力而加强，缺点则因我之努力而克服。所以我能最后胜利，避免灭亡，敌则将最后失败”。[3]但这种敌我因素的相互关系的变化需要一个较长的过程，在一定的时期里，“敌虽强，但敌之强已为其他不利的因素所减杀，不过此时还没有减杀到足以破坏敌之优势的必要的程度；我虽弱，但我之弱已为其他有利的因素所补充，不过此时还没有补充到足以改变我之劣势的必要的程度。于是形成敌是相对的强，我是相对的弱；敌是相对的优势，我是相对的劣势。双方的强弱优劣原来都不是绝对的，加以战争过程中我之坚持抗战和坚持统一战线的努力，更加变化了敌我原来强弱优劣的形势，因而敌我只限于一定阶段内的一定程度上的胜或败，造成了持久战的局面”。[4]

2. **抗日持久战的三个阶段**。根据中日力量的此消彼长，毛泽东认为抗日持久战必将经历三个阶段：“第一个阶段，是敌之战略进攻、我之战略防御的时期。第二个阶段，是敌之战略保守、我之准备反攻的时期。第三个阶

1《毛泽东选集》第 2 卷，人民出版社 1991 年版，第 450 页。
2《毛泽东选集》第 2 卷，人民出版社 1991 年版，第 444 页。
3《毛泽东选集》第 2 卷，人民出版社 1991 年版，第 460 页。
4《毛泽东选集》第 2 卷，人民出版社 1991 年版，第 461 页。

段，是我之战略反攻、敌之战略退却的时期。”[1]

第一阶段于敌是战略进攻阶段，于我则是战略防御阶段。在日本帝国主义达成战略目标之前，是处于进攻阶段的，但也有可能由于中国的顽强抵抗，日军虽未达成战略目标也不得不停止进攻。战争的进程正如毛泽东所预料的，在这一阶段，中国虽然遭受较大的损失，但日本也受到迟滞，没有达到快速征服中国的目的，而且，“中国已经结成了广大的统一战线，实现了空前的团结”，为下一阶段的继续抗战奠定了基础。

第二阶段是战略相持阶段。“第一阶段之末尾，由于敌之兵力不足和我之坚强抵抗，敌人将不得不决定在一定限度上的战略进攻终点，到达此终点以后，即停止其战略进攻，转入保守占领地的阶段。”[2]这一阶段的时间相对比较漫长。敌人需要保守已经占领的地区，建立伪政权，掠夺中国的资源，“围剿”抗日力量。我方则以游击战为主，扰乱敌人的后方。毛泽东预计，如果游击战发挥得好，“整个敌人占领地将分为三种地区：第一种是敌人的根据地，第二种是游击战争的根据地，第三种是双方争夺的游击区。”[3]这个阶段时间的长短，依敌我力量增减变化的程度如何及国际形势变动如何而定，大体上我们要准备付出较长的时间，要熬得过这段艰难的路程。这将是中国很痛苦的时期，经济困难和汉奸捣乱将是两个很大的问题。但是“第二阶段是整个战争的过渡阶段，也将是最困难的时期，然而它是转变的枢纽。中国将变为独立国，还是沦为殖民地，不决定于第一阶段大城市之是否丧失，而决定于第二阶段全民族努力的程度。如能坚持抗战，坚持统一战线和坚持持久战，中国将在此阶段中获得转弱为强的力量”[4]。

第三阶段，是收复失地的反攻阶段。这一阶段是抗日持久战的最后阶

1《毛泽东选集》第 2 卷，人民出版社 1991 年版，第 462 页。
2《毛泽东选集》第 2 卷，人民出版社 1991 年版，第 464 页。
3《毛泽东选集》第 2 卷，人民出版社 1991 年版，第 465 页。
4《毛泽东选集》第 2 卷，人民出版社 1991 年版，第 465 页。

段。它的到来，一方面取决于中国在前两阶段准备的力量，另一方面取决于国际的援助，“然而单只自己的力量还是不够的，还须依靠国际力量和敌国内部变化的援助，否则是不能胜利的”。[1]在战略反攻阶段，作战的形式主要是运动战，游击战作为辅助手段可以起到战略配合的作用。“在现象上，并将表现为战略进攻；已不是战略内线，而将逐渐地变为战略外线。直至打到鸭绿江边，才算结束了这个战争。”[2]

3. 抗日持久战如何取得胜利。抗日持久战的特点，必然使战争具有长期性和残酷性，“敌人不能整个地吞并中国，但是能够相当长期地占领中国的许多地方。中国也不能迅速地驱逐日本，但是大部分的土地将依然是中国的”，[3]最终胜利一定是中国的。如何取得抗日持久战的胜利呢？首先，毛泽东通过分析国情，指出中国人口众多，具有深厚人力、兵役资源，必须发挥其优势，即动员广大的民众，参与到民族解放战争中，“如此伟大的民族革命战争，没有普遍和深入的政治动员，是不能胜利的”，[4]“战争的伟力之最深厚的根源，存在于民众之中”。[5]“动员了全国的老百姓，就造成了陷敌于灭顶之灾的汪洋大海，造成了弥补武器等等缺陷的补救条件，造成了克服一切战争困难的前提。”[6]依靠群众进行广泛的动员，是毛泽东人民战争思想的体现，“革命战争是群众的战争，只有动员群众才能进行战争，只有依靠群众才能进行战争”。[7]其次，必须建立抗日民族统一战线，团结全国人民，才能战胜日本帝国主义。“要胜利，就要坚持抗战，坚持统一战线”，[8]“统一战

1《毛泽东选集》第2卷，人民出版社1991年版，第465—466页。
2《毛泽东选集》第2卷，人民出版社1991年版，第466页。
3《毛泽东选集》第2卷，人民出版社1991年版，第466页。
4《毛泽东选集》第2卷，人民出版社1991年版，第480页。
5《毛泽东选集》第2卷，人民出版社1991年版，第511页。
6《毛泽东选集》第2卷，人民出版社1991年版，第480页。
7《毛泽东选集》第1卷，人民出版社1991年版，第136页。
8《毛泽东选集》第2卷，人民出版社1991年版，第480页。

线必须坚持下去；只有坚持统一战线，才能坚持战争；只有坚持统一战线和坚持战争，才能有最后胜利。果然是这样，一切困难就能够克服。跨过战争的艰难路程之后，胜利的坦途就到来了，这是战争的自然逻辑”。[1]最后，必须发挥人的主观能动性，在战争形式和战略战术上，充分发挥主观能动性，“必须动员全中国人民，统统发扬其抗日的自觉的主观能动性”，才能取得胜利。[2]坚持“防御中的进攻，持久中的速决，内线中的外线”，发挥主动性、灵活性、计划性，坚持运动战、游击战、阵地战相结合的原则，趁敌之隙进行歼灭战，消灭敌人的有生力量。因此，坚持最广泛地动员民族，坚持最广泛的抗日民族统一战线，充分发挥人民的主观能动性，抗日持久战一定能够取得胜利。

（四）独立自主的政治定位

在抗日战争中，中国共产党应该处于什么地位，怎样发挥作用，是中国共产党抗战思想的重要部分。瓦窑堡会议提出了党的领导权的问题：“共产党应该以自己积极的彻底的正确的反日反汉奸反卖国贼的言论与行动，去取得自己在反日战线中的领导权。也只有在共产党的领导之下，反日运动，才能得到彻底的胜利。反日战线中的广大民众，应该满足他们的基本利益的要求（农民的土地要求，工人，兵士，贫民，知识分子等改良生活待遇的要求），只有满足了他们的要求，才能动员广大的群众走进反日的阵地上去，才能使反日运动得到持久性，才能使运动走到彻底的胜利。也只有如此，才能取得党在反日运动中的领导权。”[3]在洛川会议上，再次提出了领导权问题：“在统一战线中，是无产阶级领导资产阶级呢，还是资产阶级领导无产

1《毛泽东选集》第 2 卷，人民出版社 1991 年版，第 466 页。

2《毛泽东选集》第 2 卷，人民出版社 1991 年版，第 477—478 页。

3 中共中央文献研究室、中央档案馆编：《建党以来重要文献选编（一九二一——一九四九）》第 12 册，中央文献出版社 2011 年版，第 536 页。

阶级？是国民党吸引共产党呢，还是共产党吸引国民党？在当前的具体的政治任务中，这个问题即是说：把国民党提高到共产党所主张的抗日救国十大纲领和全面抗战呢，还是把共产党降低到国民党的地主资产阶级专政和片面抗战？”[1] 根据抗日民族统一战线的实际，中国共产党逐步确立了实现对抗日民族统一战线的领导的思想。

其一，充分发挥共产党员在抗日民族统一战线中的作用，以共产党员的先锋模范作用影响、吸引、团结、带领广大民众投身于抗日民族解放战争之中，并将自己的政治主张变成民众的思想和行动。洛川会议号召：“共产党员及其所领导的民众和武装力量，应该最积极的站在斗争的最前线，应该使自己成为全国抗战的核心，应该用极大力量发展抗日的群众运动。不放松一刻工夫一个机会去宣传群众、组织群众、武装群众，只要真能组织千百万群众进入抗日民族统一战线，抗日战争的胜利是无疑义的。”[2] 毛泽东在《中国共产党在民族战争中的地位》一文中指出：“共产党员应在民族战争中表现其高度的积极性；而这种积极性，应使之具体地表现于各方面，即应在各方面起其先锋的模范的作用。”由于中国抗日民族统一战线中存在不团结、不巩固的情况，因此，“共产党员不能不自觉地担负起团结全国人民克服各种不良现象的重大的责任”，“共产党员的先锋作用和模范作用是十分重要的。共产党员在八路军和新四军中，应该成为英勇作战的模范，执行命令的模范，遵守纪律的模范，政治工作的模范和内部团结统一的模范”。[3]

其二，坚持在抗日民族统一战线中的独立自主的原则。中国共产党鉴于大革命时期的经验教训，提出了独立自主的原则。“独立自主，就是指

1《毛泽东选集》第 2 卷，人民出版社 1991 年版，第 391 页。

2 中共中央文献研究室、中央档案馆编：《建党以来重要文献选编（一九二一——一九四九）》第 14 册，中央文献出版社 2011 年版，第 474 页。

3《毛泽东选集》第 2 卷，人民出版社 1991 年版，第 521—522 页。

无产阶级的独立性，他有自己独立的政策、独立的思想。”[1]中国共产党是以马克思主义为指导思想的无产阶级政党，有着自己独立的政治纲领和阶级利益，在民族矛盾成为主要矛盾的民族革命战争时期，政党和阶级的利益“必须服从于抗日战争的利益，而不能违反抗日战争的利益。但是阶级和阶级斗争的存在是一个事实；有些人否认这种事实，否认阶级斗争的存在，这是错误的。企图否认阶级斗争存在的理论是完全错误的理论。我们不是否认它，而是调节它。我们提倡的互助互让政策，不但适用于党派关系，也适用于阶级关系”。[2]因此，在坚持统一战线的同时，中国共产党始终坚持独立自主的原则，坚持在八路军、新四军中设立政治委员和政治机关，以坚持党对军队的绝对领导，坚持设立自己的军队总指挥机关，坚持独立自主地开展游击战。[3]在上海、太原失陷以后，中国共产党再次强调统一战线中的独立自主原则，毛泽东特别严肃地指出：“为了坚持抗战和争取最后胜利，为了变片面抗战为全面抗战，必须坚持抗日民族统一战线的路线，必须扩大和巩固统一战线。任何破裂国共两党的统一战线的主张是不许可的。‘左’倾关门主义仍然要防止。但是在同时，在一切统一战线工作中必须密切地联系到独立自主的原则。我们和国民党及其他任何派别的统一战线，是在实行一定纲领这个基础上面的统一战线。离开了这个基础，就没有任何的统一战线，这样的合作就变成无原则的行动，就是投降主义的表现了。因此，‘统一战线中的独立自主’这个原则的说明、实践和坚持，是把抗日民族革命战争引向胜利之途的中心一环。”[4]所以，党必须“坚持民族统一战线才能克服困难，战

1《周恩来选集》上卷，人民出版社 1950 年版，第 215 页。

2《毛泽东选集》第 2 卷，人民出版社 1991 年版，第 525 页。

3 1937 年 8 月 1 日，毛泽东、张闻天致周恩来、博古、林伯渠，指出：“关于红军作战，依当前敌我情况，我们认为须坚持下列两原则（甲）在整个战略方针下执行独立自主的分散作战的游击战争，而不是阵地战，也不是集中作战，因此不能在战役战术上受束缚……”

4《毛泽东选集》第 2 卷，人民出版社 1991 年版，第 394 页。

胜敌人，建设新中国，这是毫无疑问的。但是在同时，必须保持加入统一战线中的任何党派在思想上、政治上和组织上的独立性，不论是国民党也好，共产党也好，其他党派也好，都是这样”。[1] 毛泽东还从党和阶级利益的角度说明了坚持统一战线和保持独立自主的关系，指出：“用长期合作支持长期战争，就是说使阶级斗争服从于今天抗日的民族斗争，这是统一战线的根本原则。在此原则下，保存党派和阶级的独立性，保存统一战线中的独立自主；不是因合作和统一而牺牲党派和阶级的必要权利，而是相反，坚持党派和阶级的一定限度的权利；这才有利于合作，也才有所谓合作。否则就是将合作变成了混一，必然牺牲统一战线。在民族斗争中，阶级斗争是以民族斗争的形式出现的，这种形式，表现了两者的一致性。一方面，阶级的政治经济要求在一定的历史时期内以不破裂合作为条件；又一方面，一切阶级斗争的要求都应以民族斗争的需要（为着抗日）为出发点。这样便把统一战线中的统一性和独立性、民族斗争和阶级斗争，一致起来了。”[2] 总之，独立自主的原则是中国共产党在抗日民族统一战线中必须坚持的重要思想，反映了党在民族革命战争中，把民族利益和阶级利益高度统一起来的政治智慧和战略高度。正因为党坚持了独立自主的原则，才在国民党顽固派破坏统一战线、数次掀起反共高潮的斗争中取得胜利，并且在抗日战争中不断发展壮大，最终领导全国人民取得新民主主义革命的胜利。

二、中国共产党的文化抗战指导思想

中国共产党的文化抗战思想是中国共产党抗战思想的组成部分，是中国共产党抗战思想在文化领域抗战的具体体现。中国共产党在文化抗战史上的作

1《毛泽东选集》第 2 卷，人民出版社 1991 年版，第 524 页。
2《毛泽东选集》第 2 卷，人民出版社 1991 年版，第 538—539 页。

用，首先体现在对正确的文化抗战指导思想的确立。文化抗战的指导思想，是指导文化抗战的纲领，是文化抗战政策、策略，包括文化抗战的意义和地位、文化抗战的队伍、文化抗战的任务、文化抗战的形式的指导性原则。

（一）中国共产党文化抗战思想的形成

中国共产党历来重视文化工作。“文化是反映政治斗争和经济斗争的，但它同时又能指导政治斗争和经济斗争。文化是不可少的，任何社会没有文化就建设不起来。封建社会有封建文化，封建文化是宣传封建主义的道理，资本主义社会也有资本主义的文化，资本主义社会如果没有文化，也没法建立起来。现在中国还不是资本主义国家，资本主义不占优势，所以中国的文化也是很弱的。在真正的资本主义国家，资本主义文化提高了生产技术。现在我们建立新民主主义社会，性质是资本主义的，但又是人民大众的，不是社会主义，也不是老资本主义，而是新资本主义，或者说是新民主主义。这个社会没有文化也不行。”“革命军队除了要有革命精神，没有知识也不行。如果军队没有知识，文化、政治水平不提高，那末这个军队的质量也不可能提高。”[1]“抗日战争是全民族的革命战争，它的胜利……离不开文化的动员”，[2]“在我们为中国人民解放的斗争中，有各种的战线，也可以说有文武两个战线，这就是文化战线和军事战线。我们要战胜敌人，首先要依靠手里拿枪的军队。但是仅仅有这种军队是不够的，我们还要有文化的军队，这是团结自己、战胜敌人必不可少的一支军队”。[3]

中国共产党的文化抗战指导思想就是在全面抗战思想基础上形成的新民主主义文化思想。自九一八事变始，中国共产党就坚持抗战的历程，随着全

---

1 中共中央文献研究室、中央档案馆编：《建党以来重要文献选编（一九二一—一九四九）》第 21 册，中央文献出版社 2011 年版，第 111—112 页。

2《毛泽东选集》第 2 卷，人民出版社 1991 年版，第 479 页。

3《毛泽东选集》第 3 卷，人民出版社 1991 年版，第 847 页。

面抗战的爆发，中国共产党制定了抗战必胜、全面抗战、全民抗战、持久抗战和统一战线等抗战指导思想。与此相适应，中国共产党也制定了文化抗战的指导思想。这一指导思想是逐步形成的。

1935 年 12 月的瓦窑堡会议确定了文化抗战基本方针，即团结一切爱国知识分子，组成广泛的统一战线："一切同情于反日反卖国贼的知识分子，不问他们过去是否是国民党员，或在国民党政府工作，都能享受苏维埃政府的优待，苏维埃给予他们以工作，救济他们的失业，给予他们以发展文化，教育，艺术，科学及技术天才的机会。一切受日本帝国主义和卖国贼国民党政府所驱逐，轻视，与虐待的智识分子，文学家，艺术家，科学家，技术人员与新闻记者，苏维埃给予以托庇的权利（一切这些人都可到苏区来）。一切革命的知识分子，文学家，艺术家，科学家，技术人员，与新闻记者（不问他们的出身是地主，富农，或资本家），苏维埃给与选举权与被选举权。"[1] 为促成文化战线的团结抗日，中共中央还派遣冯雪峰同志赴上海，与失去联系的中共上海文化界党组织取得联系，促成了上海文化界在抗日民族文化统一战线的旗帜下的大团结，推进了文化战线的抗日救亡运动。

1936 年 11 月 22 日，中国文艺协会成立，毛泽东等领导同志在成立大会讲话中指出，"中国文艺协会的成立，这是近十年来苏维埃运动的创举。过去我们是有很多同志爱好文艺，但我们没有组织起来，没有专门计划的研究，进行工农大众的文艺创作，就是说过去我们都是干武的。现在我们不但要武的，我们也要文的了，我们要文武双全"，"我们要文武两方面都来。要从文的方面去说服那些不愿停止内战者，从文的方面去宣传教育全国民众团结抗日"，并且指出"发挥苏维埃的大众文艺，发扬民族革命战争的抗日文

1 中共中央文献研究室、中央档案馆编：《建党以来重要文献选编（一九二一——一九四九）》第 12 册，中央文献出版社 2011 年版，第 541 页。

艺”，是文化工作者的伟大的光荣任务。[1]这一表述，将“苏维埃的大众文艺”与“民族革命战争的抗日文艺”并提，显示了党在这一时期处在由土地革命战争向民族革命战争转变的特点，也包含了新民主主义文化理论所具有的“大众”和“民族”的内涵。中共中央主管文化工作的张闻天同志也发表了《以文艺的方法具体的表现去影响推动全国人民促成巩固的统一战线》，指出“在目前停止内战、一致抗日的抗日统一战线运动中，你们以文艺的方法具体的表现去影响推动全国的作家、文艺工作者及一切有文艺兴趣的人们，促成巩固〔的〕统一战线，表现苏维埃为抗日的核心，这是你们艰难伟大的任务”。[2]

全国抗战开始后，中共进一步加强了文化抗战的工作，成立了中央文化委员会。颁布了一系列开展文化运动的文件，如《中央关于开展抗日民主地区的国民教育的指示》《中央关于发展文化运动的指示》《中央宣传部、中央文化委员会关于各抗日根据地文化人与文化团体的指示》《关于党的宣传鼓动工作提纲》等。此外，张闻天同志在1937年11月14日陕甘宁边区“文化救亡协会”成立大会上的报告《十年来文化运动的检讨及目前文化运动的任务》中提出延安文化界的任务中“第一要适应抗战，第二要大众化、中国化”，“每一个文化人都到群众中、斗争中，以及前线去生活、去锻炼……”[3]文化救亡协会的具体任务是：“第一，在抗战建国的原则下，团结边区的一切文化工作者；第二，推动和展开边区的战时文化工作；第三，供给前方以文化食粮和文化干部。”[4]1938年7月中旬，他还在慰劳参加延安抗战戏剧节文艺工作者宴会上发表了讲话；以及1940年1月5—7日，在陕

1 中共中央文献研究室、中央档案馆编：《建党以来重要文献选编（一九二一—一九四九）》第13册，中央文献出版社2011年版，第386页。

2 汪木兰、邓家琪编：《苏区文艺运动资料》，上海文艺出版社1985年版，第233页。

3《张闻天年谱》上卷，中共党史出版社2010年版，第524页。

4《陕甘宁边区文化救亡协会成立宣言》，《新华日报》1938年1月15日。

甘宁边区文化界救亡协会第一次代表大会上作报告《抗战以来中华民族的新文化运动与今后任务》。毛泽东同志也先后发表了在延安鲁迅艺术学院成立典礼上的讲话（1938 年 4 月 10 日）、在延安鲁迅艺术学院的讲话（1938 年 4 月 28 日）、在延安陕北公学纪念鲁迅逝世一周年大会上的讲话《论鲁迅》（1938 年 10 月 19 日）；为中共中央起草发表《大量吸收知识分子》（1939 年 12 月 1 日）、在陕甘宁边区文化协会第一次代表大会上的讲演《新民主主义的政治与新民主主义的文化》（1940 年 1 月 9 日）、《在延安文艺座谈会上的讲话》（1942 年 5 月 2 日）、在陕甘宁边区文教工作者会议上的讲演《文化工作中的统一战线》（1944 年 10 月 30 日）、在中国共产党第七次全国代表大会上的政治报告《论联合政府》（1945 年 4 月 24 日）等。这些文件和领导人讲话，阐述了开展文化抗战的重要性，制定了文化抗战的方针、政策和策略，对抗日根据地和党领导的国统区进步文化界的文化抗战活动起到了指导和推动作用，同时也逐步确立了中国共产党的文化抗战指导思想。

1940 年 1 月，毛泽东在陕甘宁边区文化协会第一次代表大会上作了题为《新民主主义的政治与新民主主义的文化》（即《新民主主义论》）的报告，这标志着中国共产党文化抗战指导思想的正式确立。从此，毛泽东提出的民族的、科学的、大众的新民主主义文化理论，成为抗日根据地和国统区进步文化界文化抗战的指导思想，推动着文化抗战的发展。新民主主义文化理论包含以下几方面的内容。

第一，抗日战争时期的文化，是新民主主义文化的一部分。由于中国革命性质在五四运动以后发生了变化，中国文化的性质也相应发生了变化。“在‘五四’以前，中国的新文化，是旧民主主义性质的文化，属于世界资产阶级的资本主义的文化革命的一部分。在‘五四’以后，中国的新文化，却是新民主主义性质的文化，属于世界无产阶级的社会主义的文化革命的一部分。”“所谓新民主主义的文化，就是人民大众反帝反封建的文化；在今日，就是抗日统一战线的文化。这种文化，只能由无产阶级的文化思想即共产主义思想去领导，任何别的阶级的文化思想都是不能领导了的。所谓新民主主义的文化，一句话，就是无产阶级领导的人民大众的反帝反封建的文化。”[1]

第二，新民主主义文化必须由无产阶级领导。“新民主主义的政治、经济、文化，由于其都是无产阶级领导的缘故，就都具有社会主义的因素，并且不是普通的因素，而是起决定作用的因素。”[2]“在‘五四’以前，中国的新文化运动，中国的文化革命，是资产阶级领导的，他们还有领导作用。在‘五四’以后，这个阶级的文化思想却比它的政治上的东西还要落后，就绝无领导作用，至多在革命时期在一定程度上充当一个盟员，至于盟长资格，就不得不落在无产阶级文化思想的肩上。这是铁一般的事实，谁也否认不了的。”[3]“由于现时中国革命不能离开中国无产阶级的领导，因而现时的中国新文化也不能离开中国无产阶级文化思想的领导，即不能离开共产主义思想的领导。”[4]

第三，新民主主义文化是民族的、科学的、大众的文化。所谓民族的，“它是反对帝国主义压迫，主张中华民族的尊严和独立的。它是我们这个民族的，带有我们民族的特性。它同一切别的民族的社会主义文化和新民主主义文化相联合，建立互相吸收和互相发展的关系，共同形成世界的新文化”；所谓科学的，“它是反对一切封建思想和迷信思想，主张实事求是，主张客观真理，主张理论和实践一致的”；所谓大众的，“它应为全民族中百分之九十以上的工农劳苦民众服务，并逐渐成为他们的文化。要把教育革命干部的知识和教育革命大众的知识在一定程度上互相区别又互相联结起来，把提

1《毛泽东选集》第 2 卷，人民出版社 1991 年版，第 698 页。
2《毛泽东选集》第 2 卷，人民出版社 1991 年版，第 705 页。
3《毛泽东选集》第 2 卷，人民出版社 1991 年版，第 698 页。
4《毛泽东选集》第 2 卷，人民出版社 1991 年版，第 705 页。

高和普及互相区别又互相联结起来”。[1]

第四，在现阶段，“当作国民文化的方针来说，居于指导地位的是共产主义的思想，并且我们应当努力在工人阶级中宣传社会主义和共产主义，并适当地有步骤地用社会主义教育农民及其他群众”。[2] 因此，“应该扩大共产主义思想的宣传，加紧马克思列宁主义的学习，没有这种宣传和学习，不但不能引导中国革命到将来的社会主义阶段上去，而且也不能指导现时的民主革命达到胜利”。[3] 必须运用共产主义理论与方法来“观察问题、研究学问、处理工作、训练干部”。[4]

毛泽东关于新民主主义文化的论述，标志着中国共产党文化抗战指导思想的完整形成。

（二）中国共产党文化抗战思想的内涵

在新民主主义文化理论的指导下，中国共产党在文化抗战的实践中，逐步确立了系统的文化抗战思想，包括文化抗战的重要意义、文化抗战的基本任务、文化抗战的领导力量、文化抗战的队伍建设、文化抗战的路径和策略。

1. 文化抗战的重要意义。中国共产党领导的文化抗战具有重要的意义，它是中国抗战的组成部分。张闻天在《抗战以来中华民族的新文化运动与今后任务》中指出：“中国对日的总的政治目的，是驱逐日寇出中国，建立独立、自由、幸福的新中国（抗战建国）。它使用的斗争武器，也有政治的、军事的、经济的、文化的。抗战以来中华民族的新文化运动服从于抗战建国的政治目的。这是抗战建国的一种重要的斗争武器。其目的，是要在文化

1《毛泽东选集》第 2 卷，人民出版社 1991 年版，第 706—708 页。
2《毛泽东选集》第 2 卷，人民出版社 1991 年版，第 704 页。
3《毛泽东选集》第 2 卷，人民出版社 1991 年版，第 706 页。
4《毛泽东选集》第 2 卷，人民出版社 1991 年版，第 706 页。

上、思想意识上动员全国人民为抗战建国而奋斗，建立独立、自由、幸福的新中国，建立中华民族的新文化，以最后巩固新中国。”[1]

革命文化历来与革命有着不可分离的密切关系，“革命文化，对于人民大众，是革命的有力武器。革命文化，在革命前，是革命的思想准备；在革命中，是革命总战线中的一条必要和重要的战线”。[2]文化抗战在抗战中的地位决定了文化抗日的“军队”的重要地位。这就是毛泽东表述的：“我们要战胜敌人，首先要依靠手里拿枪的军队。但是仅仅有这种军队是不够的，我们还要有文化的军队，这是团结自己、战胜敌人必不可少的一支军队。”[3]“伟大的抗战必须有伟大的抗战教育运动与之相配合。在一切为着战争的原则下，一切文化教育事业应使之适合战争的需要。”[4]

对于国民党统治区域来说，统一战线下的文化抗战，不仅能有力地支援政治、经济特别是军事上的抗战斗争，而且可以扩大中国共产党的影响，为党的革命事业奠定基础。“在国民党统治区域很可能广泛发展与极应该广泛发展的一项极端重要的工作，是抗日文化运动。这项工作的意义在目前有头等重要性，因为它不但是当前抗战的武器，而且是在思想上、干部上准备未来变化与推动未来变化的武器。因此在国民党统治区域的党（敌占大城市亦然）应对发展文化运动问题特别提起注意，应把对文化运动的推动、发展及其策略与方式等问题经常放在自己的日程上。对于文化运动的进行，应该联合一切不反共的自由资产阶级（即民族资产阶级）与广大小资产阶级的知识分子共同去做，而不应使共产党员尖锐突出与陷于孤立。在反对复古，反对大资产阶级的文化专制政策，反对日寇汉奸的奴隶文化等方针之下（根据各地情况将口号具体化）是能够动员各阶层知识分子、各部门文化人与广大青

1《张闻天文集》第3卷，中共党史出版社2012年版，第24页。
2《毛泽东选集》第2卷，人民出版社1991年版，第708页。
3《毛泽东选集》第3卷，人民出版社1991年版，第847页。
4《毛泽东军事文选》，战士出版社1981年版，第173页。

年学生加入这一运动的。须知对于广大人民群众，对于在军队中、政府中、党部中、学校中、社会中的广大中下层人们，如果不在思想上引起一个变化，则政治上的根本变化或彻底好转（即建立抗日民族统一战线政权）是不可能的。”[1]

在革命根据地，文化抗战的意义是显而易见的。“在这里，我们有全部权力来推行全部文化运动。我各地党部与军队政治部应对全部宣传事业、教育事业与出版事业作有组织的计划与推行，用以普及与提高党内外干部的理论水平及政治水平，普及与提高抗日军队抗日人民的政治水平及文化水平，要使各根据地上干部军队与人民的理论政治及文化水平高于与广于全国各地。”[2]

2. **文化抗战的基本任务**。中国共产党领导的文化抗战是中国共产党领导的抗日战争的一部分，因此，它的基本任务就是为抗战服务，就是“从文的方面去宣传教育全国民众团结抗日”，“以文艺的方法具体的表现去影响推动全国的作家、文艺工作者及一切有文艺兴趣的人们，促成巩固〔的〕统一战线”。1940 年 1 月，张闻天在陕甘宁边区文化界救亡协会第一次代表大会上的报告《抗战以来中华民族的新文化运动与今后任务》，对党的文化抗战的基本任务做了概括：

全力扩大与巩固抗日文化统一战线。“团结一切不愿当亡国奴的文化人与青年知识分子；坚决反对日寇汉奸、汪派的奴化活动；同国内主张投降、分裂、倒退的反动文化作坚决的斗争；打破半殖民地半封建文化的障碍；提倡民族的、科学的、大众的中华民族的新文化。”[3]

进一步发展新文化的各部门、各方面，如文学、艺术、科学、哲学，

1 中共中央文献研究室、中央档案馆编：《建党以来重要文献选编（一九二一—一九四九）》第 17 册，中央文献出版社 2011 年版，第 526 页。

2 中共中央文献研究室、中央档案馆编：《建党以来重要文献选编（一九二一—一九四九）》第 17 册，中央文献出版社 2011 年版，第 527 页。

3《张闻天文集》第 3 卷，中共党史出版社 2012 年版，第 36 页。

使之更能为抗战建国服务。“进一步研究中国的实际、中国的历史、中国文化的各方面，求得在思想上正确的解决抗战建国中的各种重要问题；大胆的创作、写作、著述、介绍翻译，来打破各种限制，打破各种陈旧的观点与标准，建立新观点、新标准，以发展学术提高学术；组织各种文化的、研究的、考察的团体；提倡自由研究、自由思想、自由辩论的生动、活泼民主的作风；建立各种专门研究机关，要求政府及社会团体划出一定的文化经费，以布置必要的文化设备与供给；组织新文化运动大师鲁迅先生的研究会或研究院等。”[1]

进一步普及文化到农村中去、工厂中去、军队中去、大众中去。“必须动员大批文化人与青年知识分子到农村中、工厂中、军队中、大众中去工作；发展抗战建国的普及教育，国民教育与社会教育，大规模进行消灭文盲工作；军队中的文化教育工作，应该成为政治机关工作中的一个重要部门；发展文化供应的工作，把文化食粮输送到军队中、乡村中、工厂中去；分区建立各种印刷、出版、发行机关，出版各种地方的报纸、杂志与书籍。”[2]

大批地吸收与培养抗战的文化干部，并适当地使用他们。“登记全国失业失学的文化人与青年知识分子，给他们以物质上的救济，并有计划的给他们担任各方面的文化教育的工作；设立各种学校、各种训练班，提高文化干部的政治认识与专门的特长，提倡一切在职干部的学习制度；培养文化干部为民族、为民主、为科学、为大众而艰苦奋斗、奋发有为的作风。”[3]

建立与发展在全国新文化运动中能够起先锋与模范作用的文化根据地。“在根据地内彻底实施新民主主义的文化教育政策；大量地吸收与培养全国各地的文化人与知识分子，使他们能够成为全国新文化运动的基本干部；大

1《张闻天文集》第 3 卷，中共党史出版社 2012 年版，第 36—37 页。

2《张闻天文集》第 3 卷，中共党史出版社 2012 年版，第 37 页。

3《张闻天文集》第 3 卷，中共党史出版社 2012 年版，第 37 页。

量创作与编写新文化各部门的教科书、教材、读物、作品、小册子、杂志、报纸、研究资料，建设大规模的出版机关，以供给全国文化界的需要；经常以新民主主义文化教育政策的实施情况及其经验教训供给全国；同全国文化界发生多方面的关系。”[1]

更广泛地宣传马克思列宁主义。尽量编译介绍马列主义的原著；使马列主义中国化，创造中国的马列主义作品；编印各种通俗马列主义小册子；组织马列主义的研究会、研究院等，以培养马列主义的干部，以传布马列主义的思想到全中国去。[2]

毛泽东《新民主主义论》发表以后，为了更好地指导文化抗战，中共中央发布了《中央宣传部关于党的宣传鼓动工作提纲》，明确规定了中国共产党在文化抗战中的四大任务：[3]

第一，团结一切抗日不反共的文化力量，建立文化运动上最广泛的统一战线，向着一个共同的目标：反对民族敌人——日本帝国主义，反对民族投降主义，反对黑暗复古主义。

第二，发展进步的文化力量，发展民主思想，主张思想自由，研究各种学术，宣传科学的社会主义，推进中国的文化向前发展。

第三，团结文化干部，培养文化干部，爱护文化干部，尤其在根据地内更应大批地吸收知识分子，各种专家学者参加一切抗战的工作。

第四，参加国民教育，发展国民教育，这是文化运动最基层的工作。

从上述材料来看，中国共产党领导的文化抗战的基本任务，是团结一切抗日的文化人士结成广泛的统一战线，利用一切文化形式，为抗战服务；同时，以马克思主义理论教育和影响进步文化人士，为抗战和抗战胜利以后培

1《张闻天文集》第 3 卷，中共党史出版社 2012 年版，第 37 页。

2《张闻天文集》第 3 卷，中共党史出版社 2012 年版，第 37 页。

3 中共中央文献研究室、中央档案馆编：《建党以来重要文献选编（一九二一—一九四九）》第 18 册，中央文献出版社 2011 年版，第 429—430 页。

养文化干部，推进中国文化的发展。

3. **文化抗战的领导力量**。文化抗战的领导阶级是由抗战文化的性质决定的。抗战时期的文化是新民主主义的文化，“所谓新民主主义的文化，就是人民大众反帝反封建的文化；在今日，就是抗日统一战线的文化……所谓新民主主义的文化，一句话，就是无产阶级领导的人民大众的反帝反封建的文化”。[1] 这是由中国近代文化发展的特点决定的。在五四之前，特别是晚清时期，中国文化战线的斗争，主要表现为资产阶级新文化与封建主义旧文化之间的斗争，具体体现为新旧学之争、科举与学堂之争、资产阶级政治学说与封建主义的纲常伦理之争。在那一时期，资产阶级的文化具有反封建的革命意义。但是，由于中国资产阶级是在半殖民地半封建的社会诞生，它与帝国主义、封建主义存在一种既矛盾又依赖的关系，因此表现在文化上也同样存在妥协性和软弱性，资产阶级新文化并没有真正战胜封建文化，因而有了五四新文化运动。同时，由于马克思主义的传播，“中国产生了完全崭新的文化生力军，这就是中国共产党人所领导的共产主义的文化思想，即共产主义的宇宙观和社会革命论”。[2] “这支生力军在社会科学领域和文学艺术领域中，不论在哲学方面，在经济学方面，在政治学方面，在军事学方面，在历史学方面，在文学方面，在艺术方面（又不论是戏剧，是电影，是音乐，是雕刻，是绘画），都有了极大的发展。”

文化抗战的领导力量是无产阶级，但是这种领导既要避免放弃领导的右的错误，也要避免超越历史阶段的“左”的倾向，这也是由现阶段抗战文化的性质所决定的。新民主主义性质的抗战文化虽然具有社会主义的因素，但从文化的整体或国民文化来说，它仍然是新民主主义的，正如毛泽东指出的，“现阶段上中国国民文化的内容，既不是资产阶级的文化专制主义，又

1《毛泽东选集》第 2 卷，人民出版社 1991 年版，第 698 页。
2《毛泽东选集》第 2 卷，人民出版社 1991 年版，第 697 页。

不是单纯的无产阶级的社会主义，而是以无产阶级社会主义文化思想为领导的人民大众反帝反封建的新民主主义”。因此，无产阶级对它的领导，“在现阶段是领导人民大众去作反帝反封建的政治革命和文化革命”，一方面，“应该扩大共产主义思想的宣传，加紧马克思列宁主义的学习，没有这种宣传和学习，不但不能引导中国革命到将来的社会主义阶段上去，而且也不能使现时的民主革命达到胜利”。另一方面，“我们既应把对于共产主义的思想体系和社会制度的宣传，同对于新民主主义的行动纲领的实践区别开来；又应把作为观察问题、研究学问、处理工作训练干部的共产主义的理论和方法，同作为整个国民文化的新民主主义的方针区别开来”。[1]

4. 文化抗战的队伍建设。要进行伟大的文化抗战，必须加强文化抗战队伍的建设。中国共产党领导的文化抗战队伍，是在党的文化抗战统一战线内的爱国文化人士。毛泽东同志指出：“今天中国政治的第一个根本问题是抗日，因此党的文化工作者首先应该在抗日这一点上和党外的一切文学家艺术家（从党的同情分子、小资产阶级的文艺家到一切赞成抗日的资产阶级地主阶级的文艺家）团结起来。”[2]文化抗战必须团结一切反对日本侵略者的文化人、团体或者派别，只有这样，才能凝聚全民族的精神力量，彻底打败日本帝国主义。“一切文化人，只要他们赞成抗日，均应在抗日的目标下团结起来，不论他们在文化上所做的工作同抗日有无直接的关系。我们欢迎任何文化人使用他的文化武器（如文学、艺术、科学等）为抗战直接服务。”[3]在革命根据地，虽然文化抗战的主力是广大党员和革命群众，但是，“各根据地上的文化教育工作，不论是消灭文盲工作，学校教育工作，报纸刊物工作，文学艺术工作，除党校与党报外，均应与一切不反共的资产阶级知识分子及

1《毛泽东选集》第 2 卷，人民出版社 1991 年版，第 705—706 页。
2《毛泽东选集》第 3 卷，人民出版社 1991 年版，第 867 页。
3《张闻天文集》第 3 卷，中共党史出版社 2012 年版，第 38 页。

小资产阶级知识分子联合去做，而不应由共产党员包办。要注意收集一切不反共的知识分子与半知识分子，使他们参加在我们领导下的广大的革命文化战线，应反对在文化领域中的无原则的门户之见”。[1]

文化界人士属于知识分子群体，1939 年，毛泽东在《大量吸收知识分子》中指出：“共产党必须善于吸收知识分子，才能组织伟大的抗战力量，组织千百万农民群众，发展革命的文化运动和发展革命的统一战线。没有知识分子的参加，革命的胜利是不可能的。”“对于广大的同情我们的党外知识分子，则应该同他们建立适当的联系，把他们组织到抗日和民主的伟大斗争中去，组织到文化运动中去，组织到统一战线的工作中去。”[2]“一切文化上的成就，必须首先通过广大的青年知识分子，传达到广大的群众中去。中国广大的青年知识分子（包括广大的青年学生），是新文化运动的基本队伍，也是新文化的传布者，是新文化的最可宝贵的财产。”[3]但知识分子有其特点，为了发挥知识分子在文化抗战中的作用，中国共产党制定了对待知识分子的特殊政策。一方面，肯定其革命积极性，充分发挥其特长，并在实践中帮助、教育他们，“应该分配适当的工作，应该好好地教育他们，带领他们，在长期斗争中逐渐克服他们的弱点，使他们革命化和群众化，使他们同老党员老干部融洽起来，使他们同工农党员融洽起来”；[4]另一方面，要根据他们的特点，适当予以照顾，“凡各文化人对于当前某个政治问题或某个文化问题有共同思想上的一致，即可联合起来，除采取适当方法发表他们的共同意见外，不必有其他行动上的要求与限制。在工作方式上、生活方式上不必强

1 中共中央文献研究室、中央档案馆编：《建党以来重要文献选编（一九二一——一九四九）》第 17 册，中央文献出版社 2011 年版，第 527 页。

2《毛泽东选集》第 2 卷，人民出版社 1991 年版，第 618 页。

3《张闻天文集》第 3 卷，中共党史出版社 2012 年版，第 39 页。

4《毛泽东选集》第 2 卷，人民出版社 1991 年版，第 619 页。

同，要避免规定许多规则条例去限制他们的文化活动”。[1]

为了团结文化界人士进行文化抗战，中共中央根据文化人的特点，要求对根据地的文化人和文化团体给予各方面的宽容和照顾。1940年10月，中央宣传部、中央文工委为此发出《关于各抗日根据地文化人与文化团体的指示》，主要内容包括：

必须重视文化人的社会影响。“一个在社会上有相当地位、相当声望、能有一技之长的文化人，其作品在对内对外上常常有很大的影响”，[2]因此，必须纠正党内一部分同志轻视、厌恶、猜疑文化人的落后心理，充分认识文化及文化人在文化抗战中不可替代的作用，“他们的作品，就是他们对于革命事业的最大贡献”，[3]“我们应采取一切方法，如出版刊物、剧曲公演、公开讲演、展览会等，来发表他们的作品。同时发表他们的作品也即是推广文化运动的最主要的方式”。[4]

保证文化人的创作自由。文化工作有其自身的特点，文学艺术有其创作规律，因此，“党的领导机关，除一般的给予他们写作上的任务与方向外，力求避免对于他们写作上人工的限制与干涉。我们应该在实际上保证他们写作的充分自由。给文艺作家规定具体题目、规定政治内容、限时限刻交卷的办法，是完全要不得的。”[5]

用一切方法在精神上保障文化人的宽松氛围。文化人在生活习惯上有不同的特点，共产党人应有足够的气量使自己能够同具有不完全同我们一样生

1《张闻天文集》第3卷，中共党史出版社2012年版，第38页。

2 中共中央文献研究室、中央档案馆编：《建党以来重要文献选编（一九二一——一九四九）》第17册，中央文献出版社2011年版，第582页。

3 中共中央文献研究室、中央档案馆编：《建党以来重要文献选编（一九二一——一九四九）》第17册，中央文献出版社2011年版，第582页。

4 中共中央文献研究室、中央档案馆编：《建党以来重要文献选编（一九二一——一九四九）》第17册，中央文献出版社2011年版，第584页。

5 中共中央文献研究室、中央档案馆编：《建党以来重要文献选编（一九二一——一九四九）》第17册，中央文献出版社2011年版，第582页。

活习惯的文化人，共同生活，共同工作。因此，在精神上必须采取包容的态度，“特别对于新来的及非党的文化人，应更多的采取同情、诱导、帮助的方式去影响他们进步，使他们接近大众、接近现实、接近共产党，尊重革命秩序、服从革命纪律”；[1]“在文化人比较集中的地区，应设立文化俱乐部一类的地方，以供给文化人集会与娱乐之用。此外，为了使作家们有创作的适当场所，可特设‘创作之家’一类的住所，使他们能够沉静下来，从事他们的创作生活”，使他们的才力能够充分地使用，使他们写作的积极性能够最大地发挥。[2]

开展公正的文艺批评。对于文化人的作品，应采取严正的、批判的，但又是宽大的立场，力戒以政治口号与偏狭的公式去非难作者，尤其不应出以讥笑怒骂的态度。我们一方面应正确地评价他们的作品，使他们的努力向着正确的方向，同时鼓舞他们努力写作的积极性，不使他们因一时的失败而灰心失望。

选派有文化的干部从事文化管理工作。从有相当威信与地位的共产党员文化人或非党的文化干部中，培养一小部分在文化运动中能够担任组织工作的干部。他们自己虽是文化人，但他们的活动，应偏重于组织工作，而不是写作。没有这些文化组织工作者，文化人内部的很好团结，文化人及文化团体的效能的充分发挥是很困难的。

组织文化团体，发挥文化人的自我服务功能。各种不同类的文化人（如小说家、戏剧家、音乐家、哲学家等），可以组织成各种不同类的文化团体，如文学研究会戏剧协会、音乐协会、新哲学研究会等。这些团体亦可联合起来，成立文化界救亡协会之类的联合团体。这些文化团体可以介绍、研

1 中共中央文献研究室、中央档案馆编：《建党以来重要文献选编（一九二一——一九四九）》第 17 册，中央文献出版社 2011 年版，第 583 页。

2 中共中央文献研究室、中央档案馆编：《建党以来重要文献选编（一九二一——一九四九）》第 17 册，中央文献出版社 2011 年版，第 584 页。

究、出版、推广各种文化作品，吸收与培养各方面的文化人才，指导大众的各方面文化活动，联络文化人间的感情与保护他们切身的利益，组织文化人向各地报章杂志的写稿，介绍并递寄他们的作品或译著到全国性大书局出版，向外面的及大后方的文化团体进行经常的联络。[1]

中国共产党关于文化人的系列政策，团结和凝聚了文化人，使文化人在文化抗战中发挥了重要的作用。艾思奇在总结陕甘宁边区的文化工作时说："对于外来的文化人及各部门专家，边区是非常尊重他们，尽力帮助他们工作，发展他们的所长；对于青年知识分子，边区一律给与学习的机会，并帮助他们找到工作。一般的边区已做到了这样的成绩：能够使一切来到边区的文化人和知识分子不至于感到生活、工作没有出路，使他们达到不失业，不苦闷，不彷徨。为要团结和培养专门做文化工作的干部，边区已建立了这样的一些基础：鲁迅艺术学院，自然科学院，边区师范，卫生学校，各剧团，文化协会等等。这些机关吸收和训练了许多的文化工作者，动员他们到各方面去工作。有不少的文化工作者，已动员到前方部队里，农村里，工厂里。"[2]这充分说明了中国共产党文化抗战队伍建设的成效。

5. **文化抗战的路径和策略**。抗战文化是无产阶级领导的具有社会主义因素的新民主主义文化，因此文化抗战的路径，应当是大众化的群众路线。"这种新民主主义的文化是大众的，因而即是民主的。它应为全民族中百分之九十以上的工农劳苦民众服务，并逐渐成为他们的文化。"[3]所谓为大众服务，"第一是为工人的，这是领导革命的阶级。第二是为农民的，他们是革命中最广大、最坚决的同盟军。第三是为武装起来了的工人农民即八路军、新四军和其他人民武装队伍的，这是革命战争的主力。第四是为城市小资产

---

1 中共中央文献研究室、中央档案馆编：《建党以来重要文献选编（一九二一—一九四九）》第 17 册，中央文献出版社 2011 年版，第 583 页。

2 马泽、马海娟主编：《文艺事业的发展》，中央文献出版社 2016 年版，第 124 页。

3《毛泽东选集》第 2 卷，人民出版社 1991 年版，第 708 页。

阶级劳动群众和知识分子的，他们也是革命的同盟者，他们是能够长期地和我们合作的。这四种人，就是中华民族的最大部分，就是最广大的人民大众”。[1] 如何为大众服务呢，就是走大众化的道路，“现在工农兵面前的问题，是他们正在和敌人作残酷的流血斗争，而他们由于长时期的封建阶级和资产阶级的统治，不识字，无文化，所以他们迫切要求一个普遍的启蒙运动，迫切要求得到他们所急需的和容易接受的文化知识和文艺作品去提高他们斗争热情和胜利信心，加强他们的团结，便于他们同心同德地去和敌人作斗争”。[2]

党的大众化文化工作的方针，在土地革命时期就已经确立。所谓大众化具有双重意义：为大众服务和为大众接受。土地革命时期的大众化与抗日民族文化统一战线语境下的大众化是有差别的。土地革命时期以无产阶级革命文学为号召，所谓大众化即为苏维埃服务，为工农兵服务，大众化运动的“发动与支持运动的为共产党及其文化人与知识分子。他们的主要要求为继续深入反帝反封建的斗争，建立没有反动资产阶级参加的工人阶级所领导的工农民主的政权……参加运动的为许多小资产阶级的文化人与知识分子。其中小部分为上层小资产阶级的代表，他们反对共产党，主张同资产阶级妥协，虽是有时采取极左的，也是‘马列主义’的假面具。其中还有一小部分为下层小资产阶级的代表，他们拥护共产党的主张，但当时大多数小资产阶级的知识分子则表示消沉、苦闷没有出路”。[3] 同时，“不仅在它包含了中国无产阶级革命文学目前首要的一些任务，如工农兵通信员运动等等，而尤在此问题之解决实为完成一切新任务所必要的道路。在创作批评，和目前其他诸问题，乃至组织问题，今后必须执行彻底的正确的大众化，而决不容许再停留在过去所提起的那种模糊忽视的意义中。只有通过大众化的路线，即实

1《毛泽东选集》第 3 卷，人民出版社 1991 年版，第 885—886 页。
2《毛泽东选集》第 3 卷，人民出版社 1991 年版，第 861—862 页。
3《张闻天文集》第 3 卷，中共党史出版社 2012 年版，第 34 页。

现了运动与组织的大众化，作品、批评以及其他一切的大众化，才能完成我们当前的反帝反国民党的苏维埃革命的任务，才能创造出真正的中国无产阶级革命文学”。[1] 而且，无产阶级革命文学的大众化，不仅仅是作品与批评的大众化，“必须以‘属于大众，为大众所理解，所爱好’为原则”，同时非无产阶级出身的文化人，“生活的大众化与无产阶级化”，“要使他们来接受我们的主张，在我们的组织下共同努力，以冀能够更快地推进我们的工作”[2]。显然，土地革命时期的大众化是无产阶级革命战争的大众化。抗日战争时期，中国共产党由阶级革命战争转向了民族革命战争，“抗战以来中华民族的新文化运动服从于抗战建国的政治目的。这是抗战建国的一种重要的斗争武器。其目的，是要在文化上、思想意识上动员全国人民为抗战建国而奋斗，建立独立、自由、幸福的新中国，建立中华民族的新文化，以最后巩固新中国”。[3] 因此，其大众化是在统一战线语境下的大众化。它包含两重意思：一是文化工作者的作品必须大众化，即张闻天在《抗战以来中华民族的新文化运动与今后任务》中强调的：“新文化必须是代表大众的利益、为大众的解放而斗争的武器”，“新文化要完成自己的任务，必须为大众所接受、所把握。因此，新文化的大众化，还有另一方面的意义，即为了使新文化成为大众所懂得、所接受的文化，必须使新文化去适应大众今天的文化水平。在这一含义上的大众化，就包含有把新文化通俗化的意义。通俗化不是曲解新文化，使新文化庸俗化，而是用比较浅显的表现形式使其为大众所了解。这种通俗化的目的，不是为了使大众停留在今天他们的文化水平，而正是为了要

---

1 中共中央宣传部办公厅、中央档案馆编研部编：《中国共产党宣传工作文献选编：1915—1937》，学习出版社 1996 年版，第 1058 页。

2 中共中央宣传部办公厅、中央档案馆编研部编：《中国共产党宣传工作文献选编：1915—1937》，学习出版社 1996 年版，第 1059 页。

3《张闻天文集》第 3 卷，中共党史出版社 2012 年版，第 24 页。

提高他们的文化水平”。[1]领导和参加大众化的“是中国共产党及其文化人与知识分子，他们主张发动全民族的抗战，以抗日民族统一战线争取中华民族的独立解放。接着参加的为广大的小资产阶级的文化人与青年知识分子，他们拥护共产党的主张，并影响到部分民族资产阶级文化人的参加与同情”。[2]因此，统一战线旗帜下的大众化的主体是一切爱国的文化界人士，“一切文化人，只要他们赞成抗日，均应在抗日的目标下团结起来。不论他们在文化上所做的工作同抗日有无直接的关系。我们欢迎任何文化人使用他的文化武器（如文学、艺术科学等）为抗战直接服务”。[3]

二是文化工作必须走群众路线，广大文化工作者必须深入群众。抗战初期，党就确立了文化工作为抗战群众服务的方针，要求“进一步普及文化到农村中去、工厂中去、军队中去、大众中去。为此必须动员大批文化人与青年知识分子到农村中、工厂中、军队中、大众中去工作；发展抗战建国的普及教育，国民教育与社会教育，大规模进行消灭文盲工作；军队中的文化教育工作，应该成为政治机关工作中的一个重要部门；发展文化供应的工作，把文化食粮输送到军队中、乡村中、工厂中去；分区建立各种印刷、出版发行机关，出版各种地方的报纸、杂志与书籍”。[4]1944年，在陕甘宁边区文教工作者会议上的讲话中，毛泽东深刻指出：“我们的文化是人民的文化，文化工作者必须有为人民服务的高度的热忱，必须联系群众，而不要脱离群众。”在延安文艺座谈会上，毛泽东一针见血地指出：“什么叫做大众化呢？就是我们的文艺工作者的思想感情和工农兵大众的思想感情打成片。”[5]因此，要开展文化领域的抗战活动，文化工作者必须深入群众，走群众路

1《张闻天文集》第3卷，中共党史出版社2012年版，第31页。
2《张闻天文集》第3卷，中共党史出版社2012年版，第34页。
3《张闻天文集》第3卷，中共党史出版社2012年版，第38页。
4《张闻天文集》第3卷，中共党史出版社2012年版，第37页。
5《毛泽东选集》第3卷，人民出版社1991年版，第851页。

线，了解群众的需求，这样才能使自己的工作真正与人民群众产生共鸣。正如毛泽东所说："中国的革命的文学家艺术家，有出息的文学家艺术家，必须到群众中去，必须长期地无条件地全心全意地到工农兵群众中去，到火热的斗争中去，到唯一的最广大最丰富的源泉中去，观察、体验、研究、分析一切人，一切阶级，一切群众，一切生动的生活形式和斗争形式，一切文学和艺术的原始材料，然后才有可能进入创作过程。"[1]

三、抗日民族文化统一战线

抗日民族文化统一战线是中国共产党领导文化抗战的主要组织形式，是团结文化界爱国进步人士投身抗日斗争的最广泛的文化阵地。抗日民族文化统一战线是伴随中国共产党领导的抗日民族统一战线的形成而建立起来的。

（一）中国共产党领导下的抗日民族统一战线的建立

抗日民族统一战线的建立，经历了一个比较长的时期。1938 年，毛泽东在中共六届六中全会上代表中央政治局作了《论新阶段——抗日民族战争与抗日民族统一战线发展的新阶段》的报告，对抗日民族统一战线形成的条件、过程及意义进行了概括，阐释了抗日民族统一战线的发展阶段。[2]

1931 年 9 月 18 日，日本关东军制造了柳条湖事件，蓄谋已久的日本帝国主义发动了对中国的侵略战争，在 3 个多月内迅速占领了中国东北。欧美资本主义国家受制于国内的经济危机，也企图将日本侵略引向苏联，对日本的行径采取绥靖政策，苏联忙于国内的恢复和建设，无暇东顾。蒋介石政府

1《毛泽东选集》第 3 卷，人民出版社 1991 年版，第 860—861 页。

2 中共中央文献研究室、中央档案馆编：《建党以来重要文献选编（一九二一——一九四九）》第 15 册，中央文献出版社 2011 年版，第 574—576 页。

则采取“攘外必先安内”的政策，为日本帝国主义的侵华图谋打开了大门。中华民族面临亡国的危险。在这一关键时刻，中国共产党提出了建立抗日民族统一战线的思想。

中国共产党的抗日民族统一战线形成经历了一个发展过程。首先是“反帝统一战线”的提出。1931 年 9 月 22 日，中共中央作出了《关于日本帝国主义强占满洲事变的决议》，第一次提出了反帝的“统一战线”的概念：“组织各色各样的反对帝国主义的公开组织，或者参加一切已经存在的反帝组织而夺取它们的领导。经过这些组织正确实行反帝运动中的下层统一战线，和吸收广大的小资产阶级的阶层参加争斗。在各大城市中公开的出版群众的反帝日报，抓住国内的重要工厂——尤其日本工厂进行组织反日的罢工示威。同时各地党部团部也应该注意学生中的工作，使一部分贫苦学生群众离开民族主义武断宣传的影响而作坚决革命斗争。”[1]

1931 年 9 月 20 日，中共中央在《由于工农红军冲破第三次“围剿”及革命危机逐渐成熟而产生的党的紧急任务》的决议案中第一次提出了“反帝统一战线”的概念。决议指出：

党应该特别加紧反帝斗争尤其是反日斗争的领导，以开展反帝的革命运动，尽量同下层小资产阶级群众如像一部分革命学生、小商人以至城市贫民成立反帝的统一战线，并且成立这种反帝的公开组织，而取得其领导权。应该利用一切公开与半公开的可能，发行反帝日报与传单标语，并且组织宣传队等，利用各种公开名义到街道上尤其是工人区域去演讲。在上海等地，现在应该立刻以“罢工、罢课、罢操，反对日本帝国主义”，尤其是“工农武装起来，反对日本帝国主义”应该是党目前的中心鼓动口号。[2]

---

1 中共中央文献研究室、中央档案馆编：《建党以来重要文献选编（一九二一——一九四九）》第 8 册，中央文献出版社 2011 年版，第 568 页。

2 中共中央文献研究室、中央档案馆编：《建党以来重要文献选编（一九二一——一九四九）》第 8 册，中央文献出版社 2011 年版，第 560 页。

不过，这一概念的提出并不表示中共中央革命战略的转变，而是配合苏维埃革命的任务，正如决议随即指出的，“但是这些口号绝对不能同‘打倒国民党’、‘拥护苏维埃’、‘拥护工农兵苏维埃与红军’等口号的宣传分裂开来。尽量用全力来准备各个企业的总罢工尤其是日本企业的罢工，使斗争更能得到无产阶级的领导，使斗争扩大与深入。在满洲党要立刻分配干部到南满各地，中东路、吉长路沿线的农民群众中与动摇不满东北军阀的军队中去发动反日斗争、游击队战争与兵变。同时这一反帝斗争，必须同揭破国民党的反帝欺骗与反对国民党密切的联系起来的。全国反帝同盟，要利用反帝斗争的开展，在今年内成立起来。”[1] 而且，这一时期中国共产党提出的统一战线，是限于“下层”的，是排除国民党及大资产阶级的“小资产阶级”与工农的统一战线，国民党及其政府是这一统一战线的敌人。这一思想在此后中共中央的各种决议中得到呼应。如 1933 年 1 月 7 日《中共中央共青团中央为日本帝国主义占领山海关和进攻华北告全国民众书》中提出：“学生们！工匠们！城市贫民们！与工农一起建立广大的反帝战线，反对国民党的恐怖制度！组织完全的抵制日货！组织抵制帮助日本的一切帝国主义的货物！”“只有民众武装的民族革命战争，才能够战胜他们！因此我们必须组织义勇军反抗日本帝国主义，争取士兵积极抵抗，反对一切他们的卖国长官！我们必须准备武装民众、工人、农民、学生、青年来进行长期与艰苦的争斗！建立群众的统一战线反对帝国主义及其走狗——国民党！”[2]

1933 年 1 月 17 日，以毛泽东为主席的中华苏维埃临时中央政府和中国工农红军革命军事委员会主席朱德发表了《为反对日本帝国主义侵入华北，愿在三个条件下与全国各军队共同抗日宣言》，提出了有条件地与全国各军

1 中共中央文献研究室、中央档案馆编：《建党以来重要文献选编（一九二一——一九四九）》第 8 册，中央文献出版社 2011 年版，第 560 页。

2 中共中央文献研究室、中央档案馆编：《建党以来重要文献选编（一九二一——一九四九）》第 10 册，中央文献出版社 2011 年版，第 17—18 页。

队共同抗日的主张，是抗日民族统一战线初步提出的标志。[1]该宣言宣布：

中华苏维埃政府与工农红军革命军事委员会在中国民众面前宣言，在下列条件之下，中国工农红军准备与任何武装部队订立作战协定，来反对日本帝国主义的侵略：（一）立即停止进攻苏维埃区域。（二）立即保证民众的民主权利（集会、结社、言论、罢工、出版之自由等）。（三）立即武装民众创立武装的义勇军，以保卫中国及争取中国的独立统一与领土的完整。我们要求中国民众及士兵，拥护这个号召，进行联合一致的民族革命战争，争取中国的独立统一与领土的完整，将反对日本及一切帝国主义的斗争与反对帝国主义的走狗国民党军阀的卖国与投降的斗争联结起来，开展武装民族革命战争，反对日本及一切帝国主义。[2]

这一表述已经较"反帝统一战线"有了新的含义：一是把反对日本帝国主义侵略的战争提到了"争取中国的独立统一与领土的完整"的"民族革命战争"的高度，区别于以往的无产阶级革命战争；二是突破了反帝统一战线局限于"下层统一战线"即小资产阶级与工农的统一战线的范围，统一战线的对象是"任何武装部队"。此后，中共中央关于抗日统一战线的表述均具有了新的含义。1933 年 6 月 8 日，中共中央发出《给各级党部及全体同志的信——论反帝运动中的统一战线》，提出在日本帝国主义侵略和国民党继续镇压红军的情况下，只有反帝的统一战线才能够发挥作用，"在这一个严重与险恶

1 毛泽东在《论新阶段》一文中也将这一《宣言》的发表当作抗日民族统一战线形成的起点："自九一八事变以来，中华民族的敌人日本帝国主义，经过侵略东四省的第一步骤，进到准备并实行向全中国侵略的第二步骤。这种空前的历史事变，使得国内国际情况都发生了变化。首先变化了与变化着国内各个阶层，各个党派，各个集团之间的相互关系，同时也变化了与变化着国际间的相互关系。因而我们的党，根据这种空前的历史事变，根据新的国内国际关系，沿着远在一九三三年就已开始采取了的新的政治立场（三个条件下与国民党内任何愿意同我们合作的成分订立抗日作战协定）的道路，把它提高到抗日民族统一战线的新政策。"（中共中央文献研究室、中央档案馆编：《建党以来重要文献选编（一九二一——一九四九）》第 15 册，中央文献出版社 2011 年版，第 575 页。）

2 中共中央文献研究室、中央档案馆编：《建党以来重要文献选编（一九二一——一九四九）》第 10 册，中央文献出版社 2011 年版，第 28 页。

的形势之前，中国共产党的任务比任何时候都要严重：组织千百万的群众，号召他们及各种武装部队起来作反国民党意志的战争，不许国民党这样干下去，起来反对日本及一切帝国主义的侵略，不许这些强盗们侵犯中国，而建立在反帝运动中真正的统一的战线，就是组织这一广大群众走上革命斗争的基本策略。只有团结与统一工人、农民及一切劳苦群众，才是民族抵抗的力量与胜利的保证”，“只有我们党坚决实行广大的统一战线，才能团结和组织千百万的广大群众来进行这一反帝的革命斗争，才能团结一切反帝的力量”。[1]

1934 年 4 月，中共中央发表《为日本帝国主义占领华北并吞中国告全国民众书》，再次明确了统一战线的内涵：“一切真正愿意反对帝国主义的，不甘做亡国奴的中国人，不分政治倾向，不分职业与性别，都联合起来，在反帝统一战线之下，一致与日本和其他帝国主义作战吧！”[2] 这里抗日统一战线又有所拓展，包含了“不分政治倾向”“不甘做亡国奴的中国人”。并进一步明确了反帝统一战线的纲领：

我们的反帝统一战线的纲领，应当是：（一）坚决反对国民党整个的投降出卖政策，抛弃对国联和美国的任何的幻想，只有工人、农民和一切劳动者的团结与统一，才是中国民族对帝国主义的抵抗力量及其胜利的保证；（二）全国民众必须起来为保卫中国领土与独立而作神圣的民族革命战争；（三）号召民众参加反日战争与游击战争，积极援助群众抵制日货的行动与宣传募捐援助义勇军；（四）用军器库及人口武装来武装民众，没收日本帝国主义财产和一切卖国贼汉奸的财产，作为抗日费用；（五）完全脱离日本及一切帝国主义和卖国贼的影响，取消一切对债务和借款利息的支付，设

1 中共中央文献研究室、中央档案馆编：《建党以来重要文献选编（一九二一——一九四九）》第 10 册，中央文献出版社 2011 年版，第 269 页。

2 中共中央文献研究室、中央档案馆编：《建党以来重要文献选编（一九二一——一九四九）》第 11 册，中央文献出版社 2011 年版，第 320 页。

施累进税以应用度；（六）中国必须完全对日绝交，动员整个海陆空军对日作战，立即停止进攻苏区及军阀战争；（七）反对国民党南京政府出卖东北、华北和中国的《塘沽协定》，以及“中日直接交涉”。[1]

遵义会议以后，纠正了长期以来的“左”的错误，确立了以毛泽东同志为代表的正确的路线方针，为抗日民族统一战线的理论和政策的形成奠定了政治基础。1935 年 8 月 1 日，中国苏维埃政府、中国共产党中央发表了《为抗日救国告全国同胞书》（《八一宣言》），提出了建立抗日民族统一战线的基本主张。《八一宣言》指出了建立抗日民族统一战线的紧迫性：

有数千年文化历史的平津，有无限富源的直、鲁、晋、豫各省，有最重要战略意义的察、绥区域，有全国政治经济命脉的北宁、平汉、津浦、平绥等铁路，现在实际上都完全在日寇军力控制之下。关东贼军司令部正在积极实行成立所谓“蒙古国”和“华北国”的计划。自民国二十年“九一八”事变以来，由东三省而热河，由热河而长城要塞，由长城而“滦东非战区”，由非战区而实际占领河北、察、绥和北方各省，不到四年，差不多半壁山河，已经被日寇占领和侵袭了。田中奏折所预定的完全灭亡我国的毒计，正在实行；长此下去，眼看长江和珠江流域及其它各地，均将逐渐被日寇所吞蚀。我五千年古国将完全变成被征服地，四万万同胞将都变成亡国奴。近年来，我国家、我民族，已处在千钧一发的生死关头。抗日则生，不抗日则死，抗日救国，已成为每个同胞的神圣天职！

领土一省又一省地被人侵占，人民千万又千万地被人奴役，城村一处又一处地被人血洗，侨胞一批又一批地被人驱逐，一切内政外交处处被人干涉，这还能算什么国家！？这还能算什么民族！？同胞们！中国是我们的祖国！中华民族就是我们全体同胞！我们能坐视国亡族灭而不起来救国自救

1　中共中央文献研究室、中央档案馆编：《建党以来重要文献选编（一九二一——一九四九）》第 11 册，中央文献出版社 2011 年版，第 320 页。

吗？不能！绝对不能！[1]

《八一宣言》提出了建立抗日民族统一战线的方针、途径和目标。建立抗日民族统一战线的方针：一是团结一切爱国力量，“无论各党派间在过去和现在有任何政见和利害的不同，无论各界同胞间有任何意见上或利益上的差异，无论各军队间过去和现在有任何敌对行动”，确立“兄弟阋墙外御其侮”的真诚觉悟，停止内战，集中一切国力（人力、物力、财力、武力等）去为抗日救国的神圣事业而奋斗。二是苏维埃政府和中国共产党愿意摒弃政治分歧，与爱国抗日力量“亲密”合作，“只要国民党军队停止进攻苏区行动，只要任何部队实行对日抗战，不管过去和现在他们与红军之间有任何旧仇宿怨，不管他们与红军之间在对内问题上有任何分歧，红军不仅立刻对之停止敌对行为，而且愿意与之亲密携手共同救国”。[2] 三是全国爱国力量与苏维埃政府和东北各地抗日政府一起组织全中国统一的国防政府；与红军和东北人民革命军及各种反日义勇军一起组织全中国统一的抗日联军。[3]

建立抗日民族统一战线的途径：“中国一切愿意参加抗日救国事业的各党派、各团体（工会、农会、学生会商会、教育会、新闻记者联合会、教职员联合会、同乡会、致公党、民族武装自卫会反日会、救国会等等）、各名流学者、政治家，以及一切地方军政机关，进行谈判”，“有钱的出钱，有枪的出枪，有粮的出粮，有力的出力，有专门技能的贡献专门技能”，[4] 共同成立国防政府和抗日联军。

---

1 中共中央文献研究室、中央档案馆编：《建党以来重要文献选编（一九二一——一九四九）》第 12 册，中央文献出版社 2011 年版，第 263—264 页。

2 中共中央文献研究室、中央档案馆编：《建党以来重要文献选编（一九二一——一九四九）》第 12 册，中央文献出版社 2011 年版，第 265 页。

3 中共中央文献研究室、中央档案馆编：《建党以来重要文献选编（一九二一——一九四九）》第 12 册，中央文献出版社 2011 年版，第 265—266 页。

4 中共中央文献研究室、中央档案馆编：《建党以来重要文献选编（一九二一——一九四九）》第 12 册，中央文献出版社 2011 年版，第 267 页。

建立抗日民族统一战线的目标：为祖国生命而战，为民族生存而战，为国家独立而战，为领土完整而战，为人权自由而战。这一目标较之于土地革命时期党的建立工农联盟的苏维埃国家，具有民族国家的意义。《八一宣言》还提出了国防政府的主要责任在于抗日救国，其行政方针应包括：（一）抗日救国收复失地。（二）救灾治水安定民生。（三）没收日帝在华一切财产，充作对日战费。（四）没收汉奸卖国贼财产、粮食、土地，交给贫苦同胞和抗日战士享用。（五）废除苛捐杂税、整理财政金融、发展工农商业。（六）加薪加饷、改良工农军学各界生活。（七）实行民主自由、释放一切政治犯。（八）实行免费教育、安置失业青年。（九）实行中国境内各民族一律平等政策，保护侨胞在国内外生命、财产、居住和营业的自由。[1]

1935 年 10 月，到达陕北的中共中央召开政治局会议，会上确定了“将土地革命战争变为民族革命战争”的方针，实现了党在战略任务上的重大转移。[2] 会后，中共中央发表《为日本帝国主义并吞华北及蒋介石出卖华北出卖中国宣言》，重申了共同联合抗日反蒋的意愿：“一切抗日反蒋的中国人民与武装队伍，不论他们的党派、信仰、性别、职业、年龄有如何的不同，都应该联合起来，为打倒日本帝国主义与蒋介石国民党而血战！……中国苏维埃政府与工农红军愿意与任何武装队伍，订立抗日反蒋的作战协定，愿意实际的援助一切方式的抗日反蒋的组织。”

与此同时，中共中央还发出《为目前反日讨蒋的秘密指示信》，以党内文件的形式对抗日民族统一战线的有关问题进行部署。指示信指出“反日讨蒋”是目前党的主要任务，因为“日本帝国主义自占领东三省以来，轰炸上海吴淞，灭亡热河，宰割察绥一大部分，又名存实亡的吞并了华北五省，现

1 中共中央文献研究室、中央档案馆编：《建党以来重要文献选编（一九二一——一九四九）》第 12 册，中央文献出版社 2011 年版，第 266—267 页。

2 程中原：《张闻天传》，当代中国出版社 1993 年版，第 261 页。

正在‘中日合作’‘经济提携’‘开发西北’‘东亚和平’等口号之下，以实现田中奏折之计划——灭亡中国之计划。因此全中国人放在面前唯一救国自救的出路，只有抗日，抗日则生，不抗日则死，抗日则做人，不抗日则做亡国奴”。而“蒋介石是卖国的罪魁，是日本帝国主义在华的汉奸内应，事实甚为明显，中国人民也渐渐懂得了抗日必先讨蒋，只有讨蒋才能顺利的抗日。日本帝国主义及其走狗蒋介石是中国革命的主要敌人。抗日讨蒋是目前中国唯一的出路，是中国共产党目前工作中最主要的任务”。[1] 指示信认为，目前实行抗日民族统一战线的时机已经成熟，“革命的基础已经扩展了”：“在这抗日讨蒋的斗争洪流中，参加者不仅有中国工农红军，更有许多小资产阶级大学教授大中学生知识分子，甚至国民党中上级军官、中委、政客银行家及一部分地主资产阶级参加……目前中国不仅是小资产阶级被不愿做亡国奴的呼声所警醒，被民族革命战斗的战鼓所激励，都投入反日反蒋的革命洪流中来，甚至一部分民族资产阶级及一些国民党的军官政客也鉴于‘满洲国’‘共存共荣’的借鉴而混入反日反蒋的革命漩涡中来，因此目前中国革命的社会基础大大的扩展了。”这是党建立“联合阵线”即统一战线的社会基础。因此，“在这新的社会基础上，党决定实现抗日讨蒋的任务，总的策略方针是进行广泛的统一战线，这就是说党要联合一切抗日讨蒋的力量来打倒日本帝国主义消灭蒋介石”。[2]

《指示信》还对统一战线的具体问题进行了部署。关于统一戗线的对象：“在阶级观点上来说，党不管什么阶级（从工农起资本家止）若果他们不愿做亡国奴，愿尽一点救中国的义务，中国共产党愿与之联合以共同策谋抗日反蒋行动；再从政党的观点上说，不管什么党（自生产党至社会党、民主

1 中共中央文献研究室、中央档案馆编：《建党以来重要文献选编（一九二一——一九四九）》第 12 册，中央文献出版社 2011 年版，第 428—429 页。

2 中共中央文献研究室、中央档案馆编：《建党以来重要文献选编（一九二一——一九四九）》第 12 册，中央文献出版社 2011 年版，第 431—432 页。

党、国家主义派止），若果他们愿意做任何反日反蒋的活动，有一点救国救亡的情绪时，中国共产党都愿意很诚意诚恳的与之统一战线以共同担负起救中国的责任。”关于统一战线的形式，《指示信》认为有三种：“（一）上层统一；（二）下层统一；（三）上下层统一并用。”关于统一战线的组织形式和领导权，指示信要求摒弃“左”的错误思想，“因此统一战线的组织原则，是首先要能够利用一切公开的可能，能够博得广大群众的爱戴，用什么形式都可以的”；“党的领导权是党的主张策略和决议在广大群众中得到了信仰、拥护与执行”。[1] 由上可见，即将到达陕北的中共中央，经过遵义会议以后，开始进行抗日民族统一战线的工作部署了。

1935 年 11 月 28 日，中华苏维埃共和国中央政府主席毛泽东和中国工农红军革命军事委员会主席朱德发表《抗日救国宣言》，公布了抗日救国十大纲领，宣示中国共产党建立抗日民族统一战线共同抗日的决心：

只有全国海陆空军与全国人民总动员，开展神圣的反日的民族革命战争，以打倒日本帝国主义，以消灭中国有史以来最大的汉奸卖国贼蒋介石，中国民族才能得到最后的彻底的解放。

中华苏维埃共和国中央政府与中国工农红军革命军事委员会曾经不断唤醒全国人民团结起来对日作战，曾经派遣了自己红军主力，经过二万五千里的长征，历尽艰难困苦北上抗日。现在形势更加紧迫了。现在正是要求我们全国人民有力出力，有钱出钱，有枪出枪，有知识出知识，大家团结，大家奋斗，以誓死的决心对付中国人民公敌的时候。因此，中华苏维埃共和国中央政府与中国工农红军革命军事委员会特向全国人民宣言，不论任何政治派别，任何武装队伍，任何社会团体，任何个人类别，只要他们愿意抗日反蒋者，我们不但愿意同他们订立抗日反蒋的作战协定，而且愿意更进一步地同

---

1 中共中央文献研究室、中央档案馆编：《建党以来重要文献选编（一九二一—一九四九）》第 12 册，中央文献出版社 2011 年版，第 433—434 页。

他们组织抗日联军与国防政府。[1]

《宣言》提出了著名的抗日救国十大纲领：没收日本帝国主义在华的一切财产作为抗日经费；没收一切卖国贼及汉奸的财产救济灾民及难民；救灾治水，安定民生；废除一切苛捐杂税，发展工商业；发薪发饷，改良工人、士兵及教职员的生活；发展教育，救济失学的学生；实现民主权利，释放所有的政治犯；发展生产技术，救济失业的知识分子；联合朝鲜、台湾、日本国内的工农及一切反日力量结成巩固的联盟；对中国抗日的民族运动表示同情、赞助或守善意中立的民族或国家，建立亲密的友谊关系。

1935 年 12 月，中国共产党在陕北瓦窑堡召开了中央政治局会议，正式确立了抗日民族统一战线的方针和政策。这次会议是在共产国际第七次代表大会的精神的指导下召开的。共产国际七大精神与遵义会议以后中共中央确立的建立反帝统一战线的方针相吻合，因此瓦窑堡会议得以对“左”倾错误加以清算，并最终确立抗日民族统一战线的方针和政策。会议形成了《中共中央关于目前政治形势与党的任务决议》，分析了新的形势，指出“日本帝国主义并吞北四省之后，现在又并吞了整个华北而且正准备并吞全中国，把全中国从各帝国主义的殖民地，变为日本的殖民地”。这一形势“把一切不愿当亡国奴，不愿充汉奸卖国贼的中国人，迫得走上一条唯一的道路：向着日本帝国主义及其走狗汉奸卖国贼展开神圣的民族战争”。[2]因此，中国共产党必须适应新的形势，确立正确的策略路线。这就是“发动，团聚与组织全中国全民族一切革命力量去反对当前主要的敌人：日本帝国主义与卖国贼头子蒋介石。不论什么人，什么派别，什么武装队伍，什么阶级，只要是反

1 中共中央文献研究室、中央档案馆编：《建党以来重要文献选编（一九二一——一九四九）》第 12 册，中央文献出版社 2011 年版，第 473—474 页。

2 中共中央文献研究室、中央档案馆编：《建党以来重要文献选编（一九二一——一九四九）》第 12 册，中央文献出版社 2011 年版，第 531—532 页。

对日本帝国主义与卖国贼蒋介石的，都应该联合起来，开展神圣的民族革命战争，驱逐日本帝国主义出中国，打倒日本帝国主义的走狗在中国的统治，取得中华民族的彻底解放，保持中国的独立与领土的完整。只有最广泛的反日民族统一战线（下层的与上层的），才能战胜日本帝国主义及其走狗蒋介石”，[1]这就确立了建立抗日民族统一战线的方针。决议提出了组织国防政府和抗日联军的主张：“一切反日反卖国贼的分子，不论他们代表那一阶级，那一政治派别，那一社会团体，那一武装队伍，都可以加入国防政府。一切反日反卖国贼的武装队伍，都可以加入抗日联军。国防政府与抗日联军是全中国一切反日反卖国贼力量的联合战线的政权组织，也是反日反卖国贼的民族革命战争的统一领导机关。”党的策略就是，“指导自己的党员从各方面努力去推动一切爱国的分子，团体，阶层，阶级，党派，生产的与商业的，文化的与教育的，学生的与教员的，工农的与小资产阶级民族资产阶级的，城市的与乡村的，新式的与旧式的，社会的与政治的，武装的等等力量，发起各种各样反日反汉奸卖国贼的团体（抗日会、抗日联合会等），组织各种各样反日反卖国贼的军队（抗日义勇军、人民革命军、新的十九路军等），政权（县区市抗日政府、人民革命政府等），把这些团体，军队，政权，集合起来，加上苏维埃与红军的力量，这就是国防政府与抗日联军的组织”。[2]瓦窑堡会议确立了党的抗日民族统一战线的方针政策，但《中共中央关于目前政治形势与党的任务决议》在表述这一概念时，仍然使用“反日民族统一战线”“广泛的民族统一战线”“反日反卖国贼的统一战线”“反日统一战线”等多种提法。直到 1936 年 9 月，中央发布《关于抗日救亡运动的新形势与

1 中共中央文献研究室、中央档案馆编：《建党以来重要文献选编（一九二一——一九四九）》第 12 册，中央文献出版社 2011 年版，第 536 页。

2 中共中央文献研究室、中央档案馆编：《建党以来重要文献选编（一九二一——一九四九）》第 12 册，中央文献出版社 2011 年版，第 538 页。

民主共和国的决议》才明确使用抗日民族统一战线的概念。[1]

为了实现党的建立抗日民族统一战线的任务，瓦窑堡会议以后，中共中央与张学良、阎锡山等地方势力进行了接触、谈判，达成了局部合作的协议，并且随着与国民党各派系的接触和谈判，逐步由反蒋抗日转变为“逼蒋抗日”。1936 年 4 月 25 日，中共中央发出《为创立全国各党各派的抗日人民阵线宣言》，呼吁中国国民党、中国国家主义青年党、中国民族革命大同盟等 40 多家党团组织，表示：“在全中国亡国灭种的紧急关头，中国共产党中央委员会特向全中国各党各派郑重宣言：不管我们相互间有着怎样不相同的主张与信仰，不管我们相互间过去有着怎样的冲突与斗争，然而我们都是大中华民族的子孙，我们都是中国人，抗日救国是我们的共同要求。为抗日救国而大家联合起来，为抗日救国而共赴国难，是所有我们中国人的神圣的义务。因此，中国共产党中央委员会谨以至诚特向全中国各党各派提议：创立抗日的人民阵线以抵御日本帝国主义盗匪们的长驱直入，以反对汉奸卖国贼丧心病狂的无耻行为。”[2]5 月 5 日，毛泽东、朱德代表中华苏维埃人民共和国中央政府和中国工农红军革命军事委员会发表《停战议和一致抗日通电》，放弃“抗日反蒋”口号，只谈“停止内战，一致抗日”。1936 年 8 月，中国共产党发表致国民党书，“郑重宣言：我们赞助建立全中国统一的民主共和国，赞助召集由普选权选举出来的国会，拥护全国人民和抗日军队的抗

1 中国共产党关于统一战线的概念，使用过“反帝统一战线”“下层统一战线”等多种提法。1933 年 12 月 26 日，上海中央局“关于一年来白区反帝运动的意见”中，首次使用了“抗日民族统一战线”概念。《关于一年来白区反帝运动的意见——上海中央局为五中全会准备的材料》在第六部分“我们的任务”中指出：“满洲的党应把组织与领导抗日反满的群众的武装斗争放在党的工作第一位。本年一月中央的指示，现在完全有效。满洲的党应采用一切办法，以保证抗日民族统一战线的实现。”此处使用了‘抗日民族统一战线”的概念，但除此处之外，其他全部使用的是“反帝统一战线”。瓦窑堡会议结束后，毛泽东在党的活动分子会议上作了《论反对日本帝国主义的策略》，其中连续四次使用了“抗日民族统一战线”的概念（参见祝志男《中国共产党关于建立抗日民族统一战线的理论和政策研究》，首都师范大学出版社 2011 年版，第 61 页）。

2 中共中央文献研究室、中央档案馆编：《建党以来重要文献选编（一九二一—一九四九）》第 13 册，中央文献出版社 2011 年版，第 104 页。

日救国代表大会，拥护全国统一的国防政府。我们宣布：在全中国统一的民主共和国建立之时，苏维埃区域即可成为全中国统一的民主共和国的一个组成部分，苏区人民的代表将参加全中国的国会，并在苏区实行与全中国一样的民主制度”。[1]并表示“愿意同你们结成个坚固的革命的统一战线，如像一九二五至二七年第一次中国大革命时两党结成反对民族压迫与封建压迫的伟大的统一战线一样，因为这是今日救亡图存的唯一正确的道路”，“我们方面是早已准备着在任何地方与任何时候派出自己的全权代表，同贵党的全权代表一道，开始具体实际的谈判，以期迅速订立抗日救国的具体协定，并愿坚决地遵守这个协定”。[2]

与此同时，中共中央向党内发出指示，宣布了“逼蒋抗日”的方针：“目前中国的主要敌人，是日帝，所以把日帝与蒋介石同等看待是错误的，‘抗日反蒋’的口号，也是不适当的。在日帝继续进攻，全国民族革命运动继续发展的条件之下蒋军全部或其大部分有参加抗日的可能。我们的总方针，应是逼蒋抗日。一方面继续揭破他们的每一退让，丧权辱国的言论与行动；另一方面要向他们提议与要求建立抗日的统一战线，订立抗日的协定。我们正在通知他们，共产党中央立刻准备派代表出去，或接受国民党和蒋介石的代表到苏区来，以便进行谈判。”[3]

1936 年 10 月西安事变发生，为了团结抗日，中共中央坚持和平解决的方针，赢得了全国各阶层特别是国民党主张坚决抗日的部分上层的理解和赞扬。1937 年 2 月，国民党三中全会召开，中共中央给会议发出电报，向国

1 中共中央文献研究室、中央档案馆编：《建党以来重要文献选编（一九二一——一九四九）》第 13 册，中央文献出版社 2011 年版，第 267 页。

2 中共中央文献研究室、中央档案馆编：《建党以来重要文献选编（一九二一——一九四九）》第 13 册，中央文献出版社 2011 年版，第 269—270 页。

3 中共中央文献研究室、中央档案馆编：《建党以来重要文献选编（一九二一——一九四九）》第 13 册，中央文献出版社 2011 年版，第 276 页。

民党提出建议，要求国民党政府确定“停止一切内战，集中国力，一致对外；言论集会结社之自由，释放一切政治犯；召集各党各派各界各军的代表会议，集中全国人才共同救国；迅速完成对日抗战之一切准备工作；改善人民的生活”为国策，在此国策下，“为表示团结御侮之诚意，愿给贵党三中全会以如下之保证：（一）在全国范围内停止推翻国民政府之武装暴动方针；（二）苏维埃政府改名为中华民国特区政府，红军改名为国民革命军，直接受南京中央政府与军事委员会之指导；（三）在特区政府区域内实施普选的彻底的民主制度；（四）停止没收地主土地之政策，坚决执行抗日民族统一战线之共同纲领”。[1]

为了统一全党思想，1937 年 5 月，中国共产党召开了全国临时代表大会（名曰苏区代表大会，有当时苏区、非苏区及红军代表参加），通过了《抗日民族统一战线在目前阶段的任务》，制定了党在抗日战争时期的政策和策略，党实现了由国内战争的状态转到了开始建立抗日民族统一战线的新时期。

卢沟桥事变后，彭德怀等红军将领向国民政府请求红军即刻改编为国民革命军，并请授命为抗日前驱，与日寇作战。7 月 15 日，中共中央发布《为公布国共合作宣言》，宣布：

中国共产党中央委员会谨以极大的热忱向我全国父老兄弟诸姊妹宣言，当此国难极端严重民族生命存亡绝续之时，我们为着挽救祖国的危亡，在和平统一团结御侮的基础上，已经与中国国民党获得了谅解，而共赴国难了。

中国共产党愿当此时机，向全国同胞提出我们奋斗之总的目标，这就是：（一）争取中华民族之独立自由与解放。首先须切实地迅速地准备与发动民族革命抗战，以收复失地和恢复领土主权之完整。

---

1 中共中央文献研究室、中央档案馆编：《建党以来重要文献选编（一九二一—一九四九）》第 14 册，中央文献出版社 2011 年版，第 38—39 页。

（二）实现民权政治，召开国民大会，以制定宪法与规定救国方针。

（三）实现中国人民之幸福与愉快的生活。首先须切实救济灾荒，安定民生，发展国防经济，解除人民痛苦与改善人民生活。

为着解除一切善意的怀疑者之误会，中国共产党中央委员会有披沥自己对于民族解放事业的赤忱之必要。因此，中共中央再郑重向全国宣言：

一、孙中山先生的三民主义为中国今日之必需，本党愿为其彻底的实现而奋斗。

二、取消一切推翻国民党政权的暴动政策及赤化运动，停止以暴力没收地主土地的政策。

三、取消现在的苏维埃政府，实行民权政治，以期全国政权之统一。

四、取消红军名义及番号，改编为国民革命军，受国民政府军事委员会之统辖，并待命出动，担任抗日前线之职责。[1]

这个宣言于9月22日由国民党正式公布。第二天，蒋介石发表谈话，认为中共发表的宣言即为民族意识胜过一切的例证，宣言中所举诸项，皆为集中力量、救亡御侮之必要条件。今日，凡为中国国民，但能信奉三民主义而努力救国者，政府当不问其过去之如何，而咸使有效忠国家之机会。对于国内任何派别，只要诚意救国，愿在国民革命抗敌御侮之旗帜下共同奋斗者，政府无不开诚接纳，咸使集中于本党领导之下，而一致努力。这个谈话实际上承认了中国共产党的合法地位，“从此以后，以国共两党为基础的抗日民族统一战线，就完全建立起来了”。[2]

抗日民族统一战线建立以后，中国共产党在各个领域开始了对日本帝国主义的抵抗和进攻，文化领域即是重要的方面。

---

1 中共中央文献研究室、中央档案馆编：《建党以来重要文献选编（一九二一——一九四九）》第14册，中央文献出版社2011年版，第369—370页。

2 中共中央文献研究室、中央档案馆编：《建党以来重要文献选编（一九二一——一九四九）》第15册，中央文献出版社2011年版，第576页。

（二）抗日民族文化统一战线的形成及其组织形式

抗日民族文化统一战线是中国共产党领导下，以党的文化工作者为主体，团结抗日爱国文化界人士进行文化领域抗战的联合阵线。建立广泛的抗日民族文化统一战线，是组织文化抗战的主要形式，是确保文化抗战发展和胜利的组织保障。

中国共产党领导的抗日民族文化统一战线，是在日本帝国主义侵略中国造成的民族危亡日益发展，由无产阶级革命文化不断克服“左”倾宗派主义、关门主义转变而来的，也是伴随中国共产党抗日民族统一战线的建立而建立的。

中国共产党自诞生起就十分重视文化工作，创办了一批党报党刊，也注重对民众的宣传。但是，在中国共产党独立建立武装和根据地以前，其文化工作主要是政治宣传和鼓动。大革命失败以后，面对国民党的文化“围剿”和文化专制，中国共产党意识到文化战线的重要性，开始加强文化领域的工作。

首先，加强对思想文化领域的指导。八七会议后不久，中共中央即作出决议，向党内发布《中央通告第四号——关于宣传鼓动工作》，指出了政治宣传和鼓动是党调动群众、领导群众和训练党员的重要方式，党必须加强宣传鼓动工作，特别是党报工作，因为“党报有极大作用，它组织与团结广大群众于正确的党的路线之周围，并交换各地方党部工作的经验”。[1]以反击国民党对中国共产党的种种攻击。随后，创办了《中央通讯》《布尔塞维克》《红旗日报》等党报党刊。1931 年 1—3 月，中央接连发出关于党报和发行的 4 个文件：《中央通知第 203 号——改用党报方式加强党对实际工作的指导》

---

1 中共中央文献研究室、中央档案馆编：《建党以来重要文献选编（一九二一——一九四九）》第 5 册，中央文献出版社 2011 年版，第 488 页。

（1931 年 1 月 21 日）、《中央政治局关于党报的决议》（1931 年 1 月 27 日）、《中央关于建立全国发行工作决议案》（1931 年 3 月 5 日）、《中央关于加强党报领导作用的决议》（1931 年 3 月 5 日）。除此之外，党中央也强调要加强对马克思主义理论著作的出版工作，“发行为中等党员用的比较高深的书籍，如关于中国现时政治生活，党的目前任务，列宁主义、苏联、评孙中山主义及党内各种机会主义与左派盲动主义倾向等等问题”，“发行马克思、恩格思、斯达林、布哈林及其他马克思主义、列宁主义领袖的重要著作”。[1]

其次，提出了党在文化战线的领导权问题。瞿秋白吸取苏俄革命的经验，创造性地将列宁的革命领导权理论从政治领域引申到文化领域，强调了在思想文化战线与国民党争夺领导权的重要性，明确指出“文艺革命上的领导权的争取，也就是无产阶级的严重的任务”[2]，中国共产党应该“为着文化运动的无产阶级的领导权而斗争”，“使广大的群众能够接受人类历史上的一切真正有价值的文化工具和知识”，必须开展革命的文化运动的大众，开展“一个广大的反帝国主义的国际主义，反封建宗法的劳动民众的民权主义和社会主义的文艺运动”[3]。瞿秋白在中国共产党的历史上第一次提出了“文化领导权”的概念，成为中国共产党文化领导权思想的先行者。[4]

在实践上，中国共产党在革命根据地和国民党统治区域开展了文化战线的斗争。在革命根据地，随着根据地的巩固和发展，土地革命展开，无产阶级文化运动兴起，为革命战争服务的文化事业次第推进。

新闻出版。报刊是宣传教育的有力武器，各革命根据地十分重视报刊

1 中共中央文献研究室、中央档案馆编：《建党以来重要文献选编（一九二一——一九四九）》第 5 册，中央文献出版社 2011 年版，第 489 页。

2 瞿秋白：《欧化文艺》，载文振庭：《文艺大众化问题讨论资料》，上海文艺出版社 1997 年版，第 104—105 页。

3 瞿秋白：《普洛大众文艺的现实问题》，载文振庭：《文艺大众化问题讨论资料》，上海文艺出版社 1997 年版，第 47 页。

4 余信红：《论瞿秋白的文化战线领导权思想》，《延边大学学报（社会科学版）》1996 年第 1 期。

工作。以中央革命根据地为例，先后创办的有《战斗》周刊、《实话》、《斗争》、《每五日宣传纲要》、《党的建设》、《红色中华》报、《无线电日讯》、《工农报》、《突击》、《通讯》、《苏维埃》、《红星》报、《红军报》、《革命与战争》、《红色战场》、《火光》旬刊、《铁拳》、《战士》报、《武库》、《苏区工人》、《战斗报》、《列宁青年》、《青年实话》、《反帝阵线》等。中央革命根据地所辖各个省乃至一些特委和县委也有自己的报刊。据统计，总计达130余种。各报刊的发行量也比较大，"《红色中华》从三千份增到四五万份以上，《青年实话》发行二万八千份，《斗争》只在江西苏区每期至少要销二万七千一百份，《红星》报一万七千三百份"。[1]在出版事业方面，各根据地相继成立了一些出版机构，如中央出版局、中革军委出版局、教育人民委员部编审委会、马克思主义研究会、工农剧社、工农美术社以及一些军队学校、干部学校。出版物以马克思主义原著、政治读物和教育读物为主，如《农民问题》《布尔塞维克的三十年》《政治经济学》《共产党宣言附雇佣劳动与资本》《列宁主义问题》《中国革命基本问题》《政治常识讲义》《苏联社会主义建设画集》《革命画集》《苏联的青年》等。据统计，从1930年到1934年，仅中央根据地出版的马列原著有14种，[2]政治读物、实用工作手册、文化教育书籍包括译本、教本等总计160多种。[3]

教育。革命根据地一般为经济文化落后的地区，为动员人民参加革命战争和巩固革命根据地，根据地政府对教育十分重视，不仅重视正规的义务教育，同时也十分重视开展社会化教育，尤其是识字扫盲运动。如湘鄂赣苏维埃政府就发表"训令"，指出："以教育为阶级斗争武器，造就无产阶级所需的政治、经济、技术等专门人才，培养儿童有集体的思想，革命的热情，

1 张静庐辑注：《中国现代出版史料》乙编，中华书局1955年版，第24页。
2 严帆：《中央革命根据地新闻出版史》，江西高校出版社1991年版，第151页。
3 郑士德：《中国图书发行史》，高等教育出版社2000年版，第635页。

科学的头脑，艺术的兴趣，健康的体魄，劳动的身手，投身阶级斗争，以推翻反动统治，巩固苏维埃政权。”[1] 为实现这样的目的，湘鄂赣苏区要求“普遍建立各种赤色学校”，“每乡至少须开办三个以上的赤色初级小学校，每区须开办一个高级小学校，省区须开办初级中学一所”。此外，还规定“暂定从初小学校至高级小学校毕业为义务教学期间，凡苏区儿童必须受完此种教育”。[2] 湘鄂赣苏区提出的这一要求由于受战争环境的影响，是难以实现的，但是表达了中国共产党领导的红色政权对于教育的重视，而且在可能的条件下，积极发展根据地的教育事业。据浏阳县苏维埃文化委员会1931年5月统计，“一九三一年上期，该县计有列宁学校四所，学生二百一十一名，其中男一百四十四名，女六十七名。赤色小学校一百一十六所，学生四千二百三十七名，其中男二千九百八十三名，女一千二百五十四名。赤色女子职业学校一所，学生六十名。特别赤色小学校（专教育孤儿及避匪民众子弟的）一所，学生三十名，其中男二十七名，女三名。妇女半日学校十二所，学生二百五十六名。工农夜校十五所，学生二百八十四名，其中男二百一十名，女七十四名。共计男女学生五千余名”。[3]

群众文化活动。革命根据地的群众文化活动具有革命战争的特色，它的功能在于发动群众参加革命战争，提高群众的政治觉悟以及丰富群众的文化生活。因此，各级苏维埃政府非常重视群众文化工作。1931年8月，湘鄂赣省工农兵苏维埃第一次代表大会通过了《文化问题决议案》。1932年8月，湘赣省苏维埃第二次代表大会通过了《文化工作决议案》，提出：“文化教育工作是负有铲除旧社会遗传下来的一切道德宗教风俗旧礼教等封建残余的重要作用，建设工农阶级的文化事业，使群众的知识增进，政治水

---

1 张叔复：《湘鄂赣革命根据地文献资料》（第2辑），人民出版社1985年版，第86页。

2 张叔复：《湘鄂赣革命根据地文献资料》（第2辑），人民出版社1985年版，第16页。

3 湖南省社会科学院、武汉师范学院历史系、宜春地区史料征集办：《湘鄂赣苏区史稿》，湖南人民出版社1982年版，第189页。

平提高，得以发动阶级斗争，坚强阶级意识，而巩固苏维埃政权的社会基础。”1933年3月，闽浙赣省第二次工农兵代表大会也通过了《文化工作决议案》。[1]在各级政府的重视下，根据地的群众文化活动丰富多彩，蓬勃开展。根据地通过俱乐部、工农业余学校、列宁活动室等载体，开展了歌谣、戏剧、群众性体育活动以及壁画、传单画、画报等各种形式的群众文化活动，取得了很好的效果，它激昂了斗志，提高了群众的政治觉悟和水平。凝聚了人心，巩固了革命根据地，唤醒了广大群众的革命热情。

在国民党统治区域，中国共产党也加强了对文化工作的领导。鉴于大革命失败后上海成为进步文化界人士聚集的地区，中共中央和江苏省委采取了一系列组织措施加强文化工作。

1928年2月，中央决定派中宣部秘书郑超麟指导创造社的工作。5月，江苏省委宣传部组织了文化工作党团，由潘汉年任党团书记，孟超、李一氓为委员。不久，中央宣传部又决定将文化党团归属中央宣传部直接领导。7月中旬，中央常委会专门讨论了文化团体问题，会议听取了郑超麟的汇报，肯定了文化党团对创造社、太阳社的工作。1929年10月，中央政治局决定，将文化党团改为中央文化工作委员会，简称“文委”，下设社会科学、文学、出版三组。“文委的任务是在文化战线上动员广大民众来参加无产阶级领导之下的工农苏维埃革命。”“苏维埃的文化革命，是在文化战线上彻底完成民权革命的任务，为着社会主义而斗争。”[2]为了团结进步文艺工作者，1930年3月2日，中国左翼作家联盟在上海成立，这是中国共产党领导下的文艺团体，是指导无产阶级革命文学运动的机构，有目的、有计划地领导发展中国无产阶级的文学运动。随后，社联、剧联、美联、记联、教联以及

---

1 中国延安精神研究会编、樊为之主编：《中共中央在延安十三年史》第10卷，《文化工作史》上，中央文献出版社2016年版，第43页。

2《瞿秋白文集·政治理论编》第7集，人民出版社1991年版，第231—232页。

音乐、电影小组等八团体相继成立，并于1930年10月在上海成立了中国左翼文化界总同盟，简称“文总”。通过这些团体，党对文化工作的领导得以加强，国民党统治区的革命文化运动迅速发展起来。

首先是出现了马克思主义传播的高潮，一是马克思主义的原著大量翻译出版。《政治经济学批判》（郭沫若译）、《哲学之贫困》（许德珩译）、《德国农民战争》（钱亦石、李一新分别译出）、《自然辩证法》（杜畏之译）、《唯物论与经验批判论》（傅之东译）、《费尔巴哈论》（张仲实重译）等等。《资本论》的中译本亦问世。[1] 二是研究马克思主义的著作的出版。李达的《社会学大纲》《经济学大纲》《货币学概论》，艾思奇的《大众哲学》《思想方法论》《哲学与生活》等成为当时人们学习和接受马克思主义的启蒙书。

在文艺战线，则是无产阶级革命文学的倡导和繁荣，构成了无产阶级革命文学运动。一是马克思主义文艺理论的介绍。列宁的《党的出版物与文学》《列甫·托尔斯泰像一面俄国革命的镜子》《托尔斯泰和他的时代》，恩格斯的《致保·恩斯特》《致敏·考茨基》《致哈克奈斯》3封著名的文艺书信，普列汉诺夫的《易卜生的成功》《别林斯基的百年纪念》《法国的戏剧文学和法国的绘画》《唯物史观的艺术论》，以及拉法格的《左拉的金钱》等相继翻译出版。二是研究马克思主义文艺理论的论著大量出现。瞿秋白发表了《马克思恩格斯和文学上的现实主义》《恩格斯和文学上的机械论》《文艺理论家的普列汉诺夫》等文章，鲁迅、周扬、冯雪峰、胡风等也发表了不少介绍马克思主义文艺理论的文章。此外，左翼作家与文艺理论家还先后翻译出版了“文艺理论小丛书”（陈望道主编）、“科学的艺术论丛书”（冯雪峰主编）、“文艺理论丛书”（东京“左联”分盟成员编译）、马克思主义文艺论

1 1930年3月，上海昆仑书店曾出版陈启修翻译的《资本论》第一卷第一分册，潘东舟译出《资本论》第一卷第二、第三分册，由北平东亚书局出版。与此同时，侯外庐和王思华合译了《资本论》第一卷，分为上、中、下册，并陆续出版。

著丛书，将普列汉诺夫、拉法格、梅林、卢那察尔斯基、沃罗夫斯基等初期马克思主义文艺理论家介绍到了国内。三是无产阶级革命文学的创作成绩斐然。大量的苏联文学作品如高尔基的《母亲》、法捷耶夫的《毁灭》、绥拉菲摩维支的《铁流》、肖洛霍夫的《被开垦的处女地》等先后被介绍到中国，产生了广泛影响；出版了一批期刊杂志，如《拓荒者》《萌芽月刊》《巴尔底山》《世界文化》《十字街头》《北斗》《文学月报》《文学》等杂志，还改组或接办了《大众文艺》《现代小说》《文艺新闻》等期刊，吸引与培养了许多左翼文学青年，推动了无产阶级文学创作的繁荣进步。[1]

土地革命战争时期革命根据地和国统区的无产阶级革命文化运动，在各个领域都取得了一定的成绩。它对于无产阶级革命战线的扩大，特别是对粉碎国民党的文化“围剿”起到了重要的作用，对马克思主义特别是马克思主义文艺理论的传播及其在中国进步文化界的接受也起到了推进的作用。但是，无论是根据地还是国统区的革命文化运动，都存在一些问题，如无产阶级革命文化运动直接等同于宣传运动，在国统区把文化运动作为革命战线的直接力量，参与各种公开的游行、集会，在根据地文化运动上混淆民主革命与社会主义革命的界限，把“共产主义的思想体系的宣传，当作当前行动纲领的实践”，[2] 等等，但最主要的是“左”的关门主义的错误，特别是在九一八事变以后，当民族矛盾逐渐成为社会最主要矛盾之时，无论是根据地还是国统区的革命文化运动，其关门主义倾向严重，表现在对民族资产阶级和小资产阶级的排斥，对民主革命的性质、任务、革命对象和革命力量缺乏正确的认识，将社会主义革命的任务作为民主革命时期的任务。“左联”的纲领就声称“我们的艺术是反封建阶级的，反资产阶级的，反对‘失掉地位的’小资产阶级的倾向。我们不能不援助而且从事无产阶级艺术的产

1 凌宇等主编：《中国现代文学史》，湖南师范大学出版社 1999 年版，第 226 页。

2《毛泽东选集》第 2 卷，人民出版社 1991 年版。

生”。[1]“左联”执行委员会《无产阶级文学运动新的情势及我们的任务》认为，“中国革命运动发展的结果”，“是无产阶级文学运动的深入的（关系）”。“目前中国无产阶级文学运动已经从击破资产阶级文学影响争取领导权的阶段转入积极的苏维埃政权作拼死活的斗争。苏维埃文学运动应该从这个血腥的时期开始”。[2]这些错误的倾向，严重地影响了文化统一战线的形成。

九一八事变以后，国内社会发生改变，社会各阶层的抗日救国热情高涨。为适应这一形势的变化，党在文化战线也开始反对关门主义的斗争。中宣部部长张闻天发表了《文艺战线上的关门主义》等文章，指出：“在中国社会中除了资产阶级与无产阶级的文学之外，显然还存在着其他阶级的文学，可以不是无产阶级的，而同时又是反对地主资产阶级的革命的小资产阶级的文学。这种文学不但存在着，而且是中国目前革命文学中最占优势的一种。”“排斥这种文学，骂倒这些文学家，说他们是资产阶级的走狗，这实际上就是摒弃文艺界的革命的统一战线，使幼稚到万分的无产阶级文学处于孤立，削弱了同真正拥护地主资产阶级的反动文学做坚决斗争的力量。”[3]“这种关门主义不克服，我们决没有法子使左翼文艺运动变为广大的群众运动”。“革命的小资产阶级的文学家，不是我们的敌人，而是我们的同盟者。我们对于他们的任务，不是排斥，不是谩骂，而是忍耐的解释，说服与争取。只有这样，才能实现无产阶级对于小资产阶级的领导，实现广泛的革命的统一战线。”[4]“左联”执委会也发表了《中国无产阶级革命文学的新任务》的决议，检讨了无产阶级革命文化运动特别是文艺运动的历程，认为“中国无产阶级革命文学在过去，虽然一方面完成了无产阶级革命文学运动中部分的历史使命，然而另一方面却是显然的落后，显然的未能负起主要的积极的任务：而

1 中南区七所高等院校编：《中国现代文学史资料汇编》上，河南人民出版社 1979 年版，第 347 页。
2 刘长鼎、陈秀华：《中国现代文学运动史》，山东文艺出版社 2013 年版，第 224 页。
3《张闻天文集》第 1 卷，中共党史资料出版社 1990 年版，第 308—310 页。
4《张闻天文集》第 1 卷，中共党史资料出版社 1990 年版，第 310 页。

所以然之故即在过去的屡屡陷于右倾机会主义与左倾空谈的错误！”[1] 在日本帝国主义侵略中国的新的形势下，在“全世界无产阶级革命文学自从国际革命作家联盟大会以后，亦已经决定了统一的战线，展开了新的阵容”的情况下，“中国左翼作家联盟在目前不仅是中国无产阶级革命文学的基本队伍，而且又负起了中国无产阶级革命文学总的领导任务”，应当“加紧反帝国主义的工作；加紧反对帝国主义战争，特别是进攻苏联与瓜分中国的帝国主义战争的工作”，“加紧反对豪绅地主资产阶级军阀国民党的政权；反对军阀混战，特别是进攻苏维埃红军的战争”，“宣传苏维埃革命以及煽动与组织为苏维埃政权的一切斗争”[2]。同时，“对于进步的作家，有好的倾向的作家以及开始动摇而又倾向到革命方面来的可能的作家，及一般广大的革命化或开始革命化的青年”，无产阶级革命文学“应当尽领导和组织的责任”。[3] 作为对新的形势的反应及党的反关门主义的支持，1932 年一・二八事变以后，“文委”的成员冯雪峰、周扬、夏衍、阳翰笙于 2 月 3 日发动和签署了由茅盾、鲁迅领衔的 43 人联合发表的《上海文化界告世界书》，愤怒斥责日本帝国主义的侵略，反对国民党的不抵抗主义，呼吁全世界无产阶级和革命文化团体支援中国抗日战争。由于没有从根本上纠正“左”倾错误，与革命根据地因为“左”的错误造成严重的损失，被迫进行战略转移一样，以上海为中心的国民党统治区文化战线在“左”的错误指导下，遭受了重大损失。中共中央“文委”领导同志相继被捕，“左联”领导周扬、夏衍转入地下，国民党宣称在“文武”两个战线均取得胜利。

---

1 中共中央宣传部办公厅、中央档案馆编研部编：《中国共产党宣传工作文献选编：1915—1937》，学习出版社 1996 年版，第 1055 页。

2 中共中央宣传部办公厅、中央档案馆编研部编：《中国共产党宣传工作文献选编：1915—1937》，学习出版社 1996 年版，第 1057 页。

3 中共中央宣传部办公厅、中央档案馆编研部编：《中国共产党宣传工作文献选编：1915—1937》，学习出版社 1996 年版，第 1061—1062 页。

与此同时，日本帝国主义却加紧了对中国的侵略。国民党政府实行“攘外必先安内”的政策，对日妥协，先后签订“秦土协定”“何梅协定”，包括北京、天津在内的河北、察哈尔华北大部分主权被国民党拱手送给日本，中国陷入全面沦陷的地步，国内各界包括文化界抗日呼声高涨。1935 年 2 月，上海爱国学生、工人、市民自发组建了一个群众性的救亡歌咏团——民众歌咏会，冼星海、聂耳、夏衍等积极投入其中，《义勇军进行曲》《毕业歌》等一大批爱国歌曲诞生，鼓舞了全国人民的抗日救亡热情。生活书店、新知书店、读书生活出版社也出版了一批宣传抗日救亡的书刊。

在全国人民抗日救国的呼声中，适逢共产国际在 1935 年七八月间召开第七次代表大会。会议纠正了自 1928 年共产国际六大以来在国际共产主义运动中盛行的“左”倾关门主义倾向，决定建立反法西斯统一战线的策略。根据会议精神，中共共产国际代表团经过集体讨论，由王明执笔起草了《为抗日救国告全体同胞书》（即《八一宣言》），于 1935 年 8 月 1 日发表。宣言号召建立广泛的抗日民族统一战线。因“左”倾错误造成巨大损失而进行战略转移的中共中央和中央红军，在遵义召开了会议，纠正了“左”倾错误，提出了建立“反蒋抗日”统一战线的主张，并在 1935 年 12 月的瓦窑堡会议上得以确认。

《八一宣言》鼓舞了上海、北平文化界抗日救国的热情。在上海，躲过国民党追捕的文化界“文委”领导周扬、夏衍等成立了中共中央文化工作临时委员会，在《八一宣言》的精神指导下，进行文化领域的抗战宣传。1935 年 10 月下旬，临时“文委”在内部刊物上发表了《中国左翼文化总同盟纲领草案》《中国左翼作家联盟纲领草案》《中国社会科学者联盟纲领草案》《中国新兴教育者联盟纲领草案》《中国左翼报人联盟纲领草案》。《中国左翼文化总同盟纲领草案》明确：“目前中日民族危机深化，阶级斗争尖锐化，广大的群众，从现实生活中要求参加革命的实践。左翼文化运动，必须综合广大群众的积极要求，不同政治的立场和派别，在争取中国民族独立自由与领土完整，在反帝抗日反蒋；在保卫新文化等等口号之下，结成广泛的统一战线，而以抗日反蒋为主要目标。”[1] 这表明上海党的文化界领导已经开始从无产阶级文化运动向民族革命战争的文化运动转变。

在北平，保存下来的一些地下党员已组成中共北平临时工作委员会，在学生中积极开展活动。《八一宣言》发表后，北平文化界掀起了抗日救国的热潮。1935 年 11 月 1 日，北平天津 10 所大中学校学生自治会发表《为抗日救国争自由宣言》。12 月 6 日，北平 15 所大中学校学生自治会发表《北平各校通电》，号召全国动员抵抗日寇侵略。12 月 9 日，在中共北平临时工作委员会领导下，数千名学生举行了声势浩大的抗日救国游行。这就是伟大的一二九运动。一二九运动在全国产生了巨大的影响。天津、保定、太原、杭州、上海、武汉、宜昌、成都、重庆、广州、南宁等大中城市先后爆发学生的抗日集会和示威游行。

12 月 12 日，上海文化界首先响应，上海文化界人士马相伯、沈钧儒、邹韬奋、陶行知、章乃器、李公朴、钱俊瑞等 300 余人联名发表了《上海文化界救国运动宣言》，坚决支持北平学生的爱国行动，表示“在这生死存亡间不容发的关头、负着指导社会使命的文化界再也不能苟安偷生，而应当立刻奋起，站在民众的前面而领导救国运动！华北教育界‘最后一课’的决心是值得赞佩的。华北青年热烈的爱国运动，尤其引起我们的十二万分同情……与其到了敌人把刀放在我们的项颈的时候，再下最大的决心，毋宁早日奋起，更有效地保存民族元气，争取民族解放。尽量的组织民众，一心一德的拿铁和血与敌人作殊死战，是中国民族的唯一出路”。[2] 提出“要求用全国的兵力、财力反抗敌人的侵略”，“要求人民结社、集会、言论、出版之自

1 孔海珠著，中共上海市委党史研究室、上海鲁迅纪念馆编：《“文总”与左翼文化运动》，上海人民出版社 2016 年版，第 211 页。

2《韬奋文集》增补本第 6 卷，上海人民出版社 2015 年版，第 572—573 页。

由”等 8 项要求。12 月 27 日，上海文化界救国会召开成立大会，发表第二次救国运动宣言，指出，“在当前严重的危机下，全国大众已超过了忍耐的限度，目下全国学生的爱国救亡的高潮，明显的是全国大众一致奋起救亡图存的先导。这一爱国运动正在开展中，钢铁般的民族阵线，将有全国大众自动建立起来，形成不可侮的巨力。可惜，我们的政府未见及此，爱国运动正在被军警摧残……所以，我们现在要先组织自己，用集团的力量，来负担我们时代的任务”。并明确提出了“开放民众组织，保护爱国运动，迅速建立起民族统一阵线”的主张。[1]

进入 1936 年，文化界抗日救国活动进入高潮。1 月 9 日，由沈钧儒、王造时、曹聚仁、潘大连等发起成立大学教授救国会；1 月 27 日，上海电影界救国会成立，发起人有欧阳予倩、蔡楚生、周剑云、孙瑞、孙师毅等。2 月，陶行知发起组织国难教育社，并发表《国难教育社宣言》。1 月 28 日，上海各界抗日救亡联合会成立。1936 年 1 月，北平的文艺界、教育界、新闻界人士也组成了北平文化界救国会，呼吁“全国文化界火速起来，促进全国民众的抗敌救亡运动”。[2]1936 年 5 月，全国各界救国联合会在上海建立，表明了文化界与全国各界人民一起，树立了统一抗战的决心。全国各界救国联合会呼吁建议停止内战，制定共同抗战纲领。

全国文化界的抗日救亡运动，为建立文化界广泛的抗战文化统一战线奠定了基础。为此，中共中央也采取了积极的措施，推进抗日民族文化统一战线的建立。其一，解散了团结革命作家、传播和宣传马克思主义文艺理论、创作无产阶级革命文学的重要组织“左联”。1936 年 8 月，张闻天在《给刘少奇同志的信》中提出：“狭小的左联、社联等组织应该取消。党应该吸收其中许多分子入党，而所有这些人都应该加入更广泛的学术团体或时事讨论

1《韬奋文集》增补本第 6 卷，上海人民出版社 2015 年版，第 574—575 页。
2《陶行知全集》第 3 卷，四川教育出版社 2009 年版，第 664 页。

会等中间去活动。”[1]实际上，“左联”在1936年2月接到中共驻共产国际代表团的指示信之后就已经解散了。由于当时党中央和上海地方党组织尚未恢复联系，所以情况不清楚。但这也反映了中共党内对建立抗日民族文化统一战线的一致意见。其二，派冯雪峰到上海工作，同上海各界救国运动的领袖沈钧儒等取得联系，向他们传达瓦窑堡会议精神和党中央的抗日民族统一战线政策。经过工作，6月在上海召开了全国各界救国联合会成立大会，选举宋庆龄、何香凝、马相伯等40余人为执行委员，沈钧儒、章乃器、李公朴、沙千里等14人为常务委员。不久，沈钧儒、章乃器、陶行知、邹韬奋联合发表《团结御侮的几个基本条件与最低要求》的声明，明确表示赞同中共关于建立民族统一战线的主张。其三，结束了两个口号的论争，促成了进步文艺界的团结。

1936年10月，鲁迅、郭沫若、茅盾等文艺界各方面代表人物共21人联合签名发表《文艺界同人为团结御侮与言论自由宣言》，“主张全国文学界同人应不分新旧派别，为抗日救国而联合……在文学上，我们不强求其相同，但在抗日救国上，我们应团结一致以求行动之更有力”。[2]这一宣言标志着新文学已发展到了一个新的时期，即由左翼文艺运动过渡到了为民族解放而斗争的文艺运动，代表了“文艺界终于在抗日救亡的旗帜下联合起来了”，[3]初步促成了文艺界抗日民族统一战线的形成。

在革命根据地，1936年11月，文化工作者和文艺爱好者在党和苏维埃政府领导下，为了扩大抗日民族统一战线，争取和团结全国各种倾向的文艺团体和文化工作者，发起成立“中国文艺协会”。毛泽东、张闻天、博古、林伯渠、凯丰等党和政府领导人出席成立大会并作了演讲。毛泽东在演讲中

1《张闻天文集》第2集，中共党史出版社1992年版，第130页。

2《文学》第7卷，1936年第4期。

3 茅盾:《“左联”的解散与“两个口号”论争》,《新文学史料》1983年第2期。

指出“要结成抗日民族统一战线，把日本帝国主义赶出去，争取中国民族的独立解放，首先我们就要停止内战”，就是“要从文的方面去说服那些不愿意停止内战者，从文的方面去宣传教育全国民众团结抗日”。[1]

全面抗战爆发以后，随着抗日民族统一战线的建立，抗日民族文化统一战线也开始确立。1937 年 11 月 24 日，陕甘宁边区成立了陕甘宁边区文化界救亡协会，艾思奇、赵伯平、柯仲平先后为主任。下辖社会科学研究会、国防教育研究会、战歌社、海燕社、音乐界救亡协会、文艺突击社、戏剧界抗战联合总会等文化团体，这标志着在中国共产党领导的边区，实现了文化统一战线。1938 年 3 月 15 日，《新中华报》明确提出了“确立全国文化界统一战线”的目标和任务，1938 年 3 月 27 日，在周恩来、郭沫若等人的领导下，中华全国文艺界抗敌协会在武汉成立，标志着抗日战争时期中国文化界结成了最广泛的统一战线。国民政府军事委员会第三厅成了共产党领导的文化界抗日统一战线组织。此后，毛泽东、周恩来、张闻天、陈毅等中共领导人多次就抗日民族文化统一战线进行了论述，指出要团结一切爱国的文化界人士，共同抗日。1938 年 4 月 28 日，毛泽东在鲁迅艺术学院讲话时指出：“在艺术界也需要统一战线……在统一战线原则之下，我们不用马克思主义来排斥别人。排斥别人，那是关门主义，不是统一战线。”“今天中国政治的第一个根本问题是抗日，因此党的文艺工作者首先应该在抗日这一点上和党外的一切文学家艺术家（从党的同情分子、小资产阶级的文艺家到一切赞成抗日的资产阶级地主阶级的文艺家）团结起来。”[2]1939 年 1 月，中共中央南方局正式成立。南方局成为中国共产党在国统区文化统一战线的领导机构。

1940 年 1 月，陕甘宁边区文化界救亡协会第一次代表大会召开。张闻

1《毛泽东文集》第 1 卷，人民出版社 1993 年版，第 461 页。

2《毛泽东选集》第 3 卷，人民出版社 1991 年版，第 867 页。

天在大会上作了《抗战以来中华民族的新文化运动与今后任务》的报告，对抗日民族文化统一战线和文化抗战作了重要论述。他指出："一切文化人，只要他们赞成抗日，均应在抗日的目标下团结起来。不论他们在文化上所做的工作同抗日有无直接的关系。我们欢迎任何文化人使用他的文化武器（如文学、艺术科学等）为抗战直接服务。在文化人中发展文化也应该服从于抗战、服从于政治的思想。但文化人之间，除以抗日不抗日作为团结的分界线外，还可以在关于文化的各种方面与各种问题上进行统一战线。这种统一战线，不但不会减弱抗日文化统一战线，而且会加强这个统一战线的内容与力量。抗日文化统一战线，同其他抗日统一战线一样，也有它的统一性，也有它的斗争性，而斗争的目的，则是为了求得更充实的与坚强的统一。"[1]他认为："抗战开始后中华民族的新文化运动的开展表现在：抗日文化统一战线的成功及各种文化团体的建立（如上海市文化界救亡协会、中华全国文艺界抗敌协会及各地分会、中华全国戏剧界抗敌协会陕甘宁边区文化界救亡协会、各种文化工作团、服务团等的蜂起）；各党、各派、各阶级、各阶层文化人与青年知识分子的共同努力与牺牲奋斗；文化的走向前线，走向乡村，及文化同大众的结合；文化中有许多建设与创造。"因此，"抗战的新文化运动，无疑的是尽了文化支持抗战的伟大任务"。[2]陈毅在《关于文化运动的意见》中也指出："我们为了完成抗战建国的革命任务，在抗日高于一切的大前提之下，极愿意与一切抗日文化人、文化团体或派别建立抗日的文化统一战线……只要是能打击日寇的力量，我们都主张联合。"[3]

张闻天还就抗日民族文化统一战线的形式和特点进行了概括，指出："文化统一战线是思想上的统一战线。因此，凡各文化人对于当前某个政治

1《张闻天文集》第 3 卷，中共党史出版社 2012 年版，第 38 页。

2《张闻天文集》第 3 卷，中共党史出版社 2012 年版，第 23 页。

3 陈毅:《关于文化运动的意见》,《江淮》1941 年第 5 期。

问题或某个文化问题有共同思想上的一致，即可联合起来，除采取适当方法发表他们的共同意见外，不必有其他行动上的要求与限制。在工作方式上、生活方式上不必强同，要避免规定许多规则条例去限制他们的文化活动”；“在一个广泛的共同目的下，可建立广泛的文化统一战线（如文化界救亡协会），但在同一部门内（如文学、艺术、自然科学、社会科学或哲学内），甚至一个问题上，更容易建立某一部门的统一战线（如文艺界救亡协会或哲学研究会等）”；“统一战线的组织，不应有很严密的集中的组织生活。应保证统一战线组织内的文化工作者有发表、辩论、创作与生活的充分民主与自由，并给他们以足够的单独工作的时间。”“统一战线内部的意见上的某种不一致、意气之争、门户之见，一般是不可避免的。应经过民主的方式来解决各种争论。应该提倡自由辩论与讨论的风气。争论一时不能解决也不要紧，不必过早做结论。对某个文化人的缺点的提出，也要经过适当的方式。”[1]特别是毛泽东关于新民主主义文化的系统论述，成为抗日民族文化统一战线思想的理论纲领。

文化抗战团体是中国共产党领导的抗日民族文化统一战线的组织形式。抗日民族文化统一战线建立后，中国共产党通过建立文化抗战团体，组成了文化界广泛的统一战线组织，领导全国的文化抗战。中国共产党领导或影响的文化抗战团体，数量众多，分布在抗日根据地、国统区乃至海外华人社会。1937 年 8 月 12 日，第十八集团军西北战地服务团（简称“西战团”）在延安成立，丁玲为主任，吴奚如为副主任。1937 年 11 月 14 日，陕甘宁边区文艺界救亡协会（简称“边区文协”）成立，艾思奇任主任（后由吴玉章接任）、柯仲平任副主任，它是陕甘宁边区抗日文艺运动的领导机构，也是一个广泛的群众性的文化组织。1938 年 1 月，陕甘宁边区音乐界救亡协

1《张闻天文集》第 3 卷，中共党史出版社 2012 年版，第 38—39 页。

会（简称“边区音协”）成立。1938年9月11日，陕甘宁边区文艺界抗战联合会（简称“边区文联”）成立。1939年2月7日，延安美术工作协会成立（后更名为陕甘宁边区美术工作者协会，简称“边区美协”）。1939年2月10日，中华戏剧界抗战协会边区分会成立，潘汉年任理事长，沙可夫任副理事长。1939年5月14日，中华全国文艺界抗敌协会延安分会（简称“边区文抗”）成立，周扬、萧三、沙可夫为常务理事。1940年年底，延安文化俱乐部成立，萧三任主任。文化俱乐部既是一个群众性的文化场所，也是一个组织和推动抗战文艺运动的团体。[1]在国统区，也成立了许多中共领导的或中共占主导地位的以及受中共影响的文化抗战团体。如在桂林一地，就有中华全国文艺界抗敌协会桂林分会、广西建设研究会、中华木刻界抗敌协会桂林分会、中华全国漫画家抗敌协会桂林分会、中华戏剧界抗敌协会西南分会、《救亡日报》社、国际新闻社和文化供应社等众多文化抗战团体。在重庆，中共党员创办的重庆救国会，下属有重庆学生界救国联合会（简称“学救会”）、重庆职业青年救国联合会（简称“职救会”）、重庆文化界救国联合会（简称“文救会”）、重庆妇女界救国联合会（简称“妇救会”）以及重庆怒吼剧社、重庆市救亡歌咏协会、中华全国戏剧界抗敌协会重庆分会、重庆文化界抗敌支会。此外，全国各地也建立了许多文化抗战团体。如成都，成立了成都市妇女华北抗敌后援会、四川青年救国会、成都市文化界救亡协会、成都市回教抗敌后援会等，还有成都工人抗敌宣传团、星芒抗敌宣传团、大声抗敌宣传团、成都群力抗敌宣传团、大众壁报抗敌宣传团、四川省妇女抗敌后援会、成都学生抗敌宣传团、成都大众抗敌宣传团、成都少年抗敌宣传团、成都市工商抗日后援会、四川民众华北抗敌后援会、成都市青年抗敌协会、四川旅外剧人抗敌演剧队、成都市记者抗敌后援会、成都天明

1 黄华文：《抗日战争史》，湖北人民出版社2007年版，第250页。

歌咏团、成都四川妇女出征军人家属救济会、成都星芒通讯社、战时教育协会、成都战时学生社、救亡抗敌宣传社，等等。[1]在西安，有西安文化界协会、西安编辑人协会、西北青年救国联合会、西北作家协会、陕西青年抗日决死队、西北民众抗战剧社、易俗社、西安新文艺促进会、薪时代歌咏团、西安市世界语学会、西安市中等学校教职员联合会、中华民族解放先锋队西安队、西北教育界抗日救国大同盟等等。在海外，华侨华人组织救亡团体。据统计，截至 1940 年，海外华侨组织大型救国团体 649 个；抗战时期全球共有 3900 多个各类华侨社团，其中 900 多个专门从事抗战工作。[2]中国共产党通过遍布全国的文化抗战团体的组织，领导戏剧、电影、文艺创作、教育、科学以及群众文化各领域开展了轰轰烈烈的文化抗战活动。

1 唐正芒：《中国西部抗战文化史》，中共党史出版社 2004 年版，第 95 页。
2［澳］彭小仕：《辛亥革命、抗日战争中的华侨》，《统一论坛》2018 年第 5 期。

第三章
中国共产党的文化抗战政策

在中国共产党抗战思想的指导下，在抗日民族文化统一战线的旗帜下，中国共产党领导的文化抗战在全国各地、各个领域迅猛展开。为推动文化抗战的深入发展，中国共产党制定了一系列文化政策，以指导文化抗战的开展。

一、中国共产党的抗战知识分子政策

文化领域的抗战有赖于广大知识分子的积极参与。中国共产党对于知识分子在中国革命中的作用，经历了一个探索的过程。在中国共产党的历史上，最早对知识分子的阶级属性和在革命中的地位作出系统论述的是陈独秀。他在 1923 年发表《中国国民革命与社会各阶级》一文，阐述了知识分子的阶级属性和在革命中的地位：

小资产阶级的知识阶级，他本没有经济的基础，其实不能构成一个独立的阶级，因此他对于任何阶级的政治观念，都摇动不坚固，在任何阶级的革命运动中，他都做过不少革命的功劳，也做过不少反革命的罪恶。小资产阶级的中国，知识阶级特别发达，所谓居四民（士农工商）之首的士，有特殊的历史地位，他介于贵族与平民（农工商）间，恒依附贵族而操纵政权，所以有布衣卿相之说，其仕宦久而门阀高者，自身且成为贵族。他们在历史上操纵政权尤其自垄断教权的优越地位，比欧洲中世僧侣阶级有过之无不及。即以近事而论，在坏的方面：议员政客们都属士的阶级，没有强大的资产阶级来吸收他们，只得附属军阀作恶；在好的方面：戊戌前后的变法自强运动，辛亥革命运动，“五四”以来国民运动，几乎都是士的阶级独占之舞台。因西方文化输入之故，旧的士的阶级固然日渐溃退，而新的士的阶级却已代之而兴；现在及将来的国民运动，商人工人农民固然渐变为革命之主要的动力，而知识阶级（即士的阶级）中之革命分子，在各阶级间连锁的作用，仍然有不可轻视的地位；而且在无产阶级实行革命和他们阶级的利益当真冲突以前，他们是羞于放弃革命态度的。最近全国学生大会，不但议决了许多国民革命的议案，并且议决了几件为工人阶级利益奋斗的议案，这便是个明显的例证。正因为知识阶级没有特殊的经济基础，遂没有坚固不摇的阶级性，所以他主观上浪漫的革命思想，往往一时有超越阶级的幻象，这正是知识阶级和纯粹资产阶级所不同的地方，也就是知识阶级有时比资产阶级易于倾向革命的缘故。就是一班非革命的分子，他们提出所谓“不合作”、“农村立国”、“东方文化”、“新村”、“无政府”、“基督教救国”、“教育救国”等回避革命的口号，固然是小资产阶级欲在自己脑中改造社会的幻想，然而他们对于现社会之不安不满足，也可以说是间接促成革命的一种动力。[1]

1925年，毛泽东发表《中国社会各阶级的分析》，也将知识分子纳入“小资产阶级”范畴，认为“小资产阶级，如自耕农，手工业主，小知识阶层——学生界、中小学教员、小员司、小事务员、小律师，小商人等都属于这一类”，他们“对于革命的态度，在平时各不相同；但到战时，即到革命潮流高涨、可以看得见胜利的曙光时，不但小资产阶级的左派参加革命，中派亦可参加革命，即右派分子受了无产阶级和小资产阶级左派的革命大潮所

1 中共中央文献研究室、中央档案馆编：《建党以来重要文献选编（一九二一—一九四九）》第1册，中央文献出版社2011年版，第361—362页。

裹挟，也只得附和着革命”。[1]因此，“一切半无产阶级、小资产阶级，是我们最接近的朋友”。[2]

对于知识分子在中国革命中的作用问题，中共在建党初期是缺乏明确的意见的，处在一种模糊的状态。李汉俊认为，“中国尚幼稚，不懂得马克思的理论。现在党首先要用马克思理论武装知识分子，当革命的知识分子掌握了马克思主义时，再大力组织和教育工人……提高他们的阶级觉悟，推动无产阶级革命。”[3]因此，他提出应该建立纯粹由知识分子组成的革命组织，主张把目前中共的工作重心放在知识分子中。刘仁静则认为，“知识分子都是资产阶级思想的代表，一般应拒绝其加入党组织。无产阶级必须与资产阶级划清界限”。[4]1922年，中共二大通过的《关于共产党的组织章程决议案》中说：“我们共产党，不是‘知识者所组织的马克思学会’，也不是‘少数共产主义者离开群众之空想的革命团体’。”[5]从以上党的早期领导人对知识分子的看法来说，基本上认为中国知识分子，不论其阶级属性如何，总体上又比资产阶级更疏离于帝国主义而更接近革命，其中的上层或不容易革命，学生和下层小知识分子则很倾向于革命。[6]但对其在革命中的作用没有达成一致。因此，“建党初期党对知识分子问题的认识和思考还较为肤浅，和中国革命实践的结合还很不深入，即使是正确的认识也很不稳定。”[7]

大革命失败后，中共在反思失败原因时，认为指导革命的党的机关被知识分子掌握是主要的原因：“党的指导机关里极大多数是知识分子及小资产

1《毛泽东选集》第1卷，人民出版社1991年版，第5页。

2《毛泽东选集》第1卷，人民出版社1991年版，第9页。

3 王桂兰：《党的知识分子方略演进》，红旗出版社2004年版，第28页。

4 王桂兰：《党的知识分子方略演进》，红旗出版社2004年版，第28页。

5《关于共产党的组织章程决议案》，《中共中央文件选集》第1册，中央党校出版社1989年版，第98页。

6 周思源：《中国共产党的知识分子政策的历史考察》，四川大学2005年博士学位论文。

7 周思源：《中国共产党的知识分子政策的历史考察》，四川大学2005年博士学位论文。

阶级的代表。经过共产国际执行委员会紧急会议的要求后，方才将几个工人加入指导机关。许多工会之中，指导者的党员也不是工人，而是学生、知识阶级……我们党和这种非无产阶级的、不革命的、透彻的机会主义，必须永远断绝关系，永不沾染。”[1]会议通过的《最近组织问题的重要任务议决案》则明确提出，中共组织路线的错误之一是“就是本党的领导干部并非工人，甚至于非贫农而是小资产阶级知识分子的代表……在这一过去时期之中站在民族解放运动的最主要的、最激进的革命的小资产阶级分子，渗入了我们的党。这种成分形成了中共的最初干部……他们不但没有能改造成彻底的无产阶级革命家，反而将自己在政治上不坚定、不彻底、不坚决的态度……带到了中共里来”。因此，“中国共产党最重要的组织任务是——将工农分子的新干部替换非无产阶级的智识分子之干部”。[2]自此，中共的知识分子政策开始出现“左”的倾向，从而导致中国革命的损失。土地革命时期，毛泽东等苏区领导人在革命实践中认识到知识分子的重要作用，对“左”的错误做出了一定程度的纠正。1933 年，毛泽东在《关于土地斗争中一些问题的决定》中指出：“知识分子在他们从事非剥削别人的工作，如当教员、当编辑员等，是一种使用脑力的劳动者。此种脑力劳动者，应受到苏维埃法律的保护。”“知识分子不应该看一种阶级成份，知识分子的阶级成份依其所属的阶级决定”。[3]中共中央也发出指示，指出“党不应该否认智识分子在党内的积极作用，特别是为党求理论上的进步，但知识分子入党，必须从斗争中选择，必定要有较长期的候补”。[4]

---

1 中共中央文献研究室、中央档案馆编：《建党以来重要文献选编（一九二一——一九四九）》第 4 册，中央文献出版社 2011 年版，第 420 页。

2《中共中央文件选集》第 3 册，中央党校出版社 1989 年版，第 469—470 页。

3《中华苏维埃共和国中央政府关于土地斗争中一些问题的决定》，《中共中央文件选集》，中央党校出版社 1989 年版，第 561 页。

4 中央档案馆编：《中共中央文件选集》第 5 册，中央党校出版社 1989 年版，第 221 页。

遵义会议以后，党纠正了“左”的错误，为探索正确的知识分子政策奠定了基础。抗日战争爆发以后，中国共产党为了广泛地发动人民进行反侵略的民族战争，制定了一系列符合实际的知识分子政策。1935 年 12 月 25 日，中共中央政治局召开瓦窑堡会议，通过了《中共中央目前政治形势与党的任务决议》，对知识分子作出了新的评价，认为“广大的小资产阶级群众，革命的知识分子，是民族革命中最可靠的同盟者”。[1] 在民族危机之际，“新的反日的民族革命高潮，不但推醒了中国工人阶级与农民中更落后的阶层，使他们积极参加革命斗争，而且广大的小资产阶级群众与智识分子，现在又转入了革命。”[2] 党的任务，“是在不但要团结一切可能的反日的基本力量，而且要团结一切可能的反日同盟者，是在使全国人民有力出力，有钱出钱，有枪出枪，有知识出知识，不使一个爱国的中国人不参加到反日的战线上去。”[3] 同时宣布：

苏维埃人民共和国宣告：一切同情于反日反卖国贼的知识分子，不问他们过去是否是国民党员，或在国民党政府中工作，都能享受苏维埃政府的优待，苏维埃给予他们以工作，救济他们的失业，给予他们以发展文化、教育、艺术、科学及技术天才的机会。一切受日本帝国主义和汉奸卖国贼国民党政府所驱逐、轻视与虐待的知识分子，文学家、艺术家、科学家、技术人员与新闻记者，苏维埃给予以托庇的权利（一切这些人都可到苏区来）。一切革命的知识分子，文学家、艺术家、科学家、技术人员与新闻记者（不问他们的出身是地主、富农或资本家），苏维埃给予选举权与被选举权。[4]

---

1 中共中央文献研究室、中央档案馆编：《建党以来重要文献选编（一九二一—一九四九）》第 12 册，中央文献出版社 2011 年版，第 536—537 页。

2 中共中央文献研究室、中央档案馆编：《建党以来重要文献选编（一九二一—一九四九）》第 12 册，中央文献出版社 2011 年版，第 533—534 页。

3 中共中央文献研究室、中央档案馆编：《建党以来重要文献选编（一九二一—一九四九）》第 12 册，中央文献出版社 2011 年版，第 536 页。

4 中共中央文献研究室、中央档案馆编：《建党以来重要文献选编（一九二一—一九四九）》第 12 册，中央文献出版社 2011 年版，第 541 页。

瓦窑堡会议决议标志着中国共产党抗日民族统一战线下的知识分子政策的转变。在抗日战争时期，毛泽东先后发表了《五四运动》《青年运动的方向》《大量吸收知识分子》《中国革命与中国共产党》等著作，对中国共产党的知识分子政策进行了总结和思考，以马克思主义的分析方法，全面分析了知识分子的特性，主要是其阶级性和革命性，形成了系统的关于知识分子的理论和政策，使中共的知识分子理论与政策达到了成熟阶段。

第一，明确了知识分子的阶级属性和在中国革命中的地位和作用。毛泽东指出：

知识分子和青年学生并不是一个阶级或阶层。但是从他们的家庭出身看，从他们的生活条件看，从他们的政治立场看，现代中国知识分子和青年学生的多数是可以归入小资产阶级范畴的。数十年来，中国已出现了一个很大的知识分子群和青年学生群。在这一群人中间，除去一部分接近帝国主义和大资产阶级并为其服务而反对民众的知识分子外，一般地是受帝国主义、封建主义和大资产阶级的压迫，遭受着失业和失学的威胁。因此，他们有很大的革命性。他们或多或少地有了资本主义的科学知识，富于政治感觉，他们在现阶段的中国革命中常常起着先锋的和桥梁的作用。辛亥革命前的留学生运动，一九一九年的五四运动，一九二五年的五卅运动，一九三五年的一二九运动，就是显明的例证。尤其是广大的比较贫苦的知识分子，能够和工农一道，参加和拥护革命。马克思列宁主义思想在中国的广大的传播和接受，首先也是在知识分子和青年学生中。革命力量的组织和革命事业的建设，离开革命的知识分子的参加，是不能成功的。[1]

毛泽东的论断结束了党内长期存在的知识分子的阶级属性问题，肯定了知识分子在革命中的先锋和桥梁作用，指出了中国革命没有知识分子的参加

1《毛泽东选集》第 2 卷，人民出版社 1991 年版，第 641 页。

是不可能成功的。这一论断为抗战时期的知识分子政策奠定了理论基础。

第二，大量吸收知识分子。随着抗日战争的进行，中国共产党越来越认识到知识分子的重要作用。时任中央组织部部长陈云说："谁抢到了知识分子，谁就抢到了天下"，"各方面都在抢知识分子，国民党在抢，我们也在抢，抢慢了就没有了。"[1]抗日民族统一战线建立以后，大量的青年学生、知识分子来到延安，投身革命。张闻天说："从1937年1月起，北平（北京）、天津、西安及全国各地有大批有组织的党员、团员、民先队员、青救会员和非党的革命知识青年成群结队，热情洋溢的奔赴延安，参加革命，参加延安。"[2]据当时统计：自1938年以来到延安的知识分子包括青年学生有4万多人。[3]1939年6月，"由于工作开展，老干部不足，吸收革命知识分子参加军队工作，成为目前干部政策上一个重要任务。由于中国历史的特点，使中国知识阶层的某些部分有参加革命以至变为共产主义者的可能。同样，正因为出身的关系，他们常常表现出思想上、行动上的弱点，因此要使他们成为一个健强的干部，必须经过长期的教育与锻炼。从这一观点出发，我们的原则：（一）大批的吸收纯洁的革命的知识分子参加下层工作；（二）经常考查留心他们思想的动向，及时引导他们向健康的道路上前进；（三）了解并发挥他们的特长；（四）用一切方法逐渐提高他们的组织观念、纪律性与坚定性，虚心的接受本军光荣传统。为了达到这目的，必须教育所有的老干部重视和清楚了解新的革命的知识分子，大胆吸收和耐烦带领他们，看做是自己的责任，反对歧视与偏见。另一方面必须号召新的革命知识分子虚心从实践中学习，向老干部、向工农干部学习，提出看不起工农分子就不是真正的革命者的口号，以确定他们无产阶级

1《陈云文选》第1卷，人民出版社1995年版，第181页。
2 程中原：《张闻天传》，当代中国出版社2000年版，第491页。
3 曹宏、周燕：《寻踪毛泽民》，中央文献出版社2007年版，第290页。

的人生观，以消灭新老之间的隔膜与有步骤有方法的率领和锻炼这批新的力量”。[1]

1939年12月，党中央对吸收知识分子问题专门下发了《大量吸收知识分子》的文件。毛泽东在文件中首先指出知识分子的重要作用：“在长期的和残酷的民族解放战争中，在建立新中国的伟大斗争中，共产党必须善于吸收知识分子，才能组织伟大的抗战力量，组织千百万农民群众，发展革命的文化运动和发展革命的统一战线。没有知识分子的参加，革命的胜利是不可能的。”[2]“全党同志必须认识，对于知识分子的正确的政策，是革命胜利的重要条件之一。我们党在土地革命时期，许多地方许多军队对于知识分子的不正确态度，今后决不应重复。”[3]要求“一切战区的党和一切党的军队，应该大量吸收知识分子加入我们的军队，加入我们的学校，加入政府工作。只要是愿意抗日的比较忠实的比较能吃苦耐劳的知识分子，都应该多方吸收，加以教育，使他们在战争中在工作中去磨练，使他们为军队、为政府、为群众服务，并按照具体情况将具备了入党条件的一部分知识分子吸收入党。对于不能入党或不愿入党的一部分知识分子，也应该同他们建立良好的共同工作关系，带领他们一道工作”。[4]即使是“对于广大的同情我们的党外知识分子，则应该同他们建立适当的联系，把他们组织到抗日和民主的伟大斗争中去，组织到文化运动中去，组织到统一战线的工作中去”。[5]“对于少数不愿入党，只赞成共产党民主纲领，不一定拥护共产主义的知识分子，要求不应过高，

---

1 中共中央文献研究室、中央档案馆编：《建党以来重要文献选编（一九二一—一九四九）》第16册，中央文献出版社2011年版，第403—404页。

2《毛泽东选集》第2卷，人民出版社1991年版，第618页。

3《毛泽东选集》第2卷，人民出版社1991年版，第620页。

4《毛泽东选集》第2卷，人民出版社1991年版，第619页。

5《毛泽东选集》第2卷，人民出版社1991年版，第619页。

不应当排斥他们，而应把他们看作我们在民主革命阶段的同盟者。”[1]1941年，129师发出指示，指出“本师各部对知识分子的认识及团结与培养是有了基本的转变，但是还未足够了解到，部队如不吸收与团结大批进步知识分子与半知识分子参加部队工作，想要部队很快进步及提高政治水平与军事技术是不可能的。然而至今尚有些部队（特别是老部队，尚存在农民狭隘观点的干部），对知识分子的团结培养不够，特别是大胆提拔更为不够，要求苛刻，并不了解殖民地半殖民地知识分子的作用，以后来源不易。这还是我们今日对知识分子工作的一个严重问题”。[2]因此提出“在各地特别是新地区应以各种方法（如军队教导队政府办学校、文化团体等）大量地吸收知识分子与半知识分子参加工作”。[3]

第三，大胆使用和培养知识分子。对于大量奔向抗日根据地的知识分子，一些地方、部门乃至一些领导干部不敢大胆使用，甚至也不敢发展入党。“许多我们办的学校，还不敢放手地大量地招收青年学生。许多地方党部，还不愿意吸收知识分子入党。”[4]“在用的方面，我们的缺点是：有些地方把很多的知识分子堆积在上层领导机关中当干事、科员，这样使新知识分子得不到更实际更下层的锻炼。而知识分子因为没有工作经验，对上层领导机关的工作帮助也不可能很大。有些地方只分配知识分子以宣传教育工作，而很少培训他们去当中下级指挥员及政指、政委。其他如分配的工作不适合其学力与兴趣，所用非所学，未利用其所长，不估计其今天的才能与将来的

1 中共中央文献研究室、中央档案馆编：《建党以来重要文献选编（一九二一——九匹九）》第19册，中央文献出版社2011年版，第459页。

2 中共中央文献研究室、中央档案馆编：《建党以来重要文献选编（一九二一——九四九）》第18册，中央文献出版社2011年版，第191页。

3 中共中央文献研究室、中央档案馆编：《建党以来重要文献选编（一九二一——九四九）》第18册，中央文献出版社2011年版，第192页。

4《毛泽东选集》第2卷，人民出版社1991年版，第619页。

发展等等现象，则在在〔比比〕皆是。”[1]对此，毛泽东指出：“这种现象的发生，是由于不懂得知识分子对于革命事业的重要性，不懂得殖民地半殖民地国家的知识分子和资本主义国家的知识分子的区别，不懂得为地主资产阶级服务的知识分子和为工农阶级服务的知识分子的区别，不懂得资产阶级政党正在拼命地同我们争夺知识分子，日本帝国主义也在利用各种方法收买和麻醉中国知识分子的严重性，尤其不懂得我们的党和军队已经造成了中坚骨干，有了掌握知识分子的能力这种有利的条件。”“对于一部分反对知识分子参加工作的干部，尤其是主力部队中的某些干部，则应该切实地说服他们，使他们懂得吸收知识分子参加工作的必要。”[2]1938 年年初，党中央在《中共关于大量发展党员的决议》中明确提出“大胆向着积极的工人，雇农，城市中与乡村中革命的青年学生，知识分子，坚决勇敢的下级官兵开门”。[3]中央军委总政治部专门发出文件，提出大胆提拔知识分子干部，并作出了具体规定：

已经考验（几年抗战工作已经是一种严重考验）有能力有前途的知识分子，应当分配以负责的工作，如连长、指导员、营长、教导员、团长、团政委、参谋长、政治主任等等。只分配他们当科员、干事和文化教员，而不敢分配以负责工作，那是不对的。

不要把知识分子堆积在上层机关中，应当派他们下去做更实际更接近群众的工作，以便锻炼、培养他们。上层机关中需要知识分子时，应当调集那些参加过下层工作有些实际经验的同志。

要决心从知识分子中培养出一批有知识有经验的军事指挥员和参谋

1 中共中央文献研究室、中央档案馆编：《建党以来重要文献选编（一九二一——一九四九）》第 19 册，中央文献出版社 2011 年版，第 457 页。

2《毛泽东选集》第 2 卷，人民出版社 1991 年版，第 619 页。

3 中共中央文献研究室、中央档案馆编：《建党以来重要文献选编（一九二一——一九四九）》第 11 册，中央文献出版社 2011 年版，第 186 页。

人员。这须要一方面我们领导机关注意，另一方面向知识分子说明军事之重要。

要根据知识分子各人的长处与爱好，分配和培养出军队中各种工作人员，如组织、宣传、锄奸、机要、经济等人员，把他们全部或大部都局限在宣传教育文化娱乐工作是不正当的。

在分配知识分子工作时，对知识分子本人，应当强调服从组织分配，个人服从组织。然而对领导机关尤其是分配干部的机关，则应当要求更精细的熟悉每个人的特点、长处与爱好，务求工作分配更合理，更妥当。粗枝大叶，对干部发展前途漠不关心的态度，都是有害的。[1]

在抗日战争时期，中共在大胆使用知识分子的同时，也注重对知识分子的培养。抗日战争时期，延安有马列学院、中央党校、抗日军政大学、陕北公学、中国女子大学、鲁迅艺术学院、泽东干部学校等等，这些学校是中共中央培养青年学生和知识分子的重要场所。许多来延安的知识分子都在这里经过一段时期的学习再分赴各地、各部门工作。

中共也非常重视军队中知识分子的培养。邓小平在129师通过陈树辉事件对所属部队发出重视知识分子干部的指示[2]，提出“有计划有组织地重新在知识分子中来一次了解考察，用各种方法使他们将自己过去历史、特殊技能说出来，以便按其历史及特殊技能分配以适当的工作，勿使其埋没或作代价不够的牺牲”，“对现任职的军事政治干部知识分子应很好地在工作中斗争中

1 中共中央文献研究室、中央档案馆编：《建党以来重要文献选编（一九二一—一九四九）》第19册，中央文献出版社2011年版，第458—459页。

2 陈树辉抗战后任河南滑县县长兼黄河支队队长，在滑县很有声望，但在抗大学习后被分配在八旅担任普通文化干事，不幸于战斗中牺牲。邓小平认为“陈树辉同志之牺牲是我们很大的损失，特别是在过去，这样好的在群众中有声望的同情者未被发现，尤其说明我们为培养知识分子而耐心了解考察非常不够，在工作过程中了解考察工作更差。陈树辉同志的工作经历，师及军区政治部的组织部门均未能及时发觉，而在八旅一个相当工作时间亦未能在审查中发觉。这表现出我们组织工作上的马虎与非常不细密，实际是埋没了有特长与特殊地位的知识分子人才，也是我们在知识分子工作上一个很大的缺点”。据此发出《关于大量吸收知识分子参加军政工作给所属各部的指示》。

培养，耐心教育，以发挥他们的积极性与长处，并应大胆地提拔，不应久在一级，压住他的能力及其积极性”，“连队文化干部，工作一定时期，号召政治测验和部队生活锻炼，应即按其思想能力（特别是特殊技术）提拔其参加政治工作或军事工作，不应长期停留在文化干事岗位上。发现不适宜当文化干事而应分配以其他工作者，即应调动其工作”。[1]

组织各种文化团体，是培养和锻炼从事文化工作的知识分子的办法，为此，中共中央宣传部指示，“各种不同类的文化人（如小说家、戏剧家、音乐家、哲学家等），可以组织各种不同类的文化团体，如文学研究会、戏剧协会、音乐协会、新哲学研究会等。这些团体亦可联合起来，成立文化界救亡协会之类的联合团体。但应该估计到这些团体同其他民众团体的不同性质，而定出它们的特殊任务。这些团体的任务，一般是：介绍、研究、出版、推广各种文化作品；吸收与培养各方面的文化人才；指导大众的各方面文化活动；联络文化人间的感情与保护他们切身的利益；组织文化人向各地报章杂志的写稿；介绍并递寄他们的作品或译著到全国”。[2] 同时，要求注重培养文化干部，“从有相当威信与地位的共产党员文化人或非党的文化干部中，培养一小部分在文化运动中能够担任组织工作的干部”。[3]

第四，尊重和优待知识分子。针对知识分子的特点，中共对知识分子十分尊重。对于到达抗日根据地的知识分子，各级党组织一般都会以举办文艺晚会或座谈会的形式欢迎他们的到来。在物质待遇上，关心知识分子的是中共调动他们从事革命事业和建设事业积极性的重要措施。由于中国共产党军

1 中共中央文献研究室、中央档案馆编：《建党以来重要文献选编（一九二一—一九四九）》第 18 册，中央文献出版社 2011 年版，第 191 页。

2 中共中央文献研究室、中央档案馆编：《建党以来重要文献选编（一九二一—一九四九）》第 17 册，中央文献出版社 2011 年版，第 583 页。

3 中共中央文献研究室、中央档案馆编：《建党以来重要文献选编（一九二一—一九四九）》第 17 册，中央文献出版社 2011 年版，第 584 页。

队和工作人员是以农民为主体组成的，文化水平普遍不高，掌握现代科学技术的人才更为缺乏。因此，中共特别对专业技术人员予以优待，发出了《中央军委关于军队中吸收对待专门家政策的指示》，指出“一个军队没有大量的专门家（军事家、工程师、技师、医生等等）参加，是不可能成为一个有力量的组织的”，因此必须大力吸收专门人才并予以优待，“对于上述各种人才一律以他们的专门学识为标准，给以充分的负责工作，如工厂厂长、医院院长等等，而不是以他们的政治认识为标准。对他们应有充分的信任。一般的说，专门家愈有学识和能力，则其为国民党特务利用的可能性愈小。随便怀疑这些专门家是错误的”，“对于上述各项人才，一律依照中央指示，物质上给以特别优待。物质优待的标准依照其能力学识的程度规定之，要使他们及其家属能无生活顾虑，专心工作。对于特殊的人才，不惜重价延聘。要尽可能购置他们所需要的科学设备，在战时要尽力保证他们的安全。对他们的工作条件，漠不关心与狭隘克扣的态度是不应当的”，“对非党的专门人才，只要求他们服从我军纪律与各种规章条例，不强迫他们作政治学习，不强迫过政治生活，不强迫他们上政治课，参加政治集会及测验等。对于政治学习和政治生活，他们可以自由参加或不参加。履历表只填他的学历及工作历史，不填政治历史（包括社会出身经济地位等），对于他们一些生活习惯不应干涉”。[1] 中共中央和陕甘宁边区政府还先后制定了《文化技术干部待遇条例》《技术人员待遇标准》《陕甘宁边区 1943 年技术干部优待办法》等条例、办法，按医务、工程、通讯、文艺等不同类别给予专门人才以各种待遇，如住房（窑洞）、津贴、伙食、衣服等方面予以照顾。如“甲类”人才待遇如下：

1. 津贴：每月十五元至三十元。

---

1 中共中央文献研究室、中央档案馆编：《建党以来重要文献选编（一九二一——一九四九）》第 18 册，中央文献出版社 2011 年版，第 223—224 页。

2. 伙食：以吃小厨房为原则。

3. 窑洞：一人独住，保证内部阳光空气之足够。

4. 衣服：每年特制棉单衣各一套。

5. 书报：由各机关提出名单交统战部审查通知出版发行部发给之。

6. 勤务员及马匹由各机关斟酌情形自行处理，但须尽量便利于工作为原则。

7. 在边区内从事文化技术工作干部之妻儿，应尽可能以参加工作及进学校学习为原则，如因故不能参加工作或学习，其生活待遇应与其本人同。

8. 除党的秘密会议外，其余一切社会活动、文艺晚会、座谈会有参加之。[1]

对于从事文学艺术等文化工作的“文化人”，中共中央宣传部和中共中央文化工作委员会还特别发出指示，针对“文化人”的特点，予以特别的照顾，规定：

应该重视文化人，纠正党内一部分同志轻视、厌恶、猜疑文化人的落后心理。须知一个在社会上有相当地位、相当声望、能有一艺之长的文化人，其作品在对内对外上常常有很大的影响。

应该用一切方法在精神上、物质上保障文化人写作的必要条件，使他们的才力能够充分的使用，使他们写作的积极性能够最大的发挥。须知爱好写作、要求写作，是文化人的特点。他们的作品，就是他们对于革命事业的最大贡献。

党的领导机关，除一般的给予他们写作上的任务与方向外，力求避免对于他们写作上人工的限制与干涉。我们应该在实际上保证他们写作的充分自由。给文艺作家规定具体题目、规定政治内容、限时限刻交卷的办法，是完全要不得的。

1　中国财政科学研究院主编、陕甘宁边区财政经济史编写组、陕西省档案馆编：《抗日战争时期陕甘宁边区财政经济史料摘编》第6编《财政》，长江文艺出版社2016年版，第457页。

对于文化人的作品，应采取严正的、批判的、但又是宽大的立场，力戒以政治口号与偏狭的公式去非难作者，尤其不应出以讥笑怒骂的态度。我们一方面应正确的评价他们的作品，使他们的努力向着正确的方向，同时鼓舞他们努力写作的积极性，不使他们因一时的失败，而灰心失望。

估计到文化人生活习惯上的各种特点，特别对于新来的及非党的文化人，应更多的采取同情、诱导、帮助的方式去影响他们进步，使他们接近大众、接近现实、接近共产党、尊重革命秩序、服从革命纪律。共产党人应有足够的气量使自己能够同具有不完全同我们一样生活习惯的文化人，共同生活，共同工作。对于文化人生活习惯上的过高的苛刻的要求是不适当的。

文化人的最大要求，及对于文化人的最大鼓励，是他们的作品的发表。因此，我们应采取一切方法，如出版刊物、剧曲公演、公开讲演、展览会等，来发表他们的作品。同时发表他们的作品也即是推广文化运动的最主要的方式。

在文化人比较集中的地区，应设立文化俱乐部一类的地方，以供给文化人集会与娱乐之用。此外，为了使作家们有创作的适当场所，可特设“创作之家”一类的住所，使他们能够沉静下来，从事他们的创作生活。

为了解决知识分子的临时困难和特殊要求，还设立了“文化技术干部（非党的）临时特别补助费”，对“文化技术干部（非党的）常有临时急需之困难，如家中接济、卧病、妻子生产等”，“酌量实情予以必要之补助”，并规定“此种特别补助一方面由文化技术干部自身之要求，另一方面要各机关学校负责同志注意适时地、主动地给以补助”，[1]体现了对知识分子的主动关心和照顾。

第五，教育和改造知识分子。在吸收、使用、提拔、培养知识分子的

---

1 中国财政科学研究院主编、陕甘宁边区财政经济史编写组、陕西省档案馆编：《抗日战争时期陕甘宁边区财政经济史料摘编》第 6 编《财政》，长江文艺出版社 2016 年版，第 458 页。

同时，中共也注重对知识分子的教育和改造。中共认为，“知识分子在其未和群众的革命斗争打成一片，在其未下决心为群众利益服务并与群众相结合的时候，往往带有主观主义和个人主义的倾向，他们的思想往往是空虚的，他们的行动往往是动摇的。因此，中国的广大的革命知识分子虽然有先锋的和桥梁的作用，但不是所有这些知识分子都能革命到底的。其中一部分，到了革命的紧急关头，就会脱离革命队伍，采取消极态度；其中少数人，就会变成革命的敌人。知识分子的这种缺点，只有在长期的群众斗争中才能克服。”[1]因此，中共非常重视对知识分子的教育和改造，改造的主要方式是与工农群众相结合，毛泽东把知识分子与工农群众相结合提高到革命与否的高度，“革命的和不革命的知识分子的最后分界，看其是否愿意并且实行和工农民众相结合……真正的革命者必定是愿意并且实行和工农民众相结合的。”[2]“看一个青年是不是革命的，拿什么做标准呢？拿什么去辨别他呢？只有一个标准，这就是看他愿意不愿意、并且实行不实行和广大的工农群众结合在一块。愿意并且实行和工农结合的，是革命的，否则就是不革命的，或者是反革命的”。[3]“中国广大的革命知识分子应该觉悟到自己和农民结合起来的重要性……帮助农民觉悟起来，组织起来，为着完成中国民主革命中一项极其重要的工作，即农村民主革命而奋斗。”[4]因此，知识分子“必须在思想上实行革命，清除小资产阶级的思想意识，确立革命的无产阶级的人生观。必须重视工农，决心为工农服务，与工农打成一片。知识分子能否革命到底，取决于能否与工农劳动大众站在一起”。知识分子必须“重视实际工作与实际经验，决心抛弃满足于书本生活、不肯深入实际工作、轻视经验的

1《毛泽东选集》第 2 卷，人民出版社 1991 年版，第 641—642 页。
2《毛泽东选集》第 2 卷，人民出版社 1991 年版，第 560 页。
3《毛泽东选集》第 3 卷，人民出版社 1991 年版，第 1059 页。
4《毛泽东选集》第 2 卷，人民出版社 1991 年版，第 560 页。

毛病”，必须“重视组织并培养自己的集体生活的习惯，扫除小资产阶级原有的无组织、无政府、自由主义和个人主义”。[1]

二、中国共产党的抗战新闻政策

舆论宣传工作是马克思主义意识形态建设的重要组成部分，中国共产党历来十分重视，把它当作战胜敌人的有力武器之一。“革命文化，对于人民大众，是革命的有力武器。革命文化，在革命前，是革命的思想准备；在革命中，是革命总战线中的一条必要和重要的战线。”[2]因此，中国共产党自诞生以来，就十分重视舆论宣传工作，新闻工作即是其最重要的方面。

在抗日战争中，舆论宣传同样是战胜日寇的有力武器。毛泽东曾经以《解放日报》为例说明报刊对抗战的重要性，他指出，“没有《解放日报》，在这样一个人口稀少、地域辽阔，在全中国算是经济文化很落后的地区工作，是很困难的。有个《解放日报》，就可以组织起整个边区的政治、文化生活”。“应该把报纸拿在自己手里，作为组织一切工作的一个武器，反映政治、军事、经济并且又指导政治、军事、经济的一个武器，组织群众和教育群众的一个武器。要以很大的精力来注意这个工作，使它一年比一年进步”。[3]正因为如此，抗战时期，在中国共产党的领导下，延安和各抗日根据地的新闻报刊事业获得了较大发展。在延安，中共创办了《共产党人》《解放日报》《中国工人》《中国青年》《八路军军政杂志》等一系列报纸杂志，促进了新闻报刊事业的发展和繁荣，为党的新闻发展进行了宝贵的实践，

1 中共中央文献研究室、中央档案馆编：《建党以来重要文献选编（一九二一—一九四九）》第19册，中央文献出版社2011年版，第458页。

2《毛泽东选集》第2卷，人民出版社1991年版，第708页。

3 中共中央文献研究室、中央档案馆编：《建党以来重要文献选编（一九二一—一九四九）》第21册，中央文献出版社2011年版，第113页。

积累了丰富的经验，并在抗战时期的新闻实践中确立了中国共产党的新闻政策。

（一）指导抗战的新闻工作功能定位

报纸、刊物、书籍、广播是重要的舆论工具，是中国共产党意识形态建设的重要环节，也是服务于党的中心工作的有力武器。土地革命时期，中国共产党就非常重视新闻舆论工作，把党报党刊作为指导党的工作、教育人民群众的重要工具。1931 年 11 月，中共苏区第一次代表大会通过的《中央苏区党的第一次代表大会关于党的建设问题决议案》就要求“建立健全的党报”，指出：“反对忽视党报作用的倾向：党报是领导全党的斗争，组织广大群众在党的政治主张周围的一种最重要的武器。要消灭过去党一贯地忽视党报的作用，在全党树立对党报的正确观念。建立完善的党报，应看成是党的建立工作重要的一部分。”“党报内容要最大限度的具体指示性：各苏区的各级党部，应当集中力量组织一个党报。党报的论文对于下级党部应带指示文件的性质。所有内容应有最大限度的具体性。指示地方党部如何执行国际和中央的路线以及每一个斗争的策略与方法。应当发表许多斗争的经验教训和新的工作方法。经常提出党建设工作的多种问题，帮助路线彻底转变的执行。但是党报的文字须力求简单通俗，尽量求得能适合党员的需要。”[1]

抗日战争时期，中国共产党坚持新闻特别是党的报刊指导党的抗战工作的功能定位。为此，中共中央宣传部发出《关于各抗日根据地报纸杂志的指示》，要求中央局、中央分局和地域上有独立性的区（如晋察冀、晋西北等）党委系统地举办党报、党刊、内刊、文化文艺刊物、通俗报纸等系列报刊，要求所办的党报“它的任务在于及时的报导时局的动向，具体的解释党、

---

1 中共中央文献研究室、中央档案馆编：《建党以来重要文献选编（一九二一——九四九）》第 8 册，中央文献出版社 2011 年版，第 636 页。

政、军、民的各方面的政策，具体的反映当地的各种情况与实际工作，尤其是每个时期的中心工作，并指导之”；所办的党刊“它的任务是：论述国内外重大的时事政治问题，系统的深入的解释党、政、军、民的各种政策，反映当地各种情况，总结工作经验，宣传马列主义，用马列主义解释中国历史与现状，并指导干部的学习”；所办的党内刊物，“它的任务是在不妨碍党的秘密工作的原则下着重于党的建设、党的教育、党的政策之党内的传达和解释及各种实际工作之党内的检讨等”；所办的综合的文化文艺性质的杂志，“作为各种学术研究与文艺活动的理论的和实践的指导刊物，及文艺作家发表作品的园地”；所办的作为社会教育工具的通俗报纸（如晋西北的《大众报》及陕甘宁的《群众报》），“它担负着政治的、社会的、科学的和大众文化的有计划的启蒙任务”。[1] 毛泽东起草《中央关于出版〈解放日报〉等问题的通知》，其中也指出：“一切党的政策，将经过《解放日报》与新华社向全国宣达。《解放日报》的社论，将由中央同志及重要干部执笔……重要文章除报纸、刊物上转载外，应作为党内、学校内、机关部队内的讨论与教育材料，并推广收报机，使各地都能接收，以广宣传。”[2]

为了充分发挥报刊对地方党的工作的指导作用，中共中央发出指示，要求：“从中央局起一直到省委区党委，以至比较带有独立性的地委中心县委止，均应出版地方报纸。党委与宣传部均应以编辑、出版、发行地方报纸成为自己的中心任务。各中央局、中央分局、区党委、省委，应用各种方法建立自己的印刷所（区党委与省委力求设立铅字机）以出版地方报纸，翻印中央党报及书籍小册子。在不能设立铅印时，即石印油印亦极重要。”[3] 毛泽东对地方报刊指导地方工作的意义也十分重视，1944 年，他在给《抗战日报》

1 中央档案馆编：《中共中央文件选集》第 13 册，中共中央党校出版社 1991 年版，第 148—149 页。

2 中共中央文献研究室、新华通讯社编：《毛泽东新闻工作文选》，新华出版社 1983 年版，第 54 页。

3 中共中央文献研究室、中央档案馆编：《建党以来重要文献选编（一九二一——一九四九）》第 16 册，中央文献出版社 2011 年版，第 305 页。

的指示中说："本地消息，至少占两版多至三版。排新闻的时候，应以本地为主，国内次之，国际又次之。对于外地与国际消息，应加以改造。对新华社的文章不能全登，有些应摘要，有些应印成小册子。不是给新华社办报，而是给晋绥边区人民办报，应根据当地人民的需要（联系群众，为群众服务），否则便是脱离群众，失掉地方性的指导意义。"[1]

服务抗战的新闻工作定位，使中国共产党的抗日主张和方针政策迅速及时地传达到各级党的组织，传播到抗日爱国的广大人民群众中间。中共中央也要求各级党组织把党报作为指导工作的方法。1938 年 4 月，中共中央作出《关于党报问题给地方党的指示》，指出在新的条件之下，"党已建立了全国性的党报和杂志，因此必须纠正过去的那种观念，使每个同志应当重视党报，读党报，讨论党报上的重要文章。党报正是反映党的一切政策，今后地方党部必须根据党报杂志党内重要负责同志的论文，当作是党的政策和党的工作方针来研究"。[2]《共产党人》《党的生活》《解放日报》《新华日报》经常刊登党的决定、指示，以指导各级组织的工作。延安整风运动中，关于整风的文件，也大多是通过党报党刊传达到广大党员的。

党报党刊也是宣传、鼓动、动员和教育人民的有力工具。1941 年 6 月 20 日，张闻天为中共中央宣传部起草的文件《党的宣传鼓动工作提纲》中也指出："我们党的宣传鼓动工作的任务，是在宣传党的马列主义的理论，党的纲领与主张，党的战略与策略，在思想意识上动员全民族与全国人民为革命在一定阶段内的彻底胜利而奋斗。"[3] 通过报刊、广播，中国共产党把自己的抗战主张、方针政策向广大人民群众宣传解释，获得理解和支持，成为中国共产党的拥护者和坚定的抗日力量。

---

1 中共中央文献研究室、新华通讯社编：《毛泽东新闻工作文选》，新华出版社 1983 年版，第 120 页。

2 中国社会科学院新闻研究所编：《中国共产党新闻工作文件汇编》上，新华出版社 1980 年版，第 86 页。

3《张闻天选集》，人民出版社 1985 年版，第 299 页。

（二）服务抗战的新闻工作方针

新闻工作的根本任务是为人民服务，这是无产阶级新闻事业的宗旨，因此，中国共产党的新闻工作方针是服务于人民。早在土地革命时期，中共中央就制定了《宣传工作决议案》，明确提出："宣传教育是实现党的任务的经常的基本工作，党要实现自己的一切任务，最重要的条件是要获得广大的工农大众，在党的口号之下，形成伟大的争斗的力量。"[1]在抗日战争时期，这一任务便是为抗战服务，为坚持抗战的人民服务。将抗战的信息特别是中国共产党抗日的主张、方针政策，党领导的人民军队和抗日根据地军民反抗日本侵略的动态、消息、事迹及时、准确地传播到人民群众中去，鼓舞人民群众的抗日斗志，坚定人民抗日的信心。因此，中共中央高度重视新闻宣传工作，通过创办报刊、通讯社、广播电台等新闻媒体，宣传抗日政治主张，发动组织群众，指导抗战的各项工作，推动抗战斗争的发展。1936年12月，中共中央就发出指示，提出当前"宣传工作应集中于抗日救国，停止内战一致抗日"。[2]实现了宣传工作从土地革命战争到民族解放战争的转变。1938年10月在中共六届六中全会上，毛泽东指出："必须动员报纸、刊物……及其他一切可能力量，向前线官兵、后方守备部队、沦陷区人民，全国民众，作广大之宣传鼓动……用以达到全国一致继续抗战之目的。"[3]新闻工作特别是党报党刊应当是沟通党和人民的桥梁。"我们的政策，不光要使领导者知道，干部知道，还要使广大的群众知道。""有关政策的问题，一般地都应当在党的报纸上或者刊物上进行宣传"，"报纸的作用和力量，就在它能使

1 中国共产党中央宣传部办公厅、中央档案馆编研部：《中国共产党宣传工作文献选编：1915—1937》，学习出版社1996年版，第878页。

2 中央档案馆编：《中共中央文件选集》第11册，中共中央党校出版社1991年版，第138页。

3 中国共产党中央宣传部办公厅、中央档案馆编研部：《中国共产党宣传工作文献选编：1915—1937》，学习出版社1996年版，第25—26页。

党的纲领路线，方针政策，工作任务和工作方法，最迅速最广泛地同群众见面”。[1]

在新闻工作实践中，中共主办的各种报刊是以此为宗旨的。《新华日报》发刊词开宗明义申明其抗战的宗旨：

本报愿在争取民族生存独立的伟大斗争中作一个鼓励前进的号角。为完成这个神圣的使命，本报愿为前方将士在浴血的苦斗中，一切可歌可泣的伟大的史迹之忠实报道者记录者，本报愿为一切受残暴的寇贼蹂躏的同胞之痛苦的呼吁者描述者，本报愿为后方民众支持抗战参加抗战之鼓动者倡导者。在“抗日高于一切，一切服从抗日”的原则下，本报将尽其绵薄提倡与赞助一切有利于抗战之办法、设施、方针，力求其迅速确实的实现而对于一切阻碍抗日事业之缺陷及弱点，本报亦将勇敢地尽其报急的警钟的功用。本报愿与全国一切志在救国的抗日的战士与同道，互相勉励，手携手地共同为驱逐日寇争取抗战最后胜利而奋斗。[2]

《解放日报》在其发刊词中也指出：“本报之使命为何团结全国人民战胜日本帝国主义一语足以尽之。”[3]《大众日报》发刊词提出：“为大众服务，成为他们精神上的必要因素之一，成为他们自己的喉舌，更为他们的热烈支持的最公正的舆论机关……将尽量登载各方面有益于抗战的言论。”[4]中共冀鲁豫党委要求《冀鲁豫日报》工作人员，“使报纸成为群众喜闻乐见，广大人民群众关心爱护的报纸”。[5]

毛泽东在谈到《解放日报》发行工作时提出，要把群众能否读报作为

1 中共中央文献研究室、新华通讯社编：《毛泽东新闻工作文选》，新华出版社 1983 年版，第 149 页。

2《发刊词》，《新华日报》1938 年 1 月 17 日。

3 中共中央文献研究室、新华通讯社编：《毛泽东新闻工作文选》，新华出版社 1983 年版，第 55 页。

4 中共山东省委党史研究室编：《山东党的革命历史文献选编（1920—1949）》第 3 卷，山东人民出版社 2015 年版，第 25 页。

5 涂文学、邓正兵主编：《抗战时期的中国文化》，人民出版社 2006 年版，第 288 页。

发行工作的目标："我们大体上有这样一个计划，就是说陕北三十五万户，一百四十万人，十年之内消灭全部文盲……十年又可以分作两个五年计划，一个五年计划识两千字左右，如果能够识两千字，就接近消灭文盲……在十年之内，我们要使老百姓人人都可以看群众报，有三分之一的人能看解放报。一百四十万人的三分之一能够看解放报，解放报就要印得很多。"[1]毛泽东还提出要组织读报组，充分发挥党报党刊在动员、教育人民方面的作用。"在教育工作方面，不但要有集中的正规的小学、中学，而且要有分散的不正规的村学、读报组和识字组。"[2]抗日战争中期在各个村庄组织了读报小组。据1944年的统计，"全边区有一万多群众加入读报组，各分区许多村镇都已办起为群众所欢迎的黑板报，工农通讯员已发展到一千人以上"。[3]事实上，读报组也起到了发挥党报党刊功能的作用，在陕甘宁边区，"凡是有好的读报组和黑板报的地方，那里对政府政策法令和上级号召就容易贯彻，生产卫生教育各项工作就容易开展，而且可以少开多少会；凡是有好的通讯组织的地方，那里工作的情况和经验就容易了解，而且干部在政治和文化上就能得到迅速的进步"。[4]这也充分体现了党的新闻工作服务人民、服务抗战的工作方针。

（三）党性与真实性统一的新闻工作原则

新闻媒体是现代政党的喉舌，党性原则是代表和体现政党利益的基本原则。新闻宣传的党性，是一定政党将其阶级利益、统治意志和意识形态，通过新闻手段进行的集中表达和政治体现。党性原则是无产阶级政党领导新闻

---

1 中共中央文献研究室、新华通讯社编：《毛泽东新闻工作文选》，新华出版社1983年版，第116—117页。

2《毛泽东选集》第2卷，人民出版社1991年版，第1011页。

3 陕西省档案馆编：《陕甘宁边区政府文件选编》第8辑，中央档案出版社1988年版，第425页。

4 陕西省档案馆编：《陕甘宁边区政府文件选编》第8辑，中央档案出版社1988年版，第425页。

事业始终坚持的最重要的原则。它既是新闻宣传的根本要求，也是新闻宣传的本质属性。[1] 在新闻工作实践中，中国共产党强调和坚持新闻的党性原则。在抗日战争时期，中共中央多次强调新闻媒体的党性原则，指出："报纸是党的宣传鼓动工作最有力的工具，每天与数十万的群众联系并影响他们，因此，把报纸办好，是党的一个中心工作"，并对如何体现党报的党性作出规定：

"报纸的主要任务就是要宣传党的政策，贯彻党的政策，反映党的工作，反映群众生活，要这样做，才是名副其实的党报，如果报纸只是或者以极大篇幅为国内外通讯社登载消息，那么这样的报纸是党性不强，不过为别人的通讯社充当义务的宣传员而已，这样的报纸是不能完成党的任务的。如果各地党报犯有这样毛病，就须立即加以改正"。

"要把党的政策，党的工作，抗日战争，当地群众运动和生活，经常在党报上反映，并须登在显著的重要的地位，要有与党的生活与群众生活密切相联系的通讯员或特约撰稿员，要规定党政军民各方面的负责人经常为党报撰稿"。

"党报要成为战斗性的党报，就要有适当的正确的自我批评，表扬工作中的优点，批评工作中的错误，经过报纸来指导各方面的工作。在党报上可以允许各种不同的观点的论争，可以容许一切非党人士站在善意的立场上对我们各方面工作的批评或建议的言论发表。另一方面，要有对于敌人的思想的批判"。[2]

党性原则还体现在新闻媒体必须置于党的领导之下。首先，新闻媒体统一由党委部门管理，1937 年 1 月，中共成立了中央党报委员会，统管新

1 张志伟：《抗战时期国共两党文化政策研究》，东北师范大学 2012 年博士学位论文。

2 中共中央文献研究室、中央档案馆编：《建党以来重要文献选编（一九二一——一九四九）》第 19 册，中央文献出版社 2011 年版，第 162—163 页。

华社、《新中华报》和中央印刷厂。各地设立党报委员会，统管当地党报工作。1941 年，中央宣传部发出《关于各抗日根据地报纸杂志的指示》，规定："报纸杂志的领导，应统一于党的宣传部。传部应经常的检查和讨论该项工作。下级的报纸杂志应送上级宣传部审查。党的委员会及主要负责人应定期的直接检查宣传部此项工作并加强其领导。"[1]党报从此由党的宣传机构管理。其次，新闻媒体必须在党的指示下开展工作。1941 年 5 月至 7 月，中共中央下发了《关于统一各根据地内对外宣传的指示》《关于党的宣传鼓动工作提纲》和《关于各抗日根据地报纸杂志的指示》3 个重要文件，强调新闻宣传的纪律问题，规定"一切对外宣传均应服从党的政策与中央决定"，"全党的宣传鼓动工作必须统一在中央总的宣传政策领导之下……只有在中央统一的宣传政策之下，才能在现代的宣传战中，战胜我们的敌人"，一切报纸杂志必须"掌握党中央的政策与党的原则，为它们的贯彻而进行各方面的斗争，防止任何违反政策与原则的言论"。

党性原则的另一个体现就是强调宣传的纪律性。为了坚持和把握正确的舆论导向，中共中央或中央宣传部经常就一些重大的事件拟定宣传要点，发布宣传口径，提出工作要求。如《中央宣传部宣传要点——苏德战争第六周战局及中国国内形势》（1941 年 8 月 2 日）、《中央宣传部宣传要点——欧战局势、日本政策估计、加强调查研究工作》（1941 年 7 月 16 日）、《中央宣传部宣传要点——苏德战争形势和反对亲日派反苏反共阴谋》（1941 年 7 月 26 日）、《中央、军委关于向日本军民进行反战宣传的指示》（1941 年 11 月 15 日）、《中央军委总政治部关于太平洋战争爆发后对敌伪及敌占区人民的宣传与工作的指示》（1941 年 12 月 17 日）等等。

对外宣传也必须遵守宣传纪律。1941 年，中共中央发出《关于统一各

1 中央档案馆编：《中共中央文件选集》第 13 册，中共中央党校出版社 1991 年版，第 151 页。

根据地内对外宣传的指示》、中共中央宣传部发出《关于电台广播工作的指示》，强调了对外宣传的规定："一切对外宣传均应服从党的政策与中央决定，各中央局、中央分局、省委、区党委负责同志的公开发言，尤应严格遵守此原则。各军事领袖不得军委许可不准公开发表有关全国性的意见。凡牵涉到全国性意义的重要政治事变，任何中央局、中央分局、省委、区党委负责同志及任何军事首长，在中央未指示前，不得公开发言，以保障全党意见与步调的一致"。"一切对外宣传工作的领导，应统一于宣传部"。"广播台及起广播台作用的战报台，应划归通讯社，并设立广播委员会专门负责广播材料的审查编辑，并由宣传部指定一政治上坚强的同志领导之，并经常检查其工作"。"电台广播内容与广播办法等，应受延安新华社之直接领导"。[1]

新闻的党性原则并不排斥新闻真实性的原则。中共中央历来强调新闻的真实性，中宣部部长陆定一在 1943 年发表文章，阐释了新闻的真实性原则，认为"在新闻事业方面，我们的观点也是老老实实的观点。这种观点，在我们党开始从事自己的新闻事业时，就有了的"，"唯物论者认为，新闻的本源乃是物质的东西，乃是事实，就是人类在与自然斗争中和在社会斗争中所发生的事实。因此，新闻的定义，就是新近发生的事实的报道。新闻的本源是事实，新闻是事实的报道，事实是第一性的，新闻是第二性的，事实在先，新闻（报道）在后。这是唯物论者的观点。因此，唯物主义的新闻工作者，必须尊重事实，无论在采访中，在编辑中，都要力求尊重客观的事实"。[2]在新闻工作实践中，中央也要求以老老实实的态度来对待新闻事业。抗战时期，新华社就给各分社发出指示，强调坚持新闻工作的真实性原则，认为新闻的真实性关系党的政治声誉："新闻的真实性关系党的宣传工作的

---

1 北京广播学院新闻系编印：《中国广播史料选辑》第 1 辑，北京广播学院新闻系 1975 年版，第 1—2 页。

2 中国人民大学新闻理论教研室编：《新闻理论简明教程参考资料》，中央广播电视大学出版社 1986 年版，第 103 页。

信用，应引起最大的注意，在新闻宣传上，我们同样应有实事求是态度，无论是发扬成绩或检讨错误，都应老老实实讲求分寸，不应故意夸大吹嘘，尤其是战绩和统计数字的公布，更应可靠和一致，要知我党在全国的政治地位愈高，各方对我们所发东西的注意愈切，稍不慎即会引起误会，并给敌、顽以攻击我们的借口，对党来说，对中央供给不准确的材料，将使上级难以正确了解情况，如更据此指导工作，势必招致错误。”[1]

（四）联系群众的新闻工作方法

群众路线是中国共产党战胜敌人的法宝，是中国共产党立于不败之地的根基。中国共产党把新闻舆论当作动员和教育广大人民群众的方法和途径，因此在新闻工作中，坚持群众路线是获得群众支持、办好报纸的基本工作方法。毛泽东对这种方法作了形象的概括，称之为“全党办报，群众办报”。毛泽东指出：“我们的政策，不光要使领导者知道，干部知道，还要使广大的群众知道有关政策的问题，一般地都应当在党的报纸上或者刊物上进行宣传……马克思列宁主义的基本原则，就是要使群众认识自己的利益并且团结起来，为自己的利益而奋斗。报纸的作用和力量，就在它能使党的纲领路线、方针政策、工作任务和工作方法，最迅速最广泛地同群众见面。”“办好报纸，把报纸办得引人入胜，在报纸上正确地宣传党的方针政策，通过报纸加强党和群众的联系，这是党的工作中的一项不可小看的、有重大原则意义的问题。”“我们的报纸也要靠大家来办，靠全体人民群众来办，靠全党来办，而不能只靠少数人关起门来办。我们的报上天天讲群众路线，可是报社自己的工作却往往没有实行群众路线……善于把党的政策变为群众的行动，善于使我们的每一个运动、每一个斗争，不但领导干部懂得，而且广大的群

---

1 新华社新闻研究部编：《新华社文件资料选编》第 1 辑，第 21 页。

众都能懂得，都能掌握，这是一项马克思列宁主义的领导艺术。”“报纸工作人员为了教育群众，首先要向群众学习。”[1]为了保证报纸始终反映群众的呼声，关注群众的利益，党的报刊设立了群众工作部或读者服务部，随时听取群众的意见。同时，党的报刊还发展了一支庞大的工农通讯员队伍，这些工农通讯员绝大部分来自工农群众中，他们和全体人民群众一样参加生产劳动、参加抗敌斗争，说着老百姓听得懂的语言，讲着老百姓的故事，写着老百姓能够看得懂的文章，在党报和老百姓之间架起了一座座沟通的桥梁。如《解放日报》从改版前的300多名通讯员增加到2000多人，其中工农兵通讯员有1100多人。[2]因此，抗战时期中国共产党举办的报刊深受群众的欢迎。

三、中国共产党的抗战文艺政策

中国共产党的文艺政策是伴随着马克思主义文艺理论在中国的传播，中国共产党领导的革命运动兴起后，在20世纪30年代逐步形成的。20世纪20年代，马克思主义文艺理论传入了中国。1928年至1929年年初，翻译出版关于马克思主义的译著有40种之多，其中，马克思主义文艺理论和介绍国外无产阶级革命文学问题的著作10余部。如鲁迅就先后翻译了《文艺政策》、卢那察尔斯基的《艺术论》和《文艺与批评》，以及普列汉诺夫的《艺术论》等论著。

1929年，中共中央宣传部为了加强对文化工作的领导，成立了临时中央文化工作委员会，简称“文委”。“文委的任务是在文化战线上，动员广大民众来参加无产阶级领导之下的工农苏维埃革命。这就是发动和领导苏维埃

1 中共中央文献研究室、新华通讯社编:《毛泽东新闻工作文选》，新华出版社1983年版，第149—151页。

2 朱联营:《延安时期中共新闻传播思想的创新实践及当代启示》,《延安大学学报（社会科学版）》2012年第4期。

的文化革命。”[1]“左联”成立以后，开始有计划地翻译出版马克思主义文艺理论著作，如《马克思恩格斯致拉萨尔的信》（胡风译）、《马、恩分别致拉萨尔的信》（易卓译）、《神圣家族》（郭沫若译）、《与敏娜·考茨基论倾向文学》（胡风译）、《马克思、恩格斯和文学上的现实主义》（瞿秋白译）、《论新兴文学》（冯雪峰译）、《马克思论出版的自由与检阅》（冯雪峰译）等。党的领导人瞿秋白、张闻天等以及“左联”发表了关于文艺的论文和决议，形成了中国共产党最初的文艺政策。[2]1930年3月，“左联”发表了《中国左翼作家的理论纲领》，1930年8月、1931年11月，“左联”执行委员会又先后通过了《无产阶级文学运动新的情势及我们的任务》的决议和《中国无产阶级革命文学的新任务》的决议，提出了党的文艺主张。即：

第一，主张反对封建阶级、反对资产阶级的无产阶级革命文艺。“左联”在成立之时就宣布自己的理论纲领是：“对于左翼作家联盟我们期待以马克思主义文化的伟大前途”，“我们的艺术是反封建阶级的，反资产阶级的，又反对‘失掉社会地位’的小资产阶级的倾向。我们不能不援助而且从事无产阶级艺术的产生”，“我们对现实社会的态度不能不参加世界无产阶级的解放运动，向国际反无产阶级的反动势力斗争”[3]。“中国左翼作家联盟在目前不独是中国无产阶级革命文学的基本队伍，且又负起了中国无产阶级革命文学总的领导任务”。[4]

1 瞿秋白：《苏维埃的文化革命》，载江苏省瞿秋白研究会印：《瞿秋白文集》第7卷《政治伦理编》，第231页。

2 张闻天发表了《文艺战线上的关门三义》和《论我们的宣传鼓动工作》；瞿秋白发表了《斯大林与文学》《普洛大众文艺的现实问题》；鲁迅发表了《中国无产阶级革命文学和前驱的血》；周扬发表了《关于“社会主义的现实主义与革命的浪漫主义”——“唯物辩证法的创作方法”之否定》《关于国防文学》，这些文章从不同角度探讨了文艺的本质、文艺的功能、文艺的任务，文艺的服务对象、文艺的阶级性、文艺的创作题材、方法和形式等理论问题，推动了中共文艺大众化思想和文艺政策的形成。

3 中共中央宣传部办公厅、中央档案馆编研部编：《中国共产党宣传工作文献选编：1915—1937》，学习出版社1996年版，第967页。

4 中共中央宣传部办公厅、中央档案馆编研部编：《中国共产党宣传工作文献选编：1915—1937》，学习出版社1996年版，第1055页。

第二，无产阶级革命文艺是与当前无产阶级革命紧密联系的，是无产阶级革命的一部分，必须紧密配合当前的革命运动。“左联”提出了中国无产阶级革命文艺当前的六大任务：在文学的领域内，加紧反帝国主义的工作；加紧反对帝国主义战争，特别是进攻苏联与瓜分中国的帝国主义战争的工作；在文学的领域内，加紧反对豪绅地主资产阶级军阀国民党的政权；反对军阀混战，特别是进攻苏维埃红军的战争；在文学的领域内，宣传苏维埃革命以及煽动与组织为苏维埃政权的一切斗争；组织工农兵通信员运动，壁报运动，以及其他的工人农民的文化组织，并由此促成无产阶级出身的作家与指导者之产生，扩大无产阶级革命文学在工农大众间的影响；参加苏维埃政权下以及非苏维埃区域内一切劳苦大众的文化教育工作，帮助工农劳苦大众日常经济的政治的斗争之文字上的宣传与鼓动；反对民族主义，法西斯主义，取消派，以及一切反革命的思想和文学；反对统治阶级文化上的恐怖手段与欺骗政策。[1]

第三，提倡大众化的革命文艺。“只有通过大众化的路线，即实现了运动与组织的大众化，作品，批评以及其他一切的大众化，才能完成我们当前的反帝反国民党的苏维埃革命的任务，才能创造出真正的中国无产阶级革命文学。”[2]“必须立即开始组织工农兵贫民通信员运动，壁报运动，组织工农兵大众的文艺研究会读书班等等，使广大工农劳苦群众成为无产阶级革命文学的主要读者和拥护者，并且从中产生无产阶级革命的作家及指导者”，“实行作品和批评的大众化，以及现在这些文学者生活的大众化。今后的文学必须以‘属于大众，为大众所理解，所爱好’（列宁）为原则；同时也须达到现

1　中共中央宣传部办公厅、中央档案馆编研部编：《中国共产党宣传工作文献选编：1915—1937》，学习出版社1996年版，第1057—1058页。

2　中共中央宣传部办公厅、中央档案馆编研部编：《中国共产党宣传工作文献选编：1915—1937》，学习出版社1996年版，第1058页。

在这些非无产阶级出身的文学者生活的大众化与无产阶级化”。[1]

第四，在题材、方法、形式方面，必须贴近现实，贴近生活。“作家必须注意中国现实社会生活中广大的题材，尤其是那些最能完成目前新任务的题材”，“在方法上，作家必须从无产阶级的观点，从无产阶级的世界观，来观察，来描写。作家必须成为一个唯物的辩证法论者。中国无产阶级革命文学的作家，指导者及批评家，必须现在就开始这方面的艰苦勤劳的学习。必须研究马克思列宁主义，研究一切伟大的文学遗产，研究苏联及其他国家的无产阶级的文学作品及理论和批评。同时要和到现在为止的那些观念论，机械论，主观论，浪漫主义，粉饰主义，假的客观主义，标语口号主义的方法及文学批评斗争”。“在形式方面，作品的文字组织，必须简明易解，必须用工人农民所听得懂以及他们接近的语言文字，在必要时容许使用方言”，“作品的体裁也以简单明了，容易为工农大众所接受为原则。现在我们必须研究并且批判地采用中国本有的大众文学，西欧的报告文学，宣传艺术，壁小说，大众朗读诗等等体裁”。[2]

中央红军长征到达陕北以后，随着全国抗日形势的高涨和抗日民族统一战线的形成，中共中央开始在文艺政策方面作出调整，以适应抗日民族解放战争的需要。1936 年 11 月 22 日，毛泽东《在中国文艺协会成立大会上的讲话》中指出：“发扬苏维埃的工农大众文艺，发扬民族革命战争的抗日文艺，这是你们伟大的光荣任务。”[3] 毛泽东提出了“抗日文艺”的概念，反映了中共在文艺上的统一战线的思想。这标志着中共的文艺政策已经开始由苏

1 中共中央宣传部办公厅、中央档案馆编研部编：《中国共产党宣传工作文献选编：1915—1937》，学习出版社 1996 年版，第 1059 页。

2 中共中央宣传部办公厅、中央档案馆编研部编：《中国共产党宣传工作文献选编：1915—1937》，学习出版社 1996 年版，第 1059—1061 页。

3 中共中央宣传部办公厅、中央档案馆编研部编：《中国共产党宣传工作文献选编：1915—1937》，学习出版社 1996 年版，第 1240 页。

维埃的无产阶级革命文艺向民族的革命战争即抗战文艺转变了。

中共抗战文艺政策的转变，以毛泽东《在延安文艺座谈会上的讲话》为标志，经历了前后两个阶段。两个阶段的文艺政策没有本质的区别，但从理论上说，则是有形成和成熟的区别。《在延安文艺座谈会上的讲话》发表之前，党在建立抗日文艺统一战线、坚持文艺大众化方向、提倡文艺的民族形式等方面进行了探索，也形成了一些指导意见，但没有形成系统的、纲领性的文艺政策，毛泽东《在延安文艺座谈会上的讲话》作为中国共产党抗战时期文艺政策的纲领性文件，在文艺理论、方针、政策等诸方面具有指导性意义[1]，可以说它标志着中国共产党抗战文艺政策体系的成熟。其主要内容包括：

文艺从属于政治，无产阶级的文学艺术是无产阶级整个革命事业的一部分。文艺是有阶级属性的，“一切文化或文学艺术都是属于一定的阶级，属于一定的政治路线的。为艺术的艺术，超阶级的艺术，和政治并行或互相独立的艺术，实际上是不存在的。无产阶级的文学艺术是无产阶级整个革命事业的一部分”。“文艺是从属于政治的，但又反转来给予伟大的影响于政治。革命文艺是整个革命事业的一部分，是齿轮和螺丝钉”。[2]文艺工作者必须克服“为艺术而艺术”的思想，自觉地把文艺工作与党的事业、无产阶级革命的事业联系起来。在当前，就是与抗日民族解放战争联系起来。

文艺的基本方针是为工农兵服务，为抗战服务。文艺为工农兵服务是文艺为大众服务的升华，是阶级观点在文艺方向上的具体体现。在土地革命时期和抗战初期，党领导的文艺工作一直以大众化为指向，倡导为大众服务，“艺术作品要有内容，要适合时代的要求，大众的要求”，[3]《新民主主义论》

1 1943 年 11 月 7 日，中央宣传部作出《关于执行党的文艺政策的决定》，指出讲话是中国文艺的基本方针，要求抗日根据地文艺工作者认真领会讲话的精神，并且第一次使用“文艺政策”的概念。

2《毛泽东选集》第 3 卷，人民出版社 1991 年版，第 865—866 页。

3《毛泽东选集》第 2 卷，人民出版社 1991 年版，第 122 页。

确立了新民主主义文化纲领“以共产主义思想为指导的、民族的、科学的、大众的文化”，[1] 文艺的大众化是新民主主义文化的必然要求。毛泽东在《在延安文艺座谈会上的讲话》中运用阶级分析的方法，直接提出了文艺为工农兵服务的问题：“什么是人民大众呢？最广大的人民，占全人口百分之九十以上的人民，是工人、农民、兵士和城市小资产阶级。所以我们的文艺，第一是为工人的，这是领导革命的阶级。第二是为农民的，他们是革命中最广大最坚决的同盟军。第三是为武装起来了的工人农民即八路军、新四军和其他人民武装队伍的，这是革命战争的主力。第四是为城市小资产阶级劳动群众和知识分子的，他们也是革命的同盟者，他们是能够长期地和我们合作的。这四种人，就是中华民族的最大部分，就是最广大的人民大众。”[2]

政治与艺术统一的文艺批评。文艺批评是繁荣文艺的重要手段。中共把文艺批评当作文艺领域的斗争，“文艺界的主要的斗争方法之一，是文艺批评。”毛泽东指出：“文艺批评有两个标准，一个是政治标准，一个是艺术标准。”那么政治标准和艺术标准指的是什么呢？在当前的抗日战争中，“按照政治标准来说，一切利于抗日和团结的，鼓励群众同心同德的，反对倒退、促成进步的东西，便都是好的；而一切不利于抗日和团结的，鼓动群众离心离德的，反对进步、拉着人们倒退的东西，便都是坏的。”政治和艺术的标准是辩证统一的关系，“政治并不等于艺术，一般的宇宙观也并不等于艺术创作和艺术批评的方法。我们不但否认抽象的绝对不变的政治标准，也否认抽象的绝对不变的艺术标准，各个阶级社会中的各个阶级都有不同的政治标准和不同的艺术标准。但是任何阶级社会中的任何阶级，总是以政治标准放在第一位，以艺术标准放在第二位的。资产阶级对于无产阶级的文学艺术作品，不管其艺术成就怎样高，总是排斥的。无产阶级对于过去时代的

1《毛泽东选集》第 2 卷，人民出版社 1991 年版，第 694 页。
2《毛泽东选集》第 3 卷，人民出版社 1991 年版，第 855—856 页。

文学艺术作品，也必须首先检查它们对待人民的态度如何，在历史上有无进步意义，而分别采取不同态度。有些政治上根本反动的东西，也可能有某种艺术性。内容愈反动的作品而又愈带艺术性，就愈能毒害人民，就愈应该排斥。处于没落时期的一切剥削阶级的文艺的共同特点，就是其反动的政治内容和其艺术的形式之间所存在的矛盾。”抗日文艺所要求的是“政治和艺术的统一，内容和形式的统一，革命的政治内容和尽可能完美的艺术形式的统一”。[1]

为工农兵服务的文艺内容：普及与提高的结合。为工农兵服务的文艺方针确立后，向工农兵提供什么样的服务内容呢？是“阳春白雪”还是“下里巴人”？其实质就是普及与提高的问题。“什么是文艺工作中的普及和提高呢？这两种任务的关系是怎样的呢？普及的东西比较简单浅显，因此也比较容易为目前广大人民群众所迅速接受。高级的作品比较细致，因此也比较难于生产，并且往往比较难于在目前广大人民群众中迅速流传。”[2]既然文艺是为工农兵服务的，那么“我们的文艺，既然基本上是为工农兵，那末所谓普及，也就是向工农兵普及，所谓提高，也就是从工农兵提高”。[3]“只有从工农兵出发，我们对于普及和提高才能有正确的了解，也才能找到普及和提高的正确关系”。[4]在这里，普及是人民的普及，提高也是人民的提高。而这种提高，不是从空中提高，不是关门提高，而是在普及基础上的提高。这种提高，为普及所决定，同时又给予普及以指导。在当前的抗日战争中，由于工农兵长时期受封建阶级和资产阶级的统治，不识字，无文化，所以他们迫切要求一个普遍的启蒙运动，迫切要求得到他们所急需的和容易接受的文化知识和文艺作品，去提高他们的斗争热情和胜利信心，加强他们的团结，便

1《毛泽东选集》第3卷，人民出版社1991年版，第868—880页。
2《毛泽东选集》第3卷，人民出版社1991年版，第861页。
3《毛泽东选集》第3卷，人民出版社1991年版，第859页。
4《毛泽东选集》第3卷，人民出版社1991年版，第860页。

于他们同心同德地去和敌人作斗争。对于他们，第一步需要还不是“锦上添花”，而是“雪中送炭”。所以在目前条件下，普及工作的任务更为迫切。但是，普及工作和提高工作是不能截然分开的。不但一部分优秀的作品现在也有普及的可能，而且广大群众的文化水平也是在不断地提高着。人民要求普及，跟着也就要求提高，要求逐年逐月地提高。我们的提高，是在普及基础上的提高；我们的普及，是在提高指导下的普及。只有普及与提高相结合的文艺，才能鼓舞人民的斗志，推动抗日斗争的胜利。

文艺的本质是社会生活，文艺工作者必须深入生活。马克思主义认为，概念、观点、思想等观念意识形态的东西，都是社会生活在人们头脑中的反映。文艺也是如此。“一切种类的文学艺术的源泉究竟是从何而来的呢？作为观念形态的文艺作品，都是一定的社会生活在人类头脑中的反映的产物。革命的文艺，则是人民生活在革命作家头脑中的反映的产物。人民生活中本来存在着文学艺术原料的矿藏，这是自然形态的东西，是粗糙的东西，但也是最生动、最丰富、最基本的东西；在这点上说，它们使一切文学艺术相形见绌，它们是一切文学艺术的取之不尽、用之不竭的唯一的源泉。这是唯一的源泉，因为只能有这样的源泉，此外不能有第二个源泉。”[1] 因此，“中国的革命的文学家艺术家，有出息的文学家艺术家，必须到群众中去，必须长期地无条件地全心全意地到工农兵群众中去，到火热的斗争中去，到唯一的最广大最丰富的源泉中去，观察、体验、研究、分析一切人，一切阶级，一切群众，一切生动的生活形式和斗争形式，一切文学和艺术的原始材料，然后才有可能进入创作过程。”[2] 当然，社会生活是文艺的唯一源泉，并不否认对中国古代和外国文化的学习、继承与借鉴。但这种学习、继承和借鉴，必须

1《毛泽东选集》第 3 卷，人民出版社 1991 年版，第 860 页。
2《毛泽东选集》第 3 卷，人民出版社 1991 年版，第 861 页。

是批判地吸收。毛泽东《在延安文艺座谈会上的讲话》中强调："我们必须继承一切优秀的文学艺术遗产，批判地吸收其中一切有益的东西，作为我们从此时此地的人民生活中的文学艺术原料创造作品时候的借鉴。有这个借鉴和没有这个借鉴是不同的，这里有文野之分，粗细之分，高低之分，快慢之分。所以我们决不可拒绝继承和借鉴古人和外国人，哪怕是封建阶级和资产阶级的东西。"[1]

统一战线是文艺队伍建设的根本。抗日战争是全民族反抗帝国主义侵略的战争，为抗战服务的抗日文艺，与政治、军事、经济的抗战一样，必须建立广泛的文艺统一战线。文艺统一战线的基础是抗战，"文艺服从于政治，今天中国政治的第一个根本问题是抗日，因此党的文艺工作者首先应该在抗日这一点上和党外的一切文学家艺术家（从党的同情分子、小资产阶级的文艺家到一切赞成抗日的资产阶级地主阶级的文艺家）团结起来。""在文艺界统一战线的各种力量里面，小资产阶级文艺家在中国是一个重要的力量。他们的思想和作品都有很多缺点，但是他们比较地倾向于革命，比较地接近于劳动人民。因此，帮助他们克服缺点，争取他们到为劳动人民服务的战线上来，是一个特别重要的任务。"[2]

文艺统一战线内部的团结既有统一战线共同的团结问题，也有文艺界特殊的团结问题。统一战线必须是"在民主一点上团结起来"，要彻底摒弃关门主义，将文化艺术界一切爱国人士团结起来，形成新的最广泛的统一战线；也"应该在文艺界的特殊问题——艺术方法艺术作风一点上团结起来"，联合一切可用的旧知识分子、旧艺人、旧医生，教育和帮助他们，使他们加入到抗日的统一战线中来。当然，统一战线内部的团结，并非无原则的团结。"在一个问题上有团结，在另一个问题上就有斗争，有批评。各个

1《毛泽东选集》第3卷，人民出版社1991年版，第860页。
2《毛泽东选集》第3卷，人民出版社1991年版，第867页。

问题是彼此分开而又联系着的，因而就在产生团结的问题比如抗日的问题上也同时有斗争，有批评。在一个统一战线里面，只有团结而无斗争，或者只有斗争而无团结，实行如过去某些同志所实行过的右倾的投降主义、尾巴主义，或者‘左’倾的排外主义、宗派主义，都是错误的政策。”[1]

四、中国共产党的抗战教育政策

中国共产党历来重视教育工作。在土地革命时期，中国共产党就制定了苏维埃政府的教育方针。1931年颁布的《中华苏维埃共和国宪法大纲》规定：“中国苏维埃政权以保证工农劳苦民众有受教育的权利为目的，在进行阶级战争许可的范围内，应开始施行完全免费的普及教育，首先应在青年劳动群众中施行，并保障青年劳动群众的一切权利，积极的引导他们参加政治的和文化的革命生活，以发展新的社会力量。”[2]由于处于革命战争时期，因此，苏区的教育方针是为革命战争和苏维埃政权的巩固服务。1934年，毛泽东在第二次全国苏维埃代表大会上的报告中对中国共产党的教育方针和任务给予了明确的规定，即“为着革命战争的胜利，为着苏维埃政权的巩固与发展，为着动员民众一切力量，加入于伟大的革命斗争，为着创造革命的新时代，苏维埃必须实行文化教育的改革，解除反动统治阶级所加在工农群众精神上的桎梏，而创造新的工农的苏维埃文化。”[3]“苏维埃文化教育的总方针在什么地方呢？在于以共产主义的精神来教育广大的劳苦民众，在于使文化教育为革命战争与阶级斗争服务，在于使教育与劳动联系起来，在于使广

1《毛泽东选集》第3卷，人民出版社1991年版，第867页。

2 中共中央文献研究室、中央档案馆编：《建党以来重要文献选编（一九二一—一九四九）》第8册，中央文献出版社2011年版，第652页。

3 中共中央文献研究室、中央档案馆编：《建党以来重要文献选编（一九二一—一九四九）》第11册，中央文献出版社2011年版，第124页。

大中国民众都成为享受文明幸福的人。苏维埃文化建设的中心任务是什么？是厉行全部的义务教育，是发展广泛的社会教育，是努力扫除文盲，是创造大批领导斗争的高级干部。”[1]“苏区当前文化教育的任务，是要用教育与学习的方法，启发群众的阶级觉悟，提高群众的文化水平与政治水平，打破旧社会思想习惯的传统，以深入思想斗争，使能更有力的动员起来，加入战争，深入阶级斗争和参加苏维埃各方面的建设。”[2]正是在这一教育方针的指导下，中央苏区和各革命根据地的教育获得了一定的发展。

抗日战争爆发后，日本帝国主义与中华民族的矛盾成为社会最主要的矛盾，国内革命战争转变为抗日民族解放战争。1937年8月，中共中央在陕北洛川召开政治局扩大会议，通过了《抗日救国十大纲领》，提出“建立全国各党各派各界各军的抗日民族统一战线”的全民族抗战的主张。与之相适应，中国共产党制定了适合全民抗战的教育方针和教育政策。随着抗日教育的实践，中国共产党逐步完善了抗战教育政策。其内容如下：

“教育为长期战争服务”的教育方针。教育为经济政治服务，是马克思主义的基本观点。作为上层建筑的教育，是受制于一定的经济基础和政治制度的。抗日战争的爆发，改变了中国社会的主要矛盾，也改变了中国的经济政治，全国进入了伟大的抗战时期。“伟大的抗战必须有伟大的抗战教育运动与之相配合，二者间的不配合现象亟应免除。”[3]为适应全民抗战的需要，中共的教育方针相应发生了变化，制定了“抗战教育政策”：“改变教育的旧制度旧课程，实行以抗日救国为目标的新制度新课程。实施普及的义务的

1 中共中央文献研究室、中央档案馆编：《建党以来重要文献选编（一九二一—一九四九）》第11册，中央文献出版社2011年版，第127页。

2 赣南师范学院、江西省教育科学研究所编：《江西苏区教育资料汇编（1927—1937）》（一），江西高校出版社2017年版，第85页。

3 中共中央文献研究室、中央档案馆编：《建党以来重要文献选编（一九二一—一九四九）》第16册，中央文献出版社2011年版，第158页。

免费的教育方案，提高人民民族觉悟的程度。实行全国学生的武装训练。”[1]在中共六届六中全会上，毛泽东代表党中央作了《论新阶段》的报告。在报告中，毛泽东对中国共产党的抗战教育政策进行了系统的阐述：“在一切为着战争的原则下，一切文化教育事业均应使之适合战争的需要，因此全民族的第十个任务，在于实行如下各项的文化教育政策。第一，改订学制，废除不急需与不必要的课程，改变管理制度，以教授战争所必需之课程及发扬学生的学习积极性为原则。第二，创设并扩大增强各种干部学校，培养大批的抗日干部。第三，广泛发展民众教育，组织各种补习学校、识字运动、戏剧运动、歌咏运动、体育运动，创办敌前敌后各种地方通俗报纸，提高人民的民族文化与民族觉悟。第四，办理义务的小学教育，以民族精神教育新后代。”[2]

适应抗战的战时教育体制。在“在一切为着战争的原则下，一切文化教育事业均应使之适合战争的需要”的教育方针指导下，中国共产党实行的是干部教育第一，社会教育第二，国民教育第三的战时教育体制：“实行普及免费的儿童教育，以民族精神与生活知识教育儿童，造成中华民族的优秀后代；发展民众教育，消灭文盲，提高边区成年人民之民族意识与政治文化水平；实行干部教育，培养抗战人才”。[3]

“培养大批抗战干部的干部教育。”干部教育第一，是抗战教育方针的重点，它是基于抗战的需要，抗日战争需要大批的党、政、军、经济、文化、民政等各方面的干部，以带领人民群众进行抗战；同时也是基于抗日根

1 中共中央文献研究室、中央档案馆编：《建党以来重要文献选编（一九二一——一九四九）》第14册，中央文献出版社2011年版，第476页。

2 中共中央文献研究室、中央档案馆编：《建党以来重要文献选编（一九二一——一九四九）》第15册，中央文献出版社2011年版，第618—619页。

3 中共中央文献研究室、中央档案馆编：《建党以来重要文献选编（一九二一——一九四九）》第16册，中央文献出版社2011年版，第159页。

据地干部队伍的现状。中国共产党的干部队伍是以工农为主体的，文化水平不高，且长期在偏远的农村根据地，教育文化水平落后。因此，中国共产党意识到，要领导全民族的抗日战争，提高干部素质是第一位的。毛泽东在延安在职干部教育动员大会上发表讲话，对干部教育的必要性进行了说明：发起学习运动的直接原因第一是我们共产党要领导革命。共产党在全国的党员过去是几万名，现在有几十将来会有几百万，这几十万、几百万共产党员要领导几千万、几万万人的革命，假使没有学问，是不成的，共产党人就应该懂得各种各样的事情。因此，要领导革命就须要学习；其次，是工作中的缺陷迫切需要克服。现在我们的队伍里面发生了这样一个矛盾，就是我们的干部不学习便不能够领导工作。无论党、政、军、民、学的干部，都要增加知识，才能把工作做得更好。使学习成为迫切需要的第三点，是我们党的特点。过去我们党的队伍小，只有很少的党员，现在党员的数目也并不多，但现在担负着打倒日本帝国主义、建立新中国的任务，需要我们建设一个大党。我们要建设大党，我们的干部非学习不可。学习是我们注重的工作，特别是干部同志，学习的需要更加迫切，如果不学习，就不能领导工作，不能改善工作与建设大党。[1]此后，中共中央又先后发布了《关于延安干部学校的决定》《关于在职干部教育的决定》，指出："在目前条件下，干部教育工作，在全部教育工作中的比重，应该是第一位的。而在职干部教育工作，在全部干部教育工作中的比重，又应该是第一位的。这是因为一切工作，包括国民教育工作在内，都须经过干部去做，'在政治方针决定之后，干部就是决定一切的因素'。如不把干部教育工作看得特别重要，把它放在全部教育工作中的第一等地位，就要犯本末倒置的错误了。"[2]为此，抗日根据地掀起

1　中共中央文献研究室、中央档案馆编：《建党以来重要文献选编（一九二一—一九四九）》第16册，中央文献出版社2011年版，第317—318页。

2　中共中央文献研究室、中央档案馆编：《建党以来重要文献选编（一九二一—一九四九）》第19册，中央文献出版社2011年版，第146页。

了干部教育的热潮。1939 年 3 月，中央干部教育部制定了《延安在职干部教育暂行计划》，把学习的干部分为甲、乙、丙三类：甲类主要为担任负责工作的老干部，他们以联共党史为必修课；乙类主要为文化水平较高而党龄较短的新干部，他们以共产党的建设为必修课；丙类为政治、文化水平较低的干部，他们同时学习文化课与党的建设。[1] 其他抗日根据地也纷纷举办干部教育，从陕甘宁边区到晋察冀、晋冀鲁豫、晋东南，再到山东各解放区筹建了大批的干部学校，举办各种干部培训学习班，还创办了抗日军政大学、中央党校、马列学院、鲁迅艺术学院、陕北公学、泽东青干校、陕甘宁边区行政学院等各类培养干部的院校，为提高干部素质作出了贡献。

“提高人民的民族文化与民族觉悟”的社会教育。“社会教育不仅是教育民众识字，而主要的是给民众以民族革命意识、民族自卫战争中所必需的理论和技能，参加实际救国行动争取抗战胜利。”[2] 旧中国人民文化水平不高，文盲众多。抗日根据地由于位于边远地区，文化水平相对更落后一些。为动员人民群众抗战，提高民众的抗战觉悟和文化程度，进行广泛的社会教育是极为迫切的。1938 年陕甘宁边区政府教育厅颁布了《社会教育工作纲要》，对抗日根据地的社会教育意义、范围，社会教育与学校教育的区别，社会教育的组织、教材、教员进行了规定。指出社会教育是一面生产一面学习，学习不妨碍生产的一种教育方式。包括冬学、民校、夜校、半日校、读报组、民众识字班、图书馆、墙报、演讲话剧、说书、歌咏、俱乐部等各种适应民众识字与思想教育的形式，可以根据具体情况实施。1939 年边区政府颁布的《陕甘宁边区抗战时期施政纲领》中关于发展社会教育的内容规定：“发

1 华东师范大学教育系编：《中国现代教育文选》修订版，人民教育出版社 1998 年版，第 487 页。

2 陕西师范大学教育研究所编辑：《陕甘宁边区教育资料》社会教育部分（二），教育科学出版社 1981 年版，第 60 页。

展民众教育，消灭文盲，提高边区成年人民之民族意识与政治文化水平。”[1]此后，边区政府还颁布了《陕甘宁边区各县社会教育组织暂行条例》《陕甘宁边区模范夜校半日校暂行条例》《陕甘宁边区民众教育馆组织规程》《陕甘宁边区各县识字检阅暂行办法》等一系列条例办法，推动抗日根据地的社会教育事业前进。

为了推进抗战社会教育，中共中央书记处还发出指示，要求各方面对社会教育予以支持和保障。学校方面，“在各村各乡小学校内或小学校外，建立民革室，救亡室，俱乐部一类的文化教育活动的中心。开办各种民众学校，夜学，识字班（女子可同男子分开，上课应在白天），组织各种识字组，大众黑板，读报，演讲，娱乐体育，壁报，戏剧等一切适合于民众需要及为民众所喜欢参加的活动。小学教员即应成为该乡该村社教的主持者，他的小学生中的优秀分子即可成为他的助手（即小先生制）。该乡该村的共产党员首先应参加这个工作，成为其中的积极分子，并经过它以团结与教育群众”。各级党部、政府、部队、学校、民众团体，“都应负责在其机关附近办理民革室，救亡室，俱乐部一类的组织及民众学校等，吸收机关周围的群众参加，以帮助社教的发展，并应指定专人负责”。[2]在政府方面，“为了加强党对国民教育的领导，党的宣传教育部内应该有国民教育科。它应该经过政府的教育厅或科及其他国民教育的社团去领导国民教育。党委与宣传教育部应经常检查讨论、督促、帮助并总结教学等经验”。“为了推动国民教育的进行，在上级政府的教育厅或部下可有专门的‘督学’之类去分区负责巡视学校教育。可由社教督导团或巡回教育团之类去负责推广社会教育。党与政府应经过他们去了解下面具体情况，总结经验，并经常给各地以实际的帮

1 中央教育科学研究院、陈元晖、邹光威等：《老解放区教育资料》抗日战争时期，上，教育科学出版社 1986 年版，第 7 页。

2 中共中央文献研究室、中央档案馆编：《建党以来重要文献选编（一九二一——一九四九）》第 17 册，中央文献出版社 2011 年版，第 213 页。

助”。“上级政府的教育厅或部下应有专人与机关负责编辑审查、出版、发行各种国民教育的教科书，教材，参考材料，并力求其完备与统一”。“应经常召集各种关于国民教育的会议，讨论各种问题，吸收一切同国民教育有关的团体与工作者参加”。“大大发展农村中戏剧歌咏运动。但应注意于戏剧歌咏的通俗化，大众化，民族化，地方化，特别注意于利用旧形式，改造旧形式”。“在每县的中心市镇设立民众教育馆，使之成为推社教的模范”。[1]

“以民族精神教育新后代”的学校教育。中国共产党历来重视根据地的学校教育。1940 年，中央书记处发出《关于开展抗日民主地区的国民教育的指示》，对抗日根据地的学校教育进行了部署，指出：“开展抗日民主地区的国民教育，是当前深入动员群众参加与坚持抗战，培养革命知识分子与干部的重要环节。各地党的领导机关及其宣传教育部，必须认真的把这一工作当做它们的中心任务之一，坚决反对党内历来对于这一工作的轻视与忽视的态度，及认为战地不能注意与发展国民教育的观点。”[2] 该指示确立了一系列政策：

第一，重点发展小学教育，“尽可能的恢复与重新建立各地小学校，达到每村有个初级小学校，每乡（或每编村）有一个中心小学或模范初级小学，每个中心区有一个两级小学或完全小学，以建立广泛的小学网”。[3]

第二，采用说服和行政的方法，强制适龄儿童入学，“用说服解释方法及政府法令的强制力量，大量的动员学龄儿童入学，同时设法克服学龄儿童

---

1 中共中央文献研究室、中央档案馆编：《建党以来重要文献选编（一九二一——一九四九）》第 17 册，中央文献出版社 2011 年版，第 214 页。

2 中共中央文献研究室、中央档案馆编：《建党以来重要文献选编（一九二一——一九四九）》第 17 册，中央文献出版社 2011 年版，第 212 页。

3 中共中央文献研究室、中央档案馆编：《建党以来重要文献选编（一九二一——一九四九）》第 17 册，中央文献出版社 2011 年版，第 212 页。

不能入学的实际困难。一切革命者家属的儿童，应首先入学起模范作用”。[1]

第三，实现男女平等，发展女子教育，“为了吸收青年妇女进学校，同时估计到中国旧社会中封建思想的存在，应在某些地区设立女子两级小学或女子高等小学，女子师范及女子中学，但同时应该提倡男女同学，一切学校均应吸收女子入学”。[2]

第四，加强师资力量建设，“大批的吸收与鼓励青年知识分子或旧知识分子，尤其是过去的小学教员，担任小学教员的工作，开办各种小学教师训练班或讲习所，给他们以必要的训练。必须计划在几个中心地区设立师范学校，大批的培养小学教员，并注意女教员的培养”。[3]

第五，加大政府的支持，“政府应提高用于国民教育方面的经费的比例，尽可能实行免费教育，对贫苦学生还应给以必要的书籍与纸笔等日用品”。“要提高小学教员及社教工作者在社会上的地位，关心他们的学习与生活，并给其中的优秀分子以各种的奖励，反对任何轻视他们的不正确观点。对于在其他政党不良影响下的小学教员，应积极争取之。党员的小学教员，一般可兼任支部的宣传干事及政府教育委员会主任等工作”。“党应决心动员一批党员知识分子终身从事于国民教育的事业，把这种事业当做一个党员的光荣任务”。[4]

服务抗战的课程结构。“以普及人民大众的抗战知识技能和提高民族自尊心为中心”，是抗战时期中国共产党确定的教学内容和课程结构的基本原则。以干部教育为例，中共中央规定的课程是“以业务教育、政治教育、文

---

1 中共中央文献研究室、中央档案馆编：《建党以来重要文献选编（一九二一——一九四九）》第 17 册，中央文献出版社 2011 年版，第 212 页。

2 中共中央文献研究室、中央档案馆编：《建党以来重要文献选编（一九二一——一九四九）》第 17 册，中央文献出版社 2011 年版，第 213 页。

3 中共中央文献研究室、中央档案馆编：《建党以来重要文献选编（一九二一——一九四九）》第 17 册，中央文献出版社 2011 年版，第 212 页。

4 中共中央文献研究室、中央档案馆编：《建党以来重要文献选编（一九二一——一九四九）》第 17 册，中央文献出版社 2011 年版，第 215 页。

化教育、理论教育四种为范围”，“业务教育，实行‘做什么、学什么’的口号。不论从事军事、政治、党务、文化、教育、宣传、组织、民运、锄奸、财政、经济、金融、医药、卫生及其他任何工作部门的干部，必须学会与精通自己的业务”；“政治教育其范围包括时事教育”以及“与各部门业务密切关联的政策法令指示决定的研究，例如财政工作人员应熟习财政政策与财政法令，锄奸工作人员应熟习锄奸政策与锄奸法令；其余类推”；“对于一切文化程度太低或不高的干部，除业务教育与政治教育外，必须强调文化教育”，“其教育与学习范围，暂定为国文、历史、地理、算术、自然、社会、政治等课”；“高级及中级干部之具有学习理论资格（文化程度理解力与学习兴趣等）者，于业务学习与政治学习之外均须学习理论。其学习范围分为政治科学、思想科学、经济科学、历史科学等项，依次逐步学习之。其学习方法，以理论与实际联系为原则。例如政治科学以马列主义论战略策略的著述为理论材料，以我党二十年奋斗史为实际材料；思想科学以马克思主义的思想方法论为理论材料，以近百年中国的思想发展史为实际材料；经济科学以马克思主义的政治经济学为理论材料，以近百年中国的经济发展史为实际材料；历史科学则研究外国革命史与中国革命史。”[1]

*教育与劳动相结合、理论联系实际的教学方法。*在学校教育中，《小学课程教则大纲》将生产劳动作为一项重要的内容加入小学教育的课程，“小学的一切科目都应当使学习与生产劳动及政治斗争密切联系，并在课外组织儿童的劳作实习及社会工作，劳动实习应当同当地经济情形相配合，有计划的领导学生学习各种工艺、园艺及其他生产劳动”[2]，在学校教育的课程中加入生产劳动的内容，使其与教育充分结合，发挥教育的最大作用。通过教育

1 中共中央文献研究室、中央档案馆编：《建党以来重要文献选编（一九二一——一九四九）》第19册，中央文献出版社2011年版，第147—149页。

2 张挚、张玉龙主编：《中央苏区教育史料汇编》，南京大学出版社2016年版，第429页。

与生产劳动的结合，使知识技能与生产活动统一起来，学生参加实际工作、群众工作、生产劳动，在生产劳动实践中充分融合课堂教学内容。这种教育模式下培养出来的工农群众的子女不仅具有一定的文化知识，而且在抗战环境下，他们能够成为抗战的中坚力量。在干部教育中，强调理论与实际相结合。在一段时期里，延安的干部教育存在脱离实际的现象，“在于理论与实际、所学与所用的脱节，存在着主观主义与教条主义的严重毛病，这种毛病，主要表现在使学生学习一大堆马列主义的抽象原则，而不注意领会其实质及如何用于具体的中国环境”。[1]为了纠正这种倾向，中共中央作出《关于延安干部学校的决定》，提出干部教育中，“必须强调学习马列主义的理论的目的是使学生能够正确的应用这种理论去解决中国革命的实际问题，而不是为了书本上各项原则的死记与背诵。第一，必须使学生区别马列主义的字句与马列主义的实质；第二，必须使学生领会这种实质（不是望文生义，而是心知其意）；第三，必须使学生学会善于应用这种实质于中国的具体环境；而抛开一切形式的空洞的学习。为了这个目的，除正确地教授马列主义的理论之外，同时必须增加中国历史与中国情况及党的历史与党的政策的教育，使学生既学得理论，又学得实际，并把二者生动的联系起来。”[2]在延安整风运动中，毛泽东发表了《改造我们的学习》《反对党八股》等讲话，强调理论联系实际，提出对在职干部的教育和干部学校的教育，要“确立以研究中国革命实际问题为中心，以马克思列宁主义基本原则为指导的方针，废除静止的孤立的研究马克思列宁主义的方法”。[3]中央宣传部等有关部门也在制度上作出了干部教育必须实行“理论联系实际”的安排。

---

1 中共中央宣传部办公厅、中央档案馆编研部编：《中国共产党宣传工作文献选编：1937—1949》，学习出版社 1996 年版，第 302 页。

2 中共中央宣传部办公厅、中央档案馆编研部编：《中国共产党宣传工作文献选编：1937—1949》，学习出版社 1996 年版，第 302 页。

3《毛泽东选集》第 3 卷，人民出版社 1991 年版，第 802 页。

第四章
中国共产党领导的文化抗战团体

建立文化抗战团体，是文化抗战的重要方式。为了团结和领导文化领域的爱国人士进行抗战，中国共产党组织了众多的文化抗战团体，或以自己的抗日主张影响着各种文化抗战团体。这些文化抗战团体分布在抗日根据地、国统区乃至海外华人社会，成为抗日民族文化统一战线旗帜下最富有成效的组织形式，推动着文化抗战向前发展。

一、抗日根据地的文化抗战救亡团体

日本帝国主义发动全面侵华战争以后，在中国共产党抗日民族统一战线的指导下，1937 年 11 月聂荣臻在山西五台山创立了晋察冀抗日根据地，开辟了中国抗日战争的敌后战场。在 1937 年至 1945 年整个抗战期间，中国共产党先后建立了华北、山东、华中、华南等抗日根据地，有效地牵制了大量的日本侵华兵力，为抗日战争的完全胜利作出了决定性的贡献。在中国共产党的领导下，抗日根据地为了进行抗战救亡运动，相继建立了各种文化抗战救亡团体，组织广大民众投入抗战之中。

（一）陕甘宁边区的文化抗战团体

陕甘宁边区是在土地革命战争期间西北革命根据地的基础上延续而来

的，西安事变以后，中国共产党为了坚持抗战，团结力量一致对外，将陕甘宁苏区改为陕甘宁特区。全面抗战爆发后，1937 年 9 月 20 日，根据中共中央代表与国民政府的谈判决定，将延安的工农民主政府更名为陕甘宁边区，接受国民政府的领导。陕甘宁边区一直是中共中央的所在地，卢沟桥事变后，中共中央发表宣言号召全民族团结起来，建立抗日民族统一战线来抵抗日本帝国主义的侵略。全国各地的进步青年和文化界著名人士前往延安，使得延安成为当时全国文化最先进的地方，促进了陕甘宁边区抗战救亡事业的发展。据不完全统计，抗战时期延安（含陕甘宁边区）共有各类知识分子 4 万余人，其中受过高等教育的近万人，文学艺术工作者 407 人，作家 227 人。对于当时仅有 150 万人口的陕甘宁边区来说，这一文化景况可称得上是叹为观止了。[1] 为了推动文化抗战运动的发展，在中国共产党的领导下，一大批文化团体先后建立了起来，它们深入社会各阶层之中进行广泛的抗日救国宣传，唤醒民众投身于抗战之中。陕甘宁边区抗日救亡运动日趋活跃，影响力不断增强，为全国抗日文化运动的发展作出了重要的贡献。

中国文艺协会。1936 年 11 月 22 日成立于陕北保安，作为一个文艺领导机构，该协会的成立得到中共中央的高度重视，在其成立大会上，毛泽东、张闻天、博古等领导人出席大会并且发表了重要的讲话，毛泽东在讲话中指出，中国文艺协会的成立，是近 10 年来苏维埃运动的创举。中国文艺协会的成立，标志着以延安为中心的解放区文学运动的正式开始。1936 年 11 月 30 日，《红色中华》副刊发表《“中国文艺协会”的发起》一文，宣布中国文艺协会的宗旨为：“培养无产者作家，创立工农大众的文艺，成为革命发展运动中的一支战斗力量。”[2] 在会上，推选丁玲为该协会的主席。

1　朱鸿召：《延安文人》，广东人民出版社 2001 年版，第 5 页。另参见刘增杰《从左翼文艺到工农兵文艺——对进入解放区左翼文艺家的历史考察》，《中国现代文学研究丛刊》2006 年第 5 期，任文主编：《延安时期的社团活动》，陕西师范大学出版总社有限公司 2014 年版，第 57 页。

2　樊为之：《延安时期党的文化建设研究》，陕西人民教育出版社 2012 年版，第 195 页。

第十八集团军西北战地服务团（简称“西站团”）。1937年8月12日成立于延安，是一个综合性的文艺团体，丁玲为该团主任，吴奚如为副主任。该团是在党中央的指示下，以抗日军政大学二期四大队部分学员为主组成。中共中央对“西战团”的成立极为重视，毛泽东曾先后几次找丁玲谈话，指出这个工作很重要，到前方去可以接近部队，接近群众，宣传党的政策，扩大党的影响。在宣传上要做到群众喜闻乐见，要大众化。“现在很多人谈旧瓶新酒，我看新瓶新酒、旧瓶新酒都可以，只要对抗战有利。你是写文章的，不会演戏，但可以领导；没有做过，可以学会。应该短小精悍，适合战争环境，为老百姓所喜欢，要向友军宣传我党的抗日主张，扩大我们党和军队的政治影响。”[1]1937年8月15日晚，延安各界在大礼堂举行欢送“西战团”出发抗日前线的晚会。毛泽东出席并且首先做了热情洋溢的致辞，鼓励大家用自己的笔、自己的口与日本帝国主义者作战，努力扩大党的影响，宣传党的抗日救国的主张，争取抗战的胜利。成立大会上确定了“西战团”的性质，讨论通过了行动纲领、本团规约及成立宣言。“西战团”下设通讯、宣传、总务3个股。通讯股负责采访战地消息，撰写通讯报道，编辑出版《战地》。陈克寒任股长，主要成员有王玉清、戈矛、张天虚、高敏夫、黄竹君等。宣传股分戏剧、歌咏、演讲等小组，陈明任股长，主要成员有吴坚、陈正清、李劫夫、苏醒痴、朱焰等。最早一批女演员有夏革非、朱慧、洛男、李君裁、王钟、吴光伟等，李唯任总务股长。宗旨是“提高前线战士民族自信心和民族牺牲精神，唤醒动员和组织战地的民众来配合前线的作战”。[2]1937年9月出发前往山西、陕西两省的十几个县进行文艺宣传。1938年秋经西安返回延安。不久又奔赴晋察冀抗日前线，直到1940年。他们采用话剧、歌剧、京剧、大鼓、说书、双簧、地方小调、快板等多种文艺

1 张树军主编：《图文中国共产党抗战纪事》上，河北人民出版社2015年版，第265页。
2 商言、陈劳志、陈承镶等：《中华爱国主义新辞书》，吉林人民出版社1992年版，第261页。

形式进行宣传活动，共创作了20多个节目，激励前方将士英勇作战，并动员人民群众积极参加支援抗日战争。[1]1944年4月，“西战团”返回延安。10月，中共中央组织部和宣传部联合决定，撤销西北战地服务团建制，全团人员编入鲁迅艺术学院各系，分别担任教员或到研究室、文工团、戏音系工作和学习。

陕甘宁边区文化界救亡协会（简称“边区文协”）。1937年11月14日正式成立于延安，该协会主任由艾思奇担任，副主任由柯仲平担任，实际负责人为成仿吾、周扬、柯仲平等。该协会具有极其广泛的群众基础，是领导陕甘宁边区文化抗战运动的总机关。其会章和宣言明确提出“集中自己的一切力量，唤起我们伟大人民群众之民族的自觉，争取思想的民主，扩大反帝反封建的文化运动，不屈不挠地为抗战服务，为保卫祖国，保卫中华民族的文化，为发展中国文化中最优秀的传统，为创造中国崭新的文化，而流尽自己最后一滴血”。[2]1938年11月，“边区文协”机关迁至延安城北兰家坪。边区文协成立后，组织了诗歌总会、文艺突击社、戏剧界抗战联合会民众娱乐改进会、文艺战线社、讲演文字研究会、大众读物社、文艺顾问委员会、社会科学研究会、国防教育研究会、国防科学社、陕甘宁边区文艺界抗战联合会、战歌社、海燕社、抗战文艺工作团、新文字研究会、音乐界救亡协会等文化团体。1940年1月，陕甘宁边区文化协会在延安举行了第一次代表大会，107个文化团体的274名代表出席了大会。毛泽东为大会题词，“为建立中华民族的新文化而斗争”“鲁迅的方向就是中华民族新文化的方向”。[3]毛泽东在大会上发表了题为《新民主主义的政治与新民主主义的文化》（即《新民主主义论》）的报告。该报告首先在“边区文协”创办的《中国文化》

1 蔡鸿源、徐友春编：《民国会社党派大辞典》，黄山书社2012年版，第235页。
2《延安文艺丛书》编委会编：《文艺史料卷》，湖南文艺出版社1987年版，第318页。
3 樊为之：《延安时期党的文化建设研究》，陕西人民教育出版社2012年版，第196页。

上刊登。这次会议还选举了以吴玉章为主任，艾思奇、柯仲平、丁玲担任副主任，吴伯箫为秘书长的“边区文协”执委会成员。1941 年 6 月，“边区文协”改由边区政府领导。1942 年 1 月 5 日，陕甘宁边区文化工作委员会成立，边区文协归边区文委领导。1942 年 2 月 9 日，“边区文协”第二次代表大会筹备委员会举行首次会议，对“边区文协”的机构进行了调整，推选柯仲平为主任，下设秘书处（音乐家张寒晖为秘书长）、大众文化工作委员会、《新文字报》社、《边区群众报》社、戏剧工作委员会、组织部、出版部、卫生工作委员会和会刊编辑委员会等机构。为培养边区艺术干部，1942 年 5 月，“边区文协”筹办成立了边区艺术干部学校。延安文艺工作座谈会（1942 年 5 月）以后，“边区文协”组织文艺工作者上山下乡，深入生活，为工农兵服务，取得了很大的成绩。这一时期，划归“边区文协”领导的文化团体包括边区艺校、民众剧团、延安杂技团、西北文艺工作团和边区小学教师联合会等。为弘扬陕北传统艺术，改造旧艺术，创造新艺术，推动边区说唱艺术的发展，“边区文协”于 1945 年 4 月成立了说书组，韩起祥担任组长。说书组组织、团结、教育、改造民间艺人，并启发、引导、帮助他们，鼓励他们自己创作，促进了边区艺术的传承和发展。说书组以延安为中心，深入周边各县，宣传党的政策，发动群众，说唱新编书目《刘巧儿团圆》《张玉兰参加选举会》《宜川大胜利》等。[1]1945 年，“边区文协”成立了陕北说书改进会，先后在延安、米脂、绥德、清涧、延川等地举办说书训练班，培训艺人 50 多名，帮助艺人编写说唱新书、改造旧的说书内容与形式。西安解放后，边区文协迁驻西安，后改组为西北文联。

陕甘宁边区文艺界抗战联合会（简称“边区文联”）。1938 年 9 月 11 日成立于延安，执行委员会成员由丁玲、林山、田间、成仿吾、任白戈、沙

1 樊为之：《延安时期党的文化建设研究》，陕西人民教育出版社 2012 年版，第 195 页。

汀、周扬、柯仲平、雪苇、刘白羽等人组成，它是边区文协中的一个“子”协会，是由陕甘宁边区的文学家、文学爱好者组成的群众性组织。该协会是为了联合文学工作者，推动文学创作和群众性的普及工作而发起成立的，“边区文联”的宗旨是：“为适应抗战对于文艺的重大要求而诞生的，它的任务是选拔文艺干部、提供文艺食粮、创造抗战中的文艺理论。”[1]主张开展群众性文学创作活动，要在工厂、机关、学校普遍建立文艺小组；大批文艺干部应该到前线去，表现抗战的伟业；要创办文艺刊物，发展文艺创作；还要建立正确的文艺理论；等等。1939年2月创办了刊物《文艺战线》。后来为了密切与中华全国文艺界抗敌协会的联系，改组为中华全国文艺界抗敌协会延安分会，同时接受“边区文协”和“文协”的领导。

延安美术工作者协会（简称“延安美协”）。1939年2月7日成立于延安，4月更名为陕甘宁边区美术工作者协会。该协会号召美术工作者创作反映抗战现实，讴歌中国人民不畏强暴、英勇反抗日本帝国主义的优秀作品，通过多次举办美术展览，宣传抗战，在延安各阶层中引起了强烈的反响。

陕甘宁边区音乐界救亡协会（简称“边区音协”）。1938年1月9日成立于延安，是在冼星海等人的发起下成立的，其会址设立于鲁迅艺术学院，是在陕甘宁边区文化界救亡协会领导下的一个进步音乐协会。为了专门负责延安的音乐工作，“边区音协”内设立了延安工作委员会。1939年之后，工作逐步展开，4月16日音协改选，选举冼星海、向隅、吕骥等7人为临时执委。到6月中旬，再产生正式执委会。为了普及音乐，发挥音乐的感召作用，音协创办了星期音乐会，利用星期日在鲁艺练习唱歌，研究歌咏上的各种问题。[2]抗战剧团、民众剧团、烽火剧团、总政敌训队歌咏团等26个团体先后加入其中。

1 任文主编：《延安时期的社团活动》，陕西师范大学出版社2014年版，第58页。
2 孙国林、曹桂芳编著：《毛泽东文艺思想指引下的延安文艺》，花山文艺出版社1992年版，第235页。

中华全国文艺界抗敌协会延安分会（简称“延安文抗”）。1939年5月14日成立于延安。其前身为陕甘宁边区文艺界抗战联合会，为了密切与中华全国文艺界抗敌协会的联系而改名，它同时接受“边区文协”和“文协”的领导。成立大会上成仿吾、周杨、萧三、沙可夫、丁玲、严文井、陈学昭、赵毅敏、艾思奇、柯仲平、张振亚等人当选为理事，其中周杨、萧三、沙可夫为常务理事，张振亚为秘书。“延安文抗”成立初期，因为没有独立的办事机构，一直以“延安文协”的名义进行活动。1940年1月3日，选举出第二届理事会之后，下设总务部、组织部、出版部、研究部，分别由周文、丁玲、萧三、周杨负责。他们在“边区文协”和“文协总会”的领导下，开展了一系列卓有成效的工作。通过成立文学顾问委员会，组织文艺小组，积极开展文艺工作者的培训；通过创办《大众文艺》刊物，开展文艺抗战的宣传；定期举办关于文艺工作的讨论会和座谈会，分析文艺工作开展过程中存在的问题；组织文艺工作团，深入街头巷尾进行抗战的文艺宣传，同时不定期出版《街头文艺》等。1941年6月19日，根据抗战形势的发展，延安文艺界的不断壮大，为了团结延安文艺界的人士，《解放日报》发表文章简单说明了“边区文协”和“边区文抗”的区别，决定“边区文协将由边区中央局及边区政府直接领导，工作中心在于开展边区文化工作。延安文艺界诸同志将团结于延安文抗分会之组织下，独立进行工作，直接接受总会之领导”。[1]1945年10月23日，根据抗战胜利的形势，改名为中华全国文艺界协会延安分会。

中华戏剧界抗战协会边区分会。1939年2月10日成立于延安。民众剧团、烽火剧团、抗大文艺工作团、陕公剧团、民众娱乐改进会、鲁艺戏剧系、鲁艺实验剧团等剧团都派代表参加了其成立大会，大会推选出35名理

1 王巨才主编：《延安文艺档案·延安文学》第31册，《延安文学组织》，太白文艺出版社2015年版，第40页。

事，理事长为潘汉年，副理事长为沙可夫。王震之、柯仲平、张庚、高波、缪正心、崔嵬、钟敬之、吕班、姚时晓、田蔚、李实等 15 人组成执行委员会。在该会的领导下，工余剧人协会、旧剧研究会、剧作小组、工余剧社等戏剧团体先后建立了起来。

延安文化俱乐部。1940 年 3 月底正式成立于延安。它是在“边区文协”的领导下建立的，由萧三担任主任，陈明负责日常工作的主持。该俱乐部的宗旨是“促进文化活动，提倡文化娱乐，联络感情”。[1] 该俱乐部积极推动群众性文化活动，通过建立文化训练班和业余文艺社团等方式，来推动群众性文化抗战活动的发展。

上述文化团体还包括众多的专业文化团体。各类专业文化团体为边区文化工作者发挥自身特长提供了平台，在组织他们开展抗战文化活动方面直接发挥了作用。这些文化团体主要有：鲁迅艺术学院戏剧部、抗战文艺工作团、延安合唱团、延安业余剧团、战歌社、路社、边区诗歌总会、山脉文学社、山脉诗歌社、延安抗战剧团（由人民抗日剧社改名）、陕甘宁边区民众娱乐促进会、陕甘宁边区民众剧团、鲁迅实验剧团、延安烽火剧团（又称留政宣传队）、边保剧团、鲁艺平剧团、西北青年救国联合会总剧团（后改称“延安青年艺术剧院”）、西北文艺工作团、延安青年大合唱团（下设中央党校合唱团等 8 个分团）、延安星期音乐社、延安作曲者协会、鲁艺木刻工作团、鲁艺漫画研究室、延安大众美术研究会、陕甘宁边区抗敌电影社、延安电影团等。

（二）华北和山东抗日根据地的文化抗战团体

1937 年 11 月 8 日太原失守后，毛泽东明确指出：“在华北，以国民

1 任一鸣主编：《延安文艺大系》第 27 册，《文艺史料卷》上，湖南文艺出版社 2016 年版，第 415 页。

党军为主体的正规战争已经结束，以共产党为主体的游击战争进入主要地位。”[1]八路军当前的任务是“发挥进一步的独立自主原则，坚持华北游击战争”，建立根据地，多打小胜仗，振奋士气。[2]早在平型关战役之前，八路军115师政训处主任罗荣桓率领工作团开赴河北阜平一带，着手建立抗日根据地，在当地发动群众，组建起抗日武装。1937年10月下旬，115师副师长聂荣臻率部开辟了以五台山为中心的晋察冀抗日根据地。伴随着华北各抗日根据地的建立和发展，文艺抗战团体纷纷建立起来。

晋察冀边区文化界抗日救国会。1939年2月成立于阜平，其前身为1938年春成立的“边区文化工作者救亡协会”，主任是越南共产党员洪水，其下开设了组织、创作、研究等部门。1939年2月15日正式改名为晋察冀边区文化界抗日救国会，常务委员为叶正煊、邵子南、李宗南、周明、陶宗侃5人，主任为刘平，由邓拓等人担任执行委员会委员，并且创办刊物《边区文化》《边区诗歌》，在《抗敌报》上开辟副刊《文化界》。该会通过召开戏剧座谈会、出版诗歌书籍等形式开展了一系列文化抗战的宣传。1940年8月发布的新方针明确提出，“团结全边区一切抗日的文化工作者，共同开展边区民众识字运动及乡村文化娱乐工作，并提高干部的文化水平与各部门文化的质量”；“在最近时期内普遍地建立与健全各级文救会，并积极地在救亡室的工作上、技术上起领导作用，使他们都成为边区文化战线的强有力的据点和战斗单位”。[3]1940年10月10日，该会召开了第一次代表大会，在会上讨论并通过了组织章程、工作纲领，对领导机构进行了改组；会议还明确了晋察冀边区文协、美协、音协、剧协和“文救会”的关系，在各协会设驻文救会干部一名。1942年第二次代表大会召开后，决定将该会正式改名为

1《毛泽东选集》第2卷，人民出版社1991年版，第388页。
2 田越英主编：《大抗战：同仇敌忾》，九州出版社2016年版，第186页。
3 范泉主编：《中国现代文学社团流派辞典》，上海书店出版社1993年版，第444页。

“晋察冀北岳区文救会”，专门负责冀西和晋东北的文化救国领导工作，把工作任务的重心转移到了建设乡村剧团的文化建设上。1945 年，抗战胜利后，该会解散。

晋东南文化界救国联合会。1940 年 9 月正式成立。其前身是 1939 年 5 月 4 日在晋东南文化界人士和各文化机关团体的联合推动下组建起来的晋东南文化界救国总会（简称“文总”），其成员包括“民革社”“抗战生活社”等团体成员和李伯钊、杜润生、王振华、安岗等人。该总会的工作方针是：“促成文化统一战线，群策群力，以特殊武器贡献抗战；推动组织各文化团体、各级文化组织；对敌伪进行有计划有领导的宣传战；发展深入的大众文化运动，提高大众文化政治水平，推进识字运动，提倡义务教育，辅助政府实施文化教育政策；提倡理论研究；沟通后方的文化工作。”[1]1940 年 9 月晋东南第二次文代大会结束后，正式改名为晋东南文化界救国联合会，其下设立研究部、编辑部、文化服务部、总务股。该会通过设立文化俱乐部，定期组织讲演、诗歌朗诵、演出戏剧等方式促进文艺抗战运动的发展。同时通过编印学术著作，开办文化合作社、文化旅馆等方式发展敌后抗战文艺事业。1941 年，改名为“晋冀鲁豫边区文化界救国联合会”。

晋察冀边区文化界抗日救国联合会。1941 年 6 月 16 日正式成立。成立大会上推选沙可夫、罗东、周巍峙、史立德、叶正煊、金肇野、袄渣、田间等人为常务委员，沙可夫为主任，成仿吾、常青、邓拓等人担任执行委员会委员。该会成立后多次发表《告边区文化界书》，根据抗战形势，提出文化抗战路线的具体任务，召开了多种类型的座谈会、谈论会，该会出版了《文艺报》《山》以及《晋察冀日报》的副刊《晋察冀艺术》等刊物。

除此之外，其他影响力较大的文化团体有沁河文艺协会、边区诗社、

1　范泉主编：《中国现代文学社团流派辞典》，上海书店出版社 1993 年版，第 446 页。

燕赵诗社，晋绥边区有晋西文化界抗日救国联合会和边区文社，全国戏剧界抗敌协会晋东南、晋察冀、冀南、胶东等分会，中华全国音乐界抗敌协会各分会等。到1940年，戏剧运动已经发展到华北各根据地，在华北各抗日根据地，都有一批著名的剧团，如晋察冀边区的光明剧团、抗敌剧团、火线剧团、冀中火线剧团、战地服务团等；晋绥边区的七月剧社、战斗剧社、晋绥人民服务团、文联文工团、吕梁剧社、雁北剧社、民众剧社、大众剧社等，还在各县组建了民间剧团，如离石县的“青妇剧团”“泰山剧团”“奋斗剧团”“娃娃剧团”；晋冀鲁豫边区的星火剧团、先锋剧团、太行山剧团、鲁艺实验剧团、抗大文工团和大众剧社、生产剧团、解放剧团等众多的剧团和剧社，在晋冀鲁豫边区的农村也普遍建立了剧团，仅太行根据地腹心区的武乡县，就成立了160多个农村剧团，较大的村镇都有剧团。[1]

山东抗日根据地是由山东纵队和挺进山东的115师主力共同开辟建立的。随着山东抗日根据地的开辟、发展壮大，以文艺为先锋的抗日宣传活动也在山东各地蓬勃发展起来。创立初期，山东抗日根据地因为规模较小，没有形成统一的文化机构领导和制定文化抗战方针。此时，胶东地区作为根据地率先开展文艺抗战宣传活动的地方，成立了两个特别活跃的文化团体，分别是烟台的“河山话剧社”和荣成的“河山话剧社荣成分社”。

河山话剧社。1937年8月成立于烟台。在其成立大会上推选王梅村、袁侃如、崔砚玉、邵砥如、翟辛灵等人为常务委员会委员，刘景祎为委员长。社名“河山”即“还我河山之意”，社徽以中国版图为底色，上嵌“河山”二字，其中东三省为黑色，表示沦陷。[2]表面上它隶属于国民政府烟台教育辅导区的领导，实际上它是由一群业余话剧爱好者组成的团体，具有很

1 樊吉厚、李茂盛、岳谦厚撰：《华北抗日战争史》下卷，山西人民出版社2005年版，第246页。

2 中共中央党史研究室宣教局、中共党史出版社编：《第二届全国党史文化论坛文集（第三册）党史文化与中国抗日战争研究》，中央党史出版社2015年版，第468页。

强的独立性。该社和河山话剧社荣成分社建立了密切的联系，并且多次得到其政治和业务上的协助，主要出演宣传抗战的剧目，在烟台地区产生了很大的影响。1938 年，烟台沦陷后，该社自行解散，其大部分成员加入了抗日队伍继续进行抗战，成为抗战初期胶东地区一支宣传抗日救亡的重要队伍。

河山话剧社荣成分社。1937 年 7 月 15 日成立于荣成。是在荣成县中共地下党组织的领导下，由共产党员曹漫之、李耀文、蔡宗保等人发起建立起来的群众性文艺组织。其前身是 1936 年下半年成立的青年剧团，在民众教育馆内组织活动。全面抗战爆发后，中共山东特委为了开展抗战宣传，把青年剧团正式改为河山话剧社荣成分社，其骨干成员还包括李淑媛、蔡玉君、李庆堉、李蔚川、蔡秀荣、李光增、唐雪芹等 20 多人，后来人数增加到 80 人，分社成员大部分都是爱国青年和学生。分社下设了讲演队、歌咏队、戏剧队，并且进行了专门的分工。讲演队主要负责在演出节目之前，以演讲的方式控诉日本侵略者的残暴罪行，宣传党的抗日政策，号召人民团结起来，共同打败日本帝国主义；歌咏队主要是自唱和组织教唱群众抗日歌曲，如《流亡三部曲》《抗日进行曲》《抗日救国歌》等；戏剧队主要负责演出反映抗日救国和痛斥叛国投敌的剧目，如《放下你的鞭子》《血洒卢沟桥》《五月的鲜花》等。[1] 在荣成县一带，分社成员通过讲演、唱歌、演出话剧等方式，积极开展抗日救亡的宣传。通过开展“民先”活动，发展“民先”队员，举行各种形式的抗日救亡活动，促进群众性抗日救亡运动的开展是该社另外一个重要的工作。[2] 随着河山话剧社荣成分社的影响力越来越大，引起了国民党反动派的注意，1937 年，国民党企图对该社进行强行解散，后来在该社曹漫之和李耀文的据理力争之下，以最终归属国民党政训处的领导结束。该社虽然名义归属国民党政训处领导，但取得了在政治上的合法地位，为开展

1 中共荣成县委党史资料征集研究委员会编:《荣成党史资料》第 1 辑，1986 年 6 月，第 106 页。
2 中共荣成县委党史资料征集研究委员会编:《荣成党史资料》第 1 辑，1986 年 6 月，第 108 页。

抗日宣传工作创造了有利条件。1938 年 2 月，日军攻占胶东，河山话剧社等文艺抗战团体被迫解散，其大部分骨干成员为了配合天福山起义，都加入了 1937 年 12 月 24 日成立的山东抗日救国第三军，继续投身于抗日斗争。

除此之外，蓬莱、黄县、掖县等地比较有影响的剧团有国防剧团、人民剧团、抗战剧团、民众剧团、七二剧团、蓬莱剧团、前线剧团等 20 余个。

在交通闭塞、文化相对落后的鲁中南、鲁西北、冀鲁边等地区也相继建立了一系列文艺抗战团体。如 1937 年在沂南成立兴旺庄剧团，是由春农、马春才、马保甫、刘现林等地下党员发起建立的；抗日部队内还成立了一些专业文艺团体，如山东纵队成立了鲁迅艺术学校宣传大队、抗敌自卫军的宣传大队、姊妹剧团、鲁南的火炉剧社、黎明剧社。在鲁西北地区，1937 年 12 月在共产党党员刘定一等人的发起下组建了聊城孩子剧团，1938 年改名为鲁西北抗战移动剧团，在各地进行巡回演出。在渤海地区还活跃着一个大众剧团，是由广饶抗日动员委员会筹办的，因为剧团成员年龄偏小，被人称为“娃娃团”。

1940 年秋开始，日军对中国共产党领导的敌后抗日根据地进行了大扫荡，除了直接的军事进攻以外，在文化上通过组织“新民会”等汉奸伪组织，采取奴化、分化、麻痹等手段，积极进行文化侵略。给山东抗日根据地造成了严重的困难：“1942 年根据地面积较 1940 年缩小三分之一，人口由 1940 年的 1200 万减至 750 万，八路军人数减少了四分之一。”[1] 在这种严酷的环境之下，一些剧团被迫进行解散或者精简化，如国防剧团和抗战剧团由胶东的一些剧团精简而来，胶东剧社变为鲁迅剧团；山东鲁迅艺术学校和山东战地服务团则合并组成鲁迅宣传大队等。1940 年 1 月毛泽东发表了《新民

---

1 穆敏编著：《山东抗日根据地的文化》，中共党史出版社 2005 年版，第 22—23 页；中共中央党史研究室宣教局、中共党史出版社编：《第二届全国党史文化论坛文集》（第三册）《党史文化与中国抗日战争研究》，中央党史出版社 2015 年版，第 470 页。

主主义论》，为各根据地文艺抗战运动的健康发展指明了前进的方向。于是中共山东分局决定把全省分散的文化机构、文化工作者组织起来，建立统一的文化领导机构，以便更好地发挥文艺作为抗战武器的作用。

山东各界救国联合总会。1940年7月26日至8月26日在沂南青驼寺举行的成立大会上正式成立。大会成立了"战时工作推行委员会"，其下开设教育组，对全省的所有文化教育宣传工作进行统一领导，黎玉为组长。

山东省文化界救亡协会。1940年8月6日正式成立，在成立大会上讨论通过了组织章程和工作纲领。其工作纲领明确要求：团结与动员全山东的文化界，"广泛开展山东文化组织"，"普遍成立各文化团体，尽量巩固发展与壮大，建立并健全教职员救国会、戏剧协会、文艺研究会、青年记者协会以及文化小组等新的文化团体"[1]。该会成立后，开展了一系列促进山东抗日根据地文化抗战运动发展的工作。如推动胶东、鲁南、清河等地成立文化救亡协会以及本省各专业协会的建立；开展各种形式的文化团体抗战宣传活动；以座谈会的形式把文化界人士团结起来，促进新民主主义文化理论的宣传。此后，山东抗日根据地的文化抗战运动逐渐走出低谷，队伍逐渐壮大。

1944年，随着对日军开始局部反攻，山东抗日根据地的文化抗战运动更加频繁开展起来，越来越多的文化团体走上前线宣传抗战，对前线和后方医院的工作进行大力支持。胶东文协组织文化服务团和西海、北掖文化服务团深入根据地军民中进行访问，在部队的2个月时间里，组织慰问晚会32次，创作剧本20多篇，发表40多篇战地通讯。[2]渤海区的耀南剧团和鲁迅宣传队经过合并，随部队开赴前线，通过大鼓、说书、快书等民间文艺方式进行战地宣传。

---

1 山东省档案馆、山东社会科学院历史研究所合编：《山东革命历史档案资料选编》第5辑，山东人民出版社1982年版，第341、第342页。

2 穆敏编著：《山东抗日根据地的文化》，中共党史出版社2005年版，第91页。

（三）华中抗日根据地的文化抗战团体

全面抗战爆发后，根据国共两党达成的协议，原南方8省13个地区的红军游击队改编为新四军。随后他们深入华中日军敌后，同日伪军进行艰苦卓绝的战斗，至1940年年底，先后开辟了苏南、皖东、豫皖苏边、苏皖边、苏北、鄂豫边等抗日根据地，开辟建立了华中抗日根据地。华中抗日根据地和新四军非常重视文化抗战的工作。陈毅提出必须立即建立起各类文化事业单位，来推动文化抗战运动的发展，“在苏北应该有大小报馆、大小书店、大小印刷局、大小图书馆、大小剧团、大小艺术作品、大小学校来担负苏北文化工作的任务”。[1]华中抗日根据地和新四军热烈欢迎和号召广大文化工作者和爱国青年参加文化抗战工作，一大批著名的文化界人士如范长江、邹韬奋、贺绿汀先后来到苏北，在各界人士的共同努力之下，先后成立了大批文化抗战团体，华中抗日根据地的文化团体所开展的文艺工作为中国共产党领导的文化抗战运动作出了不可磨灭的贡献。

拂晓剧团。1938年11月成立于豫东杞县，是新四军游击支队（后改编为第四师）领导的一个文艺工作团体。负责人为刘岘、路丁，其成员主要以大同中学的十几个学生为主，彭雪枫同志亲自命名为“拂晓剧团”，左奇和高维进先后担任团长。该剧团以一面绣有“啼唱雄鸡”文字，下绣五颗红星的布幕作为剧团标志。刚成立时，因为各方面条件的限制，该剧团主要以演出歌舞、活报剧和小型独幕话剧为主。1939年随新四军开赴新兴为部队将士进行演出，1940年，新四军专门建造了一个大礼堂“精忠堂”，该剧团和新四师宣传部的一些戏曲爱好者在精忠堂为部队巡回演出《法门寺》《打渔杀家》以及新编的《徐大将军粉碎日寇扫荡》等京剧，受到了当地军民的

1 吴清健、徐海生、汪海燕：《新四军文化艺术的“摇篮”》，《黄山日报》2005年9月5日。

热烈欢迎。1940年秋，该剧团人数增加到30多人，随新四军到达蒙城县东界沟集，在当地利用传统京剧的形式改编以抗日为内容的新京剧，如《送军粮》《傻小子打游击》《刺寇》等，开展抗日的宣传。不久，开封孩子剧团、萧县抗敌宣传总队相继加入拂晓剧团，使得该剧团进一步壮大。1942年夏，抗大四分校的生活剧团、新四军第六旅的海燕剧团加入拂晓剧团，同时积极欢迎各地爱国进步青年的加入，剧团规模进一步扩大，人数达到100多人。1943年，该剧团为更好地开展抗日宣传工作，开始将剧团分为戏剧、美术、音乐、舞蹈4支队伍，继续跟随新四军部队进行抗日宣传和演出。对于拂晓剧团在抗日宣传中发挥的独特作用，新四军第四师师长和政委彭雪枫把拂晓剧团当作"三宝"之一。[1]

大江剧团。1942年年初成立。该剧团接受新四军第七师政治部的直接领导，其主要成员以中共无为县委宣传队的十几名队员为主，大部分是当地刚参加革命的中学生。团长为叶诚（原无为县宣传队队长），汪克之为副团长。大江剧团的主要任务是把文艺作为手中的武器，开展抗日救亡运动的宣传，号召广大群众紧密团结起来抵抗日寇的侵略。剧团刚成立时，因为当地的抗日军政大学分校还未建立起来，于是大江剧团承担着参加革命的知识青年的培训任务。该剧团除了负责教授音乐、戏剧等专业知识与技能；还负责讲授文化、政治理论等革命知识，通过培训工作，为根据地培养了大批优秀文艺干部和工作人才。大江剧团在其下设立两支队伍，一支是话剧队，傅圣谦为队长；一支是歌咏队，东峰、冯灿文为队长，管荫深担任音乐指导员。该社团的成员们通过围绕新四军的现实战斗情况，自己创作和编写剧本、歌曲、漫画等，如活报剧《送郎参军》《支援前线》和歌剧《农村曲》《银屏山下》以及话剧《自卫队》等，这些作品痛斥日军的野蛮罪行，讴歌了新四

1　吴云峰：《新四军戏剧活动探析》，《黄山学院学报》2007年4月第9卷第2期。

军军民英勇抗击日寇，极大地增强了根据地军民抗日的热情和信心。[1]大江剧团还组织成员深入边远乡村、战地前线以及接近敌占区等地方进行抗日宣传，在当地引起了很大的轰动，受到了群众的热烈欢迎。该剧团的成员平常除了演出和排练节目以外，还组成工作小组，深入群众之中开展减息减租斗争的宣传，动员当地青壮年参军，组织民兵民工支援前线等政治运动。1943年，大江剧团按照新四军各师的统一名称，改名为新四军七师政治部文化艺术工作团（简称“七师文工团”）。

苏北文工团。1942年初冬正式成立。是在中共苏北区委的领导下成立的，成员主要由来自上海、苏南、苏北以及浙东根据地的知识分子和青年干部组成，人数有五六十人。团长为邓野，方徨为导演，其演唱的剧目以当地的淮剧为主。在日伪军发动大扫荡以后，该团组织成员分散到各地方文工团、文艺队和盐阜下面剧团活跃的县城继续进行抗日宣传工作。1945年5月，盐阜地下党委将9个县的文工团重新合并为苏北文工团，继续进行文艺工作的宣传。

湖海艺文社。1942年11月5日正式成立，是一个统一战线抗战文化团体。在新四军前往开辟苏北抗日根据地时，在陈毅的号召下，该社的成立得到了韩紫石、顾希文、庞友兰、杨芷江等著名文化界人士支持和参与。1942年10月，在盐阜区召开的首届临时参议会上，陈毅召集范长江、李一氓、阿英等人商量筹划和成立文艺社的相关事宜，经过激烈讨论之后，最终由陈毅、彭康、阿英、庞友兰等人共同发起成立。该社通过《盐阜报》《新知识》等杂志刊登社员的作品，引起了很大的社会影响。1943年春，日伪军发动针对抗日根据地的“大扫荡”之后，该社停止了活动。

苏北文化协会。1941年4月16日成立于盐城。1940年年底至1941年

1 北京新四军暨华中抗日根据地研究会编：《铁流6：新四军文化工作专辑》，解放军出版社2002年版，第443页。

年初，随着华中抗日根据地众多文化团体的建立，敌后抗战文艺事业得到了蓬勃发展。在这种形势下，新四军领导人刘少奇和陈毅在听取彭康、薛暮桥等人提议后，决定筹建苏北文化协会。在其成立大会上，有来自苏中地区、苏北 7 县等文化界的 300 多人参加。陈毅代表新四军作了《为广泛开展苏北新文化事业而斗争》的主题报告，刘少奇、彭康和奥地利友人罗生等人也作了报告。大会通过了苏北文化协会的宣言、简章和工作纲领，推选出钱俊瑞、夏征农、许幸之、薛暮桥等 25 人为理事，钱俊瑞担任理事长。该会成立后，进行了一系列卓有成效的工作。一是扩大苏北文协组织，积极推动各种专门协会的成立，5 月，苏北戏剧协会和诗歌协会相继成立。在此期间，各地方的分会、支会如雨后春笋般建立起来。二是通过举办培训班、座谈会等形式，提高成员的文化素养，加大文化抗战的宣传。5 月 8 日，召开了苏北美术运动座谈会。6 月 12 日，苏北诗歌协会召开了诗歌大众化座谈会。还通过短期培养文艺骨干，深入乡村进行抗日的宣传工作。三是采取多种方式来鼓励文艺工作者进行创作。苏北文协和诗协在《江淮日报》专门开辟《新诗歌》专页，戈茅的《风车曲》、陆维特的《麦香》、许幸之的《黄金谷》、辛劳的《新十四行诗》等作品先后在上面发表。[1] 苏北诗协还组织街头诗运动，促进诗歌大众化，苏北文协举办民间书报流动展览会，与鲁艺分院联合举办了 5 期“民众画廊”等。四是加强苏北文艺界与全国文艺界的联系。6 月 12 日，该会筹备成立了全国文协苏北分会，以黄源、彭冰山、蒋天佐、林钰等 16 人为理事。6 月 24 日，苏北文协理事长钱俊瑞在接受记者采访时，对邹韬奋等 9 人于 5 月 29 日在香港发表的《我们对于国事的态度和主张》九原则表示支持，并向邹韬奋等 9 人致敬。[2]1941 年 7 月，随着日

1 中共江苏省委党史工作办公室编：《新四军和华中抗日根据地文化建设史》，南京林业大学印刷厂印刷，2000 年，第 161 页。

2 中共江苏省委党史工作办公室编：《新四军和华中抗日根据地文化建设史》，南京林业大学印刷厂印刷，2000 年，第 162 页。

伪军对盐城发起“大扫荡”，苏北文化协会被迫进行转移，停止了活动。

为了促进戏剧抗日事业的发展，新四军和华中抗日根据地成立了许多剧团。这些剧团包括新四军军部成立的军服务团戏剧队和各团所组建的戏剧组。另外新四军第二师和淮南地区的剧团有直属第二师的抗敌剧团、第四旅奋斗剧团、第五旅前锋剧团、淮南的大众剧团、新四军第三师第九旅奋斗剧团、第四师第十一旅铁流剧团。[1]

除此之外，华中抗日根据地其他影响力较大的文化团体有上海慰问团、新四军战地服务团、国民救亡歌咏协会宣传团、上海歌咏界战士服务团、鲁迅艺术工作团（又叫江淮鲁工团）、三师鲁迅艺术工作团（又叫黄河鲁工团）、舒城大众剧团、开封孩子剧团、颍滨中学的前锋话剧团、简易师范的海燕话剧团、解放剧社、无锡抗日联合会战地服务团、延陵战地服务团、江南抗日义勇军战地服务团、豫皖苏边抗敌文化协会、津浦路东宣教团、天长宣教团、苏北文协苏中分会、苏北戏剧协会、苏北木刻协会、苏北诗歌协会、淮海实验京剧团、前线话剧团，以及各地农村剧团和儿童剧团等。

（四）华南抗日根据地的文化抗战团体

1938年10月，广州沦陷后，在中国共产党的领导下，广东东江和海南岛人民抗日游击队和人民群众英勇地开展敌后抗日游击战争，经过艰苦卓绝的奋战，逐渐建立了华南抗日根据地。其主要包括东江抗日根据地、琼崖抗日根据地、珠江抗日根据地。华南抗日根据地的党组织和军队特别重视文化抗战事业建设，一方面，积极开展抗日的文艺宣传工作，组织发动人民群众，充分发挥文艺作为对敌斗争武器的作用；另一方面，通过建立各种文化团体，促进根据地文学艺术和文化抗战运动的蓬勃发展。

1 樊为之：《延安时期党的文化建设研究》，陕西人民教育出版社2012年版，第368页。

东江抗日根据地在各游击区和独立作战的部队中，建立了自己的剧团、政工队、宣传队，先后成立了几十支文艺队伍。

东江流动歌剧团。1939年年初正式成立于香港九龙。全面抗战爆发后，在中国共产党的积极推动下，广大海外同胞掀起了支援国内抗日的热潮，除了直接的物资捐献外，还成立了东江华侨回乡服务团等团体，组织华侨和港澳地区的爱国青年回国参战。东江流动歌咏团就是其下的一个剧团，也是东江抗日根据地刚建立时成立的第一个文艺团体，陈跃群为团长，陈一民为政治指导员。该团成员以自愿报名参加的香港学生、工人和店员为主，共17人，年龄最大的为24岁，最小的为16岁。该团以成员的自觉自愿对工作进行分工，如指导员陈一民负责全团的思想教育、对外联系和与党组织的联系工作，团长程跃群负责全团艺术指导和导演工作，年龄最小的学生李休好负责剧团《奔流》刊物的出版等，学过医学的余晓负责给全团的人看病等。[1]该团从坪山乡出发，在东江根据地进行巡回演出，采取白天走路、晚上排练的方式，每走到一个地点，就在当地演出戏剧宣传抗日，受到了当地群众的热烈欢迎。除了进行戏剧演出之外，该团还协助游击队教唱抗日歌曲，在经过大街小巷时采取贴标语、画漫画、印发抗日宣传单等方式宣传抗日。在横岗和龙岗两地时，为当地群众演出了《放下你的鞭子》；在坪乡演出了《太阳旗下》《张家店》等改编的新剧目；在赤石圩，排演了《重逢》《八百壮士》《越狱》；在海丰县城，公演了《飞将军》《码头工人》《死里求生》等。[2]在途中遭遇到日寇飞机的威胁，但是歌剧团成员没有丝毫畏惧，继续坚持演出，号召民众团结起来抵抗日寇的侵略。歌剧团的成员放弃学业、工作和安定的生活，告别亲人来到根据地进行抗日宣传，使得当地的群众受

1 政协广东省海丰县委员会文史资料研究委员会编:《海丰文史》第5辑，海丰县人民印刷厂，1987年11月，第116页。

2 中共广东省党史研究室编:《广东党史资料》第34辑，广东人民出版社2000年版，第103页。

到深深的鼓舞，唤醒了根据地群众的爱国之心，各阶层的民众纷纷加入抗日的浪潮之中，这引起了国民党反动派的恐慌，对歌剧团的行动采取严密的监视和限制。东江流动歌剧团被迫解散，其成员一部分加入游击队，一部分返回香港。

惠青剧团。1939年6月正式成立。是由中共香港海委领导的惠阳青年会组织一批港九爱国青年组成的，邓培基为团长，黄国伟为指导员。其成员有黄进友、梁潜、李宝琴、邝逸、黄碧伦、郭村、李雷、沙平、李特、卢路、莫秉莹等10多人，其中年龄最大的20多岁，最小的十四五岁。该团的任务是：深入偏远乡村，通过教唱抗日歌曲，演出抗日戏剧，面向当地群众开展抗日救亡运动的宣传；在大街小巷张贴抗日救亡的标语、开办夜校普及群众知识；做好群众工作，组织动员广大群众团结起来抵抗日寇的侵略。8月初来到宝安县深圳镇，在当地演出了《放下你的鞭子》。剧团来到横岗、龙岗两地之后，一边学习客家话，一边利用圩期演出街头剧，受到了当地群众的热烈欢迎。在坪山，指导员黄国伟为当地群众分析了全国和东江的抗战形势，演唱了《游击队之歌》，同时梁潜用客家话演出了独幕剧《死里求生》。在坪山，第四战区游击挺进纵队新编大队长曾生专门来看望剧团同志，勉励他们克服各种困难，完成组织交给他们的任务。1940年2月，剧团返回深圳镇、黄贝岭、沙湾一带进行抗日救亡的宣传，在当池通过筹建夜校、召开座谈会等方式继续开展抗日救亡工作。1940年，国民党部队进攻坪山后，剧团被迫转移，5月，正式解散。剧团成员有的参加了东团；有的返回港九；有的留在坪山；有的参加筹备宝安青年会。

东江流动剧团。1943年年初正式成立于广九铁路西侧的路西地区。谭军为团长，萧英为副团长，叶一萍、何值为政治服务员，林榆为导演，该团刚成立时只有8人，后来发展到了30多人。1941年太平洋战争爆发后，华南抗日根据地不断深入敌后开展游击战争，根据地规模逐渐扩大，抗日队伍力量不断增强。尤其是香港沦陷以后，大批香港文艺界人士前往东江抗日根据地，使得当地的文艺抗战队伍迅速壮大。该剧团跟随东江游击队开赴前线，游击队前往哪里，他们就在哪里开展抗日宣传工作。在根据地先后演出了话剧《新的区长》《生面人》《谷的风波》《大地回春》《路西一年》和短剧《奇袭南头》《圣诞节之夜》《邹韬奋之死》等。1944 年 12 月由孙儒创作的《路西一年》在东江纵队建立一周年大会上首次演出后，引起了巨大的反响，该短剧真实反映了东江路西游击区的队员、群众与日寇进行艰苦卓绝的斗争，建设东江抗日根据地的历程。[1] 后来东江纵队其他的文艺队伍也多次在东江、北江、潮汕等地区演出该剧，受到了当地群众的热烈欢迎。

新编大队政工队。1939 年冬成立。该队是活跃在越南的安南华侨青年国防话剧流动宣传队回国参加抗战后，经八路军驻香港办事处的介绍，参加第四战区游击挺进纵队新编大队成立的政工队，也是东江根据地游击队成立的第一支政工队伍。凌勇毅为队长，刘山鹰、邢崖生为副队长，成员有 10 多人。该队成立后，先后前往龙岗、横岗等地进行巡回演出，开展抗日救亡宣传工作。1939 年 1 月，国民党召开五届五中全会后，掀起了“反共”逆流。此时，政训员蔡国良担任政工队队长，政工队跟随部队向海陆丰转移，在行军途中，该队运用文艺的武器为开展抗日救亡运动作出了巨大的贡献。

除此之外，华南抗日根据地其他影响力较大的文化团体有第三大队流动宣传队、东宝行政督导处政工队（代号“天府”）、东江纵队政治部政工队（代号“拖拉机”）、“铁流队”、“火星队”（又叫燎原队）、“三龙”政工队、“云雀”政工队、“铁流”政工队、“马达”政工队、北江流动剧团、西北支队政工队等。

七七事变后，在琼崖特委的组织发动下，琼崖抗日根据地的抗日救亡运

1 中共广东省党史研究室编：《广东党史资料》第 34 辑，广东人民出版社 2000 年版，第 105 页。

动迅速发展起来，先后组建了一批文艺抗战团体，为抗战宣传服务。

随军服务团。1939 年春正式成立。祝菊芬为团长，许玉梅为副团长，该团成立后，组织成员深入偏远农村，通过演出活报剧和演唱抗日歌曲等形式开展抗日救亡运动的宣传。在当地放手发动群众开展支援前线的工作，组织群众性的抗日救亡运动，同时通过为部队组织各种文化娱乐活动来对部队的指战员进行抗战文化教育。

回乡服务团歌剧队。1939 年冬正式成立。全面抗战爆发后，海外侨胞纷纷支援祖国的抗战，相继组建了各种回乡服务团回国参战。1939 年夏秋，港澳同胞和南洋粤籍华侨组建了琼崖华侨回乡服务团，该团成立后，立即返回家乡开展抗战活动。通过组织成员深入琼崖城乡各地进行文艺演出来开展抗日救亡运动的宣传。1939 年冬，回乡服务团歌剧队在歌咏队的基础上正式组建起来，队长和导演由韩骏担任，副队长由周训堂和蔡烁担任，音乐指挥为朱明，总共有 50 名队员。其下设立了总务组，许声浪为组长；救护组，冯敬文为组长；壁报组，陈继成为组长；歌剧组，韩骏为组长。该队在成立的一年时间里，在琼文根据地乡村一带进行巡回演出。先后演出了《义勇军进行曲》《黄河大合唱》《大刀进行曲》《打回东北去》《枪口对外》《抗日到底》等大合唱；《重逢》《铁蹄下的女性》《救治伤员》等话剧；《大义灭亲》《来一个杀一个》等琼剧；《有今日何必当初》等独幕剧。[1] 回乡服务团歌剧队和敌人展开了灵活多样的斗争，当外部环境有所改善时，就积极组织排练戏剧和教唱抗日爱国歌曲，在当地群众中开展抗日救亡运动的宣传。反之，则组织队员分散到各地进行活动，以民运工作队的名义继续开展抗日救亡宣传工作。

青年剧团。1940 年春正式成立于澄迈美合抗日根据地。团长为符才

1 中共广东省党史研究室编：《广东党史资料》第 34 辑，广东人民出版社 2000 年版，第 110 页。

三，总共有20多名成员。该团成立后，深入美合根据地周围的南坤、仁心、岭仓、岭肚、滕寨等地的乡村开展抗日救亡的宣传，先后在当地演出了《大义灭亲》《参军与送粮》《五家婆》《爱河潮》《黄金一友情》《战斗凯歌》《夜攻碉堡打伪军》等经典抗日剧目。国民党召开五届五中全会后，逐渐转向消极抗日，不断刻意制造国共两党之间的摩擦。1940年12月15日，国民党当局派兵进攻美合抗日根据地，此即“美合事变”。琼崖根据地的特委，为了保存抗日力量，维护抗日民族统一战线，率领部队主动撤出了美合根据地，转入敌后继续进行抗日斗争。青年剧团被迫停止行动，其成员全部加入游击队各部队。

第一总队政治部歌剧团。1941年7月正式成立。1940年“美合事变”后，琼崖根据地领导机关和部队转移到琼山县，在当地建立了根据地。通过多次组织打击日伪军的军事行动，进一步巩固和壮大了琼文根据地。1941年7月，根据地总队决定从根据地各部队、各县政府以及从海外回国的粤籍华侨回乡服务团中抽调一批文艺青年，组建第一总队政治部歌剧团。由周珠江、郑放先后担任团长，连金光担任副团长，刘青云担任政治指导员兼音乐指挥员，总共有30名成员。该团成立后，一直跟随游击队深入琼文根据地和六连岭根据地的群众之中开展抗日救亡文艺运动的宣传。在当地先后演出了《模范乡长》《人兽之间》《新婚之夜》《孤胆英雄江凤祥》《一念之差》等话剧；活报剧《祝浪桥大捷》等；《保卫黄河》《游击队之歌》《到敌人后方去》《全琼总动员》《延水谣》《八路军之歌》《送郎参军》等歌曲。[1]该团曾经配合第二支队的队员前往琼山县一带的乡村进行抗日宣传活动，在国统区农村通过举办军民文艺联欢、教唱抗日歌曲等方式开展宣传工作，建立文艺抗战团体基层组织，受到了当地群众的热烈欢迎。1942年1月23日，该团

1 中共广东省党史研究室编：《广东党史资料》第34辑，广东人民出版社2000年版，第111页。

在团长郑放的带领下，随军参加琼崖地区的“大水战斗”，在前线激励士兵的士气，取得了很大的战果。战斗结束后，前往后方医院对受伤的士兵进行慰问。同年冬，因为日寇的“大扫荡”，歌剧团被迫解散，其成员前往各部队继续开展抗日宣传工作。

除此之外，琼崖抗日根据地其他影响力较大的文化团体有独立纵队政治部歌剧团、琼崖抗日剧社、琼海话剧团等。

二、中共领导的国统区进步抗战文化团体

1937 年 7 月 7 日，日本发动全面侵华战争以后，中国共产党立即号召全民族团结起来共同反抗日本侵略者，呼吁建立抗日民族统一战线。除了在前线浴血奋战的英勇战士，中国共产党在国统区领导文化界人士以各种形式大力开展救亡文化运动，掀起了大规模的文化抗战运动高潮，随后在国统区相继成立了一系列进步抗战文化团体。

（一）抗战爆发初期的文化抗战团体

1931 年，日本发动九一八事变后，上海文化界爱国情绪高涨，当时在上海的党中央立即发表宣言，号召全国各阶层的民众团结起来，把日本侵略者赶出中国东北。上海文化界人士在党的领导下，纷纷投身于抗日救亡斗争中，先后成立了大批文化抗战团体。卢沟桥事变后，众多文化界的知名人士齐聚上海，此时上海成为国统区文化抗战救亡运动的中心，在中国共产党建立抗日民族统一战线的指导下，文化界进步抗战文化团体纷纷在此成立。

中国左翼作家联盟（简称“左联”）。1930 年 3 月 2 日在上海正式成立。“左联”是由中国共产党领导的文化团体，成立大会上推选出鲁迅、钱杏邨、沈端先、田汉、冯雪峰、洪灵菲、郑伯奇 7 人为执行委员会常委，周全平、

蒋光慈等人为候补委员。“左联”内设立了秘书处、组织部、宣传部、工农兵通讯委员会、编辑部、总务部。其下设立了马克思主义文艺理论研究会、国际文化研究会、文艺大众化研究会、创作批评委员会、小说研究会、诗歌委员会等机构，并在北平、天津、东京、广州等地相继成立分会。[1] 九一八事变爆发后，鲁迅、胡愈之、陈望道、郁达夫等人在《文艺新闻》第29号上，以《文化界的观察与意见》为题，发表文章抨击日本的侵略，号召全国人民团结起来共同抵抗日本的侵略。

上海文化界反帝抗日同盟。1931年12月19日在上海四川路青年会食堂正式成立。日本帝国主义对我国东北的野蛮侵略行径，引起了上海文化界人士的极大愤慨，他们一致认为“上海文化界中多数纯正优秀的分子感到有坚强的组织作积极的行动之必要，特发起组织文化界反帝抗日同盟”。[2] 于是决定共同组建文化界反帝抗日同盟。成立大会上推选出胡愈之、傅东华、周建人、夏丏尊、丁玲、蓬子、适夷、沈起予、袁殊、邓初民、钱啸秋11人组成执行委员会。规定同盟的任务：“为团结全国文化界，作反帝抗日之文化的运动，及联络国际反帝组织。”[3] 该同盟成立后，积极开展抗日救亡的宣传，推动上海文化界人士投身于抗日救亡运动的浪潮之中。

上海文化界救国会。1935年12月27日在上海正式成立。华北事变后，民族危机日益加深。1935年12月9日，由北平学生组织的一二九运动得到了全国各地的响应。1935年12月12日，在沈钧儒、马相伯、邹韬奋、章乃器等人的发起下，联合300多名上海文化界人士共同组建上海文化界救国会，成立大会通过了会章，并且提出了8条抗战救国的主张，得到了全国文化界的热烈响应和支持。在上海文化界救国会的带动下，各种救国会

1 中共上海市委党史研究室、上海鲁迅纪念馆编，王锡荣著：《“左联”与左翼文学运动》，上海人民出版社2016年版，第256页。

2《“九一八”——“一二八”上海军民抗日运动史料》，上海社会科学院出版社1986年版，第83页。

3《文化人的大联盟》，《文艺新闻》第42号第2版，1931年12月28日。

相继成立。1936 年 11 月 22 日，救国会的 7 位领导人遭到了国民党当局的拘捕，引起了社会的一片哗然，最终在宋庆龄、何香凝等 16 人的积极营救和社会各界的声援下，被释放。1936 年，在一・二八抗战 4 周年全市纪念会上，联合上海妇女救国会、大学教授救国会以及大中学校救国会组织共同成立了上海各界救国会。

除此之外，九一八事变后，在上海成立的影响力较大的文化抗战团体主要有上海教育界抗日救国联合会、大学抗日救国联合会、中学抗日救国会、中国著作家抗日会、上海职业界救国会、上海国难教育社、上海学生救国宣传团等。

七七事变后，为了调动广大知识分子的力量，通过开展抗日救亡运动、传播知识来唤醒民众进行抗日。1937 年 7 月 28 日，文化界 500 多人齐聚上海，正式成立了上海文化界救亡协会。这是全面抗战爆发后上海地区成立最早、影响最广的一个文化界救亡团体。是一个由文学、戏剧、电影、音乐、美术、教育等社会各界进步人士和爱国人士组成的统一战线组织，理事包括蔡元培、潘公展、胡愈之、郑振铎、茅盾、巴金、欧阳予倩等 83 人，其宗旨是联合文化界爱国人士，开展抗日救亡运动。设组织、宣传、总务、经济 4 个部，所属有上海戏剧界救亡协会、上海战时文艺协会、上海漫画界救亡协会等。出版机关报《救亡日报》。中共地下党基本上掌握了该会的主要领导权。该协会成立以后，发表宣言积极号召一切不甘于日寇侵略的人们，“都得下决心准备一齐上前线”，尤其是文化界的人士要下定决心“上文化战线，唤醒同胞，组织同胞，共同为抗战救国而奋斗”。[1]1937 年 11 月上海沦陷后仍继续开展活动。1938 年年底和 1939 年上半年，与职业界救亡协会、妇女界救亡协会等团体联合，曾先后组织了两批代表团赴皖南慰问新四军，

---

1 唐正芒：《“笔”血丹心——国统区抗战文化运动史稿》，中国文联出版社 2001 年版，第 33 页。

掀起了支援新四军的热潮。

1935 年 7 月 15 日，中国剧作家协会在上海成立。这是上海爱国戏剧工作者为了团结一致，进行抗日救亡宣传活动而建立的一个文化团体。在其成立大会上，决定由夏衍、崔嵬、马彦祥、冼星海、周巍峙等 20 余人，用集体创作的方法写出第一部反映正面战场抗战的剧本《保卫卢沟桥》，并组织了 100 多人参加演出，经过协会成员的日夜奋战，该剧于 8 月 7 日在上海开始正式演出，演出当天受到了上海人民的热烈欢迎，有力地激发了上海人民的抗战意志。上海八一三抗战开始后，曾参加发起组成戏剧界救亡协会，组织上海救亡演剧队赴内地和前线演出。同时，该协会在刚刚成立时就展现出了在文化战线组织起来的巨大力量。

1937 年 8 月 17 日，上海话剧界救亡协会在上海正式成立。日本发动八一三事变后，上海社会各界掀起了抗日救亡的狂潮。4 天后，上海话剧界救亡协会即告成立，这是在中国共产党的领导下由上海戏剧界进步人士率先成立的统一战线组织。郑伯奇为主席，洪深、欧阳予倩为副主席，马彦祥为秘书长（后由于伶担任），辛汉文、于伶、潘孑农、凌鹤等人为常务理事。同年 8 月 20 日，该会决定成立 13 个救亡演剧队，奔赴祖国各地开展抗日救亡运动的宣传。周恩来对此亲自指示："把大部分救亡演剧队设法组织出发到内地去作爱国抗战宣传工作。上海租界有 500 万人民，要留下几个宣传队，准备上海西郊沦陷后，坚守宣传阵地。"[1] 根据这个指示，从 8 月下旬开始，这 13 个救亡演剧队，除第 10、第 12 两队留上海，其余各队离沪分赴华北、西北、西南、中南等各地乡镇和前线进行抗战戏剧宣传活动。同时，该会还组织了 3 个战地服务团，派往嘉兴、昆山等东战场抗战指挥部工作。一个京剧界救亡演出队分赴上海各电台、伤兵医院、难民收容所演出。该协

1《抗敌演剧队史略》上，《抗战文艺研究》1983 年第 3 期。

会组织救亡演剧队的宣传演出活动，拉开了抗战戏剧运动的序幕。

为了能够进一步团结戏剧戏曲界人士，共同参加抗日救亡宣传活动，在周信芳等人提倡下，由郭沫若、夏衍、田汉、于伶、杨帆、胡萍、高百岁、金素琴、金素雯等20多名著名文化界人士和戏剧界人士共同推动，1937年10月7日，上海戏剧界救亡协会正式成立。该会下设话剧部和歌剧部（主要指平剧），其中话剧部由原来成立的话剧界救亡协会改组而成；而新成立的歌剧部推选出11名常务理事，周信芳为主任，欧阳予倩、高百岁、金素琴、葛次江等人为常务理事，曾焕堂为顾问。[1]该协会成立后，积极组织成员前往上海郊外的前线阵地以及难民收容所等地开展慰问演出，参加募捐活动对难民进行救济，以及通过组织座谈会的形式谈论剧本改编等。同年10月30日至11月7日，参加了上海文化界救亡协会举办的“保卫大上海”的宣传周活动。1937年11月12日，日军攻占上海。上海各界的救亡团体大部分被迫停止公开活动，逐渐撤离上海。留在上海的歌剧队部分成员，在于伶、欧阳予倩、阿英等人的组织下，成立了青岛剧社；在欧阳予倩和周信芳的领导下，先后成立了中华剧团和移风剧社。在此期间，欧阳予倩以“改良平剧运动”的名义，创作出了《渔夫恨》《梁红玉》《人面桃花》等一批宣传抗日的剧目，周信芳编演了《徽钦二帝》《香妃恨》《亡蜀鉴》等一批宣传爱国的剧目，在“孤岛”上海引起了巨大的反响。[2]1938年4月，欧阳予倩被迫离开上海，此后青岛剧社和中华剧团被迫停止活动，日本侵略者多次对周信芳进行人身威胁，但他不为所动，坚持在卡尔登、兰心、璇宫等英租界剧场演出爱国进步话剧和平剧，一直持续到太平洋战争爆发，日军攻占租界，才停止行动。

1《上海文化艺术志》编纂委员会、《上海文化娱乐场所志》编辑部主编：《上海文化娱乐场所志》，上海娱乐场所志编辑部2000年版，第302页。

2 薛理勇主编：《上海掌故辞典》，上海辞书出版社1999年版，第422页。

1937 年 9 月 3 日，孩子剧团在上海正式成立。八一三事变后，日本侵略者对我国上海发动了疯狂的进攻，这给我国上海人民带来了巨大的灾难。无数人流离失所，其中就包括很多临青学校的中小学生，他们聚集在沪西思派亚戏剧难民收容所里。国难教育社地下党组织领导人王洞若把他们组织起来，在临青学校的基础上成立了一个少年文艺团体，取名“孩子剧团”。正式成立之时，共产党员吴新嫁担任团长，全团一共 22 人。成员有：林犁田（许翰如）、许立明（许森）、张莺、傅承谟（陈模）、张宗元（张承祖）、奚立德、罗立韵（罗真理）等人，年龄跨度为 8—16 岁，他们向全社会发布了令人特别感动的宣言：“我们虽然没有了爸妈，没有了家庭，成了流离无靠的孤儿，但是我们没有哭，没有伤心，相反的，只有快乐，只有怒恨，只有振作。”“我们不能上前线去同鬼子拼”，只有以过去爱好的演剧、唱歌“来为国家服务，为民族尽力”。[1] 孩子剧团成立后，前往上海当地的难民所里教唱或演唱《义勇军进行曲》《大刀进行曲》《救亡进行曲》等歌曲，又给难民们表演《捉汉奸》《任丹胡子》《街头》等儿童剧。这些演出取得了很大的成功，影响力也越来越大，他们受到了很多单位的邀请。曹荻秋等共产党员和进步人士在观看了他们的演出后，对他们给予了高度的赞扬，称赞他们是“抗战中一支重要的力量”。

在中国共产党的领导下，孩子剧团不仅有组织地深入上海的小街各处、工厂和学校进行演出宣传抗日救亡，而且负责将难民收容所其他 200 名小孩组织起来，开展小先生训练班的教育工作以及邀请其他少年文艺团体一同组织上海市的儿童星期座谈会等宣传教育工作。1937 年秋冬，加入上海戏剧界救亡协会，在各地开展抗日救亡演剧活动，造成了很大的影响。上海被日军攻占以后，此时紧迫的形势已经不允许孩子剧团继续在租界开展正常的

1 唐正芒：《“笔”血丹心——国统区抗战文化运动史稿》，中国文联出版社 2001 年版，第 37 页。

抗战宣传演出了。这时，剧团的领导人经过分析讨论，最终决定让共产党员林犁田（许翰如）带领孩子剧团前往武汉继续进行抗日宣传。在前往武汉之前，林犁田将剧团改名为“孩子旅行剧团”，同时还发表了《孩子旅行剧团缘起》，表示要“以全中华民族作为我们的家”，“以全中华民族的土地作为我们的课堂”，“以全中华民族的大人们作为我们的爸妈”，要“在敌人的炮灰下生长起来”，“在全中华民族的解放中生长起来”，在民族革命战争中“创造出儿童们更新成绩出来”。[1]他们分批离开上海以后，经南通、徐州、郑州，一路上坚持做抗日的宣传，开展演戏唱歌，经过3个多月的长途跋涉，终于在1938年1月抵达武汉，在这里开启新的抗日宣传生活。4月，孩子剧团被国民政府军事委员会政治部收编，由第三厅厅长郭沫若领导，蔡馥生任政治指导员，郑君里任艺术指导。在周恩来、郭沫若、田汉、洪深等中国共产党人和进步人士的指导保护下开展抗日救亡宣传活动。1939年3月，该团迁往重庆，分两队到四川各地农村集镇进行抗日宣传。9月，吴新稼调育才学校工作，由林犁田（许翰如）继任团长。1941年皖南事变后，因演出揭露国民党反动统治的《乐园进行曲》《猴山大王》等剧目，于1942年9月被国民党政府强行解散。

新安旅行团于1935年10月成立于江苏淮安（简称“新旅”）。共14名团员，年龄12—21岁，全部是淮安县新安小学的学生。担任该团领导人的有：徐之光、张平、张杰、张牧、聂大朋、左林、张拓等。成立之初，该小学校长汪连之作为“顾问团员”，率领“新旅”从淮安出发，开始为宣传抗日救亡而进行的长征。在苏、浙、皖、鲁、冀、察、晋、绥8省和南京、上海、北平3市，用演讲、放映抗日电影和幻灯，演出《放下你的鞭子》和《最后一计》等短剧和时事活报剧，组织抗日歌咏队、推销进步书刊等方

1 唐正芒：《“笔”血丹心——国统区抗战文化运动史稿》，中国文联出版社2001年版，第33页。

式，宣传抗日救国。[1]从1938年3月起，正式受中共八路军设在各地的办事处领导。同年11月，“新旅”到达桂林。先后演出了话剧《两年来》《为了大家》，歌舞剧《春的消息》和《虎爷》，还派出代表随中国救亡剧团赴新加坡等地宣传慰问，受到华侨的欢迎。1938年，国民党政府企图收编“新旅”，但他们毫不动摇，坚持鲜明的抗战立场。在皖南事变后，创作并演出了舞剧《反法西斯进行曲》，大型秧歌剧《雨过天晴》，皮影戏《大萝卜》《帮助新四军》等。1941年冬，“新旅”创办了苏北抗日根据地的第一份儿童报纸——《儿童生活报》和《儿童画报》，建立了华中少年出版社，编辑出版了《华中少年》杂志和《华中少年报》。[2]1950年，“新旅”改为“华东新旅歌舞剧团”，1952年春，并入华东人民艺术剧院。

除此之外，上海等地比较有影响力的文化抗战团体还有上海业余实验剧团、上海业余剧人协会、上海戏剧运动联合会、新艺剧社、上海职业界救亡协会、中国妇女抗敌后援会、上海教育界战时服务团、上海教育界救亡协会、上海战时普及教育服务团、上海学生界救亡协会。

（二）以广州、武汉和长沙为中心的文化抗战团体

全面抗战爆发后，广州民众同仇敌忾，在中国共产党的领导下，积极开展文化抗战运动，文化抗战团体相继建立，广州成为抗战初期中国共产党领导的重要文化抗战区域。

上海和南京相继沦陷后，武汉成为当时全国的经济、政治、军事、文化中心，国民党的中央各部门以及中共中央代表团、中共中央长江局和八路军办事处都集中在武汉。文化界的知名人士、各文化机关团体也辗转会聚到了武汉，据统计，当时来武汉的各救亡团体达到200多个，文化界人士数以

1 么书仪等主编：《中国文学通典：戏剧通典》，解放军文艺出版社1999年版，第840页。
2 么书仪等主编：《中国文学通典：戏剧通典》，解放军文艺出版社1999年版，第841页。

千计，此时的江城群英荟萃。除此之外，为了顺应文化界团结抗战的时代潮流，在众多到达武汉的文化界人士的积极组织下，在短期内又成立了许多新的全国性统一战线的文化救亡团体，这也是武汉作为当时文化抗战中心的一个重要特征。

长沙是当时除武汉以外，又一座有名的“文化城”。北平、天津、上海、南京相继失陷后，众多文化界知名人士、文化机关团体纷纷西迁，此时的长沙因为独特的地理位置、深厚的文化底蕴和水路交通很便捷，吸引了很多文化机构和文化界人士。比如北京大学、清华大学、南开大学3所国内知名高校就根据当时国民政府教育部的指令迁到长沙，联合组成了长沙联合大学（西南联大的前身）。在抗战初期，随着国共合作抗日局面的逐渐形成，国民党对文化上的管制较以前稍为松懈，这为中国共产党组织领导文化各界的人士进行文化抗战救亡运动创造了一定的条件。在中国共产党的号召和组织推动下，各种抗战救亡文化团体纷纷成立。

1. 以广州为中心的文化抗战团体。1937年8月，中共广东党组织与国民党广东省党部联合建立统一战线性质的群众文化抗战团体“救亡呼声社”。虽然该社的社长是国民党省党部书记谌小岑，但是中共党员基本掌握了该社的总务、研究、出版等部门，并且还负责该社社刊《救亡呼声》（旬刊）的编写。到了11月以后，该社进一步扩大，300多名群众参加了该社，在南海、佛山、东莞等地的分社相继建立起来。该社大力宣传抗日民族统一战线，主张全民族团结起来，共同反抗日本侵略者；同时呼吁开放民主和放手发动群众开展抗日救亡运动。在日军攻占广州之前，该刊一共发行了20多期，对领导广东的文化抗战运动发挥了很大的作用。

1937年12月，广东文化界救亡协会在广州成立，这是中国共产党领导的广东文化界统一战线组织（1938年2月该组织改名为广东文化界抗敌协会）。该协会号召其他文化团体加大对保卫华南的宣传，并且在文化战线上开展了一系列抗日救亡的工作：联合全省153个文化团体发表告世界和平人士的宣言；抗议德国承认伪满政权；召开各种联席会、座谈会，举办“抗战知识宣讲所”，大规模开展八一三献金宣传；在《民族日报》上出版会刊，有力驳斥了国民党顽固派的反共言论，揭露其破坏统一的阴谋。“文救会”还推动了广东戏剧协会、广东文学会、华南绘画界救亡协会、歌咏团协会、国防协会、广州新闻界从业员抗敌协会、社会科学者抗敌协会等文化团体的建立。[1]

1937年11月21日，中共广东党组织和第三党联合发起，在此前文化界召开的多次座谈会的基础上，成立了抗战教育实践社。该社常务理事会的主席由国民党的钟天兴担任，中山大学著名的进步教授尚仲衣（后来加入中国共产党）主持工作，其主要骨干是中国共产党党员叶兆南、石辟澜等人，负责日常实际的工作。该社的宗旨是培养抗日救亡运动的干部，通过举办新启蒙班、自修班、特种训练班等形式，为社会各界培养了2000多名抗日救亡的骨干人才。[2]同时，组织流动工作团，深入乡村、民间开展戏剧、歌咏等形式的抗日救亡宣传，对后方医院的伤兵进行慰问演出，帮助难民。该社所组织的一系列文化抗战活动，对于促进广州教育界统一战线和华南地区文化抗战教育的发展产生了巨大的作用。

广州儿童剧团于1937年9月18日正式成立于广州，团长是小学教师谈星（何承蔚），这是一个只有20来岁的年轻共产党员，刚成立的时候，全团一共130多人，年龄跨度为9—20岁，大部分都是十三四岁。广州儿童剧团是受中共广东党组织领导的一支儿童戏剧抗战团体，也是抗日战争时期全国四大儿童剧团之一（另一说法是五大儿童剧团，分别是：新安旅

1 唐正芒：《“笔”血丹心——国统区抗战文化运动史稿》，中国文联出版社2001年版，第49页。

2 中共广州市委党史研究室编：《中共广州党史纪事（1919.5—2006.12）》，广州出版社2008年版，第82页。

行团、孩子剧团、广州儿童剧团、厦门儿童剧团、长沙育英儿童抗敌工作团）。他们在两广地区进行艰苦卓绝的抗日宣传工作，有过曾经集体被国民党反动派拘捕进监狱，后来又成功越狱，最终加入抗日游击队的传奇经历。他们在中共广州戏剧支部的领导下，同时得到了锋社话剧团、艺协剧团、蓝白剧团等进步剧团的帮助，他们深入广州乡村、难民所以及伤兵群体中进行唱歌、表演和讲演等多种形式的抗日救亡宣传，通过表演《打日本》《仁丹胡子》《流亡三部曲》等剧目来激发民众的抗日热情。在日军攻占广州之前，他们还在抓紧组织《古庙钟声》《海葬》等剧的排练。等到广州沦陷后，因为时间过于仓促，最终只有十四五个人顺利集合到了一起。1938 年 11 月初，他们一路撤退到了广西梧州，月底，到达柳州。等到了 12 月，他们的经费来源中断，整个剧团面临解散。但是面对当时日军咄咄逼人的严峻局面，他们咬紧牙关，毅然选择了继续坚持下去。他们在广西经历了 3 年多的辗转流离，但是一直没有放弃抗日宣传工作。1939 年 4 月，他们到达了融县，被邀请为石井兵工厂（后改为“四一兵工厂”）的工人演出话剧。同时他们深入融县最偏远的山区进行话剧演出，对当地的农民进行抗日救亡的宣传。6 月，他们扛着沉重的行李，一路翻山越岭，经过 600 多华里的长途跋涉，终于在 19 日到达了桂林，受到了当地众多文化机关团体的热烈欢迎。后来，随着国民党消极抗日、不断掀起“反共”摩擦，以及广西当地局势的恶化，1940 年 3 月底，他们在第四战区中共特支帮助下，重新回到了柳州，并且深入前线进行了 3 个月的抗日救亡宣传。在这 3 个月期间，他们在剧团青年党员郑黎亚的指导下，前往迁江、宾阳、上林、武鸣等地的部队和村庄一一进行巡回演出宣传。后来，他们虽然一度受到当地战区国民党的阻挠和被解散的威胁，但是由于他们的坚决抵制，最终在 1940 年 7 月，前往桂平进行抗日救亡的宣传。不久以后，他们又到达南宁，在这里度过了 1 年多的抗日救亡宣传生活。并且成立了“抗日建国实验小学”和“南宁儿童歌咏团”，直到1942年1月才启程离开。在广西这3年多的抗日救亡生活里，近半个广西都留下了广州儿童剧团的足迹。之后，他们又重新回到了自己的家乡广东。此时的国民党顽固派对他们进行了处处打压和各种限制，他们在艰难困苦之中坚持演出了《生产三部曲》《希特勒的下场》《风波亭》《忠义之家》《狮子打东洋》等戏剧，进行抗日救亡的宣传。[1]1943年11月26日，整个剧团的成员都被国民党顽固派拘捕进了曲江监狱。在监狱中，剧团成员受到了特务们的严刑拷打，但是他们坚决团结在一起同特务们进行斗争，甚至通过绝食3天的斗争来表达他们顽强抵抗的决心。直至1944年11月，日本侵略者为了占领当时的广东省战时政府驻地曲江（今韶关），打通粤汉线，发动了第三次粤北战役。1945年1月，曲江的形势急剧恶化，于是特务们又准备将他们押送往江西。在经过南雄的途中，又被委托给当地政府进行“寄押”。3月初，在日军的攻势之下，南雄当地的政府官员闻讯准备逃亡，广州儿童剧团的成员在谈星的带领下集体乘乱逃出，最后在始兴县共产党组织的接应下，整个剧团的成员全部加入了游击队，也就是东江纵队北江支队。[2]儿童剧团在两广地区辗转进行了7年多的抗日救亡宣传，并且被国民党顽固派拘捕进监狱长达1年零3个月，后来最终成功加入了中国共产党，继续进行抗日救亡的工作。

1938年10月21日，日军攻占广州。在广州沦陷以后，中国共产党领导的众多文化团体机关、高校文化团体和文化界知名人士相继迁到曲江，其中包括锋社话剧团、艺协剧团、蓝白剧团等进步文化团体，于是曲江成为中国共产党在广东领导文化抗战的中心。

在中国共产党的领导以及当时抗日形势的推动下，1939—1941年，在

---

1 唐正芒：《“笔”血丹心——国统区抗战文化运动史稿》，中国文联出版社2001年版，第60页。

2 中共广州市委党史研究室编：《中共广州党史纪事（1919.5—2006.12）》，广州出版社2008年版，第81页。

曲江地区又相继成立了一大批进步抗战文化团体。其中主要有：中国青年记者学会粤北分会，主要由李育中负责，通过举办新闻记者培训班的形式，为抗战培养了大批新闻人才，办有《记者》半月刊；中华全国文艺界抗敌协会粤北分会，主要由何家槐和李育中负责，办有《文艺新地》刊物，为响应总会“文章下乡、文章入伍”的宣传号召，积极组织分会进步文艺工作者深入前线进行慰问、开展抗战救亡文化宣传工作，同时召开文艺界的座谈会等；中苏文化协会广东分会，由陈原负责实际的工作，办有《中苏友好》刊物，通过座谈会的形式开展过中苏文化、关于国际性问题的谈论；国际反侵略协会曲江分会，也是由陈原负责，办有《国际反侵略》刊物；广东戏剧协会，协会理事为赵如琳，办有《广东据协》刊物，通过开展座谈会、展览会等形式进行抗战戏剧活动的宣传。此外还有基督教青年会、世界语协会曲江分会，中华全国木刻界协会广东分会、广州美术协会、广东民众教育馆等文化团体。[1] 中山大学话剧团，是抗战时期粤北有名的高校进步剧团，在桂林举行的西南戏剧展览会上出演了英语话剧《皮革马林》，演出进行了 3 天。中山大学歌咏会，多次深入乡村演唱《黄河大合唱》等曲目，在校园里经常演唱抗日歌曲。在中国共产党的领导下成立的众多文化抗战团体，有力地推动了文化界以至整个广东地区救亡运动的开展，对广东的抗日斗争起到了极大的配合作用。

2. **以武汉为中心的文化抗战团体**。中华全国文艺界抗战协会（简称“文协”），是抗战时期中共在国统区领导的文艺界统一战线组织，这是整个抗战时期成立的最大文化救亡团体，“文协”的成立，结成了全国范围内影响最广泛的文艺界抗日民族统一战线，“文协”几乎和抗战共始终，被称为中国乃至世界文学史上的“作家团结的豪华版”。[2] 卢沟桥事变后，日本侵略者对

1 唐正芒:《“笔”血丹心——国统区抗战文化运动史稿》，中国文联出版社 2001 年版，第 60 页。
2 刘绶松:《中国新文学史初稿》，武汉大学出版社 2013 年版，第 374 页。

我国发动了疯狂的进攻，北平、天津、上海、南京相继沦陷，而此时文化界各阶级阶层虽然一致痛恨日本侵略者的野蛮侵略行径，但是文化界的人士由于不同的政治倾向和所属不同的阶级，文化战线上没有形成一个整体进行文化抗战，思想没有凝聚起来，还在各自为战，影响了文化抗战的力量。1937年9月22日，国民党通讯社发表《中共中央为公布国共合作宣言》。9月23日，蒋介石发表实际承认中国共产党合法地位的谈话，标志着以国共合作为基础的抗日民族统一战线正式形成。在这种政治背景下，文化界抗日民族统一战线亟待建立起来。1938年3月27日在汉口成立，文艺界各方面的代表97人参加了成立大会。会议选出周恩来、于右任、叶楚伧等为名誉理事，郭沫若、茅盾、冯玉祥、高乃超等45人为理事，周扬等15人为候补理事。理事会又一致推举老舍为总务部主任，主持“文协”的日常工作。在上海、昆明、桂林、广州、贵阳、成都、延安、香港等地建立了数十处分会和通讯处，并出版机关刊物《抗战文艺》。“文协”以联合全国作家共同反对日本帝国主义侵略，建设中华民族革命文艺，保障作家权益为宗旨。提倡文艺大众化，号召写通俗文艺；提出“文章下乡”“文章入伍”的口号。[1]团结文艺界爱国民主人士，有力地推动了抗战中民主运动的发展。1945年10月该会自重庆迁往上海，改名中华全国文艺界协会。“文协”的成立，是中国共产党致力于抗日民族统一战线的产物。“文协”正式成立以后，因为有了统一的组织领导，整个文化界的人士满怀抗日救国的热情，积极投身于文化抗战的伟大事业之中。虽然后面因为武汉的沦陷，“文协”被迫西迁重庆，但是“文协”在武汉的半年多时间里，开展了一系列卓有成效的工作。

第一，为了推动全国各地文化界的人士能够广泛地团结起来，组织各地的进步作家从事文化抗战的活动，“文协”从一开始就致力于各地分会的筹

---

1 中国第二历史档案馆、《中国抗日战争大辞典》编写组：《中国抗日战争大辞典》，湖北教育出版社1995年版，第134页。

建。“文协”长沙分会是在文协理事张天翼和蒋收良、王彦鲁、魏猛克等人筹备下建立起来的，后来又改名为“长沙全国文艺界抗敌协会通讯处”；“文协”成都分会是在周文、李劼人、朱光潜、罗念生、马宋融等人的筹备下建立的；“文协”桂林分会在巴金、夏衍、盛成的筹备下建立；“文协”昆明分会在穆木天、朱自清、沈从文、施蛰存的筹备下建立；“文协”贵阳分会在谢云逸、蹇先艾、张梦麟等人筹备下建立起来；“文协”香港分会在楼适夷、许地山、欧阳予倩、戴望舒、萧乾等人的筹备下建立起来；“文协”宜昌襄樊分会在陈北鸥、田涛、孙陵、姚雪垠、臧克家等人的筹备下建立起来；“文协”新疆分会在茅盾的指导下建立起来。“文协”各地的分会，主要是在中国共产党的领导下、以共产党员为骨干建立起来的。

第二，“文协”大量召集和组织宣传抗日的活动和集会。比如，积极组织成员编写印刷通俗大众化的文艺作品，为抗战前线的士兵和抗战后方的民众普及文化抗战的知识，郁达夫在“文协”的安排下，前往第五战区对台儿庄的将士进行慰问，宣传抗战知识；参加筹备和选派代表参加世界反侵略代表大会；为第三厅撰写宣传单和小册子，负责其组织的抗日宣传周文字宣传工作；1938 年 10 月召开的鲁迅逝世两周年纪念会是“文协”组织的一次意义重大的集会纪念活动，周恩来等中国共产党重要领导人以及第三厅的负责人都参加了这次纪念活动，周恩来在大会上鼓励大家拿起文艺的武器继续为抗战作出更大的贡献。

第三，出版机关刊物《抗战文艺》，宣传文协的抗战主张。该会刊创办于 1938 年 5 月 4 日，负责实际编辑工作的是老舍、楼适夷、姚蓬子、蒋锡金。由于该会刊的领导权掌握在中国共产党的手中，使得“文协”的抗战宣传方针和活动能够按照中国共产党的文化抗战路线贯彻和实施。茅盾、老舍等人在《抗战文艺》会刊上发文对叛国媚敌的行为进行严厉的谴责，这从另一个角度宣传了中国共产党坚决抗日的政治主张和立场。

最后，是“文协”对于文艺大众化运动的推动，中国共产党的全面抗战路线方针主张动员广大群众，调动全民族的力量来抵抗日本侵略者。为了发动广大人民群众，就要自觉主动深入群众中去，以广大群众作为创造的对象，创作出通俗易懂，为人民大众所喜闻乐见的文化抗战宣传作品。也即“要把整个的文艺运动，作为文艺的大众化的运动，使文艺的影响突破过去的狭窄的知识分子的圈子，深入于广大的抗战大众中去”！[1]“文协”成立当天，就提出把文艺大众化作为文协最主要的任务。对于如何大众化的问题，主张通过发动文艺工作者深入前线、难民所、伤兵医院和偏远乡村中，密切与大众的联系；通过从大众中产生作家，创作易于为前线将士和后方民众接受的通俗作品。

武汉文化界抗敌协会，于1937年12月19日成立于汉口，该协会称“本会为武汉文化界共有组合，凡各文化团体，均宜参加本会工作。以期集中抗敌力量，巩固阵线”。[2]该协会聚集了阳翰笙、老舍、邹韬奋、胡绳、叶圣陶、冼星海等一大批著名的文化界人士，协会成立后，先后有83个文化团体加入其中。该协会下设有国际工作宣传、教育、电影、出版、文艺、音乐、戏剧、战地、救济慰劳、农村等各方面齐全的工作委员会，专门负责开展相关的工作，该协会同时还组织发起过“保卫大武汉宣传周”等重大宣传活动。

中华全国戏剧界抗敌协会，于1937年12月31日成立于汉口，该协会属于全国性戏剧界统一战线组织，最初是共产党员阳翰笙根据中共中央的指示而发起，最终得到了戏剧界人士的积极响应，由原来在上海的全国戏剧界救亡协会改组而成立。以张道藩、方治、洪深、朱双云、田汉、阳翰笙、傅心一、应云卫、王泊生、万籁天、郑用之、王平陵、光未然、陈立夫、宋之

1《抗战文艺》发刊词，《抗战文艺》第1卷第1期，1938年5月4日。

2 武汉市文联文艺理论研究室编：《武汉文学艺术史料》第1辑，第45页。

的、王家齐、唐槐秋、赵丹、熊佛西、王若愚、顾无为、富少舫、吴漱予、赵小楼、余上沅等25人为常务理事，张道藩为主任常务理事。该协会的成立宣言是“全国戏剧工作者应迅速通过戏剧对广大工人、农民及学生群众作援助抗战参加抗战的号召，应鼓励前线的战士奋勇杀敌，应与后方伤兵与难民以充分之慰安与指示”，要给抗战将士以最大的褒扬，给汉奸、敌奸以无情的揭破。[1]该会下设了由洪深和傅心一负责的总务、文书、组织等组以及委员会；由宋之的、章泯负责的话剧委员会；由萧崇素、富少舫负责的杂剧委员会。并且在昆明、荆沙、第二战区、陕甘宁边区、晋察绥边区等地相继建立了分会。其成员总计为1309人。1938年3月16日，该协会参加政治部备案的剧种有话剧、文明戏、平剧、楚剧、汉剧、川剧、陕西梆子、山梆子、河南梆子、滇戏、桂戏、粤剧、蹦蹦戏，以及杂艺京韵大鼓、梨花大鼓、相声、金钱板、戏法、武术等，参加的人员包括各剧种的演员、导演、编剧及其他舞台工作者。[2]1938年2月创办会刊《戏剧新闻》，该协会积极开展抗日救亡运动，进行大量的宣传活动。随着抗战形势的发展，协会影响逐渐扩大，1939年2月10日，陕甘宁边区分会在延安正式成立，由潘汉年任理事长。将陕西的抗日戏剧宣传活动与全国的活动联系起来，进一步发挥了戏剧作为人民喜闻乐见的宣传工具的影响力，该协会提倡戏剧为抗战服务。在它的号召下，大批戏剧工作者奔赴抗日前线，慰问激励前方抗日将士。先后组织大批戏剧演出队、宣传队在城镇、边远乡村中进行抗日宣传，对团结抗日力量，鼓舞抗战士气起到了重要作用。该协会虽然机构齐全，但是后来因为其中的很多人都参加了第三厅的工作，以及国民政府实行“消极抗战、积极反共”的政策，该会处境困难而被迫停止活动。抗战胜利后，改名为“中华全国戏剧界协会”。该协会成立初期对团结文化界抗日力量，宣传全民

---

1 武汉市文联文艺理论研究室编：《武汉文学艺术史料》第1辑，第46页。

2 蔡鸿源、徐友春主编：《民国会社党派大辞典》，黄山书社2012年版，第73页。

抗战起到了一定作用。

中华全国电影界抗敌协会，于1938年1月29日在汉口正式成立，是抗战时期电影界统一战线组织。该协会是由共产党员阳翰笙提议发起，由共产党、国民党和支持抗日的进步电影界人士组成。阳翰笙、田汉、洪深、张道藩、方治、罗刚、田汉、袁牧之、陈波儿等71人为理事。成立时发布《中华全国电影界抗敌协会成立大会宣言》："每一个电影从业人员锻炼成民族革命斗争中的勇敢的战士，将自己献给祖国，将自己的工作献给神圣的抗战。使每一部电影成为抗战有力武器，使它深入军队、工厂和农村中去，作为训练民众的基本的工具。"[1] 该会成立以后，积极参加武汉举行的各项抗日宣传工作。1938年4月1日，第三厅成立以后，其下属由阳翰笙负责的"中国电影制片厂"抽调了该协会许多优秀的电影工作者去协助拍摄抗战影片，其中包括《保卫我们的土地》《八百壮士》《热血忠魂》等，为抗战电影的发展作出了巨大的贡献。

中华全国美术界抗敌协会，于1938年6月6日在武昌正式成立，是抗战时期美术界人士组成的抗日救亡团体。以张善子为主席。推举冯玉祥、蔡元培、张道藩、郭沫若、田汉、陈树人、何香凝、马剑父等为名誉理事，张善子、徐悲鸿、汪日章、孙福煦、吴作人、周杰、伍千里、力群、罗达等43人为理事。该会宣称以团结全国美术界，通过美术的手段，动员广大民众抗战，使民族抗战的精神磅礴充实，以打倒侵略中国扰乱世界和平的日本强盗为宗旨。通过创办美术刊物，注重美术教育，以此进行抗日宣传，揭露敌人暴行，增强民族必胜的信心。该协会成立后，举办了3天抗敌美术展览，但其实际控制权掌握在国民党手中。成立以后，开展的活动也较少。同时他们对木刻艺术的歧视态度引起了木刻从业者的强烈不满，影响了协会内

1 唐正芒：《"笔"血丹心——国统区抗战文化运动史稿》，中国文联出版社2001年版，第73页。

部的团结。

中华全国木刻界协会，于1938年6月12日在汉口正式成立，是抗战时期木刻界人士组成的抗日救亡团体。以蔡元培、冯玉祥、田汉、胡风等为名誉理事，马达、力群、赖少其、李桦等20人为理事。同年10月，因武汉沦陷，迁往重庆。1939年7月，又往桂林。该协会以当时全民抗战形势为素材，积极宣传文化抗战，团结全国木刻界人士，发展木刻艺术，创作出了众多优秀的抗战作品来进行抗日的宣传。该会成立后，多次举行木刻作品展览，进行抗日救亡宣传和木刻艺术探讨交流，实际上取代了中华全国美术界抗敌协会，在通过木刻艺术进行抗日救亡宣传工作中发挥了重要的作用。1940年12月12日，在桂林创办《木艺》。1941年3月，被国民党当局勒令解散。

中国青年记者学会，于1938年在汉口正式成立，该会是在国际新闻社的基础上由全国各地一大批进步的新闻工作者组建而成。以于右任、劭力子、王芸生、叶楚伧、郭沫若等15人为名誉理事，推选范长江、夏衍、傅于琛、钟期森、徐迈进等11人为理事，其中范长江、钟期森、徐迈进3人为常务领事，理事会设立一名秘书，其下设立总务组、组织组、学术组。日军攻占武汉后，该学会被迫不断西迁，最终于1939年春迁到了重庆，在桂林成立了南方办事处，桂林分社也于3月正式成立，由中共党员陈同生负责主持实际工作，该会成员大部分也是国际新闻社的成员。成员大都散布在全国各个不同战区，他们通过前往前线战场，甚至深入敌人占领的地区，真实准确地对前线战况进行报道，撰写战地通讯。该学会还通过开办培训班等多种方式，对青年记者进行专业培训。[1]在党组织的领导和影响下，中国青年记者学会把桂林新闻界的新闻工作者和通讯社、各报社都团结在一起，为进

1 中国人民政治协商会议湖北省委员会文史资料委员会编：《湖北文史集粹·文化·艺术》，湖北人民出版社1999年版，第125页。

步抗战新闻事业的发展作出了重要的贡献。

除了上述进步文化抗战团体之外，在武汉还成立了中华全国漫画界协会、中华全国摄影协会、中华世界语协会等文化团体。

3. 以长沙为中心的文化抗战团体。湖南文化界抗敌后援会（简称“文抗会”）于 1937 年 10 月 17 日在长沙成立，这是湖南成立最大、最活跃的进步文化抗战团体。该团体是在中共党员和文化界进步人士李仲融、吕振羽、翦伯赞、张天翼、魏猛克、孙伟、潘开茨等 55 人的发起下成立的。该会在其成立宣言中指出：“湖南在近百年中，是民主主义的革命策源地之一，而获得所谓‘湖南精神’之荣誉，在中国现代革命史上占有重要之一页……那‘湖南精神’之发挥，于目前的民族抗战史十分有用的。”[1]“文抗会”从多个方面着手开展文化抗战的宣传工作，取得了很大的成果。到 1938 年 2 月，总计有 35 个群众团体受到“文抗会”的领导和影响，人数达 1000 人，并且相继在衡阳、岳阳、湘潭、常德等地筹备了分会。该会通过开展画报、壁报、演剧、座谈会、举办培训班、歌咏、讲演等多种形式，进行抗战救亡的宣传。该会还为延安和其他抗日根据地培养了一大批优秀人才，在中国共产党的领导下，“文抗会”成为湖南进行抗战救亡运动的先锋队，战斗在文化抗战第一线。

除此之外，在中国共产党的领导和影响下，长沙还成立了湖南战时工作团、湖南新生活促进会妇女工作委员会、湖南职工抗敌后援会、湖南农民抗日后援会、湖南妇女战地服务团、中苏文化协会湖南分会、长沙戏剧界抗敌后援会、长沙职业界抗敌后援会、基督教长沙青年会、青年外交促进会、中华全国文艺界抗敌协会长沙通讯社等近 30 个进步抗战文化团体。另外成立了湖南省立农民教育馆、湖南省民训干部训练班等 10 多个社会文化教育

1 唐正芒：《“笔”血丹心——国统区抗战文化运动史稿》，中国文联出版社 2001 年版，第 126 页。

团体。这些文化团体在以长沙为中心的文化抗战运动中发挥了令人瞩目的作用。

除了长沙以外，湖南各地也积极组织开展文化抗战救亡运动，相继建立了一系列进步抗战文化团体，与长沙文化抗战运动彼此呼应，共同为湖南文化抗战运动的开展作出了巨大的贡献。南国文艺社是在共产党员王汉新的组织推动下成立的，也是“文抗会”的团体成员之一，该社在湘潭农村地区积极开展抗日救亡运动的宣传，定期出版刊物《抗日画刊》，组织成员编写印发《南国周刊》进行抗战的宣传。同时成立南国剧团、成立流动图书馆、组织社员在湘潭各地巡回演出了100多场抗日戏剧，包括《卖花女郎》《血泪仇》《夫妻投军》等极富感染力的戏剧，对于宣传抗日救亡产生很大的影响。“国民政府军委政治部第三厅战地文化服务处宣传站湘潭基站”是在1939年2月于湘潭城区成立的进步抗战文化团体，该基站通过公开、合法的身份，协助当地中共县委积极开展抗日救亡文化运动。成立当天就组织了盛大的揭露声讨汪伪集团叛国投敌的集会宣传活动，同时，该基站通过开展墙报、成立阅览室、进行文艺宣传等方式深入社会各个阶层进行抗日救亡的宣传。[1]湘潭歌咏队是该基站领导下的一支文化抗战宣传队伍，歌咏队的成员们通过演出《三江好》《血祭九一八》《青纱帐里》《小汉奸》等抗日救亡戏剧，组织群众学习抗日歌曲等方式吸引了众多的群众加入到抗日救亡活动中来，该歌咏队也因此成为湘潭宣传抗日的先锋队。

（三）繁荣的西南大后方文化抗战团体

1938年10月底，随着武汉、广州的相继沦陷，以重庆、桂林为中心的西南大后方文化抗战运动迅速兴起，随着大批的文化界人士与文化机关团体

1 唐正芒：《“笔”血丹心——国统区抗战文化运动史稿》，中国文联出版社2001年版，第137页。

的西迁以及随后相继建立一系列进步抗战文化团体，整个大后方掀起了轰轰烈烈的文化抗战运动。

在抗日战争初期，重庆开展的文化抗战救亡活动主要是进步戏剧抗战救亡活动的兴盛以及进步戏剧抗战团体的建立，具有很强的地域性；进入抗战第二阶段后，音乐、美术、电影、诗歌以及小说等各种文化抗战活动都普遍开展了起来，此时重庆的文化抗战运动是全国性的文化抗战救亡活动。

1. 以重庆为中心的文化抗战团体。重庆文化界救国联合会（简称“文救会”）于 1937 年 5 月成立于重庆，该会是在日本侵略者发动全面侵华战争之前，由共产党员漆鲁鱼、金满城等人建立的，“文救会”主要是由《人力》周刊社、《春云》杂志社、《墨画社》和《商务日报》、《新蜀报》等副刊编辑部组成。[1]该会在中国共产党的领导下，通过深入群众，积极开展抗日救亡运动的宣传。

“怒吼剧社”于 1937 年 9 月 15 日正式成立于重庆，该社是七七事变以后，在中共重庆地下党的领导下，由陈朗、余克稷、梁少候等人发起成立的，由赵铭彝、章功叙等 9 人组成执行委员会。该社在中国共产党的领导下，通过开展歌咏、漫画、讲演等多种形式进行抗日救亡的宣传。还组织演剧队深入边远乡村和街头巷尾巡回演出《放下你的鞭子》《三江好》《沦亡以后》《死里求生》《壮丁》等著名抗战剧目。该剧社通过举办读书会、戏剧讲座等方式组织学习革命理论知识，来提高成员的政治文化素养和专业知识水平。1938 年 5 月，在党组织的领导下，该社组建了“六七战地工作团”，跟随川军奔赴抗日前线为浴血奋战的将士进行慰问演出。

重庆市救亡歌咏协会于 1937 年 9 月成立于重庆，该协会是由市内青年民众歌咏会、暴风歌咏会、雪耻歌咏队、怒吼歌咏团、省女职歌咏队、巴女

1 唐正芒：《“笔”血丹心——国统区抗战文化运动史稿》，中国文联出版社 2001 年版，第 214 页。

中歌咏队、二女师歌咏队、妇女抗敌后援歌咏队、南岸女中歌咏队、青年职业互助会歌咏队等发起组成。[1]该会成立宣言以“决心以歌咏为手中的武器去唤醒民众”为宗旨，通过深入街头和边远农村地区，教唱抗战歌曲，唤醒民众团结起来抵抗日本侵略者。

重庆市文化界救亡协会是在中共党员漆鲁鱼的组织下成立的，是重庆地区影响力最大的一支文化抗战宣传队伍。其成立吸引了一大批文化界的人士加入，成员达七八百人。该协会组织完善，其下设立了总务部、宣传部、训练部、慰劳部、组织部五个部门。其成立宣言表示希望帮助充实抗战理论、推进国民外交、实施战时教育、完成宣传工作、集中全民族的力量，为争取民族独立而战斗。该协会成立了戏剧队、移动演剧队、儿童演剧队、课外宣传队、歌咏队以及自强读书会等，组织戏剧队深入北碚、合川、涪陵、巴县、江津等地，把广大工农群众作为其戏剧演出的对象，出演了《保卫卢沟桥》《东北的一角》《放下你的鞭子》《凤凰城》《月亮上升》《烙痕》等10多个著名抗战剧目，[2]同时儿童演剧队也出演了《村中牧童》《铁蹄下的孩子》《小英雄》《中国进行曲》等儿童抗战剧。在1938年鲁迅先生逝世两周年之际，该协会召开了纪念会，同时为了谴责和打击国内叛国投敌的汉奸行为，专门召开了肃清、检讨汉奸大会和座谈会，激励了国内抗日救亡宣传运动。1938年10月底，由于国民党顽固派对进步文化团体的刻意打压和阻挠、破坏，该协会停止了在重庆的抗战救亡宣传运动，除了一部分成员继续留在重庆以外，其余成员被党组织安排前往延安。

重庆文化界抗敌支会于1938年1月27日成立于重庆，由原重庆市文化界救亡协会的主要领导人漆鲁鱼、金满城、谢冰莹等9人担任执行委员，该会开设总务、训练、慰劳、组织和宣传等部门。在成立大会上推选出了专门

1 唐正芒：《“笔”血丹心——国统区抗战文化运动史稿》，中国文联出版社2001年版，第215页。
2 唐正芒：《“笔”血丹心——国统区抗战文化运动史稿》，中国文联出版社2001年版，第215页。

负责写画、出版、战时知识训练、情报、讲演、歌咏、戏剧等方面的人员，该会成立后，邀请著名革命家吴玉章讲述中国共产党的抗日民族统一战线，通过组织演出进步抗战戏剧、教唱抗战歌曲等形式进行抗战救亡的宣传。

中华全国戏剧界抗敌协会重庆分会于 1938 年 6 月 4 日正式成立于重庆，由余上沅担任该协会的主席，该会是为了响应全国剧协的成立，把整个重庆戏剧界不同阶级阶层、不同意识形态的人士和文化团体联合起来，从而推动重庆戏剧界进步抗战戏剧的发展。在中共重庆市党组织的领导下，中华全国戏剧界抗敌协会重庆分会联合重庆市救亡歌咏协会、重庆文化界抗敌支会等进步文化抗战团体，在重庆掀起了轰轰烈烈的进步抗战戏剧宣传运动。武汉沦陷后，该协会的第一届戏剧节于 1938 年 10 月 10 日至 11 月 1 日举行，有 20 个剧团、1500 名戏剧工作者参加了这次演出，其间一共出演了 40 个大小剧目，总共观看人次达 10 万。除此之外，在 3 天街头演出和八晚“五分公演”活动中（门票售价五分钱一张），由 1000 多人组成的 25 支队伍在街头巷尾进行了规模宏大的演出，广大人民群众对这次戏剧演出活动给予了高度的称赞。尤其是《全民总动员》在山城的演出，带来了巨大的轰动，这是包括赵丹、白杨等著名演员在内的 200 多名专业演员联合奉献的一场戏剧盛宴。

新音乐社是李凌、赵沨等人于 1939 年在重庆成立的进步音乐救亡团体，该社在 1940 年 1 月公开出版了《新音乐》月刊，由于该社积极进行创作音乐抗战作品以及开展抗战救亡的宣传，使得该刊成了国统区销售最多以及影响最大的音乐杂志。后来由于国民党顽固派的刻意打压，《新音乐》被迫在 1943 年停刊。

1939 年 6 月，在“文协”的号召下，由 13 位作家组成的战地访问团离开重庆，奔赴前线开展战地服务活动。作家访问团在其下设立了采访组、宣传组、组织组、编辑组、总务组。他们在出发前作了详细的行程安排，计划在6个月之内，遍访晋、冀、豫、察、绥、陕等抗日根据地。1939年6月14日，周恩来、郭沫若等人为他们举行了欢送会仪式，并且授予了他们三角团旗。同年6月18日，该团在团长王礼锡和副团长宋之问的带领下，正式出发前往前线。

中华剧艺社于1941年10月在重庆正式成立。1941年1月，国民党顽固派悍然发动了震惊中外的“皖南事变”，掀起了第二次“反共”高潮。国民党顽固派的倒行逆施行为遭到了全国人民团结抗日的一致声讨。当时重庆除了国民党管制的2个电影厂，中共没有专门的剧团。为了成立一个完全为我党工作的剧团，于是在周恩来的指示下，共产党员阳翰笙决定从官办的电影厂抽调一批进步人士来支援剧团的成立。1941年10月，在重庆正式成立了中华剧艺社。由应云卫担任董事长，陈白尘、陈鲤庭等人组成理事会。该社成立初期，面临着众多困难，除了要自筹经费以外，还要面临国民党剧本审查委员会的严格审查，发放“准演证”才能公演。广大进步文化人士，在中国共产党的领导下，通过创作历史剧，以借古讽今的手法来躲避国民党的审查。阳翰笙着手创作借古喻今的历史剧《天国春秋》。作者借太平天国韦昌辉杀害杨秀清和大批太平天国将士的故事，来揭露国民党顽固派制造皖南事变的罪恶；用剧中人洪宣娇之口，痛斥顽固派“大敌当前不该自相残杀”！[1]郭沫若也先后创作了《孔雀胆》《屈原》等历史剧，其中《屈原》的公演取得了巨大的成功。自此以后，国民党对剧本的审查更加严格，从各方面进行限制并且在暗中采取破坏活动。面对这种困难的局面，中华剧艺社的成员通过募捐的名义继续进行抗战的演出活动，先后上演了一系列宣传抗战的剧本，如于伶的《长夜行》、夏衍的《愁城记》、欧阳予倩的《忠王李秀成》等，在群众中引起了很大的反响，该社的演出活动引起了国民党顽固派

1 中国人民政治协商会议四川省重庆市委员会文史资料研究委员会：《重庆文史资料丛刊·重庆抗战纪事》，重庆出版社1985年版，第298页。

的巨大恐慌。1943 年，为了保存该社的力量，在党组织的指示下，决定抽调该社的一部分人士组成“中国艺术剧社”，转移到四川西部一带继续进行活动。先后演出了《祖国在召唤》《家》《戏剧春秋》《清明前后》《岁寒图》等。[1]

此外，重庆比较有影响力的文化抗战团体还有中华全国音乐界抗敌协会、中国艺术剧社等。

2. 以桂林为中心的文化抗战团体。

中华全国文艺界抗敌协会桂林分会（简称“‘文协’桂林分会”）。于 1939 年 10 月在桂林正式成立。该会是在中国共产党的领导下，团结桂林文艺界人士建立的统一战线组织。在成立大会上推选夏衍、周钢鸣、司马文森、黄药眠、林林、宋云彬、欧阳予倩等 25 人为理事，冯培澜、向培澜、华嘉等 16 人为候补理事。欧阳予倩、王彦鲁、黄药眠等 9 人为常务理事。[2] 在“文协”桂林分会成立当天，“文协”总会还专门发文进行祝贺和勉励。“文协”桂林分会成立后，开展了众多进步抗战文化救亡运动，比如，组织该会文艺工作者深入民众和抗战前线，通过举办文艺讲习所、文艺座谈会等形式来推动抗战文艺的发展，同时支持文艺工作者维护自身的合法权益。“文协”桂林分会的这些努力，最终促成了桂林文艺界在出版进步刊物、创作进步抗战文艺、出演抗战戏剧音乐舞蹈等方面的繁荣景象。相关统计资料显示，在 1938 年 1 月至 1944 年 9 月期间，桂林在国统区各主要城市进步文学刊物的出版上独占鳌头，取得了很大的成就。

广西建设研究会。1937 年 10 月成立于桂林，由李宗仁发起成立。李宗仁担任会长，邀请李济深担任名誉会长，白崇禧、黄旭初担任副会长。该会表面上以学术研究为名，其实是桂系成立的一个政治组织。由常务委员会的

---

1 李衍柱、朱恩彬主编：《文学理论简明辞典》，山东教育出版社 1987 年版，第 765 页。

2 唐正芒：《中国西部抗战文化史》，中共党史出版社 2004 年版，第 91 页。

李任仁和陈劭先负责主持实际工作，在中国共产党的多方努力之下，该会的骨干主要由共产党员和国内文化界进步人士组成，如千家驹担任经济研究部副主任，胡愈之为文化部副主任。该会把桂林文化界的人士团结在一起，成为一个文化界统一战线组织，这使得这个组织实际上成为中国共产党领导下的一个活跃的文化抗战团体。该会通过合法的地位积极开展进步抗战文化活动，通过创办文化供应社，出版大量进步刊物，为桂林文化抗战运动的发展做了大量的工作，客观上起了不少的促进作用。

国际新闻社。1938 年 11 月 20 日在桂林正式成立总社，是由共产党员胡愈之、范长江等人发起成立的，该社是在中国共产党的领导下，由新闻工作者通过合作社的形式成立的通讯社，它获得了国民党承认的合法地位，具有进行采访、发布新闻的各项权利。范长江、陈同生、孟秋江等人先后担任了该社社长，黄药眠担任总编辑。它在香港成立了分社，在国民政府战时首都重庆以及金华成立了办事处，该社一直面向国内外各地区发稿，以《新华日报》《救亡日报》为代表的海内外 150 多家报刊都采用了该社的稿件。国际新闻社利用其在国统区发稿的合法权利，与《新华日报》相辅相成，成为党在国统区的另一个重要的宣传机关。[1] 国际新闻社根据国内外的形式进行准确的报道，大力宣传中国共产党的全面抗战路线和各项方针政策，积极开展进步抗战救亡活动的宣传，深受海内外新闻工作者和大众读者的欢迎。它实际上打破了国民党在国统区新闻界的垄断地位，尤其该社在日常的新闻报道中，因为正确舆论的引导，从多方面促进了国统区内新闻界朝着抗战民主的方向发展，对于坚决投身于文化抗战事业中的人民起到了极大的鼓舞作用。1941 年，国民党发动皖南事变以后，相继查封、解散了国统区内大批的进步抗战文化机关，该社也未能幸免，不仅众多的通讯机构相继被查封，

1 胡愈之:《我在抗战时期的经历》,《中共党史资料》第 18 辑，中共党史资料出版社 1986 年版，第 125 页。

7月1日，总社也被迫停业，其开办的《国际新闻通讯》刊物也被迫停刊。

文化供应社。1939年10月成立于桂林，该社是中共中央南方局委派胡愈之以“救国会”的名义发起组织成立的，它是中国共产党在桂林直接领导的三大著名救亡文化团体之一，李任仁担任该社董事长，陈劭先担任社长，总务部主任兼秘书为陈此生，编辑部主任为胡愈之，负责编辑出版的各项业务。在陈劭先的聘请下，一大批中共地下党员进步人士如宋云彬、傅彬然、张志让、曹伯韩等先后加入该社，成为该社编辑部的骨干成员。此时，文化供应社“实际上是由八路军桂林办事处领导的”。[1]1940年3月，经过各方面的努力，该社自己的印刷厂建立了起来。在胡愈之的主持下，该社以密切开展配合抗战宣传的活动、推进文化教育通俗化大众化为运动方针，以编写印刷大众读物为中心任务，兼顾文化抗战所需的书籍资料，后来又增加了关于青少年的图书、读本。在一年的时间内，该社一共编辑出版了500多种图书资料。1941年1月4日，皖南事变以后，国民党抓紧了对国统区进步文化机关的审查，因为广西建设研究会的掩护，该社的正常活动不仅没有受到影响，还将其他出版社的一些机构和人员转移到该社工作，承担其发行任务。太平洋战争爆发后，香港于1941年12月25日沦陷，于是香港众多的文化界人士来到了桂林，与当地文化界人士聚集到了一起，其建立的出版机构在文化供应社的帮助下，畅通了发行的渠道，两者的力量结合在一起，在桂林再次掀起了一股出版热潮。在党组织的领导下，文化出版社大量编印进步抗战书籍，促进了桂林文化抗战运动的发展，对整个国统区的进步抗战救亡运动、图书通俗大众化等方面都作出了巨大的贡献。

新中国剧社。1941年在桂林正式成立，其前身为抗敌演剧队。该社是中国共产党领导下的一个民营职业剧团，先后由杜宣和瞿白音负责。该社由

---

1 中国人民政治协商会议全国委员会文史委员会编:《文史资料选辑》总112辑，中国文史出版社1987年版，第163页。

理事会负责全社的日常管理，理事会下设立了经济委员会、艺术委员会、生活委员会及其秘书室。该社拥有严恭、许秉铎、石联星、张友良、岳勋烈、吴枫、蓝伏心、徐光珍、朱琳、姚王景、韦布、钱风、李露玲、苏茵、蒋柯夫、费克、汪巩、巴鸿、殷之廉、杨震、盛捷、姜斌、钱觉非、马齐华等职业演员，以及汪巩、严恭、杜宣、瞿白音等人组成的创作队伍。因此该社可以迅速反映现实，结合抗战形势，服务于抗战。[1]该社成立后，通过前往长沙、衡阳、湘潭等地进行公演，开展抗日救亡的宣传，在当地先后演出了《大地回春》《秋声赋》《英雄的插曲》《蠢货》《风波亭》《再会吧，香港》《百花香》《戏剧春秋》《湖上的悲剧》《一盒火柴》《希特勒摇篮曲》《画饼充饥》《纳粹侧影》《突击》《天下一家》等近30个剧目。1943年10月，积极参加西南剧展活动，在剧展期间演出了《大雷雨》《戏剧春秋》。1944年4月17日，日军发动了豫湘桂会战，在日军准备进攻桂林、柳州前，该社参加了桂林文化界组织的“扩大动员抗战宣传周”和国旗献金大游行，上演了街头剧《四十万颗心》，活报剧《怒吼吧，桂林》，演唱了《献金歌》等进步抗战戏剧和歌曲。该社在桂林当地还多次组织集会和节目演出，开展抗战宣传工作。1944年7月，该社改为怀远剧团，加入国民党湘桂大撤退的行列中，最终到达昆明。

此外，桂林比较有影响力的文化抗战团体还有省立艺术馆实验剧团、国防艺术社、中华木刻界抗敌协会桂林分会、中华全国漫画家抗敌协会桂林分会、中华戏剧界抗敌协会西南分会以及《救亡日报》社、乐群歌咏团、广西省立艺术馆合唱团、新中国剧社歌咏队、国防艺术社合唱团、桂林音乐界联谊会漓咏合唱团。

3. **以昆明为中心的文化抗战团体**。民众歌咏团于1937年8月成立于昆

1《广西话剧志》编委会编：《广西话剧志》，广西人民出版社2008年版，第189页。

明，是在李家鼎和中共地下党员赵国徽的发起下成立的，歌咏团的指挥由李家鼎担任，其成立宗旨明确提出“用救亡歌曲训练和团结民众，为争取民族解放而奋勇抗战”。[1]民众歌咏团的成员主要为学生、教师和工人，并且以歌咏团为中心，分设了妇女歌咏团、儿童歌咏团等众多附属歌咏团体，前者由谭惠英、杨润珍、李家瑛等负责，后者由林志音专门负责，另外还领导组建了云南大学歌咏队、昆华师范学院歌咏队、云大附中歌咏队等众多高校歌咏队，同时还通过举办歌咏干部训练班，为其他歌咏队伍培养专业的骨干人才。1939 年年初，在中共云南省工委书记马子卿的直接领导下，以民众歌咏团为中心，李家鼎每天至少带领歌咏团 100—200 人合唱《义勇军进行曲》《黄河大合唱》等抗战歌曲，这种局面一直持续到皖南事变。除此之外，民众歌咏团对于全省学生抗敌后援会开展的各项抗日宣传活动给予了积极的配合，如慰劳抗战将士的募捐活动、孙中山先生逝世纪念活动、欢送第 60 军北上抗日、欢迎华侨运输队归国参战活动、七七抗战周纪念活动等。在汪精卫叛国投敌之后，1938 年 12 月，民众歌咏团组织了声势浩大的反对汪精卫火炬游行活动，2000 多名群众参加了这次示威活动。在民众歌咏团的带领下，这些歌咏团体通过组织动员广大群众，开展广泛的歌咏宣传和抗战教育活动，对整个云南的进步音乐抗战运动的发展作出巨大的贡献。民众歌咏团也被誉为云南省“救国运动史上具有意义的一回事”“称得上是创举”。[2]

此外，昆明比较有影响力的文化抗战团体还有中华全国文艺界抗敌协会昆明分会、中华全国戏剧界抗敌协会云南分会、金马剧社、剧教队、远征剧团、四维剧校、射日剧团等。

4. 以贵阳为中心的文化抗战团体。筑光音乐会（简称“筑光”）于 1937 年

1　云南省地方志编纂委员会、云南省文化厅编纂：《云南省志》“群众文化”，云南省文化厅史志办 1993 年版，第 193 页。

2　唐正芒：《“笔”血丹心——国统区抗战文化运动史稿》，中国文联出版社 2001 年版，第 352 页。

4月正式成立，原名“筑光音乐研究会”，刚成立时是一个由音乐爱好者组成的公开音乐团体。在川军40军军长杨森的支持下，其会址设于四川会馆内。全面抗战爆发后，全国各地掀起了轰轰烈烈的抗日救亡运动。因为筑光音乐会具有官方承认的合法地位，为了便于抗日救亡运动的开展，中共贵州省工委决定争取筑光音乐会，将其发展成为一个抗日救亡歌咏团体。于是党组织安排了一大批共产党员和进步人士加入其中，一二九运动爆发后，省工委将“学联”成员大量转入“筑光”，并指派中共党员谢凡生以艺术指导身份进入“筑光”，加强党对“筑光”的领导。同时被聘为艺术指导的还有吴夔、王启霖、刘才雄、李良广、肖家驹等中共党员教师和进步教师。八一三事变后，中共贵州省工委为进一步加强对贵阳地区工作的领导，建立了中共贵阳县委，“筑光”也建立了党小组。1938年年初，进步音乐家常学墉由沪到黔，省工委派他参加“筑光”并任歌咏队指挥。1939年2月，“筑光”地下党支部建立，聂奇慧、黄奇鑫、尹克恂先后任支部书记。[1]“筑光”拥有会员400余人。“筑光”以四川会馆为基地，广泛开展抗日救亡歌咏活动。1937年九一八事变6周年纪念日，“筑光”会员参加了贵阳举行的纪念示威游行。在游行中，他们唱了《九一八小调》《大刀进行曲》《牺牲已到最后关头》等救亡歌曲，在群众中引起了强烈反响。游行结束后，他们又在街头教唱《保家乡》《亡国奴当不得》等。他们利用寒假期间，到龙里、贵定、清镇、平坝、安顺、镇宁等地演出，取得了较好的宣传效果。[2]1938年5月28日，“筑光”联合“黄钟音乐会”“贵阳医学院歌咏队”“达德中学歌咏队”“贵阳联合口琴队”“儿童联合歌咏队”6个音乐团体，在贵阳群新电影院举行联合音乐演奏会，“筑光”有170余人参加演出，是这场演奏会的主体。他们与“贵医”和“达德”共300人演唱了《保卫大中华》《义勇军进行曲》《保

1 耿晓红主编：《贵州党史知识精粹新民主主义革命时期》，贵州人民出版社2011年版，第31页。

2 唐守荣、杨定抒编著：《国统区抗战音乐史略》，西南师范大学出版社1996年版，第68页。

卫中华民族》《冲锋号》《为祖国战争》《快乐的人们》《保家乡》等抗战歌曲。这样的大型音乐演奏会在贵阳城还是首次。同年七八月，“筑光”会员深入农村进行宣传，他们到花溪、青岩、乌当、中曹、北衙等地，为当地的群众演唱了《九一八小调》《亡国奴当不得》《保家乡》等歌曲，其中贵州山歌剧《送郎打日本》受到了当地群众的热烈欢迎。同年秋天，日军加紧侵犯，武汉危急。“筑光”与“沙驼”业余剧社联合组织了一次“保卫大武汉”的宣传活动，每人手持火炬，沿途高呼“誓死保卫大武汉”的口号，并高唱“保卫大武汉”的歌曲。游行到民众教育馆广场，“筑光”会员教唱日歌曲。[1] 国民党召开五届五中全会后，由抗战初期的积极抗日转向消极抗日，积极“反共”。对发展中的抗日运动采取限制、高压甚至解散的手段。1940 年 6 月 18 日，“筑光”被勒令强行解散。“筑光”是在共产党领导下的抗日救亡歌咏团体，它在贵州高原吹响了抗日救国的冲锋号，推进了抗日救亡歌咏运动的蓬勃发展。

沙驼剧社于 1935 年 9 月成立于贵阳，是在肖之亮的发起下，联络田君亮、王从周、周杏村、乐静麓、许伯远、张永立等教育界著名人士共同成立的。该社成立之初是一个自发性的群众文化团体，其成员主要来自各大中小学的学生，在该社之下，相继成立了毅中剧社、黔灵剧社、电讯演剧队以及学生剧团等十几个团体。全面抗战爆发后，为了促进贵州抗日救亡运动的发展，中共贵州省工委通过安排一大批共产党员加入剧社，并且成为该社的骨干，如于蕴担任组织干事，黄奇鑫担任宣传干事，肖家驹担任音乐干事，将沙驼剧社逐渐改造成一个抗日救亡文化团体。1938 年 7 月，建立了中共沙驼剧社支部。[2] 沙驼剧社除了在城里宣传演出外，深入农村演出，广泛开展抗日救亡宣传，唤醒和团结了广大群众，沙驼剧社的行动引起了国民党反动派的不满，对其采取各种无理打压和破坏行动，1940 年 6 月 30 日，被强制

1 唐守荣、杨定抒编著：《国统区抗战音乐史略》，西南师范大学出版社 1996 年版，第 69 页。

2 耿晓红主编：《贵州党史知识精粹 · 新民主主义革命时期》，贵州人民出版社 2011 年版，第 32 页。

勒令解散。在中国共产党的领导下，沙驼剧社通过广泛开展进步抗战戏剧运动的宣传，促进了贵州文化抗战救亡运动的蓬勃发展。

除此之外，贵州还建立了中华全国文艺界抗敌协会贵阳分会、中华民族解放先锋队贵州地方队部、贵阳文艺界抗日救国会、合群体育会艺术部、中苏文化协会贵州分会、贵阳战时社会科学座谈会，各大中学校的歌咏队、话剧队，贵阳木刻研究会以及新文字研究会、世界语学习小组、平民通讯社等影响力较大的进步抗战文化团体。[1]

（四）其他地区的文化抗战团体

1. **迪化**。新疆文化协会于1939年4月成立于迪化，茅盾任该会委员长，张仲实任副委员长。总部设在迪化，分会遍布天山南北。它是各地成立的各族文化促进会的总的指导机关。该会宗旨是："推动抗战文化，打倒日本帝国主义，完成中华民族之自由解放，奠定新中国的文化建设之基础。"工作范围包括：领导各族文化促进会促进全疆文化之更向前发展；调整并沟通各族文化促进会之工作；供应文化食粮，培养文化干部，举办各种艺术宣传，以适应全疆发展之需要。该会下设编译部、艺术部、研究部。编译部在茅盾的主持下，编写了一套汉文学教科书，并译成维吾尔、哈萨克、蒙古文字出版发行，供全疆各族小学使用。茅盾亲自兼任艺术部部长。1939年8月，赵丹、叶露茜、徐韬、王为一、朱今明、易烈等艺术家来新疆后，在茅盾的支持和领导下，建立了新疆第一个专业性话剧团——实验剧团。[2] 以中国戏曲志编辑委员会新疆文化协会所属戏剧运动委员会的名义，于九一八纪念日在迪化公演了剧作家章泯创作的国防话剧《战斗》。茅盾还在《新疆日报》发表了题为《关于〈战斗〉》的推荐文章。实验剧团的艺术活动，特

1 唐正芒：《中国西部抗战文化史》，中共党史出版社2004年版，第97—98页。
2 中国戏曲志编辑委员会：《中国戏曲志·新疆卷》，中国戏曲出版社1995年版，第488页。

别是《战斗》的公演，对新疆戏剧运动的发展起到了巨大的推动作用。抗战以前，秦腔、京剧、新疆曲子剧上演的全是内容陈旧的传统剧目，此后，陆续演出了富有时代精神的《郑成功抗日》《台儿庄》《消灭汉奸》等新剧目。赵丹等人还帮助迪化维吾尔文会艺术社把话剧《战斗》译成维吾尔文排练演出，该会创办了新疆第一个漫画刊物《时代》；开展了群众性的歌咏活动，学唱革命歌曲和抗日救亡歌曲。为了培养文化干部，该会筹办了文化干部培训班，培养了 14 个民族的百余名文化骨干。[1]1942 年盛世才反革命面目公开暴露后停止活动。

2. **兰州**。联合剧团是由青年抗战团、外省留学生抗战团、妇女慰劳团等共同组建起来的文化团体，在抗战时期活跃于兰州的大小街头，该剧团定期演出宣传抗日的话剧和街头剧，号召广大群众团结起来进行抗战。

此外还有旅外省学生抗战团、妇女抗敌后援会、甘肃青年抗战团、读书会、伊斯兰学会、回民教育促进会、联合剧团等影响力较大的文化团体。

3. **永安**。永安是抗战时期福建省的临时省会，东南沿海城市相继沦陷以后，一大批文化界人士、文化团体、高校机关陆续迁往永安，使得永安不仅成为福建省的战时政治中心，而且成为国统区最活跃的文化抗战地区之一。整个抗战期间，在周恩来同志主持下的中共南方局和福建地下党的领导下，永安社会各阶层的进步人士都团结在一起，话剧团、评剧团、歌咏团、音乐团、话剧研究会、施教团等 10 多个进步戏剧抗战团体相继建立了起来，定期组织剧团成员在永安进行巡回公演，还深入偏远的乡村、战地前线进行抗日的宣传；同时积极改编经典剧目进行抗日救亡的宣传，如《岳飞》《戚继光》《郑成功》等传统爱国戏剧在经过曹禺、崔嵬、于伶等著名戏剧家的改编下，上演后受到广大群众的热烈欢迎。

---

1 中国戏曲志编辑委员会：《中国戏曲志・新疆卷》，中国戏曲出版社 1995 年版，第 489 页。

三、华侨华人抗日救亡文化团体

抗日战争期间，海外华侨华人与祖国人民坚定地站在一起，成为全民族抗日战争中的重要力量。他们积极宣传抗日，支持团结抗战，反对分裂投降。九一八事变后，广大海外的华侨华人强烈要求国内立刻停止内战，团结一致共同对外，推动第二次国共合作的形成，建立抗日民族统一战线；他们踊跃捐款捐物，支援祖国抗战。港澳地区因为毗邻广东，具有独特的地理优势，并且他们当中大部分是广东人。抗战爆发后，在中国共产党的直接领导和影响下，港澳同胞积极开展抗日救亡的宣传，相继组织了一批文化抗战团体。他们采取募捐筹款的方式，动员港澳同胞们捐款献物，支援前线的抗战。或者通过组建救亡工作团或回乡服务团的形式，直接前往广东各地参战。据统计，1937—1945 年，仅美洲华侨华人即捐 6915.6 万美元，东南亚华侨华人 1936 年开展献金购机活动，新马侨胞捐款达 160 万美元，比原计划多 10 倍。战时国民政府共发行 6 期救国公债，总额达 30 亿元，华侨华人认购 11.1 亿元，占 37%。[1] 全面抗战爆发前后，总计有 4 万多名广东籍华侨直接回国参战，其中不少人为国捐躯，海外华侨华人利用海外的便利条件，在欧洲、美洲、大洋洲以及东南亚先后成立了一大批抗日救亡文化团体，通过演讲、集会、印发抗日宣传单等形式开展抗日救亡运动的宣传，为国内的抗战争取了广泛的国际同情和援助。

（一）港澳地区的文化抗战团体

1. 香港学生赈济会（简称“香港学赈会”）。1937 年 9 月 22 日在香港正

1 司徒尚纪：《21 世纪海上丝绸之路　广东再出发》，广东旅游出版社 2016 年版，第 141 页。

式成立。该会是在香港大学学生会的发起下，联合英皇书院、汉文中学、圣保罗女书院、华侨中学、皇仁书院等学校的代表共同成立的，其宗旨是“救灾扶危，服务国家”[1]。该会是在中国共产党的影响和支持下，由香港知识青年组成的最大的一个组织，香港600多所大中小学的学生先后加入其中，实现了香港学生的大联合。该会成立后，积极开展抗日救亡的宣传和募捐活动。募捐活动主要是通过卖纸花纸旗、变卖物品、组织义演、开展献金活动、推销救国公债等方式进行，从1937年11月到1938年元旦，香港学赈会组织了4次募捐活动，“结果获得了一万元以上的捐款，那些捐款有一部分留在香港购置药品及棉衣，大部分是汇进国内的负责机关去了的”。[2]该会通过举办以抗日救亡为主题的戏剧演出，上演了《放下你的鞭子》《中华儿女》《在生死线上挣扎》等抗战剧目；还组织歌咏培训班，教唱《义勇军进行曲》《松花江上》《大刀进行曲》等爱国歌曲。1938年7月7日，“香港学赈会”组织了抗战爆发一周年纪念活动，全香港的学生和市民一起主动素食，悼念在前线阵亡的将士和死难同胞。该会还组织儿童团、女学团、回国服务团等支援前线的抗战。在中华民族面临敌寇入侵之际，香港学赈会组织的爱国行动为抗日战争的胜利作出了积极的贡献。

2. **澳门四界救灾会**。1937年8月12日在澳门正式成立。全面抗战爆发后，民族危机日益加深，澳门同胞积极参加抗日救亡活动，但是由于澳门葡萄牙当局所谓的“中立”政策，于是澳门同胞通过组织救灾会的形式投身于抗日救亡运动中。1937年8月12日，澳门学术界、音乐界、戏剧界、体育界（合称“澳门四界”）以及当地50多个团体共同成立了澳门四界救灾会，推选出11人组成理事会，朝阳日报社社长陈少伟为理事会主席，其下设立

---

1 中国人民抗日战争纪念馆:《港澳同胞与祖国抗日战争》，团结出版社2015年版，第111页。

2 转引自陈畸:《香港青年运动》,《全民周刊》1938年第1卷第15期。步平、沈强、（台湾）邵铭煌总主编，中国人民抗日战争纪念馆著:《港澳同胞与祖国抗日战争》，团结出版社2015年版，第111页。

总务部、财务部、宣传部、游艺部、体育部，该会以“筹款赈灾”“共拯我受难同胞于水深火热之中”为宗旨。[1]该会成立后，主要通过开展抗日宣传、募捐筹款、组织慰劳等方式支援前线抗战，如组织献国旗国花、清平戏院游艺大会、港澳排球赈灾赛等为前线将士筹款。1938年10月后，随着日寇对广州的不断进攻，该会号召爱国青年组织回国服务团前往前线开展战地服务活动，先后有11个回乡服务团回国参战。[2]1941年冬，随着日寇被澳门葡萄牙当局施压，当局逐渐转变立场，澳门四界救灾会被迫停止行动。

除此之外，港澳地区比较有影响力的文化抗战团体有中华艺术协进会、青年记者学会、文化界座谈会、基督教青年会、青年同乐社、澳门焚苦文艺研究社、炎青读书会、呐喊文艺研究社、中国青年救护团、文化协会、绿光剧社、大众歌咏团、起来剧社、晓钟剧社、妇女新生活运动会、妇女慰劳会、香港工人筹赈联合会、妇女兵灾筹赈会，以及七七剧团、旅澳中国青年乡村服务团、海陆丰旅港回乡服务团等五六十个回乡服务团。

（二）南洋地区的文化抗战团体

1937年7月7日，日本侵略者蓄意挑起卢沟桥事变，发动了全面侵华战争，南洋侨胞们在新加坡、马来西亚很快成立了200多个救亡团体，新加坡、马来西亚的华侨在陈嘉庚、黄伯才、张郁才等爱国华侨领袖的领导下，以筹款救济战区难民的慈善形式，采取月捐、特别捐、纪念日捐、设置固定箱和流动捐款箱等多种募捐形式，把募捐对象扩大到当地土生华人，并通过组织义卖、义演、义赛等途径为祖国抗战募捐。仅1939年一年，南洋华侨汇回祖国的国币就达8亿元（同年，其他地区侨汇为3亿元），义捐约占1/3，达8000万元，其余均属私人汇款。1938—1942年，南洋华侨抗日义

1 黎小江、莫世祥主编：《澳门大辞典》，广州出版社1999年版，第103页。
2 陈立平：《长河撷浪集·党史研究拾零》，中共党史出版社2011年版，第195页。

捐达5亿元国币，认购救国公债2.5亿元，捐献飞机217架，坦克27辆，汽车、救护车1000多辆。[1]南洋华侨的义捐和侨汇已成为国民政府在抗战时期的财政支柱，为祖国的抗日战争的胜利作出了巨大的贡献。抗战爆发后，南洋华侨掀起了轰轰烈烈的抗战戏剧救亡运动，一系列抗日救亡文化团体相继建立起来，救亡戏剧是侨胞们用艺术手段宣传歌颂抗日救亡的武器。据不完全统计，在抗战期间仅新加坡、马来西亚两地有资料可以查到的华侨戏剧社就有31个，约占全世界华人华侨界的1/3。[2]

1. **蜜蜂剧团**。1938年上半年在马来西亚成立。是由马来西亚华侨黄志强、张其凤、叶志强、陈秀、颜金榜等人建立的文艺抗战宣传团体，该团刚成立时只有10多人，马来西亚共产党员黄志强为队长，张其凤为副队长。该团成立后，经常前往圩镇进行抗日救亡的宣传，演出《放下你的鞭子》《黄河大合唱》等节目。演出在当地获得了很大的成功，广大华侨华人踊跃进行捐款，除了维持日常的开支，他们将募集的捐款通过“南洋惠侨救乡会”全部汇回国内支援祖国的抗战。当地华侨领袖对蜜蜂剧团给予了大力支持，主动帮助他们解决生活费用问题。广州沦陷后，马来西亚当地华侨的抗日热情更加高涨，当地华侨领袖黄伯才、张郁才除了大力开展募捐以外，还积极组织爱国侨胞直接回国参战，于是将蜜蜂剧团改为回国服务团（又叫“两才队”）。该团主要成员以工人和小学教员为主，共11人。1939年3月，以“东江华侨回乡服务团两才队”的名义回国支援祖国抗战。[3]在经过香港的时候，在当地街头进行抗日救亡的宣传，4月中旬，到达坪山后，受到了根据地游击挺进纵队新编大队长曾生和群众的热烈欢迎。在坪山演出结束后，又

---

1 贺春旎编著：《陈嘉庚——华侨旗帜　民族光辉》，福建人民出版社2016年版，第66页。

2 任贵祥著，步平、沈强、邵铭煌总主编：《海外华侨与祖国抗日战争》，团结出版社2015年版，第193页。

3 中共惠阳县委员会、惠阳县人民政府编，邹金城、叶佛亮主编：《大亚湾风云》，广东人民出版社1992年版，第159页。

前往河源、和平、龙川等地进行巡回演出。1940年年初，国民党对回乡服务团的宣传活动进行种种限制和破坏，5月31日，国民党顽固派直接拘捕了该团的10多位团员，在共产党员黄志强等人的领导下，成员们在狱中坚决与国民党当局作合法斗争。迫于巨大的社会舆论，该团成员最终得到无条件释放。出狱后，一部分成员参加了东江抗日游击队，一部分成员返回马来西亚。

2. 东江华侨回乡服务团（简称“东团”）。1939年1月中旬在惠阳淡水圩正式成立，该团是在南洋英荷两属惠州（10县）同侨救乡委员会（简称“南洋惠侨救乡会”）的发起下成立的，在香港设立团总部办事处。该团的宗旨是“动员东江群众协助军队及人民武装抗战，并拯救伤兵难民及辅导民众组织各种救亡团体”。[1]叶峰为团长，刘宣为副团长。该团成立后，广大华侨踊跃报名。在马来西亚爱国华侨领袖黄伯才和张郁才的组织下，成立了东江回乡服务团两才队（简称“两才队”），并负责回国参战期间的一切费用；爱国华侨领袖官文森组织了东江华侨回乡服务团文森队（简称“文森队”），资助他们回国期间的所有费用，王春红为队长。随后，东团吉隆坡队、加影队、士毛月队等相继成立。[2]其中，规模最大的是东团吉隆坡队，队长是黄义方，副队长是陈现。全队成员为73人，原意在发扬黄花岗起义72烈士的爱国精神，它是在马来西亚吉隆坡侨胞的共同资助下成立的。其成员包括各行各业的工人、教员、学生、店员、记者和自由职业者。年龄最大的为二十五六岁，最小的只有十六七岁，他们出发前放弃了重回吉隆坡的入境证，以表明救国救民、决不回头的决心，当地的侨胞们被他们的爱国热情所深深感染。后来，东团队伍迅速扩大，拥有7个分团（后改为队）和5个队，还成立了一个东江流动歌咏团，人数有500多人，遍布整个东江抗日根据地。其大部分成员直接参加了东江抗日游击队，小部分以东团名义在根据

1 曾瑞炎：《华侨与抗日战争》，四川大学出版社1988年版，第173页。
2 曾瑞炎：《华侨与抗日战争》，四川大学出版社1988年版，第174页。

地开展抗日救亡宣传。后来一部分越南、泰国等国的华侨回国后，加入了东团参加抗日宣传工作。

3. **琼崖华侨回乡服务团**。1940 年 6 月在广东琼山正式成立。1938 年 11 月，在香港召开了海外琼崖华侨代表会议，会议决定成立琼崖华侨救乡联合会；组织琼崖华侨回乡服务团。在琼崖华侨救乡联合会的组织下，1940 年 6 月，广东琼山召开了回乡服务团全体团员大会，琼崖华侨回乡服务团正式成立。符克为团长，陈琴、梁文墀为副团长，其下设立总务组、秘书组、宣传组、组训组、医疗组，还有 30 多人的歌剧队、10 多人的工作队以及医疗队。该团以宣传抗日救国，为抗日军民服务为宗旨。该团主要包括陈琴领导的星洲（今新加坡）团、杨文宛领导的泰国团、符克领导的越南团等，人数一共 276 人。[1] 琼侨服务团从海外回国后，先后前往琼山、文昌、乐会、万宁等地和当地抗日武装共同奋战，当地的群众被他们的爱国行为所鼓舞，纷纷加入到抗日救亡的队伍中来。1941 年 12 月太平洋战争爆发后，随着日军大举发动对南洋的进攻，该团与琼崖联合总会的联系被断绝，回乡服务团被迫停止了活动。

4. **会宁华侨回乡服务团**。1937 年 12 月成立于香港。1937 年 9 月，在党组织的指示下，共产党员严玉田、孔金淦、陈子贤等人以同乡会的名义组织成立回乡服务团开展抗日救亡工作。12 月初，正式成立了香港会宁回乡服务团，孔金淦为团长，陈子贤为副团长。1938 年 4 月，扩大为会宁华侨回乡服务团，分为四会队和广宁队，成员一共 50 人。[2] 该团组织成员深入绥江一带的城乡地区，通过组织、发动群众，大力开展抗日救亡运动的宣传。团内建立了中共特别支部，接受地方的党组织的领导。1939 年 6 月，该团遭

1　中共中央党史研究室编：《中流砥柱 · 中国共产党与全民族抗日战争》下册，中共党史出版社 2005 年版，第 1490 页。

2　中共广东省组织部、中共广东省委党史研究室、广东省档案馆编：《中国共产党广东省组织史资料》上册，中共党史出版社 1994 年版，第 341 页。

到国民党当局的强制解散；9月，正式停止活动，其成员通过参加游击队继续开展抗日工作。

5. **菲律宾劳联会慰劳团**。1939年年初在马尼拉正式成立。全名为菲律宾华侨劳工联合会华侨回国慰劳团，它是由菲律宾华侨各行业的劳工团体联合组建起来的，1938年夏，菲律宾华侨劳联会为了支援祖国抗战，组织回国慰问团，当地侨胞踊跃报名参加。慰劳团很快组建了起来，王西雄为团长，沈尔七为政治指导员，成员总共23名。[1] 他们以回国进修音乐的名义，组成一支军乐队，历经3个多月的坎坷，终于在1939年9月到达了新四军军部。他们带回了大量新四军急需的医药器材、一套铜乐器。该团深入前线为新四军的军民们开展一系列慰问活动，如演奏抗日歌曲、演出爱国戏剧等，沿途宣传抗日救国，受到了当地群众的热烈欢迎。在前线的慰问活动结束后，慰劳团成员都参加了新四军，成为新四军教导总队的一员，他们中很多人后来都光荣地成为共产党员。皖南事变中，该团大部分人都英勇牺牲了，一部分被俘。

6. **新加坡业余话剧社**。1937年成立。该社是在《南洋商报》《今日剧影》专刊的戴英浪发起下成立，得到了文化界众多著名人士的响应和支持。在众多剧团中，新加坡成立的业余话剧社实力最强，具有很大的影响力。该社曾领导制定了《马来西亚戏剧运动纲领草案》，作为整个戏剧界的行动准则，该草案提出："为抗日救亡而从事戏剧运动，以话剧为主体，推进其他一切戏剧形式；作为艺术救亡武器的戏剧，以其特殊的功能，充当着文艺抗战的先锋；以戏剧力量教育大众、组织大众。战时戏剧必须有教育一般大众认识抗战的力量，通过把群众组织起来，成为抗战的生力军；配合目前的抗战形势，从事富有救亡意识及适应当地大众需要的戏剧；以建立华侨救亡统一战线，加强戏剧运动

1 中共晋江市委党史研究室编：《晋江华侨抗日救国史话》，福建人民出版社2009年版，第85页。

者的教育工作。”[1] 该社通过出演抗日话剧来唤醒侨众的爱国之情，先后为海外侨胞们演出了《放下你的鞭子》《农宝》《伤兵医院》等宣传抗日救亡的戏剧。1939 年，该社因为和当地英国殖民政府的对日外交政策相冲突，被迫解散。其中一部分成员和臧春风、章曼谷等人共同组织成立了职业剧团“实验小剧场”，一部分成员组织马华巡回剧团继续开展抗日救亡宣传工作。

7. **南岛旅行剧团**。1937 年成立。其是马来西亚、新加坡的一个职业性抗日剧团，是在杜边、赖丹、戴小郎、林越夫、陈朔风、颜国业等人的发起下成立的，杜边为剧团总编导和主要负责人，其成员以华侨爱国青年和文艺工作者为主。该剧团成立后，通过组织成员深入马六甲、柔南、森美兰和中马煤炭山等地进行巡回戏剧和歌舞演出。剧目选用宣传抗日救亡的作品，如《放下你的鞭子》《松花江上》，杜边自创自导的《巨魔》《爱国心》《情与法》《万恶公司》《战地泪花》《他的末日》《活路》，以及《铁蹄下的歌女》等歌舞表演。[2] 后来，南岛旅行剧团遭到英国殖民政府的强制解散，剧团一部分成员返回新加坡，成立“实验流动剧团”和“茶花剧团”继续开展抗日救亡工作；一部分成员在新加坡沦陷后，加入抗日保卫马来西亚的战斗，杜边也成为马来西亚抗日军第四独立队司令部宣教团的负责人。

除此之外，南洋地区其他比较有影响力的有清远华侨回乡服务团、增城华侨回乡服务团、星洲合唱团、爱同校友话剧组、槟城的今日剧社、加影（今马来西亚加央）的前卫剧社、新加坡平社和闽南歌剧团、马华巡回剧团、加影前卫流动歌剧团、今日剧社、晨钟剧团、爱华音乐戏剧社、同志白话剧社、晨光社、爱群社、爱华社、工商校友会、爱同校友会、维扬体育会、浯声励志社、青年乐心社、国风幻境剧社、吾吾剧社、香祖体育会、虫

1 方修：《救亡剧运的全面展开》，载蔡史君编修：《新马华人抗日史料（1937—1945）》，新加坡文史出版私人有限公司 1984 年版，第 114 页。

2 杜边著，温刚、张惟主编：《杜边文集》第 1 集，花城出版社 2002 年版，第 3 页。

吟音乐研究社、钟声音乐研究社、吼声音乐话剧社、养正校友会、蚂蚁剧社、昙花剧社、新生励志社、萌芽剧团、钟灵校友会、怡保洪钟剧团、青年口琴会、艺光音乐社、中华口琴会、艺花镜影剧社、友益儒乐社、悠扬音乐研究社、余娱儒学社、横云阁音乐社、云庐音乐社、缅甸华侨救亡歌咏团、新加坡铜锣合唱团、精武剧团、机器行剧团、华联公学剧团、秋天剧社等40余个抗日救亡文化团体。

（三）美洲地区的文化抗战团体

抗日战争全面爆发时，美洲地区的华侨有209039人，占世界华侨总数的2.77%。美洲华侨内部过去一直存在很大矛盾，各个派系之间隔阂很大。卢沟桥事变后，美洲侨胞们逐渐抛弃过去的成见，紧密团结在一起，支援祖国的抗战。在民族危难之际，涌现了司徒美堂、陈光润等著名的爱国华侨领袖，领导美洲侨胞们大力开展抗日救亡运动，号召抵制日货，纷纷捐资捐物，很多华侨直接回国参战。他们不仅通过集会、报刊和讲演等方式进行抗日救亡的宣传，而且特别重视发挥文艺作为战斗先锋的作用。大批抗日救亡文化团体如雨后春笋般涌现出来，在爱国主义旗帜的引导下，将美洲侨胞们凝聚起来组成一支浩浩荡荡的文化抗战救国大军。一·二八事变后，美洲华侨将各种捐款源源不断地汇回国内，据陈学海在《世界经济崩溃下的华侨》一文中的统计，截至1932年2月7日，世界各地华侨汇交十九路军的慰劳金折合大洋417.9万余元，其中美国大陆174.5万余元，檀香山23.7万元，加拿大17.8万余元，古巴12.5万元，墨西哥4万余元，美洲华侨共捐232.6万余元，约占慰劳金总额的58%。[1]美洲的客家华人积极组织对日本军需物资的禁运活动，1938年8月，成立了“旅美华侨统一义捐救国总会”，该会

1 李春辉、杨生茂：《美洲华侨华人史》，东方出版社1990年版，第716页。

在1938—1942年，募集到捐款1500万美元。[1]整个抗战期间，美洲华侨华人为祖国的抗战作出了巨大的贡献。

1. **叱咤音乐社**。1937年12月26日在旧金山正式成立。1937年卢沟桥事变后，美国华侨各界人士大力开展抗日救亡运动的宣传。同年12月26日，旧金山的爱国华侨青年组织成立了叱咤音乐社。该社社名来源于“叱咤风云”一词，成员一共50多人。该社成立后，除了演奏广东音乐和粤曲，还通过在旧金山、洛杉矶等地进行抗日救亡话剧、歌曲的演出，在当地华侨社会中宣传抗日救国。

2. **芦烽话剧团**。1940年7月13日在旧金山正式成立。其成员来自旧金山当地的华侨青年，该团团名“芦烽”，寓意在卢沟桥进行抗战的烽火。该团成立后，积极支援祖国的抗战，在美国西部大力开展抗日救亡运动的宣传，组织抗日戏剧的巡回演出，受到美国民众的热烈欢迎。

3. **新文字研究会**。1940年7月在旧金山正式成立。该会是抗战时期当地华侨青年发起成立的一个爱国文化团体，其宗旨为“发挥中华民族之文化，配合中华民族解放的神圣战争”。该会成立初期，主要是开展新文字的研究和讲授工作，随着抗战的发展，该会相继组织了口琴队、歌咏队、话剧组，深入美国华侨之中开展抗日救亡运动的宣传。

除此之外，还有学建歌咏团和旅美华侨救国会，其中学建歌咏团是由50多名纽约爱国华侨在1943年发起成立的，通过在当地的广播公司和音乐堂组织演唱《起来》《救国军歌》《抗战歌》等抗日歌曲，进行抗日救亡运动的宣传。

（四）欧洲和大洋洲地区的文化抗战团体

抗日战争爆发时，欧洲华侨有55364人，占世界华侨总数的0.37%。欧

1　任贵祥著，步平、沈强、邵铭煌总主编：《海外华侨与祖国抗日战争》，团结出版社2015年版，第50页。

洲华侨虽然人数不多，但是其人员构成与南洋、美洲地区有很大的不同，主要以被招募出国的华工和出国进行勤工俭学的学生为主，由于华工和学生的思想觉悟较高，易于发动，因此欧洲地区华侨抗日救亡运动开展得较早。[1]卢沟桥事变前，在欧洲侨胞的努力下，英、法、德、荷、比、葡、瑞士等欧洲国家，都建立了以首都为中心的全国性的华侨抗日救亡团体组织。1936年9月，在陶行知、吴玉章、钱俊瑞、陈铭枢等人的发起和组织下，正式成立了“全欧华侨抗日救国联合会”，这是海外华侨成立的第一个跨国家跨地区的抗日救国组织。该会以“团结旅欧侨胞，保障自身利益，努力抗战救国运动”为宗旨，号召各地侨胞“为祖国生存而战，为恢复失地而战”，实现了欧洲侨胞抗日救国的大团结。该会成立后，积极联络南洋、美洲华侨救国团体，促进了海外其他地区华侨团结抗日运动的发展；同时和国内各抗日团体进行联系，推动国内抗日民族统一战线的形成。

1. 旅德华侨抗日救国联合会（简称“抗联会”）。1936年3月2日在柏林成立。1931年，日本发动九一八事变后，在德华侨积极声援祖国的抗战，相继建立了很多的抗日救亡文化团体。1935年，德国侨胞计划在一二八抗战3周年纪念日联合成立“全德国华侨抗日救国联合会”，但是因为国民党特务和德国法西斯的暗中破坏，未能如期成立。经过侨胞们的努力，克服种种困难，终于在1936年3月2日，正式成立了“旅德华侨抗日救国联合会”。该会的成立，实现了德国华侨的大团结，形成了抗日救国的统一力量。主要负责人为黄琪翔、赵一肩、王深林、秦丰川、陈凤章、朱江户等人，成员初期主要以留德学生为主，后来大批德国侨商相继加入其中。其执行委员会设立常务部、组织部、宣传部，另外专门成立了顾问委员会，组织中国问题研究会、日本问题研究会、国际问题研究会等学术研究会进行抗日救亡文化的宣

1 任贵祥著，步平、沈强、邵铭煌总主编：《海外华侨与祖国抗日战争》，团结出版社2015年版，第38页。

传，成立游泳队、射击队、骑马队进行训练，做好准备随时直接回国参战。该会总计办有14种刊物，主要包括机关刊物《抗联会刊》以及下属团队所举办的抗日刊物。该会成立后，通过组织成员印发抗日宣传单、发表抗日救亡宣言、集会等方式，积极开展抗日救亡运动的宣传，有力地推动了德国华侨抗日救国运动的发展。后来因为德国法西斯的反动政策，该会被迫停止行动。

2. **中华留英学生抗日救国会**。1936年10月8日在伦敦正式成立。该会是由王礼锡、黄少谷、熊式一等人发起成立的，伦敦华工华商反日同盟、民武会伦敦分会等团体和100多名各界人士代表参加了其成立大会，大会推选黄少谷为主席，杨人梗为秘书。其宗旨为“团结整个民族一致救国”，该会的纲领明确提出“保卫中国领土主权与行政之完整；立即对日抗战，收复失地；消弭一切党派倾轧；力争抗日救国言论集会结社自由；对外联合友邦，以扩大外援”五大目标。[1]

3. **全欧华侨抗日救国会**。1936年9月20日在巴黎正式成立。1935年年底，受党组织委派，吴玉章等人在法国创立了《救亡时报》，大力开展抗日救亡运动和中国共产党的抗日民族统一战线的宣传，促进了欧洲侨胞的进一步团结。1936年9月20日，在巴黎召开了全欧华侨抗日救国联合会成立大会，来自英、法、德、瑞士、荷兰等各国的华侨代表和陶行知、钱俊瑞等各地嘉宾共计450多人参加了这次大会。大会选举出33名执行委员，7名监察委员，推选陈枢铭、王海镜、胡秋原、何肇绪、雷子声、李琨、何德鹤、王礼锡等11人为常务委员。该会创办了月刊《联合战线》以及西文半月刊《中国与世界》，其宗旨为“以联合全欧侨胞，不分党派、阶级、职业、信仰，实行全面团结，抗日救国并增进侨胞福利”。[2] 成立章程明确提出该会的

1 中国第二历史档案馆、《中国抗日战争大辞典》编写组：《中国抗日战争大辞典》，湖北教育出版社1995年版，第135页。

2《全欧华侨抗日救国联合会会章》，1936年10月8日。

工作任务为“推进全欧侨胞统一救国工作；号召旅欧侨胞大联合，深入华侨的抗日救国统一战线运动；说服一切固守派别和存异己的华侨到抗日救国运动战线中来；与破坏抗日救国运动战线的国内外势力作斗争，争取抗日救国事业的胜利”。[1] 全欧华侨抗日救国会的成立实现了欧洲华侨抗日救亡的大团结，极大地声援祖国人民的抗战，对于南洋、美洲等地的华侨开展抗日救亡工作起了很大的表率作用。该会成立后，派遣服务团代表回国参战，回国途中，对当地的华侨进行广泛的联络，同时通过宣传讲演的方式，大力开展抗日救国运动的宣传；还曾经组织国际义勇军援助西班牙内战和东北义勇军的抗战；采取名人宣传演讲的方式，呼吁国内早日建立抗日统一战线。

4. 旅法华侨抗日救国联合会。1936 年 1 月 28 日在巴黎正式成立，又称“巴黎中华民众抗日救国会”。1931 年，日本发动九一八事变后，在法国的华侨立即组织抗日救国运动，成为欧洲华侨抗日救亡运动的中心。法国侨胞致力于实现同行业的联合，相继成立旅法华工总会、学界救国会、商界救国会等抗日救亡团体。1935 年 12 月底，巴黎华侨各界代表组织了“旅法华侨抗日救国联合会”筹备会。1936 年 1 月 28 日，正式成立了旅法华侨抗日救国联合会，400 多名华侨代表出席了成立大会。王海镜、李坤、陈柱天、吴康、雷子声、何肇绪等为主要负责人，其下设立文书部、组织部、宣传部、设计部、财务部 5 个部门。该会明确提出其主要任务为“宣传抗战救国，推动政府抗战，推动国内各界早日联合；为国内募集救亡物资。”[2] 该会的成立，实现了法国华侨抗日救亡的大团结，通过组织募捐、集会宣传等形式支援祖国的抗战，在法国各地相继成立各分会，并且积极推动欧洲侨胞抗日救亡联合战线的统一。1940 年 6 月 14 日，德国占领巴黎后，该会停止了活动。

1 任贵祥著，步平、沈强、邵铭煌总主编：《海外华侨与祖国抗日战争》，团结出版社 2015 年版，第 39 页。

2 王金铻、邢康主编：《爱国主义教育辞典》，山西人民出版社 2000 年版，第 842 页。

除此之外，欧洲地区其他比较有影响力的有旅法中国救亡会、巴黎中华民众救国会、旅英华侨抗日救国会、利物浦抗日救国会、爱丁堡爱国工商会、瑞士华侨抗日救国会、中法剧社等抗日救亡文化团体。

在大洋洲，全面抗战爆发后，当地华侨华人纷纷捐款捐物，直接参军或者在后方服务，同时成立抗日救亡文化团体，开展抗日救亡运动的宣传。从抗战爆发至1939年年底，大洋洲（包括新西兰）华侨共捐国币1467304.67元。[1]澳大利亚仅1941年1—9月，募集到捐款191万元寄回国内，1937年至1945年8月，新西兰华侨抗日捐款达320万英镑，支援祖国的抗战，为抗日战争的最终胜利作出了不可磨灭的贡献。

5. **澳洲雪梨埠侨青抗战话剧社**。1939年7月1日在悉尼正式成立。该社是在黄家权、布德威、张岳彪、杨景棠、梁乙、何国伟、黎太行等当地爱国华侨青年的组织发起下成立的，黄家权为主席。该社成立后，积极开展抗日救亡宣传工作，同年8月，在悉尼进行抗日救亡戏剧的巡回演出，其中救亡剧《营沟路上》受到了当地华侨的热烈欢迎，极大地激发了广大侨胞的爱国热情。

除此之外，大洋洲地区其他比较有影响力的有澳洲华侨抗敌救国后援会、新南魏斯里中国妇女筹金救国协会、悉尼中华青年救国团、澳洲中国妇女协会等抗日救亡文化团体。

四、文化抗战团体在抗战中的贡献

文化抗战团体是抗日民族文化统一战线的组织形式，广泛地团结了文化界各阶层的人士，凝聚了文化界抗战的力量。在中国共产党的领导下，全国

1 暨南大学华侨华人研究院编：《华侨华人研究》总第3辑，暨南大学出版社2015年版，第83页。

各地的文化抗战团体，通过组织动员广大群众，开展各种活动，为抗日战争的胜利作出了不可磨灭的贡献。

（一）抗日根据地文化抗战团体的战地服务工作

全面抗战爆发后，中国共产党领导的文化抗战团体除了深入偏远和落后的地区，组织发动当地的群众，积极开展抗日救亡运动的宣传。其中，成立战地服务团，走上抗战前线，进行战地服务活动，直接参与伟大的抗日战争，是其重要的活动。

在陕甘宁边区，1937 年 8 月 12 日，西北战地服务团（简称“西战团”）在延安正式成立。其主要任务是奔赴前线深入部队和群众之中，宣传党的抗日民族统一战线政策，开展抗日救亡运动的宣传，扩大党的影响力。该团成立后，进行了 40 天的前期准备，包括邀请中央领导作政治报告来提高成员的政治理论水平；组织演讲、辩论竞赛来提高宣传能力；组织编排各种形式的文艺节目。同年 9 月 22 日，“西战团”一行 40 多人在团长丁玲和副团长吴奚如的带领下，奔赴前线开展抗日救亡宣传工作。先后在大同、临汾和太原为当地群众进行抗日救亡运动的宣传，演出了独幕话剧《重逢》、街头剧《放下你的鞭子》、鼓词《劝夫从军》及改良后的秧歌舞等。后因抗战形势变化，西战团转移到晋东南一带随八路军总部行动，先后活动于沁县、安泽、榆社、洪洞、赵城、运城等 16 个县市 60 余个村庄，行程数千公里，面向根据地军民及国民党军队演出百余场，进行抗日宣传工作。[1]

1938 年 3 月，太原沦陷后，“西战团”奉命从山西前往古都西安开展抗日宣传。在国统区的西安，“西战团”通过深入群众之中宣传中国共产党的全面抗战方针和八路军在战场上的胜利消息，赢得了西安各界群众的支持。

1 张树军主编：《图文中国共产党抗战纪事》上，河北人民出版社 2015 年版，第 265 页。

"西战团"在西安举行记者招待会，同时积极参加陕西省西安市各界妇女组织的三八节纪念会、文化界人士组织的文艺界座谈会，向国民党当局反映自己宣传抗战的要求和立场。随后在古都西安先后进行了3次大型的公开演出，由南国剧社赛克和作家萧红等人集体创作完成的《突击》被西战团搬上了公演舞台，这是一部反映山西前线军民团结在一起共同抵抗日军侵略者的多幕话剧，在高培支老先生的支持下，租借易俗社作为演出场地。为了争取早日进行演出，西战团的成员一边进行舞台布置和排练，一边将剧本送交国民党当局进行审查，当时西安的报纸曾经报道说："西战团的全团同志用突击的方式排演《突击》。"[1] 第一次公演在3天之内演出了7场，并且为前线受伤的士兵进行了专门的慰问演出，演出取得了巨大的成功，受到了西安各界群众的热烈欢迎。西战团为了筹集经费，不久后进行了第三次公演，第三次公演把深受群众欢迎的秦腔和京剧作为主要演出内容。剧本上选择了老舍的《忠烈图》和《烈妇殉国》，分别用京剧和秦腔的方式进行改编。

1938年秋，"西战团"返回延安汇报在前线开展的抗日宣传工作，在当地演出了新创作的京剧《白山黑水》。同年11月，在副主任周巍峙的带领下，奔赴晋察冀抗日根据地开展抗日宣传。"西战团"于1939年1月3日顺利抵达晋察冀抗日根据地平山县，从1940年开始，"西战团"通过组织成员深入根据地一带的偏远乡村，组织当地的农民成立100多个村剧团，并且在唐县、完县、繁峙县先后举办了3个乡村艺术干部训练班，为抗战前线培养了大批的文艺骨干，"西战团"还通过建立少年儿童演剧队等方式，开展抗日宣传。1942年，"西战团"专门挑选组织了一支政治攻势宣传队，该队20多人一行在根据地武装工作队的保护下，前往平山县、繁峙县一带的日军据点附近进行演出宣传。1944年，"西战团"回到延安。在1939—1944年这

1 任文主编：《延安时期的社团活动》，陕西师范大学出版社2014年版，第147页。

5年的时间里，西战团紧密地团结在晋察冀抗日根据地部队和群众的周围，跟随部队积极参加粉碎日军“大扫荡”行动。通过戏剧、音乐、文学、美术等多种文艺方式开展抗日宣传，“西战团”的成员根据自己在抗战前线的真实经历创作、改编了众多具有战斗力的优秀文艺作品。如戏剧《雷雨》《李秀成之死》《复活》等；《程贵之家》《慰劳》《哈那寇》《模范公民》等近60部话剧、歌剧、儿童剧、活报剧；歌剧《团结就是力量》《不死的老人》等；儿童剧《八路军和孩子》等。[1]西战团通过自己的笔、口和日本侵略者进行战斗，以“提高前线战士民族自信心和民族牺牲精神，唤醒动员和组织战地的民众来配合前线的作战”作为自己的宗旨。[2]

在华中抗日根据地，1938年1月，在南昌成立了新四军战地服务团。朱克靖为团长，包括白丁、韦布、李增援、吴晓邦、丘东平、途克、陈子谷等文化界进步人士。同年8月，该团跟随新四军到达皖南云岭后，就组织成员成立分队，跟随新四军第1、第2支队转战长江南北各地。他们每到一地，就在当地通过张贴抗日标语、教唱抗日歌曲、演出抗日戏剧、组织演讲等方式开展抗日救亡的宣传。服务团的成员通过深入群众、组织发动群众开展抗日救亡工作，他们既是新四军宣传抗日的文艺先锋队伍，也是新四军组织民众运动的工作队。新四军坚持抗日，同时积极鼓励民众和进步文化工作者开展文化抗战活动，吸引了一大批爱国青年和进步文化界人士的加入。安徽省青年抗敌协会战地服务团200多人，在团长郭铭和副团长张望的带领下，加入了新四军江北游击纵队，国内文化界知名人士陈岛、刘保罗、许晴、莫璞等人也先后加入了该战地服务团。随着众多的文化团体的加入，新四军的各支队都相继建立了战地服务团，再加上华中抗日根据地各地成立的文化抗战团体也建立了战地服务团，如江南先后成立了以吴宝康为团长的无

1 张树军主编：《图文中国共产党抗战纪事》上，河北人民出版社2015年版，第265页。
2《延安文艺丛书》编委会编：《文艺史料卷》，湖南文艺出版社1987年版，第482—483页。

锡抗日联合会战地服务团，以彭炎、李广为团长的延陵战地服务团，以孟波为团长的江南抗日义勇军战地服务团。[1]根据地各地的战地服务团通过动员民众抗日救亡，揭露日军的暴行，传播新四军胜利的消息，鼓舞战斗士气，成为新四军挺进华中开展敌后抗战的文艺先锋和得力助手，为根据地的发展和抗日宣传作出了巨大的贡献。

在华北抗日根据地，晋西北妇救会成立以后，积极组织当地的妇女为前线战士进行募捐活动，在很短的时间内就募集到军衣3000多套、军鞋近5.88万双、袜子2万多双，还有大量的白面、军帽、现款等。1937—1940年3年间，晋东南组织妇女服务团对抗战将士进行募捐慰问200余次，共募捐到金银3万余两。[2]这一系列的战地服务活动为前线士兵提供了大量急需的物资。

在山东抗日根据地，1939年9月在南陈村成立了青年战地服务团，马焕文为团长。该团是在泰泗宁边区自治会主任委员朱蓂阶等人发起下成立的，其主要成员为50多名青年学生和小学教师。该团成立后，开展了一系列战地服务活动：积极开展抗日救亡运动的宣传工作，组织当地的群众武装起来，开展游击战争；与当地的抗日武装进行密切的配合，参与破坏日军交通的活动；协助地方武装对日伪区乡政权进行铲除；组织青年学生参加八路军的欢送活动；对日伪军的敌情进行侦查，为八路军通风报信，为前线将士运送物资，组织成员对伤兵进行慰劳。

1944年，为了配合根据地部队对日军的反攻，胶东“文协”成立了文化服务团，同时联合西海、北掖等地文化服务团，奔赴西海各地在秋季反攻中新收复的地区，对根据地军民的战斗事迹进行集体访问和创作。在“两个月

---

1 中国新四军研究会编：《永恒的记忆：华中抗日根据地》，当代中国出版社2005年版，第460页。

2 康克清：《三年来的华北妇女运动》（1940年7月），载《蔡畅、邓颖超、康克清妇女运动解放问题文选》，人民出版社1988年版，第50—51页。

时间里，文化工作团组织的慰问晚会多达32次，创作剧本20多部，发表通讯40多篇”。[1]渤海区的耀南剧团和鲁迅宣传队合并之后，跟随根据地部队奔赴前线，他们分散到前线各战壕中，通过短小精悍的打鼓、说书和山东本地下层民众中特有的“武老二（山东快书）”等形式开展战地抗日宣传工作。除此之外，他们还担负前线后勤工作，甚至直接参加当地的战斗。胶东国防剧团在前线的宣传活动强调“战斗化”，他们在前线为部队演出前，派剧团成员提前收集英雄模范事迹，把这些事迹改编成节目，这样可以在最短的时间内进行演出。因为前线条件简陋，他们将脸盆、水桶、子弹壳等工具当成乐器，用锅底灰、牙膏、松香等化妆。在战斗间隙，为战士们演出节目。每当部队发起冲锋时，他们跟随呼喊口号；当士兵受伤时，他们就立刻上前进行慰问，并且将自己的血输给受伤严重的士兵。[2]山东抗日根据地的文化抗战团体除了在战斗前线为战士们进行战地服务外，他们在跟随部队出发时，每到一地，就在当地张贴抗日标语、演讲，为部队和当地群众演出说快板和大鼓书等；平常采用文艺的方式对战士进行思想政治教育；每当部队战斗完回来，就立即组织演出进行慰问。

（二）国统区文化抗战团体的战地服务工作

1. 在上海。1936年11月24日，傅作义率领的第35军在绥远取得了百灵庙大捷，消息传出后，国内军民无不欢呼雀跃。为了奔赴绥远慰问前线的抗日官兵，著名电影演员陈波儿发起成立了上海妇女儿童绥远慰劳团。1937年年初，除了陈波儿外，包括女作家吴似鸿、女记者熊岳兰等8人，从上海出发。在经过天津、北平等地的时候，许多学生和爱国女青年先后加入其

1 穆敏编著：《山东抗日根据地的文化》，中共党史出版社2005年版，第91页。

2 中共中央党史研究室宣教局，中共党史出版社编：《第二届全国党史文化论坛文集（第三册）：党史文化与中国抗日战争研究》，中央党史出版社2015年版，第474页。

中，使得该团的规模达到39名成员。经过长途跋涉，同年1月21日，该团到达绥远后立即赶赴医院对伤兵进行慰问。23日早晨，来到百灵庙前线进行慰问演出，演出了《放下你的鞭子》等抗日剧目，并且给前线官兵们发放了慰问品。1937年3月7日，陈波儿一行回到上海。陈波儿率领慰问团奔赴绥远前线开展战地慰问演出，在全国引起了巨大的轰动，国内媒体争相进行报道，全面抗战爆发后，各地文化抗战团体先后开赴前线开展战地服务活动。

中国妇女慰劳自卫抗战将士会上海分会，是在何香凝等人的发起下，于1937年8月4日成立于上海。该会由“中国妇女抗敌后援会”改组而来，常务理事会主席为何香凝，还包括史良、王孝英、沈兹九等妇女界著名人士。其下有中国职业妇女会、中华妇女互助会、基督教女青年会、中华女子职业补习学校等22个妇女团体。该会先后举办了27个救护训练班，培训了1300多名救护人员，前往上海前线开展战时后勤服务工作。[1]1937年8月13日，日军进攻上海，淞沪会战爆发。次日，何香凝即委派该会负责人前往张治中部对前线官兵进行慰问。同年9月中旬，中国军民坚持在上海英勇抵抗日军侵略，该会联络上海各界救亡协会，发起为前线官兵捐助棉背心活动，上海当地的40万市民经过昼夜缝制，顺利完成缝制20万件棉背心任务。同时，该会还组织群众准备红药水、急救包、清凉油等用品，运送至前线士兵手中。

上海妇女战地服务团是何香凝以全国妇女抗敌慰劳总会上海分会的名义组织成立的，该团主要由10多名爱国进步、党团员的妇女组成，9人是当地纺织工厂的工人，平均年龄还不足19岁。1937年10月6日，她们在团长共产党员胡兰畦的带领下，来到正在上海英勇抵抗日军的第十八路军罗卓英部对将士进行慰问勉励、侦查缉拿汉奸、纠查军纪、服务救护等前线战地

1 中共上海市委党史研究室编，陈彩琴、沈阳撰稿：《上海抗战图史》，上海人民出版社2015年版，第151页。

服务。[1]同年11月12日，日军攻占上海后，她们继续跟随罗卓英部辗转于安徽、浙江、江西等地开展战地工作。1938年10月，随着更多爱国妇女的加入，该团规模进一步扩大，人数增加到36名。服务团的成员们虽然不是专业的文艺工作者，但是她们通过自己创作和编排节目，在前线开展抗日救亡的宣传和演出。每到一地，就在当地演出节目，先后演出了《活捉东洋兵》《难民苦》《放下你的鞭子》《慰劳歌》《最后一颗手榴弹》等剧目。服务团成员冒着枪林弹雨在前线救助伤兵，然后再运送到后方的医院；她们定期组织服务团的成员前往后方的医院，主动为受伤的士兵们洗衣服、更换药物、喂饭、伺候大小便、代写家书。3年多中，上海妇女战地服务团的成员组织发动群众前往后方医院慰劳伤兵381次，为伤兵换药4021次，洗血衣4573件，代写书信872封，演出戏剧53次，赠送慰劳信1.25万封。[2]她们还前往前线打扫战场，掩埋阵亡士兵的遗体。国民党召开五届五中全会后，掀起了"反共"逆流，她们的工作受到很大的限制，无法留在前线部队继续开展战地服务。她们中的一部分人参加了新四军，一部分人前往延安。据统计，她们跟随罗卓英部的3年多时间里，奔波于8省之间，行程超过2万里，开展各种慰问活动，出版了《战鼓周刊》1.45万本、92篇战地通讯以及根据第11师真实战例自己改编的剧本《大战东林寺》等。[3]为抗战作出了重大的贡献，她们的爱国行为受到了陈毅和邓颖超等中共领导人的亲切勉励。

1937年8月13日，日军进攻上海以后，上海各界抗敌后援会先后组织成立了11支救护队，每队50多人；9支急救队，每队15—20人，前往前

---

1 中共上海市委党史研究室编，陈彩琴、沈阳撰稿：《上海抗战图史》，上海人民出版社2015年版，第156页。

2 周蕾、刘宁元：《抗战时期中国妇女运动研究1931—1945》，首都经济贸易大学出版社2016年版，第110页。

3 周蕾、刘宁元：《抗战时期中国妇女运动研究1931—1945》，首都经济贸易大学出版社2016年版，第108页。

线各战区驻地。救护队员们冒着枪林弹雨，不顾危险，在前线抢救受伤士兵。同年9月16—30日，急救队员在前线共抢救了4000多名伤兵。青年救国服务团，除了组织160余人的救护队前往前线救护受伤官兵，还动员500多人帮助前线部队修筑防御工事。上海慈联会组建了一支救护队，该队以当地的僧侣和佛教弟子为主，在总队长屈映光和副队长宏明法师的带领下，奔赴上海战事激烈的区域。在整个淞沪战争期间，该队救护伤兵、难民8200余人。[1]

2. **在云南**。1937年10月5日，昆明当地60多名年轻的请愿女学生组成了云南妇女战地服务团，她们当中，年龄最大的不超过25岁，最小的不过15岁。在进行医护、军事、宣传等简单的一个月培训之后，即在团长徐汉君、副团长胡廷璧的带领下，奔赴抗战前线开展战地服务。出发时，昆明当地上万市民为她们送行。在途中，先后有6名来自贵州的女青年加入其中。1938年春，到达武汉，在当地先后演出了《放下你的鞭子》《流浪者之歌》等30多个剧目。随即前往滇军第60军中组织文艺演出、摄影记录、教唱抗日歌曲等，开展抗日救亡运动宣传工作。同年3月，台儿庄战役爆发后，服务团的12名成员立即奔赴前线战场。她们冒着敌人的枪炮，带着家乡人民准备的慰问品，在前线和第60军的将士们并肩奋战，极大地鼓舞了全军的士气。她们在前线战壕中为士兵缝补衣服、代写家书，把慰问品送到每一个战士的手中；她们为受伤的士兵打好绷带后，将他们送到后方的医院；她们前往后方的医院里照顾伤兵的生活起居。同年5月，徐州沦陷后，云南妇女战地服务团的成员们，跟随第60军撤离，参加保卫武汉的战斗。后来到了江西，服务团接到上级的命令，在当地建立第60军难童教养院，收容了当地40多名无家可归的儿童，这些儿童年龄在5—14岁。她们在教

1 中共上海市委党史研究室编，陈彩琴、沈阳撰稿：《上海抗战图史》，上海人民出版社2015年版，第154页。

养院精心地教导儿童，教他们读书写字，教唱抗日歌曲，为他们洗澡换衣、看病治伤。1939年后，随着抗战形势的变化，服务团的成员前往滇军各部队继续开展战地服务工作。云南妇女战地服务团随滇军辗转于黔、湘、赣、苏、鲁、皖、浙、桂等10多个省份，她们所开展的战地服务活动极大地鼓舞了前线官兵的抗日士气。

3. **在湖南**。由著名女作家谢冰莹发起，1937年8月在长沙正式成立了湖南妇女战地服务团，该团出发前总计17名成员，以青年学生、医生、教师为主，后来途中又有来自上海、苏州的6名成员加入。同年9月19日，该团到达上海嘉定抗日前线，跟随第四军在嘉定、苏州等地的野战医院开展战地救护、抗日救亡宣传、组织民众支援前线、侦查缉拿汉奸等工作。[1]同年11月12日，上海沦陷后，湖南妇女战地服务团随即解散。

4. **在四川**。1937年7月，四川成立了妇女抗敌后援会。积极组织妇女为前线将士募捐、制作棉衣，举办妇女救护培训班，开展抗日救亡宣传运动。1938年春，在四川省妇女抗敌后援会的发起下，成立了妇女战地服务团。该团从妇女救护培训班中挑选了8名成员，成员年龄在15—20岁。成员们在经过抗战形势、政治学习、演唱宣传、救护训练等1个月的集中培训之后，在团长肖玲和副团长吴骅的带领下奔赴前线开展战地服务工作。她们在出发前，还编印了抗日宣传单，排练了抗日剧目，写下了感人的《告同胞书》。出发时，成都社会各界400多人为她们举行了隆重的欢送仪式，由共产党员车耀先创办的《大声》周刊发表文章对她们的爱国行为进行了高度的赞扬。1938年3月27日，该团正式出发，她们每经过一地，就在当地开展抗日宣传活动，对当地的抗日军队进行慰问。在重庆，她们组织发动歌咏游行；在宜昌，她们不辞辛苦，一整天都在慰问当地受伤的士兵；在江西，她

1 周蕾、刘宁元：《抗战时期中国妇女运动研究1931—1945》，首都经济贸易大学出版社2016年版，第108页。

们深入部队中和士兵谈心，教唱抗日歌曲和教识字，经过长途跋涉，终于到达了川军在安徽的驻地。她们立即奔赴前线开展一系列战地服务活动，如组织成员印发抗日宣传单、张贴标语、教唱抗日歌曲和教识字、为川军士兵代写家信，向川军士兵和当地群众进行抗日宣传；为部队和群众演出《上前线》《九一八以来》等剧目；团长肖玲根据自己在前线亲身体验写的《流浪儿》，讲述了饱受战乱之苦的儿童，该剧演出后，激起了川军将士和群众对日寇的痛恨之情和抵抗斗志。[1]1938 年夏开始，在国民党顽固派的阻挠和限制下，四川妇女战地服务团被迫结束在前线的战地服务活动。在这 3 个多月的时间里，她们的行程达数千里。

5. **在贵州**。1938 年 5 月，由贵州各界抗敌后援会发起，成立了战地服务团。该团总共 200 多人，其中女性约占四成，同年 5 月 2 日，该团在成员项光潜等人的带领下出发。1938 年 6 月上旬，该团抵达河南临汝，随即前往前线开展战地服务工作。1938—1941 年，这 3 年中，战地服务团开展了一系列战地服务活动：一是从团里挑选 20 多名女成员，组成 5 个慰劳组，前往湖南、江西等地的后方医院对伤兵进行慰劳，向他们转送荣誉奖状、慰问金、慰问信等，3 年间，服务团成员们慰问受伤的官兵 8 万多人。二是从团里挑选 20 多名具有文艺才能的成员组成抗日演出队伍，开展抗日宣传工作，先后在前线为官兵和群众们演出了《夜战》《游击健儿》《越牢之歌》《义勇军进行曲》《救亡进行曲》《太行山上》《红缨枪》等街头独幕抗日话剧、歌剧、歌曲。三是为战时儿童开办教育班。1938 年 11 月 13 日，长沙发生的文夕大火，使全城 90% 以上的房屋被烧毁。众多饱受战乱之苦与家人失去联系的儿童，被迫流浪街头。服务团的成员通过开办战时儿童教育班，收容了 200 多名 6—10 岁的儿童，每半年开办一期。四是开办战时儿童保育

---

1 周蕾、刘宁元:《抗战时期中国妇女运动研究 1931—1945》，首都经济贸易大学出版社 2016 年版，第 114 页。

院。1940 年，在中国战时儿童救济协会湖南分会的请求下，战地服务团挑选 12 名成员在湖南永绥县开办战时儿童保育院，收容了大批无家可归的难童，由国际红十字会提供经费支持。[1]

6. **在湖北**。1938 年 6 月，武汉会战爆发，中国军队在前线浴血奋战，大批受伤的士兵急需进行救助。同年 9 月 1 日，在汉口基督教女青年会的发起下，成立了战地服务团。该团成立初期，共有 19 名成员，年龄在 14—26 岁。后来陆续有人加入，人数增加到 70 多人，经过一个多月的集中培训后，在团长吴瀚和副团长陈维清的带领下，奔赴前线开展战地服务工作。该团通过在各后方医院设立“中山室”，以组织伤兵开展读书识字、演唱抗日歌曲等方式开展抗日宣传和教育，其中由服务团成员自己编写的《负伤将士歌》受到了伤兵的热烈欢迎；该团组织成员照顾伤兵的日常生活，如剪指甲、洗衣做饭、换药等，还为他们缝补衣服、代写家信；发动当地的民众为受伤的士兵赶制衣服鞋子，通过组织抗日演出为伤员们募集捐款 1500 多元。1942 年冬，汉口基督教女青年战地服务团结束了战地服务活动。在这 4 年间，她们的足迹遍布湖北、湖南、广西、贵州 4 个省的 20 多所后方医院和伤兵收容所，行程数千公里，为千万名受伤的士兵进行服务。

（三）海外华侨华人的战地服务活动

全面抗战爆发后，海外华侨华人纷纷支援祖国抗战。在香港，宋庆龄、何香凝等人发起成立的文化抗战团体，领导港澳同胞开展了一系列战地服务活动。在中国共产党的领导下，各种文化抗日救亡团体在港澳地区相继建立起来。通过组建救亡工作团或回乡服务团，前往广东前线各地开展战地服务工作。在南洋地区，1937 年前后，总共约有 4 万名广东籍华侨回国直接参

1 周蕾、刘宁元：《抗战时期中国妇女运动研究 1931—1945》，首都经济贸易大学出版社 2016 年版，第 115 页。

战。在当地先后成立救乡会，组织回乡服务团回国参加战地服务活动。

1. **港澳地区**。1938 年 6 月，宋庆龄在香港创立了保卫中国同盟（简称“保盟”），以加强国内外的沟通与联系。“保盟”成立后，除了对国统区的难民收容所、医疗救济机构、伤兵、孤儿进行大力的援助外，还积极为在敌后坚持进行抗战的八路军和新四军运送大量急需的医疗器械、药品以及其他各种物资，并且协助根据地建立国际和平医院。1939 年 5 月，为了援助新四军，宋庆龄领导保盟开展“两万条毛毯运动”，并且取得了圆满的成功。1941 年 7—8 月，宋庆龄领导举办了“一碗饭运动”，全部收入捐赠给中国工业合作协会国际委员会作为救济基金。[1] 香港妇女慰劳会在 1938 年一次性募集捐款 29 万元，并且将大批药品等物资源源不断地运回国内。[2] 香港儿童保育院在胡木兰、何艾龄、王孝英、单德馨等人的帮助下，为运送救援物资、保育难童、救助灾民和募集捐款等方面的战地服务活动作出了很大的贡献。除此之外，香港妇女慰劳会、香港基督教女青年会、香港中国妇女会、香港新运妇女会等 10 多个文化团体积极为前线士兵进行募捐，并且组织救护队前往前线开展慰问救助伤兵和救济难民等战地服务活动。

1937 年 8 月 12 日，澳门四界（学术界、音乐界、戏剧界、体育界）救灾会正式成立。该会在广东党组织的支持和推动下，通过组建宣传队、农村服务团等形式，奔赴中山各地开展抗日宣传和战地服务工作。1937 年 9 月 22 日成立的香港学生赈济会通过组织“七七剧团”，前往广东四会、肇庆、三水、高要、新兴、德庆等地开展抗日宣传的演出和战地服务工作。从全面抗战爆发到 1939 年上半年，在香港和澳门相继组建了香港学赈会回乡服务团、澳门四界救灾会回乡服务团和旅澳中国青年乡村服务团等五六十个回乡

---

1 刘家泉、甘水梅：《宋庆龄与保卫中国同盟》，《人民日报》1986 年 5 月 25 日；宋庆龄基金会：《1938—1941 宋庆龄在香港》，《人民日报》1988 年 1 月 27 日。

2 周蕾、刘宁元：《抗战时期中国妇女运动研究 1931—1945》，首都经济贸易大学出版社 2016 年版，第 77 页。

服务团，这些团体在中国共产党的直接领导或者影响推动下，奔赴广东前线开展战地救护工作，发动民众破坏日军交通，慰劳抗战军队，组织建立军民合作站等，通过戏剧、座谈会等形式进行抗日救亡的宣传。1940 年以后，由于国民党反动派不断进行迫害，港澳两地的回乡服务团被迫停止活动。

2. **南洋地区**。1939 年 3 月，蜜蜂剧团以“东江华侨回乡服务团两才队”的名义回国参加战地服务。[1] 同年 4 月中旬回国后，在河源、和平、龙川等地进行巡回演出，大力宣传抗日救亡。1940 年以后，国民党反动派对该团的活动进行种种限制。于是该团的成员转变策略，深入偏远的乡村、学校等地进行抗日宣传。东江华侨回乡服务团文森队是由 7 名女侨胞组成的，在队长王春红的带领下，她们回到东江抗日游击区，前往前线为将士们进行慰问演出，开展抗日救亡宣传。还有爪哇华侨娘子军别动队、棉兰华侨女子救护队等先后返回国内前线开展战地服务活动。

1939 年 1 月中旬，东江华侨服务团（简称“东团”）在惠阳县淡水圩成立后，当地华侨踊跃加入其中，规模迅速扩大，很快便拥有 7 个分团（后改为队）、5 个队和东江流动歌咏团。在团长叶锋、副团长刘宣的带领下，奔赴各战区前线和偏远乡村地区，对灾民进行救济和开展抗日救亡宣传。为了方便救济工作的开展，“东团”总团部办事处在香港成立救济总指挥中心，负责对救济工作进行统筹，进行资金支持，并且采购大量的药品和衣物由该团成员带回。为了培养医务人才，在香港举办了医务班，训练了 40—50 名救护人员前往前线救助受伤的将士。“东团”的成员和救护队员带着华侨汇回国内的大量物资，在前线难民区设立了“施米处”“施药处”“施衣处”等临时救济机构，为饱受战乱之苦的同胞们发放救济的食物和衣服，免费为病员进行医治，同时对当地的农民进行抗日救亡宣传工作。据不完全统计，在

1 惠州市档案局（馆）编著：《惠州革命历史记忆丛书 · 抗日战争卷》，光明日报出版社 2015 年版，第 79 页。

“东团”回国的 1 年时间里，“出版纪念专刊和宣言 2500 份，宣传演出 150 次以上，平均每次 800 人计，观众达 12 万人次以上”。[1] 除了在前线开展抗日救亡宣传工作，“东团”成员还深入群众、放手发动群众，把群众组织起来参加抗战。组织青年直接参加抗日武装，同日寇进行英勇的战斗。

抗战期间，华侨还组织了大批的医疗救护队回国参加战地服务活动。仅印度尼西亚就有十几批救护队回国奔赴前线参加伤兵、难民的救护工作。其中第 13 队是爪哇华侨救护队，携带大量治疗疟疾的金鸡纳霜（奎宁丸）等药品，开赴祖国抗日前线。[2]1937 年 10 月，吧城中华总商会主席庄西言号召当地侨胞组织一支医疗救护队回国参加战地服务活动，在著名医生柯全寿、许启兴等人的积极组织下组建了吧城华侨救护队，该队主要成员为 4 名医生和 15 名看护，并且集资配备了 9 辆救护车。同年 12 月 10 日，在医生吴英璨的带领下，携带大批药品、医疗器械，经过艰难跋涉，克服种种困难，回到祖国。随后奔赴武汉、长沙、徐州、许昌、信阳等地进行战地服务活动，开展救护工作。

荷属华侨救护队由 30 多名医生和 50 多名护理人员组成，他们回国后，不顾个人安危，奔波于前后方战场对受伤的士兵进行救助，每天只有很少的睡眠时间，但是他们没有丝毫的抱怨，他们的爱国之情使得前线的将士深受鼓舞。卢沟桥事变后，泰国当地的华侨各界人士纷纷支援祖国抗战，由当地机械工人、护士、汽车司机等几百名技术人员组成的回国服务团在侨商黄有鸾的支持下，返回国内支援前线将士的抗战。泰国医务界的侨胞通过组织救护队回国开展战地服务，在总队长黄有鸾的带领下，采购了大批国内前线急需的医药用品运回国内，同时黄有鸾自己将价值几百万元的药品全部无偿捐给祖国。回国后，黄有鸾带领救护队的成员前往第九、第四战区等地，对前

1　曾瑞炎：《华侨与抗日战争》，四川大学出版社 1988 年版，第 176 页。
2　曾瑞炎：《华侨与抗日战争》，四川大学出版社 1988 年版，第 215 页。

线受伤的将士进行救护、协助安置当地的难民。1943 年 11 月被誉为“东方斯大林格勒保卫战”的常德会战爆发，日机不分昼夜地对常德城区进行轰炸，中国守军不断击退日军的猛烈进攻，战斗异常惨烈。黄有鸾带领泰国华侨救护队，冒着枪林弹雨，在前线奋力抢救受伤的将士。缅甸华侨同样组织了华侨救护队。在名医陈雅云的带领下，缅甸华侨救亡队深入战地前线，在 2 个月的时间内，医愈伤兵和难民万余人。[1] 越南当地华侨儿童组成了童子军救护团，该团总共 66 人，回到祖国后，前往广东东江根据地开展战地服务。

在马来西亚，当地华侨组织成立了星洲华侨救护队，在陈俶的带领下，回国开展战地服务，还组建了槟城华侨救伤队等。著名南洋侨商胡文虎在香港捐资建立了不少学校，全面抗战爆发后，胡文虎鼓励红十字救护科的 500 多名毕业生回国支援前线将士的抗战，得到了学生们的热烈响应。于是，由他出资成立的救护队分批出发回到国内，开赴上海前线进行医药救助服务。1925 年，新加坡华侨林可胜在北平协和医学院任生理学系教授和系主任。卢沟桥事变后，林可胜积极领导国内医疗系统投身救国事业。不久就奔赴武汉组织中国红十字总会救护队，日军进攻上海时，林可胜带领红十字医疗队深入前线参与救援。到达贵阳后，林可胜在图云关组织建立了红十字救伤总站，除了举办医疗院校及训练示范病房外，还附设器材制造厂生产药品和医疗器材。截至 1940 年下半年，先后在救伤总站受训毕业派往各战区医院服务者 5000 余人，在校者 600 余人。[2] 救伤总站在抗战时期为前线培养了大批急需的医疗人才，得到了著名爱国领袖陈嘉庚的大力援助。在菲律宾，当地爱国华侨青年组织成立了专门培养训练抗战人才的战时服务团。该团通过开展国难教育讲座、驾驶技术、军事训练、政治训练和战地救护训练等课程和训练项目，来提高成员的综合抗战能力。据统计，从 1937 年 7 月 7 日到

1 曾瑞炎：《华侨与抗日战争》，四川大学出版社 1988 年版，第 214 页。
2《陈嘉庚回忆录》，东方出版社 2010 年版，第 209、第 212 页。

1938 年年底，在这一年半的时间，菲律宾的华侨青年先后组织了 4 批回国服务团，其中就包括由 27 人组成的战时救护队。他们回到祖国后，通过开办医务训练班，培养医务人才，在广东、福建等地开展战地医疗服务，救护了大量受伤的士兵和难民。[1] 南洋侨胞组织的华侨救护队和华侨医疗站回国后立即奔赴各个战区，冒着生命危险前往前线，拯救了大批同胞的生命，极大地鼓舞了前线将士英勇奋战的士气。

南洋华侨各地的新闻记者组成了一支战地记者通讯团，该团总共 10 人，曾圣堤为团长。1938 年 1 月，该团一行在曾圣堤的率领下，抵达武汉，在当地设立了办事处，随后前往前线进行新闻采访、撰写战地通讯等，揭露日军的侵略罪行。

华侨机工回国是南洋地区文化抗战团体所组织的另一种战地服务方式。华侨机工是对抗日战争期间从南洋地区回国支援祖国抗战的汽车司机和修车师傅的通称。1938 年 10 月，广州和武汉相继沦陷以后，从云南昆明到缅甸腊戍，全长 1146 公里的滇缅公路几乎成为我国接受国际援华物资的唯一通道。由于滇缅公路需要通过崇山峻岭，道路崎岖险恶，对运输司机和修车师傅的技术要求很高。于是，在南侨总会主席陈嘉庚的招募下，一大批南洋优秀的运输司机和修车师傅放弃了原来海外稳定的工作和生活，在经过集中的军事训练和文化学习之后，踏上了回国之路。出发那天南洋筹赈会主席刘玉水为他们举行隆重的欢送仪式，当地市民也都赶到码头为他们送行。据统计，各地归国参战的华侨机工前后 9 批，共 3200 人。[2] 华侨机工回国后，在昆明编入了西南运输处第 11、第 12、第 13、第 14 大队等和后来组建的华侨先锋队，随后前往滇缅公路开展运输工作。华侨机工们每天经过崇山峻岭，稍有不慎，就会车毁人亡，同时随时面临日机的轰炸，再加上沿途流行

1 曾瑞炎:《华侨与抗日战争》，四川大学出版社 1988 年版，第 170 页。

2《陈嘉庚回忆录》，东方出版社 2010 年版，第 86 页。

疟疾，平均每天都有 7—8 名司机牺牲。华侨机工的待遇也很差，面对重重困难，华侨机工没有丝毫的退缩，他们怀着报效祖国的爱国热情，源源不断地将国际援华物资运回国内，一直坚持到了抗战胜利。据统计，仅在 1939 年 7 月到 1942 年 5 月间，经他们之手由滇缅公路运入中国内地的军用物资即达 45.2 万吨。[1] 平均每日的运输量为 300 吨，他们也因此被称为我国抗战期间运输线上的神行太保。1940 年 5—6 月，日本施压缅甸英国殖民政府，要求封闭滇缅公路，英国决定在 1940 年 7 月 18 日起对滇缅公路进行封闭。为了赶在公路封闭之前，尽可能地将更多的军用物资运回国内，华侨机工日夜奋战，废寝忘食，最终成功将 2 万多吨物资运回内地。南侨总会的主席陈嘉庚十分关心华侨机工在国内的生活和工作，不仅为机工们发放衣服、蚊帐、药品等物品，还出资在滇缅公路沿途修建停车站，方便机工进行休整。除了南洋总会组织的华侨机工回国之外，南洋地区还有大批自行组织回国的机工服务团。

3. **美洲地区**。美洲地区的文化抗战团体所组织的战地服务活动，主要以航空救国的方式进行。1931 年 10 月 10 日，美洲华侨航空救国会正式成立。随后建立了华侨航空学校。1932 年 3 月，洛杉矶当地的华侨建立了华侨航空研究会，并且举办了航空学校。1934 年 5 月，华侨航空研究会发展成为美洲华侨航空协会，由赵宝光担任协会委员长。1933 年 2 月，旧金山当地华侨成立了飞鹏学会，后来发展成为旅美中华航空学校，李圣庭为校长。该校在 1933 年 8 月到 1941 年 1 月，总共举办了 3 期训练班，先后培养了 70 多名飞行人才回国参战。抗战时期美洲当地的华侨航空学校，总计培养了近 200 名华侨飞行员。据统计，在当时国民政府空军驱逐机飞行员中，华侨几乎占了 3/4。[2] 1937 年淞沪抗战期间，由美国华侨飞行员黄泮扬、陈瑞

1 李晓光：《血汗建树的不朽功勋》，《华声报》1987 年 7 月 21 日。

2 赵红英、张旺主编：《华侨史概要》，中国华侨出版社 2015 年版，第 527 页。

钿参加的南京句容空战中，分别击落了日机 8 架和 6 架。同年 9 月 19 日，陈瑞钿在山西太原空战中击毙了号称日军“驱逐之王”的王牌飞行员。在粤北始兴的一次空战中，陈瑞钿生俘了一名日军飞行员。陈新瑞是美洲华侨有名的飞行员，在抗战期间，他回国参战一共击落了 17 架日机，为祖国抗战立下了赫赫战功。1939 年，加拿大华侨飞行员马俭进和另外 2 位飞行员奇袭运城日军的机场，炸毁了 30 多架日机，是抗战以来第一次最成功的奇袭轰炸。[1] 除此之外，还有张瑞芬、李霞卿、王灿芝等女飞行员虽然未能实现回国直接参战的理想，但是她们的爱国之情激励了一批又一批的华侨飞行员回国支援祖国的抗战。美洲华侨的回国飞行员为祖国的抗战胜利作出了巨大的贡献。

1 刘锦涛：《侨居美国的前广东空军人员记述参加抗战的二三事》，《广州文史资料》第 29 辑，广东人民出版社 1982 年版，第 263 页。

第五章
中国共产党领导的抗战教育

抗战期间，为了推动抗战队伍的先进性和纯洁性建设，增强根据地民众的民族自尊心和爱国情操，激发全民抗战的热情，提高全民族的文化水平，中国共产党在创建根据地和开展敌后抗日活动的过程中创造性地提出了系统的关于开展抗战教育的思想理论，形成了独具特色的抗战教育思想，进行一系列的抗战教育实践，为文化抗战以及整个抗日战争的胜利作出了贡献。

一、中国共产党的抗战教育思想

中国共产党的抗战教育思想经历了一个发展过程。1935 年，中国共产党发表《为抗日救国告全体同胞书》(《八一宣言》)，提出为抵抗日本帝国主义的侵略，在教育方面“实行免费教育、安置失业青年”。中共中央和红军到达陕北以后，面对日本帝国主义的侵略和民族危机的到来，倡导建立抗日民族统一战线，发表《抗日救国十大纲领》，主张“改变教育的旧制度旧课程，实行以抗日救国为目标的新制度新课程。实施普及的义务的免费的教育方案，提高人民民族觉悟的程度。实行全国学生的武装训练”。[1] 并在陕甘

1 中共中央文献研究室、中央档案馆编：《建党以来重要文献选编（一九二一—一九四九）》第 14 册，中央文献出版社 2011 年版，第 476 页。

宁边区通过创办学校、开展民众教育等活动加强根据地的教育实践，开创了革命时期的国防教育。全面抗战爆发后，为了适应抗战形势的变化，毛泽东在中共六届六中全会上指出："实行抗战教育政策，使教育为长期战争服务"，"在一切为着战争的原则下，一切教育文化事业均应使之适合战争的需要"[1]，在抗战教育方针的指导下，制定了适应抗战需要的文化教育政策，在陕甘宁边区和各根据地开展了为推动抗日民族统一战线和全民抗战的教育活动。中国共产党在抗战期间的教育理论和教育思想对培养抗战人才、推动抗日民族统一战线的建立具有极大的意义，是中国共产党文化抗战的重要组成部分。

（一）中国共产党抗战教育思想的来源

中国共产党的抗战教育思想是在开辟根据地、建设革命队伍和建立抗日民族统一战线的过程中，面对国民党反动派的围追堵截、投降卖国、消极抗战和日本帝国主义的肆意横行、烧杀劫掠、奴化教育，中共中央和党的领导人在马克思主义教育理论和苏联无产阶级教育经验的指导下，对国民政府"奴隶式的法西斯蒂文化"[2]进行批判，在实践中探索出适合于在根据地开展的有利于建设根据地、顺利开展革命、夺取抗战胜利的教育理论和教育思想。

1. 中国共产党抗战教育思想的理论来源。中国共产党是在马克思列宁主义指导下建立起来的无产阶级政党，一直以来都坚持在马列主义的指导下结合中国革命的实际开展实践活动。随着马克思主义在中国的传播和中国共产党的壮大，中国共产党在进行革命斗争的过程中，将马克思主义理论和中国

1 中央档案馆编：《中共中央文件选集（1921—1949）》第 11 册，中共中央党校出版社 1991 年版，第 616 页。

2 中共中央文献研究室、中央档案馆编：《建党以来重要文献选编（1921—1949）》第 10 册，中央文献出版社 2011 年版，第 494 页。

实际相结合，开创了新的革命斗争道路，新的教育思想也在逐步形成。中共二大提出了革命主义的教育纲领，即在无产阶级的领导下，推翻压在广大人民头上的帝国主义和封建主义这两座大山，改革封建的、落后的教育制度，实行教育权利的平等，推行教育普及。

十月革命后，为了推翻俄国农奴制的教育模式，列宁提出，政府如果利用占全国9/10的人民的钱办贵族的教育，“这样政府就阻塞了小市民和农民受教育的道路”[1]，无产阶级在苏联革命的成功经验证明，广大的无产阶级既有推翻旧的社会的能力，也有为争取自己正当的受教育权利的能力，无产阶级政党是人民的政府，决不能为了满足少数贵族的教育而忽视广大工农群众的教育，“学校应当成为无产阶级专政的工具”[2]，广泛吸收二农群众，发挥无产阶级在教育方面的主动性。中国共产党吸收和借鉴了苏联无产阶级教育成功的经验，中国共产党是工人阶级领导下以工农联盟为基础的政党，代表的是中国最广大的工农群众的利益，中国共产党在革命斗争时期的教育必须以最广大人民群众的利益为主，利用革命斗争的事实经验教育广大群众和党的干部，在工农群众中教育培养更多的党员干部成为革命的领导力量，将人民大众培养成具有一定文化的基础力量，是党在革命斗争期间开展教育的任务。

针对法西斯的文化教育政策，1933年，中共中央宣传部在《中央宣传部关于中国法西斯蒂的提纲》中指出：“教育文化事业的法西主义化，压迫学生的革命运动，造成奴隶式的法西斯蒂文化。”[3]蒋介石政府企图借助文化教育事业上的法西斯化形成全国思想文化上的控制，为巩固其对全国的统治扫清道路，利用金钱吸收文化教育界的知识分子成立“干社”，试图通过军

1 列宁：《列宁论国民教育论文和讲演》，人民教育出版社1958年版，第169页。
2《列宁选集》第3卷，人民出版社1972年版，第765页。
3 中共中央宣传部办公厅、中央档案馆编研部编：《中国共产党宣传工作文献选编：1915—1937》，学习出版社1996年版，第1140页。

事化的干预，“以法西斯蒂的精神建立三民主义的文化”[1]，通过在人民中宣传伪“三民主义”的精神，加紧对人民思想的控制。蒋介石政府施行的法西斯文化教育政策，是妥协投降派的卖国行径。中国共产党在《八一宣言》中指出，在民族面临内忧外患的紧张局势之下，反动派和投降派却在欺骗人民，“以‘不抵抗’政策出卖我领土，以‘逆来顺受’主张接受日寇一切要求，以‘攘外必先安内’武断宣传来进行内战和压迫一切反帝运动，以‘十年生聚’、‘十年教养’、‘准备复仇’等骗人口号来制止人民抗日救国行动，以‘等待世界第二次大战来了再说’的狡计来迫使我国人民坐以待亡。”[2]

1935年，中共中央在瓦窑堡会议上提出，在民族危机面前，国民党政府本应领导和团结抗日民族统一战线，教育广大民众，挽救失学青年学生。但是蒋介石政府在全国推行教育的最高原则是“一个党一个主义”[3]，试图使用军事管理和社会管理相结合的模式，利用封建儒家思想，统一教学内容和教学方式，在这种半殖民地半封建专制主义的教育政策的指导下，推行学校教育、社会教育和家庭教育，将教育纳入军事管理的轨道。

中国共产党在不断领导和参与革命的实践中，深入农村，密切联系群众，对国民政府的军事化教育进行批判，吸收和借鉴国内比较先进的教育学派和社会团体的办学经验，在战时环境的限制之下，将教育纳入苏维埃革命斗争的过程之中，探索出了一条马克思主义指导下的抗战救国的教育道路，将教育作为武装反抗国民党反动统治和日本侵略者的重要工具。

2. **中国共产党抗战教育思想的实践来源**。由于长期受封建社会的影响，

1 中共中央宣传部办公厅、中央档案馆编研部编：《中国共产党宣传工作文献选编：1915—1937》，学习出版社1996年版，第1141页。

2 中国抗日战争军事史料丛书编审委员会编：《东北抗日联军·文献2》，解放军出版社2015年版，第91页。

3 中央档案馆编：《中共中央文件选集（1921—1949）》第12册，中共中央党校出版社1991年版，第305页。

中国社会文化落后，尤其是工农群众，由于教育被大地主大资产阶级垄断，工农群众无法得到正常受教育的机会，中国共产党带领广大工农群众进行阶级斗争和武装反抗，对工农群众的思想解放和文化教育就显得更加迫切。九一八事变后，中国共产党的革命斗争形势发生了转变，在探索根据地建设的过程中，逐步形成了具有抗战特色的根据地教育方针。

大革命期间，党就开始探索工人阶级教育的道路。这一时期，工人阶级是革命斗争的主力军，加强工人阶级的教育有助于加强在工人群众中宣传党的政策方针和革命斗争路线。在中共中央的指导下，开办了许多培养教育工人阶级的学校，并通过学校开展工人运动。在许多工厂中也创建党的组织，对工人阶级进行教育和指导。这一时期的工人阶级教育实践为在苏区开展工人阶级的教育积累了经验。

中国共产党在领导工农红军开展革命斗争的过程中认识到，要领导人民取得革命的胜利，必须提高党的干部、军队和群众的文化素质，中央苏区党的第一次代表大会关于红军问题进行了总结，认为过去党在红军中的教育工作并没有切实开展，“党的组织非常松散，党的生活也不健全，党员的领导作用异常薄弱，党的发展很迟缓，党对红军的政治文化宣传教育工作也不去加紧，因此不能很紧密的将整个非党员群众团结在党的周围”，[1] 提升党在红军中的指导和教育，对于建设强有力的革命军队是非常重要的。“红军中主要干部成分要是工人雇农贫农以及在战斗中表示最勇敢忠实的革命战士”，[2] 党员干部对马克思主义理论的学习研究不够深入，只有加强党员干部的文化和政治教育，才能健全和巩固党对军队的领导，充分发挥党员干部的战斗堡垒作用。苏区干部教育的经验为党中央在陕甘宁边区开展大规模的干部教育

1 中共中央文献研究室、中央档案馆编：《建党以来重要文献选编（1921—1949）》第 8 册，中央文献出版社 2011 年版，第 641 页。

2 中共中央文献研究室、中央档案馆编：《建党以来重要文献选编（1921—1949）》第 8 册，中央文献出版社 2011 年版，第 644 页。

提供了实践经验。

陕甘宁边区成立以后，为了加强在群众中宣传党的政治方针和革命路线，广泛发动群众参与抗战活动，发挥党员干部的领导作用，在边区政府和中共中央教育部的共同努力下，抗日军政大学、陕北公学、鲁迅艺术学院等一大批干部培训的高等教育学校如雨后春笋般在边区涌现，吸引了全国各地大批具有抗战意识和进步思想的青年学生和知识分子，在抗战期间为党培养了一大批具有文化知识水平和政治觉悟的优秀干部人才。

在抗日根据地，发动广大农民群众参与民主革命，是党抗战建国的重要工作。毛泽东曾说："农民，这是现阶段中国民主政治的主要力量。中国的民主主义者如不依靠三亿六千万农民群众的援助，他们就将一事无成。"[1]在文化和经济相对落后的中国开展抗战运动，就必须将中国的实际国情结合在党的方针政策之中。党所在的陕甘宁边区和敌后各抗日根据地，农民群众占比高，文盲率也很高，达到了98%以上。因此，在党领导下的边区和各根据地开展抗战活动，首先要解除农民身上的封建桎梏的束缚，在民主的环境下以自主自愿的原则发动群众参与到教育活动中来，并通过政治教育将他们团结在中国共产党的周围，领导他们进行国家和民族的独立与解放斗争。

在开展边区和各根据地建设的过程中，中国共产党将文化教育工作作为动员群众的重要力量，将党的文化教育方针政策在群众中广泛宣传和切实开展，推翻封建思想文化的束缚和压迫，打破旧的错误的教育方式和教育体制，将适龄儿童和青年纳入学校教育体系，在群众中广泛开展扫盲教育，培养更多的干部群众带领广大工农群众参与抗战实践活动，指导青年运动向上发展，推动抗战的胜利，这是党在抗战期间不断摸索出来的教育路线。在艰难的环境下将边区和根据地的文化教育工作发展到一个新的历史高度。陕甘

1《毛泽东选集》第3卷，人民出版社1991年版，第893页。

宁边区作为党中央所在地，成为全国根据地教育的模范地区，妇女群众得到解放，参与识字的妇女占到一半以上；识字群众人数日益增多，各种识字教育方式在边区得到运用；文化运动开展广泛，报纸杂志发行数量增多；人民群众喜闻乐见的艺术形式得到开展；群众性的体育运动得到推广。

（二）中国共产党抗战教育思想的内涵

中国共产党的抗战教育思想是在领导广大群众参与抗战活动、开展边区和根据地建设的过程中形成的，具有时代特色和阶级特色的，代表最广大人民根本利益的为发动广大群众参与抗战活动的教育思想。这一思想主要分为两个时间段，即九一八事变后到全面抗战爆发前的国难教育思想以及全面抗战爆发后的国防教育思想。

1. 全面抗战爆发前的国难教育思想。“国难教育”是九一八事变后陶行知提出的教育主张。东北地区在国民政府“不抵抗”的军事方针下完全沦陷，东北人民流离失所，饱受战争之苦。1932 年陶行知提出：“我国的传统教育和现行教育，只能造成少数的力，空谈的力，散漫的力，被动的力，头脑的力。”[1]但是在国难面前，这种力量是难以与国难的力量相抗衡的，必须以教育为基本手段，将现行力量转变为能够对付国难的力量。国难教育是通过教育改造，在人民大众中普及教育，使广大民众在教育中获取知识，使工农群众都成为兼具知识和创造力的民族力量，团结起来解除国家和民族危机。

上海文化界救国会提出的《国难教育方案》对国难教育的方针、对象、教师、课程、组织、文字工具和方法等方面进行了阐述。该文认为，国难教育的目标是：“甲、推进大众文化。乙、争取中华民族之自由平等。丙、保卫中华民国领土与主权之完整。”[2]

1 陶行知：《信条》，中国文史出版社 2017 年版，第 247 页。
2 生活教育社编：《国难教育实施法与指导》，生活书店 1937 年版，第 1 页。

1936年，中国共产党在《抗战救国初步政治纲领》中指出："推行国难教育的范围，不专限于学生，而要普及工农兵学商；国难教育的方式，不应该是形式化、机械化，千篇一律的军事训练，而必须能够多方面的适应每一个人的社会本质和职业任务；国难教育的作用，积极的在提高民众的抗敌情势，训练民众抗敌技术，消极的须消灭种种一切汉奸理论。"[1] 在此纲领的指导下，直到抗战全面爆发，中国共产党在各根据地普遍推行了国难教育，将学校教育、社会教育和干部教育全部纳入国难教育的范畴。

2. **全面抗战爆发后的国防教育思想**。1937年卢沟桥事变，标志着全面抗战的爆发。7月23日，毛泽东在《反对日本进攻的方针、方法和前途》中提出，在坚决抗战的目标之下实行"国防教育"，即"根本改革过去的教育方针和教育制度。不急之务和不合理的办法，一概废弃。新闻纸、出版事业、电影、戏剧、文艺，一切使合于国防的利益。禁止汉奸的宣传"。[2] 8月25日，毛泽东在为中共中央宣传部起草的关于形势与任务的宣传鼓动提纲——《为动员一切力量争取抗战胜利而斗争》中提出抗战期间的教育政策："改变教育的旧制度、旧课程，实行以抗战救国为目标的新制度、新课程。"[3] 只有坚持抗战的方针，制定适合抗战时期的教育方针，使人民坚定不做亡国奴的信心，将教育真正付诸人民群众中，才能求得抗战的胜利。

国民政府在西安事变之后，虽接受"停止内战，联共抗日"的主张，但是蒋介石并没有真正开展抗战活动，致使日军进攻的步伐进一步加快。1938年，随着国内战争局势的进一步恶化，为推动构建真正的抗日民族统一战线，毛泽东在《论新阶段》关于教育的论述中提出："在一切为着战争的原

1 董纯才：《中国革命根据地教育史》第2卷，教育科学出版社1991年版，第62页。

2《毛泽东选集》第2卷，人民出版社1991年版，第348页。

3 中共中央文献研究室、中央档案馆编：《建党以来重要文献选编（1921—1949）》第14册，中央文献出版社2011年版，第482页。

则下，一切文化教育事业均应使之适合战争的需要。”[1]在国内进行抗日活动的过程中，教育政策必须适应战时的要求，教育为抗战服务是适应战时形势的重要举措，陕甘宁边区的学校教育、社会教育和干部教育都坚持一切教育活动为抗战服务的原则，并因地制宜地制定了教育要与生产劳动相结合的方针，在发展教育的同时促进边区经济的发展，为边区人民和抗战活动提供基本的物质保障。

陕甘宁边区实行人民群众参与教育管理的政策，人民自主自愿选择教育方式和教育内容，并通过人民群众的相互教育扩大教育的规模，促进更多人民群众国家意识和民族意识的觉醒。陕甘宁边区是实行国防教育最早且成效最为显著的模范地区，为了使边区的教育符合国防教育的要求，且能符合边区的实际情况，边区教育厅提出了“政治与军事并重，理论与实践配合”[2]的教育方针，通过教育方式和教育内容的改革，选择精简的、适宜于抗战环境下开展的教育课程，灵活调整学制，为边区的建设和抗战活动培养人才。为了满足抗战期间对党员干部的需求，边区成立了中国人民抗日军政大学、陕北公学、鲁迅艺术学院等高等院校，专门培养具有文化水平和专业技能的干部人才，在抗战期间为党输送了一大批优秀的干部人才。

边区通过发扬艰苦奋斗的精神，在经济基础薄弱、文化落后的边区创造和发展了国民教育的典范，成为各根据地民主教育学习的模本。林伯渠在陕甘宁边区成立两年的经验总结中指出：“边区实行国防教育的目的，在于提高人民文化政治水平，加强人民的民族自信心与自尊心，使人民自愿的积极的为抗战建国事业而奋斗，培养抗战干部，供给抗战各方面的需要，教育新

1《毛泽东同志论教育工作》，人民教育出版社 2000 年版，第 48 页。

2 中共中央文献研究室、中央档案馆编：《建党以来重要文献选编（1921—1949）》第 15 册，中央文献出版社 2011 年版，第 501 页。

后代使成为将来新中国的优良建设者。”[1]边区在开展文化教育运动期间，虽然受到财政紧张和基础设施短缺等困难限制，但是在边区政府和人民的共同努力之下，边区的人民在教育中得到思想上的解放，教育与生产生活相结合的教育方式符合人民群众的需求，人民更愿意接受这种民主的教育方式，这种民主教育不是抽象的民主，而是在国家和民族艰难时刻能够团结广大的无产阶级起来为了实现民族独立与解放而斗争。

边区还实行文化科研奖励政策，鼓励文化创新研究。边区实行“以提高和普及人民大众的抗日的知识技能和民族自尊心为中心”[2]的文化教育政策，吸引了全国无数受国民政府文化压迫的知识分子和青年学生，促进了边区文化的繁荣。陕甘宁边区的文化教育事业在各社会教育派别和团体组织的帮助下，发展文化事业，许多内容先进的报纸杂志在边区得到广泛流传，推动了边区人民思想的解放。

中国共产党的国防教育思想是以消灭文盲、加强人民的思想解放为主要目的，通过教育活动推动人民参与抗战活动，促进抗日民族统一战线的巩固和发展，加强党员干部在抗战中的领导和先锋模范作用，为实现抗战建国的目标而努力。

二、抗日根据地的干部教育

干部是党和军队的领导核心和灵魂，党和人民军队的干部素质决定了面对国民党“围剿”和日军侵华的最终结果，也是党和人民前途和命运的关键所在。1927 年，八七会议对克服党内思想混乱和组织涣散问题指明方

1 中共中央文献研究室、中央档案馆编：《建党以来重要文献选编（1921—1949）》第 16 册，中央文献出版社 2011 年版，第 70 页。

2 中共中央文献研究室、中央档案馆编：《建党以来重要文献选编（1921—1949）》第 17 册，中央文献出版社 2011 年版，第 705 页。

向，确定了实行土地革命和武装斗争的方针。经过三四年的发展，中国共产党的军队力量已由零散的游击队伍发展成为强有力的红军，游击区域发展为苏维埃区域，中共中央领导无产阶级和农民在苏维埃区域推翻地主资产阶级的统治，没收了地主阶级的土地，平分给贫苦的农民阶级；消灭地主阶级的武装力量，建立了无产阶级领导的武装政权。但随之而来的是党的干部和红军干部大多出身贫寒，受教育程度不高，在面对路线问题时容易脱离马克思主义的指导，犯类似“立三路线”那样的错误，未真正认识到建立苏维埃政权和根据地的重要性，没有真正发动群众去开展运动。“如果没有能够实行决议的人，那末，我们的最好的提纲决议都会成为一纸空文。”[1] 在这种情况下，亟须提升干部素质，发展新的年轻干部，加强党的领导力和红军战斗力。毛泽东曾说，“指导伟大的革命，要有伟大的党，要有许多最好的干部”。[2]“中国共产党是在一个几万万人的大民族中领导伟大革命斗争的党，没有多数才德兼备的领导干部，是不能完成其历史任务的”，“政治路线确定之后，干部就是决定的因素”。[3] 全面抗战爆发后，为了能够更好地领导和团结一切力量抗战，中共对干部教育提出了“干部教育第一”，实行抗战教育政策，使教育为抗战服务，坚持思想政治教育与军事教育并存、教育课程和内容“少而精”等原则，在陕甘宁边区创办了中国人民抗日军政大学、陕北公学、鲁迅艺术文学院等一大批干部学校，为党的发展和抗战前线提供了大量能立即投身抗战的实用型人才。

（一）干部教育的政策

抗战初期，由于党内并没有深刻认识到加强干部教育的重要性，老干部

1［苏］季米特洛夫:《论干部政策与干部教育政策》,《红色档案：延安时期文献档案汇编・整风文献》，陕西人民出版社 2013 年版，第 126 页。

2《毛泽东选集》第 1 卷，人民出版社 1991 年版，第 277 页。

3《毛泽东选集》第 2 卷，人民出版社 1991 年版，第 526 页。

的教育和新干部的培养都未形成系统的政策、理论。到达陕北之后，党开始注重加强对党的干部进行政治、文化、策略等方面的教育，陈云把干部教育的内容形象地概括为“学会做共产党的商人”，[1]把加强对干部的教育作为巩固党的中心环节。李维汉指出：“我们的干部教育，一定要有明确的实际目的和适合目的的方针、制度，应该彻底抛弃教条主义内容和教条主义方法，但也要防止和反对经验主义内容和经验主义方法。”[2]作为党中央的所在地，干部教育是陕甘宁边区教育的重要内容，为各根据地干部教育提供了政策指导和经验总结，在党中央关于干部教育的政策指导下，各根据地结合当地具体情况开展了对党内一切干部进行教育的举措。

1. **干部教育第一**。抗战时期，党的革命斗争事业都需要由干部来领导和完成，边区和根据地的建设和敌后抗日斗争的开展，都要求干部政治、文化、业务等水平的提高，干部的素质对党领导下的建设和革命事业有着重要的影响。党中央为了解决干部不足的问题，在陕甘宁边区开展了大规模的干部教育，“在中央直接指导下建立了抗大、陕公、党校、马列学院、鲁艺、青训班、女大、工人学校、卫生学校、通讯学校、组织部训练班、行政人员训练班、边区党校、鲁迅师范、边区中学、鲁迅小学、儿童保育院等十七所学校，学生多的万余人，少的几百人几十人，几千个干部从事教育工作，教育出来的及尚未出来的学生三万以上。”《中共中央关于在职干部教育的决定》中指出，“干部教育工作，在全部教育工作中的比重，应该是第一位的”，[3]将干部教育放到重要的战略位置。各根据地根据中央的部署，围绕“干部教育第一”方针，切实发展干部教育。陕甘宁边区政府主席林伯渠提出，

1 中共中央文献研究室编：《陈云文集》第1卷，中央文献出版社2005年版，第373页。

2《李维汉选集》，人民出版社1987年版，第188页。

3 中共中央文献研究室、中央档案馆编：《建党以来重要文献选编（1921—1949）》第19册，中央文献出版社2011年版，第146页。

“为革命与战争服务的教育，必须以干部教育为主，国民教育为辅”[1]，并对教育系统进行全方位改造，从实际出发，为党在敌后领导抗战准备和保存干部人才。山东党组织在党的领导下获得很大的发展，党员数量激增，干部队伍中存在诸多问题，对党员干部进行思想政治教育和文化教育已经成为最紧迫的问题。山东分局在党的政策方针的指导下，切实开展干部教育，“加强干部党员的教育……这是巩固党的中心一环”。[2]在“干部教育第一”方针的指导下，党对干部教育提出了一系列的政策措施，为抗战期间干部素质的提升和敌后抗战的胜利打下坚实的基础。

2. **一切适应抗战**。土地革命时期，毛泽东在总结革命教育经验的基础上提出，苏维埃教育的总方针是“使文化教育为革命战争与阶级斗争服务”[3]。全面抗战爆发后，毛泽东提出实行抗战教育政策，将干部教育放到最重要的位置，并针对各根据地教育资源不充分的具体情况，将在职干部教育作为干部教育的首要任务。要求各地党组织结合实际情况，为党培养更多的干部人才，并重视对妇女干部加强培养，提高妇女干部的思想政治素质，使她们能够更好地走进群众、联系群众、发动群众，巩固党的群众基础。

同时，在干部教育中，发挥教育与生产劳动相结合的优越性，加强干部的艰苦奋斗精神。毛泽东在为抗大题词时指出，“现在一面学习，一面生产，将来一面作战，一面生产，这是抗大的作风，足以战胜任何敌人的”[4]，充分发挥劳动教育的作用，在发展生产的同时，对干部进行教育。

3. **加强策略教育**。中国共产党在抗战时期的政策方针是随着抗战局势

1《林伯渠文集》，华艺出版社 1996 年版，第 312 页。

2 山东省档案馆、山东社会科学院历史研究所合编：《山东革命历史档案资料选编（1937.7—1940.7）》第 4 辑，山东人民出版社 1982 年版，第 100 页。

3 中央教育科学研究所、陈元晖、邹光威等：《老解放区教育资料 · 一：土地革命战争时期》，教育科学出版社 1981 年版，第 20 页。

4《毛泽东同志论教育工作》，人民教育出版社 2000 年版，第 59 页。

的变化而不断调整的。抗战初期，由于国民党反动派对党的根据地进行“扫荡”，中国共产党的任务是团结一切力量反对国民党和日本帝国主义。随着全面抗战的爆发，在保持党领导独立性的基础上建立抗日民族统一战线已势所必然。中共中央在《关于目前形势与党的政策的决定》中指出，“必须在全党的在职干部教育中，党校和党的训练班中，及党领导的各种干部学校中，把党的策略教育列入正式教育计划之内，并作为成绩考察的重要标准。”[1]策略教育内容包括党的宣言和决议、领导人的报告、党的指示等在内的策略指示和经验等，党的干部要在群众中领导革命，就必须将党的思想、政策正确地进行宣传，首先必须完善自身的学习，认识到统一战线是党在抗战期间总结革命经验得出的正确决策，统一战线之下党的领导权是独立的，党的性质不会变，干部在统一战线之下学习策略教育，有助于党更好地团结工农群众开展革命，有助于党在秘密环境之下保存有生力量以取得更大的胜利。

（二）干部教育的原则

1936 年毛泽东在中共中央政治局会议上指出：“应特别注意干部教育，在这方面过去有成绩，也有很多经验，主要是：军事与政治并重；理论与实际并重；理论与实际相联系；教育课少而精。”[2]抗日根据地的干部教育是在马列主义的指导下，总结党领导革命的经验教训，结合抗战以来干部中普遍存在的问题，遵循理论联系实际、军事与政治并重、“少而精”等原则，对党政军队的干部进行教育。

1. 理论联系实际原则。理论联系实际是马克思主义学风的基本要求，是

1 中央档案馆编：《中共中央文件选集（1921—1949）》第 12 册，中共中央党校出版社 1991 年版，第 451 页。

2 中共中央文献研究室编：《毛泽东年谱（1893—1949）》上卷，中央文献出版社 2013 年版，第 595 页。

中国共产党一直坚持的思想原则，也是干部教育的基本原则。抗战时期，在职干部教育和延安干部学校的教育都存在主观主义和教条主义的错误思想，干部在学习中不注重理论与实践相联系，造成学到的理论知识与革命所需严重脱节，提出了许多与中国革命实际不相符的任务，尤其是第五次反“围剿”的失利，使党和红军损失巨大。

毛泽东在中共六届六中全会上对党内存在的主观主义和教条主义进行了批判，认为“只有用马克思主义观点来研究实际问题、能解决实际问题的，才算实际的理论家”，“对研究实际问题的文章，要多给稿费。能使马克思主义中国化的教员，才算好教员，要多给津贴”，[1]鼓励在学习和研究马克思主义时注重加强理论与实践的联系。1940年中央决定创办党校，规定党校对干部教育的内容应是马克思主义理论与实践，干部学习的目标与中心任务就是求得理论与实践的统一。

抗战时期的干部教育是为了对在校干部和在职干部进行多层次、立体化的教育，针对不同层次干部在实际革命中思想政治、军事、文化等方面存在的不足，根据其文化程度的水平分成不同的培训班，坚持干什么学什么、缺什么补什么，在有限的时间内培训教育，使他们能够迅速成为党、政、军队的主要力量。在延安党校对知识青年的教育要注重“理论与实际的联系，特别着重于马列主义的革命精神与方法的教育，着重于拿实际问题来说明马列主义的原则”，[2]废除静止地鼓励研究马克思主义的方法，将马克思主义中国革命化。在毛泽东和党正确的干部教育政策的指引下，理论联系实际成为各抗日根据地干部学校对干部进行教育的重要原则。

2. 军事与政治并重原则。人民军队既是党领导革命的武装力量，也是党

1 中共中央文献研究室、中央档案馆编：《建党以来重要文献选编（1921—1949）》第18册，中央文献出版社2011年版，第593页。

2 中共中央文献研究室、中央档案馆编：《建党以来重要文献选编（1921—1949）》第15册，中央文献出版社2011年版，第701页。

的政策方针的宣传队伍，1934 年第二次全国苏维埃代表大会通过的《关于红军问题决议》中指出："为着提高红军的战斗力，必须使红军的政治自觉英勇与坚定性的巩固，和军事技术与战术的进步，同时并进。"[1] 周恩来、朱德、王稼祥在红军第一次全国政治工作会议上提出"政治工作是红军的生命线"，政治教育是干部教育的中心任务，也要服务于其他教育，政治教育的目的是提高干部的军事素质，同时在高素质干部紧缺的情况下，政治干部也能够参与指挥战斗。

抗大在创建初期，学员的主要成分是党内干部、工农群众、知识分子，采取的教育是三分政治、七分军事，但随着抗战形势的发展，延安成为知识分子的圣地，全国各阶级和阶层的青年、知识分子涌入抗大，但是这些学生的文化水平和思想政治觉悟参差不齐，加强思想政治教育对于培养能够在抗战中发挥作用的干部就尤为重要。陕北公学主要培养行政干部、民运干部、文化工作干部，因此，陕北公学是按照三分军事、七分政治对干部进行教育的。

抗战时期，对干部进行政治教育，解释党的政策和马克思主义对革命的指导，使干部能够在马克思主义理论实践的指导下正确执行党和军队的命令。同时，政治教育是其他教育的基础，军事教育是在战争局面下必须进行的教育，无论是根据地干部学校的学生还是在职干部，对他们进行军事教育是为了补充前线抗敌干部的不足和各部门干部的不足。抗战时期实行军事与政治并重原则是党中央和党的领导人在正确认识国内革命的局势下做出的正确决定，为党在抗战时期培养了一大批具备政治觉悟和军事才能的干部。

3. **"少而精"的原则**。抗战时期，前线抗战和敌后训练管理都需要大批能满足党在抗战期间需要的革命干部人才，由于教育环境的恶劣，再加上教

1　中央档案馆编：《中共中央文件选集（1921—1949）》第 11 册，中共中央党校出版社 1991 年版，第 184 页。

学设备、教育经费和教育人才的短缺，干部的教育不可能全方位开展，要使在职干部和干部学校的学生能够在短期内认识马克思主义并用马克思主义的理论去指导实践，并掌握对敌作战的军事知识，不同岗位的干部掌握工作业务的知识与技能，就必须在课程设置和教学安排上坚持毛泽东提出的“少而精”的原则。

为了应对抗战局势，解决抗大及其分校教育资源短缺的状况，毛泽东提出改进抗大分校的教育计划，“为了教育深入，必须坚持学校教育方法上‘少而精’的传统，每周上课无论如何不得超过六次”，[1] 军事教育的时间也不宜过多，只需教必要的战略学和下级干部所必须具备的知识，其他知识虽重要，但是在战局和时间的限制下，只能精简课程。抗大等干部学校的课程设置取消了过去繁杂无用和内容陈旧的科目，而增设了适应抗战时期需求的有关革命战争和根据地建设的新课程，通过实际参与革命和根据地建设实践教学内容。

在职干部教育的基本内容合并为政治、军事、文化三大类，“军事干部以军事学习为主，政治干部以学习政治为主，技术专家以发展其专长为主”，[2] 文化水平较低的干部仍以学习文化为主。根据在职干部在开展革命工作中所需要的知识进行补充，由于抗战局势的紧张，教学实践又不可能过长，而要在工作之余的时间内反复实践，以加强自身的业务水平。

（三）干部教育的主要内容

抗战时期，中国共产党根据战争局势的发展、国内环境的变化和党内干部生态的实际情况，有针对性地对干部教育作出了正确的决策，并要求各省

---

1 中央档案馆编：《中共中央文件选集（1921—1949）》第 16 册，中共中央党校出版社 1991 年版，第 129 页。

2 中国抗日战争军事史料丛书编审委员会编：《八路军・文献 3》，解放军出版社 1994 年版，第 175 页。

区和各军队在党的政策的指引下，结合各地的实际情况灵活实施，为党和军队培养了大批有文化、讲政治、懂业务、守纪律的干部。抗战时期根据地干部教育的主要内容概括起来有以下方面：思想政治教育、军事教育、文化教育、统一战线教育、业务教育、纪律教育等。

1. **思想政治教育**。抗战时期，中国共产党为扩大党的队伍，团结更多的革命群众，大量发展新党员。但随着抗战局势的紧张和国内外政治环境的风云突变，党内新增党员和老党员干部政治修养不足的问题开始显露，对党内一切党员干部加强思想政治教育已成为刻不容缓的任务。毛泽东指出，“掌握思想教育，是团结全党进行伟大政治斗争的中心环节”，[1] 党内思想政治教育要放在党的建设和干部教育的第一位，刘少奇在《论党》中说：“党的建设中最主要的问题，首先就是思想建设问题，就是以马克思列宁主义——无产阶级的科学思想去教育与改造我们的党员特别是小资产阶级革命分子的问题。”[2]

加强党内干部的思想政治教育就是在马克思主义的指导下，对干部进行思想上的武装和政治上的强化，使干部能够运用马克思主义分析中国革命的实际问题，从而能够在复杂多变的战争环境下保持思想上和政治上的清醒，坚定对抗战胜利的信心，更加坚定地实行党的正确路线。党的干部都要去研究马克思主义、苏联无产阶级成功的经验和教训，正确分析世界革命的趋势和中国抗日战争的正确走向，并运用所学知识去教育党内文化水平较低、思想政治理论不足的同志。

为了统一根据地的领导，加强党内马克思主义理论的水平，纠正党内非无产阶级的错误思想，改善军民关系，毛泽东在《改造我们的学习》《整顿党的作风》《反对党八股》等报告中总结了过去党内存在的路线问题，分

1《毛泽东选集》第3卷，人民出版社1991年版，第1094页。

2 中共中央文献研究室、中国延安干部学院编：《延安时期党的重要领导人著作选编》下，中央文献出版社2014年版，第634页。

析了党内非马克思主义的思想作风，号召全党范围内反对主观主义以整顿学风、反对宗派主义以整顿党风、反对党八股以整顿文风。中央军委、总政治部于1942年2月下发了关于加强军队干部政治教育的指示，对干部政治教育的内容、课程、要求与实施作了具体的规定，要求干部的政治教育要包括："党的策略路线的教育，时事教育与马列主义的理论教育与军队中政治工作的教育。"[1]对政治干部和军事干部采取不同教学课程的政治教育，在延安的机关单位和抗大等干部学校中，印发关于中国问题基本常识与共产主义基本概念的文件以供学习，加强对时事、政策、中国革命问题等的教育，为其他干部的思想政治教育提供经验借鉴。通过整风运动和干部思想政治教育政策的实施，提高了党员干部的马克思主义水平，使他们能够在复杂的环境下团结和指导工农战士，为党夺取抗战时期的胜利奠定了基础。

2. **军事教育**。从大革命到井冈山创建革命根据地，中国共产党在摸索前进道路的过程中，不断扩大党领导下的红军队伍，"吸收和组织全苏区广大工农劳苦群众热烈的加入红军，号召白区白军的工农群众投入红军，组织新的方面军，新的军团，新的师"，[2]红军的队伍迅速庞大起来，但是红军成员，从干部到战士，整体军事素质较差，在战斗中经常出现伤、病、逃、非战斗减员的现象，对部队的军事教育就显得尤为重要。因此，从井冈山革命根据地开始，就创办军官指导队、党团训练班，培养干部人才，积累了军事教育的经验。

1932年中国工农红军学校在瑞金改编成立，为红军培养了6000余名军政干部。为了提升军队的整体素质和战斗力，从1931年开始，在红军机关和学校设立图书馆，主要有5种类型：军事机关图书馆、军事科学图书馆、

1 中央档案馆编：《中共中央文件选集（1921—1949）》第19册，中共中央党校出版社1991年版，第95页。

2 中央档案馆编：《中共中央文件选集（1921—1949）》第10册，中共中央党校出版社1991年版，第653页。

军事学校图书馆、部队医院图书馆和连队图书馆。1934 年第二次苏维埃全国代表大会在听取朱德和项英的军事报告之后作出了关于红军问题的决议，“为着提高红军的战斗力，必须使红军的政治自觉英勇与坚定性的巩固，和军事技术与战术的进步，同时并进。”[1] 并指出，随着科学技术的发展，军队干部如不能与时俱进，固守旧式军事思维，红军将无法取得战斗的胜利。党的军事领导机关要克服现实条件的限制，加强军队的现代化军事教育，以世界上先进的军事战斗经验结合党在领导革命的过程中的战斗经验和教训来教育党的干部，使他们能够更好地指导和教育红军战士。对于缺乏干部领导、成分复杂的游击队伍，党要求得彻底的转变，培养游击队伍的军事干部，改变过去脱离群众、违反党的纪律等现象。

全面抗战开始之后，尤其是随着战争局势的紧张，周恩来等提出要在军事方面加强对部队的军事政治训练、军事技术训练和作战演习。党要在对日作战中取得胜利，就必须“提高指挥员对现代战争的知识和增加部队的现代军事技术干部”，[2] 军队的指战员缺乏对现代战争知识的了解，无法利用战术和新型武器，是军队内存在的最大弱点，造成的后果也是极其严重的。因此，在各干部学校增设军事教育课程，提高军事教育的水平，对党内干部和军队指战员进行分批轮训，把培养出来的具有现代战争知识和技术的干部分派到各部队中去改善当前存在的问题。

“一般的不重视军事教育，即军事干部也是如此，干部教育领导机构不健全，干部教育的正规制度未建立。其结果使我军的军事理论与军事技术水平十分低下，影响到我军战斗力的提高。”[3]1942 年，中共中央军委、总政治

1　中共中央文献研究室、中央档案馆编：《建党以来重要文献选编（1921—1949）》第 11 册，中央文献出版社 2011 年版，第 184 页。

2　中央档案馆编：《中共中央文件选集（1921—1949）》第 11 册，中共中央党校出版社 1991 年版，第 861 页。

3　中国抗日战争军事史料丛书编审委员会编：《八路军・文献 3》，解放军出版社 1994 年版，第 707 页。

部在对军队干部教育的指示中指出，军事教育由各级参谋部负责，军事干部要以学习军事为主，文化水平较高的干部也要以学习军事政治为主，文化程度越高的干部，军事教育的时间要越多，并确定定期考试制度，对干部学习的效果进行考核。干部军事教育不仅仅包括军事理论教育与技术训练，军队中负责各军事业务如指挥、参谋、侦查等也要进行针对性的教育，还要对干部的军事生活进行训练。将干部分为在校、在职、轮训三类给予军事教育，并根据实际情况调整教育课程，如在校干部可分为教导队和抗大等干部学校的干部，培养的课程兵器与射击、工事与伪装等内容略有不同，抗大等学校的干部还要进行地形测绘、内务条令、纪律条令、营参谋工作、管理与教育等内容。

在进行军事教育时，结合过去在军事教育方面的不足和在战斗中的需求，克服主观主义与教条主义的倾向，将军事教育与思想政治教育、文化教育、业务教育等结合起来，“总以少而精、能消化及不损害干部健康为原则”。[1]

3. **文化教育**。中国共产党的干部主要是工农出身，文化水平有限，因此，中共中央一直很重视对干部的文化教育。随着抗战阶段的发展，更多的干部需要进行前线抗敌和敌后训练管理，对干部的文化素质提出了更高的要求，但许多干部对文化教育的认识还不够充分。“过去曾经有过这种不完全的认识，以为文化教育只是识字教育；同时也有过这种不妥当的观念，以为文化教育与娱乐工作联系在一起，叫作文化娱乐工作，所以把文化教育也认为是一种与娱乐工作差不多的东西，而轻视了文化教育的重要，把它当作是一种辅助的教育来看待。”[2] 识字教育在文化教育中占据着主体地位，是基础

1 中共中央文献研究室、中央档案馆编：《建党以来重要文献选编（1921—1949）》第19册，中央文献出版社2011年版，第87页。

2 萧向荣：《一一五师的政治教育工作》，载《八路军军政杂志·创刊号》，八路军政治部1939年版，第31页。

性的，但文化教育并不仅仅是识字教育，还涵盖自然科学教育、算术教育、历史地理教育等其他方面。文化教育是政治、军事教育的基础，可以帮助党政、军队干部更好地掌握其他方面的知识和技能，使他们能够以更加开阔的视野去看世界，树立正确的世界观。

毛泽东曾说："没有文化的军队是愚蠢的军队，而愚蠢的军队是不能战胜敌人的。"[1] 在抗战时期，战争是第一位的，但是如果党领导下的干部、战士都没有文化，是不能巩固革命根据地和党的政权、不能建立抗日民族统一战线、无法带领广大工农群众取得抗战的最后胜利的。1938 年，《国民革命军第十八集团军（八路军）政治工作暂行条例（草案）》对部队的文化教育作了规定，要求团政治处"领导干部战士的政治文化教育"。1941 年，彭德怀、左权、罗瑞卿在《为加强干部文化教育致各兵团首长电》中指出，抗战以来的干部文化教育收效甚微，"大批久经斗争之工农干部其科学知识之缺乏，文化程度之浅薄，仍属惊人。另方面在教育组织上，连队文化教员负责一般战士文化教育，对干部之文化与自然科学的教育设置则甚缺。为此早已提出的工农干部知识化之口号成为落空。"[2]

毛泽东在《文化课本》的序言中指出："一个革命干部，必须能看能写，又有丰富的社会常识与自然常识，以为从事工作的基础与学习理论的基础，工作才有做好的希望，理论也才有学好的希望。没有这个基础，就是说不识字，不能看，不能写，其社会常识与自然常识限于直接见闻的范围，这样的人虽然也能做某些工作，但要做得好是不可能的，虽然也能学到某些革命道理，但要学得好也是不可能的。"[3] 为切实加强党政、军队干部的文化教育，使每个党员干部都能懂得党的政策路线、行动纲领和章程纪律，树立和维护

1《毛泽东选集》第 3 卷，人民出版社 1991 年版，第 1011 页。

2 中国抗日战争军事史料丛书编审委员会编：《八路军・文献 3》，解放军出版社 1994 年版，第 707 页。

3 中共中央宣传部办公厅、中央档案馆编研部编：《中国共产党宣传工作文献选编：1937—1949》，学习出版社 1996 年版，第 309 页。

党在群众中的地位，团结更多的工农群众，发挥党员的先进模范作用，消灭党员干部的“特殊地位”和不良现象，必须在党内进行最严格的文化教育。

1942年中央军委、军委总政治部对军队干部的文化教育作了详细的实施计划。干部的文化教育应按照其文化水平分为三个等级，“初小程度的定为初级，高小程度的定为中级，相当于初中程度的定为上级”[1]，这些干部必须进行强制的文化教育，学习期为3—5年，学至上一级班为毕业，即初级文化教育的毕业标准为高小毕业的文化水平，中级文化教育的毕业标准为初中毕业文化水平，上级文化教育的毕业标准为高中毕业的文化水平。文化水平在高中程度以上的干部也要进行文化知识的学习，学习方式为自学。具体实施方法为在团和营设置初级班，在大团直属队设置初级和中级文化班，旅、师设置初级、中级、上级文化班，每班都要配置专门的文化教员。但由于文化教员数量过少，各级组织要重视文化教员的培养工作。文化教员在团、营实行轮流上课，“应在党政军机关内提高文化教员的地位，最好的文化教员应受到极大的欢迎与优待”。[2]各地党组织要加强支部中党员干部的文化教育，建立各种小组、学习会议、读报组、识字班等；对于因环境问题无法参加文化班课程的营团旅师级干部，要组织文化学习小组。各级文化班的课程设置以国文为主，算术次之，其他课程的设置根据干部工作的需要安排。

中共山东分局根据中共中央文件的精神，对在职干部的文化教育联系当地的实际情况作了详细的规定，并规定“五五”节是干部业务文化教育的开学日期，各地党委要动员干部进行强制或自主的文化教育。其他各抗日根据地对干部的文化教育予以足够的重视，依照中共中央的政策指示，结合各地

1 中央档案馆编：《中共中央文件选集（1921—1949）》第13册，中共中央党校出版社1991年版，第334页。

2 中共中央文献研究室、中央档案馆编：《建党以来重要文献选编（1921—1949）》第19册，中央文献出版社2011年版，第149页。

的现实条件，开展对干部的文化教育。通过大范围的文化教育，抗战后期许多干部的文化知识水平明显提升，提高了在写作、宣传等方面的工作效率，对政治教育、军事教育和其他教育的作用日益凸显。

4. 统一战线教育。在建立抗日民族统一战线的背景之下，必须加强对党员干部的教育，“既须使党员明白如何实现无产阶级的独立性，又须使党员明白无产阶级如何同其他阶级结成统一战线去反对共同敌人”。[1] 统一战线教育即是阶级教育，在抗战时期是相通的，但党内许多同志对于统一战线的策略问题理解不够，在许多人看来，中共中央呼吁建立的抗日民族统一战线尚未形成，皖南事变的发生，使更多人认为过去党内实行的政策和原则已不适用，主张抛弃过去的统一战线策略，要实行统一战线教育之外的阶级教育，这是由于许多同志对国内矛盾认识的不深刻，对国内阶级的关系作了错误的判断，“还有更多的同志不了解民族斗争和阶级斗争的一致性，不了解统一战线政策和阶级政策，从而不了解统一战线教育和阶级教育的一致性。”“我党在整个抗日时期，对于国内各上层中层还在抗日的人们，不管是大地主大资产阶级和中间阶级，都只有一个完整的包括联合和斗争两方面的（两面性的）民族统一战线的政策。”[2]

统一战线教育的目的是使党员干部明白在抗战时期统一战线教育与阶级教育的一致性，在民族矛盾上升到主要矛盾的时候，国内阶级矛盾下降到次要矛盾，抗战时期的统一战线教育的内涵在于，使党员干部能够清楚认识国内形势的变化，“加紧进行策略教育，克服干部的单纯化现象”[3]。党在保持无产阶级独立领导权的基础上，实行“三三制”原则，采取既联合又斗争的策

1 中央档案馆编：《中共中央文件选集（1921—1949）》第 11 册，中共中央党校出版社 1991 年版，第 525 页。

2《毛泽东选集》第 2 卷，人民出版社 1991 年版，第 784 页。

3 中央档案馆编：《中共中央文件选集（1921—1949）》第 12 册，中共中央党校出版社 1991 年版，第 423 页。

略，使党和军队的干部充分掌握统一战线纲领，并在干部学校和军队中新增统一战线的教材，对党内进行深刻的教育，争取国内包括大地主大资产阶级等在内的势力联合抗日，同时与这些势力的妥协性、动摇性、“反共”性作斗争。

为提高党员干部在文化教育界的地位，加强党对文化教育界的领导，在文化教育界开展统一战线教育，也是统一战线教育的一个侧面。文化教育界的统一战线教育应该服从于党的抗日民族统一战线的方针政策，最后服务于抗战。“但必须认识教育界的统一战线有他自己的特殊目的，自己的特点，自己的活动领区，因此共产党员去进行教育界统一战线工作的时候，应该直接从教育事业出发，并且为着教育事业而活动，而不应该从政治出发或强人从事政治活动，应该以教育活动者的面目出现，而不应该以政治活动者的面目出现，这样才能在教育界展开广泛的统一战线。”[1] 在此方针下，组织适合于从事教育界统一战线的党员和干部，加入各种派别派系和集团，来保持党在文化教育界的活动地位。

在文化教育界存在很多教育派别和团体，“以陶行知所领导的生活教育社，黄炎培、江问渔所领导的中华职业教育社，晏阳初、陈筑山所领导的平民教育促进会，梁漱溟所领导的乡村建设派等最有历史和地位”。[2] 由于国民党政府在教育战线上的统制政策和排他主义，许多青年和教育工作者找不到出路，这些教育团体不断推行和扩大他们的思想主张和言论在社会上的影响，吸收了许多进步青年、知识分子、资产阶级影响下的中间派和社会开明人士。除此之外，还有留美派、留法派、师大派、南高派之类的许多小派系，吸收了许多学者和教育家。要采取不同的方法和策略在这些教育团体、

1 中央档案馆编：《中共中央文件选集（1921—1949）》第 12 册，中共中央党校出版社 1991 年版，第 538—539 页。

2 中央统战部、中央档案馆编：《中共中央抗日民族统一战线文件选编》下册，档案出版社 1986 年版，第 479 页。

派系和无组织的个人中建立统一战线，研究借鉴他们的教育理论和实践，批判地接受有益于丰富党领导下的教育的方法和经验。

“日本帝国主义的侵略战争，不但是危害中华民族的，同时也是危害日本全体兵民与朝鲜、台湾等被压迫民族的，要使日本的侵略战争失败下去，必须中日两大民族的军民大众及朝鲜、台湾等被压迫民族作广大而坚持的共同努力，建立共同的反侵略统一战线。”[1]党要在干部中培养一批能够讲日语的干部，对他们进行充分的统一战线教育，纠正部队中不分军队和人民的错误思想，使他们能够在两国民众中宣传统一战线口号，教育甚至感化日本军队，并善待和教育俘虏，通过俘虏去影响其他的日本士兵，以建立和巩固更广大的统一战线。

5. **业务教育**。业务教育是党和军队干部教育的中心内容。在抗战时期，对于人才的需求很急迫，每个行业都需要有专业技能的人才，抗战开始后，中共中央多次强调要加强对干部的教育，虽取得了一定的成绩，但是在很多干部中存在着严重的教条主义和主观主义的倾向，往往割裂了业务教育与文化教育、思想政治教育的关系，甚至完全忽视了自身业务的学习。如果仅仅把知识的学习局限于自身的业务学习而忽视了思想政治和文化的学习，则会导致干部眼光狭隘，难以有大作为；如果文化知识水平太低，则无法正常开展业务工作。但是，中国共产党的干部教育最大的问题不是对一般的思想政治教育或文化教育的忽视，而是对业务教育的忽视，即使能够开展小范围的业务教育，也有很大的局限性，许多干部认为业务学习不属于理论学习的范畴，只要研究好书本中的马克思主义理论就可以了。这样就严重影响了党内各部门工作的正常开展，专业型人才的缺失成为普遍的问题。

1941 年，中央军委、总政治部下发了关于加强各种干部业务教育的指

1　中共中央党史研究室第一研究部译：《共产国际、联共布、中国革命文献资料选辑（1938—1943）》第 20 册，中共党史出版社 2012 年版，第 609 页。

示，对当前业务教育中存在的问题进行了分析，批判了主观主义和教条主义对业务教育的阻碍，并对业务教育的重要性、具体内容、教材编印等问题作了详细的规定。要求业务教育要抛弃过去主观主义和教条主义的观点，理论联系实际，在各部门的实际工作中实践马克思主义理论，在进行业务教育的同时，与一般的政治文化教育相互配合，这样才能最大限度地发挥业务教育的作用。

一切在职干部都要开展业务教育，“业务教育的中心内容，是调查该部门工作的有关情况，研究该部门工作对象，熟悉该部门工作中的政策，整理该部门工作的经验，熟悉该部门的理论，使我们的干部教育，直接影响其工作的改进。”[1]简言之，就是“做什么、学什么”，“不论从事军事、政治、党务、文化、教育、宣传、组织、民运、锄奸、财政、经济、金融、医药、卫生及其他任何工作部门的干部，必须学会与精通自己的业务，这是第一个教育任务与学习任务。”[2]在学习政治理论和一般文化知识的基础上，军事干部要在战斗实践中总结经验和教训，不断提高自己的军事水平；政治工作干部要总结过去教育的经验，了解和研究国内外和党内外教育、宣传、锄奸等工作情况并总结经验，提高政治文化水平；经济干部及其他工作干部要熟悉和研究本部门的政策指示、理论与实践，加强对专业技能的学习。如八路军、新四军中负责财务经济工作的干部，虽然能够处理一部分关于财务方面的工作，但是由于没有经过系统的教育和培训，未接触过完整的经济理论与技能，不能完整地将马克思主义经济学的作用体现在实际工作中。党在不断发展中，需要大量有理论基础的财务经济工作干部，这就要求财务经济工作干部要与时俱进，学习和研究马克思主义的经济学理论，并结合当下所处的环境总结苏

1 中共中央文献研究室、中央档案馆编：《建党以来重要文献选编（1921—1949）》第19册，中央文献出版社2011年版，第140页。

2 中共中央文献研究室、中央档案馆编：《建党以来重要文献选编（1921—1949）》第19册，中央文献出版社2011年版，第147页。

联和国内苏维埃时代的财政经济政策和实施经验，更好地服务于抗战经济。

为了能够更好地开展各种干部的业务教育，“各战略单位的高级工作部门，都必须有计划地编印各该部门的业务学习的教材或工作手册（如敌工手册、宣传手册，延安亦在着手编印中）。”[1] 业务教育的教材应该包括对应部门的相关工作情况和政策决议、党和国家的领导人毛泽东同志关于相关工作的文献和马、恩、列、斯的相关文献等，教材采取少而精的原则，根据各部门干部文化政治水平的不同等实际情况循序渐进地开展。各单位要根据教育实际情况，制定教学进度，并增设专门课目，通过轮训教育，以弥补在职干部时间上的不足。在进行一定的教育之后，由专门的机关定期检查学习成果，以督促各部门干部精通于自己的职业。根据地各干部学校也在课程设置上偏重于实用，而且在课程教学上注重理论联系实际，如在鲁迅艺术学院增设医药系，以适应抗战时期对医务工作人员的需求。

业务教育是中国共产党在不断发展的过程中，结合抗战时期所处环境，在马克思主义的指导下，形成的具有时代特色的与时俱进的干部教育方式，一定程度上缓解了党在抗战时期专业人才紧缺的局面。

6. **纪律教育**。马克思在致恩格斯的信中指出：“我们现在必须绝对保持党的纪律，否则将一事无成。”[2] 列宁曾强调：“无产阶级的无条件的集中制和极严格的纪律，是战胜资产阶级的基本条件之一。”[3] 中国共产党在开创革命根据地的过程中形成了“三大纪律、六项注意”[4] 的行动准则，毛泽东在领导

1 中共中央文献研究室、中央档案馆编：《建党以来重要文献选编（1921—1949）》第 19 册，中央文献出版社 2011 年版，第 144 页。

2《马克思恩格斯全集》第 29 卷，人民出版社 2016 年版，第 413 页。

3《列宁选集》第 4 卷，人民出版社 1995 年版，第 192 页。

4 在井冈山革命时期，毛泽东曾为工农革命军制定出“三大纪律、六项注意”。“三大纪律”指的是“一切行动听指挥、不拿群众一个红薯（后改为一针一线）、打土豪要归公”；“六项注意”指的是“上门板、捆铺草、说话和气、买卖公平、借东西要还、损坏东西要赔”。后来，在解放战争时期，“三大纪律、六项注意”根据革命发展的需要，调整为“三大纪律、八项注意”，成为中国人民解放军的行动准则，体现了人民军队的本质和宗旨。

革命的经验中总结得出“要在全党加强纪律教育，因为统一纪律，是革命胜利的必要条件”。[1] 中国共产党要领导人民取得抗日战争的最后胜利，就必须在实践中加强党的纪律建设，加强对党员干部的纪律教育，使党保持高度的组织性和严明的纪律性。

大革命失败后，中国共产党开辟了“农村包围城市，武装夺取政权”的革命道路，创建了井冈山等一批革命根据地，在工农群众中发展了一支党领导下的工农武装。毛泽东在《中国革命战争的战略问题》中指出，“反对单纯军事观点和流寇主义，承认红军是中国革命的宣传者和组织者；反对土匪主义，承认严肃的政治纪律；反对军阀主义，承认有限制的民主生活和有威权的军事纪律”，[2] 只有这些原则性的问题得到正确的解决，中国共产党才能更好地领导中国人民进行现阶段的抗日战争。

纪律教育对于党在抗战时期能否加强对军队的领导、巩固群众基础、发展更广泛的爱国统一战线具有重要作用。马克思主义政党最鲜明的政治立场是一切为了人民，一切依靠人民。干部是党的任务的执行者、军队的领导者，干部的形象关系到党在人民心中的形象和地位。因此，中国共产党把对干部的纪律教育放在很重要的位置，对新加入的知识分子、青年学生，党要及时予以教育，“教育他们有组织性与纪律性，反对他们的散漫性与无政府主义的思想”。[3]

中国共产党要在国民党反动派和日本帝国主义的夹缝中求生存，党的军队就必须加强纪律教育，“进行严整军纪的教育，严格执行与检查三大纪律八项注意的实行”，“在沿途及宿营地征集给养，必须有政治工作人员同去，

1 中共中央文献研究室、中央档案馆编：《建党以来重要文献选编（1921—1949）》第 18 册，中央文献出版社 2011 年版，第 445 页。

2《毛泽东选集》第 1 卷，人民出版社 1991 年版，第 192 页。

3 中共中央文献研究室、中央档案馆编：《建党以来重要文献选编（1921—1949）》第 16 册，中央文献出版社 2011 年版，第 576 页。

严格保证不乱打土豪”。[1]中国共产党领导的部队是人民的军队，军队的补给主要依靠革命群众的支持，在获取补给的过程中，军队干部要严守党的纪律，不能在群众中实行“土匪”政策，党的一切工作都要尊重和维护好人民群众的利益，部队不能只向群众索取，要尽量接济沿途的百姓，抵制只满足自己的需求、对群众的需求不闻不问的错误思想和行为。党领导下的部队是维护党的形象和宗旨的纪律严明的军队，对于部队内组织纪律散漫的干部，要及时开展斗争，通过教育使其服从组织的管理，进而在全军内开展纪律教育。“加强部队中关于苏维埃政策与群众工作的教育（本部另有政治课材料发下），进行进出宣传与纪律检查，坚决的与脱离群众、破坏纪律的现象斗争，对于不能教育的破坏纪律的坏分子，应给以处罚，甚至在群众中公审枪决；特别要注意对给养、事务与前站人员的教育与工作检查。”[2]游击部队是党在抗战时期的主要战斗力量，但是在实际的管理中，由于地域因素，游击部队很难得到完善的领导，因此，“必须在他们中间创立基干部队，吸引他们在实际战斗中来认识集中力量是战胜敌人的必要条件，而整批的加入独立团营，或成立新的独立团营。”[3]

中国共产党在抗战初期，党内人才严重不足。在全国范围内开展抗战运动，就必须发展新的党员干部，但是在发展新党员干部的过程中反革命分子、特务人员、奸细等也混杂其中，如中国人民抗日军政大学等干部学校，特务人员可以经由抗大加入八路军。“为着巩固党，必须加强党的保卫工作和反对奸细的斗争，党内的锄奸教育与党的警惕性必须大大提高，使保卫党

1 中共中央文献研究室、中央档案馆编：《建党以来重要文献选编（1921—1949）》第12册，中央文献出版社2011年版，第96页。

2 中央档案馆编：《中共中央文件选集（1921—1949）》第10册，中共中央党校出版社1991年版，第400页。

3 中央档案馆编：《中共中央文件选集（1921—1949）》第10册，中共中央党校出版社1991年版，第263页。

的任务与反奸细的斗争成为全党的工作。”[1] 国共抗日统一战线形成之后，日本侵略者和国民党反动派将利用汉奸、敌探、托派分子等来阴谋破坏统一战线，“汉奸、敌探、托派、亲日派必然较前更加猖獗，大肆其造谣、污蔑、分裂、破坏的阴谋”。[2] 党内要厉行锄奸运动，警惕汉奸等的一切破坏活动，教科书中增设锄奸的内容，军队设置锄奸小组，以防党内秘密的泄露。

“组织部门在分派工作时，事先必须多加考虑，一经决定，绝不准讲价钱，严格纠正过去的迁就作风。”[3] 对部分干部逃离条件艰苦的工作、不服从组织安排的行为要及时加以纪律教育和纪律制裁。地方党部与区委在过去的工作中没有注意秘密工作，使得党的工作经常被破坏，党内干部被逮捕，使得地方支部难以为继。因此，在分配干部之前，要对他们进行教育，使他们能够适应急遽变化的环境，更好地开展秘密工作。但是要“严厉打击那些思想堕落和行为腐化的个别分子，直至将他们驱逐出党”。[4]

（四）干部教育的途径

抗战时期，毛泽东等中共中央领导人总结革命经验教训，形成了抗战时期特有的干部教育思想，党中央制定了具体的制度，随着抗战局势的发展，干部教育理论和体系逐渐趋于成熟。总的来说，抗战时期根据地的干部教育主要通过干部学校教育和在职干部教育两个途径提高干部的整体素质。但由于抗战局势的要求，且根据地经济紧张，干部学校不可能大范围地开展，在职干部教育在干部教育中还是处于主体地位。针对干部学校和在职干部教育

---

1 中共中央文献研究室、中央档案馆编:《建党以来重要文献选编（1921—1949）》第 16 册，中央文献出版社 2011 年版，第 581 页。

2 中共中央党史研究室第一研究部译:《共产国际、联共布、中国革命文献资料选辑（1938—1943）》第 20 册，中共党史出版社 2012 年版，第 610 页。

3 中共中央文献研究室编:《陈云文集》第 1 卷，中央文献出版社 2005 年版，第 364 页。

4 中央统战部、中央档案馆编:《中共中央抗日民族统一战线文件选编》下册，档案出版社 1986 年版，第 860 页。

中存在的问题，党中央通过整风运动制定并形成了干部教育的成熟体系。

1. **干部学校教育**。九一八事变之后，中共中央意识到，在日本侵略者和国民党反动派的双重压迫之下，党要求得生存，就必须加强党内干部的培养教育。在创建根据地期间，为了加强党的政策的宣传和部队的训练，党中央对干部的学校教育主要为短期培训班，教育内容大多为启发性的马克思主义理论，主要针对红军军事训练的教导队和宣传党的政策和团结群众的干部。第五次反“围剿”的失败，对党内干部的马克思主义理论、文化、军事等方面的要求更加凸显，干部的素质对战争的成败起到了重要的作用。

遵义会议和瓦窑堡会议的成功召开，实际确立了毛泽东在中共中央和红军中的领导和决策地位，党的干部教育也随着毛泽东的干部教育思想的转变开始走向新的阶段。1936 年 2 月，在毛泽东的领导下，中共中央成立“中华苏维埃西北抗日红军大学”，同年 6 月，改组为“中国抗日红军军政大学”，1937 年年初，“中国抗日红军军政大学”正式更名为“中国人民抗日军政大学”（简称“抗大”）。长征结束之后，中共中央恢复了 1933 年在瑞金成立的马克思共产主义学院，改称为“中国共产党中央党校”。全面抗战爆发之后，党中央在延安成立了陕北公学、鲁迅艺术学院、马列学院、中国女子大学、延安自然科学院等 20 多所干部培训学校，并在其他抗日根据地建立抗大的分校、各级党校等进行干部教育。抗大是在毛泽东领导下建立起来的，毛泽东不仅担任抗大教育委员会主席，还经常到抗大讲学，《反对日本帝国主义的策略》《中国革命战争的战略问题》《实践论》《矛盾论》等经典之作都是毛泽东在抗大的讲学内容。

在前期的干部学校教育中，存在着许多的不足。如鲁迅艺术文学院在整风运动前曾有许多名剧，如《雷雨》《日出》等，但是不符合抗战时期的整体环境和需求，无法引起反响。抗大前期主要以培养初级军事干部为目的，但在教育过程中，忽略了干部的政治教育，毛泽东在对抗大的指示中提出，

“虽以培养军事干部为目的，但政治教育仍占重要地位，至少亦应与军事教育列于同等地位”[1]。

1941年中共中央政治局通过的《中共中央关于延安干部学校的决定》中指出：“目前延安干部学校的基本缺点，在于理论与实际、所学与所用的脱节，存在着主观主义与教条主义的严重的毛病。”[2]表现为在实际工作中忽视中国抗战期间的环境，无法用马列主义指导实践。针对各学校无法明确干部教育的目的，中共中央对各干部学校作了严格的规定，并由中央机构对各干部学校的课程、教员、教材及经费进行计划、检查与监督，以加强对干部学校的管理。1942年中共中央对党校进行了改组，将军事学院高级班划归党校，“停止过去所定课程，在本年内教育与学习党的路线”，[3]并决定将行政学院改造为区县级干部学校，充实各根据地的干部人才。

抗战时期的干部学校教育，特别是延安时期青年、知识分子涌入边区之后开展的干部教育，为党政军队培养了一大批干部和干部教育人才，由于党一直坚持在马列主义的指导下结合中国革命的实际来开展工作，因此，延安时期的干部教育取得了很大的成效，抗大这样一所“窑洞大学”，成为干部教育的大熔炉。毛泽东在抗大成立3周年时盛赞抗大“它比较其他的军事学校最革命最进步，最能为民族解放与社会解放而斗争”。[4]

2. **在职干部教育**。抗战时期，在职干部教育在所有干部的教育中占有重要地位，中共中央出台了很多关于在职干部教育的文件，1942年党中央在关于在职干部教育的决定中指出，“在职干部教育工作，在全部干部教育

---

1 中国抗日战争军事史料丛书编审委员会编：《八路军·文献2》，解放军出版社1994年版，第37页。

2 中共中央文献研究室、中央档案馆编：《建党以来重要文献选编（1921—1949）》第18册，中央文献出版社2011年版，第761页。

3 中央档案馆编：《中共中央文件选集（1921—1949）》第13册，中共中央党校出版社1991年版，第354页。

4《毛泽东同志论教育工作》，人民教育出版社1992年版，第66页。

工作中的比重，又应该是第一位的”，[1]将在职干部教育提高到重要的战略地位，这是党中央根据抗战时期的实际情况作出的正确决定。无论在边区还是在各根据地，在职干部能够占到所有干部的九成，对在职干部大规模开展学校教育，不仅会造成党的工作的停滞，而且考虑到抗战时期党的人力、财力和实际需要，将部分在职干部抽调到干部学校中加以教育是符合客观实际的，也是极为重要的。

中共中央一贯坚持对党内干部进行教育，许多地方和部分的在职干部已经认识到教育的重要性并切实开展了学习，但是在很多地方和部门忽视了对在职干部的教育，有的在开展过程中存在很多的问题。在职干部的教育内容主要包括业务教育、政治教育、文化教育、理论教育等，业务教育是为了落实干部“做什么、学什么”，使在职干部抛弃过去轻视学习业务的错误观念；政治教育的目的在于除使在职干部了解业务范围内的政策，也要精通党的一般政策与战时情况；文化教育是一切干部教育的基础，所有的教育都要从扫盲教育开始；理论教育主要针对高级和中级干部中文化水平较高者，采取理论联系实际的学习原则，结合马恩列斯的理论和党的奋斗史集体讨论。

“在职干部的学习应该分成两部分，一部分是本身工作（职务）以内的学习，一部分是本身工作（职务）以外的学习，第一种学习对在职干部是主要的，第二种学习是补充的，但是必须的。”[2]在职干部的教育，不仅仅是进学校、训练班，或学习与本职工作无关的书籍资料，在职干部的教育首先是本职工作之内或相关的调查、研究，“关于本部门工作的调查研究，不但是指具体材料的搜集、研究与总结，不但是指中央每一重要文件或有关材料的仔细研究，而且也包含同本部门工作直接有关的马列主义理论及其他各种理

1 中央档案馆编：《中共中央文件选集（1921—1949）》第 13 册，中共中央党校出版社 1991 年版，第 347 页。

2 中央档案馆编：《中共中央文件选集（1921—1949）》第 13 册，中共中央党校出版社 1991 年版，第 240 页。

论的研究与批判”。[1]本职工作以内的学习是基础，是在职干部完成本职工作的保证。本职工作以外的学习是为了提高干部的理论、文化水平，加强在职干部对时事策略的理解，增强对工作的信心和对抗战必胜的决心。

不同部门、不同种类的在职干部对于知识的需求是不同的，在职干部的教育根据其分工的不同，大体可分为党政干部和军队干部。党政干部的教育要根据其文化水平、工作经验、技术分工的不同，对其进行分类教育，在解决文化教育的基础上对其进行政治、理论和时事策略的教育，文化教材由上级组织统一安排，《解放日报》和地方党报是在职干部教育学习时事和策略的主要来源。在职干部教育能否成功取决于各部门负责的领导，在中央宣传部的统一领导之下，将在职干部的教育确定为负责干部的业务内容，在每个部门设立宣传教育干事，在干部中形成先锋模范，指导和督促在职干部的学习。党支部作为党的基层组织，是基层在职干部教育的重要组织，支部要培养提升党员干部的文化水平和工作能力，使基层党员干部能够正确认识和领导基层工作。同时支部要培养支部自我教育的干部人才，以缓解党内教育人才的不足。

军队干部由于其所处环境的特殊性，机关领导还没有认识到干部教育的重要性，干部学习的热情不高，缺乏追求上进的积极性。在军队中开展在职干部的教育，要认清军队所处环境的特点：“A. 军队的环境，手里有枪；B. 统一战线的环境，与其他阶级党派合作的环境；C. 农村的环境，而且士兵干部中大多数是农民；D. 分散的游击战争的环境；E. 贫穷的艰苦的环境。”[2]干部教育的着眼点应该在团结、尊重各级干部的基础上，利用军队抗争的历史对其进行鼓励教育，对其落后的方面进行批评，清除军队干部中存

1 中央档案馆编：《中共中央文件选集（1921—1949）》第13册，中共中央党校出版社1991年版，第241页。

2 中共中央文献研究室、中央档案馆编：《建党以来重要文献选编（1921—1949）》第17册，中央文献出版社2011年版，第618页。

在的不良现象，如旧军队习气、封建思想、保守狭隘等，通过加强文化教育和策略教育，提高干部的党性，营造良好的军队干部教育氛围。

在中共中央不断实践和正确领导下，在抗战后期在职干部教育进入大发展阶段，形成了科学的指导思想、完善的方法体系和完整的教育内容，为党和军队在抗战中培养了大批干部人才，大大缓解了干部紧缺的压力。

三、抗日根据地的学校教育与社会教育

国民教育在抗战时期是为党和国家培养前线抗敌和敌后建设人才的主要途径。由于几千年以来的封建思想的束缚，工农群众文化水平整体较低，无法有效开展经济建设和革命斗争，对根据地的创建、革命的发展和抗日民族统一战线的形成有很大的影响。在陕甘宁边区和各抗日根据地，工农群众中文盲比例极高，国家意识不够强，不能够积极参与革命。全面抗战爆发后，在“实行抗战教育政策，使教育为长期战争服务”[1]的指导下，为了发动广大工农群众参与抗战，形成全民族抗日统一战线，中国共产党结合陕甘宁边区和各根据地的实际情况，对学校教育和社会教育提出了一系列具体的举措，为恢复与重建边区和各根据地不同层次的学校教育，以多种方式开展社会教育提供了方法上的指导。各根据地切实开展和推进学校教育和社会教育的发展，虽在实行过程中出现了一定的错误，但在党的正确领导下，根据抗战阶段的发展与时俱进，最终形成了新民主主义的教育方针。以陕甘宁边区为中心，各抗日根据地根据实际情况恢复与重建学校教育，利用各种形式开展社会教育，并将学校教育和社会教育相结合开展职业教育，主要内容以生产党在抗战时期的必需品为目标。通过学校教育、社会教育为党在抗战时期培养

1 中央档案馆编:《中共中央文件选集（1921—1949）》第 11 册，中共中央党校出版社 1991 年版，第 616 页。

了许多优秀的工农战士，团结了广大的劳苦农民群众，巩固了抗日民族统一战线。

（一）抗日根据地的学校教育

学校教育是提升儿童和青年文化的主要渠道，但是自近代以来，国内局势变幻莫测，学校教育一直得不到正常的发展，教育被大地主大资产阶级垄断，贫苦的工农群众无法获得受教育的权利。中国共产党为了推动全民抗战，彻底解决根据地人民贫穷落后的局面，在根据地推行了一系列政策推动学校教育的发展。

1. 学校教育的方针政策。抗战时期，中国共产党一直坚持在新民主主义的教育方针的指导下开展教育工作，即民族的、科学的、人民大众的新型教育模式，对国民党反动政府所采取的压迫式教育进行批判和反对，革除过去的文盲、迷信、封建的思想文化和习惯。

在第二次全国苏维埃代表大会上，毛泽东对国民党统治区和苏区的文化教育状况进行了对比，“国民党统治下一切文化教育机关，是操在地主资产阶级手里的。他们的教育政策，是一方面实行反动的武断宣传，以消灭被压迫阶级的革命思想，一方面施行愚民政策，将工农群众排除于教育之外”，[1] 国民党反动派将教育经费用于压制革命，造成学校倒闭，大量学生失学，文盲程度进一步加剧，甚至达到了 80% 以上，国民党统治区域内的文化发展缓慢，进步的知识分子和文化工作者受到压迫，国民党政府在文化政策上的法西斯主义导致的白色恐怖使得文化教育环境成为炼狱。而在中国共产党领导下的根据地，“这里一切文化教育机关，是操在工农劳苦群众的手里，工农及其子女享有受教育的优先权”，[2] 苏区创办了许多新的学校，大部分适龄

1 人民教育出版社编：《毛泽东同志论教育工作》，人民教育出版社 2000 年版，第 4 页。
2 人民教育出版社编：《毛泽东同志论教育工作》，人民教育出版社 2000 年版，第 5 页。

儿童都能顺利入学，享受义务教育，青年学生都能享受平等受教育的权利。虽然根据地受限于国内严峻的战争形势，但是中国共产党尽可能为根据地的学校教育在政治上和物质上提供帮助。

免费义务教育。何凯丰在全苏教育建设大会上提出，“苏维埃的教育制度的基本原则，是实施完全免费的义务教育，给全体男女儿童以教育，直达十七岁为止”，“苏维埃政府明令学校与宗教分离。在服从苏维埃的法律，首先是苏维埃的教育政策的条件之下，允许私人所办的学校之存在”。[1]在根据地实行免费的义务教育，是结合当时的环境和经济状况决定的，在国民党反动政府的政治和经济封锁之下，经济基础薄弱，技术落后，实行免费义务教育可以在一定程度上减轻工农群众的负担，中国共产党在根据地创建了大批学校，同时鼓励和引导社会各界人士在苏维埃教育制度的引导下创办私立学校，对私立学校给予政策上的支持。公立学校和私立学校的同时存在，满足了大量失学儿童和适龄儿童的入学需求。边区为解决儿童的教育，实行普及的免费教育，“普及最低限度的免费教育于七岁以上的学龄儿童和失学青年男女，特别要注意到过去被排除在学校教以外的穷困儿童和青年”，[2]在普及的免费教育之下，让所有的适龄儿童和青年得到应有的受教育机会。

平等受教育权利。国民党政府统治之下的教育是大地主大资产阶级的教育，工农群众及其子女无法获得受教育的权利，无法获得思想上的解放，依旧承袭着浓厚的封建传统思想，对于国家的前途命运也无法获得正确的认识。中国共产党忠诚代表最广大人民的根本利益，在国家危难的时刻带领他们获得思想上的解放，团结起来取得抗战的胜利。在根据地内的所有儿童和青年均有受教育的权利和机会，不论阶级成分，都可在根据地创办的学校

---

1 中央教育科学研究所、陈元晖、邹光威等：《老解放区教育资料・一：土地革命战争时期》，教育科学出版社 1981 年版，第 48 页。

2 陕西师范大学教育研究所编辑：《陕甘宁边区教育资料・小学教育部分》，教育科学出版社 1981 年版，第 26 页。

中接受民主的教育。中国共产党第二次全国代表大会明确提出："废除一切束缚女子的法律，女子在政治上、经济上、社会上、教育上一律享受平等待遇"，"改良教育制度，实行教育普及"，[1]明确了女性平等享有受教育的权利。抗战期间，党在边区和各根据地设立了许多不同层次的学校，都要求男女平等接受教育，并在高等教育之下专门设立女子学校。

教育内容和方式适应战争化。抗战全面爆发后，日本妄图通过奴化教育分裂中国，削减中国的抗战力量，中国共产党为了提高全民族抗战的信心，针对日本侵略者通过控制学校教育来控制沦陷区思想的恶行展开了反奴化教育，对学生进行爱国主义教育和军事化教育，使学生能够在民族问题面前保持清醒，并能够通过一定的游击训练掌握基本的游击战能力，在面对日军包围的时候能够有效对抗敌军。同时加强对学生的组织纪律教育和劳动教育，使学生能够克服艰难困苦的环境，并能遵守一定的组织纪律。边区和各根据地由于中共中央政府时间不长，教学设备、师资力量等难以在短时间内得到补给，因此，边区和各根据地对学生的教学时间、教学内容、教学目标等进行调整，摒弃过去的教育方针中不适用于国防教育和抗战教育的方面，本着"在一切为着战争的原则下，一切教育事业均应使之适合战争的需要"，[2]"根本改革过去的教育方针和教育制度，不急之务和不合理的办法，一概废弃"，[3]在新的教育方针和教育制度的指导下，"改订学制，废除不急需与不必要的课程，改变管理制度，以教授战争所必需之课程及发扬学生的学习积极性为原则"，[4]在有效的空间和时间内充分利用现有的教育资源把边区和根据地的适龄儿童和青年学生培养成抗战的重要后备力量。

---

1 中共中央文献研究室、中央档案馆编：《建党以来重要文献选编（1921—1949）》第1册，中央文献出版社2011年版，第134页。

2《毛泽东同志论教育工作》，人民教育出版社2000年版，第48页。

3《毛泽东选集》第2卷，人民出版社1991年版，第526页。

4《毛泽东同志论教育工作》，人民教育出版社2000年版，第44页。

从九一八事变之后的国难教育到全面抗战爆发之后的抗战教育，都是在坚持和贯彻党的与时俱进的抗战教育方针，为提高根据地文化水平和培养抗战人才作出了重要贡献。

2. **学校教育体系**。边区和根据地的学校教育主要分为小学教育、中等教育和高等教育，其中高等教育主要为培养抗战干部。陕甘宁边区由于地域过于宽广，村落分散，且加上交通不便，不利于集中开展学校教育；边区由于历史因素的影响，一直以来都处于生产力低下、经济落后的局面，导致边区的人民受经济条件的制约，思想意识也相对落后和保守，无法认识到教育的重要性，儿童和青年也要参与农业生产活动；边区政府将建设学校教育作为一项重要的任务，虽然教育费用支出占到了政府财政支出的1/3，但是在穷困的边区开展学校教育的建设仍显得微不足道；边区由于历来教育开展得困难，党在开展学校教育的过程中难以找到足够的教师，这些因素都制约了边区教育工作的开展。但是，在边区开展教育也有独特的优势：边区在党的民主选举等民主政治和民主文化的影响下，民主环境和民生问题得到改善，人民开始慢慢接受党开办的学校，愿意将子女送到学校接受文化教育；边区的教育得到各社会团体和群众组织的支持，边区开办学校和招收学生都是在其他团体的帮助下完成的；边区开展普及的免费教育，小学教育和中等教育免除学费和其他费用，大大减轻了当地贫苦百姓的家庭负担；边区的艰苦环境造就了当地学生和教师艰苦奋斗的精神，在艰难的环境下依旧能够发挥主观能动性；边区的教育是与党的抗战时期的国防教育政策紧密相关的，边区的学校教育根据实际情况进行了调整，无论在教学内容还是在学习年限上都适应了抗战的需求，在学习的同时还能参加生产活动。

陕甘宁边区是党中央所在地，边区的小学教育是其他根据地的模范和指导，因此边区大力发展小学教育以推动根据地的发展。1938年，边区教育厅颁布《陕甘宁边区小学法》，明确了小学教育的原则："边区小学应依照国防教育方针及实施方法以发展儿童的身心，培养他们的民族意识及抗战建国所必需的基本知识技能。”[1]通过《陕甘宁边区小学法》《陕甘宁边区小学规程》《陕甘宁边区模范小学暂行条例》等条文的指导，边区的小学教育取得了很大的发展，“在半年中扩大了一百六十八处学校，三千四百四十三名学生”，“建立了模范小学与完全小学——新建立了八十五处模范小学与十一处完全小学”，[2]并且通过教育质量的改革，边区的小学教育教材已基本统一，接受过短期国防教育培训的新式教师待遇和社会地位提高，群众拥护根据地的小学教育热情也随之提高。林伯渠在《陕甘宁边区政府对边区第一届参议会的工作报告》中对当地学校教育的快速发展进行了总结：

小学教育发展状况表[3]

未成边区以前	120 校	学生不详
二十六年春季	320 校	学生 5000 名
二十六年秋季	545 校	学生 10396 名
二十七年春季	706 校	学生 14207 名
二十七年秋季	773 校	学生 16725 名

“其中有完全小学十六处，模范小学七十八处。二十七年度比之革命前增加六倍，比之二十六年春季亦增加了一倍以上。”从林伯渠的报告中可以看出，[4]边区建立以后，陕甘宁地区的学校教育得到迅猛发展，不仅学校的数

1 陕西师范大学教育研究所编辑：《陕甘宁边区教育资料·小学教育部分》，教育科学出版社 1981 年版，第 11 页。

2 甘肃省社会科学院历史研究所编：《陕甘宁革命根据地史料选辑》第 4 辑，甘肃人民出版社 1985 年版，第 89 页。

3 陕西省档案馆、陕西省社会科学院编：《陕甘宁边区政府文件选编》第 1 辑，档案出版社 1986 年版，第 143 页。

4 陕西师范大学教育研究所编：《陕甘宁边区教育资料·小学教育部分》，教育科学出版社 1981 年版，第 119 页。

量越来越多，而且在校学生的数量相比未成边区之前翻了几番，这巨大的变化是边区执行党的国防教育政策的实际表现。边区通过对旧的教育形式和教育制度的改革，形成了适宜于边区人民的教育模式。通过边区政府和人民的共同努力，1941 年，边区学校达到了 890 所，学生增加了 5053 人，虽然在学校快速建设的过程中出现了许多质量太差、不符合党的教育政策方针的学校，但是经过整顿，学校的数量减少到 883 所，学生的数量却没有减少，达到了 22089 人。随着学生数量的增多，完全小学的建设也迅速发展，“五年制完全小学在两年之内增加了三倍，学生增加了五倍以上”，小学教育的快速发展不仅克服了过去上学难、难上学的问题，学校的广泛分布解决了学生的流动现象，提高了学生的到校率，而且抛弃了过去私塾教育中的体罚等落后的现象，通过《模范小学暂行条例》等政府性文件推动学校质量的提高，教师经过培训能够讲授新思想新课程，学生可以在学校接受新的教育内容，为了增加教学内容的多样化，“边区小学里学生集体自治的实行”[1]使学生有机会参与各种抗战实践活动，既丰富了课余活动，又融入了抗战的内容，使学生能够在学校的学习之余参与抗战实践活动，对于抗战力量的培养也有极大的促进作用。

晋察冀边区也是小学教育的模范地区。1937 年七七事变之后，八路军挺进敌后创建抗日根据地，在这里开展了小学教育的恢复和发展，对旧的教育进行了改造和创新发展，“当边区社会秩序渐渐趋向稳定的时候，边区政府立即指示，所有各地的小学限期一律恢复上课”，“边区政府建立了一个强有力的教育行政系统，各级都有专管教育的机构”[2]，在晋察冀边区政府的努力下，1938 年已在边区普遍建立初级小学。同时，边区政府还坚持毛泽东

1 陕西省档案馆、陕西省社会科学院编：《陕甘宁边区政府文件选编》第 3 辑，档案出版社 1987 年版，第 209 页。

2《聂荣臻回忆录》，战士出版社 1984 年版，第 479 页。

关于教育走群众路线的文化教育工作的精神，在“群众需要和自愿”原则的指导下，发动群众办群众需要的学校，教学内容、教学方式、师资力量和建设经费均由群众自己解决，政府进行政策上的指导和帮助，“民办公助”的形式不仅在一定程度上减轻了政府的财政负担，而且使得群众能够自主根据自己需要的教育内容和形式开展教育，群众在选择教育上有更多的民主性。边区政府打破了旧社会由少数有钱人垄断教育的局面，所有的工农群众子女均获得受教育机会，据刘皑风回忆，“到 1944 年底，据冀晋、冀察区 33 个县的统计：共有初小 3253 所，高小 115 所，合计 3368 所；共有初小学生 130427 人，高小学生 5291 人，合计 135718 人。又根据冀中区 1945 年统计，共有初小 2202 所，高小 327 所，合计 2529 所；共有初小学生 631750 人，高小学生 26424 人，合计 658174 人”，[1] 从以上数据可以看出，晋察冀边区的小学教育在边区政府的领导下取得了前所未有的发展。虽然晋察冀边区的小学教育在日军扫荡期间受到了很大的挫伤，部分小学转变为敌伪小学和隐蔽的抗战小学，但是边区政府加强对学校教育的指导，积极开展了瓦解日伪小学的斗争，保护边区政府领导下小学教育的正常发展。

山东抗日根据地是抗战时期 19 个根据地之一，具有极大的战略意义和作用，在抗战中发挥了重要的作用。1938 年开始，随着山东根据地政权的建立和完善，根据地的小学教育在对传统教育方式和内容进行改革的基础上得到一定的恢复和发展，并制定了《山东省战时国民教育实施方案》《山东省各县小学教员救国会章程》《战时小学课程标准总纲草案》《山东省小学教育职员服务条例》《关于保证小学教师专业化办法的规定》《检定小学教员暂行办法》和《山东省捐资兴学褒奖暂行办法》[2] 等条例和办法，意在边区政府

1《晋察冀抗日根据地》史料丛书编审委员会编：《晋察冀抗日根据地》第 2 册《回忆录选编》，中共党史出版社 1991 年版，第 225 页。

2 张书丰著：《山东教育通史（近现代卷）》，山东人民出版社 2001 年版，第 376—377 页。

通过法令来进行小学教育的整顿，从分散的、不规范的、不统一的教育现状向规范的、集中的模式转变。在边区政府的推动下，到 1944 年，据不完全统计（含冀鲁边，不含鲁西、湖西），山东抗日根据地小学发展到 9900 多所，有学生 46.8 万多人[1]。根据地小学教育的发展对于中国共产党在根据地的权威的宣传和确立有极大的促进作用，创新的小学教育模式也是中国共产党抗战建国教育理念的基础。

由于边区和根据地一直以来经济和文化的匮乏，中等教育的发展更是举步维艰。陕甘宁边区成立之前，党没有一所自己领导和创办的中等学校，具有中等教育文化的人才更是凤毛麟角。在基础条件薄弱的陕甘宁边区开展中等教育必须从零开始、逐步探索。1940 年以前，边区的中等教育还未形成具体的教育方针，中等学校是在根据毛泽东关于抗战教育的论述下开展的，即"改变教育的旧制度、旧课程，实行以抗战救国为目标的新制度、新课程"，[2] 由于中等教育培养的目标是提高青年的民族革命意识，掌握开展抗战救国工作的技能，使青年能够在复杂的战争环境下发扬艰苦奋斗的精神，切实开展抗战工作。为了帮助抗战时期边区小学教育的正常发展，为小学教学提供更多的教师资源，边区的中等教育包括师范教育、中学教育和中等职业教育，战时的中等教育不同于当今的中等教育，边区的中等教育一方面是为了小学毕业的学生能够进行顺利的升学，同时也是为了培养小学教育的师资力量和地方的初级干部，因此，"边区中等教育的对象是招收完小毕业生、在职的区乡干部和有一定文化程度的青年"，[3] 招生对象具有一定的文化基础，有利于适应战时的需要，打破了过去的中等教育学制的固定性，中学

1 刘去病：《山东解放区的小学教育》，《山东老解放区教育资料汇编》第 6 辑，山东人民出版社 1985 年版，第 247 页。

2《毛泽东选集》第 2 卷，人民出版社 1991 年版，第 356 页。

3 彭小奇编著：《毛泽东教育思想研究》，《毛泽东早期教育思想实践与教育思想研究》第 3 卷，湘潭大学出版社 2013 年版，第 145 页。

在一定程度上承担了培训青年教师的任务，使中学学生能够经过短期的培训教育具有相应的工作能力，随时投入新的工作环境。中等教育经过一段时间的发展，弥补了边区和各根据地发展初等小学和完全小学过程中出现的师资力量紧缺的问题。1942 年，边区政府正式制定了中等教育的发展条例，颁布了《陕甘宁边区暂行师范学校规章草案》和《陕甘宁边区暂行中学规程草案》，对边区的中等教育形成具体条文的指导，“中学为依照新民主主义教育方针，继续小学教育，培养健全的新青年，以为从事边区各种建设事业及研究高深学术之预备场所”，[1] 这一规定对中等教育的发展指明了方向，在具体的方针政策的指引下，师范学校也确定了相应的规程：“为依照新民主主义教育方针，培养健全的地方小学教师及区、乡级文化教育干部之场所”。[2]

边区于 1937 年成立了鲁迅师范学院，鲁迅师范前身为扫盲师范，是在边区创办扫盲夜校有成熟经验的基础上成立的，后为纪念革命战士鲁迅先生的斗争事业改名为鲁迅师范，受战事紧张和教学设施缺乏的影响，鲁迅师范进行了多次搬迁，从延长到马家堡再到赵家村，全校师生发扬艰苦奋斗的精神，步行数百公里将学校的所有设施进行了大迁徙。但是在当地文化水平相当落后的边区，文盲率达到了 90% 以上，学校很难招收到具有一定文化基础的学生，学生的来源主要为抗战家属和少数农民中粗识文字的青年学生，但学生数量依旧不足，建校第一批学生仅有 23 人。“鲁师迁至延长后，一面在延长招生，一面由教育部门通令边区所属各县保送学生”，[3] 同时，鲁迅师范实行免费教育，学生可以在学校享受免费的餐饮住宿、书籍资料和衣物鞋袜，在鲁迅师范和边区政府教育部门的共同努力之下，鲁迅师范取得了较快

1 陕西师范大学教育研究所编：《陕甘宁边区教育资料 · 中等教育部分》上，教育科学出版社 1981 年版，第 18 页。

2 陕西师范大学教育研究所编：《陕甘宁边区教育资料 · 中等教育部分》上，教育科学出版社 1981 年版，第 32 页。

3 王纪刚：《延安大学校》，世界图书出版公司 2016 年版，第 188 页。

的发展，“在六七月间，由二十三人增加到三百六十人。学生程度，由文盲提高到初小毕业、高小毕业及少数的中学毕业。班数由一班增加到八班”，[1]学生数量的增多使得鲁迅师范的教学课程也渐趋规范化，主要有政治教育、教育部门功课和算术、国文等日常必需课程，教学方法也主张民主化，学生和教师不仅要在日常参与学校课程教育，还要进行群众工作，如慰问抗战家属，在农村和农民中进行党的政策方针的宣传和教育，在边区形成了良好的氛围。

边区的教育吸引了大批热血青年到边区参加抗战，但是由于部分青年文化水平不高，年龄过低，不能直接参与工作，边区政府决定在延安设立边区中学。1939 年 7 月，受战争局势的影响，为了便于统一管理，边区中学和轮训示范合并为陕甘宁边区。陕甘宁边区示范是边区中等教育的初创阶段，成为边区开展中等教育的模范，陕甘宁边区除了鲁迅师范和边区中学，还创办了延安师范、关中师范、陇东中学、绥德中学、米脂中学等中学校，并根据边区的地域分布划分为 6 个区，按照一区一校的原则将中学校进行调整合并，最后确定为 6 个中学，共计 1536 名学生，1944 年边区政府对学校进行了统计：

边区中等学校的发展情况[2]

校名	所在地	教职员人数	学生班数	学生人数
延安师范	延安	29	6	282
关中师范	关中马栏	12	4	145
延边师范	定边城	8	3	92

1　中央教育科学研究所、陈元晖、邹光威等：《老解放区教育资料 · 二：抗日战争时期（上）》，教育科学出版社 1986 年版，第 432 页。

2　中央教育科学研究所、陈元晖、邹光威等：《老解放区教育资料 · 二：抗日战争时期（上）》，教育科学出版社 1986 年版，第 440 页。

续表

校名	所在地	教职员人数	学生班数	学生人数
绥德中学	绥德城	22	9	385
米脂中学	米脂城	23	7	412
陇东中学	庆阳城	15	4	220

从表中的数据可以看出，边区的中等学校在各地都取得了较快的发展，教职员的数量与当地的学生数量相匹配，在学生人数相对较少的学校教职员人数也较少，但是在延安师范、绥德中学、米脂中学学生人数较多的学校教职员的数量还不足以满足学校的需求，但是根据当时边区的经济和文化水平，这已经是边区政府对中等教育的教职员进行调整之后比较合理的分配。边区的中等教育在新民主主义教育方针的指引下，符合抗战时期对于人才培养的要求，师范学校为党在边区开展小学教育培养了大量的优秀教师人才，推动了边区的建设与发展。

边区的高等教育主要为培养党的优秀干部，中国人民抗日军政大学、陕北公学、鲁迅艺术文学院、八路军卫生学校和马克思列宁主义学校等高等学校主要目标为培养党在抗战期间领导和参与抗战的优秀干部人才。这一部分已在“根据地的干部教育”中加以描述，此处不再赘述。

3. **学校教育的特点**。“一定的文化教育是一定的政治经济的反映”，[1] 边区和各根据地的学校教育是党根据抗战时期战争局势和党在领导抗战活动中的实际需求推动的创新的教育模式，边区和根据地的学校教育是在党和政府的抗战教育政策的指引下，通过调整优化教育资源分配、创新完善教育体制改革、丰富教学内容方式使学校教育能够切实起到作用。

教育实践密切为抗战服务。边区和根据地的学校教育是在毛泽东提议

1 陕西省教育厅编：《陕甘宁边区的普通教育》，陕西人民出版社 1959 年版，第 1 页。

的国防教育的方针下开展的，教育是战时的教育，抗战是当时的中心任务，1938年，毛泽东在中共扩大的六中全会上作了题为《论新阶段》的报告，在报告中毛泽东提出，为了夺取这场旷日持久的民族解放战争的胜利，要“实行抗战教育政策，使教育为长期战争服务”，[1] 教育是要为抗战的实际需要服务的，边区和根据地的学校教育要为发展边区和根据地、培养抗战需要的人才服务。体现在教育时间上首先是学校教育中学制的灵活调整，边区文化的落后性和战争局势的紧迫性不适宜也不允许党在边区和根据地开展学制较长的教育，部分地区的学生也不能够长时间伏案学习，旧式的固定学制已经不能满足抗战的需求。通过调整，边区和根据地的小学教育和中学教育的培养目标转变为通过短期内对学生进行趋战争化的教育使学生能够掌握抗战中必需的知识和技能，这种灵活的学制既有利于应对战时局势的紧张，也有利于满足抗战时期对于人才的迫切需求。教学内容的改革主要体现在课程设置和课本的精简，边区的经济条件不能够满足大量学校学生对于课本的需求，而且部分课程在抗战期间并不能够通过学习起到相应的作用，同时还是对有限的教育资源的不合理、不充分的利用，要使边区和根据地在落后的教育环境和有限的教育资源的制约下发挥教育作用的最大化，就必须根据抗战的实际需要进行调整，战时陕甘宁边区的小学教育的主要内容除了日常的文字教育和算术外，辅以必要的抗战常识和技能，体育教学的内容趋向于军事化，使学生在日常的学校学习中能够加强军事学习，能够养成遵守纪律、吃苦耐劳、艰苦奋斗的革命精神。

理论联系实际，学习与劳动生产相结合。马克思曾阐明教育与生产劳动相结合的意义：“不仅是提高社会生产的一种方法，而且是造就全面发展

1　中央档案馆编：《中共中央文件选集（1921—1949）》第11册，中共中央党校出版社1991年版，第616页。

的人的唯一方法”，[1] 马克思从欧文的实践活动经验中得出，将来社会的发展必须将教育与生产劳动相结合。列宁也做过类似的论述，“没有年轻一代的教育和生产劳动的结合，未来社会的理想是不能想象的：无论是脱离劳动生产的教学和教育，或是没有同时进行教学和教育的生产劳动，都不能达到现代技术水平和科学知识现状的所要求的高度。”[2] 教育与劳动生产相互促进、相辅相成，将教育与生产劳动相结合，既能够促进教育的现代化和实际应用化，同时也能够进一步发展生产。毛泽东创造性地将马克思、列宁关于教育的理论与边区和根据地的社会实际情况相结合。毛泽东认为：“人的认识，主要地依赖于物质的生产活动。”[3] 战争环境下，在苏维埃根据地和陕甘宁边区等经济、文化落后、交通不便的偏远地区开展教育活动，要突破国民党反动派和日军的政治、经济封锁包围，巩固党在根据地的政权，既要使更多的工农群众的子女参与到根据地的学校教育中来，掌握更多的知识技能，更要将生产劳动与教育充分结合，通过生产劳动巩固学校教育的成果，使教育为边区和根据地的经济、文化建设服务，就必须抛弃过去教育中“两耳不闻窗外事，一心只读圣贤书”的习惯。《小学课程教则大纲》将生产劳动作为一项重要的内容加入小学教育的课程，“小学的一切课目都应当使学习与生产劳动及政治斗争密切联系，并在课外组织儿童的劳作实习及社会工作，劳动实习应当同当地经济情形相配合，有计划的领导学生学习各种工艺、园艺及其他生产劳动。”[4] 在学校教育的课程中加入生产劳动的内容，使其与教育充分结合，发挥教育的最大作用。通过教育与生产劳动的结合，使知识技能与生产活动统一起来，学生参加实际工作、群众工作、生产劳动，在生产劳动实践中充分融合课堂教学内容。这种教育模式下培养出来的工农群众的子女不仅

1《马克思恩格斯全集》第 3 卷，人民出版社 2002 年版，第 24 页。
2《列宁全集》第 2 卷，人民出版社 1959 年版，第 413 页。
3《毛泽东选集》第 1 卷，人民出版社 1991 年版，第 282 页。
4 张挚、张玉龙主编：《中央苏区教育史料汇编》，南京大学出版社 2016 年版，第 429 页。

具有一定的文化知识，而且在抗战环境下，他们能够成为抗战的中坚力量。

学校教育采取讲授、自学、讨论、辅导、个别帮助相结合，充分调动学生主观能动性和积极性。陕甘宁边区和其他根据地是文化落后的“重灾区”，学校教育开展以后，学校的学生大多是农民群众的子女，深受封建思想的毒害，要想通过学校教育解放思想，突破封建文化的桎梏，教师在教学中应该起到引导和启发的作用。传统教育采用灌输式的教育方式，教师在讲台上讲授知识，学生机械式地进行记忆，并不理解知识的内在含义，同时也不能将文化知识与实践活动相结合。根据地的教育是在对旧式教育进行“扬弃”之后进行创新，结合边区和根据地的实际情况，边区和根据地文化基础薄弱，文盲率极高，边区的教师难以满足庞大的受教育群体的需求，数量极少的教师团体要发挥最大的教育功能，就必须改善教育方法。讲授、自学、讨论、辅导、个别帮助相结合的教育方式既缓解了教师数量不足的问题，同时启发式的教学方式有助于充分发展学生的能力和创造力，通过引导和帮助，激发学生参与的积极性。同时，要使学生在抗战中发挥作用，必须引导学生在生产劳动活动的知识和技能中发现科学知识，并在教师的帮助和归纳下，使学生明白某些抽象的学术概念和知识，这种学习方式“使他们不但能够在行动中逐渐了解或发现许多新的问题，并且，从新的知识进行自动的创造的行动”。[1] 集体主义的自我教育是抗战时期有效而最广泛的教育形式，通过集体主义的训练方式和自我教育的结合，使教育成为抗战强有力的支柱，发挥教育的最大功效。

民主生活。陕甘宁边区的学校教育是在党的新民主主义教育方针的指引下进行的，民主是边区教育最显著的特征之一。学校是通过民主教育的方式培养出抗战的优秀人才，教师是学校民主的倡导者和发起者，边区的民主环

1 中央教育科学研究所、陈元晖、邹光威等：《老解放区教育资料·一：土地革命战争时期》，教育科学出版社 1981 年版，第 318 页。

境需要改善，学校的民主水平也必须相应提高，这样对学生参与边区建设和抗战活动有积极的促进作用。在民主的环境下培养学生，通过学生民主选举学生代表参与学校的管理，使学生不再仅仅是学生，而是边区建设的参与者和奉献者，师生共商共建学校的发展大事，有利于学校更好更快地培养抗战需要的优秀人才。

师生平等。儒家传统下的教育强调师道尊严，是封建社会等级制度的一种具体体现，学生需要无条件尊重教师，教师在学校中具有至上的权威，师生之间关系严重失衡，封建传统的师生伦理关系在当时起到维护封建秩序的作用。边区和各根据地在中国共产党的领导下开展民主的教育，强调师生间关系的平等，教师既是知识的传授者，同时也和学生一起接受新的知识，共同进步。同时，要注重学生在教学过程中的主体地位，学生是抗战时期的中坚力量，营造教学相长、师生平等的教育环境，“上课‘军事化’，下课教师‘儿童化’”，[1] 在课堂上教师是知识的传授者，学生遵守课堂纪律、认真学习，课下教师和学生平等相处，师生共同学习，共同进步。

边区和根据地的学校教育在不断的创新之下取得了很快的发展，新的教学模式受到群众的拥护，许多农民子弟经过教育成为抗战的重要力量。

（二）抗日根据地的社会教育

中共中央在陕甘宁边区建立政权之后，大规模开展社会教育，同时在苏区的文化建设的经验证明：“革命战争与苏维埃建设事业，要求苏区工农群众的文化水平一般的提高，亦只有在苏维埃政权之下，工农群众才有享受教育的权利与可能。”[2] 随着边区夜学、识字班、读报班、俱乐部运动、民众教

1 曾成贵主编：《中国革命史人物研究综述》，河南人民出版社 1989 年版，第 624 页。

2 中共中央文献研究室、中央档案馆编：《建党以来重要文献选编（1921—1949）》第 7 册，中央文献出版社 2011 年版，第 570—571 页。

育馆等扫盲教育的广泛开展，边区的文化建设已经进入新的发展阶段，在边区政府成立两周年大会上，中共中央政府宣布将马克思主义作为党领导下的文化教育建设的基本方针，边区政府将解决边区所有群众的文化教育问题作为党的重要任务。

在中央政府和各抗日根据地的共同努力之下，边区的社会教育取得了迅速的发展，边区的文盲率大幅下降，大部分工农群众都可以接受文化教育，大批的工农群众通过接受教育成为抗战的主体，为夺取抗战胜利作出了巨大贡献。

1. 社会教育的方针政策。社会教育是根据地文化教育的重要环节。中国共产党对群众教育是极为重视的，在江西和鄂豫皖等苏区政权还未正式建立的时候，党就开始注重群众性的文化教育，社会教育是针对学校教育以外的、在不脱离生产劳动的基础上开展的教育。“我们的党领导群众是站在群众自觉自动的立场上，对于一切愚民政策是持着反对的态度”，[1] 人民大众的教育应该是在马克思主义的指导下，结合战时的文化教育政策，将人民群众作为教育的主体，消除群众中出现的封建迷信、腐朽落后、不卫生、不文明的文化现象，“保护群众切身的政治、经济、文化各方面的利益”，“教育群众，提高群众的政治文化水平”。[2] 中共中央在陕甘宁边区建立政权以后，积极发展边区的文化教育。1939 年，边区政府颁布的《陕甘宁边区抗战时期施政纲领》中关于发展社会教育的内容规定：“发展民众教育，消灭文盲，提高边区成年人民之民族意识与政治文化水平。”[3]

---

1 陕西师范大学教育研究所编：《陕甘宁边区教育资料·社会教育部分》上，教育科学出版社 1981 年版，第 1 页。

2 中共江苏省委党史工作办公室、江苏省档案馆编：《中共中央华中局》，中共党史出版社 2003 年版，第 66 页。

3 中央教育科学研究所、陈元晖、邹光威等：《老解放区教育资料·二：抗日战争时期（上）》，教育科学出版社 1986 年版，第 7 页。

陕甘宁边区文化工作的中心任务与方针是“普及国民教育，消灭文盲，提高人民的民族精神与生活知识”，[1]这是在边区政府颁布施政纲领之下推行社会教育的基本要求。边区在政府成立之前，是地瘠民贫、战乱频仍的偏远山区，由于地主阶级对教育的垄断，边区超过98%的农民未接受过文化教育，农民的需求是在边区政府的领导下能够摆脱地主阶级的控制，提升生活质量。虽然国民教育已经在根据地受到足够的重视，“不过在推行的目前仍有好些缺点，除了教育界没有迅速团结，教育方针没有彻底改革之外，教育的自身我们觉得也还存在一些缺陷”，[2]第一个问题是国民教育开展过程中对学校教育过分强调，而忽视了广大人民群众的教育，学校教育是国民教育的重要一环，但学校教育并不是国民教育的全部，亿万劳苦大众的教育也是国民教育的重要组成部分，只重视学校教育而忽视社会教育会造成教育的失衡。第二个问题就是只注重学校的普及教育，但是社会的发展和战争局势的变化要求人民能够紧跟社会的潮涌，就要求社会教育中加入对成年学生的继续教育，将所学到的文化知识应用在社会实践活动中。第三个问题是将文字教育作为全部的教育内容，文字教育是开展其他教育的基础，1939年中共中央对晋察冀根据地工作的指示中强调：“人民的文化识字教育，应有系统的有计划的正式的进行，因为文化识字教育是政治教育的先决条件。”[3]但是社会教育不仅仅是文字教育，不能只重视文字教育而忽视其他知识技能教育，边区和各根据地的社会教育应该是所有教育内容、教育方式和受教育主体的统一。

---

1 中央教育科学研究所、陈元晖、邹光威等：《老解放区教育资料·二：抗日战争时期（上）》，教育科学出版社1986年版，第20页。

2 中央教育科学研究所、陈元晖、邹光威等：《老解放区教育资料·二：抗日战争时期（上）》，教育科学出版社1986年版，第5页。

3 中央档案馆编：《中共中央文件选集（1921—1949）》第12册，中共中央党校出版社1991年版，第177页。

边区和各根据地的教育要在国防教育方针政策的指引下，通过各种形式的教育组织对广大群众进行识字等基础教育，并将抗战内容和革命斗争融入教育实践活动，结合边区的实际社会情况，保障广大群众农闲时在党和政府组织的教育团体的帮助下接受教育，使教育深入最贫困的农村。通过大范围开展社会教育，唤醒民众的国家意识，增强他们参与抗战活动的积极性，扩大爱国主义的抗日民族统一战线。

2. **社会教育的内容与形式**。1929 年 10 月颁布《湘鄂赣边革命委员会革命政纲》，决定在苏区实行社会教育，“提倡平民教育，创办红色学校、成人补习班”，[1] 平民教育是对过去地主阶级垄断模式的打破，通过红色教育提升社会整体的文化水平。为了加强对社会教育的管理，中华苏维埃临时中央委员会设立专门的社会教育局，并在各基层组织设立社会教育管理委员会，由苏维埃政府和群众团体共同负责在全区进行文化上的扫盲，通过各种形式开展识字运动，为政治教育、自然科学教育和其他娱乐文化教育奠定基础。

文字教育是一切文化教育的基础，是社会教育工作的主要内容，文字教育的目标是通过文字扫盲让边区和根据地的人民进一步获取知识。抗战开始后，毛泽东在长冈乡和才溪乡进行调查，两乡进行文字教育的途径主要有夜学、识字组、俱乐部等，通过乡里具有一定文化基础的人进行教学，在掌握一定的文字之后再教育其他人。党领导下的其他根据地都积极开展社会教育，通过不同的组织形式吸引民众的参与。

夜校和半日学校是结合根据地开展经济建设的实际情况创造的一种教育组织模式。首先，由于边区和根据地的农村生产水平较低，农民要保证自己的生产活动时间不被文化教育所占用，工厂企业要保证生产的顺利开展，文化教育工作就需要在工作之余开展。夜学和半日学满足农民和工人在工作

1　江西省文化厅革命文化史料征集工作委员会编：《湘鄂赣苏区革命文化史料汇编》，江西省文化厅革命文化史料征集工作委员会办公室 1996 年版，第 54 页。

之余的学习需求，且由于组织形式简单，对环境的要求不高，根据地的农村和工厂都可以组织夜校，农村在交通相对便利、人口集中且流动大的地方都可以设置学习的场所。为了更便捷地开展夜校和半日校，方便学校教师和学生对民众进行教育，农村的夜校一般都设在学校内，学校既是学校教育的场所，也是民众学习的场所。为了保障妇女受教育的权利，给妇女学习提供便利，边区许多农村还专门设立妇女夜校。半日校与夜校的组织方式相同，半日校的授课时间为白天。夜校和半日校的教学内容“以国语、常识、算术为基本课程，分高初两级”，[1]夜校和半日校的分班教学是根据文化水平的实际情况分类的，“例如长冈乡的夜校，都分成甲、乙、丙三班。甲班有‘读报’、‘算术’；乙班读《成人读本》；丙班读《儿童读本》”，[2]根据群众自身文化水平的不同，对其进行分班教育，实行教育内容上的递进。其次是教育内容的生活化，社会教育的内容如果空洞、脱离实际，将很难起到现实的教育意义，因此边区和各根据地的文化教育读本都是结合当地革命斗争和生产劳动的实践活动，其中融入党的政治教育和阶级教育，既便于群众进行学习记忆，也能够在学习的过程中让群众接受党的方针政策。除了进行课堂的教育，夜校和半日校的工作组还负责将农民的生产任务编成教学内容对农民进行教育，鼓励农民使用学到的文字进行交流，如写信、写学习报告、写墙报等。通过夜校和半日校的教育，边区和根据地的大多数农民都可以读报写信，已经基本具备文化素质。由于党和政府在边区和根据地的大力组织和发动，社会教育的规模取得空前发展壮大。在党领导下的边区和根据地，“妇女从文盲中得到了初步的解放，因此，妇女的活动十分积极起来。妇女不但自己受教育，而且在主持教育，许多妇女是在作小学与夜校的校长，作教育

---

1 陕西师范大学教育研究所编：《陕甘宁边区教育资料·社会教育部分》上，教育科学出版社 1981 年版，第 99 页。

2 陈元晖主编：《老解放区教育简史》，教育科学出版社 1981 年版，第 32 页。

委员会与识字委员会的委员了。女工农妇代表会在苏区是一种普遍的组织，它注意于劳动妇女群众的整个利益，妇女教育当然是他们教育的一部分”[1]。苏维埃时期，女性参与社会教育的比例远高于男性，一方面是因为战争局势的紧张，大部分男性参军，农村剩余人口中女性比例高于男性，更重要的是工农大众在党的领导下掌握政权，女性获得解放，女性地位提高，边区和根据地的女性可以平等获得受教育的机会。

识字班和识字组也是社会教育的重要形式，“它是用最灵活的方式吸收在各种工作万分忙碌当中的最大多数的革命群众。它在扫除文盲的过程中，应当是最精悍最有效的一支军队。在完全消灭文盲的过程中，它将是一个最有力量者。”[2]识字班和识字组承担的任务是扫除文盲教育，但是由于其组织方式的灵活性和时间的可调节性，对于大多数平时要参与生产劳动的农民和工人是一个更适合学习的组织。刚成为边区和根据地的地区，由于文化上的落后，许多地方的文盲率极高，对于恢复和发展根据地的经济也有一定的阻碍作用，解放思想、加强教育对于提升根据地群众的阶级意识和政治文化水平显得尤为重要。边区和根据地的群众能否成为党领导下的阶级斗争和民族解放战争的重要力量，其决定性因素就是人民群众能否了解、认识、理解党的政策纲领，群众文化水平提高，即是其阶级意识和民族意识的觉醒。在群众还未掌握识字能力的时候，党的许多群众工作都难以开展，自然科学知识的传授也很难维持，在此环境之下，开展识字工作就成为社会教育的基础环节。在党的领导和群众的热情参与之下，根据地的识字班和识字组大规模创建起来，在群众自主自愿的原则之下，群众自主管理教育机构，识字组和识字班都有专门的管理者，每个管理者都有自己的政治任务和使命，他们既是

1 福建省教育科学研究所、中共龙岩地委党史资料征集研究委员会编：《闽西苏区教育资料选编》（内部稿），1986 年版，第 256 页。

2 中央教育科学研究所、陈元晖、邹光威等：《老解放区教育资料·一：土地革命战争时期》，教育科学出版社 1981 年版，第 262 页。

识字组和识字班的教师，同时也是扫盲教育的宣传者，要积极动员工农群众参与其中，通过阶段性教育，保证群众能够真正识字，并对识字组和识字班管理者进行考核，强化其责任感。当时，在农村且在人口集中的地方设立识字板，让群众在流动中接受教育。同时，鼓励和帮助群众做壁报，温习所学到的文字，并在街头陈列内容浅显易懂的图书以供群众阅读。党委宣传部门还要组织识字竞赛活动，发动群众间的相互教育，让群众深刻认识到文字教育的重要性，自觉自愿参与社会教育活动。

冬学是北方地区冬季开展社会教育的一种主要形式。中共中央到达陕甘宁地区之后，为了解当地的民众教育情况，徐特立对陕甘宁地区进行了深入调查，研究发现，北方地区冬季严寒，农民赋闲在家，若此时开展民众教育，则可以吸收大批的农民加入到社会教育的大军中，鉴于之前陕甘宁地区有在冬季办学的经验，避免在陕甘宁地区出现群众文化水平过低导致难以发动的问题，1936 年，《红色中华》刊发了中共中央在陕甘宁边区的第一份关于开展冬学运动的指示，旨在要求各级教育部门在组织日常识字运动的基础上开展冬学运动，充分利用北方地区冬季农闲时间，对农民进行识字教育、政治教育和自然科学教育。1937 年边区政府正式成立之后，边区教育部发出了《关于冬学的通令》，通令指出："全国性的抗战在蓬勃的发展，今日的边区已处在直接抗战的阶段了。今年的冬学是在直接抗战上的状态中举办，无疑地是与动员一切力量，争取抗战胜利密切联系的"，"冬学就是国防教育领域内总动员的具体任务，所以边区教育部特决定冬学是经常的学制之一"。[1] 将冬学列为边区开展国防教育的重要举措，是解决边区文盲率极高的重要方式。在全面抗战爆发的阶段开展冬学教育，是在农民有充足收成的冬季，这就保证了农民群众不用为生存资料的获取而奔波，也大大提高了农民参与的热情

1 中央教育科学研究所、陈元晖、邹光威等：《老解放区教育资料·二：抗日战争时期（上）》，教育科学出版社 1986 年版，第 1 页。

和积极性，这就是冬学比其他教育组织方式更具合理性和优越性的重要原因。另外，经过全国范围内根据地社会教育的发展，在其他各种教育组织方式已经成熟的基础上，冬学是边区选择的最有利于北方地区开展教育活动的方式，这既是边区政府的选择，也是人民群众的选择，边区在进行普选运动之后，人民大众参与国家管理的意识增强，希望通过接受文化教育，脱离地主阶级的剥削压迫，获得经济和社会地位的解放，冬学为大多数农民提供受教育的机会。在冬学的教育内容中，文字教育是基础教育，主要课程为政治和国语，军事教育和文化教育也贯穿教育的全过程，政治教育的内容是结合边区和根据地革命和抗战实践的经验或教训，使群众能够在接受文化教育的过程中了解全国抗战局势的变化，让群众能够正确认识国内各阶级所代表的利益，团结围绕在中国共产党的周围，积极参与抗战活动，瓦解敌人的防线。

夜校、半日校、识字组和冬学由于党和政府的积极组织和群众的广泛参与，各根据地的基础文字教育都取得了很大的进展，尤其是陕甘宁边区，在中共中央政府和边区政府的领导下，人民群众在相互宣传教育的过程中得到广泛发动，根据边区政府统计，各种社会教育形式都取得很大的成效。

1937—1941 年陕甘宁边区识字组、夜校、半日校、冬学统计表[1]

类别	数量＼时间	1937 年	1938 年	1939 年	1940 年	1941 年
识字组	组		5560	3852	3580	1973
	人		39710	24107	23725	12259
夜校	所		599	535	544	524
	人		8245	8086	8706	7905

1 陕西师范大学教育研究所编:《陕甘宁边区教育资料 · 教育方针政策部分》上，教育科学出版社 1981 年版，第 215 页。

续表

类别 \ 数量 \ 时间		1937 年	1938 年	1939 年	1940 年	1941 年
半日校	所		236	202	379	393
	人		3994	3323	5833	5990
冬学	所	382	728	643	965	655
	人	10337	12842	17750	21689	20919

从上表中可以看出，1937 年陕甘宁边区政府刚建立的时候，冬学是边区唯一的社会教育组织，且数量和参与人数都极少，识字组、夜校和半日校等还未成立，1938 年边区的各种社会教育组织均开始发展。截至 1941 年，边区的识字组数量和参与人数越来越少，为 1938 年的 1/3，这表明边区识字的群众越来越多，整体文化水平提高。

俱乐部主要是为了开展娱乐教育活动和陈列图书、战利品而设立的教育场所，俱乐部主要包括抗战俱乐部、娱乐俱乐部、图书俱乐部、妇女俱乐部等。抗战俱乐部主要设立在城市或者大型的乡村集镇，模拟战时环境，将战利品、武器、战略布局图等陈列其中，在俱乐部内放映抗战主题电影，使之成为群众的休闲场所，同时又能够在观看展览和电影的过程中学习到关于抗战的知识，了解前线抗战的不易，在潜移默化的影响之下让群众参与到抗战运动中来。同时，俱乐部也是群众的文化教育场所，俱乐部内部也开设识字班、讨论组、讲演会等组织形式，但主要还是农民群众比较喜闻乐见的民间文化，如民间戏剧、歌咏队等，通过融入抗战因素，让群众在观看的过程中接受抗战文化的熏陶，参与到抗战实践中。娱乐俱乐部的目的也是吸引群众，内部主要陈列的物品是音乐器具。娱乐俱乐部平时的活动主要是以当地的群众为主，组织具有当地特色的戏曲等活动。同时，在娱乐俱乐部内还设立无线收音机，以供当地民众收听消息，了解抗战形势和党的抗战宣传。俱乐部还陈列抗战地图等引起当地民众对抗战活动的注意，将他们的热情吸引到抗战实践中。娱乐俱乐部内还设有卫生顾问和律师顾问，以满足当地百姓的需要，帮助解决当地群众的困难。图书俱乐部主要是陈列与抗战相关的图书、画报等，但是陈列的主要是文艺性质的、内容比较简单的、当地群众能够随手阅读并理解的，随着群众文化水平的提高，增加理论性相对较强的书籍。妇女俱乐部主要是为了满足边区和根据地女性比例相对过高、女性获得解放后参与抗战热情高涨而专门设立的俱乐部。战时，边区和根据地女性群众参与教育的热情高涨，如果坚持实行旧社会"妇女不问政治"的错误观念，将挫伤女性的积极性。为了激发妇女参与抗战活动的热情，使她们在参与教育工作的过程中将抗战作为自己的战略任务，组织妇女俱乐部是一个极佳的选择，避免了使用政治力量导致妇女产生的不满情绪。俱乐部在战时承担了教育、发动和组织群众的重要任务，但是由于战时经费紧张，俱乐部工作的开展成为所有教育组织方式中最艰难的工作，俱乐部教育的开展充分发挥了群众的巨大作用，社会团体和群众既是俱乐部的创建者，同时也是管理者，他们在当地组织基础教育的基础上克服当时社会条件下的困难，迅速地开展了俱乐部的教育。

边区和根据地的教育组织形式还有图书馆、农民教育馆、救亡室。图书馆除了承担识字组、俱乐部等承载的基本任务外，还需要在日常的工作中收集有益于抗战时期教育群众的书籍，边区和根据地的民众在战时需要一定的精神食粮补充文化教育上的不足，图书馆的任务就是收集并允许民众自由选择阅读馆内书籍，让民众从图书中学习到更多关于抗战的知识。陕甘宁边区的图书馆不同于任何时期和党派领导下的图书馆，"体现出其作为无产阶级革命文化事业的重要组成部分的鲜明政治特色，体现出革命圣地延安所特有的崭新的面貌和革命风格。"[1] 延安时期最著名的图书馆有鲁迅图书馆、中

1 赖伯年主编：《陕甘宁边区的图书馆事业》，西安出版社 1998 年版，第 4 页。

山图书馆、绥德子洲图书馆，这些图书馆内部陈列有丰富的图书资源，为当地民众接受马克思主义教育和党的政策方针的贯彻作出了巨大的贡献。民众教育馆是以一般市民为基本的教育对象，农民教育馆则以边区和根据地的农民为主要的教育对象，农民教育馆的主要任务除了对广大农民进行文化教育外，还要负责提高农民的生产效率和生活质量，在满足农民生产生活需要的基础上，组织群众参与抗战。救亡室是对各地阅读室进行改造之后的一种特色机构。救亡室主要是在战时环境装饰的机构内，陈列时事新闻报纸之类的刊物，并定期举行讲演比赛、时事政治讨论等形式的文化交流活动以加强群众对抗战救亡运动的关注和参与。

除此之外，边区和根据地的社会教育组织形式还有博物院、美术馆、民众茶园、通俗讲演所、民众问字及代笔处、公共体育场、公园、娱乐剧场、电影场等，这些社会教育机构都是以促进民众参与抗战为组织形式，通过不同的方式承担着抗战期间的民众文字教育和政治教育。

边区和根据地的社会教育在一定时期内曾经犯过如急性病、教条主义、形式主义等错误，因为边区和根据地整体文化水平低，文化教育应该循序渐进，必须考虑到受教育群体的年龄阶段和基础文化水平，如青年人，接受文化教育的能力比较强，学习速度较快，则在进行教育的时候要对其进行独立分班教学，不断深化教学内容，但年纪比较大的农民群众，由于固有思维僵化，接受新文字新思想的能力不强，则不能将中老年人和年轻人笼统地进行教育。同时，在教育方式上，既不能对群众进行强制性的灌输教育，这样不但不会起到教育的真正效果，还会在群众中产生抵触情绪，启发式教育和贴合现实化教育就显得尤为重要，社会教育的群体决定了其教育内容和教育方式不能统一于学校教育，农民群众受限于教育时间，要在有限的教育时间内取得很好的成效，让普通民众都能够掌握一定的文字基础和自然科学知识，就必须在教育态度上做到恒心与耐心，不能搞激进的突击式和竞赛式教育，要在教育的过程中与群众沟通，选择群众喜欢的教育内容和教育方式。战时最正确的教育和学习方式是结合农民日常的生产劳动活动，制定教学内容，鼓励农民从劳动中学习，在学习中劳动，将生产劳动和学习教育融合成一个整体，学习就不是单纯的文字和理论学习，而是与民众生活息息相关的，既增加了学习的空间和时间，同时也使社会教育摆脱空洞的舆论宣传口号，让群众实事求是地接受教育。另外，在实施社会教育的过程中形式主义的出现使得教育脱离群众，许多地方未能成功打破旧的模式和体系的束缚，社会教育组织难以为继。1941 年，毛泽东先后发表《改造我们的学习》和《整顿党的作风》，在全党和根据地内掀起了整风运动，许多地区的社会教育在整风运动中得到改善，社会教育组织开始建立起来并逐步向前发展，陕甘宁边区的社会教育也得到改造和完善。"群众文教工作的目的，是经过群众自己觉悟，自愿地改造他们的脑筋，自愿的挤掉封建传统，自愿的接受新民主主义文化"，[1] 社会教育是向群众解释教育的意义，鼓励并帮助其参与到抗战教育和活动中，不是简单的行政命令就可以解决的，教条主义生搬过去开展教育的方式，上级管理部门不进行解释说明，导致下级部门工作无法开展，群众也无法真正接受。边区和根据地的社会教育应在马克思主义的指导下，结合抗战时期的教育政策方针，密切联系群众，不断更新教育模式和教育内容，为更好地发动和组织群众发挥社会教育应有的作用。

3. **社会教育的特点**。抗战时期的社会教育是中国共产党领导下在特定的时间和地域内实施的以公共社会生活为基础的教育组织方式。为解决根据地群众思想文化保守落后、生产力低下、抗战参与热情不高等问题，在发展边区经济的基础上，中国共产党因地制宜、与时俱进地实行了社会教育，这既是广大群众的正常权利要求，向封建文化的残留进攻，也是党和政府为唤醒

---

1 中央教育科学研究所、陈元晖、邹光威等：《老解放区教育资料 · 二：抗日战争时期（上）》，教育科学出版社 1986 年版，第 38 页。

民众的民族意识和抗战救亡意识，利用党在抗战期间以人民为主体的政策主张，激发民众参与抗战的热情，促进抗日民族统一战线的形成。通过社会教育的开展，中国共产党在边区和各根据地的影响力得到显著提升，各种不同的社会教育组织形式将人民群众纳入新民主主义文化社会之中。随着社会教育程度的不断加深，广大民众不仅有一定的文化基础进行自我学习和提升，而且能够利用已学到的知识做简单的抗战宣传，在群众自我组织和自我教育的基础上，将群众团结在统一战线周围，为抗战服务。

第一，社会教育为抗战服务。抗战时期的社会教育是以边区和根据地的普通民众为主要的教育对象，以文字教育、政治教育和自然科学教育为主要内容，旨在团结带领广大民众参与抗战。边区和根据地在中国共产党和红军未进入之前，经济落后、消息闭塞、民风未开，民众仍被困在封建文化的牢笼之下，封建文化的残留在落后的农村依旧十分厚重，巫术、神龛等封建迷信横行，不文明不卫生的现象到处可见。在这样的环境中，人民难以接受新的思想文化的教育和熏陶，发动组织群众参与抗战工作很难开展。从思想上让人民得到真正的解放，使人民能够自觉自愿地参与抗战是社会教育的目标。“革命文化，在革命前，是革命的思想准备；在革命中，是革命总战线中的一条必要和重要的战线。”[1]在当时紧张的抗战局势之下，社会教育既要获得民众的支持，又要避免出现民众抵触的现象，就必须从基础的文字教育做起，在群众中宣传社会教育的优势，加深边区人民对党的抗战主张的认同感。同时，由于工农群众一直以来都受到大地主大资产阶级的剥削压迫，处于社会底层的民众缺少对于国家和民族的认同感。在日本帝国主义大规模侵略中国的国家和民族灾难来临的时候，唤醒国家和民族认同感，激发他们的救亡意识，对于夺取抗战的胜利具有重要的意义。社会教育通过政治教育和

1《毛泽东选集》第 2 卷，人民出版社 1991 年版，第 708 页。

自然科学教育，使民众产生唇亡齿寒的紧迫感，在面对国家和民族生死存亡的关键时刻，在党的教育组织和民众的互相教育宣传之下，将群众团结在党领导下的抗日民族统一战线周围，夺取抗战的胜利。

第二，教育方式多元化。“总的来说，统一的文化教育政策是没有的”，[1]边区和各根据地的社会教育为了更快地获得民众的支持和参与，结合群众参与社会生产劳动的实际情况，创造性地开展了多种形式的教育。社会教育的开展主体和当地的经济建设情况决定了社会教育的组织形式必须结合当地的实际需求，除了要在新民主主义文化方针的指导下进行社会教育的开展外，教育方式的采用应该因地制宜，在文化程度较低的地区主要开设识字班或识字组等文字教育机构，让民众从基础的文字学起，由易到难，循序渐进。对于文化资源比较丰富的地区，可以设立民众教育馆和图书馆等教育组织，通过提供丰富的图书资源和先进读物，让民众自由选择阅读学习，在对群众进行指导教育的过程中，纠正其国家观和民族观，调动其参与抗战活动的积极性。

第三，重视妇女教育。妇女是边区政府关注的主要教育群体，1937年，中共中央颁布的《妇女工作大纲》中提出：“以动员妇女力量参加抗战，争取抗战胜利为基本任务”，“经过统一战线的活动与组织，团结各阶层广大妇女群众在党的周围，并特别注意发动与组织劳动妇女，为我党妇女工作的路线。”[2]加强妇女群众的教育，提高妇女的社会地位，破除封建文化和制度对妇女的束缚，抛弃过去对女性不平等的社会待遇，将妇女作为抗战的后备力量进行培养，利用其参与劳动的剩余时间，通过组织不同形式的教育组织，在妇女运动广泛兴起的地区设立专门的妇女教育会，通过“经常的进行广泛

1 董纯才主编：《中国革命根据地教育史》第2卷，教育科学出版社1991年版，第60页。

2 中华全国妇女联合会编：《中国妇女运动教育资料1937—1945》，中国妇女出版社1991年版，第1页。

的识字启蒙运动，启发妇女的民族意识、民主思想和基本的政治觉悟”。[1]同时，党内也纠正了过去轻视妇女的错误，对妇女进行马克思主义的教育，妇女既可以作为各种社会团体和组织的管理者和参与者，也可以成为党的优秀干部。

第四，群众参与教育管理。社会教育追求边区和根据地民众文化的整体提升，而不是对于某一部分人群的特殊照顾。边区和根据地在艰苦的环境下开展社会教育，资金不足是党和政府面临的最大问题，发动群众和社会团体参与社会教育组织的资金筹措，是解决这一问题的最好方式。群众参与社会教育，不但有助于社会教育组织的建立，同时，群众间相互帮助和教育也是扩大受教育群体的重要方式，发动群众宣传党的抗战教育思想，将社会教育发展成群众自愿参与和主动参与的教育模式，既缓解了政府教育财政的压力，又使群众成为教育管理的主体，进一步激发了群众参与抗战的热情。发动广大群众自愿和自主参与战时社会教育，推动社会教育的群众化，使教育发展成为群众的自身任务，有助于全面提升边区和根据地群众的文化素质、政治觉醒和抗战参与，扩大抗战统一战线。

（三）抗日根据地的职业教育

根据地的职业教育是学校教育与社会教育结合的产物。明清时期的职业教育是在行会的支持下进行的，行会是职业教育的管理者，同时也负责对学徒进行生产技能的教育。近代以来，职业教育普遍以学校教育和师徒传授为主，无论是国民党还是其他社会团体，都在极力推行职业教育学校化。1917年，黄炎培等教育和实业界的名人创办了中华职业教育社，开创了学校职业教育的先例，但是由于社会文化水平和经济基础有限，学校式的职业教育很

1 中央档案馆编:《中共中央文件选集（1921—1949）》第12册，中共中央党校出版社1991年版，第37页。

难大规模开展。

随着社会生产的发展，过去学徒式的培养模式已经不能满足社会对于职业人才的需求，根据地的经济建设也需要更多具有农、林、牧、畜、医等方面的专业技能型人才，以满足抗战的需要。根据地的职业教育是在总结近代以来学校职业教育的经验，结合根据地的实际情况，在学校教学环境的基础上，为提高边区和根据地的社会生产水平和文化水平，针对具有一定文化知识水平的劳动者进行农业技术和生产技能的教育。根据地建立以后，在中共中央的建议和号召下，教育与劳动生产相结合的办学趋势开始有了突破性进展。

1933 年，湘赣省苏维埃文化部通令第十六号文件《关于女子职业学校暂行简章的决议》中提出开办女子职业学校的目的："为了造就女子职业专门人才，发展苏维埃经济，使每个女子都有一种职业，达到女子经济与职业独立。"[1]《女子职业学校暂行简章》是针对根据地内具有一定知识文化水平的工农阶级的 16—25 岁的成年女子进行教育，其教学内容主要为适合女子日常生活和实际应用技能的知识，在一定文化和政治教育的基础上，主要开展生产和生活技能的教育。

1934 年，教育人民委员会指定了《短期职业中学试办章程》，章程规定："职业中学以完成青年的义务教育，使能了解马克思列宁主义的最低限度常识，及实际的生产劳动之一种为任务。"[2] 职业中学以生产技术技能为主要的教学课程，以适应社会生产的实际需要为目标，在教育经费充足的地区实行短期的职业技能培训，以满足抗战期间对于根据地经济发展的需要。通过一定时期的培训教育，增强学生的政治意识，以供抗战时期对于人才的需求，

1 中央教育科学研究所、陈元晖、邹光威等：《老解放区教育资料・一：土地革命战争时期》，教育科学出版社 1981 年版，第 237 页。

2 江西省教育学会编：《苏区教育资料选编 1929—1934》，江西人民出版社 1981 年版，第 141 页。

使学生在紧张的抗战环境之下可以成为前线抗战的后备军。

为了摆脱根据地农业经济落后、农业生产水平低下的问题，苏维埃教育人民委员会和土地人民委员会共同颁布了《中央农业学校简章》，决定建立中央农业学校，“搜集苏区农民群众经验和农事试验场的经验，加以科学的整理，广泛进行一般农业技术传播”，“随时注意纠正苏区农民群众对于农作上方法的错误，用来教育群众”。[1]根据地的主要经济来源为农业，同时农业也是支撑中国共产党抗战活动的主要经济形式，战争的胜利必须以基本的物质资料的供给为保障。为了提高农业产量，通过建立农事试验场，将农事试验场的经验传授给广大的农民群众，并在中央农业学校培养专门传播农业知识的中下级干部，对根据地的农业种植和防病虫害等问题进行指导。

苏区还创办了高尔基戏剧学校，专门培养富有斗争性的青年，通过戏曲文化的教育，在根据地发展为抗战活动服务的人才。同时，为了减少战场伤亡，保护受伤战士，苏维埃赣西南红色医院为了使更多的伤者进入医院接受治疗，还专门开办了一所女子看护学校，江西省苏维埃政府发出了《选派活泼青年女子入看护学校》的通告，专门吸收青年活泼女子进行培训，为抗战期间的伤病者服务。陕甘宁边区的高等教育学校除了进行干部教育的培养以外，还对群众进行职业教育，如中国女子大学，在学习文化知识、政治理论和自然科学知识以外，还选修医药等职业教育课，女大培养的学生既可以参与抗战斗争，又能够参加劳动，为党在抗战期间培养了大批高水平的妇女人才。

工人群众的教育也是职业教育的主要内容。工人群众是党的主要领导力量之一，中国共产党早期在城市中心开展的革命运动，工人阶级是坚定的支持者与参与者。在工厂中建立工人阶级组织，培养工人阶级中的积极分子

1 江西省教育学会编：《苏区教育资料选编 1929—1934》，江西人民出版社 1981 年版，第 143 页。

成为反抗剥削压迫的主要力量，也是党的重要任务。由于抗战的影响，许多工人失业回到农村，“这是乡村群众工作干部的最好的来源，也就是工人阶级有组织的推动和领导农民参加抗战及巩固工农联合的最好的条件，各地的党及工会应尽量搜集这些失业工人，加以适当的训练，使参加抗战动员工作。”[1] 在工人阶级中建立广泛的组织，吸收失业工人，对其进行职业教育，既可以使其为根据地的工业生产服务，帮助根据地提升工厂生产效率和进行技术的改造，同时，对工人阶级进行正确引导，将他们团结在党的周围，他们就可以成为抗战的重要力量。

根据地的职业教育是党在建设根据地期间，为提高农民的生产生活水平，为抗战提供强有力的物质后援保障，培养抗战需要的技术型人才而开始的一种教育模式，为了更好地开展这项运动，边区政府吸收了职业教育社会团体办学的经验，吸引社会团体的参与，为边区和根据地的文化建设提供指导。在党中央和各根据地政府的领导之下，更加贴合群众需要的职业教育受到人民的欢迎，山东、晋察冀、陕甘宁等革命根据地的职业教育发展速度很快，为党在抗战期间培养了一大批具有专业技术的人才，为抗战的胜利提供了经济和科学技术的保障。

四、党领导下的少数民族教育

中国是一个多民族的国家，少数民族是我国的重要组成部分，为中华民族文明的辉煌灿烂作出了重要的贡献。但在封建历史的进程中，少数民族受到封建统治者的残酷镇压和剥削压迫，近代以来，帝国主义入侵，腐朽的封建统治者成为帝国主义的刽子手，严厉打击各民族的起义。国民党政府继承

1 中央档案馆编:《中共中央文件选集（1921—1949）》第 11 册，中共中央党校出版社 1991 年版，第 734 页。

了这一传统，继续对少数民族进行剥削、压迫、同化，既不利于各民族的共同发展，也有碍于抗日民族统一战线的团结。

中国共产党一直以来都重视各民族的团结，无论在大革命时期、长征路上，还是在创建根据地时期，中国共产党都非常重视民族团结和民族教育，一直向少数民族宣传党的民族政策，推动少数民族教育的发展。九一八事变后，中国共产党呼吁一切受苦群众反抗日本帝国主义的侵略和国民党反动派的压迫，以求得民族解放和独立，各少数民族是党要团结的重要力量。1935年中共中央发表《八一宣言》，呼吁“中国境内一切被压迫民族（蒙、回、韩、藏、苗、瑶、黎、番等）的兄弟们”[1]联合起来讨伐“日寇蒋贼”。在不断开展斗争的过程中，中共中央确立了对少数民族的教育政策，在尊重少数民族文化的基础上建立独特的教育方式，以推动少数民族抗日，将他们紧紧团结在抗日民族统一战线周围。

（一）少数民族教育的政策方针

在创建革命根据地和开展斗争的过程中，尤其是在长征途中，中国共产党与少数民族的接触机会增多，中共中央决定争取将少数民族团结在党的领导下。但是，日本帝国主义却打着“满洲自治”“蒙古自治”“满蒙联合”“大回回族”的旗号，利用汉奸走狗、蒙奸和回奸等制造反共舆论，试图分裂民族团结。为破除日本侵略者挑拨民族关系、破坏团结抗日的阴谋，中共中央针对不同少数民族的文化传统，制定了不同的教育政策，在尊重各民族文化自由的基础上教育其融入抗日民族统一战线。

1. **民族平等**。近代以来，各民族间权利平等是缺失的，国民党政府在面对汉族和各少数民族问题时，表面上对各少数民族实行民族平等，但是在具

---

1 中央档案馆编：《中共中央文件选集（1921—1949）》第10册，中共中央党校出版社1991年版，第522页。

体实施过程中坚持一元导向，试图通过民族同化来解决民族矛盾，甚至通过强制手段达到表面上的统一。

中国共产党建立的最广泛的抗日民族统一战线，不仅仅局限于阶级和党派之间的团结，民族间的团结也是抗日民族统一战线的重要组成部分。《陕甘宁边区抗战时期执政纲要》规定："实现蒙、回民族在政治上、经济上与汉族的平等权利，依据民族平等的原则，联合蒙、回民族共同抗日。"[1]

马克思、恩格斯指出："古往今来每个民族都在某些方面优越于其他民族。"[2]每个民族在历史发展中都会形成自己的民族特色，民族平等就是要将各民族放到平等的位置，平等对待各少数民族的民族特色。列宁指出："谁不承认和不坚持民族平等和语言平等，不同各种民族压迫或不平等作斗争，谁就不是马克思主义者。"[3]作为无产阶级政党，中国共产党一直以来都坚持"实行中国境内各民族一律平等政策"，[4]各少数民族是中华民族的重要组成部分，是党需要帮助和团结的重要力量。中国共产党扩大的六届六中全会确定了团结中华各族，一致对日的方针，"允许蒙、回、藏、苗、瑶、夷、番各民族与汉族有平等权利"，[5]保证各少数民族与汉族享有平等的权利不仅仅关系到中国共产党与少数民族的团结统一问题，而且关系到各少数民族对国家的认同，国家意识的觉醒能更好地促进各民族团结力量共同面对国家面临的外部危机。毛泽东在《论联合政府》中指出，中国共产党坚持孙中山提出的"中国境内各民族一律平等"，[6]中国共产党在创建革命根据地和开展斗争的

1 陕西省档案馆、陕西省社会科学院编：《陕甘宁边区政府文件选编》第1辑，档案出版社1986年版，第210页。

2《马克思恩格斯全集》第2卷，人民出版社1957年版，第194页。

3《列宁论民族问题》，民族出版社1987年版，第230页。

4 中国社会科学院民族研究所民族问题理论研究室：《党的民族政策文献资料选编1922.7—1949.10》，中国社会科学出版社1981年版，第30页。

5 中共中央文献研究室、国家民族事务委员会编：《毛泽东民族工作文选》，中央文献出版社2014年版，第1页。

6《毛泽东选集》第3卷，人民出版社1991年版，第1084页。

过程中，与陕甘宁边区和华北地区的蒙、回等少数民族建立了互相平等对待的关系，证明了抗战期间党在平等对待的基础上帮助少数民族获得政治、经济、文化上的解放和发展的政策是正确的。

中国共产党坚持在少数民族享有平等权利的基础上，尊重各民族的语言文字、宗教习俗，杜绝国民政府在文化上的强制手段，不强迫其他各民族学习汉族的语言文字，并鼓励各民族在发挥自身文化特色的基础上，用自己的语言文字去教育各自民族群众。各少数民族可以自由选择在党建立的教育机构中学习，接受党领导的抗战教育。

2. **少数民族参与管理**。少数民族在历史发展中由于受到统治阶级的剥削压迫，无法获得独立与解放，中国共产党在认真分析和总结民族历史发展特点和经验的基础上提出，“中国共产党与中国苏维埃政府在少数民族中的基本方针，是在无条件的承认他们有民族自决权，即在政治上有随意脱离压迫民族即汉族而独立的自由权”。[1]保证各少数民族在政治上的独立是团结各少数民族的基础，是党在与少数民族交往的过程中得出的正确结论，从政治上解放少数民族，承认他们的政治权利，允许他们在聚居区进行自我管理，使他们在党的领导下参与抗日根据地的政治活动，从而更好地对其进行政治教育。

陕甘宁边区是落实党中央政策的模范地区，为了提高边区蒙、回民族的政治地位，在少数民族聚居的地区设置自治区、乡，实行民族自治，1941年《陕甘宁边区施政纲领》中对少数民族自我管理作出了规定：“依据民族平等原则，实行蒙、回民族与汉族在政治经济文化上的平等权利，建立蒙、回民族的自治区。”[2]在少数民族聚居地实行民族自治，在少数民族与汉族杂居的地区设置少数民族管理委员会，在省县政府允许少数民族参政，有利于

1 中央档案馆编：《中共中央文件选集（1921—1949）》第10册，中共中央党校出版社1991年版，第535页。

2 中共中央文献研究室、中央档案馆编：《建党以来重要文献选编（1921—1949）》第18册，中央文献出版社2011年版，第243页。

党对少数民族进行管理，也便于更好地在当地设置教育机构，开展具有民族特色的抗战教育。

在抗日民族统一战线之下，各少数民族在管理民族聚居区的同时，中国共产党领导的军队还深入少数民族地区对少数民族进行培训教育。大青山是绥远地区联系西北和华北的重要纽带，八路军大青山支队成立后，连战连捷的战绩让当地少数民族备受鼓舞，在党的组织和教育下，当地成立了蒙古族抗日游击队，成为当地抗日游击战斗的主要力量。

3. **纠正“大汉族主义”**。“大汉族主义的传统，就是压制弱小民族的思想、纲领和行为。”[1]“大汉族主义”是与中国共产党的民族政策背道而驰的，中国共产党领导下的民族政策是在坚持民族平等的基础上，用平等的态度对待少数民族的语言、文字和行动。

由于文化传统的影响，党内和党领导下的边区和根据地还有许多人在与少数民族交往的过程中难以摆脱固有思维的影响，不能够平等对待少数民族人民，甚至对少数民族的宗教信仰、行为习惯和语言文字使用污蔑性言语，对少数民族的情感造成了伤害，不利于民族间的团结和抗战力量的壮大。“大汉族主义”是历史文化发展进程中遗留下来的狭隘的民族主义倾向，是一种对抗战形势的错误认识，这种思想是对抗战主潮流的偏离，是把自己民族独立于其他民族之外，难以清醒地认识到其他民族的优越性，盲目地反对民族统一战线，以保卫汉族地位的“独尊”。

抗日民族统一战线之下的民族关系是平等的，各民族间要相互尊重各自政治经济文化上的独特性，顺应全国抗战局势的变化，为夺取抗战胜利和民族的独立解放而奋斗。在此共识之下，贯彻落实中国共产党的民族教育政策，更好地培养抗战人才，形成抗战的民族力量。

1 民族问题研究会编：《回回民族问题》，民族出版社 1958 年版，第 115 页。

（二）少数民族教育的主要内容

少数民族聚居的地区由于社会发展水平较低，文化教育相对落后，少数民族人民对于国家意识和统一战线的认识极少，在相对封闭的地域空间内无法更好地发展教育事业。且由于历史发展过程中少数民族受到汉族封建统治者的剥削压迫，使少数民族无法正确看待中国共产党和抗日民族统一战线。为了扩大抗日民族统一战线，团结少数民族的力量，中国共产党在少数民族聚居的地区针对不同地区的社会现状和民族特色，开展抗战教育，以培养更多的少数民族干部人才，提高民众的文化水平，在沦陷时间较长的地区开展反奴化教育，以抵制日本侵略者对少数民族人民的错误宣传和思想控制。

1. 培养少数民族干部。在少数民族聚居的地区开展教育，首先要对党的政策和根本宗旨进行宣传，但是由于文化的差异性，语言不通、传达不到位就成为党在落实民族政策时的障碍，在少数民族地区培养干部特别是少数民族干部就成为一个极为关键的问题。《关于回回民族问题的提纲》和《中共中央西北工作委员会关于抗战中蒙古民族问题提纲》中指出："实施抗战教育，发扬回族（蒙古族）固有的优良文化传统，培植抗战建国的回族人才。"[1]以加强党在蒙、回民族中的政策宣传，解释党在抗战中的政策方针。

为了更好地发展统一战线，开展民族工作，中国共产党在延安中央党校举办少数民族干部培训班，专门培养队伍中少数民族的青年，"其学习计划是先学习汉语，通过语言关，然后再学习马列主义和中国革命理论"。[2]随着抗战局势的变化，全国各地沦陷区和国统区的少数民族青年来到延安，为了更多地培养少数民族干部，满足党在抗战时期构建统一战线、发展民族工作需要，先后在中央党校开办了回民班，在陕北公学成立蒙古工作队和少数

1 李维汉：《统一战线问题与民族问题》，中央党史出版社 2016 年版，第 562 页。
2 中国延安精神研究会编，梁星亮主编：《群众工作史》，中央文献出版社 2015 年版，第 151 页。

民族工作队，并在此基础上组建民族部，但是学员规模相对较小，无法满足少数民族工作的正常开展和延安地区激增的外来少数民族青年的学习要求。1941 年，在原来的陕北公学民族部的基础上进一步扩建为延安民族学院，设立专门管理教育的部门和研究民族问题的机构，招收少数民族和汉族青年学生，除了进行基本的文化教育和政治教育之外，还进行爱国主义教育和马克思主义教育。

另外，在抗大、鲁艺、军事政治学院等干部培训学校也招收少数民族青年进行培养。中国共产党通过各种方式对少数民族青年进行培养，为党在抗战时期团结少数民族群众提供了干部人才，同时，不断扩大的少数民族干部队伍也成为党在抗战时期开展民族革命和建设的重要力量，是夺取抗战胜利不可缺少的部分。

2. **民众扫盲教育**。抗战时期，由于封建历史造成的深厚影响、文化自有的封闭性和排他性和少数民族聚居地区经济发展落后，使得少数民族文化在发展过程中趋于落后，少数民族群众对于文化的了解甚少，大多数群众处于文盲状态，为了更好地团结和领导少数民族共同抗日，在少数民族群众中开展扫盲教育是非常必要且重要的。

蒙、回民族是陕甘宁边区主要的少数民族，为了在民族权利平等的基础上开展少数民族教育，推动蒙、回民族文化的发展，陕甘宁政府通过资金和政策上的扶持，在蒙古族聚居的地区开办蒙古族学校，在回族聚居的地区开办伊斯兰小学和伊斯兰公学，并在伊斯兰小学实行免费教育。同时，为了更好地开展社会教育，“凡边区接近蒙、回人的地方，都有定期与不定期的蒙、回文刊物和墙报”，[1] 在少数民族聚居的地区以识字班、读报组、夜校和冬学等形式来提高少数民族民众的文化水平，并通过保护清真寺和尊重宗教

1　陕西省档案馆、陕西省社会科学院编：《陕甘宁边区政府文件选编》第 1 辑，档案出版社 1986 年版，第 146 页。

信仰来加强清真寺阿訇与党的联系，在调动其积极性的同时，发挥其文化的独特性，“设立阿訇训练排，提高阿訇的文化政治水平，使为抗战的文化教育服务”，[1]将宗教信仰和文化教育结合在一起，充分利用少数民族进行宗教活动的空隙进行识字和读报，甚至在生产活动休息时间进行识字教育。通过边区政府的努力，扫盲教育在边区开展得如火如荼，提高了少数民族的整体文化水平。

新疆是发展近代教育较晚的多民族地区，由于受到帝国主义的侵略，经济受到剥削压迫，虽然在此过程中产生了兴办现代教育的思潮，但是当时新疆的封建统治者既反对用少数民族自己的语言兴办学校，更害怕外国侵略者利用伊斯兰教勾结国内信徒威胁到自己的统治，因此将近代的教育机构予以强行关闭。军阀盛世才掌握实权后，为巩固政权，盛世才政府“实行亲苏联共、反帝抗日、民族平等、发展经济和文化教育的各项政策”。[2]全面抗战爆发后，新疆成为中共与苏联联系的重要通道和战略大后方，为了建立与新疆的抗日民族统一战线，中国共产党在苏联的帮助下派遣共产党员进入新疆工作，帮助盛世才政府发展教育，提出了“发展以民族为形式，以六大政策[3]为内容的民族文化”[4]的文化教育总方针。在共产党人的帮助下，茅盾等人也参与到新疆的教育建设中，新疆的教育事业呈现出一片繁荣的局面，不仅学校增多，新疆学院在共产党员的教育下，革命热情高涨。除此之外，还创办了很多民族学校开展扫盲教育，民族教育进一步发展。

---

1 中央档案馆编：《中共中央文件选集（1921—1949）》第12册，中共中央党校出版社1991年版，第379页。

2 新疆维吾尔自治区地方志编纂委员会、《新疆通志·教育志》编纂委员会编：《新疆通志》第74卷《教育志》，新疆教育出版社2006年版，第572页。

3 六大政策是指盛世才为扩张其势力，1934年4月17日在迪化组织召开的新疆全省民族代表大会上提出与苏联合作，在新疆实行联苏反帝政策，宣布反帝、亲苏、民生、清廉、和平、建设六大政策。

4 中共新疆维吾尔自治区委员会党史研究室：《中共新疆地方史1937—1966》，中共党史出版社2011年版，第25页。

在其他少数民族聚居且国民党统治薄弱的地区，中国共产党积极开展民众教育，对少数民族群众投身抗日民族统一战线具有极大的促进作用。东三省是我国满族的主要聚集地，日本帝国主义强占东三省后，使当地广大满族同胞生活在水深火热之中。日本侵略者为了进一步巩固其在东北的统治，在沦陷区的满族人民中推行奴化教育，企图通过奴化教育控制满族人民的思想，加强对满族人民的控制，以达到分裂中国的目的。华北事变后，日本的侵略脚步迈向了中国内地，并试图借用传教等手段加强对少数民族的思想控制，其推行奴化教育的真正目的在于消灭中华文化和民族意识。在中国共产党的领导下，在沦陷区少数民族聚居的地区开展民众教育，防止民众被日军的奴化教育思想所侵蚀，唤醒民众的民族意识和抗战热情。

（三）少数民族教育的主要形式

中国共产党通过在陕甘宁边区和西北少数民族较多的地区开展免费教育、开设民族特色班和建立民族特色教育机构来推动少数民族教育的发展，以提高少数民族民众的素质，培养更多的抗战人才，构建更广泛的抗日民族统一战线。

1. **开展免费教育**。1940 年中央西北工作委员会在蒙古民族问题提纲中规定："普遍实施国民抗日教育，并设立各级完全免费的学校。"[1] 在其他少数民族的发展中同样重视少数民族人民的教育问题，对少数民族聚居的地区实行一定程度的免费教育，更大力度地促进少数民族地区基础教育的发展。在各高等学校设立民族特色班级以满足少数民族人民群众的特殊需求，如在抗大等学校设立民族班，对少数民族的学生实行免费教育，并配备适宜于少数民族学生生活的设备。

1　中国社会科学院民族研究所民族问题理论研究室:《党的民族政策文献资料选编 1922.7—1949.10》，中国社会科学院民族研究所民族问题理论研究室 1981 年版，第 81 页。

对少数民族学生实行免费教育，是党针对少数民族地区穷困落后的实际情况作出的正确决定，有利于培养少数民族抗战人才，更好地团结少数民族群众，形成更广泛的抗日民族统一战线。在党的正确方针政策的引领下，在少数民族地区设立了许多免费学校，在各高校设立民族特色免费班，为党培养了一大批为民族解放事业作出巨大贡献的少数民族有力助手。

2. **民族特色教育机构**。少数民族地区由于历史因素和社会文化的限制，文化很难得到发展，1935 年《中共中央告康藏民众书——进行西藏民族革命运动的斗争纲领草案》中指出，造成康藏地区人民文化得不到正常发展，主要是由于两种因素的制约："一种是英帝国主义想达到完全殖民地化，在西藏强迫使用英文，同时中国军阀又在西康强迫使用汉文；另一种是喇嘛寺垄断一切文化事业，只有喇嘛才有权力读书。"[1] 为更好地发展少数民族教育，促进少数民族区域文化的发展，必须打破过去由于殖民侵略者造成的文化障碍，打破喇嘛对文化教育事业的垄断，形成党对少数民族文化教育事业的领导，在党的正确理论方针政策的指引下完成对少数民族群众教育的改善和提升。

在少数民族中发展教育受到很多环境和条件的制约，少数民族在发展过程中形成了独具民族特色的文化环境和语言，对党的干部和少数民族群众进行文化交流和合作造成影响。在少数民族中推行汉语使用是在抗战环境下的重要措施，但是如何在尊重和保护少数民族文化的基础上，提高少数民族群众的文化水平，是党在抗战中必须解决的问题。为更好地解决少数民族群众文化的发展，必须在少数民族聚居的地区使用少数民族的语言文字设立民族特色教育机构，其优越性在于少数民族群众能够使用自己民族的语言更好地接受教育。在不脱离自己文化氛围的基础上，少数民族群众能够在熟悉的文

1 中共中央统战部编：《民族问题文献汇编 1921.7—1949.9》，中共中央党校出版社 1991 年版，第 290 页。

化环境中更好地提升自己的文化水平，如在回族中设立阿訇训练排、在蒙古民族中设立喇嘛培训班、在党领导下的各级学校中设立少数民族特色班级等相应策略的实施，不仅提高了少数民族自身文化的待遇，能够使少数民族群众和汉族同胞一样享受平等的权利，同时也能够使党在统一战线的开展中团结更多的少数民族民众。

设立民族特色教育机构是党在抗战时期探索发展文化教育实践过程中采取的适宜于当时的抗战环境和构建民族统一战线的重要措施，符合文化教育事业发展的客观规律，是党在吸收、借鉴国内外先进经验之后结合国内革命实践作出的正确决策，推动党在抗战时期少数民族教育事业取得极大进步，通过这一措施为党培养了许多少数民族抗战人才，为党在抗战时期推动民族解放和民族统一战线的建立作出了重要的贡献。

五、党领导下的国统区学生抗日救亡运动

近代以来，从五四运动到新文化运动，从五卅运动到一二·九运动，青年学生一直活跃在民族独立与解放事业之中。五四运动标志着新民主主义革命的开端，也是学生参与民族救亡运动的开端。抗战期间青年学生的救亡运动，既是历史文化催生下的文化运动，也是战时环境之下中国共产党领导的抗日民族统一战线的重要组成部分。青年学生之所以能够作为先锋队站在反殖民压迫斗争的最前列，是因为在国家面对外敌入侵的时候，知识分子总是最早觉醒，“青年学生大多掌握了一定的现代文化科学知识和社会政治学说，对社会的发展和各国的情况比较了解，开始产生了一种新的是非标准和价值观念。”[1]在爱国主义精神的引领下，通过实践活动来唤醒民众，呼吁和

1 共青团上海市委青年运动史研究室编：《上海学生运动大事记 1919 年 5 月—1949 年 9 月》，学林出版社 1985 年版，第 5 页。

领导更多的民众参与民族解放运动。学校是青年学生运动孕育的地方，孙中山曾指出："以学堂为鼓吹之地。"[1] 借学校来发展资产阶级革命运动。抗战期间的青年学生的救亡运动在学校中也得到广泛组织和发展。学生运动的广泛开展，促进了整个社会爱国主义的觉醒，各社会团体为了推动抗战的胜利，支持和加入到青年学生运动中来。

（一）中国共产党对青年学生运动的指导

中国共产党自成立以来，就十分重视青年学生在革命中的重要作用，在共产国际的指导下建立了社会主义青年团，通过建立青年团和青年学生之间的联系，加强对学生的指导。青年学生抗日救亡运动的广泛开展，既是中国共产党领导整个中华民族和中国人民争取抗战胜利和民族解放的重要组成部分，同时也是青年学生寻求教育改革、推进教育现代化的重要里程碑。近代以来的教育在国共两党不同的政治影响下朝着不同的方向前进，国民党政府为了实现全国的统一，在教育政策上实行对各类学校教育和学生思想的控制，国民党政府将学校教育经费挪用在对内的军事战争上，学校教育难以得到正常发展，由蒋介石亲自发动的以"礼义廉耻"为基本准则的新生活运动更是企图将教育纳入军事的轨道。而在中国共产党领导下的根据地的教育则以人民大众的需求为基本准则，通过普及国民教育，将各阶级和党派团结在抗日民族统一战线周围。社会革命的发展和日军侵华脚步的加快，促使青年学生在追求民族独立与解放的过程中推动教育的民主化和现代化改革。

青年学生是天然的具有浓烈爱国热情的抗战力量，青年学生在革命运动中的先锋性质与中国共产党的先进性是具有同向性的，维护学生的基本利

1 白寿彝总主编，龚书铎主编：《中国通史》第 11 卷《近代前编 1840—1919》上，上海人民出版社 2013 年版，第 255 页。

益，加强对青年学生的教育和政策指导，同蒋介石国民政府及汪伪政权对青年学生运动的破坏和对青年学生群体中进步分子的迫害作斗争，鼓励和引导青年学生为提高自己的待遇和社会地位而抗争。

青年学生的工作是党在抗战期间的重要工作之一，青年学生的抗战救亡运动能在群众中形成很好的影响力，发动广大的工农阶级参与到抗战活动中来。因此，“坚持青年统一战线，继续采取五四致三青团书的态度，用以争取青年的多数在继续抗战与民主共和国的旗帜之下。”[1]这是党一直以来都贯彻的方针。党领导下的青年组织既要引导组织内的成员进行无产阶级理论的学习，更要推动广大民众的教育，“青年组织应成为国民教育的先锋队，成为政府在这一工作中的第一助手”。[2]

为了更好地组织学生运动，在共青团的领导下，在敌占区、国统区和根据地的学校中广泛建立学生组织，如学生会、学生自治会等，加强青年学生对文化自由、思想自由的追求，保障学生组织对学生的引导和发动。同时，为了争取学生的积极参与，在党的领导下，敌占区和国统区的许多学校都开展了争取教育改革的运动，要求提高学生的社会地位，保障学生的就业，补贴穷困学生。华北地区由于受国民党投降卖国政策的影响，日军在华北地区预谋建立傀儡政府，边区的青年学生在党的组织下，为打击国民政府的一味妥协投降，反抗日本侵略者不断推进的侵略脚步，几十万学生加入党的军队，数百万青年学生加入青年救国会。为了加强对战区青年工作的指导，1938年，中共中央在对青年工作的指示中强调，要在青年学生中建立半武装及武装组织，“加强青年文化政治教育，协助党政机关开展国民教育及文

1 中共中央文献研究室、中央档案馆编：《建党以来重要文献选编（1921—1949）》第16册，中央文献出版社2011年版，第388页。

2 中共中央宣传部办公厅、中央档案馆编研部编：《中国共产党宣传工作文献选编：1937—1949》，学习出版社1996年版，第156页。

化运动”，[1]提高学生的社会待遇和地位，并组织青救会中的先进青年学生深入农村，发动群众，组织民众运动。

（二）九一八事变后中共领导的学生救亡运动

九一八事变后，为了带领学生走向革命的正确轨道，减少学生在抗战运动中的伤亡，中国共产党在敌占区组织学生开展思想阵线的救亡运动，同时，在北京、上海等地领导学生参与革命斗争活动。全面抗战爆发后，中国共产党致力于构建抗日民族统一战线，将学生作为抗战运动的重要力量团结在党的周围，带领边区和各根据地的学生开展广泛的抗日救亡运动，为推动抗战胜利作出了重要贡献。

蒋介石政府自四一二反革命政变之后，为了通过文化上的独裁实现国内势力的统一，国民政府对一切有进步倾向的思想、言论和运动都采取监视和镇压，并企图将国内的排日言论和运动扼杀在摇篮之中。但是随着革命思潮的涌起和学生思想的解放，青年学生的运动已经无法阻挡，日军进占东北以后，学生的爱国热情再次被点燃，在中国共产党的领导下，北平、上海的学生率先行动，打出“停止内战，一致抗日”的口号，并迅速发展到全国各地的学校和学生中。

九一八事变之后的中国，东北地区沦为日军进攻中国内陆的大本营，民族危机进一步加深。青年学生继承和发扬五四运动以来兴起的民族主义精神，在全国范围内掀起了学生运动的高潮。“日本侵略东北后的两周内上海学生行至南京，他们要求马上进行战争收复东北，要求政府向正在校园内涌现的，迅速扩大的义勇军发放武器。”[2]与此同时，北平、南京等地方的学生

---

1 共青团中央青运史研究室、中央档案馆编：《中共中央青年运动文献选编 1921 年 7 月—1949 年 9 月》，中国青年出版社 1988 年版，第 461 页。

2 中国抗日战争史学会编：《抗日战争与中国历史——九一八事变六十周年国际学术讨论会文集》，辽宁人民出版社 1994 年版，第 183 页。

聚集南京政府请愿，请求蒋介石出兵东北，保卫国家领土主权的完整，但是学生的请求并没有得到南京国民政府的批准。1931 年 12 月 17 日，南京发生珍珠桥惨案。赴南京请愿的学生在游行请愿的过程中遭到国民党政府军警的镇压，国民党政府对学生请求的三缄其口和不作为进一步激起了学生的愤怒，北平更多的学生组成请愿团和示威团奔赴南京请愿，示威团在蒋介石不接待和推脱的愤怒情绪下将国民党中央党部负责接见的蔡元培和陈铭枢打伤，并砸毁了办公室，国民党政府担心进一步激怒学生，将逮捕的学生释放。当天全国各地聚集在南京的 3 万多名学生举行了示威游行，“他们高喊爱国口号，散发抗日传单”，“当游行队伍行进到珍珠桥时，早已部署在此的国民党军警，对这些手无寸铁的学生开枪了，血腥的镇压，当场 30 余人被枪杀，尸体被扔进河里，还有 100 余人受伤，100 余人被捕。”[1] 日本帝国主义侵略脚步的不断推进和国民政府的投降卖国行径更加激发了学生的爱国热情，更多的学生参与到抗战救国的运动中来，群众性的民众法庭在学生的组织下成立，用以惩治反革命分子和投降派。

学生运动在南京遭遇残酷镇压，反革命分子对学生运动进行破坏，“最主要因为学生运动没有得到无产阶级的领导……放弃无产阶级的独立领导”。[2] 学生群体的先进性体现在其大多具有强烈的爱国热情，思想获得解放，能够在国家面临危机的时候挺身而出，发挥先锋模范和桥梁的作用。但是，学生群体也有一定的局限性，尤其是受到国民党政府具有欺骗性的国家主义思想的影响，对国内革命形势缺乏准确的认识，依旧把蒋介石看作孙中山先生“三民主义”的忠实践行者，对国民政府的反动统治和新军阀的真实面目没有清醒的认识，尤其是在最早受到日军蹂躏的东北地区，受中东路事件和国民政府欺骗性宣传的影响，在学生群体中产生了严重的排苏情绪，学

1 民革中央宣传部编：《民革领导人物》第 1 辑，团结出版社 2007 年版，第 318 页。
2 张挚、张玉龙主编：《中央苏区教育史料汇编》上，南京大学出版社 2016 年版，第 224 页。

生运动很难在缺乏马克思主义的指导下发挥其应有的特性，知识分子的影响力也很难扩大。

为了正确引导学生运动，破除国民党新军阀在学生群体中的影响力，刘少奇在东北领导革命期间，多次提出要“经常的将国民党在关内屠杀工农的事实向群众宣传”，“揭破国民党改组派以及第三党改良主义欺骗的假面具，打破群众对他们的幻想”。[1] 通过共青团组织和学生加强联系，组织读书会、学生会等学生组织；通过在青年学生中进行马克思主义的教育，打破国民政府和新军阀的虚假宣传，发动和领导青年学生参与抗日运动。

南京珍珠桥事件发生之后，学生运动陷入了一段时间的低潮。之后随着日军进攻的进一步深入，青年学生的救亡运动进一步展开，学生运动在中国形成了极大的影响力，无数的大中学生团结在学生运动中。作为中国抗日期间高涨的群众运动中的重要一环，学生运动的开展范围主要集中在沿海城市，群体以大中学生为主，学生运动仍存在很大的局限性。九一八事变到全面抗战爆发前，青年学生经历了很大的变化。抗战刚爆发时，青年学生是群众运动中最尖锐、反抗最激烈的群体，他们怀着对祖国命运的担忧和对国民党反动派不抵抗政策的悲愤，在敌占区开展了大规模的示威游行活动，并组织学生到南京向国民政府和蒋介石请愿。“但随着局势的发展，在大后方，由于国民党的黑暗的倒退逆行，对青年采取毒辣的陷害青年的特务化政策，剥夺青年一切的自由，大后方青年学生的情绪，今天是空前的苦痛与烦闷。”[2] 国民政府对学生运动的严格监视和控制，使得沦陷区的学生情绪低落，青年学生争取政治参与的政治要求已经逐步被国内的战争环境所吞噬，他们开始寄希望于汪伪政府和其他的学校、社会组织。但是，在中国复杂的

1 辽宁社会科学院编：《少奇同志在满洲省委》，辽宁人民出版社 1981 年版，第 102 页。

2 中共中央华中局主编：《真理》4，《红藏进步期刊汇总 1915—1949》，湘潭大学出版社 2014 年版，第 413 页。

社会革命形势之下，只有马克思主义指导下的中国共产党才能够指导学生运动，将学生运动带到正确的发展方向。1932 年，为了反对国民党反动派不顾日军进攻的脚步对苏区进行“围剿”，中共中央呼吁全国的学生：“反对把教育经费拿去进攻苏区与红军！对学校关门！反对国民党学阀对于你们的压迫！要求言论出版集会结社的自由！到苏区去，进行文化教育工作，为大多数工农民众的解放而斗争！”[1] 中国共产党通过派遣优秀共产党员和共青团员加入到学生群体中，加紧与学生联系，加强对学生反奴化教育的指导，并在学校和学生中建立学生组织，吸引青年学生团结在中国共产党周围，避免学生在运动中做无谓的牺牲。

一二九运动是中国共产党领导下由北平组织的一次大规模的反抗帝国主义侵略、打击国民党反动派妥协投降的青年学生的爱国主义救亡运动。随着抗战局势的变化，民族抗日救亡运动的广泛兴起，中共中央在瓦窑堡会议上对国内的政治形势进行了分析，指出党在当前的战争环境下，应将土地革命战争向民族革命战争转变，并确定了建立抗日民族统一战线的新的策略路线。但是国民党继续在西北地区实行“剿共”的反动政策以及在民族危机日益加深的形势下，国民政府对日军继续采取妥协投降的卖国行为，使日军的侵略脚步更加肆无忌惮。

1935 年 5 月，河北事件发生，日军在河北布置了大量的军队，对华北地区虎视眈眈，在华北危急的情况下，国民政府通过“何梅协定”和“秦土协定”将华北地区拱手送给日本，这一丧权辱国的行为更加激发了人民的愤怒情绪。8 月 1 日，中共中央在长征途中发表了《中国苏维埃政府、中国共产党中央为抗日救国告全体同胞书》(《八一宣言》)，宣言中对工农军政商学的社会各界人士发出“抗日则生，不抗日则死，抗日救国，已成为每个同

1 中央档案馆编：《中共中央文件选集（1921—1949）》第 8 册，中共中央党校出版社 1991 年版，第 265 页。

胞的神圣天职”[1]的呼吁，号召广大民众团结起来为国家和民族的独立与生存而抗争。为了加紧抗日民族统一战线的建立，11月13日，中共中央在到达陕北之后发布了《中共中央为日本帝国主义并吞华北及蒋介石》和《中华苏维埃共和国中央政府、中国工农红军革命军事委员会抗日救国宣言》，宣言在学生群体中产生了强烈的反响。

在中共北平临时工作委员会的组织领导下，共产党员和文化教育界的先进人士加紧在学生群众中对党的抗战主张进行宣传，北平学生组织成立了北平市大中学校学生联合会，在临时工委的影响下，“北平、天津10所大中学校学生自治会于11月1日发表《为抗日救国争自由宣言》”，[2]悲愤地喊出学生的共同呼声。1935年12月6日，“北平15所大中学校的学生自治会发表《北平各校通电》”，[3]强烈谴责国民政府一味地妥协投降导致的国家领土和主权的丧失。12月9日，国民政府计划于北平成立冀察政务委员会实现华北特殊化的消息传到学生当中，在临时工委的组织下，北平学联党团决定举行学生抗日救亡请愿游行活动。北平的众多高校和部分中学的学生涌上街头举行了声势浩大的游行，为了形成更大的影响，促使国民政府北平当局终止“防共自治”，学生冲破军警的封锁到达新华门，提出了包括保障地方领土安全、停止内战、保障言论、集会、结社、出版等方面的自由在内的6项抗日民主要求，但是都遭到国民党华北当局的拒绝。学生活动指挥部决定将请愿活动改为示威游行，学生高呼“打倒日本帝国主义”“反对冀察政务委员会的成立”“反对华北自治”“停止内

1 中央档案馆编：《中共中央文件选集（1921—1949）》第12册，中共中央党校出版社1991年版，第262—263页。

2 中共中央党史研究室编：《中国共产党历史》第一卷（1921—1949）上，中共党史出版社2002年版，第524页。

3 共青团中央青运史档案馆编：《历史的轨迹——中国共产主义青年团90年》，重庆出版社2012年版，第67页。

战，一致抗日”“武装保卫华北”[1]等被国民政府禁止的口号，但是青年学生的游行示威遭到了华北国民党当局的残酷镇压，在军警的武装压制之下，被捕和受伤的学生数量达数百人之多。

一二九运动中国民政府对学生的残酷镇压更加激起了学生群体的反抗，北平学生在学联的组织下宣布全市总罢课，并于1935年12月16日进行了更大规模的学生示威游行活动，坚决反对冀察政务委员会的成立。游行当日，北平学联组织全市学生、先进知识分子和市民召开市民大会，通过“不承认冀察政务委员会”“反对华北任何傀儡组织”“收复东北失地”[2]等主要内容的决议案，虽然学生的示威游行又一次被国民政府武力镇压，但是迫于学生运动和民众的压力，冀察政务委员会被迫推迟成立。

在北平学生运动的影响下，全国各地的青年学生纷纷行动起来，在中国共产党全国总工会的带领下，全国许多城市都发生了学生示威游行活动，许多工厂工人宣布罢工，支持学生运动，要求蒋介石及国民政府对日宣战。一二九学生运动是在中国共产党带领下开展的与工农群众相结合的一次具有极大斗争意义的运动，同时也标志着全国性抗日运动的广泛开展，广大民众在青年学生救亡运动的精神鼓舞下，主动参与到抗日民族统一战线中，挽救国家和民族的命运。

（三）全面抗战爆发后党领导下的学生救亡运动

全面抗战爆发后，大部分国民党军队和政府组织从敌占区仓皇逃走，学校教育受到极大的冲击，日军对学校进行空袭轰炸，许多学校在日军的炮火之下停学。学生在上海地区建立了学生救亡协会等，但是国民党政府坚持在

1 中共中央党史研究室编：《中国共产党历史》第一卷（1921—1949）上，中共党史出版社2002年版，第525页。

2 中共中央宣传部新闻局等编：《永远的丰碑 红色记忆》第2部，学习出版社2007年版，第99页。

学生运动中控制政策，要求在学生救亡协会中增设国民政府委派的执行委员会，加强对学生运动的控制。

在中国共产党的领导下，以优秀的青年学生为骨干，在上海和东北的学生中成立了学生救亡协会、青年救国团、东北流亡学生会、天津流亡学生会、日本流亡学生会等组织，并先后与许多进步的青年学生团体取得密切联系。在中国共产党和共青团的组织下，青年学生在敌占区开展了节约救难、一日一角储金运动、五月义卖、寒衣运动等各种方式支持抗战。在学生救亡协会的领导下，许多学生参加了“回乡打游击”运动，积极参与到抗日的游击战争中来。为了号召更多的学生参与到学生运动中来，1939 年，上海学生举行了“精神总动员宣誓运动”[1]“模范青年运动”，他们向祖国宣誓，立志做中华民族的中坚力量。上海的战事结束之后，许多先进的共产党员和知识分子依旧被禁闭在租界之中，上海的学生经常到租界看望被关押的战士。除了进行公开的活动之外，学生救亡协会还发挥学生的优势，创办各种形式活泼的学生刊物与壁报和开设进步知识的讲习训练班开展思想文化教育，还在青年学生中举办了多种组织形式的文化娱乐活动，“如演戏，社会参观，歌咏，时事讨论，学术研究，球队，运动会，文化座谈，办义学等”，[2] 文娱活动不仅有助于活跃青年学生的身心，对于学生的主观能动性和创造性也有一定的积极作用，推动更多的学生参与到抗战学生救亡协会的活动中。

在日军的猛烈进攻之下，为了避免更多的学校沦陷，保存高校的学生力量，大后方的许多高校内迁。学校数量的聚集提升了学生的整体质量，国共第二次合作为学生运动的崛起提供了契机，虽然国民政府依旧对学生运动进行严密的控制和压制，但是在中国共产党的领导下，大后方和根据地的学

1 共青团上海市委青年运动史研究室编：《上海学生运动大事记 1919 年 5 月—1949 年 9 月》，学林出版社 1985 年版，第 222 页。

2 中共中央华中局主编：《真理》4，《红藏进步期刊汇总 1915—1949》，湘潭大学出版社 2014 年版，第 423 页。

生运动得到了蓬勃发展。1938 年，中共贵州地下党组织为了加强在学生中传播党的思想，组织学校的教师和社会各界文化人士，通过当地公开发行的报纸刊物发表抗日救国的文章和时事讨论，促进当地学生思想的解放，使他们能够认清国民政府的黑暗统治，团结起来反抗日本侵略者的进攻和国民党反动派的投降卖国行径。青年学生通过参加抗日武装斗争或者抗日团体、开展抗战宣传活动与国民党反动派和国内的妥协投降派作斗争，为推动国共合作、构建抗日民族统一战线作出了巨大贡献。

1941 年，中共中央青委给少共国际的信中对国内的政治形势进行了分析，受国民党防止异党活动办法的影响，党领导下的公开青年组织被破坏，许多原来在中共领导下的青年团组织也为了躲避国民党的打击转化甚至解散，国民党通过修改教材、宣传反动思想、禁止先进报刊书籍来控制学生的思想，对进步青年进行暗杀、迫害，“据一九四〇年六七两月的材料，仅只几个主要国立大学——光华六个，川大农学院三个，金陵大学一个，华西大学二个，齐鲁大学三个，武汉大学十三个，唐山工学院五个——就被捕去三十三人之多关入劳动营（等于法西斯集中营）。”[1]

在国民党对学生运动的严密控制之下，党对青年学生的教育也越发困难。在国民政府统治区域下的学校，许多学校合并改组为国立大学，学生的待遇也急剧降低，学生连基本的温饱问题都难以得到保障，许多学生运动转向农村，政治影响大幅减少。虽然党在不断组织和领导学生运动的过程中加强了在学生群体中的影响，但是政治和战争环境的急剧变化使许多党员为了保存有生力量从国民党统治区撤退，党的许多活动必须由正面交锋转为地下活动，为实现对学生群体的教育和领导，中国共产党进行了工作方式的转变，由以前的组织领导转变为以宣传教育为主。

---

1 共青团中央青运史研究室、中央档案馆编:《中共中央青年运动文件选编 1921 年 7 月—1949 年 9 月》，中国青年出版社 1988 年版，第 558 页。

在党中央所在的陕甘宁边区，由于文化教育的普遍开展，延安成为无数先进青年的革命圣地，许多先进的青年奔赴延安参与抗日救亡活动。为了加强对学生运动的指导，边区政府和共青团组建了“陕甘宁边区青年救国联合会”，“直接领导青年军事组织——青年营”，“主办《边区青年》杂志和《新中华报》的‘青年呼声’专栏”。[1]在边区青救会的组织和领导下，边区有16万青年学生参与到抗战救亡运动中来。

为了更好地领导学生运动，党的许多领导人都分赴各地开展民众运动。1937年，周恩来在武汉失守后随迁重庆，在重庆工作期间，周恩来不仅推动国共合作的谈判，还领导了大后方青年学生的抗日救亡运动。1937年12月31日，周恩来在武汉大学作了题为《现阶段青年运动的性质和任务》的演讲，指出，当前的战争环境已经不允许学生读书学习了，“我们中国的青年，不仅要在救亡的事业中复兴民族，而且要担负起将来建国的责任。”[2]周恩来号召广大的青年学生到军队中去，作抗日的主力军、到战地服务去，组织民众起来抗战、到乡村中去，发动群众参军、到被敌人占领了的地方去，里应外合，配合武装斗争，并要求青年学生加强学习，将所学的知识运用到抗战的实践活动中。国民政府撤退到武汉后，青年救国团等党领导下的学生抗日救亡宣传组织都聚集在武汉，周恩来途经武汉期间，亲自接见青年学生救亡社团的学生，对其活动形式进行指导，鼓励他们以各种形式加强对党的抗战方针的宣传，发动更多的青年学生参与到救亡运动中来。在党的政策和周恩来个人魅力的影响下，大后方的许多青年学生参军，走上抗战的前线，充实了党的军队力量。许多青年学生在敌后开展游击斗争，广泛组织民众，成为党领导下的反蒋抗日的第二条战线。

在中国共产党的教育方针政策的指引下，边区和各根据地的群众广泛参

---

1 中共山西省委党史研究室：《中共中央在延安十三年史》上，中央文献出版社2016年版，第334页。

2 南方局党史资料编辑小组编：《南方局党史资料》（5）《群众工作》，重庆出版社1990年版，第4页。

与到教育活动中来，成为抗战的坚强后盾，为构建国共合作为基础，工人、农民、学生、知识分子等社会各阶级、各民族广泛参与的抗日民族统一战线奠定了基础。作为中国共产党文化抗战的重要组成部分，抗战教育为文化抗战运动提供了思想教育上的指导和人才的补充，是实现抗战建国的伟大目标的思想文化支撑。

第六章

中国共产党领导的新闻出版界抗战活动

新闻舆论界的抗战是文化抗战的重要方面。中国共产党领导的新闻出版界的抗战活动，成为宣传抗战、团结人民，打击敌人的有力武器。抗日战争时期，中国共产党极为重视新闻舆论工作，充分发挥了它鼓舞人民、战胜敌人的作用。中国共产党领导的新闻出版界的抗战，在以陕甘宁边区为中心的抗日根据地、国统区、沦陷区乃至海外华人华侨社会，蓬勃兴起，充分发挥了动员群众、鼓舞群众，激发民族精神，激励人民的作用，成为文化抗战中最活跃的领域。

一、党领导的抗日报刊舆论宣传活动

在抗战时期，大众传播媒体主要包括报纸、杂志、通讯社和广播电台。中国共产党十分重视大众传媒的工作。抗日战争全面爆发前夕，中共中央就成立了由 4 名政治局委员参加的中央党报委员会，统一领导新闻、报刊及出版工作，负责管理新华社、《新中华报》和中央印刷厂。毛泽东也十分重视党的报刊舆论工作，抗战期间，他先后为《八路军军政杂志》《共产党人》《中国工人》和《解放日报》等报刊撰写了发刊词，指明了革命报刊的政治方向和工作方法。在党中央的直接关怀和领导下，陕甘宁边区的中心延安陆续建立了新华通讯社、延安新华广播电台（隶属于新华社）、新中华报社、八路军军政杂志社、中国工人杂志社、中国妇女杂志社、中国文化杂志社、延安解放出版社、延安新华书店、解放日报社、边区群众报社等一系列新闻报刊机构及出版发行机构。抗日根据地大众传播迅猛发展，延安成为抗战时期重要文化中心之一，对促进抗日战争的胜利发展，宣传和介绍中国共产党和八路军、新四军的方针政策、抗战成绩，巩固和发展抗日民族统一战线，鼓舞人民抗日斗志，起了重要的作用。

（一）抗日根据地报刊的蓬勃发展

报刊是中国共产党历来重视的媒体，是党宣传马克思主义和党的方针政策，传达党的决议决定，教育和鼓舞人民群众的工具。中国共产党建党初期，就创办了《向导》《布尔塞维克》等机关刊物。在土地革命时期，革命根据地创办了《红色中华》等一大批报刊，在革命战争中发挥了重要的作用。抗战时期，中国共产党有相对稳定的根据地，也有相对合法的地位，因而在延安，在各抗日根据地，随着抗日救亡运动的高涨，抗日报刊蓬勃发展，成为文化抗战的重要方面。

1939 年 5 月党中央曾明确指示各局、各省委、各特委“从中央局起一直到省委区党委，以至比较有独立性的地委中心县委止，均应出版地方报纸。党委与宣传部均应以编辑、出版、发行地方报纸成为自己的中心任务。各中央局、中央分局、区党委、省委，应用各种方法建立自己的印刷所（区党委与省委力求设立铅字机）以出版地方报纸，翻印中央党报及书籍小册子。在不能设立铅印时，即石印油印亦极重要”。[1] 因此，在每一个解放区都十分重视报纸工作。根据统计，在 1944 年解放区的报纸总数有 198 种，其中华北地区 115 种，华中 35 种，陕甘宁边区 48 种。[2]

---

1 中央档案馆编：《中共中央文件选集》第 12 集，中共中央党校出版社 1990 年版，第 70 页。

2《解放区的各种统计》，《群众》1944 年 10 月第 13 期。

在陕甘宁边区，主要的报刊有：

《解放》，1937 年 4 月 24 日创刊于延安，中共中央理论刊物。初为周刊，后改为半月刊。16 开。主要负责人为张闻天，编辑主任为吴亮平。曾一度在国统区西安、汉口等地发行。1941 年 8 月 31 日停刊，共出版 134 期。

《新中华报》，前身为《红色中华》，1931 年 12 月 21 日创刊于江西瑞金，苏维埃中央政府机关报。1937 年 1 月 29 日改为本名，在延安出版，是陕甘宁边区政府机关报。1939 年 2 月 7 日改版，兼为中共中央机关报。4 开 4 版，三日刊。负责人先后为廖承志、向仲华、李初梨、曹若茗。1941 年 5 月 15 日停刊，与《今日新闻》合并出版《解放日报》。

《共产党人》，1939 年 10 月 20 日创刊于延安，中共中央党内理论刊物。月刊。张闻天主编，李维汉负责实际工作。该刊主要是在各抗日民主根据地和国统区的共产党组织中发行。1941 年 8 月停刊，共出版 19 期。

《八路军军政杂志》，1939 年 1 月 15 日创刊于延安，八路军总政治部刊物。月刊。24 开。主编萧向荣，编委有毛泽东、王稼祥、萧劲光、郭化若、萧向荣等。1942 年 3 月停刊，共出版 39 期。

《解放日报》，1941 年 5 月 16 日创刊于延安，由《新中华报》和《今日新闻》合并而成。日刊，对开 4 版。中共中央机关报，后兼作中共中央西北局机关报。社长先后为博古、廖承志，总编辑先后为杨松、陆定一、余光生。

《中国文化》，1940 年 2 月 15 日创刊于延安，陕甘宁边区文化协会机关刊物。月刊，综合性学术刊物。1941 年 8 月 20 日停刊，出至第 3 卷第 3 期。

《中国工人》，1940 年 2 月 7 日创刊于延安，中共中央职工运动委员会主办。月刊。主编为陈希文。1941 年 3 月出至第 13 期停刊，改为《解放日报》副刊。

《中国青年》，1923 年 10 月 20 日创刊于上海，为中国社会主义青年团中央委员会机关刊物。1927 年 10 月停刊。1939 年 4 月 16 日在延安复刊，改由全国青年联合会延安办事处宣传部主办。半月刊。胡乔木主编。1941 年 3 月 5 日终刊，出至第 3 卷第 5 期。

《边区群众报》，1940 年 3 月 25 日创刊于延安，延安大众读物社创办。周刊，4 开 4 版。初为油印，后改为铅印。社长为谢觉哉。主要读者对象为根据地基层农村干部和农民群众，也曾发行到国统区和沦陷区。

此外还有《陇东报》《三边报》《农村生活》《延川报》《群众生活》《赤水民报》《米脂报》《部队生活》《部队工作》《生产通讯》《生产报》《生产月》《工作通讯》《前进报》《冲锋报》《战旗》《抗大》等。

在华北抗日根据地，抗日报刊发展迅速，仅在晋察冀根据地，1938 年春就有各种样式的抗日报纸 90 多种。[1] 经过之后的发展，据杜敬先生的统计，仅冀中地区就有 193 种报刊。其余地方，根据现在有关的史料可查到的估计：晋察冀根据地不下 80 种，晋绥根据地不下 70 种，山东解放区有 40 余种。其中主要的报刊有：

《抗战报》(《晋察冀日报》)，创刊于 1937 年 12 月 11 日，地点位于河北省阜平县，晋察冀军区政治部主办，负责人先后为沙飞、洪水。1938 年 4 月改为中共晋察冀省委机关报，同年秋改为由中共中央北方分局领导。负责人为邓拓。1940 年 11 月 7 日改称《晋察冀日报》，报头由毛泽东题写。1942 年 11 月，分局决定该报兼有中共北岳区党委（原晋察冀省委）机关报性质。1944 年 5 月，分局决定由宣传部部长胡锡奎任社长，邓拓为副社长兼总编辑，张致祥为代理副社长。

1 晋察冀日报史研究会编：《晋察冀日报史》，人民出版社 1993 年版，第 30 页。

《晋察冀画报》，1942年7月7日于河北平山创刊，晋察冀军区主办。社长为沙飞。

《中国人报》，1938年5月1日创刊，中共晋冀豫区党委机关报。间日刊，4开2版。主编李竹如。1939年1月1日停刊，与《新华日报》华北版合并。

《新华日报》华北版（《新华日报》太行版），《新华日报》华北版1939年1月1日创刊于山西沁水县后沟村，中共中央北方局机关报。间日刊，4开4版，铅印。社长何云兼总编辑，副社长陈克寒兼副总编辑。社址多次迁移，先后在左权县熟峪村、河北省涉县桃城村等。1943年10月1日改称《新华日报》太行版，为中共太行区委机关报。次年迁至涉县中原村。社长为史纪言，副社长为安岗、薛慕岳、周永生。周六刊。1949年8月停刊。

《大众报》，1938年8月13日创刊于山东黄县，中共胶东区党委机关报。社长先后为贺致平、阮志刚等。4开4版。

《导报》(《冀中导报》)，《导报》1938年9月10日于河北任丘创刊，中共冀中区委机关报。日报，4开4版。铅印。社长为彭渠，总编辑为朱子强。同年冬由于报社频繁转移，改为油印，不定期出刊。1939年1月被迫停刊，同年12月底在河北武强复刊，更名为《冀中导报》。3日刊，4开4版，先后为油印、石印、铅印。社长为范瑾，1942年秋停刊。1945年6月15日在饶阳县长流庄复刊。社长为林铁，总编辑为魏泽南。

《救国报》，1939年1月15日创刊，晋察冀边区政府机关报。间日刊，石印。负责人先后为李宗美、郑季翘。1941年2月停刊。

《冀南日报》，1939年9月18日创刊于河北南宫，中共冀南区委机关报。社长先后为艾大炎、莫循。社址曾迁至威县、广宗等地。1942年春在日寇扫荡中被迫停刊。

《太岳日报》(《新华日报》太岳版)，《太岳日报》1940年2月创刊，中共太岳区党委机关报。3月刊，4开2版，石印，1944年4月1日停刊，改为《新华日报》太岳版，铅印。

《胜利报》(《晋冀豫日报》)，1938年5月1日《胜利报》于山西和顺县园街村创刊，中共晋东特委机关报。1940年9月改为晋冀豫区党委机关报。间日刊，4开2版，石印。1941年7月7日改为《晋冀豫日报》。4开4版。

《昆仑报》，1940年春创刊，中共胶东区东海战地委员会机关报。社长先后为孙川、孙思，总编辑为刘文凯。1942年停刊。

《山东八路军军政杂志》，1940年8月创刊，八路军第一纵队政治部出版。

《前线报》，1941年创刊，胶东军区政治部创办。

《黎明报》(《冀察群众报》)，《黎明报》1943年1月创刊，中共平西地委机关报。3日刊，4开4版，石印。丁原任社长兼总编辑。1944年9月停刊，改为《冀察群众报》，作为中共冀察区党委机关报。双日刊，石印。社长先后为丁原、李舜琴。

《烽火报》(《冀鲁日报》)，《烽火报》1938年10月创刊，初为中共冀鲁边区特委机关报，1939年改为由津南地委（次年10月改称冀鲁边区一地委）主办。3日刊，4开4版，初为油印，后改石印。社址曾先后迁往宁津、杨堡、十庄铺、宁寨、小吴村、殷家村、贾家村等。刊期和开本大小也经常变动。社长傅国光兼任总编辑，1942年12月16日改为《冀鲁日报》，周二刊，4开4版。1944年2月同《群众报》合并，出《渤海日报》。

《抗战日报》，1940年9月18日创刊于山西兴县，中共晋西区党委机关报，1942年夏改为中共中央晋绥分局机关报。先后为3日刊、周三刊、间日刊、日刊，4开4版，铅印。

虽然华北地区条件非常艰苦，但是在文化领域却非常活跃。当时的华北地区大部分被日军所占领，整个抗战时期日本侵略者对华北地区的扫荡十分频繁。1941 年秋季，日本帝国主义对华北根据地进行扫荡。1942 年又对冀中地区进行了毁灭性的“五一大扫荡”。在这种种残酷的暴行下，许多报刊是无法生存的，但党报工作者克服重重困难，在山沟、在平原上与敌人用游击战的方式进行周旋，坚持出报，让该地区的人民群众能够听到党的声音，激起对抗战的热情斗志。根据当时的《铁流报》总编辑赵明的夫人回忆：报社工作人员在她家里挖了一个地下室进行办公，“白天闷在地洞里搞编印，晚上出去联系稿件分发报纸”。[1] 由于铅印、石印设备笨重，转移不便，一些报纸便将铅印机、石印机藏起来，改为油印，等到环境变好了再恢复过来。而《冀中导报》却实行分散隐藏，把报纸工作人员分派到各地办地委报纸。这就是所谓的“一个《冀中导报》停刊了，十来个地委报纸却创刊了”。这些报纸都是在当地依靠群众，在人民群众的掩护下出版的。日军来了就停止出刊，日军走了就出报。几乎每一个报社都有人牺牲。《晋察冀日报》于 1941 年 12 月 11 日发表社论《纪念本报四周年》，写道：“四年以来，我们在中国共产党的领导下，担负着团结全晋察冀边区人民坚持边区抗战的使命，在四年艰苦的斗争中，我们始终和边区广大人民在一起，严肃的站在自己的工作岗位上，在炽烈的战火中，在敌寇的不断‘扫荡’中。敌寇企图摧毁边区，当然也企图摧毁我们边区人民的喉舌，但我们始终坚持了我们的阵地，继续着我们的工作，我们没有一天辜负了党和边区人民的托付。团结全体晋察冀人民，坚持边区抗战，在新的形势下，我们应继续背负着尚未完成的使命，继续与全边区人民紧密地结合在一起，战胜新的困难，完成我们坚持边区抗战的伟大任务。”在党的领导下，这些新闻人克服了一切艰难险阻，坚持敌后办报，创造了一系列可歌可泣的故事。

1 杜锡泉：《铁流报》，《衡水市文史资料》第 2 辑，第 29 页。

华中地区抗日根据地的报刊。根据陈毅1941年8月写就的《四年抗战与新四军现状》中介绍，在华中解放区有日报27种，周刊、月刊和半月刊40多种，部队报纸40多种，油印报纸以区乡部队计大约有200种[1]等。到1945年时，根据卢子培统计，华中各解放区有定期出版物101种，其中报纸51种，杂志27种。[2]其中包括部分山东境内的报刊。华中解放区的主要报刊有：

《拂晓报》，1938年9月29日创刊于河南省确山县竹沟镇，新四军第四师党委机关报。4开4版，油印。报社曾随师部多次转移，主要活动地域在淮北、皖东、苏北一带。1943年同《人民报》合并，但依然称本名，作为中共淮北区党委机关报，并出版部队版。于同年5月改为铅印。第二年出版路东版。

《抗敌》，1939年5月1日创刊，由新四军政治部主办。名为半月刊，但是实际上出版时间不规律。16开，铅印。报社总编辑为朱镜我。

《抗敌报》，1938年6月创刊，为新四军政治部机关报。5日刊，铅印，对开4版。负责人为冯定。报头由周恩来所题。有江北、江南两版。

《抗敌报》江北版，1939年11月创刊，中共中央中原局机关报，为避免国民党的顽固派干扰，用新四军江北指挥部的名义出版。开始为3日刊，油印，4开，1940年5月1日改为铅印，间日刊。于同年10月下旬停刊。

《抗敌报》江南版，1941年1月创刊，新四军第一师政治部机关报。3日刊，油印，4开4版。

《挺进报》，1940年2月创刊，新四军第五师机关报。油印，先后改为石印、铅印。1945年停刊。

《江淮日报》，1940年12月2日创刊于盐城，《抗敌报》江北版停刊后，

1 陈毅：《四年抗战与新四军现状》，《八路军军政杂志》1941年第8期。

2 张静庐辑注：《中国现代出版史料》丙编，中华书局1956年版，第384页。

中共中央中原局新设的机关报，在1941年5月改为中共中央华中局机关报。开始是4开4版，后来改为对开。刘少奇任社长，王阑西任副社长兼总编辑。1941年7月22日停刊。

《新华报》，1941年秋创刊于盐阜地区。社长为陈毅。5日刊，4开4版，有时候增刊达到6版、7版、8版，是《江淮日报》的继承，宣传的内容和面对的读者相同。

《新路东》(《淮南日报》),《新路东》1940年12月创刊，中共路东省委机关报。初为油印，4开4版，3日刊，于1942年8月改为铅印，双日刊。包之静任社长。1944年4月1日改名为《淮南日报》，唐为平任总编辑。1946年8月停刊。

《先锋》，1941年创刊，新四军第三师机关刊物。月刊，但有些时候一月会出两期，铅印。

《时事简讯》，前身为《电讯稿》，1942年7月改回本名。中共浙东区党委宣传部主办。陈静之任社长。8开4版。开始为油印，1943年7月改为铅印。1944年4月停刊。

《盐阜报》，创刊于1942年1月1日，中共盐阜区党委机关报。王阑西为负责人。开始是5日刊，1943年1月15日改为两日刊，同年5月4日改为3日刊。抗战胜利后改为《盐阜日报》。

《盐阜大众报》，前身是油印小报《通讯》，1943年4月25日改回本名。中共盐阜地委机关报。于广生任总编辑。开始为半月刊，后来改为周刊、3日刊。

《抗日报》，1943年春创刊，中共浙东区党委主办。马丁、林岚任主编。4开4版，不定期。

《战斗报》，创刊于1943年8月，新四军浙东游击纵队政治部主办。16开4版，油印。开始为周刊，后来变为3日刊，于同年11月停刊。1944年

3月12日复刊，铅印。

《苏中报》，创刊于1943年12月，前身是《滨海报》。中共苏中区党委机关报。3日刊。林淡秋任总编辑。

《新浙东报》，创刊于1944年春，是《时事简讯》的前身。中共浙东区党委机关报。

此外，在华中地区还有许多的部队报纸与杂志，例如，《苏中报》军队版、《拂晓报》军队版、《战士生活》、《青年军人》、《战旗》、《战斗》、《军中党人》等。面向新闻界的杂志有《盐阜记者》，面向教育界的有《盐阜教育》，面向广大工农群众的有《犁与锄》《老百姓》《淮南大众》《淮北大众》《农救报》等，还有面向党员的《路西党刊》《现实》《盐阜党刊》《真理报》等，更有面向儿童的《儿童生活》《儿童文艺》《儿童画报》等。由此可见，当时的华中解放区报刊结构是非常合理的，能够满足不同层次和不同读者的需要。

为满足种类繁多的抗日根据地报刊发行需要，各个地区都有发行网络。在党中央方面，1937年刚刚成立的中央党报委员会设立了出版、发行两科。为了打破日本侵略者和国民党顽固派对党的出版物的封锁，1939年3月22日，中央决定："从中央起至县委止一律设立发行部……各级发行部应依照各种不同的环境，建立公开的、半公开的或秘密的发行网。"[1]同年9月，中共中央出版发行部正式成立，统管党的出版发行工作，李富春任部长。原来的中央党报委员会的出版、发行两科也并入该部。中央要求在各个根据地的党委要"经常注意与检查党的发行工作。在运用公开发行的一切可能之外，应即建立党内的秘密发行。宣传部应与发行部发生密切的联系"。[2]

---

1 中国社会科学院新闻研究所编：《中国共产党新闻工作文件汇编》上册，新华出版社1980年版，第88页。

2 中央档案馆编：《中共中央文件选集》第12集，中共中央党校出版社1990年版，第12页。

因此，从分局到区党委、地委、县委都设立了专门的发行部（科），党支部也设立了发行小组。这样，所有发行员的组织关系都归于各级的党委组织。同时，为了有一支专门化的发行队伍，还举办了发行人员的短期训练班，例如中共中央北方分局于1940年7月举办培训班，学习毕业之后都分配到了报社的发行系统工作。

党的另一个系统也对发行工作的推进起到了极其重要的作用，即党的地下交通组织。在这里，交通员往往也担任了发行员的工作。在敌人占领的重灾区，报纸的发行更多的是依靠党的地下交通组织。如《冀中导报》，由于环境十分的恶劣，发行工作就主要靠武装交通队，才能穿过敌人的层层封锁，把报纸发到党的各级组织和基层干部群众手里。冀中八地委的《胜利报》则“在敌人封锁线的关卡建立地下交通站，利用深夜过卡把报纸送到各县，再由各县交通站分送各村，才转到干部和群众手里”。[1]在各个地区，这些地下交通站是数不胜数的，为了将报纸等机要信息送往各级党委和群众手中，交通员们付出了巨大的牺牲。

在一些环境相对安定的地区，报纸都拥有自己独立的发行系统。如北方分局机关报《抗敌报》在各个分区设有分社，在各县还设立了自己的派报社，各区和支部均有发行员。在最开始的时候，该报纸的发行由军区政治部收发室代收，后来变成主要靠军邮、军队捎带和地方上沿村传送。这种传送的方式一般由报社驻村人员传送到周围的村庄，依次传开。就是依靠这样的传输方式，《抗敌报》得以在边区中心北岳恒山地区、平汉路以东的游击地区和冀中平原上畅销。到1938年11月，《抗敌报》设立了发行科和总销处，还在分区建立了分社，在中心县份设立了交通站。新华书店建立后，报纸的发行就开始通过各地的新华书店和专门的发行站下发，一般是通过新华

1 李致：《回忆〈胜利报〉》，载李继光编：《沧州报刊史料》，河北人民出版社1990年版，第77页。

书店送到指定的发行站或者是分店，然后下发。比如新华书店晋察冀分店就总销边区的党报党刊，而这个分店和延安总店所发行的书报杂志在下级的新华支店都有出售。这些支店所发售的各地出版物在总店中也有出售。为了保证这一套机制的稳定运行，各级党委把熟悉这一切的工作人员都调到了主要的岗位上，比如《晋察冀日报》发行科科长罗军，原来他的职位是中共中央北方分局发行委员会机要交通科长，主管的就是发行的工作。晋察冀分店就由他筹办并且兼任第一任经理。

中共晋察冀北岳区党委在1941年4月20日关于报纸发行工作的通知中就明确地规定："专区以下发行工作由地委负完全责任，并向县区切实布置，严格检查，普遍建立专区到县的干线及县到区的支线之发行站。大站即设书店。"各区交通局建立了平时的交通站、线和战时的副站、线，这样即便是在战时也能发行报纸。平时的交通站设在靠近大道的村镇，便于发行。等到敌人扫荡的时候，就选择山沟中的小村作为副站，如果第一个站被敌占领就送到第二个站，主要站、线的交通员则随村公所转移。这样，党就有了一条打不烂、摧不垮的交通线，就能保证精神食粮的运输了。

后来，有的根据地交通站发展成为战时邮局，实行邮政、交通、发行三位一体的制度。如中共中央山东分局于1941年10月将山东军区、大众日报社和战时工作推进委员会各自设立的交通通信系统合一，成立山东战时邮政推进委员会。次年2月正式成立山东战时邮政管理局，其分支机构遍布全省，主要担负报纸发行的任务，实行邮交发一体化。邮政管理局局长赵志刚同时兼任山东分局组织部交通科科长和大众日报社发行部部长。由于该局的卓绝努力，1942年《大众日报》以莒南县为中心通过3条主要交通干线发行："第一条干线是由莒南县向南，到临沭县后一分为二：一条继续向南，穿越陇海铁路，进入华中地区各抗日根据地，直至敌人占领的南京、上海、杭州等大城市；另一条向西，过沭河、沂河，经过敌人占领的临（沂）、郯

（城）、苍（山）平原，到鲁南、湖西地区。第二条干线是由莒南县向西，过沭河、沂河，经过大片敌占区，到达鲁中区、泰山区，然后由泰山区一分为二：一条向西，穿越津浦铁路，进入泰西地区，转至华北各抗日根据地，直至党中央所在地延安；一条向北，穿越胶济铁路，到达渤海地区。第三条干线，是由莒南县向北，至滨北地区，然后穿越胶济铁路，进入胶东半岛。”[1]

此外，党报通讯员和全体党员也都是党报的发行员。这是党报的历史传统。党的第一个正式刊物《向导》就是依靠党员们来推销的。那时中央规定，党员“不但有购阅本党中央机关报之义务，并有努力向党外推销之义务”。[2]《新华日报》创刊后，党仍要求每一个党员“应尽可能订一份新华日报，并帮助推销和发行”。[3]中共中央晋绥分局曾要求通讯员和党的各级机关组织《抗战日报》读报组，“使每份报纸，能经常有一百人读到或听到”。[4]这样，物尽其用，报纸能够以一当百，不仅经济实惠，同时也组织起了千百万群众。

（二）中共领导的国统区抗日报刊活动

由于国民党反动派采取消极抗日政策，中国大面积的国土沦丧。在这种形势之下，国民党的新闻中心也开始从南京、上海向武汉、重庆转移。1944年6月5日，《中共中央向国民党政府提出之意见书》由中共中央代表林祖涵交给国民政府的代表王世杰、张治中。其中关于办报的意见“请政府允许

1 朱民：《抗日战争中的〈大众日报〉》，《新闻研究资料》39，中国社会科学出版社1987年版，第46—47页。

2 中国社会科学院新闻研究所编：《中国共产党新闻工作文件汇编》上册，新华出版社1980年版，第15页。

3 中国社会科学院新闻研究所编：《中国共产党新闻工作文件汇编》上册，新华出版社1980年版，第86页。

4 中国社会科学院新闻研究所编：《中国共产党新闻工作文件汇编》上册，新华出版社1980年版，第136页。

中共在全国各地办党办报，中共亦允许国民党在陕甘宁边区及敌后各抗日民主地区办党报”。[1]但是当时王世杰、张治中二人及国民政府害怕中共的声音在其统治区传播，并未接纳。然而中共在国统区的报刊仍然以各种方式发展，成为国统区人民了解中国共产党的主张，了解八路军、新四军和根据地人民抗战事迹的主要渠道；也成为国统区进步人士追求真理、投向光明的指路明灯。当时中国共产党在国统区的办报形式主要有以下几种。

1. 以共产党的名义公开办理。

《群众》，1937 年 12 月 11 日于汉口创刊，是中共中央主办的理论性刊物，担任主编的先后是许涤新、章汉夫等，发行人为潘梓年。周刊。武汉沦陷后迁往重庆，同年 12 月在重庆正式出版发行。主要宣传中国共产党关于抗战的一系列方针政策、中共领导人的抗战言论、报道八路军以及新四军的战况。

《新华日报》，1938 年 1 月 11 日于武汉创刊，中共中央在国统区公开发行的机关报。在同年的 10 月迁至重庆出版。董事长由周恩来担任。潘梓年为发行人，华西园（华岗）、吴克坚、章汉夫先后担任总编辑，徐迈进、熊瑾玎先后担任总经理，陆诒为采访部主任。主要作用就是宣传中国共产党的抗日主张，宣扬八路军、新四军及国民党爱国将士的英勇事迹，发表中共领导人的重要言论，同时还刊载国民党爱国将领的抗日言论。

《战时青年》，1938 年 1 月 10 日于武汉创刊，中共中央南方局青年工作委员会主办。半月刊，政治性的综合刊物。开始由何仲觉编辑，到重庆之后由蒋南翔、袁汝镛负责。主要报道青年问题、救亡运动和国内外形势等。

《西北》，1938 年 1 月 21 日于西安创刊，中共陕西省委的机关报。周刊。李初梨任主编。同年 12 月被迫停刊。

---

1 中央档案馆编：《中共中央文件选集》第 14 册，中共中央党校出版社 1992 年版，第 343 页。

2. 以进步团体名义主办。

《救亡周刊》，1937 年 10 月 9 日于四川成都创刊，四川青年救国会会刊，由中共成都市委领导。熊复、王世焕、余明先后担任主编。

《星芒周报》，1937 年 9 月 18 日于成都创刊。“中华民族解放先锋队成都部队”星芒通讯社出版，主编为胡绩伟。同年 11 月与《救亡周刊》合并，出版《星芒救亡联合周报》。《星芒周报》在 1938 年 4 月 5 日改为 3 日刊，出版《星芒报》。

《抗敌导报》，1937 年 9 月 26 日于厦门创刊，10 日刊。福建省抗敌后援会厦门分会宣传工作团创办。实际由中共掌控。洪学礼为主编，邓贡直、张兆汉、许展新等人为编辑，大多是共产党员。停刊于 1938 年 1 月中旬。

《战友》，1938 年 1 月于福州创刊。开始为周刊，但自第 19 期开始改为旬刊。由“战友社”主办。开始由何思贤、王一平等中共党员负责编辑，后改为由高缉光等人编辑。《战友》实际受新四军驻福州办事处领导。1939 年 4 月停刊，共 23 期。

《抗敌三日刊》，1938 年于福建省长乐县创刊，由该县的抗敌后援会主办。刘润世创办并任社长，张羽为编辑，此二人都是共产党人。

《妇女呼声》，1937 年 10 月 10 日于成都创刊。是由成都几名中共女党员团结进步的妇女主干，以四川省妇女抗敌后援会名义编辑发行。朱若华为主编。

《时论》，1937 年 12 月 15 日于福建莆田创刊。旬刊，时事研究会主办。蔡拱北为发行人。刊物受到中共闽中工委领导，1938 年 4 月停刊，共 9 期。

《抗敌知识》，1938 年 4 月 10 日于福建省莆田市创刊，旬刊，由时事研究会主办。蔡拱北、朱微风先后作为发行人。中共党员有杨杞松、蔡文焕。共 6 期。

《战时学生旬刊》，1938 年 5 月 20 日于成都创刊，由“救亡周刊社”出版，受中共成都市委学委的领导。

《国民公论》，1938 年 9 月 11 日于汉口创刊，救国会会刊。开始是旬刊，四期起改为半月刊。胡愈之为发行人。张仲实为主编。由胡愈之、钱俊瑞、张志让、张铁生、胡风等人撰稿。1939 年迁往重庆，1940 年迁往桂林，1941 年停刊。

《中国农村》，1934 年 10 月于上海创刊，中国农村经济研究会主办。1937 年 8 月先后迁往南昌、汉口、桂林。薛暮桥为主编。此刊的侧重点在于研究农民和农村统一战线问题。1943 年 5 月停刊。

《商务日报》，1914 年于重庆创刊，重庆商会的机关报。1944 年，中国共产党组织派遣部分党员进入该报，使之逐渐成为中共团结民族资本主义的宣传工具。

《牺牲救国》，1937 年年初于太原创刊，同年 11 月停刊。1939 年于陕西复刊。铅印，半月刊。山西牺牲救国同盟会总会编印，赵石宾任总编辑。

《妇女新运通讯》，1939 年 10 月 1 日于重庆创刊。新生活运动妇女指导委员会刊物。半月刊。地下党员夏英吉负责。

《民众日报》，抗战期间于山西临河创刊，由民众教育馆馆长、地下党员侯福荣任社长，河套地区机关报。王一然、刘瑞森等地下党员常为该报写社评和短评。

《三罗日报》，1939 年于罗定创刊。用中山大学三罗同学会的名义主办，在国民党县党部备案，由蔡廷锴题写报头。编辑由谭郎昭负责，审稿由黄焕秋、俞福亲负责，后改为俞福亲和杨昌龄负责，后两人均为中共党员。该报的发行每日在 1000 多份，主要分布于三罗地区和西江各县，其印刷、发行、销售都由中共秘密据点“汇合书店”操作。副刊名为《大众》。1940 年 4 月该报被国民党当局强行封闭。一众党员被捕。

3. 以同人报纸面目出现。

《抗战》，1937 年 8 月 19 日创刊于上海。3 日刊。编辑为邹韬奋。胡愈之、张仲实、金仲华、沈志远、艾思奇、胡绳等为撰稿人，并且多数为共产党员。但是由于该报受到租界当局的压力，于同年的 9 月 9 日改名为《抵抗》。在 11 月又改回原名，前往武汉出版，1938 年 7 月同《全民》周刊合并，名《全面抗战》，后又迁往重庆出版。

《老百姓报》，1937 年 11 月于西安创刊。由中共党员李敷仁创刊，并得到中共西安地下组织的支持。该报提倡大众化、通俗化，很受读者的欢迎，在国内 13 省发行，甚至还发行到国外多个国家。同时该报在各地还设有读者会，请读者讨论报纸中的各种问题。但是在 1941 年 4 月被国民党勒令停刊。

《东南战线》，1939 年 1 月于浙江金华创刊。主编邵荃麟、骆耕漠为中共党员。该刊同之前的《战时生活》属于继承关系。同年 3 月停刊，共 5 期。

《中国学生导报》，1944 年 12 月 22 日于重庆创刊，受中共中央南方局青年组领导，周刊，4 开，铅印。戴文葆、施旸为编辑部负责人，杜子才为总干事。该报经费绝大部分由南方局直接提供。

《观察日报》，1938 年 1 月创刊于长沙，黎澍、杨赓等人创办。4 开。

《华西晚报》，1941 年 4 月 20 日于成都创刊。初为 8 开，半年后改为 4 开。社长罗忠信，唐征久、李次平先后任总编辑，田一平为总经理。由中共中央南方局和四川省委领导。1943 年黎澍任主笔。

《晨报》，1943 年 5 月于韶关创办。4 开。日报。梁若尘任社长，赵元浩为经理，刘锦汉、陈展谟任营业主任。邬维梓为编辑，李宪周任编辑主任。记者有陈乃桐、何岳英、莫辉宗等人。且这些人大多为中共党员。1945 年 1 月 24 日停刊。

《现代妇女》，1943 年 1 月 1 日于重庆创刊。月刊。由地下党员曹孟君主编。编委20多人，大部分为共产党员。该报是在邓颖超提议下创办，并且她曾多次为该报撰稿，提出建议。

《大公报》，1902年6月创于天津。1936年4月创办上海版。1937年8月天津版停刊。同年9月创汉口版，12月上海版停刊。1938年8月创香港版，12月创重庆版。1941年3月桂林版创刊。曾有一批中共党员在此报工作。

《四川日报》，1936年8月创办于重庆。次年迁至成都，由杜桴担任总编，其为中共地下党员。

《力报》，1938年12月于湖南邵阳创办。前身为长沙《力报》。康德任总经理，严怪愚任总编，冯子英负责采访部，编辑部由陈楚负责。1940年被国民党当局停刊。

《民众导报》，1945年创刊于西安。由陕西省民众教育馆主办，但实际上由中共控制。李敷仁任主编。

4. 打着国民党招牌。

一些报纸名义上是国民党创办，实际上由中共控制。例如：

《金陵日报》，1936年夏创于南京。8开小报，吕一峰创办。国民党政府参军吕超任董事。社长和总编由吕一峰兼任，1937年由陈同生接替，此二人均为中共党员。此外还有一批共产党员进入该报工作，比如，陈沂、何云、朱仲龙等。但该报实际上完全由中共主理。1937年11月停刊。

《民族日报》，1939年1月于浙江于潜县创立，名义上是浙西行署领导，但实际上初期是由中共地下党组织控制。王闻识（共产党员）任社长，报社职工有将近一半为共产党员。后来经过两次改组，由国民党控制。

《皖东北日报》，1939年1月于安徽省东北地区管镇创刊。3日刊，石印，8开4版。名义上是由国民党第五战区第六游击纵队司令部政治部创办，但实际上掌控于中共地下党组织手中。1940年停刊。后复刊改名为《人民日报》，成为公开的中共苏皖地区党委机关报。

《新会战报》，1940 年 5 月于广东新会创刊。4 开 4 版，铅印。用国民党新华县人民政府名义发行，实际的领导是中共新华江南区工委。钟克夫（中共新华区工委宣传部）任主编。3 个月之后被国民党当局勒令停刊。

《时事新报》，孔祥熙控制的报社。民国初年创立，抗战之前被孔买下。中共党员张友渔、彭平担任该报委员会的成员。当时张友渔为总主笔。韩幽桐也不定期地为该报撰写评论。陈翰伯也曾在该报工作。皖南事变后这些人均撤离。

《闽北日报》，1936 年 11 月于福建建瓯创刊，蒋鼎文主办。该报本为福建绥靖公署的机关报，等到蒋鼎文调任西安任职之后，把该报赠予国民党党部委员朱宛邻，由张沐暂代总编。张实际上为中共建瓯县委组织委员，由党组织调入该报。不久，由颜学回任总编。

《奋斗日报》，第二战区北路军总部和流亡的绥远省政府机关报。1938 年创于山西河曲。开始为 35 军政治部军报。杨乐之、景昌之、王华灼、崔载文、阎又文先后担任社长。杨、景离职后都前往陕北。中共党员赵西曾任总编，后主编副刊《草原》。

《新疆日报》，由军阀盛世才所办。1935 年于乌鲁木齐创刊。王宝乾、满素尔、万献廷等中共党员受组织派遣担任正、副社长及总编。1937 年七七事变之后，中共中央又派了一批理论和新闻工作者来报社任职。

5. **秘密出版**。

《党的生活》，1938 年 3 月于兰州创刊。甘肃省工委机关刊物，创办人和主编为罗云鹏。32 开，开始为油印，后改为石印。拥有地下印刷所，每一期印刷五六十册，1939 年停刊。

《解放日报选刊》，1941 年皖南事变之后，由《新华日报》秘密印行。主要刊登延安《解放日报》的评论与报道。

《海外呼声》，1941 年皖南事变后，由《新华日报》秘密发行。刊载海外各地爱国民主呼声和主张。

以上报刊都是中国共产党在国统区所创办、控制或者间接控制的。为了粉碎国民党反动派对党的报刊的查禁，中共中央开始要求各级报刊灵活运用迂回战术来进行宣传，以分散对抗其统制政策，以隐蔽对抗其摧残。为了扩大宣传工作，1939 年 5 月中共中央指示各级党委“应设法经过自己的同志与同情者，以很大的坚持，争取对于某种公开刊物与出版发行机关的影响……同时应推动社会上有声望地位的人，出版一定的刊物，由我们从旁给以人力和材料的帮助”。[1] 并且要求国统区的党组织精干隐蔽起来“长期埋伏，积蓄力量，以待时机”。[2] 党的各个报刊都很忠实地执行了这一指示，利用侧面迂回的方式间接宣传党的方针政策。如《华西晚报》，周恩来曾经指示该报总经理田一平：“还要稳啊！不稳，你那个报早就关门了。”[3] 就是这样，《华西晚报》才能成为成都地区办报时间最长、影响最大的一份报纸。它同时也团结了一大批进步人士，在与国民党的巧妙斗争中，在一些关键时刻发挥了重要作用，甚至有人称其为“华西烛龙”。

当时国统区的新闻事业是由国民党中央通讯社所垄断，重要新闻均由该社统一发布，其他各报刊发表新闻均需要通过审查，限制十分多。甚至当报社的新闻言论冒犯到当局的时候，还要面临牢狱之灾。因此，很多新闻报社纷纷将重点放到了副刊上面，如果副刊被查禁，还可以出另一个副刊，报社不至于被查禁。当时的副刊主要以文艺体裁文章宣传进步思想，歌颂抗战英雄的英勇事迹，鼓舞抗战斗志，批判当局的不作为，这样，人们的心理就有了一个发泄、舒展的机会。人们甚至用“文化的劲旅”来称呼这种副刊。

1 中央档案馆编：《中共中央文件选集》第 12 册，中共中央党校出版社 1991 年版，第 71 页。

2 中央档案馆编：《中共中央文件选集》第 12 册，中共中央党校出版社 1991 年版，第 556 页。

3《高成祥、雷兴敏、田一平谈〈华西晚报〉的七个春秋》，《新闻研究资料》4，中国社会科学出版社 1987 年版，第 167 页。

同时，中共在国统区的报刊也建立了自己的发行队伍，自皖南事变之后，国民党对于《新华日报》的打压越发地肆无忌惮。一方面通过收买地方势力，让其拒绝为中共发行；另一方面还派出大量的警察和特务进行破坏和通过邮局秘密扣留报纸，妄想使其“自己闷死”。为了粉碎国民党的封锁，《新华日报》紧急动员自己的勤杂人员和部分干部上街叫卖。大量吸收那些无家可归的流浪儿，建立自己的报童队伍。更有伪装发行、分散邮寄等策略。

总之，中共的主要策略就是建立起自己的统一战线，以《新华日报》为核心团结一切可以团结的力量，将宣传和统战紧密结合。在建立统战的过程中，党不仅带活了报刊的发行，更重要的是还吸收了许多进步人士，使国统区知识界认识、了解中国共产党的方针、政策，接受中国共产党的主张，同情和倾向中共，拥护中共。如邹韬奋所办的刊物极力介绍中国共产党领导的根据地和八路军、新四军的情况，并拥护共产党的主张，批判国民党的弊政，真正做到：说人们所想要说的，说国民党反动派所不能说的，讲《新华日报》所不便讲的。国民党内部派系众多，矛盾复杂，使得许多共产党员能打入敌人内部。在国民党的报社中活跃着大批的共产党员。后来又层层递进到其他的报社中去，所以就逐渐掌握了部分或者全部的版面，与《新华日报》互为引援，形成了以《新华日报》为中心的宣传网络。

（三）党领导的面向沦陷区的报刊抗战活动

在战争期间，日本帝国主义侵略者先后占领了中国的大片领土。在已经沦陷的地区，日寇的残暴统治之下，共产党员同进步人士冒着生命危险，在沦陷区坚持创办抗日报刊，把抗日的声音传播给沦陷区人民。当时在沦陷区的主要报刊机构有：

《译报》，1937 年 12 月 9 日创刊于上海。编辑由夏衍、梅益、赵邦荣等人负责。发行工作由丁君陶负责。该报为纯粹的翻译报纸。《译报》精选那些有利于我国抗战的材料，宣传中共抗日主张。同年被取缔。

《集纳》，1937 年 12 月 19 日创刊于上海。宜闲、邵宗汉先后作为主编。周刊，纯翻译性刊物。1938 年 2 月 19 日停刊。

《译报周刊》，1938 年 10 月 10 日创刊，由《每日译报》出版发行。编辑由梅益、王任叔、冯宾符等负责。逢周三出版。设有《一周战局》《每周瞭望》《战争知识词典》等栏目。上海沦陷一周年时曾出版特别栏目介绍新四军的抗日事迹。1939 年 6 月 2 日停刊。

《华美晨报》，前身《华美晚报晨刊》，于 1937 年 11 月 25 日创刊，1938 年 4 月 19 日改名。1938 年年底因原负责人经营问题，导致经济崩溃，八路军驻沪办事处派人接收该报，任命徐怀沙为总编辑，陆久之作社长。1939 年 4 月 28 日因该报副刊发文《读褚民谊启事》中有主张杀汉奸的内容，导致该报在 5 月 1 日被工商局吊销执照，被迫次日停刊，后复刊，于不久后停刊。

《上海人报》，1938 年 1 月 15 日创刊，由胡愈之负责，创刊后于同月 29 日停刊，同年 4 月 17 日复刊。

《离骚》，于 1937 年 12 月创立，以文艺类作品为主。

《团结》，1937 年 11 月创刊，是上海各界戒网协会机关刊物，潘蕙田任主编，该报印刷工作由太平洋印刷公司负责，但为了迷惑敌方，伪称该报在宁波印刷。

《职业生活》，1939 年 4 月 15 日创刊，由中共上海地下党直接领导，对外称由上海职业界救亡协会主办。以《国际日报》增刊的身份出版，汪之行作为编辑，何持中为发行人。1939 年 6 月 1 日，因《国际日报》发行人 Kelambi 被特务收买导致《国际日报》停刊，该报宣布独立出版。1940 年 4 月 18 日，上海工部局令该报限期停刊。

《求知文丛》，1940年创刊，由八路军驻沪办事处出版，负责人为梅益。

《简报》，1939年下半年创刊，以工人作为发行对象，周刊报，纪康负责该报的编务。

《文献》，1938年10月10日创刊，钱杏邨任主编，风雨书屋出版，由英商中华大学图书公司发行。该报刊主要刊登国共领导人的抗战言论。为群众介绍中共的抗战理念，并且致力宣传军队的抗日战绩。1939年5月停刊。自创刊到停刊，共出版8期。

《学习》，1939年9月16日创刊，主要由青年学生进行编委工作，实际领导人是王任叔。该报自称为“纯研究性的半月刊”，实际上《苏北来函》《苏北通信》《读者信箱》等栏目都在介绍苏北抗日根据地的战况，积极动员上海青年人参与革命斗争。

《时代》，1941年创刊，姜椿芳负责编辑，由苏商时代出版社发行刊物。

《觉醒》，在太行区于1939年12月创刊，日本士兵觉醒联盟本部主办本报，发行文字为日文，杉木一夫、吉田一郎任主编。

《实话报》，1941年12月20日创刊，先后两任编辑分别为：陈春森、仓夷。由晋察冀日报社负责主办，主要发行地包括北平、天津、保定、太原、张家口、石家庄、大同、沈阳、大连等。沦陷区同志为该报的主要读者。

《士兵之友》，1940年秋季于延安创刊，森健任主编，由在华日人反战同盟延安支部主办。主要面向日军俘虏和侵华日军士兵发行。

《战友》，1941年夏在晋察冀地区创刊，晋察冀地区日人反战同盟支部负责该报，宫川哲治等人任主编。

《解放画报》，1941年创刊，晋察冀军区政治部负责，政治部宣传部摄影科、敌工科合作编发，主要向日本军队发行。

《祖国报》，1944年创刊，劳成之为主编，冀中十地委主办。读者多为伪军。

《解放周报》，1944 年 5 月在浙东创刊，浙东游击纵队敌工部和在华日人反战同盟浙东支部合作办理。黄源、楼适夷等任主编，发行版本为日文，翻译工作由吉永久寿秀、田中等负责。日本士兵为该报的主要读者。

《赤旗报》，1943 年始创，鄂豫皖区日人反战同盟第五支部办理，坂谷义次郎、森田担任主编。

《正义报》，1942 年春在山西兴县创刊，毛大风为主编。由中共晋西区党委宣传部编辑发行。主要面向的对象为沦陷区同胞。

《日本人民之友》，1942 年创刊，在华日人反战同盟冀中支部负责主持，任命田中等为主编。

《黎明》，1942 年在冀鲁豫地区始创，主编为水野靖夫，在华日人反战同盟冀鲁豫支部主办。

《同胞新闻》，在太行区于 1943 年 3 月 1 日创刊。负责部门为在华日人反战同盟太行支部。主编为吉田太郎。

《新时代》，1944 年创刊，始创于苏中东台地区。主办为在华日人反战同盟苏中支部。香河正男、滨中政志任主编。

《中央日报》，发行“敌后航空版”，报刊曾通过驻华美军带往敌后方。

《真理的斗争》，1941 年夏季在重庆创刊，由日人反战同盟本部主持工作。主编为鹿地亘，主要发行给国民党前线作战部队。

《武汉日报》敌后版，由国民党中统局于 1944 年 7 月 1 日在黄冈三里创立。杨虔周为社长，该报副刊《鹦鹉洲》设立专栏《燃犀录》，该栏目专门揭露汉奸的丑闻和内幕，该报发行之余，还派中统交通员送报纸到上过栏目的汉奸手中，使汉奸有所忌惮。该报的震慑威力之大，使得有的汉奸还向该报捐钱献物以表悔过。

中共在沦陷区的报刊活动，极大地鼓舞了沦陷区人民抗战的信心，为抗战胜利奠定了群众基础。以郭沫若等中共党员为首，领导成立了第三厅第七处，编印出版大量的对敌宣传物。但是在国民党顽固派的干扰下，使得国民党对敌宣传的实力大为削弱。军统局渝特区在1939年年度工作总结报告中提出“中宣部虽能定期或针对重大事件制发宣传要点，以统一舆论。但在后方对于阐述本党书籍之制发，反不能与共党及人线分子比拟，尤其在前方作战之部队，恒感无正确之宣传品可供阅览；在沦陷区域之民众，更未能一览本党之书报；实为最大遗憾”。[1]

二、党领导的通讯社、广播电台的抗战活动

通讯社是专业从事新闻信息采集、发布的传播机构，为报纸、广播、电视等媒介机构发布新闻和信息。中国人自办的第一个通讯社是1904年在广州创办的“中兴通讯社”。此后，各种通讯社开始不断出现，促进了中国新闻事业的发展。广播电台则是随着近代科学技术发展而出现的新型传播工具，它以快捷的方式迅速传播各类新闻，是新闻舆论界重要的传播工具和手段。

（一）新华通讯社的抗战报道

中国共产党创办的第一个通讯社是1931年在江西瑞金成立的红色中华通讯社（简称“红中社”）。1937年1月，中共中央决定将红色中华通讯社改名为新华通讯社（简称“新华社”）。红中社利用从国民党军手中缴获的两部小功率电台做实验，终于发报成功。11月7日中华苏维埃共和国中央政府成立之日，红中社以“CSR”为呼号，用中、英文对外播发消息，这是中国共产党领导的红色政权打破国民党的封锁，第一次向全中国和全世界报道

1 重庆市档案馆：《军统局渝特区1939年度工作总结报告》，《档案史料与研究》1993年第1辑。

了工农红军、苏维埃政权和革命根据地的政治、军事、经济和文化教育等活动，使全国和全世界人民认识了中国工农红军。

1934 年 10 月红军开始长征，《红色中华》报停刊，红色中华报社停止对外播发新闻。但是抄收国内新闻电讯的工作没有中断。1935 年 11 月，红一方面军到达陕北后，《红色中华》报在瓦窑堡复刊，红色中华报社也开始对外播发新闻。随着抗日民族统一战线的建立，中共中央为了及时指导人民巩固和平、争取民主以及扩大陕宁边区的影响，决定将《红色中华》报改名为《新中华报》。1937 年 1 月 25 日，红色中华报社也随之改名为新华通讯社。在组织机构上，新华社和《新中华报》仍然是社、报一家。社长由博古兼任，主要工作人员有廖承志（负责全部外电翻译）、向仲华（负责国内广播及《新中华报》的编辑工作）、李柱南（负责中文译电工作）等。社址在延安城区，后又迁至城东清凉山，每天播发 2000 字左右的新闻稿。

随着文化抗战的发展，1939 年年初党中央决定新华社与《新中华报》分开，成为独立的组织机构。自此，新华社开始了独立发展的新阶段，第一任社长向仲华，社址由清凉山迁至中共中央所在地杨家岭。同年 6 月，新华社进一步调整组织机构，设立了编辑科（科长由向仲华兼任）、通讯科（由缪海棱负责）、译电科和油印科。

1938 年，随着八路军、新四军挺进敌后，建立了大片稳固的抗日根据地，新华社开始在各根据地建立分支机构，如晋绥分社、晋察冀分社、太行分社、山东分社等。1941 年 5 月，根据中共中央《关于统一根据地内对外宣传的指示》精神，新华总社对各地通讯社进行了整顿，各地通讯社均改为新华社分社，与延安新华总社建立直接的业务联系。带全局性的新闻电讯，一律由新华总社发布，加强了党对外宣传的统一领导，也加强了中央的宣传力量。

1944 年 8 月，新华总社成立英文广播部，从 9 月 1 日起，正式开始对外播发英文电讯稿。这是新华社历史上正式对国外报道的开端。当时英文广播部主任由新华社副社长吴文焘兼任。燕京大学教员、英国人林迈可曾任新华社英语播报部顾问，负责英文稿的修改。[1]

至 1945 年抗日战争胜利，新华社由三五人组成的小机构，发展成为由 100 多人的总社和遍布抗日根据地的 40 多个分社组成的新闻通讯系统。在发布新闻的职能上，也由原来的单一的国内文字传播，发展成为文字、口语和对外英语三种传播，在文化抗战中发挥了重要的作用。其主要宣传工作是：

1. **宣传中国共产党抗日民族统一战线**。抗日战争时期，新华社作为党中央的喉舌，始终把宣传中国共产党的抗日民族统一战线政策、鼓舞全民族团结抗日，放在新闻报道的重要地位，把传播中共中央的全面抗战、持久抗战，争取抗战最后胜利的政策和方针作为报道的重要内容。

1937 年 7 月 23 日，新华社发表了中国共产党为日本帝国主义进攻华北第二次宣言，发布了立即实现国共两党合作，创立抗日民族统一战线，以共赴国难等八项要求和主张。9 月 29 日，新华社播发《解放》周刊记者就国民党中央推迟发表《中共中央为公布国共合作宣言》还特邀共产党中央负责人发表意见，揭露了国民党消极抗战的面目，传播了中国共产党以民族大义为重，坚决抗战的主张。

2. **传播毛泽东著作及党中央的文件和决定**。1937 年七七事变爆发后，新华社发布了中共中央关于《中国共产党为日军进攻卢沟桥通电》。1937 年 8 月中共中央洛川会议通过了《中央关于目前形势与党的任务的决定》和《中国共产党抗日救国十大纲领》。1938 年 9 月，在延安举行扩大的中共六届六中全会上，毛泽东作了题为《论新阶段》的政治报告，通过了《中共扩大的

---

1 戴知贤、李良志主编，中国抗日战争史学会、中国人民抗日战争纪念馆编：《抗战时期的文化教育》，北京出版社 1995 年版，第 295 页。

六中全会政治决议案》，新华社及时播发了这些会议的有关文件，有力地宣传了党的抗战纲领和主张。

抗日战争时期，毛泽东撰写了大量文章并发表了一系列重要谈话，如《反对日本进攻的方针、办法和前途》《为动员一切力量争取抗战胜利而斗争》《抗日游击战争的战略问题》《中国共产党在民族战争中的地位》等，全面分析了中日战争的历史背景和敌我双方的基本特点，驳斥了“亡国论”和“速胜论”，科学地预见了抗日战争的全部发展过程，指出最后胜利属于中国，极大地鼓舞了全民族团结抗日的斗志，坚定了全国人民的抗战必胜信念。这些文章除在延安一些报纸和理论刊物上刊登外，大部分由新华社对外播发。

针对日本在加强军事进攻的同时加紧进行政治诱降的情况，以及国民党统治集团内的投降、分裂、倒退活动的日益严重，新华社先后播发了中共中央《为抗战三周年对时局宣言》《为抗战四周年纪念宣言》《为纪念抗战五周年宣言》等重要文件，广泛地传达了党中央的声音，为动员全党和全国人民为克服国民党的投降反共逆流，争取时局好转，发挥了重要的作用。

抗日战争时期，新华社播发的毛泽东的著作，受权发布的中共中央一系列文件、指示和决定，以及党报的大量社论、评论，有力地传达了中共中央的声音，为动员和组织广大群众投入全民族的团结抗战，对指导全国人民的抗日战争，产生了巨大的影响。

3. **报道抗日民主根据地的建设**。中国共产党领导下的各抗日根据地在被敌人封锁、包围的情况下，发扬自力更生、艰苦奋斗的革命精神，在政治、经济、文化等各项建设中取得了显著成就。新华社结合中国共产党的中心工作，报道了中国共产党为战胜封锁、巩固和发展抗日根据地所采取的各项政策和措施，以及成功经验和动人事迹。

宣传报道各根据地抗日民主政权建设的经验和成就，是新华社新闻报道的重要内容，包括："三三制"、招兵简政、减租减息、拥政爱民、拥军优属等。"三三制"是中国共产党在抗日根据地建立抗日民族统一战线政权的重要政策之一，即在抗日根据地政府的人员构成上，应为：共产党员占1/3，左派进步分子占1/3，中间分子和其他分子占1/3。这一政策的执行，既保证了中国共产党对政权的领导，又能发展进步势力，争取中间势力，孤立顽固派，团结各阶层人民共同抗日，对汉奸和反动派实行专政。开始时，广大干部群众中有许多人对这一政策不理解，经过深入细致的宣传工作，广大党员、干部和群众对"三三制"的重要意义认识逐渐清晰起来，这一政策终于在各根据地普遍推行开来。"三三制"原则的推行调动了各方面的积极性，推动了根据地民主政治的建设和经济、文化等各项事业的发展。1944年8月，新华社播发了林伯渠在陕甘宁边区高干会上的报告《陕甘宁边区"三三制"的经验及其应该纠正的偏向》，毛泽东为中央宣传部起草的致各级党委电中，要求将这一报告"作为党内干部读物，除多印小册子发给党内干部阅读并作党校课本外，还应根据此件检讨当地'三三制'政权工作，发扬成绩，纠正错误"。

减租减息是中国共产党在抗日战争时期处理土地问题的基本政策，新华社播发了不少介绍根据地减租经验的报道，其中《太行平顺路家口检查减租的经验》曾得到毛泽东的肯定和赞许。

精兵简政也是抗日根据地实行的一项重要政策，新华社也作了大量的报道。1942年8月19日，《解放日报》刊登《精兵简政在晋冀鲁豫边区》一文，毛泽东看后为《解放日报》撰写社论《一个极其重要的政策》，阐述了精兵简政政策的重要性，新华社及时广播。精兵简政政策的实行，减轻了人民的负担，对巩固抗日民主根据地起到了重要作用。

此外，新华社还宣传了南泥湾精神（八路军第三五九旅发扬自力更生、艰苦奋斗精神，经过几年奋战，使地处延安东南90华里荒芜的南泥湾从根本上改变面貌，因而成为大生产运动的一面旗帜）、南区合作社、中央警备团战士张思德等先进典型，播发了不少介绍各解放区生产建设和劳动模范的报道。所有这些，对边区的生产建设起到了极大的推动作用。

4. 揭露日寇与汉奸的罪行。日本发动的侵略战争是极其野蛮的、非正义的。日军在侵华战争中，到处烧杀、抢掠、强奸，犯下了种种滔天罪行。日本制造的“南京大屠杀”死难者达30万人。新华社播发了《尸山血海的南京》等稿件，揭露了日寇在南京的暴行。新华社记者还通过采访从沦陷区来到根据地的有关人士，报道日寇的种种罪行，如在《东北人民现在究竟在怎样生活着》的报道中，讲述了东北人民被日寇压榨虐杀的血泪史。此类报道还有《日寇铁蹄下的天津》《敌伪兽性统治下的北平》等。日军对华北、华中等敌后抗日根据地频频进行“扫荡”“清乡”，其手段之残暴在中国近代历史上是罕见的。有时对一个地区的“扫荡”时间达三四个月之久。日军对抗日根据地实行烧光、杀光、抢光的“三光”政策，疯狂地抢夺人民群众的粮食、牲畜，杀害群众，烧毁房屋，制造“无人区”。如记者仓夷、沈重在他们采写的关于平阳惨案的报道中指出，阜平县平阳大惨案中，日寇残杀我同胞1000多人。

新华社还对日寇在中国施放毒气、细菌病毒残害中国军民的暴行进行揭露。这类报道有《山西敌寇放毒杀人无恶不作》《华北寇军到处放毒》《冀中敌施毒手，北坦村军民全部中毒毙命》等。特别是1944年7月21日揭发的《十八集团军叶参谋长痛斥日寇使用毒气》一稿，以有力的事实向全世界人民控诉了日寇几年来在抗日根据地施放毒气，毒害我抗日军民的罪行。据不完全统计，在此之前日寇在敌后战场使用毒气已有数十次之多。新华社还播发了《敌疯狂扫荡华北各地》《敌人烧杀平西》《逃归妇女挥泪痛述敌在辽县暴行惨状》《敌在晋察冀烧杀惨状》《北岳区敌寇无耻兽行奸淫掠杀惨绝人寰》《冀敌残害俘虏，人当“活肉靶子”供其刺杀》《代县敌军“扫荡”失败后大发兽性到处烧杀》等稿件，有力地控诉敌人的野蛮残暴，从而激发了中国人民对日寇的无比仇恨，坚定了他们的抗日决心。

新华社的报道对汉奸、亲日派的阴谋活动进行了坚决的揭露和打击。汪精卫投降后，新华社播发时事短评，揭露汪精卫与日寇签订投降卖国条约。后又播发了毛泽东在延安民众讨汪大会上的讲话，揭露和谴责了汪精卫同国民党顽固派里应外合地反共和破坏抗日，驳斥了国民党顽固派借统一之名行专制之实的假统一，提出共产党以抗战、团结、进步为基础的统一论，并强调指出，在目前形势下共产党的根本方针是，决不悲观失望，力争时局的好转，挽救时局的逆转。同日还播发了毛泽东为大会起草的声讨汪精卫的通电，并先后于3月15日和4月23日播发八路军、新四军的两次讨汪救国通电。

新华社从建立之初，就始终坚持无产阶级新闻的党性原则，使新闻宣传完全符合党的政策，这是对于党的新闻事业的根本要求。特别是经过延安整风运动之后，把当好党的耳目与喉舌作为自己的根本任务，坚持不懈地宣传党的正确路线。在抗战期间，新华社准确地宣传了中国共产党在抗战中的各项方针、政策，报道了全国人民团结抗日的英雄业绩，为抗日战争的胜利发挥了重要的舆论宣传作用。

（二）抗战广播事业的开创

中国共产党的广播事业是在抗日战争中诞生的。抗日战争进入相持阶段以后，国民党对共产党实施限制和迫害政策，到1939年6月各地限共反共愈演愈烈，逮捕报人查封报刊的事件层出不穷，中共在国统区的新闻宣传面临越来越多的挑战和困难。对原来允许在国统区创办的中共报刊也加强检查，压制共产党的新闻，企图阻断共产党的声音。甚至对《新华日报》的内容也进行严格审查。为了打破国民党的禁锢，中共中央决定创办广播电台，达到传播中国共产党的主张、报道抗日根据地情况、鼓舞人民抗日斗志的目的。

延安新华广播电台是1940年春由中共中央决定筹建的。它从开始播音至迁北平之前，一直是新华社的一个组成部分。1940年3月，中共中央作出建立广播电台的决定，成立了广播委员会，周恩来亲自担任主任，领导广播电台的筹建工作。中央军委三局从有关部门抽调30多人组成9分队专门负责建设广播电台。经过反复试验，克服重重困难，年底基本完成建台任务。1940年12月30日，延安新华广播电台开始试验播音，呼号为"XNCR"，"播音次数和时间多次变更，最初每天一次2个小时，后来增至两次3个小时和3次4个小时。"[1]1943年春天，延安新华广播电台因大型电子管损坏，停止播音，1945年8月开始试播后，于1945年9月11日正式恢复播音。延安新华广播电台的创建，使中国共产党领导的新闻界抗战从报刊、文字宣传，迈进语言广播的阶段，进一步发挥了新闻舆论的作用，扩大了文化抗战的领域，推动了文化抗战的发展。

延安新华广播电台主要播出的内容有中共中央重要文件，中共中央党报党刊的重要文章和社论，国内国际的时事新闻、名人演讲、科学常识、革命故事、音乐戏曲和对侵华日军广播的日语节目等。

中共中央非常重视延安新华广播电台的工作。朱德曾指示："延安新华广播电台是党的喉舌。"[2]毛泽东在代中央书记处起草的《中共中央关于出版〈解放日报〉和改进新华社工作的通知》中指出："各地应注意接收延安的广播。重要文章除报纸、刊物上转载外，应作为党内学校内机关部队内的讨论与教育材料，并推广收报机，使各地都能接收，以广宣传。"[3]1941年5月，中共中央发出《关于统一各根据地内对外宣传的指示》，明确要求各地重视

1 哈艳秋、周文超：《抗战时期延安台的广播宣传》，《中国广播》2005年第10期，第16页。
2 高枫明主编：《难忘岁月》，中国国际广播出版社2001年版，第4页。
3 中共中央文献研究室、新华通讯社编：《毛泽东新闻工作文选》，新华出版社1983年版，第54页。

延安新华广播电台播发的内容，要求各地："政治报纸须设立健全的通讯社和无线电收发报机关，特别注意延安新华社的广播。一切报纸必须有自己普通的通讯网，足够的通讯员和特约记者，由通讯社管理之。"[1]

1. **传播党的抗日方针政策**。延安新华广播电台一建立，就以宣传团结抗战，鼓舞民众抗战信心为工作重心。在节点就一个主题组织播报。如在国际劳动节之际，延安新华广播电台播出了《伟大的国际劳动节》《为加强中国工人阶级统一而斗争》《中国工人阶级的当前任务》等文章；党的生日时，播出了纪念"七一"的文章《在毛泽东的旗帜下前进》；在整风运动期间，延安新华广播电台主要宣传了党和毛泽东关于整风运动的一些文件、文章和讲话，如《关于在延安讨论中央决定及毛泽东同志整顿三风报告的决定》《关于在全党进行整顿三风学习运动的指示》《整顿学风党风文风》《反对党八股》等，推动整风运动的深入开展。

2. **宣传人民武装抗日斗争事迹**。中国共产党领导的根据地人民和八路军、新四军是抵抗日寇的重要力量，在和日寇的战争中取得很大的战绩，但国民党宣传工具要不对此视而不见，要不就进行污蔑歪曲。为了让全国人民特别是国统区人民了解党领导的人民和军队的抗战真实情况，延安台予以深入地报道。播发过《新四军攻克云梦城》《棋盘陀上五壮士》《马老太太——回民支队队长的母亲》等消息。

3. **介绍抗日根据地的经济政治社会文化**。延安新华广播电台注重对抗日根据地情况的播报，反映人民团结友爱、积极向上、生机勃勃的精神风貌，大力播报抗战的大后方民主政权的建设状况。如1941年劳动节之时，《新华日报》正式发表了《陕甘宁边区施政纲领》文件。随后，延安新华广播电台不断地播放此文件，使群众及时地了解政策，使他们看到了中国共产

1 中国社会科学院新闻研究所编：《中国共产党新闻工作文件汇编》上，新华出版社1980年版，第116页。

党在根据地“三三制”原则下民主政权建设方面取得的成就，戳穿了国民党的谎言，增强了全国人民群众对抗日根据地和共产党的进一步信任。在陕甘宁边区的选举过程中，延安新华广播电台播放了文章《选举运动中的宣传工作》，对于其他根据地的政权建设提供了示范作用和参考。

4. **对敌宣传，瓦解敌军**。中国共产党历来重视对敌的政治工作，以瓦解敌军。根据中央的指示，延安新华广播电台开播了日语广播。“1941 年 12 月 3 日，日语广播正式开播，时间为每周五的 17 点至 17 时 30 分”。[1] 当时在延安的日本共产党领导人野坂参三对延安台的日语广播提出了不少建议：“新闻要短，只讲事实，不加评论。日本的习惯是新闻只讲事实，如果夹叙夹议，给人的印象就不客观”，“写评论或述评时，不讲或少讲某一次战斗的胜利有多大意义，要考虑日军的心理……我们的广播要具体说明在一次战斗中打死了多少日本兵，增加这些家属的忧虑，激发、鼓励日军的思乡、厌战情绪”。[2] 延安台的日语广播，还对瓦解日军士气起到了一定的作用，日军士兵因日语广播而投向八路军的时有发生。

延安新华广播电台作为一种新的传播工具，有力地扩大了党在全国范围内的影响，对于鼓舞民众的抗战信心和凝聚力量起到了重要作用。

三、党领导的抗战出版活动

中国共产党对出版事业非常重视，中共一大以后，成立了人民出版社，出版有关马克思主义的书籍。土地革命时期，中国共产党在革命根据地创办了自己的出版机构，开始了革命出版事业。但革命根据地的出版，主要是报

1 赵玉明:《中国现代广播史料选编》，汕头大学出版社 2007 年版，第 289 页。

2 中国广播电视学会史学研究委员会、北京广播学院新闻传播学院新闻系编:《延安（陕北）新华广播电台回忆录新编》，中国广播电视出版社 2000 年版，第 119 页。

刊出版，书籍出版比较少。抗战时期，党领导的出版事业获得迅速的发展。

（一）中共领导的抗日根据地的抗日出版事业

抗战兴起后，中国共产党开始了以抗战为中心的出版工作。1937 年 1 月，为了加强马克思主义和抗日救国的宣传，中共中央恢复和重建了中共中央党报委员会作为边区出版管理机构，设有出版和发行两个科，专门负责整个抗日根据地的新闻出版发行工作。1937 年 4 月，中共中央党报委员会决定成立新华书店，负责陕甘宁边区新闻图书的出版、印刷、发行工作。1939 年 9 月，新华书店成为中共中央发行部的下属机构，负责把党报党刊书籍发行到各抗日根据地、国统区、沦陷区等地。1939 年 3 月，发出《关于建立发行部的通知》，决定“从中央起至县委止一律设立发行部，必要时区委亦应设立发行部”，“保证党的刊物的迅速传递”。[1] 原党报委员会的出版、发行科合并，成立中共中央出版发行部。

1941 年冬，为了加强党对出版业的领导，中共中央出版发行部改建为中央出版局。1942 年 4 月，中央书记处发出《关于统一延安出版工作的通知》，“决定中央出版局统一指导、计划、组织全延安各系统一般编辑出版发行工作之责，中央宣传部负统一审查全延安一般出版发行书报之责（中央书记处及西北局常委会直接出版的书报除外）。”[2]

中共中央对出版工作的重视，推动了根据地的出版工作，抗日根据地的出版事业得以迅速发展。1937—1940 年，延安地区的出版发行机构纷纷建立，各类报刊、图书出版呈现繁荣景象。陕甘宁边区的出版、发行机构，大致可分三种类型：一是编辑报刊与出版图书工作合二为一的报纸、杂志社，

---

1 中共中央宣传部办公厅、中央档案馆编研部编：《中国共产党宣传工作文献选编：1937—1949》，学习出版社 1996 年版，第 38 页。

2 中共中央宣传部办公厅、中央档案馆编研部编：《中国共产党宣传工作文献选编：1937—1949》，学习出版社 1996 年版，第 367 页。

如解放日报社、八路军军政杂志社等；二是专营图书出版发行的机构，如解放社、新华书店等；三是兼做编辑出版工作的机关团体学校，如八路军留守兵团政治部、抗日军政大学等。[1] 在延安，比较著名的出版机构有：

延安解放出版社（简称“解放社”），创办于 1938 年，是中共中央在抗日战争时期设立的第一个大型出版机构，它以编辑出版马列主义经典著作和党的报刊、文件而著称，是我党历史上办得最有生气和办得最好的出版社之一。解放社成立之初即印行了《列宁选集》的最初版本和《马克思恩格斯论中国》一书。1939 年 1 月，出版了《斯大林选集》第 1—5 卷。1938—1940 年，先后出版了许多关于民族问题和殖民地问题的经典著作。为了配合整风运动，1942 年又编辑出版了《马恩列斯思想方法论》等书。该社还出版有马克思恩格斯丛书 10 种，列宁丛书 6 种。毛泽东和其他领导人的著作出得更多，如毛泽东的《论第二次帝国主义战争》、张闻天的《十年来的中国共产党》、冯文彬的《中国青年运动新方向》及历史文献《陕甘宁边区的共产党》等。解放社出版的部分书籍，在国统区以“中国出版社”的名义重印出版，也引起了强烈反响。

新华书店，是陕甘宁边区的另一大型出版、发行机构。1937 年 4 月 24 日，中共中央党报委员会的发行科，首次使用“新华书店”这一名称。1939 年 9 月 1 日，新华书店单独建制，隶属于中共中央出版发行部。它是集图书出版、印刷、发行三者为一体的机构。1941 年以后，由中共中央出版局编辑的图书，一般由新华书店出版发行。直至 1951 年 12 月出版、印刷、发行实行专业分工以后，新华书店才专营发行业务。

延安华北书店，创建于 1941 年 10 月，由重庆的生活书店、读书生活出版社、新知书店三家出版单位联合创办。1944 年 11 月 1 日，为纪念邹韬奋

---

1 戴知贤、李良志主编：《抗战时期的文化教育》，北京出版社 1995 年版，第 304 页。

先生，该店改名为韬奋书店。

光华书店，成立于1937年8月1日，是党中央委派张季良、李自强等同志筹建的。专门经销世界名著，代办发行全国各地其他书局的著名书刊和陕甘宁边区政府的机关报《新中华报》。

其他专营的图书出版机构、书店类有：延安抗战书店、延安文明书局、陕西延安书店、延安陕北书店等。它们在抗战期间，分别出版过《抗战的中国》丛书、《毛泽东自传》、《在统一战线观点上去理解中国共产党真正的态度》等重要图书。出版社类有：延安中国工人社、延安大同出版社、延安民族解放青年社和延安青年出版社等，在抗日战争期间均出过不少革命书刊。延安许多机关团体学校，为革命战争和根据地建设服务，也曾出版过大量革命书刊。如1937年中共中央编有《中共中央抗日文件汇编》，1945年冬中共中央书记处出版了党的七大通过的《中国共产党党章》和刘少奇《关于修改党章的报告》等；中共边区中央局出版有列宁《二月革命至十月革命》等。陕甘宁边区政府编印了有关政府的政策法令的出版物。八路军系统机关编印了有关军事论著、人民军队的战绩、军事技术及政治理论读物。抗日军政大学、陕北公学、鲁迅艺术学院、中国女子大学、延安大学等学校，也编印了许多教材、政治理论读物。

除专业出版机构之外，报刊书籍、出版发行合一是抗日根据地出版事业的特色之一。解放日报社就出版了马克思列宁等经典作家的军事著作，还出版了中共领导人的有关军事著作和其他政治理论书籍，如毛泽东的《中国革命战争的战略问题》、王稼祥的《中国共产党与革命战争》等。

以延安为中心的根据地出版机构，在抗日战争时期，出版的出版物主要分为三类：

一是马克思主义经典作家的原著。如《马克思恩格斯》丛书10套；《列宁选集》20卷本；《斯大林选集》5卷本以及马克思主义经典著作单行本《家庭私有财产和国家的起源》《共产主义运动中“左派”幼稚病》《马克思主义与民族问题》等，马恩列斯著作汇编有《战略与策略》《马列主义论战争与军队》《列宁斯大林论青年》《马克思恩格斯列宁论艺术》《论马恩列斯》《马克思与恩格斯论中国》等。

二是中国共产党领导人的著作以及介绍马克思主义理论的著作。如毛泽东的著作《中国革命战争的战略问题》《矛盾论》《实践论》《论持久战》《抗日游击战争的战略问题》等；张闻天的《十年来的中国共产党》；朱德的《论抗日游击战争》；刘少奇的《论共产党员的修养》等；王稼祥的《中国共产党与革命战争》；冯文彬的《中国青年运动新方向》。关于马克思主义理论著作和通俗读物有：《思想方法论》《社会发展史略》《共产主义常识》《评马歇尔计划》《驳蒋介石及其它》等。

三是文艺读物，有鲁迅的《阿Q正传》，高克林的《鲁忠才长征记》，艾青的《反法西斯诗集》《吴满有》，欧阳山的《高干大》，巴金的《家》，周立波的《暴风骤雨》《逼上梁山》以及赵树理的《小二黑结婚》《李有才板话》，王大化、洪荒创作的《兄妹开荒》，贺敬之创作的《白毛女》等。

抗日根据地的出版物种类丰富，发行量颇大。出版的马克思主义原著和普及读物为提高干部群众的马克思主义理论素养和基本知识作出了贡献；出版的中共领导人的著作和中共中央的法规文件，为边区人民乃至国统区进步人士了解中国共产党的方针政策打开了一扇窗户；出版的文学作品，丰富了边区人民的精神生活，也为抗日根据地的文艺创作提供了园地，为培养党的文艺工作者作出了贡献。

（二）党领导的国统区进步出版界的出版抗战事业

抗战时期，随着国民政府的内迁，西南地区成为中国文化的中心区域。在出版业方面，大批出版机构内迁西南，从而使中国西南地区成为出版中心。中国共产党领导的国统区文化抗战在以重庆为中心的西南地区展开。在不同的阶段，桂林、永安等地成为进步文化蓬勃发展的中心。太平洋战争爆发之前，上海公共租界也成为进步出版界的“孤岛”。中国共产党在这些地区与出版界人士建立了广泛的抗日民族文化统一战线，推动国统区出版业的抗战活动开展。

重庆是国民政府战时首都。抗战爆发前的1936年，重庆仅有10余家报纸，都是地方性的报纸。全面抗战爆发后，新闻出版业出现空前繁荣的局面。据不完全统计，8年抗战中先后在重庆出版的报纸有133种，杂志有604种（一说900种以上），先后设立的通讯社有36家，居全国首位。这是仅就重庆市档案馆所藏市社会局、警察局、市政府、市党部档案全宗内有关的资料中得出的。图书出版界，国内最著名的出版社如商务印书馆、中华书局、正中书局、大东书局、开明书店、世界书局、“七联处”、中外出版社、良友图书公司、群益出版社等，都集中在陪都。据统计，重庆在全面抗战8年中，经国民政府图书审查处注册行文审批的出版发行机构有404家，为全国之冠。在1938年1月至1940年2月的3年间，在渝的中华书局出书282种，中国文化服务社出书28种，世界书局出22种，正中书局出263种。又据国民党中央宣传部出版事业处的统计，仅1941年，国民党中央所属的6家书店印书305种，其中正中书局100种，青年书店53种，独立出版社51种，中国文化服务社49种，国民出版社48种，拔提书店4种。据1943年10月重庆市图书杂志审查处负责人称：1943年3—8月，重庆出版图书1674种，杂志534种，均占全国出版物的1/3。1944年，在重庆文化趋于衰落的情况下，出版的各种图书仍多达1450种，平均每月为120种。[1]

中国共产党十分重视在重庆开展文化抗战活动，周恩来领导的中共中央

---

1 谢儒弟主编，民革中央孙中山研究学会重庆分会编著：《重庆抗战文化史》，团结出版社2005年版，第177页。

南方局、八路军办事处驻在此地，领导国统区的文化抗战活动。在重庆出版界，中国共产党也投入了大量的工作，使重庆进步出版界获得发展，有一批实际由中共领导和影响的书店、出版社。主要有：

生活书店，1932 年由邹韬奋等创办于上海，后迁至武汉。1938 年 8 月迁至重庆，此后，相继复刊了《全民抗战》《读书月报》《战时教育》《妇女生活》等杂志，编辑出版了《救亡文丛》《抗战社会科学丛书》《中国文化丛书》《大众革命丛书》《战时大众知识丛书》《新中国大学丛书》《世界名著译丛》《抗战中的中国丛刊》《国难资料丛刊》等为抗战服务的丛书。该店由于抗日救国主张旗帜鲜明，与中共关系密切，故于 1939 年上半年在全国设的 56 家分店竟被国民党查封 55 家，仅留重庆一家。

新知书店，1935 年由钱俊瑞、徐雪寒、姜君辰、薛暮桥等人在上海创建。后迁至武汉，武汉沦陷后迁至桂林。负责人后多为中共党员，该书店后来实际上成为中共地下党领导的一个书店。1939 年年初，在重庆设新知书店分店。1944 年 9 月，桂林沦陷前夕总店由桂林迁往重庆。皖南事变后，新知书店按周恩来的指示，没有隐蔽和转移，继续战斗在重庆。

读书出版社，1936 年由李公朴创建于上海，1938 年 8 月由广州迁往重庆。到重庆后，除了翻印、再版一些畅销书如《大众哲学》《通俗社会科学二十讲》外，逐渐增加编辑力量，编辑出版了《学习生活》《文学月报》《新音乐》。

重庆新出版社联合总处（简称“联营书店”），属中共领导下的统一战线书店，由中共党员黄洛峰主持，以生活、读书、新知三家书店为主体，21 家书店自愿联合，后发展到 54 家。在成都、汉口、广州、北平等设了分店。

《新华日报》营业部图书课，系随该报由汉迁渝，图书课发行出版的书刊，多属时事政论及社科理论读物。部分书稿纸型来自延安，并以“解放社”的名义出版。毛泽东、周恩来等人发表的言论以及延安整风文件，则印成单行本发行，所出书籍常以隐蔽方法在内部发行或赠阅。

此外，当时重庆还有一些名流学者创办的进步书店。如郭沫若创办的群益书店、巴金等创办的文化生产出版社渝处、沈钧儒等创办的峨眉出版社、陈望道创办的文聿书店、夏衍等创办的未林出版社、黄炎培等创办的国讯书店、老舍等创办的作家书屋、徐悲鸿出资创办的正风出版社、丰子恺等合办的正风书店、冯亦代和徐迟等创办的美学出版社、顾颉刚在北碚创办的大中国图书局、冯玉祥在桂林创办后迁来重庆的三户图书社，等等。

在中国共产党领导和影响下的进步出版界出版的书籍大概分三类：一是马克思主义著作和介绍马克思主义的书籍，如出版了《共产党宣言》《资本论》《马恩论中国》《斯大林言论选集》《卡尔·马克思》《列宁传》《斯大林传》《苏联内战史》《人怎样变成巨人》《列宁在1918》等。

二是中共领导人的著作及有关党的工作和抗战的书籍，如《毛泽东救国言论选集》《论持久战》《共产国际纲领》《中国共产党党章》《哲学选辑》《科学历史观教程》《论民主革命》《整风文献》《支部工作纲要》《欧洲反法西斯的民主运动》《东京的统治者》《日本民权运动史》《南洋各国论》《伟大的苏联》《今日之美国》等。

三是苏联文学作品和中共领导的抗日根据地文学作品，如出版了《前线》《虹》《复仇的火焰》《虎皮骑士》《奥勃洛摩夫》《喀尔巴阡山狂想曲》《演员自我修养》《黄河大合唱》《王贵与李香香》《白毛女》《边区自卫军》《平汉路工人破坏大队的产生》以及马健翎的《民众戏曲集》等。

面对共产党领导的文化抗战的兴起，国民党采取了限制和压制的政策，先后颁布一系列所谓战时新闻出版管制规定，如1939年2月26日，国民党中宣部就秘密传达了《禁止或减少共产党书籍邮运办法》，对进步书籍进行查禁。先后查禁的书刊有马克思、恩格斯的《共产党宣言》，斯大林的《论列宁主义基础》，奥斯特洛夫斯基著、梅益译《钢铁是怎样练成的》，朱德等编著的《八路军的战争经验》等；进步作家的著述文稿如范文澜的《曾国藩的一生》，茅盾的《谈人物的描写》，巴金的《新生》等，也在查禁之列。鲁迅的书大都禁止出版。特别是皖南事变发生以后，国民党对共产党及进步出版机构的迫害更为严重，一部分出版机构和共产党员被迫转移，另一部分则转入地下。中共领导的重庆的出版界抗战活动虽然蒙受损失，但一直坚持到抗战胜利。

桂林在抗战时期有“文化城”之称，抗战文化繁荣，文化名人荟萃，出版业十分兴旺。“假如以中国出版业的发展史而言，桂林的这一阶段是值得大书特书的。”[1] 抗战时期，在桂林的文化人数以千计，许多都是全国闻名的文化名人，如张锡昌、张铁生、张志让、千家驹、曹伯韩、胡愈之、宋云彬、傅彬然、赵晓恩、华应申、茅盾、巴金、夏衍、邵荃麟、司马文森、葛琴、聂绀弩、艾芜、王鲁彦等，其中不乏著名的出版家、作家和文化活动家。在中国共产党的领导和影响下，他们在桂林开展了轰轰烈烈的文化抗战运动，使桂林成为战时负有盛名的文化城。在出版业方面，更是成果辉煌，对中国共产党领导的国统区出版事业，作出了重要的贡献。

据不完全统计，1942 年，在桂林书业公会登记过的大小书店出版社，共有 79 家。[2] 其中比较知名的有新华日报桂林营业处、读书出版社、生活书店、新知书店、文化供应社等，由于出版业的发展，印刷业也非常发达。据 1943 年 7 月的统计，桂林有大小印刷厂 109 家，其中从事出版印刷的大型印刷厂有 8 家，每月生产用纸为 1 万令到 1.5 万令，排字生产每月为 3000 万字到 4000 万字。[3] 因此，抗战时期桂林图书杂志报纸的出版空前繁荣。据不完全统计，抗战期间桂林出版了 200 多种杂志。

1 赵家壁：《忆桂林——战时的“出版城”》，《大公报》1947 年 5 月 18 日。
2 秋飙：《桂林的出版事业》，《新华日报》1942 年 9 月 25 日。
3 洗文：《桂林市的印刷工业》，《中国工业》1943 年 9 月第 19 期。

中国共产党非常重视对桂林文化工作的领导。1938 年 10 月，中共中央在桂林设立八路军办事处，隶属中共南方局，中共广西省工委也迁至桂林。桂林新闻出版业的党组织直属桂林八路军办事处，设立了中共桂林书报业总支委员会，领导出版业党的工作。鉴于桂林文化城的重要地位，中共南方局非常重视桂林党的工作，周恩来同志三次亲自到桂林，指导桂林出版业党的工作，确立了公开与隐蔽相结合的工作方针，使桂林出版业的工作蓬勃发展。

在出版发行业务方面，党领导下的桂林出版界党组织认真贯彻执行中共中央关于出版工作要为抗战服务的方针，出版发行了大批服务抗战的书刊。桂林文化城在短短的七年期间，共出版 2000 多种图书，其数量品种之多位于全国前列。马克思主义经典著作有《共产党宣言》《资本论》《国家与革命》《列宁选集》《列宁主义问题》以及中共领导人的著作。还有一些马列主义基础知识读物如《大众哲学》《辩证法唯物论入门》《通俗经济学讲话》《社会发展史》《社会学大纲》等，都在青年中有着广泛的影响。

在中国共产党领导的国统区文化抗战运动中，福建战时省会永安成为东南地区抗战文化的中心。福建省政府于 1938 年 5 月内迁永安，不少行政机关、大中专学校、文化团体等各种机构，也集中在永安及其附近的山区。一时间，闭塞的小城永安城成了福建战时的政治中心和文化人士荟萃之地。

在抗战时期的永安，出版发行事业非常兴旺，成为永安文化抗战的特色。先后有改进出版社、建国出版社、福建青年出版社、战地图书出版社、战时中国出版社等大小专业出版社近 30 家；还有省研究院编译室、省政干团编委会、茅坪农事试验场编委会等近 20 个省属机关学校设立的编辑单位。这些新闻、出版、编辑机构和文化团体，抗战期间在永安编辑出版了 129 种期刊、800 多种各类专著。

永安出版的这些读物，种类繁多，发行量大。许多作品和专著出自名家之手，据不完全统计，当年在永安各进步刊物发表作品和出版专著的著名作家、学者，先后达100多人。著名的有：许广平、许钦文、朱自清、老舍、羊枣、杨朔、邵荃麟、何其芳、张天翼、张光年、张友渔、李广田、陈白尘、吴大琨、茅盾、季羡林、范长江、胡愈之、胡风、冯友兰、骆宾基、费孝通、施蛰存、柳亚子、郭沫若、夏衍、徐中玉、聂绀弩、萧军、萧乾、章靳以、章乃器、曹靖华、黄药眠、舒群、蒋百里、谢冰莹、蒲风、黎烈文、臧克家、穆木天、蹇先艾等。由于有这样强大的作者阵容，永安出版物享有盛誉。

随着出版事业的繁荣，印刷和图书发行业也得到蓬勃发展。抗战期间，永安大小印刷所竟达20家，图书发行非常兴旺。永安各书店，有一些是重庆、桂林在永安设立的分支机构。成为进步文化界互相传递讯息、沟通进步读物的一条重要渠道。因此，永安成为中国共产党领导的出版界抗战的一个重地。[1]

西南城市昆明，在抗战时期也是文化人集中的地方。中国共产党在此也开展了文化抗战活动。在出版业方面，昆明的专业图书出版社少，主要是李公朴先生先后开办的“北门书屋”和“北门出版社”。北门书屋主要出售各种进步、健康书刊，多是为人代销书刊的业务。“北门出版社”先后出版了苏联名著《新时代的黎明》译本，艾青的《献给乡村的诗》，张光年的云南彝族长诗《阿细的先基》，赵沨的《名曲解说》，高寒（楚图南）的《枫叶集》（译诗）、《保卫察里津》（译本）；还出版了光未然与叶以群主编，茅盾、何其芳、闻一多、徐迟等20多位作者执笔的宣传毛泽东《在延安文艺座谈会上的讲话》精神的《文艺的民主问题》，李公朴、曾昭抡合著的《青年之路》，曾昭抡的《火箭炮与飞炸弹》，曹伯韩的《民主浅说》以及《五月

1 邱文生主编，中共福建省委党史研究室等编：《永安抗战进步文化活动》，海峡文艺出版社1994年版，第8页。

之歌》《孩子们》等“北门丛书”。昆明的其他书店和出版社影响较大的有上海图书杂志公司、华侨书店、进修出版社、康宁书店等。康宁书店是中共云南地下党省工委于1944年创办的。该店利用发行进步书籍争取群众，配合《新华日报》昆明营业分处发行报纸和毛泽东著作，将公开销售和内部发行结合。后来增设云风出版社，曾出版发行华岗（石父）编写的《苏联外交政策史话》。

上海是文化人集聚之地，也是文化抗战的中心。“依据时局的发展，抗战时期的上海文化运动，大致可分为三个阶段：一是抗战初期，即从1937年8月13日至同年11月11日，上海处于抗战前线，全国大部分文化人聚集在上海，上海市成了全国文化运动的中心；二是‘孤岛’时期，即从1937年11月12日至1941年12月7日，历时4年零25天；三是沦陷时期，即从1941年12月8日至1945年8月15日，上海完全成为沦陷区。”[1]

八一三抗战到11月11日，是上海文化抗战的高潮时期，上海各界群众纷纷组织救亡协会，其中“上海文化界救亡协会”成立于卢沟桥事变之后，成为上海各界群众救亡运动的中心。但此时文化界的抗战主要是新闻舆论宣传和慰问支援前方将士，如《救亡日报》的创办等。“孤岛”时期上海新闻出版界的抗战，是在中国共产党上海地方组织（上海地方组织即中共上海市委，但有个时期称中共江苏省委）文化委员会领导下进行的，中共上海地下党通过各界群众团体以公开面目进行抗日活动。这一时期的文化抗战除了借助租界的便利，继续报刊舆论的宣传之外，如文委直接领导下创办的《译报》《译报周刊》和《上海周报》以及在党的间接领导下创办的《文汇报》，主要是出版界的抗战展现了其文化抗战的深度。最突出的成就是以“复社”名义出版发行了美国记者埃德加·斯诺的《西行漫记》和20卷《鲁迅全集》；

1 戴知贤、李良志主编，中国抗日战争史学会、中国人民抗日战争纪念馆编：《抗战时期的文化教育》，北京出版社1995年版，第352页。

创办了出版发行中共中央文件、中共领导人的讲话等重要抗战文献以及马列著作和进步书刊的书店、出版社，如1938年阿英负责的“风雨书屋”，出版《文献》月刊，1939年徐达人负责的“青鸟书店”（后改名“亚美书店”）以及1940年设立的秘密出版社“北社”等。

“复社”是胡愈之先生为出版斯诺的《西行漫记》中文版而特意设立的出版机构。胡愈之先生得到斯诺的《西行漫记》英文版后，认为应该将其译为中文在国统区传播，以扩大中国共产党及其抗日根据地的影响力。于是他注册了出版社，采取多人同时合译的方式，在不到两个月的时间里，完成了书稿的翻译、出版。1938年3月第1版以“复社”名义发行的《西行漫记》2000册很快销售一空，接着出第2版、第3版，到1939年1月，印了第4版。[1]《西行漫记》出版后反响很大，香港的出版社纷纷翻印，传播到南洋各地，使国内外进步人士广泛了解了中国共产党的历史和抗日救国的主张，许多进步青年由此而奔向延安和抗日根据地，投身于抗日救国的洪流之中。

《鲁迅全集》的出版，也是“孤岛”时期上海文化抗战的一件大事。《鲁迅全集》名义上是以蔡元培、宋庆龄为首的“鲁迅纪念委员会”编辑出版，而实际主持编辑、出版工作的是胡愈之、郑振铎、许广平、胡仲持等人，主要的具体工作则是王任叔做的。印书所需资金，除了复社同人的捐助，动用了部分发售《西行漫记》所得盈利，主要依靠读者预付的预约定金。《鲁迅全集》于1938年6月15日出版发行。在政治、经济条件如此艰难的条件下，600万字、20卷的巨著，竟在4个月的时间内出齐3种版本（甲种纪念本，重磅道林纸，封面布脊烫金，装楠木箱；乙种纪念本，重磅道林纸，封面红布烫金；普及本，白报纸）。这不仅是我国文化出版史上的罕见奇迹，更重要的是它的出版对抗战的重大意义。鲁迅是民族的脊梁，是追求民族独

---

1 戴知贤、李良志主编，中国抗日战争史学会、中国人民抗日战争纪念馆编：《抗战时期的文化教育》，北京出版社1995年版，第354页。

立解放的象征，诚如许广平所说："出版先生全集，保卫祖国文化，实为急不可缓之事。"

除"复社"之外，风雨书屋、亚美书店、北社等党领导的出版发行机构，也在"孤岛"从事抗战出版发行活动，推动上海出版界的文化抗战。他们的工作，一是出版马克思主义的理论著作，如以"现代史资料丛刊"的丛书名出版了第三国际、斯大林论中国革命问题的三篇文章（《论中国革命问题》《与中国劳动大学学生的谈话》《论中国革命与共产国际的任务》）以及共产国际1926年11月、1927年5月、1928年2月关于中国问题的决议案等文献；又如把马克思、列宁、斯大林关于殖民地、半殖民地革命的文章翻译出来，编成《论弱小民族》一书出版，还出版了《联共（布）党史简明教程》。二是出版中共领导人的著作和有关抗战的书籍。如毛泽东和其他中共中央领导人的言论、著作，中共六届六中全会的决议和宣言，毛泽东在中共六届六中全会上所作的报告《论新阶段》，以及在陕北公学纪念鲁迅逝世周年大会上的讲话《论鲁迅》，周恩来、朱德、叶剑英关于抗战必胜的文章和谈话以及八路军新四军的新闻和图片，还有阐释新民主主义论的《新民主主义的理论与实践》、纪念中共诞生17周年的《英勇奋斗十七年》和陈云的《怎样做一个共产党员》等，还出版了从抗日民主根据地收集并汇编起来的革命歌曲《青春之歌》等书籍。三是公开或秘密发行马克思主义和抗日的书刊。公开出售的如王亚南、郭大力翻译的《资本论》，孙冶方翻译的《哲学辞典》，以及生活书店、读书生活出版社的各种宣传马列主义的著作和文艺书籍，如《鲁迅全集》、艾思奇的《大众哲学》、高尔基的作品和许多进步作家的文艺作品等以及《译报周刊》《上海周报》《文艺阵地》等刊物。秘密发行的有毛泽东的《论持久战》《论新阶段》，刘少奇的《论共产党员的修养》和斯诺的《西行漫记》。

太平洋战争爆发后，日军占领租界，"孤岛"沦陷。中共文化界和进步人士或转移至后方和香港，或隐蔽放弃公开活动，上海出版界的文化抗战活动转入地下。上海文化界“孤岛”几年的抗战活动，以其信息便捷、水准较高而在全国文化抗战战线上独领风骚，为党领导的文化抗战运动作出了贡献。

中国共产党领导的新闻出版界抗战活动，秉承先进的文化理念，传播先进的文化思想，将新民主主义文化理念运用于抗战实践当中，对于凝聚中华民族的精神和意志，提升中华民族的精神境界，具有重要的意义，它是文化抗战的重要组成部分。

第七章
中国共产党领导的文学界抗战活动

1931年9月18日，日本法西斯蓄意发动九一八事变，自此开始了武力侵略与文化侵略相结合以全面灭亡中国的侵华战争。面对日本的文化侵略，中国共产党领导的抗日根据地文艺工作者和文学界进步人士以多种形式为文化战线上的抗战作出了不可磨灭的贡献。在文化抗战中，中国共产党领导下的文学界抗战起到了重要作用。

一、党的文艺抗战方针及文艺理论的论战

中国共产党的文化方针政策，在抗战前后经历了一个转变。1931年湘鄂赣工农苏维埃第一次代表大会通过了关于反对帝国主义文化侵略的议案，这是中共最早的关于反对帝国主义文化侵略的决议。1933年，中华苏维埃政府提出了关于文化方针的主张，其核心内容是“利用一切知识分子”，指出中国革命的任务包含争取民族的独立自主，而正确对待党内以及还未加入中国共产党，但是心系家国、主张抗日的进步知识分子是非常必要的。通过采取正确的文艺方针能让游走于中国共产党和敌伪之间或者在感情上倾向于中国共产党政治理念的知识分子团结于党的领导之下，携手为中国的革命奋斗。

（一）文艺抗战方针的确立及内涵

1935年8月，中共中央发表了《八一宣言》。在这个宣言里面，党提出了抗日统一战线的纲领，倡导在抗日统一战线的旗帜下建立文化抗战统一战线，调动文化界人士的积极性，进行文化抗战，以抵御日本帝国主义的文化侵略和文化奴役。1935年12月，瓦窑堡会议召开。党中央对于文化的方针进一步具体化。“一切同情反日反卖国贼的知识分子……苏维埃给予以托庇的权利。”[1]1936年8月，中共中央发表了致国民党书。在该文件中，中共进一步阐述了建立抗日民族统一战线的主张，即愿意同国民党中的文化界、新闻界爱国人士联合起来。1937年，七七事变爆发。为了实现全面抗战，中国共产党十分重视文化领域的抗战，把文化抗战作为全面抗战的重要组成部分，诚如毛泽东指出的：“在我们为中国人民解放的斗争中……可以说有文武两个战线，这就是军事战线和文化战线。”

中国共产党为了更好地领导文学界的抗战，确立了抗战的文艺理论，制定了一系列文化抗战指导方针。毛泽东先后发表了《〈共产党人〉发刊词》《中国革命和中国共产党》《新民主主义论》等多篇文章，阐述中国共产党的文化抗战纲领和指导方针，为文化抗战以及中国文化的发展指明了方向。在《新民主主义论》一文中，毛泽东提出了“新民主主义文化”的概念，论述了新民主主义文化是在无产阶级领导下的反帝反封建的文化，是具有民族性、科学性、大众性的文化。这是新民主主义文化的基本纲领。抗日战争是新民主主义革命的一个重要阶段，所以，新民主主义文化纲领也是文化抗战的基本纲领。在抗日战争时期，所谓“民族性”，就是文艺应当具有中国的民族形式和民族风格，并为反抗日本帝国主义的民族解放战争服务。所

1　中共中央党校党史教研室：《中共党史参考资料》第2册，人民出版社1957年版，第55页。

谓“科学性”，就是必须反对和批判一切封建迷信思想，批判地继承中国古代文化遗产，批判地吸收外国的文化。所谓“大众性”，就是要为抗日大众服务，创造大众喜闻乐见的文化。关于文化抗战的根本方针，毛泽东多次指出，新民主主义文化是以共产主义思想为指导的新文化，必须在人民群众中宣传共产主义思想。当前的主要目标是取得抗日战争的胜利，所以这一时期的文化指导方针是在中国共产党的领导下，“团结全国人民战胜日本帝国主义”。[1]一切文学创作为抗战而斗争，为取得最终胜利服务，在这一指导方针下来发展文化事业，推进文化运动。

为了更好地领导文艺界的抗战活动，1942年5月2—23日，中共中央宣传部在延安杨家岭先后召开了三次大规模的文艺工作者座谈会。毛泽东发表重要讲话即《在延安文艺座谈会上的讲话》。这篇讲话科学地总结了五四运动以来，文艺工作中的经验和教训，提出文艺运动中存在的一系列问题和解决方法，主要针对文艺工作者的立场问题、态度问题、学习问题、工作对象问题、服务对象问题、文艺战线问题等作出了系统阐述和总结，明确了无产阶级革命文艺的理论、路线、方针和政策。为革命文艺工作者指明了方向，引领文艺工作者向着中国先进文化的发展方向不断前进。

毛泽东在讲话中指出立场问题是根本问题，它决定着艺术为谁服务的问题。我们要站在“无产阶级和人民大众的立场”，艺术应该为人民大众服务，表达人民大众的利益诉求与心声。针对艺术工作者的态度问题，毛泽东指出，对于不同的人要采取不同的态度。对敌人，要坚决打击，无情地批判，揭露他们的残忍目的，指出他们必然失败的趋势。对于统一战线中的同盟者，积极抗日的，要给予赞扬和争取他们的支持；动摇抗日和反共反人民的，要坚决抵制和批判。对于人民群众，人民的军队，人民的政党，要给予

1 中共中央文献研究室、新华通讯社编：《毛泽东新闻工作文选》，新华出版社1983年版，第55页。

赞扬与讴歌，鼓舞人民，团结人民。对人民中的错误思想，要耐心地教育。艺术工作者应做到对于不同的人采取不同的态度，团结进步力量向前奋斗，发扬革命的东西，抵制动摇革命、反革命的东西。

毛泽东强调文艺工作的对象是工农兵及其干部。抗战艺术要源于抗战生活，抗战生活是抗战艺术取之不尽、用之不竭的源泉。文艺作品，想要得到群众的肯定，就要熟悉群众，了解群众，学习他们的语言。毛泽东说，文艺工作者，应“将自己的思想，感情来一个变化，来一番改造，没有这个变化，没有这个改造，什么事情都做不好”。[1]一切从实际出发，到群众中去，到火热的战争中去，用群众的语言表达群众的心声，体会群众的感情，即所谓“共情”。艺术作者应注意宣传动员工作的通俗化、大众化、民族化，力求各种宣传作品能最大程度地调动群众的积极性。

文艺工作的对象既然是工农兵及其干部，那么抗战文艺应当“为千千万万的劳动人民服务”，[2]也就是为工人、农民、士兵和城市小资产阶级服务。工人是革命的领导阶级，农民是革命的最广大的同盟军，士兵武装是革命的主力，城市小资产阶级和知识分子也是革命的同盟军。我们的艺术要站在无产阶级的立场上，为这四种人服务。然而，抗战时期，艺术界存在一部分为日本帝国主义、地主阶级、资产阶级服务的汉奸艺术、封建艺术、资产阶级艺术，这些艺术是背离人民大众的，革命的艺术工作者应该给予揭露与批判。同时，毛泽东还指出，文艺服从于政治，“一定的文化是一定社会的政治和经济在观念形态上的反映”。[3]在抗日这个时代背景下，抗日高于一切，艺术自然而然要为抗日服务。艺术作品要起到鼓舞团结人民大众，讴歌赞扬爱国革命者，鞭挞抨击落后艺术，批判揭露侵略者的真实面目的作用。

1《毛泽东选集》第 3 卷，人民出版社 1991 年版，第 851—852 页。

2《毛泽东选集》第 3 卷，人民出版社 1991 年版，第 854 页。

3《毛泽东选集》第 2 卷，人民出版社 1991 年版，第 694 页。

如何做到为工农兵服务，这就涉及文艺的普及与提高的问题。讲话指出，普及与提高没有特定的标准，要把握好两者的关系。首先，艺术创作要强调普及，发展群众艺术。艺术创作不应该成为空中楼阁，脱离广大人民群众，使人民群众高攀不起。艺术创作要走进基层，贴近群众，聆听老百姓的声音，体验老百姓的生活，为老百姓创作。要用人民听得懂的声音表达工农兵自己所需要所接受的东西。由于现阶段的社会形势，艺术创作更应注重普及。其次，艺术创作要强调提高。不能一味强调普及，这样终将使艺术走向庸俗化，艺术源于生活，但又高于生活。“文艺作品中反映出来的生活却可以而且应该比普通的，实际生活更高更强烈，更有一种幸福，更典型，更理想。”[1]把生活中处处可见、看似平淡的现象，联系起来，抽丝剥茧，将本质矛盾艺术化。艺术创作要沿着先进文化的发展方向提高，要沿着工农兵自己前进的方向提高，要沿着无产阶级前进的方向提高。从而更加直观强烈地鼓舞激发斗志，唤醒团结群众。

文艺运动是文化抗战的重要一环，而抗日战争是新民主主义革命的一个阶段，所以文艺运动的主要任务即中国共产党领导的在新民主主义文化指导下的任务。为了动员全国人民一致抗日，1935 年 12 月，中共中央在瓦窑堡召开政治局扩大会议，主张建立抗日民族统一战线。统一战线是中国革命的三大法宝之一，是抗战取得胜利的关键。根据抗日民族统一战线的基本精神，中共中央进一步指出建立最广泛的“艺术界抗日民族统一战线”是建立抗日民族统一战线不可或缺的一步。在中国共产党的号召和推动下，1938 年 3 月 27 日，中华全国文艺界抗敌协会成立，它标志着文艺界抗日民族统一战线的正式形成。建立文艺界统一战线，就是对不同的阶级采取联合的态度。中国共产党认为“应联合一切不反共的自由资产阶级与广大小资产阶级

1《毛泽东选集》第 2 卷，人民出版社 1991 年版，第 861 页。

的知识分子共同去做”，要“动员各阶层知识分子、各部门文化人与广大青年学生加入这一运动”，[1]要团结一切愿意抗战的文化人、文化团体或派别建立广泛的抗日文化统一战线。

建立文艺界统一战线，对于不同艺术派别、不同艺术观点应采取在抗日的前提下团结合作的态度。1938 年 4 月 28 日，毛泽东在鲁迅艺术学院的讲话中，对不同艺术观、艺术派别的问题做了阐述。他指出，“不管他是写实主义派或是浪漫主义派，是共产主义派或是其他什么派，大家都应当团结抗日”，[2]“今天第一条是一切爱国者的抗日民族统一战线，第二条才是我们自己艺术上的政治立场”。[3]在抗日这个大背景下，我们应该允许各种派别，各种政治态度的艺术作品共同存在，团结在爱国主义的文艺界抗日民族统一战线旗帜之下。

（二）文艺抗战理论的论争

中国共产党在领导文艺界进行抗战的过程中，对错误的甚至反动的艺术思潮进行了批判和揭露，在论战中批判了错误的艺术思想，促进了中国共产党文艺抗战理论的完善。

1. 关于梁实秋“与抗战无关”的论争。1938 年 12 月，梁实秋受国民党邀请担任《平明》杂志副刊主编。梁实秋担任主编后，以向读者征文的名义发表了《编者的话》，提出几点意见。其一是“现在抗战高于一切，所以有人一下笔就忘不了抗战……但是与抗战无关的材料，只要真实流畅，也是好的，不必勉强把抗战截搭上去。至于空洞的抗战八股，那是对谁都没有益处

1《中共中央文件选集》第 12 册，中共中央党校出版社 1991 年版，第 496—499 页。
2《毛泽东选集》第 2 卷，人民出版社 1991 年版，第 121 页。
3《毛泽东选集》第 2 卷，人民出版社 1991 年版，第 122 页。

的”。[1]其真实目的是宣扬艺术“与抗战无关”论调，反对文艺为现实斗争服务，为国民党的消极抗战、投降主义制造舆论。

梁实秋的言论遭到进步艺术人士的批评。罗荪、张天翼、陈白尘、宋之的、老舍等发表文章，加以驳斥。最先对梁实秋的“与抗战无关”这一论调进行批判的是罗荪。他在1938年12月5日的《大公报》上发表《“与抗战无关”》一文，抨击梁实秋的“与抗战无关”论。针对梁实秋所说“现在抗战高于一切，所以有人一下笔就忘不了抗战”这一情况，指出原因是“并非仅仅由于大家关心抗战这一点，而是这次的抗战已然成为中华民族生死存亡的主要枢纽……想令人紧闭了眼睛，装作看不见，几乎是不可能的事”。[2]文中还指出，梁实秋既要“与抗战无关”的材料，又要文章“真实流畅”，这是自相矛盾的。文章要真实，就要忠于现实，就无法脱离中国抗战这个背景。如果要“与抗战无关”的材料，那就只会丢掉真实，这样的艺术作品无异于背离人民大众。罗荪还在《再论“与抗战无关”》中指出梁实秋曾发表过“我们是一个弱国，我们不配喊打倒帝国主义的口号，我们应该干干脆脆地承认我们现在是一个弱国”的论调。他现在提出“与抗战无关”，目的就是要“抹杀今日抗战的伟大力量的影响”，[3]最终抹杀抗战，乖乖妥协投降。老舍起草了《给〈中央日报〉的公开信》，信中严厉批判“与抗战无关”，揭露其挑拨文艺界团结抗战的恶毒目的。1940年6月，张天翼在《文学月报》上发表《论“无关”抗战的题材》一文，文中写道：“无论是住在战地，无论是住在大后方，无论是住在城市或者乡下，抗战总会给他影响，使他的生活和思想发生一定的变化。”由此可见当前的时代背景下，艺术要脱离抗战

1 中共重庆市委党史工作委员会编：《南方局领导下的重庆抗战文艺运动》，重庆出版社1989年版，第357页。

2 中共重庆市委党史工作委员会编：《南方局领导下的重庆抗战文艺运动》，重庆出版社1989年版，第345页。

3 罗荪：《再论“与抗战无关”》，《文学运动史料选》第4册，上海教育出版社1979年版。

是不可能的。张天翼还在《论“抗战八股”》一文中指出，“八股”是一个毛病，要好好整治，但是那些把凡是服务抗战的作品都说成“抗战八股”的人，居心叵测，目的险恶，警醒人民群众切勿上当。

这场论争最后以梁实秋辞去《平明》杂志副刊主编一职，文艺界进步人士取得胜利而告一段落。这场论争揭露了国民党顽固派消极抗战、妥协投降的目的，阻滞了投降主义暗流的发展，使革命的文艺工作者进一步明确了艺术与抗战紧密相联、“艺术为抗战服务”等正确理论观点，进一步促进了艺术抗战事业的发展，也更加警醒了人民大众明辨进步思想与反动思想，使艺术界与人民大众更加团结在共产党周围，积极抗战。

2. **关于文艺“民族形式”的论争（文艺大众化论争的继续）**。“民族形式”问题的论争是抗战时期文艺界进行的关于文艺理论的非常重要的一次论争，可以说是五四运动以后文艺大众化通俗化探索的延续，但又是文艺大众化通俗化的提升。

五四运动以后，中国文艺界就在文艺大众化通俗化上展开了许多积极的探索，密切了文艺与群众的联系，但这一时期关于文艺大众化通俗化的讨论与探索，并未涉及“民族形式”问题。直到1938年10月，毛泽东指出马克思主义中国化问题，强调文艺必须和中国具体特点相结合，并通过一定的民族形式才能体现。艺术必须体现“新鲜活泼的，为中国老百姓所喜闻乐见的中国作风和中国气派”。[1] 自此真正引发了关于“民族形式”问题的讨论。

此次论争主要集中在两点，一是“民族形式”的“中心源泉”是什么；二是“内容决定形式”的问题。关于这两点，在延安和国统区的广大文艺界人士展开了激烈的讨论。

关于“民族形式”的“中心源泉”是什么这一问题，是向林冰首先提出

1《毛泽东选集》第2卷，人民出版社1991年版，第534页。

的。1940 年 3 月 24 日，向林冰在重庆《大公报》发表了《论“民族形式”的中心源泉》一文，提出“民族形式的中心源泉是民间形式”，[1] 批驳五四以来新文艺的诸多探索。随后又发表了《国粹主义简释》《再论民族形式的中心源泉》等文章加以论述。葛一虹不认同向林冰的观点，认为向林冰的观点是抹杀五四新文艺的成绩，并发表《民族遗产》《民族形式的中心源泉是所谓“民间形式”吗？》两文进行反击，他肯定五四以来的新文艺是完美的，全面否定旧形式，提出“民间形式”是旧形式，是没落文化，是封建残余。

对于这两人的争论，文艺界许多人士发表了看法。1940 年 7 月 4 日，《新华日报》发表了潘梓年的《在新文艺民族形式问题座谈会上的发言》，认为民族形式的源泉，不光有民间文艺，同样也有新文艺运动积累起来的成果，“用不着怀着‘中学为体，西学为用’的狭窄观点，在民间文艺这一源泉上特别加以‘中心’的规定”。[2] 认为民间形式利于表达中国人自己的文化，便于大众接受，但是随着时代的变化，旧的艺术形式已经不足以表达中国人的文化，需要吸收融合国际的优秀的艺术。1940 年 8 月，郭沫若发表了《“民族形式”商兑》，明确否定了向林冰的观点，也批评葛一虹将民间形式看作旧形式，完全否定旧形式的做法。认为对民间形式的利用十分重要，它与人民群众有着密切联系，更容易为人民群众所接受，具有重要价值；对新文艺给予肯定，但指出了其存在的缺点，如未能切实地反映现实生活，遣词造句过于欧化等。郭沫若否定将民间形式作为民族形式的中心源泉，也不同意将五四以来的新文艺作为民族形式的中心源泉，认为民族形式的中心源泉是现实生活，不是某种单一的形式。这一观点与潘梓年的观点基本相同。随后，《文学月报》和《新华日报》召开了两次“民族形式座谈会”，广大艺

---

1 向林冰，《论“民族形式”的中心源泉》，《文学运动史料选》第 4 册，上海教育出版社 1979 年版。

2 中共重庆市委党史工作委员会编：《南方局领导下的重庆抗战文艺运动》，重庆出版社 1989 年版，第 316 页。

术工作者纷纷发言辩论，基本赞成不以单一某种形式作为民族形式的中心源泉，对于旧形式要取其精华，去其糟粕；对于新形式，要联系我国抗战实际加以吸收与炼化。

关于“内容决定形式”问题的论述，观点基本一致，一是坚持内容决定形式。二是坚持今天文艺作品的内容基于抗战这个背景，应该是抗日的，反帝反封建的，新民主主义的。就连坚持“民间形式中心论”、批驳否定新文艺成就的向林冰也认为内容决定形式，民间形式“如果和革命思想结合起来，则是有利的革命武器”。潘梓年在《在新文艺民族形式问题座谈会上的发言》一文中指出“形式不能离开了内容来讲”。[1] 郭沫若也说过，“我们要求民族的形式，就必须要有现实的内容”。[2] 毛泽东对这一问题也进行过高度的概括：“民族形式就是人民的形式，与革命的内容不可分。旧形式到了我们手里，给了改造，加进了新内容，也就变成了革命的为人民服务的东西了。”[3]

这场论争是十分必要的，虽没有产生明确的、统一的结论，但是最后大多数文艺界人士的观点基本相同，即在现实社会的基础上，既要吸取旧的民族艺术的精华，也要吸收外来艺术的精华，加以糅合，形成新的民族形式。这是一次规模宏大的论争，影响广泛而深刻。这场论争，使马克思主义文艺理论、党和毛泽东的文艺理论得到更好的贯彻与学习，尤其是向国统区的文艺界和广大民众宣传了党的文艺指导思想。“民族形式”问题的论争进一步提升和完善了我党的抗战文艺理论。内容决定形式，也更加肯定了艺术为抗战服务，推动了艺术抗战运动。

3. 批判林同济、陈铨“战国策派”。1940 年前后，日本帝国主义加紧对中国的侵略，国内投降主义活跃，蒋介石酝酿第二次反共高潮，因此，文艺

1　中共重庆市委党史工作委员会编：《南方局领导下的重庆抗战文艺运动》，重庆出版社 1989 年版，第 315 页。

2　郭沫若：《“民族形式”商兑》，《大公报》1940 年 6 月 9 日。

3　南方局党史资料征集小组编：《南方局党史资料·文化工作》，重庆出版社 1990 年版，第 22 页。

界出现了为其反动统治制造舆论宣传的“战国策派”。“战国策派”代表人物是陈铨、林同济，他们合办《战国策》月刊、《大公报》副刊《战国》等刊物，连续发表宣扬法西斯侵略思想和国民党独裁统治的作品。代表作品有林同济的《从战国重演到形态历史观》《寄语中国艺术人》，陈铨的《指环与正义》《尼采的政治思想》等。“战国策派”的反动思想表现在：第一，混淆侵略战争的性质，否定其非正义性。“战国策派”把世界反法西斯战争说成是中国战国时期诸侯混战的历史重演，陈铨在《指环与正义》中说，“没有什么正义与不正义的，一切都是历史的重演”，还声称“力就是正义”。这就否定了法西斯侵略战争的侵略性，把这场战争看作力与力之间的较量，就否认了中国抗日战争的正义性。第二，为国民党独裁统治做辩护，攻击马克思主义和中国共产党。称“马克思主义减少了民族团结的精神，增加了民族依赖的心理，延迟了政治的统一，分散了军事的力量”等等，抹杀中国共产党在争取民族独立与解放的过程中所做的努力与贡献，实则是打压共产党，鼓吹国民党专制统治。第三，鼓吹“英雄至上论”“天才论”，实则是为蒋介石和国民党的独裁制造理论根据。陈铨在《论英雄崇拜》和《再论英雄崇拜》等文中宣扬国民党的“一个主义”“一个政党”“一个领袖”。将国民党、蒋介石作为民族和民族意识的代表，提倡所谓的“民族主义”和“民族文学”。还宣扬“社会的进步，是要靠天才来领导的”，[1] 认为“民主压抑了天才”，反对民主政治，扬言“不让天才来领导群众，却让群众来压迫天才”，人类社会毫无前途可言。[2] 其目的就是引诱人们对国民党蒋介石的崇拜。“战国策派”理论的反动性，主要理论依据是对叔本华、尼采思想的拼凑与继承，企图将普通大众所不能理解的古今中外的许多学术粉饰起来，拐弯抹角地鼓吹反动理论。其目的就是鼓吹国民党一党专政，打压中国共产党，为国民党专制独

1 马功成：《“战国策”派的反动实质》，《四川师院学报》1984 年第 2 期。

2 陈铨：《尼采的政治思想》，《战国策》1940 年第 9 期。

裁制造舆论。

“战国策派”的法西斯文艺理论一经抛出，中国共产党就领导文艺界人士予以强烈批判反击。章汉夫发表《“战国策派”法西斯主义实质》一文，指出，战国时代的战争是封建国家各诸侯、各地主阶级为扩张土地而发动的战争。如今的战争是民主国家为争取民族独立、捍卫国家主权、反对法西斯帝国主义的侵略而进行的正义的自卫战争。德、意、日法西斯主义国家的目的是掠夺殖民地。这是两种完全不同性质的历史战争。戈茅发表《什么是“民族文学运动”?》一文，揭露了“战国策派”宣扬的“民族主义”“民族文学”实质是反动的。目的是抹杀民权主义和民生主义，鼓吹“民族领袖”蒋介石，鼓吹个人英雄主义。吴往（欧阳凡海）1942 年 4 月在《群众》上发表《什么是“战国派”的文艺》一文，抨击“战国策派”的实质是宣扬法西斯理论。文章批判了林同济的《寄语中国艺术人》，并指出“战国策派”的英雄宇宙中心论荒谬之极，因为规律是存在于客观世界中的，天才也是客观世界的产物，天才并不能创造客观规律，它的任务是发现客观世界中的规律，利用规律，从而获得成功。

“战国策派”不仅有理论指导思想，还有艺术实践活动，主要是陈铨的四幕话剧《野玫瑰》的上演，故事讲述了女特工夏艳华，为了“民族利益”“国家利益”而牺牲自我，牺牲个人感情的“英雄”故事。但故事并没有过多地揭露汉奸的罪行，也没有过多描述夏艳华为争取“民族利益”铲除奸凶所做的艰辛努力，反而大面积宣扬汉奸王立民的个人思想，将王立民渲染成一个带有个人魅力的“悲剧英雄”，他赤裸裸的反动行为，被作者大度宽容。实质就是在宣扬个人英雄主义，为法西斯侵略战争做辩护。对于这样的反动文学作品，国民党当局不仅不予以禁演，还破格授予奖励，大肆提倡，其居心可见。对此，重庆戏剧界人士联名要求撤销对该剧的嘉奖，禁演此剧。文艺界进步人士发表文章、召开座谈会批判《野玫瑰》，如颜翰彤的

《读〈野玫瑰〉》。周恩来等指导进步艺术界利用话剧予以反击，抵制《野玫瑰》散播的毒害。1940—1941 年演出了 40 多部话剧，如《乐园进行曲》《北京人》《棠棣之花》等，数郭沫若的历史剧《屈原》贡献最大。在此推动下，话剧运动日益高涨。

这场文艺理论的斗争，有十分重大的意义，阻止了法西斯理论和国民党反动思想的扩散，使中国进步艺术界更加团结、更加自信，完善了党的抗日艺术理论，使中国共产党领导的艺术界抗战朝着正确的方向稳步前进。

4. 反击国民党“文运会”及其法西斯性质的“文艺政策”。抗战期间国民党顽固派多次破坏文艺统一战线，建立文化专制组织，宣传反共思想。1938 年 7 月，国民党成立中央图书杂志审查委员会（简称“图审会”），查禁进步书刊杂志。1939 年 2 月，在重庆成立“戏剧审查委员会”，查禁进步戏剧电影及演出活动，禁止所谓“诋毁政府之措施”，“宣传三民主义以外的一切主义”内容。大量进步戏剧被禁演，如田汉的《暴风雨中的七个女性》、郭沫若的《高渐离》、阳翰笙的《草莽英雄》、曹禺的《原野》、老舍的《残雾》等[1]，严重阻碍了艺术抗战活动的发展。

为进一步加强文化专制，国民党于 1941 年 2 月在重庆成立“国民党中央文化运动委员会”，相继颁布了一些法令，加强文化控制，全面扼杀进步艺术。1942 年 9 月，“文运会”主任张道藩发表《我们所需的文艺政策》一文，在文中规定了文艺创作的“六不”与“五要”，[2]大肆鼓吹艺术要为“国家至上”“民族至上”服务，实则是打着三民主义和民族文艺的幌子，把国民党歪曲了的“三民主义”作为文艺指导思想，要文艺为国民党一党服务，目的在于绞杀共产党的文艺抗战和人民的文艺，在艺术界反共反人民。

1《抗战时期国民党政府查扣文艺作品原稿篇目一览》，《抗战文艺研究》1986 年第 2 期。

2“六不”是指不专写社会的黑暗，不挑拨阶级的仇恨，不带悲观的色彩，不表现浪漫的情调，不写无意义的作品，不表现不正确的意识。“五要”是要创作我们的民族文艺，要为最苦痛的平民而写作，要以民族的立场而写作，要从理智里产生作品，要用现实的形式。

面对此种情况，中国共产党及文艺界进步人士，纷纷发文从理论上批判国民党的“文艺政策”。苏黎发表的《鸵鸟》一文首先批判国民党的“文艺政策”。用鸵鸟的这种习性讽刺国民党“文艺政策”的“不专写社会黑暗”其实就是不敢正视社会黑暗，国民党文人的这种行为就是“鸵鸟行为”。他们的目的是让文艺脱离社会现实，成为花拳绣腿的虚架子。吴往发表《关于“文艺政策”与“文艺武器论”》一文，严厉批判梁实秋的错误理论，指出苏联的文艺政策与我党的文艺政策是相通的，国民党的文艺政策是背离人民大众的。揭露了国民党“文艺政策”扼杀进步文艺的反动实质。1943 年 1 月 21 日，中共中央发表了《中共中央领导同志关于揭露中国法西斯蒂罪恶的指示》，指明国民党的目的是“以宣传攻势动摇我党，以军事压迫逼我党”，对此，“我党揭穿，通电全国，迎头痛击”。[1]

除了发表文章进行理论批判，还在实际工作中对国民党文化专制进行坚决斗争，进步艺术界还开展许多纪念活动、艺术民主座谈会、请愿运动等，来批判国民党的“文艺政策”。例如，在鲁迅逝世 7 周年之际，进步文艺工作者创作大量文艺作品来纪念鲁迅先生，最后转变为对国民党“文艺政策”的批判。再如，1944 年以后，进步文艺工作者光未然在昆明、以群在重庆召开艺术民主座谈会，声讨国民党的“文艺政策”，表达了文艺界争取民主，争取自由的呼声。还发起很多集会请愿运动。例如，1943 年 8 月渝市音乐界请求减免演奏税。重庆进步艺术界还多次呈递请愿书，要求废除戏剧公演所受的限制。1944 年 2 月，《中央日报》刊登了马彦祥的《为演剧征捐呼吁》一文，呼吁“戏剧不是娱乐，演剧不应该征收娱乐捐”。[2]1944 年 5 月，郭沫若、夏衍、老舍等 78 名文化人士联名发出《重庆文化界为言论出

1 中共重庆市委党史工作委员会编：《南方局领导下的重庆抗战文艺运动》，重庆出版社 1989 年版，第 52 页。

2 中共重庆市委党史工作委员会编：《南方局领导下的重庆抗战文艺运动》，重庆出版社 1989 年版，第 247 页。

版自由呈中国国民党十二中全会请愿书》，要求取消图书杂志及戏剧演出审查制度。

共产党及文艺界进步人士的有力反击，使国民党企图扼杀艺术抗战的计划破产。不仅他们的“文艺政策”被抨击的体无完肤，而且深刻揭露了他们反共反人民的独裁本质，更加坚定了我党的政治思想认识，更加团结了人民群众，毛泽东的《在延安文艺座谈会上的讲话》精神也得到了更好的传播，文艺界的弱点也在很大程度上被克服，文艺界的抗战更加健康蓬勃地发展。

二、以延安为代表的抗日根据地文学

延安作为抗战时期的“新地区”，吸引着成千上万热血的文化工作者。在延安的作家，有以下几类：第一类是“土生土长”的北方乡土作家；第二类是从国统区奔赴延安的进步作家；第三类是国际作家。从宏观层面看，这些作家在这一时期的创作遵循了一个共同的原则：批判日军的侵略行径，鼓舞歌颂中国的抗战力量。同时，这些作品还比较明显地体现了各自的特点。

（一）抗日根据地的小说创作

抗日战争爆发以后，随着文艺界抗日民族统一战线的形成和抗日民主根据地的建立和发展，各抗日根据地的小说创作得到了初步的发展，尤其是1942年延安文艺座谈会以后，作家们在毛泽东讲话精神的指引下，深入火热的革命斗争，深入工农兵群众，创作了一批从题材、主题、人物到语言形式都完全崭新的优秀小说，呈现出一派繁荣的景象。从作家队伍看，许多抗战前已登上文坛的作家，如丁玲、欧阳山、周立波、刘白羽等在创作上获得了新的突破，而且涌现出了如赵树理、孙犁、康濯、柳青、马烽、西戎、孔厥等一大批新人。他们或从乡土的深处走出来，深谙乡间父老的人情世态和审美趣味，如赵树理；或从异地来到边区，放下架子，选点扎根，在陌生的新的人群和生活中，不断地改换着自己的口味和腔调，终至形成较为开阔的艺术境界，如丁玲、欧阳山、周立波等。从题材上看，根据地的小说艺术地记录了一个伟大的时代，表现了全新的主题，他们或深刻地反映了根据地新的生活和斗争，或真实地描写了广大人民群众在反对日本侵略者、反对国民党反动派的武装斗争及其他各种形式的斗争中的英雄事迹，或生动地表现了人民战士无比的英雄气概和对革命事业的无限忠诚，密切配合了伟大的抗日战争。从人物形象上看，根据地的小说塑造了一大批工农兵新人形象，如老杨、李有才、小二黑、小芹、张裕民、程仁、赵玉林、郭全海、水生嫂、王加扶、牛大水等。他们或以自己的聪明才智与狡猾的敌人斗争，取得抗日战争的胜利；或代表了人民群众的愿望和要求，成为发展生产的带头人；或是革命战争中不怕牺牲、英勇奋斗的英雄。他们具有新的思想风貌、崇高的道德品质和追求美好生活的理想，是真实生动、血肉丰满的工农兵形象。从艺术风格上看，根据地的小说初步形成了独具艺术个性的作家群体。如丁玲、周立波、孔厥、欧阳山、草明等，以对社会的敏锐感触和对社会的深刻剖析见长；赵树理、马烽、西戎、孙谦、束为等则以大众化风格为其艺术追求的极致，成为影响最大的小说家群体；孙犁、康濯、秦兆阳、王林、萧也牧等则以抒情小说见长并放射出了特异的光彩；刘白羽的新闻体小说则以反映现实的迅速、及时取胜。从艺术形式上看，根据地的小说创立了为工农兵所喜闻乐见的艺术形式，具有鲜明的民族化大众化的风格，他们在小说结构上继承中国古典小说和说唱文艺的优良传统，使情节集中、紧张，富有戏剧性、故事性。语言上既对群众口语进行加工提炼，又吸收说唱语言的精华；既使人物对话口语化，又使叙述语言口语化，做到了相当高的大众化程度。在小说民族化、大众化方面，根据地的小说对五四以来现代小说的发展作出了突破性的贡献，并且对当代文学的创作有着重大的影响。1945 年前根据地小说创作的成就主要在短篇小说。1937 年至延安文艺座谈会召开之前，来自国统区的作家们凭着原有的艺术素养，率先开始了短篇小说的探索，如早已蜚声文坛的丁玲到达延安后，满怀激情积极投身于抗日文学创作活动，先后发表了《一颗未出膛的枪弹》《我在霞村的时候》《在医院中》等短篇小说，最早反映了根据地人民战斗的精神风貌，标志着丁玲的文学创作迈入了一个新的发展阶段。这时期，根据地的短篇小说创作虽然数量较多，在一定程度上反映了创建不久的抗日民主根据地的生活，但仍属于初创时期，除丁玲外，有影响的作家较少。延安文艺座谈会以后，情况有了很大的变化，首先是赵树理的通俗小说异军突起，继之又有冀中作家孙犁的抒情小说脱颖而出。他们的作品各具个人特色，并拥有较多的追随者。康濯、杨朔、秦兆阳等一批初露头角的新人，以新的内容、新的格调和色彩的作品，促进了根据地短篇小说创作的活跃与繁荣。

在长篇小说方面，抗日根据地在抗日战争胜利前夕有所突破。1945 年《晋绥大众报》连载的青年作家马烽、西戎的《吕梁英雄传》是抗日根据地最早发表的一部长篇小说。不久，赵树理的《李家庄的变迁》问世，是抗日根据地“通俗小说”的开端。

敌后英雄主义抗战小说的创作者，最具有代表性的是丁玲、刘白羽、杨朔、孙犁、邵子南、柯南等。他们中有的人本是乡土小说作家，还有一部分则是来自国统区。他们来到延安后，生活和创作环境都发生了巨大的转变。“从亭子间到革命根据地，不但经历了两个地区，而且是经历了两个历史时代……我们周围的人物，我们宣传的对象，完全不同了。”[1] 随着创作环境的改变和描写、歌颂对象的转变，这些作家的创作风格也发生了改变。

延安的抗战小说，受中国共产党领导的敌后抗日斗争的影响，在宏观上

1《毛泽东选集》第 3 卷，人民出版社 1991 年版，第 876 页。

有共同的特点：描写底层劳动人民的觉醒和觉醒后的劳动人民的英雄主义抗日斗争。描写民兵的抗日斗争，是根据地小说创作的一个特点。这也反映了毛泽东曾经指出的“我们宣传的对象，完全不同了”。

丁玲是从国统区奔赴根据地的，她到根据地后，创作的最早的一部小说是《一颗未出膛的枪弹》。在这篇小说里，丁玲塑造了一个机智、坚定抗战的小战士的形象。这种创作风格对其之后的创作具有一定的影响。之后她创作的两篇小说《泪眼模糊中的信念》《我在霞村的时候》都是从女主人公的悲惨遭遇切入，前者描写了陈老太婆被日军凌辱后，把对侵略者的仇恨化作力量，爬回村子，用自己的遭遇，向人们揭示日本侵略者的兽性。后者的主人公是一个不甘心被命运束缚的要强的女孩子。为了反对父母的婚姻安排，去做了修女。但最终被日军凌辱。最后，陈老太婆的愿望达到了，她用自己的遭遇，激起了村民对于日本侵略者的痛恨；后者的女主人公积极利用自己的身份，为中共抗日部队提供消息。这两篇小说在批判落后思想的同时，都反映了底层人民走上抗日道路的觉醒。

刘白羽创作的《孙彩花》也是反映了底层民众民族意识的觉醒。孙学义和孙彩花本是一对贫困夫妇，当他们遇见共产党的军队后，被共产党的政策感染，最终走上了抗日的道路。而他们之所以走上抗日的道路，正是因为共产党的方针政策让他们有了新的生活，有了希望，他们更自觉地走上战场，去保卫自己的新生活。而这种文学作品，无疑会让更多的读者成为下一个“孙学义和孙彩花”。无数个“孙学义和孙彩花”，将会对中国的抗日战争起到决定性的作用。

事实上，这种底层人民走上抗日道路，军民联合抗日的创作主题在根据地的抗日小说里是很普遍的。通过对根据地底层抗日英雄的描写，可以更加鲜明地突出广大人民在抗日战场上的巨大作用。邵子南的代表作之一《李勇大摆地雷阵》讲述了民兵李勇机智抗日的故事。主人公李勇本来是一个农民，后来他加入了民兵组织，并且因为自己的优异表现，成为民兵队队长。当日本侵略者来“扫荡”的时候，李勇摆出了地雷阵，使日本侵略者难以前进，伤亡惨重。

杨朔的代表作之一《月黑夜》中，塑造了一个从开始不关心国事到后来积极加入抗日运动中的农民形象。庆爷爷是个 50 多岁的老头，也是他们村的村长。但是，他从不关心国家大事。后来共产党的抗日队伍到达他们这个小山村，给他讲解国家大事，劝他支持抗日战争时，他说：“老啦，听的见的够多了，这些新道理也不想懂。当老百姓的只图个太平日子，谁坐江山给谁纳粮，哪管得了许多闲事。”[1] 庆爷爷的这种思想，足可以代表中国底层相当一部分劳动者的想法。他们只图有个太平日子，只求有口安稳饭吃。对于国家大事，对于民族存亡则关注得较少。这并不是因为他们不爱国，不爱民族。而是因为在以前的旧体制中，作为底层劳动人民的公民权利得不到保障，没有一个可以代表他们利益和诉求发声的阶级和政党。面对广大的底层民众，中国共产党发动他们参加抗日战争则是建立抗日民族统一战线的重要工作内容。在共产党人的感召下，这个质朴的老农民终于明白了“千说万说，只有你们才是老百姓的救星——我现今看清楚了”。[2] 后来，主人公庆爷爷用尽一切手段支援八路军，最后在一次任务中牺牲了。中国有无数个“庆爷爷”，而共产党的文艺方针，就是通过各种文艺形式，坚定他们的抗日立场，壮大抗日力量。“庆爷爷”是根据地抗日小说中描写普通民众从民族意识觉醒再到成为抗日英雄的代表之一。

孙犁是根据地的本土作家，他非常具有典型性。孙犁创作的抗战小说，从深层次反映了民族意识的觉醒。他创作了很多作品，如《一天的工作》《琴

---

1 北京师范大学等主编：《中国现代文学史参考资料短篇小说选》第 4 册，上海教育出版社 1979 年版，第 201 页。

2 北京师范大学等主编：《中国现代文学史参考资料短篇小说选》第 4 册，上海教育出版社 1979 年版，第 201 页。

与瑟》等等。但是最有代表性的是《白洋淀》。这篇小说，残酷而激情的画面比较少，但是作者通过对人物内心的描写，突出普通劳动者对抗日战争的支持。当主人公告诉妻子，自己要去部队时，“女人鼻子有点酸，但她没有哭”。这些细节的描写，更能打动人心。

抗日根据地以孙犁为代表的作家们写下了太多热情讴歌根据地军民热火朝天的建设巩固根据地的新气象。新文化首先得建立在人民民族意识觉醒的基础上，在中国共产党的带领下，文艺工作者用自己的武器，创作了简单易懂、生动形象的文学作品，用鲜明而鲜活的人物形象把根据地军民的生活、与日寇的斗争活灵活现地用文字表现出来，在揭露日本侵略者暴虐行径的同时，唤醒中国广大人民的民族意识，壮大抗日力量。

（二）抗日根据地的诗歌创作

抗日根据地的诗歌是在20世纪30年代的苏区和“普罗”诗歌传统的基础上，经过抗战催生而发展起来的。抗战爆发后，一大批30年代成名的诗人，如田间、何其芳、卞之琳、艾青、柯仲平、光未然等纷纷从国统区、沦陷区来到根据地，组成了抗日根据地的诗人队伍。他们的创作与根据地民间诗歌相结合，开创了根据地诗歌创作的新局面。

一是来到根据地的诗人们的创作风格发生了深刻的变化。在根据地，党领导的人民革命斗争和工农兵群众的新生活，使他们的诗风发生了深刻地变化。他们的诗歌从狭隘的个人情绪的宣泄转向对人民的歌颂。其中何其芳是一个杰出代表。在《成都，让我把你摇醒》《我为少男少女们歌唱》《生活是多么广阔》等诗篇中，诗人以明白晓畅、接近群众口语的诗句，以高昂热情的笔调，抒发自己对新生活的热爱，激励人们为新的生活理想而勇敢前进。卞之琳的《慰劳信集》、光未然的《黄河大合唱》都表明根据地的诗歌创作成为文化抗战的重要内容，对鼓舞人民的抗日热情发挥了重要作用。

二是群众性的诗歌运动在根据地也开展得轰轰烈烈，极大地激发了群众的抗日士气。如《赵清泰诉苦》《揭开石板看》《东方红》《十绣金匾》《十二月唱革命》《咱们的领袖毛泽东》等都是流传很广的民歌。同时，在部队则流行“枪杆诗”“快板诗”，短小精悍、易记易唱，对于活跃部队文化生活和鼓舞战士们的斗志起了很大作用。

三是长篇叙事诗的创作，出现了不少佳作。最有代表性的是李季的《王贵与李香香》和阮章竞的《漳河水》。田间、李冰、张志民等创作的民歌体叙事长诗也有较大影响，艾青此时也尝试以民歌体来写诗。这些尝试，促进了根据地叙事诗的空前繁荣，这是中国新诗史上少有的景象。

四是群众性的诗歌运动在根据地也开展得轰轰烈烈，出现了大量在当时影响较大的作品：有表现减租减息及边区民主建设等政治斗争的，如《赵清泰诉苦》《揭开石板看》等；有表现翻身农民对新生活的热爱，对党、人民领袖、人民军队的爱戴感激的，如陕北农民李有源等人用“白马调”创作的《移民歌》（后经文艺工作者加工整理，成为著名的《东方红》）。此外像《十绣金匾》《十二月唱革命》《咱们的领袖毛泽东》等都是流传很广的民歌。

日本帝国主义的侵略使中华民族处在生死存亡的关头。每一个中国人都应该为了保卫家园而战。诗人以诗歌为武器，投入抗战中。以抗日为题材旨在讴歌中国人民在党的领导下坚决抗战到底的精神，表现根据地军民不畏艰难、前线抗日将士大无畏的牺牲精神的抗日战歌，成为抗战的重要组成部分。

这一时期，诗歌的题材主要以乡土抗战为主基调，歌颂党和人民对抗日的坚持。大部分战地诗歌包括抗日根据地的诗歌创作在内，都是结合了诗人个人的真实抗日活动。这种以其亲身经历为依据创作出来的诗歌更能让人感同身受。从纯粹的文学欣赏角度来说，我们能从诗人饱含深情的诗篇中读出他们对广大人民群众和前线将士义无反顾投身抗日战争的讴歌与颂扬。

从艺术形象和所表达的情感的不同来分析，则能归纳为对中国军民艰苦抗战的描述、对根据地军民建设的颂扬、对日寇侵略行径的控诉等几个方面。“抗战于诗的诗态，也不能无视战争中绝不同于事实图解之战事写实的描写。”[1]诗歌不同于写实的小说等文学创作形式，旨在通过以事言情、以物咏志的方式来含蓄地表达主题情感，但是抗战诗歌因为其特殊的使命，大多炽热而直接地表达了情感主题。

诗人们通过诗歌真切地以农民和其他不同阶层视角表达出对抗战的坚守。就像艾青的《雪落在中国的土地上》所表达的感情一样，那个时期面对强敌的侵略，诗人担忧祖国生死存亡命运的思绪，从诗篇中表达出来的感情与诗歌渲染的氛围，激荡着保家卫国的热血感情，使读者无不被诗歌所表达的强烈感情所感染，国家责任感、民族凝聚力、抗日决心油然而生。在这首诗中作者用老妇人、中国的农夫、母亲等艺术形象，深刻、形象、传神地展现出旧中国的苦难，强烈地表达了作者的爱国热情与赤子之心。这种情感，如诗歌中朴实的诗句一样：“那幸福与温暖的巢穴，已经被暴戾的敌人，烧毁了么？……你已经受尽敌人刺刀的戏弄。”短短词句，用幸福、温暖这两个形容词形象、生动地表达了中国这个苦难的国度给我们的是温暖和幸福的体味，而这个温暖的国度却被凶恶的敌人用刺刀和大炮所侵略，诗人对祖国和人民由于日寇侵略所遭受的苦难的无声控诉充满着每一个字词。无论是艾青还是臧克家，根据地的新派诗人在其创作的抗战诗歌中都是取材于生活中的实例，他们在根据地广泛地接触了农民、士兵等群体。

这一时期的诗歌还有不同的文学表达形式和情感表达方法。如田间的《假使我们不去打仗》：“假使我们不去打仗，敌人用刺刀，杀死了我们，还要用手指着我们骨头说，看，这是奴隶！”[2]从这短短的诗句中我们便能读出

1 周良沛：《抗战诗钞》，花城出版社 2015 年版，第 3 页。
2 周良沛：《抗战诗钞》，花城出版社 2015 年版，第 135 页。

来日寇的凶狠与残暴，通过刺刀、骨头这几个意象形象地表现出在那个烽火连天的岁月中，家和国都遭受着巨大的苦难。同样地，这些悲惨的画面激起了中国人民的抗日决心——这就是文学在抗战中的作用，这也是中国共产党实施和重视文化抗战的原因。在这短短几句诗中，用“不抗战，那么敌人就能轻而易举地指着我们的骨头说，这是亡国奴”这个鲜活的画面，从情感上激发民众的抗日热情。以延安为代表的根据地的诗人们通过自己的诗篇控诉敌人的侵略行径，用最朴实的语言揭露了敌人的真面目。通过揭露侵略者的丑恶嘴脸和无耻的侵略行径很好地教育了中国人民，要取得胜利只有在党的领导下坚持抗战到底。

抗战诗歌也歌颂了抗日根据地欣欣向荣的局面。如胡可的《减租小唱》中描述的王老三，在心里盘算着二五减租运动，二五减，为哪般？……为的是抗战不困难，从这短短的数句中，可以看出来抗日根据地的农民在党的带领下开展减租、减息运动，极大地提高了农民的生产积极性，减轻了人民的负担，提高了人民的生活水平，通过宣传与教育进一步提高了农民支持抗战的积极性。正如诗中所写“种地的团结成一股劲儿，减租运动大开展”，农民的社会意识和民族意识的觉醒，使得他们更加自觉自发地在党的带领下开展大生产运动以支援抗战。根据地的生产和建设等各个方面的欣欣向荣的景象与国统区形成了鲜明对比，也能给那些来到根据地的诗人和文化人以最直接的感受和最鲜明的冲击，从而使得他们更自觉地全身心地投入文化的抗战活动中。

抗战诗歌的另一种主题是歌颂前线八路军与人民自发从军保家卫国。以郭小川的《草鞋》为例：“为的佃户吃饱饭，有了饭大家吃，有了事大家干，抗战胜利共享太平年。”由此可见当时根据地的人民参与保家卫国的抗战的热情之高涨、斗志之昂扬。从对同志们精神面貌的描述，如“我的同志个个年轻力大……我的同志枪光闪烁，我的同志步武轩昂”，通过对战士的年龄、武备、步伐与身姿等简短的描述，只言片语中便让读者一目了然地感受到八路军战士的飒爽英姿与昂扬的斗志，传神地表现出那段光荣岁月八路军战士在抗战中舍生忘死的精神。

总的来说，抗战诗歌作为文学抗战中感情最热烈、鼓动效果最好、最能引起感情共鸣的文学形式，直白地谴责了日本的侵略行径，有效地宣传了共产党的抗日主张，生动地描述了根据地人民热火朝天的建设情形。对抗战起了重要的正面作用。

三、国统区的抗战进步文学

1937 年 7 月 7 日，卢沟桥事变的爆发，改变了中国历史的进程，全民族开始转向争取民族独立解放的斗争。面对全国人民高涨的抗日情绪、大片国土的相继沦陷和纷乱动荡的战争生活，作家失去了从容写作的环境和心情，纷纷走出了都市的“亭子间”，摆脱原先比较狭隘的生活圈子，走向内地、走向乡村和抗日前线。相当多的作家放下了原定的写作计划，或进行抗日的文艺宣传，或从事实际的救亡工作，不同程度地投入了抗日战争的洪流。

上海沦陷后，武汉一度成为内地的文艺活动中心。从上海、平津、东北等地来的大批文艺工作者陆续会集于武汉三镇。1937 年 12 月，以中国共产党首席代表身份参加抗日民族统一战线工作的周恩来来到武汉，亲自参加组织各种抗日文艺活动，宣传党的抗日主张，教育文艺工作者，通过各种形式把聚集在武汉的大批文艺工作者组织起来，除了一部分输送到延安和各个抗日民主根据地外，绝大部分文艺工作者，通过中华全国文艺界抗敌协会和郭沫若主持的军委会政治部第三厅，被吸收到抗日民族统一战线中来，组成一支浩浩荡荡的抗日文艺大军。一时间，武汉三镇抗日歌声回荡，戏剧演出盛行，诗歌朗诵活动到处兴起，刊物如雨后春笋般创办，作者精神振奋。这是与当时政治上的新气象相适应的文艺界生机勃勃的新局面。

1938年3月27日，中华全国文艺界抗敌协会（以下简称“文协”）在武汉成立，它是继戏剧界抗敌协会之后最早出现的全国规模的文艺界抗日民族统一战线组织。发起人包括文学界各方面的代表97人。会议选出郭沫若、茅盾、冯乃超、夏衍、胡风、田汉、丁玲、吴组缃、许地山、老舍、巴金、郑振铎、朱自清、郁达夫、朱光潜、张道藩、姚莲子、陈西滢、王平陵等45人为理事，周恩来、孙科、陈立夫为名誉理事，老舍为总务部主任。“文协”在全国组织了数十个分会及通讯处。它的成立，标志着抗战时期无产阶级文艺运动，民主主义、自由主义文艺运动与国民党民族主义文艺运动的汇合，是现代文学史上第一次也是唯一的一次包括国共两党作家在内的大联合。“文协”提出“文章下乡，文章入伍”的口号，对于鼓励作家深入现实斗争产生了积极影响。它的会刊《抗战文艺》自1938年5月4日创刊到1946年5月终刊，先后出版71期，是抗日战争时期唯一坚持出版的文艺刊物，对于推动抗日文艺活动发挥了良好的作用。

适应于客观现实斗争的要求，作家们拿起了轻型文学武器。小型作品的大量涌现，成为抗战初期文学发展的一个突出现象。战地通讯、报告文学、短篇小说、街头剧、报告剧、街头诗、朗诵诗、墙头诗等盛行一时。所有的作品都在热诚地渲染昂扬奋进的民族心理与时代气氛，表现了文学与时代、民族、人民的血肉联系和高度统一，出现了“好一记鞭子”（包括《三江好》《最后一计》《放下你的鞭子》三个街头剧）这样有很大影响的作品。其中《放下你的鞭子》在抗战初期影响最为广泛，对日本帝国主义的侵略造成人们家破人亡、流离失所的悲惨境况，对国民党政府的不抵抗政策，发出了强烈的控诉。这在战争初期具有广泛的代表性，激起了观众的情感共鸣和民族义愤，曾经产生了很大的宣传教育作用。在表演艺术上它采用了灵活的形式，让演员混杂在观众中间，使戏剧效果更为逼真。其他两个街头剧在抗战初期也颇为流行。初期涌现的大量短剧，以正面表现抗日战争为题材，描写军民的英勇抗战，揭露日寇的残杀罪恶，揭穿汉奸的阴谋诡计，倾诉人们的乱离之苦。如夏衍的《咱们要反攻》、荒煤的《打鬼子去》等，故事情节一般比较单纯，人物塑造未能深刻，公式化倾向比较明显。值得注意的是，抗战初期还出现了集体创作的戏剧，其中最著名的是《保卫卢沟桥》。这个剧本的创作与演出是在卢沟桥事变后的数日内，由夏衍、于伶等集体创作，近百名戏剧界名演员联袂演出，盛况空前，声势浩大。此外还有周扬、沙可夫等人创作的《血染上海》，这些集体创作的戏剧气势宏伟，充分表现出中华民族同仇敌忾的抗日精神，有力地揭开了抗战戏剧发展的序幕。与此同时，报告文学（包括文艺通讯和特写）、朗诵诗、街头诗和通俗文学的创作也取得了较高成就，在民族抗日的宣传活动中发挥了显著作用。

“与延安及其他抗日根据地的抗战文艺一样，国统区的抗战文艺也是在党的领导下。”[1] 中共中央南方局、长江局的成立和中共中央代表团常驻国民党政府尤其是周恩来同志参加国民参政会后，国统区的文艺抗战运动出现了新的局面。国统区的文化抗战运动基本上都在党的领导下或者受党的影响比较深，这样就使得这部分爱国进步作家所发起的文化抗战运动是彻底、不妥协的文化抗战运动。

国统区的文化运动中心，随着时局变化而变化，最终落定重庆。周恩来 1937 年年底在武汉大学演讲时曾评价说，“文化中心的京、沪、平、津、粤、汉，已去其四”，[2]“由此不难看出国统区的文化抗战运动是随着时局的变化逐渐出现不同的中心区域的”。[3] 不过从不同中心的文学社的迁徙情况能看出当时文学界抗战的高涨热情，但是在抗战时期由于国民党并没有完成真正

1 文天行：《周恩来与国统区抗战文艺》，四川省社会科学院出版社 1985 年版，第 1 页。

2《周恩来选集》，人民出版社 1980 年版，第 88 页。

3 朱猷武、王俊芳：《国统区的文化与文化人》，天津人民出版社 2009 年版，第 24 页。

的国统区的统一，使得在当时国统区出现了广西和山西两个处于地方实力派控制中的国统区抗战文化地域。这两个地域的文化抗战在一定程度上受到了中国共产党的指导或领导。这两个地区的文化抗战活动和蒋介石及其铁杆盟友控制下的国统区相比，氛围相对宽松，抗战文学活动出现一些不一样的色彩。截至 1937 年年底“上海新学识杂志社的徐步、胡绳，战时教育社的白桃、刘季平，七月文艺社，还有沈从文、丰子恺、郁达夫、何伟等人辗转来到武汉”，由此可以看到国统区的抗日文学组织是不断发展和壮大的，不断迁徙的。到 1938 年三四月间，“茅盾、老舍、郭沫若等文化界名人也都汇聚在这里，各类文化知名人士多达千人以上”。[1] 由于战局的不断变化，使得国民政府数次迁都并最终以重庆作为战时首都，使得这一时期国统区的抗战文化运动出现随着战局的变化出现不同的中心区域的趋势。

国统区抗战文化运动的特点从整体上来说，“既有全国抗战文化的共性，又有自己的个性”。[2] 这和国民党的政治属性分不开。国民党只能容许在它规定的限度内的文化抗战运动，他们十分害怕民主思想通过抗战文化运动的宣传与普及，使得人民的民主力量日益壮大危及其本身的利益。从中共制定根据地文化政策和国统区文化政策的细微差别入手我们也能分析出政治的因素对文化抗战运动的深远影响。正如“1936 年毛泽东致蔡元培的呼吁停止内战、一致抗日的信中所列的三类 70 人名单”一样，按照时下学术界的划分，比如郭沫若等人属于文化上的激进主义者是革命主义者，章士钊等人则为文化上的保守主义者是反革命者，如傅斯年、罗家伦等人则有明显的自由倾向，在态度上一直摇摆于革命的边缘且又渴望中国成为他们所理解的民主共和国。这种种因素决定了国统区的文化界开展的文化抗战运动具有艰巨性和复杂性。

1 朱猷武、王俊芳：《国统区的文化与文化人》，天津人民出版社 2009 年版，第 25 页。
2 朱猷武、王俊芳：《国统区的文化与文化人》，天津人民出版社 2009 年版，第 33 页。

中国共产党一直致力于发展壮大国统区的文化运动组织，来扩大进步文学的影响力。在“文委”的领导下切实地“争取更多的文艺学家站到坚持抗战、坚持团结、坚持进步的营垒中来了”。[1]在南方局的正确领导下，通过整顿和发展进步文化团体，多方团结、争取和关心文化界人士，使得抗日文化统一战线不断得到巩固和发展。“文协”分会在全国各地普遍建立起来，“1938年5月5日文协云南分会在昆明成立，12月3日襄樊分会建立、23日宜昌分会成立、1939年3月12日文协长沙通讯社成立等”。[2]可见“文协”组织随着党的领导工作和抗日救亡运动的广泛深入，使得文化抗战运动组织日益发展壮大。

作为抗战文化运动官方组织的国民政府军事委员会政治部第三厅面对国民党的高压政策，随国民政府迁移重庆后由于时局的变化被裁撤了，但是在党的正确领导下，它以新的形式展现在全国民众的视野中。1940年10月经过南方局和周恩来的缜密部署和安排，文化工作委员会（以下简称文工会）完成了机构设置和人员调整，文工会“仍然是大后方坚强的革命文化基地，第二红岩，第二办事处”。[3]可见文工会作为党领导下的大后方的文学抗战运动的桥头堡，在艰难曲折中做了很多有益于抗战宣传的工作，通过广泛的学术交流与文化交流等形式，在实质上使得抗日文化宣传取得了切实有效的收获。

中国共产党在领导国统区文学界文化抗战运动的同时，面对国民党政府的高压态势，还需要保障团结在文工会组织下的进步作家的人身安全和解决他们的实际生活问题。但是由于国统区货币贬值极其严重。许多作家处在一个生活相当窘迫的状态。“病中的叶紫曾这样描述自己的贫困，早上冒米看

1 唐正芒：《南方局领导的大后方抗战文化运动》，湖南师范大学出版社1999年版，第27页。
2 唐正芒：《南方局领导的大后方抗战文化运动》，湖南师范大学出版社1999年版，第28页。
3 唐正芒：《南方局领导的大后方抗战文化运动》，湖南师范大学出版社1999年版，第31页。

空桶，于1939年年仅27岁猝然离世。”与此情景形成鲜明对比的是，在党的直接带领下，根据地的军民开展了广泛的大生产运动。如何解决国统区从事抗日文化运动的知识分子生活问题也是党领导国统区文化抗战工作中的重要任务，“南方局通过文协发起了遍及大后方广大地区的募集援助贫困作家基金运动”，[1]所募集的资金来自大后方各界人士、盟国友人的捐赠，通过募捐活动切实有效地解决了许多贫困作家的生活问题，使得他们能专注于从事文化抗战运动。

随着国民党掀起消极抗日、积极反共的荒谬浓潮，那些进步作家的人身安全受到了极大的威胁。国民党颁布《限制异党活动办法》后，这种状况更甚。为保护作家们的安全，中共中央和周恩来同志及时、果断地采取了措施：“为了保存这批文化骨干力量，周恩来找张治中严正交涉，郑重提出要将这批名人送到延安去”，“这时候周恩来亲自抓保护文化界朋友的工作，将文化人分批撤离和疏散”，“中共中央和南方局又急电在港中共地下组织要多方保护、全力抢救这些人士”。党通过正确、及时的安全保护措施，使被张闻天誉为“精神产品生产者”的，在党的领导下从事文化抗战运动的作家们的人身安全得到了切实保障。也通过这两次活动，使得大后方的知识分子和民主爱国人士了解了中共对进步抗日爱国人士的关心与保护，使得他们与中共感情更加融洽，“增加了广大文化人对党的感激之情和信赖”，[2]进一步保证和促进了抗日民族统一战线的巩固与发展，并为日后广大爱国民主人士、进步知识分子广泛地参与中共领导下的两条战线的工作奠定了坚实的群众基础。

面对战乱的环境以及国统区物价飞涨、国民党的文化高压政策，处于中共领导下的国统区进步文学界的文化抗战运动，克服困难，致力于文学创

1 唐正芒：《南方局领导的大后方抗战文化运动》，湖南师范大学出版社1999年版，第39—40页。
2 唐正芒：《南方局领导的大后方抗战文化运动》，湖南师范大学出版社1999年版，第37—41页。

作，积极地以词句为武器抗战，取得了丰硕成就。据记载：“1938 年到 1944 年旅桂作家达到 300 多人，创作了数以千计的长短篇小说，尤以巴金、茅盾、艾芜等人的小说著称于世。”这还仅仅是文学界创作的小说的一部分，由此不难看出，国统区的作家们在中共指引下、在周恩来等中共领导的关怀与指导下，排除万难积极参与文化抗战运动的小说创作。其他的文学文体创作上，“杂文、散文和新诗异军突起，战斗力和号召都很强”。[1] 由此可见，不同文学表现形式下的旨在服务于全民的抗日统一战线的文学创作所取得的成果。“他们是文学创作的轻骑兵，能迅速、敏捷地反映现实，直接为抗战服务”，这也能在一定程度上反映出在中共正确领导下，采取与国民党既精诚合作又斗争的策略，使得国统区的文学界确实取得了骄人的成果，有力地支援了不同于文化界的硬实力的抗战。

1. 国统区进步小说创作。国统区的进步爱国人士在中共正确领导下，克服重重现实困难，创作了大量优秀作品，努力为文学抗战贡献出自己的力量。这段时期国统区的小说创作取得了骄人的成绩，极大地鼓舞了中国军民的抗战热情。

从全面抗战爆发到 1938 年 10 月，国统区的小说创作处在一个发展阶段。国统区的抗战小说和全国其他地方一样，都是直接取材于抗日救国的现实社会生活，歌颂了军民在抗日战场上的英勇事迹。在七七事变后的一年中，国统区的小说创作以短篇小说为主，长篇小说的创作相比较而言陷入低迷。这也是和抗日战争的进程相对应的。在战略防御阶段，全面抗战爆发后，民族危机感瞬间爆发，爱国知识分子用诗歌、短篇小说的热烈而直接的文学表现形式表达了对日本侵略者的谴责和号召全体国人抗战的强烈情感。李华飞在卢沟桥事变后的 7 月 23 日就创作了《博士的悲哀》。这篇小说以卢

1 朱猷武、王俊芳：《国统区的文化与文化人》，天津人民出版社 2009 年版，第 66 页。

沟桥事变为背景，描写了“日本人攻打卢沟桥”时，国统区爱国知识分子的抗日救国热情。而与之形成鲜明对比的是“洋博士”舒学高被抗日浪潮吓得心惊肉跳的丑态——“学高”抗日热情一点都不高。在这一时期，重庆文坛的主力文人大都投入小说创作中。《春云短篇小说选集》是当时的代表作之一。该小说集于七七事变爆发仅仅5个月后出版发行，在当时的重庆有很大的影响。这本小说集包含10位作家的作品：芝菲创作的《浮尸》，林娜创作的《泪》，李华飞创作的《博士的悲哀》，李斯琪创作的《激流》，金满城创作的《中日关系的另一角》，廖翔农创作的《到前线去》，陈静波创作的《灵魂的坚定》，章郊创作的《雪夜》，陈君冶创作的《咯血》，李辉英创作的《变故》。这些作品通过对社会各个方面的描写，向大后方的读者传递了抗日救亡的信念。

抗战进入战略相持续阶段后，由于日军对国民党采取以军事打击为辅、政治诱降为主的策略，使得国内的政治氛围出现了极大变化。“妥协空气，反共声浪，忽又甚嚣成尘上，又把全国人民打入闷葫芦里了。特别是文化人和青年学生，感觉敏锐，首当其冲”。[1]广大作家们经过以上海等4个大城市为中心的文化抗战运动的洗礼，逐渐由“抗战初期热烈质朴的抗战热情而激发的创作冲动，发展为冷静、现实的思考进而反思过去的工作”。[2]通过对现实时局情况的思考和对抗战中现实矛盾的思考使得作家们的作品更加成熟与深刻。这一时期的作品中，与中国社会产生共鸣和强烈反响的长篇小说有：茅盾的《第一阶段的故事》《腐蚀》《霜叶红于二月花》，巴金的抗战三部曲、《第四病室》，老舍的《火葬》《四世同堂》，艾芜的《丰饶的田野》《故乡》《山野》，张恨水的《八十一梦》等鸿篇巨制。

作家们开始冷静地思考与反思抗战现实并在其作品中不仅仅只是单纯

1《毛泽东选集》第2卷，人民出版社1991年版，第662页。

2 唐正芒：《南方局领导的大后方抗战文化运动》，湖南师范大学出版社1999年版，第63页。

地宣传反映中国军民的艰苦奋斗，这些长篇小说也开始对国民党破坏抗战的罪恶阴谋予以无情地揭露，从而使得这些文学作品更具有深刻的社会教育与警示意义。茅盾的《腐蚀》是在“皖南事变”后创作的，这部长篇小说描写了国民党为了进一步巩固其统治，举办了大量特务班这一现象，并用主人公——一个女特务想要改过自新的心路历程，揭示了国民党的反共阴谋。“茅盾的《腐蚀》小说是皖南事变后他根据周恩来指示去香港开辟第二战场取得的硕果的真实经历为创作灵感源泉，通过女特务在日记中的自白锋芒直指国民党法西斯特务统治。”[1]巴金的三部曲之一《憩园》，描写青年学生在战地服务团的故事的同时，也揭露了国民党消极抗战造成的恶劣后果。《第四病室》描写了一个病房的百态，本质上映射了重庆大后方社会的黑暗。

抗战小说诞生于战火中，作为特殊时代的特殊文学产物，具有重要的价值。中国共产党领导的国统区的进步抗战小说对当时的抗战胜利作出了突出的贡献，在揭露日军侵略，鼓舞民众抗战、批判社会黑暗等方面更是极其宝贵的。

2. 国统区进步诗歌的创作。抗日战争全面爆发后，日本侵略者迅速占领了东北、华北等地区。中国人民的生存空间逐渐变小。中国的文化机构和人员大量迁徙到了大后方。重庆一时间成为国统区文化中心。国统区，尤其是国统区文化中心城市，汇聚了沦陷区的诗人，这也在客观上加强了中国文化的交流，为抗战诗歌的创作与发展起到了推进作用。

国统区的诗歌创作也和抗日进程关联密切。国统区的抗战诗歌为了更好地服务抗战，随着抗战时局的变化而变化。抗战初期，日军疯狂的进攻瞬间刺激了诗人的精神和情感。诗人的精神处于一种亢奋的状态——这种亢奋，更多的是对日本侵略行径的愤慨和文人传统思想里的爱国情感。当抗战刚爆

1　唐正芒：《南方局领导的大后方抗战文化运动》，湖南师范大学出版社 1999 年版，第 64 页。

发的时候，日本大举侵略，进攻猛烈，再加之民族危机骤然加深，所以诗人的感情在抗战初期是最热烈的。随着抗战进入相持阶段，日本对国民党加强了政治诱降，军事进攻减弱。这一时期，国统区的诗人逐渐冷静下来，由抗战初期的热情呐喊转为对现实问题的冷静思考。到了抗战末期，随着日本帝国主义战场失利和国民党反动政策的实施，国统区的诗歌也出现了政治讽刺倾向。

抗战初期，诗人继续用可当毛瑟枪的笔杆子，通过在诗歌中抒发自己的热情参与到这场神圣宏大的民族解放战争中。“愤怒出诗人，比起其他文学形式诗歌更能迅速的、直接地投入到抗战总动员中去。”[1] 在短时期内诗歌创作的数量与其所蕴含的深厚抗日热情能通过诗歌表达的感情来调动人民的抗日积极性。严华龙在其创作的《迎一九三八》中写道：抗战！抗战！继续抗战显露曙天！郭沫若在 1937 年 8—10 月创作的《前奏曲》《中国妇女抗战歌》《战声》等诗歌中呐喊：站起来，站起来，战到最后一天！田间在 1937 年 12 月创作的《写给战斗者》中写道：在诗篇上，战场的坟场，会比奴隶的国家，要温暖，要明亮。老舍来到重庆后，呼喊道：上战场，上战场，兄弟们，为保民杀寇，去洒这热血一腔！方殷来到重庆后，歌颂“血”的意义：我歌颂血，血正洗刷着被辱的祖国的土地，我歌颂血，血正在新中国的基石缝里灌着浆泥。这些诗歌中展现的中国军民一幕又一幕可歌可泣的保家卫国的壮举，引起了中国广大人民感情上的共鸣。

随着抗日战争进入相持阶段，国统区的诗歌也不再像抗战初期那样激情呼喊。而是开始反映现实问题。这种情绪的变化，反映在诗歌创作上面就是从抗战初期的抒情短诗转向叙事长诗。老舍的《剑北篇》，臧克家创作的《感情的野马》《古树的花朵》，力扬创作的《射虎者及其家族》《射虎者及其家

1 朱猷武、王俊芳：《国统区的文化与文化人》，天津人民出版社 2009 年版，第 125 页。

族续篇》，王亚平创作的《二岗位》《火雾》，都是这一时期叙事长诗的代表。王亚平的代表作《火雾》，运用“火”“雾”等意象，描写了一个新世界：比雾要鲜明，比火更猛烈，他们的光越闪越多，越照越亮，荒漠的空间变成了火与光的世界。力扬的《射虎者及其家族》《射虎者及其家族续篇》，通过对一个“家族”的描写，反映了当时所有家族的命运。这首诗描写的是一个旧家族，但是也充满着新的“那永远的仇恨”。

在抗战末期，随着国民党消极抗日、积极反共政策的逐步明显，国统区出现了政治讽刺诗。“这不是由于使诗人们的忽然高兴，而是碰眼触心的事实太多了，把诗人刺起来了。”[1]在国统区的诗人们，能够最直接地感受大后方社会的黑暗和混乱。作为文化工作者，这种体验被写进了诗歌中。比较著名的讽刺诗作家有臧克家、李广田、李白凤、袁水拍等。臧克家基于对现实生活的感触，创作了数量庞大的讽刺诗。他的讽刺诗都收集在《宝贝儿》和《生命的零度》两本诗集里。《裁员》这首诗表达了作者愤怒的感情，批判了国民党政府当局：“裁员，应该先从它们开刀，人民把血肉供给了抗战，他们却叫万万黄金冻结在大洋的那一边，裁员，应该先从他们开刀，渎职，贪污，假公营私，忘了公仆的身份。”[2]臧克家通过严肃的、饱含批判性的政治讽刺诗，揭露了大后方社会的黑暗、当局的腐败。

国统区的抗战诗歌经历了三个阶段。在中国共产党的领导下，国统区的抗战诗歌在前期热情呐喊，鼓励全民抗战；在中期，沉静反思，在诗歌艺术上有了明显提高；在抗战末期，对国民党的反动政策进行了揭露。国统区的抗战诗歌是文学界抗战的重要组成部分。

3. **国统区讽刺小说、讽刺诗歌**。自抗战开始以来，全国人民一致团结在抗日民族统一战线的伟大旗帜下。但国民党领导的正面战场在投入了大量人

---

1 臧克家：《向黑暗的“黑心”刺去》，《新华日报》1945 年 6 月 14 日。

2 臧克家：《臧克家文集》第 2 卷，《诗二集》，山东文艺出版社 1985 年版，第 23 页。

力物力的情况下，还是出现了节节败退的局面，时局的变化不得不让在国统区的作家随着国民党迁徙到重庆。自抗战进入战略相持阶段以后，国民党在全国抗战呼声很高的情况下却反其道而行之，面对日本帝国主义的政治诱降开始动摇，充分暴露出其本质本性。

国民党在国统区推行法西斯特务统治，不仅监视和破坏人民自发组织的正义的抗日活动，甚至严重威胁从事抗战运动的进步人士的人身安全。在经济上，持续的恶性通货膨胀使得人民的生活日益陷入水生火热中，国统区出现大学教授和作家的薪水不能养家糊口的情况。反观国民党的官僚与军阀却通过战争大发国难财、克扣国际社会对中国抗日的援助。在对待共产党领导下的根据地和八路军、新四军的政策上，视中共及其领导下的抗日武装为心腹大患而欲除之而后快。“讽刺文学是抗战文艺的主要表现形式之一，特别是抗战进入相持阶段，国统区出现了讽刺文学在小说、戏剧、诗歌等主要文学形态全面兴盛的局面。”[1]讽刺文学如“匕首与投枪”一样扎向日本侵略者，也扎向逐渐反动的国民党。可见国统区这些讽刺小说、讽刺诗歌、杂文所反映的社会现实之深刻、国民党的丑恶面目之真实。1940年沙汀发表的《防空——在勘察加的一角》通过对大后方国民党当局消极抗日的现实描写，通过对国民党官僚假抗日之名行投机钻营之实大发国难财深刻现状的揭露，使得全国人民深刻了解到国民党政府及其官僚集团的丑恶嘴脸，让人民深刻地从根源上了解到国民党的本质面目。

反观这一时期的抗日根据地出现的一片欣欣向荣的局面，各抗日民主根据地开展大练兵、大生产、精兵简政政策，使得原本贫穷落后的抗日根据地在物质上出现极大丰富，根据地军民齐心一致团结在党的领导下，使得敌后抗日根据地日益巩固和发展。在根据地，党极度关注民生和军民的物质文化

---

1 朱猷武、王俊芳：《国统区的文化与文化人》，天津人民出版社 2009 年版，第 118 页。

生活。在抗日民主根据地，由于中国共产党一直以来积极重视根据地的民生建设，根据地老百姓的日子越来越好过。而国统区则是抗战前老百姓处于物质匮乏的状态下，苛捐杂税各种盘剥，抗战后更是变本加厉。兵役、统制经济的推行、极度浮夸的恶性的通货膨胀、各种政客官僚的投机倒把，使得国统区人民的处境更加艰难。两相对比，通过文协作家的实际交流以及去延安访问的实际经历，使这两种不同的景象形成了鲜明的对比。“对国统区顽疾的揭露不单单是发泄不满和愤怒，而是反映了那个时代文化人的希冀：以国家民族利益为重。”[1]

总而言之，国统区的文学抗战活动作为中国共产党正确领导下的文化抗战运动的一部分，在宣传抗日主题、精神动员、人力物力动员、与同盟国反法西斯同盟文化交流中切实起到了其应该有的且不能被忽视的促进作用。其在当时和对后世的影响是深远的。学界对此的评价已达成共识，“这些诗篇影响非常广泛，大大激发了人们的爱国主义情感，对鼓励国人奋力抗战起到了很大的激励作用。”[2]

四、海外华语抗日文学的兴起与国际进步作家的抗日文学创作

（一）海外华语抗日文学的兴起

东南亚华语文学是指东南亚各国人民用汉语创作的文学。东南亚国家华语文学的兴起，大多受五四新文化运动的影响。东南亚华语文学的发展，有着相似的规律。各国华语文学运动的历程，都包含反殖民地、反帝国主义等阶段。尤其是在第二次世界大战阶段，东南亚的华语文学和中国的文学抗战

1 朱猷武、王俊芳：《国统区的文化与文化人》，天津人民出版社 2009 年版，第 121 页。
2 朱猷武、王俊芳：《国统区的文化与文化人》，天津人民出版社 2009 年版，第 133 页。

活动遥相呼应，相互声援。

1. 泰国华文抗日文学。卢沟桥事变后，泰国华侨华人积极参加抗日救亡运动。他们成立了“反帝大同盟”，举办了“追悼鲁迅先生大会”，歌唱抗日救亡歌曲等活动。随着中国文学抗战活动的兴起，泰国也兴起了文学抗日活动。

在泰国，比较著名的文学抗战创作活动是话剧创作。泰国华语话剧创作开始于抗日战争爆发初期。话剧因为其生动、直接的表演形式，更容易让普通大众所接受。曼谷出现了大大小小的剧社，比较有代表性的是吼声剧社。吼声剧社的作品绝大多数以抗日战争为题材，在当时有一定的影响力。谢进介、林长旭等人创办的平凡剧社，该剧社用普通话演出，受到了当地华侨的欢迎。学校的剧团如吴曼琳等人组织的“秋田剧社”，在人才培养、推动泰国话剧发展方面起了重要作用。七七事变以来，先后出现了《逃》《从戎》《破灭》《旷野之歌》《顽固三部曲》等剧本。至此，泰国华文话剧出现了第一次高潮。

泰国的抗战华文剧本，按照内容又可以分为两类。第一种是剧本情节发生在中国的剧本。这类剧本的代表作有《新国民》《逃》《死亡线上》以及改编自丁玲小说《一颗未出膛的子弹》等。另一种是故事地点在泰国的《刺》《不如归去》等。由于泰国政府对直接揭示日本侵略活动的文学形式的控制，泰国华文剧作家创作的话剧都是间接委婉表现抗战。

泰国华文剧本的创作，有其自身的特点。第一个特点是话剧表演大众化。泰国的华文话剧在街头或者广场演出，这更加有利于扩大抗日宣传效果。第二个特点是活报剧的兴起。这是一种根据报纸报道的某些新闻，及时编演的一种话剧。比较有代表性的是《为谁牺牲》，根据《华侨日报》中一则关于“烈妇自杀追随丈夫”的新闻报道改编。第三个特点是学生剧得到发展。很多学校都有附属剧社和相应的学生创作剧本。作为一个年轻、勇敢、正义的群体，学生创作的剧本大都是爱国、朝气蓬勃的。

泰国华文抗战诗歌也有一定程度的发展。泰国抗战诗歌大多是现实主义风格。具有代表性的作品列举如下：秋冰创作的《乡讯》，该诗用直接描写的方式，反映了现实生活的苦难。《路尸》是许征鸿创作的一篇批判小说，作者用反讽的方式，批判了社会的黑暗。曹圣创作的《草原》中，以“柔弱而待宰割的、可怜的羔羊”为意象，表达了被侵略者的悲惨命运。

泰国的文学抗战活动，以话剧为主体，在泰国华人华侨中广泛流传，为宣传抗战、支援祖国抗战作出了较大的贡献。

2. **马来亚华文抗日文学**。马来亚的华文抗战活动从始至终伴随着我国的抗日战争。在日本侵占东三省后，其灭亡中国的计划逐步实施。面对如此形势，马来亚华人作家开展了一系列文化抗战活动，并产出了一批优秀的华文文学抗战作品。

为了扩大文学抗战规模，增加文学抗战的影响，马来亚建立了一批团体和组织。1939 年，马华文坛组织发起建立了马来亚文艺通讯总站。1939 年，刘思等人发起建立了抗战文艺团体吼社，利用《狮声》等刊物发表了大量诗歌。西玲等人建立了澎湃社，并在《马华日报》设立了专页。

马来亚的文学抗战活动展示了中国军民抗日战争的艰苦，以及马来亚华侨华人对中国抗战的支持。产出的主要文学作品形式有小说、诗歌两种。

小说创作是这个时期文学创作的主要表现形式之一。马来亚的华文抗战小说的类型之一是反映普通民众的意识觉醒，并最终成长为抗日战士。金丁创作的《谁说我们年纪小》描写了上海几个小学生在老师带领下一边逃难一边宣传抗日。一路演出一路成长，最后成了有名的抗日宣传队的故事。铁亢的小说《试炼时代》讲述了主人公为了逃避日本侵略者，从北京逃亡到山西，再到汉口。一路走来母亲中弹身亡，刚出生的孩子也被迫抛弃。最后夫妻俩参加革命，成为勇敢的战士。李蕴郎的《转变》描写了一个不关心抗战的张财伯因为自己的财物被抢，而主动加入抗战队伍的故事。

马来亚华文抗战小说的第二种类型是反映马来亚华侨华人积极支援祖国抗战的情形。《八九百个》是乳婴创作的描写华侨的小说。主人公是八九百名在日本人的矿山里工作的华侨矿工。当他们得知自己生产的铁矿会被用来制造武器时，他们不愿意自己生产的武器被用来杀害自己的同胞。于是他们走出矿洞，宁可饿死也不为日本人工作。他们冒着生命危险，用自己的行动支援祖国的抗战，精神非常可贵。

马来亚华文抗战小说的第三种类型是批判马华社会里的一些丑恶的人、事。“有些作家……描绘了……某一些人的灰色人生和丑恶面目。”[1]铁亢的《白蚁》以萧伯益的药店为场景，刻画了几个打着抗日旗号来募捐的骗子的嘴脸。这些人打着抗日的旗号，对热心于资助祖国抗日事业的华侨进行诈骗，显示了极其肮脏的内心。林晨的《导演先生》和《白蚁》主旨相同，主题相似，也是一部批判小说。

马来亚华文抗战诗歌是诗人们对侵略者的大声怒吼和对人民群众的激情宣讲。抗战诗歌分为两个时期：抗战初期和抗战中后期。

抗战初期的诗歌大多激情澎湃，热情奔放。静海在《战神》中写道：“在古老的国土上，战神拖着沉重的脚步。”这块土地上的人们，“血，浇灌着这块土地，像浇灌着自由的花蕾”。[2]静海在另一首《海上的故事》中这样描绘日本侵略者的暴行：“推落一个人像推落一只猪。”[3]面对如此凶残的侵略者，呢喃创作的《我们——》中说：“我们有如一支热烈的火箭，猛向着黑暗的魔幕洞穿。”[4]

诗人们用高亢猛烈的诗句，表达了对抗日战争胜利的决心。马来亚抗战初期的诗歌，和国内的诗歌创作一样，都充满了大无畏的英雄主义色彩。

1 庄庆钟：《东南亚华文新文学史》，人民文学出版社 2007 年版，第 161 页。
2 静海：《战神》，《马华新文学书系·诗集》，新加坡世界书局 1972 年版，第 147 页。
3 静海：《海上的故事》，《马华新文学书系·诗集》，新加坡世界书局 1972 年版，第 312 页。
4 呢喃：《我们——》，《马华新文学书系·诗集》，新加坡世界书局 1972 年版，第 194 页。

抗战转入相持阶段之后，随着战场上的失利，诗人们的情感也开始变得低沉。创作的诗歌也从抗战初期的激情澎湃转向深沉冷静。再加上马来亚华人远离祖国，身处他乡，创作的诗歌还会加入一些思家的情绪。司徒禾禾的《我是诗人》，描写了马来亚的平静和故乡的苦难，通过鲜明的对比，表达了作者对中国抗战的担忧。林秋的《故乡》则回忆了故乡曾经的美好安宁。“你那可怜的孩子，也正血泪交流。”面对中国被日本侵略者肆意践踏的状况，诗人也充满了对祖国的同情和思念。

总之，抗日战争时期，海外华文抗战文学作品中展现的中国抗战的实况，反映了抗日战争各个阶段的情况。用多种文学方式进行宣传，不但在物质层面鼓励广大华人华侨积极支援祖国的抗日战争，也在精神上声援了中国的抗日战争。

（二）国际进步作家的抗日文学创作

这一时期在根据地从事小说创作的作家，除了原有的根据地作家、从国统区奔赴延安的文化界知名作家外，还有一部分外国作家。这些致力于为中国抗日事业以自己个人身份奔赴根据地的国际共产党员、作家，坚守中国共产党领导的抗日战争最前线，客观地进行文学创作，为中国的抗战事业作出了自己的贡献。

中国共产党在领导文化抗日救亡运动时，十分注重中国文化同外国文化的交流，也吸纳国际先进知识分子来华进行文化活动。“中华全国文艺界抗敌协会成立时，推举同情中国的作家罗曼·罗兰、威尔斯和艾格里斯、史沫特莱担任名誉主席团成员。”[1]通过文学创作活动以及后来的中外交流活动，使得中国的抗日救亡运动为外界所认知。由于在中共的正确领导下，中国的

1 涂文学、邓正兵:《抗战时期的中国文化》，人民出版社 2006 年版，第 82 页。

抗日战争尤其是中共领导的根据地的抗战活动，成为外界了解中国抗日的窗口。

著名的国际友人斯诺通过个人在延安实地实际的生活经历，写下的《西行漫记》《远东前线》《活的中国》《中共杂记》等大量旨在歌颂与真实记叙中国共产党、根据地建设、根据地人民等主题的不朽作品，也正如学界所评论的一样，“10月《红星照耀中国》(《西行漫记》）在英国伦敦公开出版，在中外进步读者中引起极大轰动。1938年2月，中译本又在上海出版，让更多的人看到了中国共产党的真正形象”，“中国抗战文学的世界性的又一表现是世界各国作家亲赴中国参加抗战并创作一批反映中国抗日的优秀文学作品”。[1]可见外国友人在根据地的生活经历所创作出来的真实反映根据地现实生活面貌和抗战运动的文学作品对中国抗战所起到的影响是深远的。史料记载：抗战时期来华考察采访的作家有近千人次。其基本都是根据亲身经历，介绍中国抗日根据地抗战活动。

外籍作家对中国抗战的介绍与讴歌的作品，最能带来轰动效果与深刻影响的，莫过于坚决支持中国共产党领导抗日战争的日本反战作家鹿地亘的作品了。他1936年就来到中国投身于中国的抗日救亡斗争，致力于中日文学交流。由此可见一切具有良知和坚持正义的国际友人对中国人民在中国共产党的领导下所从事的艰巨、坚决的抗战运动都是持支持态度的。他的长篇报告文学《和平村记》，积极热情地歌颂中国正义的抗日救亡运动，爱憎分明地痛斥日本对中国的侵略，不仅在中国、同盟国中引起了巨大反响，在日本反战人士中也产生了巨大作用。

在所有国家中美国是派遣作家到中国最多的国家，也是对中国抗战事业关注度最高的国家之一。除了上面介绍到的斯诺，还有史沫特莱、路易

---

1 涂文学、邓正兵：《抗战时期的中国文化》，人民出版社2006年版，第82页。

斯·斯特朗，他们创作出的文学小说如《中国战歌》《中国在反击》《伟大的道路：朱德的生平》《五分之一的人类》《中国的一百万人》等，都比较客观地反映了中国的抗日战争。“中国文化带给中国文艺界的是世界人类公理和正义的问候，是爱好和平人民的支持与关怀。”[1]正是由于党领导下的抗战文学的世界性，使得一批又一批的热爱中国、同情中国人民的抗战的正义作家亲赴抗日根据地用其最真实的经历、最真实的文字，记录和宣传中国的抗日救亡运动，使得国际反战同盟能客观地了解中国共产党领导下的全民抗战运动，也使得国际社会加大对中国共产党领导下的抗战救亡运动的支持与声援。通过双方的相互声援与支持，更加促进中国人民在中国共产党领导下坚持不懈、不畏艰难地完成了抗日救亡运动的重任。

通过与外界的文化交流，让国外的反法西斯同盟了解到中国全面抗战的情况。小说中所表达出来的抗日热情与热血是值得我们进一步去挖掘的。那个时代不同地域的人们对抗战的认识，在全民族抗日的大旗下相互交流，相互声援，为抗日战争作出了自己的贡献。

总的来说，抗战小说作为党领导下的以延安为代表的根据地抗日文学创作题材中最为精彩的篇章，从宣传、精神鼓舞、与世界交流等各个方面全方位地服务了抗日的大局。根据地作家的作品反映了党领导下抗日军民的斗争生活，充溢着根据地蓬勃的新气象，出现了新的主题和人物，也反映出了党指导文学抗战运动的方针。

1 涂文学、邓正兵：《抗战时期的中国文化》，人民出版社 2006 年版，第 86 页。

第八章
中国共产党领导的艺术界抗战活动

艺术是最具感染力的文化形式。在抗日战争时期，中国共产党领导的艺术界，通过戏剧（曲）、电影、音乐、美术各种艺术形式，唤醒民众的民族意识，鼓舞将士的战斗气概，歌颂抗日英雄的事迹，传达民族反抗的呐喊，为文化抗战作出了巨大的贡献。无论在抗日根据地还是在国统区，鼓舞斗志的戏剧活动、凝聚民族精神的抗战音乐、记录斗争画卷的抗战电影、激励人心的抗战美术活动蓬勃发展，呈现艺术界抗战的壮美场景。

一、鼓舞斗志的抗战戏剧活动

戏剧发展历史悠久，在艺术领域举足轻重，是人民群众最常见的娱乐方式之一，具有便于接受、感染力强等特点，在唤醒群众意识，团结群众力量，宣传抗日上有着其他艺术形式不能比拟的优势，所以戏剧在艺术抗日运动中发挥着尤其重大的作用。中国共产党对戏剧在抗战中的作用极其重视。

（一）抗战戏剧运动路线的确定

中国共产党领导的戏剧界抗战活动，最早是从形式简单、群众喜闻乐见、反映抗日现实生活的街头剧如《放下你的鞭子》开始的。毛泽东和党中央也强调要以通俗易懂、生动活泼的戏剧反映抗日斗争。在此方针指引下，延安的戏剧界创作演出了大量群众喜闻乐见反映抗战生活的戏剧，陕甘宁边区民众剧团创作了大批为群众所欢迎的戏剧，到陕甘宁边区各地巡回演出。如宣扬民族气节、动员抗日的《好男儿》《查路条》《回关东》《一条路》《中国魂》《中国拳头》等；表现人民斗争、揭露国民党顽固派反共的《三岔口》《官逼民反》《血泪仇》《穷人恨》等；表现新思想、新气象的《十一把镰刀》《大家喜欢》《两亲家》；反对封建迷信、反对包办婚姻的《神打架》《桃花村》《三妯娌》，深受边区军民欢迎。但在抗战进入相持阶段以后，戏曲界出现了追求“大戏”的倾向，没有正确处理好“普及”与“提高”的关系。

1940 年元旦，延安演出了曹禺的《日出》，自此掀起了戏剧界注重关门提高的“大戏热”。《日出》在延安正式公演，一连演出 12 场，引起了巨大反响，获得了戏剧界广泛好评。《新中华报》更是以《〈日出〉公演八天，观众将近万人，中共领导同志备极赞扬》为题，极力赞扬了《日出》的成功。《日出》的成功演出，极大地鼓舞了延安戏剧工作者，随后，延安戏剧舞台上的“大戏”、外国名戏如雨后春笋般涌现，掀起了以延安为中心的，辐射极广的“大戏热”。

所谓“大戏”，戏剧家张庚在《论边区剧运和戏剧的技术教育》一文中指出，“大戏”是“外国名剧和一部分并非反映当时当地具体情况和政治任务的戏，而这些戏，又都是技术上有定评、水准相当高的东西”。[1]萧三认为“大戏”“不仅是多幕的、庞大的，而且总是古典的、外国的、大后方的、历史的，不是反映今天、此地的斗争与生活之现实的戏剧”。[2]由此可见，当时的“大戏”内容上不是反映社会现实的、不是联系具体政治的，演出上技术水平高，难演。“大戏热”的出现，一是民众的需求。自抗战以来，边区戏剧创作紧跟抗日步伐，编演的多为联系民众实际生活、反映抗日动态、通俗

1 张庚：《论边区剧运和戏剧的技术教育》，《解放日报》1942 年 9 月 11 日。
2 萧三：《可喜的转变》，《解放日报》1943 年 4 月 11 日。

易懂的小戏，这些戏剧广受老百姓欢迎，收到了很好的成效，但久而久之，观众难免出现审美疲劳，希望出现一些新奇的、没看过的、高质量的戏。二是由当时戏剧界的状况所决定。延安戏剧工作者不少是从上海等大城市来的，他们有满腔革命热情，但是缺乏实际斗争的经验，对根据地广大民众的生活不够了解，对戏剧为具体政治服务的政策不够内化，很难创作出与现实斗争关系密切、艺术感染力强的作品。因此许多剧目都是当天写当天排当天演，写得粗糙，排得草率。三是党的领导人的肯定。张庚在回忆中谈道："我记得上演这个戏是毛泽东同志提议的，然后组织力量，创作剧本。点国统区名作家的作品，《日出》就可以演。"[1] 但事情的发展却渐渐偏离了初衷，最终把毛泽东说的"应该演一点"变成"一大片"，"大戏"由延安戏剧运动最初的"支流"逐渐成为"主流"，形成竞演"大戏"的热潮。《日出》公演后，《雷雨》《新木马计》《太平天国》争相上演，叶澜、成思、黄照等纷纷发文称赞这些戏在延安上演，是延安戏剧界的一缕阳光。这些艺术界人士的一致好评与推崇，更加鼓舞了延安戏剧工作者演出"大戏"的热情。这诸多方面的原因，内在需求，外在推崇，延安"大戏"层出不穷。据统计，1940—1942 年，在根据地反复上演的"大戏"有 24 部之多，如国内曹禺的《日出》《雷雨》；夏衍的《上海屋檐下》；阳翰笙的《塞上风云》；陈白尘的《太平天国》；国外果戈理的《钦差大臣》；契诃夫的《求婚》《纪念日》；伊万诺夫的《铁甲列车》；洛契可夫斯基的《生活在召唤》；包戈廷的《带枪的人》；沃尔夫的《新木马计》《马门教授》等。

"大戏"的上演固然产生了许多有益的效果。这些"大戏"在内容上、形式上、演出技术上都是可圈可点的，它们的上映，使延安的广大老百姓透过戏剧看到了根据地以外的人民的生活，看到了世界人民的生活，丰富了延

---

1 张庚：《延安十年戏剧图集·序言》，钟敬之主编：《延安十年戏剧图集》，上海文艺出版社 1982 年版。

安人民的精神世界。而且这些剧作比以前那些街头剧、独幕剧更具艺术性，提升了他们的戏剧鉴赏水平，满足了群众的求新、求异、求美的审美需求。

但是这些不足以掩盖延安“大戏热”带来的弊端。延安现阶段的情况是物质落后、人民大众文化程度不高，而政治上的要求是调动广大普通民众抗日，但“大戏”显然是脱离了这个实际情况的，“大戏”过度地追求技术提高，而忽略了普及工作。1942 年，延安戏剧界逐渐意识到边区的戏剧运动出现偏离，纷纷对“大戏”作出批判，也是针对普及与提高问题的探讨。1942 年 4 月 15 日，江布在《剧运二三问题》中批评了“大戏热”。“大戏”是好的，批判“大戏”并不是说不能演“大戏”，也不是应该演“小戏”，而是应该认清演“大戏”的目的，现在“在这荒山瘠土贫困的境域上，动辄花万千元，购置堂皇的布景，这种技术上的炫耀，是提高了观众的眼光呢，还是提高了戏剧工作的本领？有时不能不感到有些惶恐啊”。[1]1942 年 5 月 13 日，边区政府文化工作委员会戏剧工作委员会召集戏剧界座谈会，会上对“大戏热”提出了批评，指出剧作家只顾关门提高，而忽视普及的做法是脱离中国实情的。就目前中国整体情况抗战的现实来看，现期艺术应该着重于普及工作。不是为了延安 1 万多干部而演“大戏”，而是为了边区上百万民众与战士，应深入农村、深入部队去教育更广大的民众和士兵。1942 年 9 月，张庚在《论边区剧运和戏剧的技术教育》一文中指出，延安戏剧运动严重偏离了道路。“大戏热”演的尽是些老百姓看不懂的剧本，脱离了老百姓的生活，脱离了抗战现实，这些联系不到实际问题的戏剧，老百姓看着无关痛痒。现在戏剧运动工作，放弃了普及和提高工作的联系，形成了关门提高的错误。在普及和提高工作中，过分地强调了提高，将普及与提高分开。今后戏剧运动的路线，其一，要明确戏剧是表现人民大众的生活、思想、感情

---

1 江布：《剧运二三问题》，《谷雨》第 4 期，1942 年 4 月 15 日。

的工具。戏剧是必须以工农大众的新生活为主，以描写工农大众中的新人物为主，必须与大众发生密切联系。其二，戏剧必须为新政权、新军队服务，必须服务于具体政治任务。我们必须承认艺术的功利性，艺术要为一定的政权服务，现如今我们的戏剧要为抗战服务，这是毋庸置疑的。其三，必须处理好普及与提高的关系。提高和普及是一个工作的两个方面。毛泽东也说过，“提高和普及应当是在一定程度上分开又密切地联系起来的”。所谓的普及，并不是把提高了的成果拿去普及，而是要把戏剧变成大众的。在大众的基础上发展出新的戏剧，建立真正大众的新戏剧，必须总结以往的成果，再联系现实的生活。延安过去两年所走的戏剧道路是演“大戏”的道路，是脱离大众来提高技术的道路，忘了技术是为内容而存在的，没有现实内容的技术上的提高是空洞的。其四，要批判地继承中国传统旧剧和外国戏剧文学。对中国传统旧剧，看它是否能够经过改造来正确地表现工农大众的心声和思想，是否具有积极的教育意义，如果是，我们就继承发展，如果不是，我们就抛弃。对于外国戏剧，固然有其先进性，有我们要学习的地方，但是也要考量它是否符合我国的现实环境，要有选择地学习，学习以后还要内化于心，吸收融汇成符合我国大众的戏剧。其五，要克服剧本荒。戏剧工作者要积极地想办法提高水平，积极创作。总之，我们的戏剧运动是一个长期的工作，而且需要不断地实践，不断地学习消化，需要艺术工作者共同的团结努力，一点一滴地前进。

这场关于延安“大戏热”的争论批判，是十分有益的。进步人士对于抗战戏剧运动路线的思考推进了抗日戏剧运动的发展，也在一定程度上促进了中国戏剧的发展。戏剧运动的偏向被纠正，戏剧家重新深入农村、深入工农兵，创作好的剧本，写跟老百姓密切相关的事，创作出一批优秀的新戏剧，推动了抗日戏剧运动的健康发展，使戏剧在民族化、大众化的道路上前进了一大步。使艺术界人士深刻认识到，艺术不能脱离实际生活，不能脱离最广大的人民群众，不能脱离时代的需要，不能脱离政治的需求，必须植根于现实，植根于人民，否则艺术只会走向灭亡。

（二）服务抗战的旧剧改革运动

戏剧历史悠久，在人民生活中有很大影响力。但旧剧中有许多封建性质的内容，已不能适应时代的需求。1938 年 4 月，毛泽东观看了秦腔《武家坡》和京剧《升官图》等戏剧演出后指出，“群众喜欢的形式应该搞，但内容应该有新的革命内容”。[1] 毛泽东还指出，“宣传上要做到群众喜闻乐见、要大众化。新瓶新酒、旧瓶新酒都可以，只要对抗战有利”。[2] 抗战期间，广大戏剧工作者为了发挥戏剧的抗战作用，使戏剧更好地服务抗战，积极倡导戏剧改革，给戏剧注入新的活力。这不仅发挥了戏剧为抗战服务的作用，也推动了中国戏剧艺术的发展。其中欧阳予倩和田汉为旧剧改革作出了重大贡献。

1. 欧阳予倩积极倡导桂剧改革。桂剧是广西的主要传统剧种之一，是用桂林方言演唱的剧种，在广西及周边地区有着深远的影响力。1938 年，马君武、白经天等成立了“广西戏剧改进会”，试图从事桂剧改革。1938 年夏，欧阳予倩应邀来到桂林从事桂剧改革工作。他强调，“我们绝不能让拥有大多数观众的旧戏，始终与抗战不发生关系。欲保存旧戏，必须顺应时代需求，根本加以改革，使其能够反映现代社会”。[3] “必须使其内容和现代的社会思想相吻合，而有积极的意义。”[4] 他将自己的平剧《梁红玉》改成新桂剧，一经演出就取得了惊人效果，连演 28 场，场场爆满，盛况空前。欧阳予倩的《梁红玉》给桂林的戏剧舞台带来了新的活力，桂剧改革蓬勃发展。

1 吴乾浩、谭志湘：《20 世纪中国戏剧舞台》，青岛出版社 1993 年版，第 119 页。
2 马少波等主编：《中国京剧史》中卷，中国戏剧出版社 1999 年版，第 323 页。
3 欧阳予倩：《关于旧居改革》，桂林《党政》周刊第 23 期，1938 年 8 月 30 日。
4 欧阳予倩：《改革桂剧的步骤》，桂林《公余生活》旬刊第 2 卷第 5 期，1940 年 1 月。

1939年成立桂剧实验剧团，欧阳予倩任团长，建立导演制，吸收新唱腔，编演新剧目，采用布景，美化舞台，开办桂剧学校，使桂剧有了新的起色。1944年2—5月，积极倡导参与了第一届西南戏剧展览会，此次展览把新桂剧的发展推向了新的阶段。20世纪30年代末40年代初，欧阳予倩先后改编了《桃花扇》《木兰从军》《渔夫恨》《烤火下山》《断桥会》《打金枝》等戏，新编了《搜庙反正》《胜利年》等剧目，在内容上密切联系抗日战争实际，鞭挞了日本帝国主义的侵略暴行，宣传了爱国主义精神。欧阳予倩为旧剧改革作出了突出贡献，桂剧改革取得了重要成效，为其他戏剧改革树立了典范。

2. **平剧改革取得重大成就**。平剧即京剧，被视为国粹，也称“国剧”，在中国有着悠久的历史和群众基础，受到广大人民群众的欢迎。但平剧本身是封建社会的产物，想要为抗战服务，这种旧的艺术还需要进行彻底的改造。在此精神指导下，陕甘宁抗日根据地成立了“边区民众娱乐改进会”，旨在改进传统文化艺术，创造抗战民族大众的文化艺术。延安鲁迅艺术文学院平剧研究团（后改名为实验剧团）改编新平剧《松花江》，演出后获得一致好评。1942年10月，成立了延安平剧研究院，主要致力于培养平剧运动的干部以适应日益展开的平剧工作；在抗日根据地内普及平剧，以实事求是的精神，在现有基础上，着手进行平剧的研究与改造工作。毛泽东在延安平剧研究院成立大会上，提出戏曲“推陈出新”的改革方针。1943年12月，在“推陈出新”和文艺要为人民大众服务、为工农兵服务的思想指导下，中共中央党校杨绍萱、齐燕铭等创作了《逼上梁山》，公演后得到毛泽东的肯定和广大边区百姓的欢迎，被评为京剧改革中大有成效的一部作品。毛泽东写信给杨绍萱，称赞他们在改造戏剧方面做了很好的工作，“这种历史的颠倒，现在由你们再颠倒过来，恢复了历史的面目，从此旧剧开了新生面……你们这个开端将是旧剧革命的划时期的开端……希望你们多编多演，蔚成风气，推向全国去”！[1]《逼上梁山》的成功，极大地鼓舞了从事旧剧改革的戏剧家。1944 年，延安平剧研究院利用《水浒传》中“三打祝家庄”的故事，创作了新平剧《三打祝家庄》，“一打”是调查研究，“二打”是各个击破、分化敌人，“三打”是里应外合、巩固堡垒。1945 年 2 月 22 日，《三打祝家庄》公演获得极大的成功。毛泽东看过戏后说道：“我看了你们的戏，觉得很好，有教育意义。继《逼上梁山》之后，此剧创造成功，巩固了平剧改革的道路。”[2] 此外，还有《史可法》《上天堂》《孔雀东南飞》《张团长》《茂林恨》《小白龙》《亡宋鉴》等都是优秀的新编平剧。

田汉为平剧改革与实践作出了突出贡献。田汉十分重视戏剧的教育作用，认为戏剧如果与时代紧密相连，为抗战服务，则可产生重大影响。田汉认为许多旧戏思想内容上封建保守，已不能适应时代的需求，如最为人们喜闻乐见的《四郎探母》《红鬃烈马》等在抗日时期有悖民众意识。所以，田汉认为，要想戏剧得到发展，要想戏剧为抗战服务，就必须进行旧剧改革。在此思想指导下，田汉改编出许多新平剧，如《土桥之战》《新雁门关》《江汉渔歌》《南明双忠记》《保卫大武汉》《新儿女英雄传》《新会缘桥》《岳飞》等。《江汉渔歌》写了宋末金兵南侵，汉阳守城将领在敌强我弱的情况下，团结江汉渔民共同战胜敌人的故事。反映了田汉的抗战思想，要想打败日本帝国主义，就要动员广大民众，团结一致，军民合作才能胜利。《南明双忠记》写的是明末大学士瞿式耜与总督张同敞在桂林的反清斗争，由于寡不敌众，被俘后宁死不屈双双为国就义的英雄事迹。以此故事怒斥国民党顽固派的投降倾向和背叛革命的叛徒行为，歌颂视死如归的中国革命军人气魄，鼓舞广大民众发扬为国而战的献身精神。此外，田汉十分重视对戏剧工作者的教育和培养问题。指出：“中国的旧剧……谈到改革，是件极其繁重艰巨的

1《人民戏剧》创刊号，1950 年 4 月 1 日。
2 马少波等主编：《中国京剧史》中卷，中国戏剧出版社 1999 年版，第 342 页。

工作，如果国剧的前途，不在这大动荡的大时代中加以改革，那么今后的改革问题，其希望难以收效果，恐怕就比较微弱了。然而，改革旧戏，除意识及形式外，更重要的，应该从从业者的生活教育上着手……”[1]四维儿童剧团的少年儿童演员就是他培养起来的抗战新戏剧的生力军。田汉率领四维儿童剧团演出了改良平剧《江汉渔歌》《武松与潘金莲》《南明双忠记》《明末遗恨》等剧目。这都证明了田汉为戏曲改革作出的重大贡献，人们称他为“真正的战士”。

3. 滇剧改革。1937年，中国进入了全面抗战阶段。云南地区的抗战戏剧界也掀起了滇剧改革运动。文清在《改良滇剧》一文中明确指出，滇剧改革，不仅是为了政治宣传，也是为了促进戏曲艺术的发展。滇剧只有为现实服务、为时代服务，才能长远地走下去。改革要注意两点。第一，取其精华，去其糟粕，吸收适合“现代的新的质素渗入”。第二，滇剧要向京剧和其他地方戏及话剧学习，吸取适合滇剧发展的部分，克服滇戏本身的落后性。杨鼎照在《改良滇剧诸问题》中对滇剧改革进行了探讨，再次强调滇剧必须为时代服务。他说“新滇戏不但要作为唤醒广大的落后群众的舞台艺术，而且应该使新滇戏成为动员广大的落后群众的街头宣传武器，特别要把新滇戏搬到前线，作为我们三迤抗日健儿的精神食粮！我尤其希望，新滇戏千万不要为少数有闲阶级创造和表演！”[2]云南地方政府也极其重视滇剧改革，1940年，创建“云南滇剧改进科班”，培养了一批滇剧人才。

4. 川剧改革在抗战时期也十分活跃。为了适应抗战的需要，更好地为抗战服务，也为了川剧能更好地发展，川剧艺术家张德成等大力倡导川剧改革。1942年春，在张德成组织下，重庆成立了“川剧演员协会”，在川剧艺术家们的努力下，结合抗战现实，在思想上、艺术上、表现手法上，对川剧

1 吴敏：《从四维儿童剧团看国剧前途》，《正义报》1945年5月6日。
2 文清：《改良滇剧》，《云南日报》1939年3月23—24日、27—28日。

进行全面改革，收到了良好效果，产生了一批新剧目，如《李秀成殉国》《商人爱国》《藤县殉国记》《扬州恨》等都是经久不衰的优秀川剧剧目，《扬州恨》更是被誉为宣传抗日救国新戏的代表作。

5. **陕西秦腔也得到新生和发展**。1938 年 4 月，陕甘宁边区工人代表大会召开，晚上举行一系列晚会，演出了改良秦腔《升官图》《二进宫》《武家坡》等剧目。后来，延安的戏剧工作者在柯仲平的领导下，大胆对秦腔进行改革，创造和演出过《中国魂》《徐州起义》等秦腔剧目，取得了令人满意的成绩。

旧剧改革不是为改革而改革，也不是纯粹为艺术上吸引观众而改革，而是为了更好地宣传党的抗战方针，更好地发挥戏剧为现实服务、为抗战服务的作用。1941 年 7 月 8 日举行的文化工作委员会第三次文艺讲演会，阳翰笙在《戏剧的新任务》演讲中提出，“旧剧改革运动，虽然进行着，但只能说是萌芽，旧的已经在崩溃，但新的歌剧仍然不能取而代之”。我们今后要在此基础上继续前进，不能放松改革的步调。

（三）各地戏剧团体及戏剧抗战活动

由于党对戏剧抗日运动的重视，全国剧团组织纷涌而起，规模庞大，对戏剧抗战运动影响巨大。1941 年 7 月，阳翰笙指出，截至目前，“全国应有 2500 多个剧团，平均每个剧团以 30 个人计算，依据中国的军队编制说，全国就有五师兵之多”。由此可见抗日期间剧团组织的数量之多，也可见中国共产党对戏剧抗战的重视。戏剧剧团的主要抗战活动是创作与演出抗战主题的戏剧，宣传抗战；进行戏剧教育与改革；举行公演，为抗战募捐等。

延安等根据地的剧团组织及抗战是最具代表性的。主要有鲁迅艺术学院的“鲁艺戏剧系”“鲁艺旧戏研究班”“鲁艺实验剧团”，烽火剧团、民众剧团、战斗剧社、延安青年艺术剧院、西北战地服务团、抗战剧团，“人民抗日剧社总社（1937 年 8 月改名为抗战剧团）”领导下的“中央剧团”“平凡剧团”“战号剧团”“青年剧团”，中华全国戏剧界抗敌协会延安分会、西北青年救国联合会总剧团、延安工余剧人协会、陕北公学文艺工作队、延安业余杂技团、延安业余剧团、延安平剧院、陕北的“锄头剧团”等等。这些剧团组织或创作或公演了大量抗战戏剧，为抗日根据地的戏剧抗战运动作出了不可磨灭的贡献。鲁迅艺术学院公演了《大舟河》《九一八前后》《麻袋》《松花江》《松林恨》《日出》等剧目，烽火剧团公演了《小放牛》《过关》《李秀成之死》《治病》等剧目，民众剧团公演了《十二把镰刀》《查路条》等剧目，战斗剧社公演了《打得好》《勤务班》等剧目，延安青年艺术剧院公演了《上海屋檐下》《塞上风云》《渡黄河》《刘家父子》等剧目，西北战地服务团公演了《白山黑水》《突围》《粮食》《合作社》等剧目，抗战剧团公演了《血泪仇》《全家光荣》《大家喜欢》等剧目。这些剧团都是在中国共产党的领导下，由进步戏剧人士和热心戏剧的广大人民群众参与组织的。他们所演的戏剧都充满了抗日的内容，直接揭露日本帝国主义的阴谋，讴歌共产党和进步人士，唤醒中国人民的团结和力量；秉承戏剧群众化、大众化的创作方针，通俗易懂，便于深入群众，能与群众密切联系。

重庆的剧团组织十分活跃。如怒吼剧社、重庆文化界救亡联合会（简称“文救会”）、川剧演员协会、儿童演剧队、剧作者联谊会、中华剧艺社、中国艺术剧社、移动演剧队、人力周刊社的抗敌救亡宣传队等。怒吼剧社是一个业余性的戏剧团体，由陈叔亮、余克稷、章功叙带领进步革命青年于 1937 年 9 月 15 日成立。他们为了宣传抗战，保卫祖国甘愿冒着风险，任劳任怨开展戏剧宣传活动，自筹经费，并将剧社演出所募钱款全部捐给抗战前线。演出过《保卫卢沟桥》《放下你的鞭子》《沦亡以后》《壮丁》《三江好》《死里求生》《黎明》等剧目。还举办过战士暑期戏剧讲座，为党培养和输送了戏剧人才。1937 年 11 月成立的“重庆文化界救亡协会”，为工农大众演出了《保卫卢沟桥》《东北的一角》《放下你的鞭子》《凤凰城》《月亮上升》等。1941 年 10 月在重庆成立的中华剧艺社，演出了郭沫若的历史剧《屈原》，连演 21 场，获得巨大成功，在人民群众中好评如潮，有力地反击了国民党的文化专制政策。“川剧演员协会”在艺术家张德成大力倡导下进行川剧改革，将川剧与抗战紧密相连，创作出《李秀成殉国》《商人爱国》《藤县殉国记》《扬州恨》等新川剧。儿童演剧队演出了《小英雄》《铁蹄下的孩子》《中国进行曲》《村中牧童》等儿童抗战戏剧。1945 年 8 月，剧作者联谊会召开第二届年会，在会上呼吁取消戏剧检查制度；严惩戏剧汉奸；希望国内民主团结和平建设。重庆的戏剧运动在中国共产党的带领下如火如荼地进行着，为抗战作出了重大贡献。

桂林文化城的剧团组织及戏剧抗战活动也十分繁盛。据不完全统计，抗战期间，桂林剧团组织达 70 多个。如广西艺术馆、话剧实验团、国防艺术社、抗敌宣传队、抗敌演剧队、孩子剧团、新安旅行团等，公演过《青纱帐里》《前夜》《古城的怒吼》《夜光环》《飞将军》等抗日剧目，在人民群众中产生很大反响，深受观众好评，极大地宣传了抗战。1944 年 2—5 月，在桂林举办了西南剧展，把桂林抗战戏剧推向高峰，参与此次戏剧汇展的达 30 多个团体，是国统区抗日进步演剧活动的空前大检阅，获得了广泛好评，对戏剧抗战运动也起到了极大的推动作用。

这些剧团组织及抗战活动，都在抗战中发挥了重大作用，它们宣传抗战，激励民众，丰富了抗战时期民众的精神生活，也推动了中国戏剧的发展。

（四）抗战剧团组织及戏剧抗战活动

1. 中华全国戏剧界抗敌协会。抗战前期，为戏剧抗战运动作出重大贡献的是中华全国戏剧界抗敌协会。戏剧在中国有着坚实的群众基础，具有很强的感染力和宣传力，所以戏剧抗战运动十分重要。但是，过去中国戏剧界和其他文化部门一样，有着政治的、职业的、地域的分派，甚至一个团体里也有纠葛与隔阂。所以，过去戏剧运动发展并不十分活跃。戏剧界进步人士在“救自己的民族，救自己的国家”精神指引下，呼吁全国戏剧界迅速团结起来，为伟大的民族解放战争服务。1937 年 12 月 31 日，在中国共产党的指导下在汉口成立了中华全国戏剧界抗敌协会。

协会以田汉、阳翰笙、应云卫、夏衍、欧阳予倩等 97 人为理事。协会要求全国戏剧界人士摒除一切成见，巩固超派系超地域的团结，以戏剧为民族解放战争服务。协会集合了全国 90% 以上的优秀的进步戏剧工作者，进行戏剧抗战运动。创作优秀的抗战题材剧作，举行联合大公演，组织各种各样的演剧队出发到全国各地进行演剧的游击战等抗战活动。协会将每年 10 月 10 日定为全国戏剧节（1943 年后改为每年 2 月 15 日举行）。创办会刊《戏剧新闻》，由吴漱予等人负责，汇集发表抗战救国的戏剧文章。

1938 年下半年，协会从汉口迁往重庆，大批影剧人跟随来到重庆，使重庆成为大后方戏剧运动中心。在协会和重庆分会的领导下，于 10 月 10 日举行第一届戏剧节，进行了为期 20 天的抗敌演出，或演街头剧或流动演出，为抗战征募善款、寒衣。参与的剧团有戈兴剧社、怒吼剧社、民族剧团、国立剧校、七七剧团、华北宣传队、吼声剧社、青年剧社等 20 多个剧团。观众数量累计达 10 万人次，影响很大，是山城戏剧史上的空前盛会，也是中国戏剧史上的空前盛举。1939 年，协会组织戏剧界进行反汪火炬游行，演出了《自由魂》《民族公敌》《群魔乱舞》《怒吼吧，中国》《为自由和平而战》《全民总动员》《最后的胜利》《抗战建国进行曲》等剧。同年 10 月，组织剧团举行第二届戏剧节的演出活动。演出了《中国万岁》《民族光荣》《残雾》《古城的怒吼》《一年间》《上海屋檐下》《包得行》等 10 多部大型话剧。1939 年后，政治形势发生变化，协会活动日趋减少，名存实亡。

2. **鲁迅艺术学院戏剧部**。1937 年，上海救亡演剧队在延安演出话剧《血祭上海》，引起轰动，中共中央很是重视，并指出，我们不仅要动员现在的一切力量去抗战，还应该为寻求新生的力量而努力，这就是干部培养问题，“干部决定一切”，艺术工作者是这一时期抗战不可或缺的力量。在毛泽东指导下，决定建立一个培养艺术干部的学校，为纪念革命文学家鲁迅，定名为鲁迅艺术学院（简称“鲁艺”）。1938 年 4 月 11 日，鲁迅艺术学院正式成立，其中鲁艺戏剧系为抗日根据地戏剧抗日作出了突出贡献。戏剧系成立了戏剧研究室、实验剧团、平剧团、旧戏研究班等。演出了新京戏《松花江》《松林恨》《小过年》《刘家庄》《娘娘庙》等，新歌剧《农村曲》《军民进行曲》《白毛女》等，话剧《流寇队长》《团圆》《血宴》《佃户》《日出》《婚事》等，街头剧《抓汉奸》《告地状》《放下你的鞭子》等剧目，深受观众好评。为丰富延安等根据地人民的文化生活，推动戏剧抗战运动作出重要贡献。

鲁艺戏剧系后来出现了“关门提高，脱离实际”的“大戏”之风，工作中存在教条主义的错误倾向。1942 年鲁艺进行了整风运动。“整风”过后，鲁艺创作了大量秧歌剧，如《兄妹开荒》《赵富贵自新》《张丕模锄奸》《刘二起家》等，这并不是旧形式上的秧歌剧，写的都是劳动人民的事儿，表现劳动人民的生产和生活，表现抗日主题，宣传生产，描绘抗日根据地民众的生活，风格健康大方，内容贴近生活，语言通俗易懂，为老百姓所喜欢，老百姓称之为新秧歌，又叫“斗争秧歌”，鲁艺的秧歌剧逐渐打出名声，成为戏剧抗战的有力武器。

3. **中华剧艺社**。1941 年 1 月，国民党顽固派发动“皖南事变”，掀起第二次反共高潮。激起各界进步人士的强烈愤怒，但当时重庆只有两家国民党管制下的电影厂，中国共产党并没有自己的剧团。对此，中共中央决定从官办的“中国电影制片厂”和“中央电影厂”拉出一些进步同志筹备一个完全为我党工作的剧社。在周恩来的指示下，由阳翰笙主持筹办。1941 年 10 月，中华剧艺社在重庆正式宣布成立，由陈白尘、陈鲤庭等人组成理事会，应云卫任理事长。筹办初期，各项条件艰苦，中华剧艺社的工作人员基本都是自筹经费，任劳任怨，在中国共产党领导下，为党的文化事业贡献自己的力量。国民党在文化上实行文化控制，打压中共的艺术抗战活动，并设立剧本审查委员会，对国统区剧本进行审查，审查“合格”才可上演。对此，中华剧艺社进行顽强斗争。阳翰笙写了著名历史剧《天国春秋》，郭沫若也创作了《孔雀胆》《屈原》等历史剧。《屈原》发出了“反对邪恶，维护正义”，“反对黑暗，拥护光明”的号召，引起千万观众的强烈共鸣。《屈原》的成功上演，是我党领导国统区艺术界进步人士反击国民党文化专政的一次重大胜利。同时，《屈原》的成功演出使国民党对剧本审查更加严格，并暗中破坏中华剧艺社的演出活动。中华剧艺社转变战略，以募捐名义进行抗战演出，先后上演了石凌鹤的《战斗的女性》、于伶的《长夜行》、夏衍的《愁城记》和《第七号风球》、吴祖光的《风雪夜归人》、欧阳予倩的《忠王李秀成》、老舍的《面子问题》、陈白尘的《岁寒图》和《石达开》等革命作家的剧本。受到观众的热烈欢迎。随着中华剧艺社的影响越来越大，国民党反动派也越来越惶恐，以更加激烈的手段进行打压。为保存力量，1943 年在党的指示下，从中华剧艺社抽调一批同志组成了“中国艺术剧社”，转至川西一带活动。以成都为中心，先后演出了《离离草》《上海屋檐下》《戏剧春秋》《草木皆兵》《北京人》《雷雨》《日出》《李香君》《金玉满堂》《天国春秋》《孔雀胆》等剧。中华剧艺社为戏剧界抗战活动作出了重大贡献，在艰苦的条件下自力更生，自筹经费，发扬了吃苦耐劳、勤俭节约、艰苦朴素的精神，以及为革命事业奋斗的高尚品德。

（五）突出剧种的抗战活动

1. 通俗戏。在抗战的时代大潮中，人民群众的力量是不可估量的，戏剧界抗战十分重视发动人民群众的力量，注重戏剧与底层群众的联系。底层群众由于经济限制、文化限制等对传统大戏的接触有限，要想最大程度地发挥群众的力量，就得让底层老百姓能看得起戏、看得懂戏。在艺术通俗化、大众化的号召下，为了让戏剧更好地在普通大众中起到抗战宣传的作用，各种通俗戏剧纷纷兴起，如街头剧、斗争秧歌剧、云南抗战花灯戏、抗战相声、抗战曲艺等。

街头剧是通俗戏剧的代表，极大地向底层民众宣传了抗战，鼓舞了人民的抗日斗志。街头剧表演形式灵活，不受舞台地点、灯光音乐等条件的限制，可以随时随地在街头和广场等进行演出，所以也称“广场剧”“茶馆剧”等，是文艺大众化、通俗化的最直接表现形式。街头剧具有很强的政治性、鼓动性、时效性、通俗性，在抗战时期产生了难以估量的影响。其特点是演出形式灵活，剧本短小精悍，能够及时反映生活中的重大事件，进行宣传鼓动工作。街头剧是抗战文艺中的一朵奇葩，为向民众宣传抗日救亡思想，为中华民族夺取抗战的胜利作出了重要的贡献。1931 年，陈鲤庭创作《放下你的鞭子》，故事写了九一八事变后，一对东北父女在逃亡途中以卖唱为生，女儿在卖唱中因饥饿昏倒，父亲举起鞭子要打她，观众中一名青年怒吼道：“放下你的鞭子！”随后父女俩讲述了家乡被日军侵占，家破人亡，流落此地的悲惨遭遇，人群中一片愤怒与同情，遂高呼“打倒日本帝国主义！”这部剧怒斥了剥削的地主阶级、残酷的帝国主义惨无人道的恶行，表达了东北人民的亡国之痛。1931 年 10 月 10 日，在南汇县首演此剧并取得成功。此后，在北平、上海、成都、重庆、香港等地演出，均产生巨大影响，更是应邀到新加坡、美国等地演出。随后，各地蜂拥而出许多“街头剧”，街头剧开始流传兴盛，如《三江好》《最后一计》《香姐》《团结一致》《齐心打日本去》《死里求生》等。八一三事变后，《八·一三》《望东北》《毒药》等小型抗日街头剧相继上演。

在街头剧的艺术理论方面，作出突出贡献的是光未然和胡绍轩。当时，许多从事街头剧创作的人将“街头剧”与“街头演剧”混为一谈，认为街头剧是一种简化了的舞台剧，或是可以在街头、广场演出的独幕剧。对于这种认识，光未然在《论街头剧》和《街头剧的演出方法》两篇文章中，阐述了自己的见解。他认为，“街头剧”区别于“街头演剧”的一个重要特征就是，街头剧打破了观众与演员之间的壁垒，演员不再被局限于舞台上，观众不再是“窥探者”，使演员与观众成为一体，“演员观众化，观众演员化”。[1]他的街头剧作《难民曲》就是基于这一理论创作的。此剧在演出时，由两位女演员饰演两位女包身工，向围观人群诉说在战争中遭受的不幸，再由一位演员饰演不怀好意欲买女工的赵大爷，并从观众中走出与老板谈价格，随后从人群中走来一队巡警镇压此事，并认出女工是自己失散的妹妹，妹妹诉说家破人亡的惨况，引起周围群众的愤怒，激发了人们对日本帝国主义的仇恨。此时，又从人群中走来一支宣传队，了解情况后呼吁人民抗战，并与女工一起唱《难民曲》。此剧的演出充分实现了演员与观众之间的交流互动，一开始，两位女工人在人群倾诉被误以为是卖唱，遭到围观，然后不怀好意的赵大爷也是从人群中走出，结束时，巡警带走胡老板，宣传队唱着歌离开。这一切都显得顺理成章，流畅自然，没有刻意演出的痕迹，几乎“以假乱真”，将“戏剧小天地”与“天地大舞台”糅成一体，观众包围演员，演员融入观众，演员也是观众，观众也是演员，演员带动观众，观众配合演员，共同完成演出。演出是极其成功的，可以说是街头剧的典范。这种打破演员与观众壁垒的做法，使底层观众都能切身地接触到戏剧演出，从而带有很强的煽动性，能极大地鼓动人民的抗战热情。胡绍轩是街头剧的另一重要推动者。他强调街头剧的偶发性，他认为“凡在舞台外演出的戏，而观众并不知那是在演戏的戏剧，就叫作街头剧”。[2]他创作的《当兵去》是这一理论的实践。一

1《中国现代文学史资料汇编》乙编，《光未然研究资料》，陕西人民教育出版社 1993 年版，第 73 页。

2 本书编辑委员会：《中国新文学大系 · 文学理论卷》一，上海文艺出版社 1990 年版，第 397 页。

支歌咏队在街头唱歌游行，偶遇一个穿着破旧、父母被敌军轰炸身亡的小男孩，最后小男孩决心当兵去，故事最后，歌咏队带领人民唱起了“当兵去，去当兵，拿我们的热血去和鬼子拼”的歌曲渐渐走远。无疑，这也是街头剧一次成功的演出。看似偶然发生在街头的一幕，又是那么的真实，是当时中国被侵略的人民生活的真实写照，正因为这些剧作内容与人民生活相似，更容易激起人民对日本帝国主义的憎恨和保家卫国的热情。此后，许多街头剧如《长江血》《流亡者之歌》《盲哑恨》等都是很好的街头剧作品。

云南的抗战花灯戏也是具有浓厚云南特色的通俗戏。源于云南农村的民间杂戏。抗日战争开始后，戏剧运动蓬勃发展。然而，云南广大地区农村老百姓对于外来的话剧、戏曲、歌舞剧等十分排斥。当时任职于云南省教育厅的进步文艺工作者王秉心，为了改变云南农村戏剧抗战宣传薄弱的状况，设立了“农民救亡灯剧团”，试图将在农村广受欢迎的传统花灯，加入抗战救国的元素进行改编。在云南进步艺术工作者的努力下，先后创作了《新别窑》《一个怪人》《新四郎探母》《汉奸报》《茶山杀敌》《张小二从军》等戏剧，广受老百姓的欢迎。从而形成了盛极一时的云南抗战花灯戏，在抗日战争时期发挥了重要作用。抗战花灯戏以玉溪传统花灯为基调，杂糅进抗战主题，紧跟时代发展，这种乡土杂剧与抗战的结合颇为成功，被云南广大老百姓接受。“农民救亡灯剧团”先后在云南各地农村乡镇进行演出，并将演出所得捐予抗战，不仅起到了很好的抗战宣传作用，也促进了云南花灯艺术的发展。

2. **秧歌剧**。1942 年，在党的领导下开展文艺整风运动，严厉批评关门提高，脱离实际的作风，提出不仅要创作让老百姓看得懂内容的戏剧，还要创作让老百姓能接受形式的戏剧。经鲁艺戏剧工作者的不断探索实践，改良后的新秧歌剧应运而生。

旧秧歌原是流传于我国晋陕一带广大农村的一种民间舞蹈，因为旧秧歌中充斥着丑化劳动人民，歌颂地主阶级的思想，被人民称为“骚情”（陕北话拍马屁的意思）秧歌。鲁艺的戏剧工作者将其改造，成就了新的秧歌剧。这是融戏剧、音乐、舞蹈于一体的新形式的秧歌剧，歌颂劳动人民，赞扬抗日英雄，表现抗日民主根据地的新生活，形式简单轻松，内容健康向上，人物干净阳光，风格健康大方，被称为“斗争秧歌”，深受人民喜爱。新秧歌剧首次演出就获得了极大成功。张庚在《回忆延安“鲁艺”的戏剧活动中》说道：“老百姓不仅看懂了，而且很爱看，秧歌队走到哪儿，老百姓就跟到哪儿。”百看不厌，深受延安工农兵观众的喜爱。王大化曾经说：“现在我在街头，在广场里演出，一场就有上万的人看，而且是这样热情的对待我，真使我感动得很。”[1] 首次演出的成功使大家斗志满满。1943 年春节，延安秧歌队开展了以“拥军优属，宣传生产”为主题的戏剧演出。此次演出规模宏大，有 27 支秧歌队，演出了 150 多种剧目，鲁艺公演了经典秧歌剧《兄妹开荒》。《兄妹开荒》摒弃了原来民间小秧歌剧中男女调情的情节，将人物设置成兄妹，展现边区劳动人民艰苦开荒，克服困难，积极生产，坚持抗战的场景。这出秧歌剧一经演出，立即轰动了整个延安，毛泽东也观看了演出，给予了肯定。鲁艺还创作演出了歌颂根据地大生产运动的《南泥湾》，宣传减租减息运动的《减租》，写土地革命时的真实情境的《惯匪周子山》，扫盲时期的《夫妻认字》《栽树》等剧目，都演出深受欢迎，在群众中影响颇大。

《白毛女》将秧歌剧提高到了一个新层次。1945 年 6 月上演的《白毛女》是在周扬的积极主张下进行的。鲁艺的戏剧工作人员为《白毛女》的创作付出了艰辛的努力。在戏剧内容、演员的选用、作词作曲、舞台布置等各个方面深入探讨，在一次次排练中改进。对于这部戏争论的一个点是大反派、无恶不作的大地主黄世仁该不该被枪毙。初时，鲁艺戏剧工作者认为将

1 刘增杰等编：《抗日战争时期延安及各抗日民主根据地文学运动资料》（上），知识产权出版社 2010 年版，第 422 页。

其枪毙有违“团结地主阶级”的政策，后来，吸收了人民群众和党中央的意见，认为临近抗战胜利，农民阶级与地主阶级的矛盾越来越尖锐，在新形势下，必须放手发动群众，如果不枪毙黄世仁，人民一定不答应，最终改为枪毙黄世仁。经过一次次的修改与排练，这部剧在延安人民中产生巨大影响，在根据地，几乎每个剧团都演《白毛女》。毛泽东大大赞扬这个戏是合时宜的，是成功的。《白毛女》将秧歌剧推向了一个新的高度，有人称其为“新歌剧”。

此外，还有许多秧歌队，并创作了许多好的剧目。据不完全统计，整个陕甘宁边区“共有600个民间秧歌队，大的有二三百人，小的也有二三十人”。据丁玲的估计，在边区人民中，“每12个人里必有一个人是会扭秧歌的”。[1] 这些秧歌队创作了不少好的剧目，如军法处秧歌队的《钟万彩起家》，枣园秧歌队的《动员起来》，南区秧歌队的《女状元》《变工好》，西北党校秧歌队的《刘生海转变》，中央党校秧歌队的《一朵红花》，杨家岭秧歌队的《组织起来》，留守处政治部宣传第二队的《张治国》，延安市民秧歌队的《模范纺织》，延安县秧歌队的《雷老汉种棉花》，行政学院秧歌队的《好庄稼》等。

新秧歌写了老百姓的生活和斗争，写了共产党、八路军的英雄事迹，歌颂了群众斗争的领袖。人民群众的加入使新秧歌剧内容更加饱满，形式更加灵活，成为新时代真正的农民的艺术。新秧歌剧以贴近百姓的形式，深受百姓喜爱，在抗日战争中起到了宣传抗战、教育百姓的巨大作用。

3. **历史剧**。历史剧是抗战时期发展繁荣的一个剧种。抗日战争进入相持阶段后，国民党顽固派与日伪组织对中国共产党的艺术抗战严厉打压，导致这一时期艺术抗战几乎停滞。在此种情况下，以周恩来为主要代表的中国

1　尹均生主编：《中外名记者眼中的延安解放区》，华中师范大学出版社1995年版，第109页。

共产党领导人民顽强抵抗，在中共的指导与帮扶下大量戏剧作家纷纷寻找突破口，兴起以历史题材为创作主题的历史剧。对于历史剧的定义，郭沫若在1946年5月的《近八年来之历史剧》中指出："'历史剧'这个名字，并不适当，只是因为它是采取了历史题材写的剧本，就给予历史剧的名词。至于从正史以外的稗官小说采取题材写成的剧本，有人说这也可以说是历史剧，有的说不是。广泛的说，只要是用历史题材写的剧本，就可以叫作历史剧，或者称为古装剧，也许更概括一些。"[1]

在抗战期间，历史剧极其繁盛，为抗战作出重大贡献。据统计，1937—1941年，历史剧占所有剧目的比例为16%，到1945年突增至34%。由此可见历史剧的繁荣。这一时期创作了大量历史剧作，如夏衍的《自由魂》以秋瑾革命为题材；阳翰笙的《李秀成之死》《天国春秋》，欧阳予倩的《忠王李秀成》，陈白尘的《金田起义》《石达开》都是以太平天国革命作为题材；还有《草莽英雄》是以四川保路同志会反抗清政府统治的革命运动为题材的；于伶的《大明英烈传》；阿英的《海国英雄》《碧血花》《洪宣娇》；郭沫若的《棠棣之花》《屈原》《虎符》《高渐离》《孔雀胆》《南冠草》等都是历史剧的代表作。"地方剧和平剧的题材，也都是历史剧。"如田汉的《岳飞》《江汉渔歌》《新儿女英雄传》《土桥之战》《武松与潘金莲》等；欧阳予倩的《梁红玉》《渔夫恨》《人面桃花》；洪深的《岳飞的母亲》；老舍的《忠烈传》等。

在历史剧创作上作出突出贡献的是郭沫若。首先是理论方面。他在《近八年来之历史剧》中指出：第一，剧作者应力求历史的真实性。剧作者只有看清历史的真实性才能创作出符合时代潮流的，为人民大众喜爱的历史剧。此时的历史是站在人民的立场上去看待的，摒弃以前站在帝王的角度看历史的态度。比方说，在封建社会，太平天国运动被统治阶级说成是造反作乱，

1 中共重庆市委党史工作委员会编：《南方局领导下的重庆抗战文艺运动》，重庆出版社1989年版，第231页。

而如今，站在人民的立场上，太平天国多多少少代表了当时被压迫的农民阶级的利益。第二，剧作要以人民大众为受众，创作人民大众感兴趣的、能看得懂的、突出正确价值观的剧作。但不可一味迎合一般人的兴趣，专做一些低级趣味的东西来引诱观众。第三，关于历史剧与现实的问题。有人认为，历史剧是非现实的，历史与现实是对立的，历史剧的题材是封建的，不应该写历史剧，写历史剧是逃避现实。对此，郭沫若说，“现实并不是现在的事实，现实应该是表现的真实，站在人民的立场处理历史的题材，寻求人类发展的真实，依然是现实的”。“现实与否不是题材的问题，最重要的是作品的主题，作者的存心。”[1]第四，关于历史与历史剧的问题。有人认为历史剧就要严守历史史实，甚至主人公是哪的就应该说哪的话。这简直是荒谬的。郭沫若说“历史剧是为了给现代人看，历史剧的人物都说古代的话，根本是不可能的事”。[2]把握历史事实的基础上，可以加以剪裁和修改，写历史剧，是为了以史为鉴，以古喻今，如果都讲古代的话，人民大众看不懂，那写历史剧的意义何在呢？由此可见，郭沫若的历史剧重在写意，浪漫主义情怀浓厚，主张把握历史精神，不一定拘泥于历史情节。主旨是弘扬历史上的爱国英雄，激励现代人的爱国情怀，唤醒人民的斗争意识和团结意识。其次是剧作方面。其中当数在周恩来等中国共产党人的大力支持下完成的《屈原》产生的影响最为巨大。周恩来多次叮嘱阳翰笙等人，“要尽一切努力演好这个戏”。1942 年 4 月 13 日，《屈原》由中华剧艺社首次在重庆演出，连演 21 场，轰动了山城和国统区。《屈原》借用屈原对楚怀王绝齐亲秦，甘愿投降的谴责，鞭挞了以蒋介石为首的国民党顽固派的反共妥协行为，歌颂了屈原的爱国主义和英勇斗争精神，表达了全国人民要求团结抗日的强烈愿望。采

---

1 徐迺翔主编：《中国新文艺大系（1937—1949）》，《理论史料集》，中国文联出版公司 1998 年版，第 372 页。

2 徐迺翔主编：《中国新文艺大系（1937—1949）》，《理论史料集》，中国文联出版公司 1998 年版，第 372 页。

用借古喻今的迂回手法，表达对现实政治的愤怒，寄托了广大观众对国民党黑暗统治的憎恨和对推翻旧制度，创造新中国的热切期望。重庆报界将其喻为“剧坛上的一个奇迹”。作为冲破国民党禁锢的一次伟大战役，有力地推动了大后方抗战文艺的复兴。《屈原》受到高度好评与欢迎，每次演出，座无虚席。“许多群众半夜里就带着铺盖来等待买票，许多群众走了很远的路程，冒着大雨来看演出，剧场里台上台下群情激昂，交融成一片。”[1] 陈万祺有诗形容这一盛况“万人空巷识薰莸”。[2]

二、凝聚民族精神的抗战音乐活动

音乐易于传播，易于为大众所接受，感染力强，在战争时期，音乐成为唤醒人民、鼓舞人民、凝聚民族精神的有力宣传武器。抗日战争时期是一个艰苦斗争的年代，也是一个歌唱光明的年代，整个民族都在歌唱，歌唱着斗争，歌唱着生产，歌唱着胜利，歌唱着新生活，歌唱着祖国走向光明。抗战音乐发展可以分为三个阶段，第一阶段是 1931 年九一八事变到 1937 年七七事变。这一阶段是随着民族危机的日益加深，中国人民的救亡运动也日益高涨，救亡歌咏运动蓬勃发展，救亡歌声传遍神州大地。第二阶段是从七七事变到延安文艺座谈会的召开。这一时期抗战全面爆发，各种运动更加深入开展，特别是在敌后抗日根据地，到处飞扬着抗战歌声，这一时期影响最大的音乐家是冼星海。第三阶段是从延安文艺座谈会到抗日战争胜利。这一时期早期的优秀抗日音乐家相继牺牲与离开，一批更年轻的音乐家开始崭露头角，他们在民族化、大众化的道路上大步迈进，从 1943 年春节以延安为中心兴起的新秧歌运动到以《白毛女》为代表的新歌剧，中国音乐逐渐找到了

1 白杨：《敬爱的郭老，深切悼念您》，生活·读书·新知三联书店 1979 年版，第 251 页。
2 谷莺：《新华日报旧体诗选注》，四川省社会科学院出版社 1984 年版，第 193 页。

自己的道路，具有中国气派、中国风格的民族音乐蓬勃发展。

（一）音乐界抗战的兴起

1. 以上海音专为中心的爱国音乐家。音乐界最先对民族危机做出反应的是以上海音专为中心的一批爱国音乐家。1927 年 11 月 27 日，民主革命家蔡元培先生和音乐教育家萧友梅博士在上海创立国立音乐院（后改名为私立上海音专），这是中国第一所独立建制的国立高等音乐学府。萧友梅聘请了大批爱国音乐者来主持教务，如青主、黄自、陈洪等。萧友梅本就是一位爱国音乐家，具有强烈的民族意识，他在《关于我国新音乐运动》一文中主张"创造一种新作风，足以代表中华民族的特色而与其他民族音乐有区别的"中国新音乐。他还强调，"利用音乐唤醒民族意识与加强民众爱国心"。他创作了许多爱国主义音乐，如《国难歌》《国耻》《国民革命歌》等，呼吁打倒日本帝国主义，挽救我们中华民族。

在萧友梅先生的领导下，上海音专的爱国师生创作了许多抗日爱国的歌曲，其中最主要的是黄自。黄自不仅有着深厚的音乐素养，更有着坚定的爱国主义精神。1931 年九一八事变后，黄自深感民族危亡的紧迫性，为唤醒广大民众，创作了《抗日歌》(后改名为《抗敌歌》)。歌词中写道："中华锦绣江山，谁是主人翁?"以一个看似疑问却含着肯定语气的问句发出心中的怒吼和对世人的警醒，又以"是我们四万万同胞!"这样简洁有力的肯定语调回答上句的问题。接着写道："一心一力团结牢，努力杀敌誓不饶。"呼吁人民团结一致，誓死将侵略者赶出我们的国土。当时黄自率领上海音专的学生到浦东等地演唱此曲为东北义勇军募捐。1932 年，黄自创作了混声合唱《旗正飘飘》，写出了中华儿女慷慨赴难的悲壮情怀和"报国在今朝"的壮志之情。歌词"国亡家破祸在眉梢""不杀敌人恨不消"写出了面对日军入侵国难危时中国人民作出的强烈回应。1933 年 3 月底，黄自曾率领音专师生到杭州举行“鼓舞敌忾后援音乐会”，演唱了《抗敌歌》和《旗正飘飘》。当时正值日本侵略者侵占了热河，向长城各口大举进犯，黄自的爱国歌曲悲壮激昂，使闻者奋起，鼓舞敌忾，引起听众的强烈共鸣。这两首合唱曲是黄自的优秀代表作，也是自五四以来最为优秀的合唱曲。1934 年 12 月，商务印书馆出版了包括这两首合唱在内的《爱国合唱歌曲集》，共 5 首歌曲，这些歌曲在救亡运动和抗日战争中广为传唱，鼓舞了中华儿女同仇敌忾的斗志。精湛的音乐技艺和浓烈的爱国之情，使黄自的作品能够流传至今。《长恨歌》是黄自的一部大型作品，也是中国第一部清唱剧。这部剧创作于 1932 年夏秋之间，当时日本帝国主义加紧侵略中国，民族危机日益严重，东北三省已经沦陷，日寇又武力进举上海。而国民党政府采取不抵抗政策，压制人民的爱国救亡运动，引起作者的愤慨，创作了这部剧，借古讽今。取材于白居易历史诗作《长恨歌》，叙述了唐代天宝年间唐明皇与杨贵妃耽于淫乐，招致“安史之乱”国破人亡的故事。作品唱出“可恨的杨贵妃，可杀的杨丞相”，借此表达了作者对国民党当局的愤慨，具有强烈的爱国主义精神，对抗日救国产生重要影响。除此之外，黄自还创作了《赠前敌将士》《睡狮》《民谣》《黄花岗先烈纪念日》《北望》《军歌》《九一八》等。《赠前敌将士》中写道：“我大好山河，今非昔比……你等是血性军人，怎样下得这点气？”《睡狮》中写道：“睡狮醒，睡狮醒，莫要偷安眠！”这些歌词情绪激昂，表达了作者的爱国忧国之情，也唤醒了军人、民众的爱国之情。

除此之外，黄自还培养出一批优秀的爱国学生，“四大高足”尤为出色，分别是刘雪庵、贺绿汀、陈田鹤、江定仙，他们在黄自的影响下，积极从事抗日救亡歌曲的创作，形成一个很有影响的流派，创作了大量的优秀抗日歌曲。如刘雪庵的《长城谣》《思故乡》《出征别母》等，贺绿汀的《心头恨》《春天里》《工人之歌》《新生命歌》《谁说我们年纪小》《中华男儿》等，陈田鹤的《望月》《哀挽一位民族解放的战士》等，江定仙的《摇篮曲》《新中华进行曲》《岁月悠悠》等。

2. **以聂耳为代表的音乐家**。抗战爆发初期，影响最大的音乐家当属聂耳，甚至这一时期可以称为“聂耳时期”。

聂耳在中学时期就接触到马列主义，确立了打倒旧社会，建立新社会的理想。1928年聂耳加入中国共产主义青年团，积极从事革命宣传，参加音乐戏剧演出活动。九一八事变和一·二八淞沪会战，使聂耳深受震动，他提出了“怎样去创作革命音乐”的课题，在聂耳迷茫之时，获得了田汉的帮助，在田汉指引下，参加了左翼戏剧家联盟影评小组的活动，在抗战救亡运动中初露锋芒。聂耳发表文章《中国歌舞短评》，尖锐地批评了黎派歌舞的香艳肉感，对无数青年儿童的麻醉，认为在人民大众生死存亡的危急时刻，我们需要的不是软豆腐，而是真刀真枪的硬功夫。他呼吁向群众学习，从群众中寻求新鲜的材料，创造出新鲜的艺术。1932年10月，聂耳主持成立了北平左翼音乐家联盟。1933年由田汉介绍加入中国共产党，以战斗的姿态活跃在抗战音乐战线上。1933年，聂耳与任光、张曙、安娥等组成“苏联之友”社音乐小组，1933年春，又成立了“中国新兴音乐研究会”，探讨革命音乐的理论与创作。聂耳认为，“在帝国主义占据东北，屠杀大众的现在，音乐与其他艺术一样，它是代表着大众的呐喊，大众必然会要求音乐的新的内容和演奏，并作曲家的新的态度。”聂耳在强烈的爱国主义情怀指引下，创作出许多通俗易懂，深入人心，振聋发聩的民族抗战音乐，唤醒伟大的民族奋起抗争。

聂耳的作品可以分为三类，第一类是战斗的进行曲。最杰出的就是电影《风云儿女》的主题曲《义勇军进行曲》，此曲用军号吹奏作为前奏，曲调高亢激越，具有号召性、挑战性，但又坚定沉着，具有突进的力量，体现了中华民族的英雄气概。首句“起来！不愿做奴隶的人们”唤醒人民奋起反抗，不屈服不放弃，不做亡国奴，誓死保卫国家。高潮部分“起来！起来！

起来!”3句重复歌词，音调与情感逐渐增强，有力地发出奋起反抗侵略者的号召。结尾句“前进！前进！前进!”首尾呼应，号召人民勇敢前进，取得抗战的胜利。电影《风云儿女》放映后，此曲风行全国，唱出了全民族发自心底的呼声，成为一首最有代表性的救亡歌曲。一二九运动中，各路爱国人士在集会上、在游行中都演唱了该曲；淞沪会战爆发后，《义勇军进行曲》成为“八百壮士”孤军营内鼓舞士气的战歌之一；台儿庄战役中，中国官兵在观战的美国驻华海军副武官卡尔逊的带领下高唱《义勇军进行曲》。此曲在国外也广为人知。著名黑人歌唱家保罗·罗伯逊曾演唱过此曲，并发行了名为《起来》的中国革命歌曲唱片；英国、法国、印度及东南亚各国的广播电台也经常播放该曲；马来西亚的一支青年抗日队伍将歌词“中华民族到了最危险的时候”改为“马来亚民族到了最危险的时候”后，将其作为抗日游击队队歌传唱；1945年8月，第二次世界大战胜利时，美国国务院选取各国有代表性的曲目以示庆祝，选定的中国曲目即为《义勇军进行曲》。新中国成立后，《义勇军进行曲》被定为国歌。这支歌曲成为英勇不屈的中华民族的象征，代表了中国人民的伟大形象，深刻地体现了中华民族的民族精神经受了历史的考验，艺术上也是无懈可击、历久弥新的。第二类是劳动歌曲，也是聂耳音乐创作的主要类型。作为革命音乐家，聂耳认为自己创作的音乐作品必须顺应时代要求，要作革命的音乐，去鼓舞劳苦群众的情绪。因此，他特别注重倾听劳动者的声音，取材劳动者的生活，为劳动者创作歌曲。1933年，他创作的歌曲《开矿歌》是中国工人阶级的第一首歌曲，歌曲揭露了荷兰资本家对南洋华工的残酷剥削，表现了工人阶级坚毅沉着的性格特征，喊出了“我们造出来的幸福，我们大家来享”的呼声。1934年春天，为了创作《码头工人歌》，来到黄浦江边观察工人的劳动，聆听他们的呼声，歌曲的主题取材于码头工人干活时所唱的号子声，刻画劳动的沉重和工人内心的愤懑，发出“一辈子这样下去吗？不，兄弟们团结起来，向着活的路上走!”的呐喊，大声控诉日军的丑恶行径，表现出浓烈的爱国之情。1934年夏，聂耳创作了歌曲《大路歌》和《开路先锋》,《大路歌》着力塑造了坚韧不拔、艰苦奋斗的劳动者的形象，是一首音调建立在劳动号子基础上的沉着坚毅的进行曲，聂耳为捕捉这种音调曾到江湾的筑路工地和工人一起劳动。歌词中高唱着“我们好比上火线，没有退后只向前”，充分表现出无产阶级的英雄气概。《开路先锋》展现出工人阶级改造世界、创造世界、创造历史的冲天豪情。这两首歌曲进一步塑造出觉醒了的工人阶级的英雄形象，充分体现了作为革命领导力量的中国工人阶级的历史使命感和自豪感，具有高度的典型性和代表性，其强烈的感染力至今仍未磨灭。第三类是抒情歌曲。聂耳所创作的抒情歌曲相对较少，1934年为电影《风云儿女》创作的插曲《铁蹄下的歌女》是抒情类歌曲的代表。是剧中人物阿凤流落为歌女之后所唱的一首哀歌，全曲凄楚哀婉，催人泪下。上海百代公司灌制唱片发行，影响很大，据记载，胶东解放区一乡村妇救会主任，每次听这首歌都会伤心落泪，可见歌曲感人至深。《塞外村女》是聂耳创作的一首具有浓郁北方民歌风味的抒情歌，写了在地主家做工的农村姑娘冒着大雪为地主推磨的故事，歌曲运用凄苦的基调，展现了劳动人民被压迫被奴役的痛苦。聂耳的作品具有浓烈的革命英雄主义气概和乐观主义精神，在抗战初期流传甚广。

这一时期，在聂耳的周围，还团结着一批爱国音乐家，他们虽风格不同，音乐道路不同，但他们都怀着一个信念就是以音乐为武器，抗击日寇，夺取胜利，保卫祖国。如浙江音乐家任光，是一位热爱人民的音乐家，他明确指出“音乐是大众的，应该从大众身上去发挥”，作曲家的义务是把劳动大众的痛苦与心声表达出来。1933年开始为左翼电影配乐，先后为电影《渔光曲》创作主题曲《渔光曲》和插曲《渔村之歌》，为《大路》创作儿童歌曲《燕燕歌》等。任光的群众歌曲中流传最广的是《打回老家去》，歌曲刚毅浑厚的音调，富有动感的节奏，塑造了中国人民坚韧不拔的革命性格，用群众的语言，唱群众的声音，受到群众的欢迎，广为流传，鼓舞了抗战的士气。安徽音乐家张曙，1932 年参加“苏联之友”社音乐小组，1933 年经田汉介绍加入中国共产党，创作了大批革命音乐，张曙一生创作歌曲 200 余首，大部分失散，流传至今的有四五十首，如《欢迎巴比塞》《在绿星旗下》《干干干》《战鼓在敲》等。张曙的音乐富有激情，风格多变，在抗战初期的音乐抗战活动中发挥了重要作用。此外，还有吕骥、沙梅、冼星海等优秀音乐家，都为初期的音乐抗战运动作出了重要贡献。

（二）抗战音乐的繁荣

1937 年 7 月 7 日，七七事变后，中国进入全面抗战时期，音乐界也进入全面抗战时期。大批学生纷纷南下，组成歌咏队，沿途宣传抗战。文艺工作者组成演出队，奔赴前方，深入内地，高唱抗战歌曲。贺绿汀、任光、张曙、冼星海等抗战初期优秀的爱国音乐家继续为抗战做斗争，歌咏运动得到迅猛发展，歌曲创作出现空前的繁荣，嘹亮的抗战歌声响遍全国。丰子恺说“有人烟处，必有抗战歌曲”。陶行知说“哪里有人民，哪里就有抗战歌曲”。可见当时音乐抗战活动的兴盛。

这一时期产生重大影响的音乐家是冼星海。冼星海于 1935 年回国后，积极参加抗日救亡歌咏运动，创作了大量进步革命歌曲，如《救国军歌》《热血》《夜半歌声》《青年进行曲》等。参加歌曲作者协会等进步组织，与吕骥、何士德等人创办了立信会计学校的音乐训练班，培养了诸如麦新、孟波、杨祚铭、邹伯宗、鲁剑光等一批音乐人才，为国内抗日救国时期音乐艺术的发展作出了不可磨灭的贡献。

1937 年全面抗战爆发后，冼星海的抗日救亡音乐创作展开新篇章。他说：“我们要利用救亡音乐，像一件锐利的武器一样地在斗争中完成民族解放的伟大任务。”[1]冼星海参加上海话剧界战时演剧二队，积极进行抗日文艺宣传。1938 年春，在武汉参加了由郭沫若主持的国民政府军事委员会政治部第三厅，与张曙负责战时的音乐工作，组织了一批歌咏队，创作了大量的革命音乐作品。从全面抗战开始至去延安这一年多的时间里，冼星海的创作呈现出两个特点，首先是数量多，创作了 70 余首歌曲，如《保卫卢沟桥》《新时代的歌手》《雪花曲》《祖国的孩子们》《到敌人后方去》《赞美新中国》《在太行山上》《游击军》等优秀作品。其次是情绪激昂明朗。初回国时，冼星海的作品刚毅木讷，甚至压抑沉郁，明显带有“寄怒号于悲鸣”的腔调。1937 年全面抗战开始，血与火的战争形势，民众高亢的抗战热情，使冼星海更加坚定抗日必胜的信念，一改往日曲风，开始大胆高歌、纵情歌唱，曲风在保持刚毅质朴的性格的同时更为明朗热烈。1937 年创作的《祖国的孩子们》就是极好的例证。这首激情洋溢的进行曲召唤祖国的孩子们高举战斗的火把，向着光明前进，音乐中没有哀婉悲壮的情调，充满着朝气蓬勃、活泼乐观的青春活力。歌词中“臂挽着臂，手挽着手”使我们仿佛看到了青年们斗志昂扬大步前进的潇洒身姿。这首歌传播很广也很久，冼星海说：“1940 年 8 月，我在西安办事处住的时候，有一天早晨还听见路上的士兵唱着，晚上又听闻小孩子们唱着。”[2]1938 年春，作于武汉的《赞美新中国》是乐观音乐的又一证明。歌中唱道：“中国统一了，全民大联合，中国抗战了，合力御强暴。”此曲还是冼星海“最初的民族化、艺术化的作风的尝试”。[3]这首歌曲在当时演出团体中很受欢迎，业余歌咏队也经常演唱，很多人唱他的旋律，得到广泛传播。抗日战争全面爆发后，中国共产党领导的八路军、新四军有力地打击敌人，收复失地，建立了一个又一个敌后抗日根据地，给全国

1《冼星海全集》编辑委员会编：《冼星海全集》第 1 卷，广东高等教育出版社 1989 年版，第 25 页。
2《冼星海全集》编辑委员会编：《冼星海全集》第 1 卷，广东高等教育出版社 1989 年版，第 132 页。
3《冼星海全集》编辑委员会编：《冼星海全集》第 1 卷，广东高等教育出版社 1989 年版，第 133 页。

人民以极大的鼓舞。冼星海创作《到敌人后方去》以饱满的热情和生动的音乐讴歌了抗日军民的伟大胜利。这首歌写成不久，就传遍了晋察冀边区的每一个角落，到处可以听到“到敌人后方去，把鬼子赶出境”的歌声。这首歌至今仍然为人们所热爱，成为革命历史歌曲中的经典。《在太行山上》这首歌曲，歌颂了中国共产党带领抗日军民创建太行山敌后抗日根据地的丰功伟绩，曲调深沉而又昂扬，抒情性旋律与坚定有力的进行曲节奏相结合，使歌曲具有战斗性、现实性，又具有革命浪漫主义的色彩。歌词中“千山万壑，铜壁铁墙”描绘了太行山的雄伟景象，“母亲叫儿打东洋，妻子送郎上战场”描绘了当时全国人民团结一致，奔赴战场的情景，刻画了抗日队伍众志成城的兴旺景象。这首歌传遍了全国，“现在太行山上游击队以它为队歌，老百姓、小孩子都会唱，到处听到敌人从哪里进攻，我们就要他在哪里灭亡的句子！”[1]这一时期是冼星海创作的一个重要阶段，他告别了回国时的抑郁、悲愤，创作的歌曲热情、明朗、雄壮，产生这一变化的原因，除了当时的客观形势之外，与他进一步认识到工人阶级的伟大和中国共产党的先进性是分不开的。

到达延安是冼星海音乐创作和音乐抗战的新时期。1938年，抗日战争进入相持阶段后，国民党军在敌人的进攻面前节节败退，开始消极抗战，投降主义暗流涌动。中国共产党领导人民顽强抵抗，此时的延安，既是全国进步力量的中心，又是进步文化、进步音乐的中心。郑律成曾描述延安的音乐生活：“那时候大家唱歌情绪十分饱满……每逢听大报告，广场上聚集了五六千人到一万人，大伙儿提前半小时到一个小时来学唱歌，这个队唱，那个队唱，唱的很热闹……上万人一唱，简直地动山摇……延安不但是革命圣地，也成了真正的歌咏之城。”[2]各类艺术家在党的正确领导下发光发热，健

1《冼星海全集》编辑委员会编：《冼星海全集》第1卷，广东高等教育出版社1989年版，第133页。
2 郑律成：《歌唱革命》，《北京晚报》1963年5月16日。

康蓬勃地开展着抗日运动。许多爱国音乐者从全国各地来到这里学习，又从这里走向全国各地，进行抗战活动。早在1938年3月4日，冼星海就在日记中写道："中国现在是成了两个世界，一个是向着坠落下沉，另一个就是向着光明的有希望的上进。延安就是新中国的发扬地。"[1]可见冼星海对延安的向往。终于在1938年11月，冼星海和大批爱国青年一样，奔赴革命圣地延安，投入抗日救亡的革命大洪流中。在毛泽东文艺思想的指示下，在延安革命思想的熏陶下，冼星海创作了大量新的优秀作品。冼星海说过："在党中央文艺政策的领导之下，一切文艺创作是向着大众化入手，因而这些作品更会被大众所接受，它具有简单、雄亮、活泼、轻松和诚实等种种不同的感情。"[2]

奔赴延安后，冼星海除了在鲁艺担任音乐系主任，负责音乐理论、作曲、指挥等主要课程外，一直致力抗战音乐的创作，在延安的一年半，是他创作的巅峰期。1938年12月刚到延安就创作了《反攻》，音乐情绪激昂，深沉激烈，高唱着"打回去"，可见冼星海这时的创作热情和满腔革命热血。随后创作了《"三八"妇女节歌》《路是我们开》《梁红玉》等歌曲，都受到群众的热烈欢迎，在根据地得到广泛传唱。但冼星海时常感叹自己没有创作出无愧于人民和时代的大作品来。在他的刻苦努力下，从1939年3月到1940年3月，一年的时间里创作了4部大合唱。第一部大合唱是《生产大合唱》，合唱采取活报的形式化装演，共分为《春耕》《播种》《秋收》《丰年》4场，写出了劳动人民热烈欢腾的劳动景象，表现出解放区人民的幸福生活。整部曲子节奏欢快明朗，内容大众化生活化，演出后获得极大成功，冼星海在日记中写道；"演出效果很好，成绩可观。尤其音乐是受到人们的欢迎，打破延安音乐界记录。"吕骥赞扬《生产大合唱》说："它有光有力，

1《冼星海全集》编辑委员会编：《冼星海全集》第1卷，广东高等教育出版社1989年版，第211页。

2《冼星海全集》编辑委员会编：《冼星海全集》第1卷，广东高等教育出版社1989年版，第91页。

轻快活泼”，“的确是一个大众化民族化较成功的作品。”[1]《生产大合唱》的成功极大地鼓舞了冼星海的创作热情，但他不仅仅满足于此，他认为作品中要修改的地方还有很多，还需不断努力。第二部大合唱是《黄河大合唱》，这是冼星海在延安创作的最优秀作品，也是他这一生的巅峰之作，这是一部雄伟的民族音乐史诗。1939 年 3 月，冼星海为诗人光未然的诗歌《黄河吟》谱曲，仅用了 6 天的时间就完成了这部巨作。整部音乐既有鲜明对比，又有严密内在统一性，音乐的发展如同黄河九曲跌宕起伏，最后达到高潮。鲁艺全体师生加紧排练，当时正值日军飞机对延安大轰炸时期，人们冒着轰炸的危险，在冼星海的指挥下，大声唱着“风在吼，马在叫，黄河在咆哮”，展现出中国军民勇敢无畏的精神。5 月 11 日，在“鲁艺”成立 1 周年纪念晚会上，《黄河大合唱》成功演出，冼星海在日记里写道：“今晚的大合唱可算是中国空前的音乐晚会……当我们唱完时，毛主席、王明、康生都跳起来，很感动的说了几声‘好’，我永远不会忘记今天晚上的情形。”[2]“冼星海走下台来，毛主席连声地说：‘作品写得好，写得好，很激动人心，很激动人心……庆祝你伟大作品的诞生！’”[3]6 月 29 日，在欢迎周恩来、博古的晚会上演出了《生产大合唱》和《黄河大合唱》，周恩来听后十分赞赏，随后为冼星海题词“为抗战发出怒吼，为大众谱出呼声”。从此，在延安的各种大会上，到处都可以听到《黄河大合唱》的歌声。华北联大把《黄河大合唱》带到了敌后，迅速传遍各根据地，更多人唱着“风在吼，马在叫”走向抗日战争最前线；在重庆《新音乐》上发表以后，很快传遍大后方，甚至远播东南亚各国；1940 年美国普林斯顿大学合唱团用英语演唱了《黄河大合唱》，此后又在世界各地许多国家演出，有效地向世界传达了我们的声音和态度，

1《冼星海全集》编辑委员会编：《冼星海全集》第 1 卷，广东高等教育出版社 1989 年版，第 138 页。
2《冼星海全集》编辑委员会编：《冼星海全集》第 1 卷，广东高等教育出版社 1989 年版，第 275 页。
3《冼星海全集》编辑委员会编：《冼星海全集》第 1 卷，广东高等教育出版社 1989 年版，第 76 页。

为抗战争取外援。这部作品成功地突破了西方合唱音乐的传统规范，创造了具有中国气派、中国风格的大众化的合唱艺术，是一部不朽的经典之作，冼星海和《黄河大合唱》在中国音乐史上有着不可撼动的地位。第三部大合唱是 1939 年 9 月仅用 6 天时间就完成的《九一八大合唱》，是为了纪念九一八事变 8 周年而创作的。这是一部叙事性的音乐作品，唱出人们载歌载舞庆祝胜利的情景，表现出对东北沦陷区同胞的怀念和对日本侵略者万恶行径的憎恨，号召人民走向战斗，最终走向胜利。整部作品环环相扣，情节严密，具有号召力，让人们回忆起八年前的悲惨情景，激励人民英勇抗日，演出后深受军民喜欢，很快由延安传遍全国各地。这部作品“已能大部分接近以民族形式和新的技巧融合起来”，“它或许比《黄河大合唱》更统一些”。[1] 第四部大合唱是《牺盟大合唱》，1940 年 5 月 10 日，由“鲁艺”音乐系的学生演唱，取得成功。“大合唱的第二段《民众武装曲》‘群雁飞，汾水寒’的歌声传遍延安和山西一带。”[2] 这部作品运用群众熟悉的多种演唱形式和音乐手段，表达了革命人民为自由解放而英勇战斗的精神，可以说《牺盟大合唱》的特色就是它的战斗性和群众性，这是一部战斗性的大合唱，也是一部群众性的大合唱。

冼星海在延安十分注重音乐理论的探讨。陆续发表了《论中国音乐的民族形式》《民歌与中国新兴音乐》《现阶段中国新音乐运动的几个问题》等文章。1939 年在《民歌问题》教学提纲中冼星海明确指出：“新音乐的方向是工农兵。”[3]1940 年 1 月，冼星海还在日记中写道：“一个音乐工作者一定和民众结合在一起，为民众、为伟大的中华民族不懈的奋斗。”[4] 这很好地证明

1《冼星海全集》编辑委员会编：《冼星海全集》第 1 卷，广东高等教育出版社 1989 年版，第 157、第 46 页。

2《冼星海全集》编辑委员会编：《冼星海全集》第 1 卷，广东高等教育出版社 1989 年版，第 157 页。

3《冼星海全集》编辑委员会编：《冼星海全集》第 1 卷，广东高等教育出版社 1989 年版，第 77 页。

4《冼星海全集》编辑委员会编：《冼星海全集》第 1 卷，广东高等教育出版社 1989 年版，第 293 页。

了冼星海是一位革命的、人民的音乐家，他坚定地坚持着人民大众才是国家的主人，音乐的一切活动都应代表人民大众利益。此外，冼星海在歌曲《生产大合唱》的座谈会上提出了音乐的三个口号，即“音乐应当是大众化、民族化、艺术化”。他认为，大众化不仅是一个形式问题，大众化的音乐必须代表大众的利益，不但要易学且要易于广泛地传播。他又指出：“大众化的音乐不是庸俗化的，它是时时刻刻提高大众文化水平并教育和组织大众的工具。我们要给大众好的东西，而不是愚弄或欺骗他们。”[1]抗战音乐必须适应大众，易于理解易于传播，但又必须在大众化中提高音乐的艺术性，以提高人民的音乐水平。这很好地阐明了音乐的大众化和艺术化的关系，这两者不是矛盾的，不是取其一必舍其一的，两者是相结合的，相辅相成的，是一条道路的两个面。关于音乐的民族化这一点，冼星海认为“首先必须有新内容”，“所谓新内容，就是民族的、民主的、科学的、大众的。”其次要有新的形式，从新内容中创造出新形式。新内容与新形式相结合，创造出新音乐。也就是说，“通过民族的形式和内容来创作民族的新音乐。”[2]对于音乐内容的民族化，他“反对顽强地固执着中国音乐的做法”，民族的并不是故步自封，也不是陈旧封建，当然也不是“死硬的模仿着西洋音乐”，完全西方的更加不是中国民族的音乐。音乐内容的民族化应当是“中国音乐与西洋音乐做适当的结合”，以优秀“民间音乐做基础，参考西洋音乐进步成果，创造一个新的中国音乐形式。”这才是中国的民族音乐。他坚信，“民族的音乐也一定是国际的音乐。”[3]冼星海的音乐理论对中国音乐的发展起着重要作用。

此外，在延安作出突出贡献的音乐家还有郑律成、向隅、杜矢甲、李焕之等。郑律成创作了大量有影响的作品，如《抗战突击运动歌》《保卫大武

1《冼星海全集》编辑委员会编：《冼星海全集》第 1 卷，广东高等教育出版社 1989 年版，第 123 页。
2《冼星海全集》编辑委员会编：《冼星海全集》第 1 卷，广东高等教育出版社 1989 年版，第 40 页。
3《冼星海全集》编辑委员会编：《冼星海全集》第 1 卷，广东高等教育出版社 1989 年版，第 74 页。

汉》《肉弹勇士》《八路军进行曲》《快乐的第八路军》《延水谣》《准备反攻》《我们的进行曲》等。向隅创作了许多抗战音乐，如1938年曾为话剧《血祭上海》配乐，《打到东北去》《打回老家去》《打回东北去》《红缨枪》《守望曲》《反投降进行曲》等。杜矢甲到延后一边以歌唱家的身份参加演出活动，一边进行创作，《拿起我们的红缨枪》《青山青》《选举好人来做官》都是他流传很广的作品。李焕之创作了《保卫祖国》《抗战进行曲》《春耕曲》《中国工人进行曲》《红旗的歌》《青春曲》《歌唱党的20年》以及独幕歌剧《异国之秋》、儿童歌剧《小八路》等。此外，还有周魏峙、李劫夫、李伟、王久鸥、艾力、任光、贺绿汀、何士德、章枚等爱国音乐家为音乐抗战而努力。这一时期的音乐抗日救亡运动甚至扩大到海外的广大华侨中，欧美和东南亚各地华侨都组织了救亡歌咏团体。任光在新加坡举办了民众歌咏训练班，组织了铜锣合唱团，刘良模在美国组织了华侨青年歌唱队。

（三）音乐抗战的成熟时期

1942年以前，中国音乐界的抗战成绩斐然，但也出现了一些问题。1939—1942年这段时间，延安大合唱甚为繁盛，影响至全国，这是一件可喜的事，说明了延安爱国音乐者的努力取得了显著成果，也说明了延安民众及全国人民音乐水平的提高。但也出现一些消极的现象，麦新说："我们在工作作风上发生了相当严重的偏向，那就是无原则的合唱主义和脱离群众的提高。"他认为这种偏向"正是脱离工农兵的一个具体表现"。[1]有一段时间，不问是否适宜每唱必合，成为"无原则的合唱主义"；有些人不从客观实际出发，竞相争写大合唱，这其中不乏优秀之作，但也出现了许多一味模仿，技巧拙劣的作品。为了转变这种跟创无音乐技巧可言的作品的风气，延安音

1 吕骥编：《新音乐运动文集》，光华书店1949年版，第99页。

乐界开始注重于提高，致力于钻研作曲技术。但不久又出现了“关门提高”的问题，脱离群众，脱离实际，甚至出现“向资产阶级音乐看齐的错误道路”。[1]更有甚者敌我不分，“有的文章像从日本飞机上撒下来的”。因此在文艺界亟须一个“切实的严肃的整风运动”，“必须从思想上组织上认真的整顿一番”。音乐界的整风运动也蔚然兴起。

1942 年 5 月，在延安召开了文艺座谈会，音乐界出席会议的有瞿维、吕骥、金紫光、李丽莲、潘奇、唐荣枚、任洪、杜矢甲、李元庆、向隅、塞克、天蓝、公木、柯仲平等。毛泽东在延安文艺座谈会上的讲话中，号召“我们的音乐专门家应该注重群众的歌唱”。[2]学习了毛泽东在延安文艺座谈会上的讲话以后，音乐界明确地认识到要先改造自己的感情，才能创造出真正的群众的歌声。音乐界“批判了脱离实际，脱离群众的教条主义，群众音乐中的‘洋八股’与‘学生腔’，以及其他各种形式主义的倾向，肯定了深入实际，向群众学习，从群众中来到群众中去的道路，开始认识了，要从思想感情上改造自己的必要”。[3]音乐工作者纷纷下乡深入生活，到根据地最基层最前线采风，和人民大众生活在一起，劳动在一起，拜他们为师，记录他们的心声。不仅搜集到数以千计的陕北民歌，而且为日后的音乐创作积累了丰富的素材。

新民歌的创作盛极一时。李有源的《东方红》颇有代表性。李有源是深入乡村深入民众的代表，他时常和老百姓在一起，编一些歌曲小调给乡亲们唱，带领人民移民开荒，还编唱了《移民歌》，这也是后来《东方红》的雏形。据李有源回忆，有一天他挑着担子进城卖菜，看到红彤彤的太阳升起，不禁想起拯救穷人的是共产党，毛主席就像太阳一样，恰巧看到城墙上的大

1《吕骥文选》上集，人民音乐出版社 1988 年版，第 124 页。
2《毛泽东选集》第 3 卷，人民出版社 1991 年版，第 863 页。
3《吕骥文选》上集，人民音乐出版社 1988 年版，第 124 页。

标语“毛主席是中国人民的救星”，有感而发创作了这首歌曲。《东方红》歌词简练，情感真实，旋律朗朗上口，迅速传遍了陕北各地，人人都会传唱，唱出了人民群众对伟大领袖毛主席和共产党的深情，成为毛主席的庄严颂歌，更成为实际的代国歌，在重大会议、集会上都会演奏《东方红》。此外，还有汪庭创作的《绣金匾》，表达了劳动人民对于政府和军队的纯真的爱，对劳动生产的热情。这样的歌是只有在民主政治下面生活的人民才能发出的快乐的歌声。当时陕北群众自己编的歌，著名的还有孙万福作词的《咱们的领袖毛泽东》、张寒晖的《军民大生产》等等。这些歌曲不是采取流行的曲调，而是来自底层人民内心的呼声，是代表人民的新民歌，质朴、刚健，是人民的声音。

延安秧歌运动勃然兴起。冼星海很早就表示“希望有歌剧的产生”，“那种新歌剧是根据民歌，具有新的形式和技巧，并且有最丰富的内容；但他并不是中国现代的京剧，也不是西欧的大歌剧，而是努力产生另一种的新歌剧”。[1]为此，1938 年 12 月，冼星海开始为王震之的剧本《军民进行曲》谱曲，并于 1939 年 1 月 13 日首演，这部音乐整体上是成功的，但当时有人评价“过于洋化”，今天看来，问题不在于“洋化”，而是剧本的贫弱，剧本本身没有鲜明的性格和戏剧冲突，作曲就表现不出强烈的情感，最终没有流传下来。随后，冼星海又为塞克的脚本谱曲《梁红玉》，也没有最终完成，仅留下几页草稿。1943 年春节的文艺演出，出现了秧歌剧和秧歌舞曲，从此音乐界形成一股空前的群众性文艺热潮。出现了杜矢甲创作的《七枝花》，安波作曲的《兄妹开荒》，马可作曲的《南泥湾》，刘炽编曲的《翻身道情》，张鲁编曲的《有吃有穿》，马可编曲的《夫妻识字》。据记载当时光延安就有秧歌队 27 个，上演的节目有 150 多出，延安到处是秧歌队，处处都洋溢

1《冼星海全集》编辑委员会编：《冼星海全集》第 1 卷，广东高等教育出版社 1989 年版，第 27 页。

着秧歌队的身影，“他们一边舞，一边唱，一边打鼓，动作粗壮有力，节奏明显，歌声嘹亮，充满劳动者的健康和愉快。”[1]毛主席看了“鲁艺”秧歌队的表演后，高兴地赞扬“像个为工农兵服务的样子”，“这是全党整风运动的伟大成果。”[2]后来，秧歌不仅推广到各根据地，而且活跃于大后方。1945年春节，毛主席说：“我们这里是一个大秧歌，边区的一百五十万人民也是闹着这个大秧歌，敌后解放区的九千万人民都在闹着打日本的大秧歌，我们要闹得将日本鬼子打出去，要叫全中国4万万五千万人民都来闹。”[3]秧歌剧进一步发展就是新型歌舞剧的诞生，《白毛女》就是其中的代表作，吸收民间音乐的曲调，加以改编，形成足以代表剧中人物的风格，将戏剧与音乐相融合，成为新秧歌运动的高潮作品。吕骥认为这部歌剧“旧中国和新中国的人物都已经得到了相当深刻的表现。她已经为中国歌剧开辟了新的正确的道路，并且奠定了一个相当稳固的基础”。[4]《白毛女》传播甚广，影响播及海外。1951年《白毛女》获得斯大林文学奖二等奖。苏联、波兰、捷克斯洛伐克、印度均曾翻译或演出过。《白毛女》的广泛上演与改编，对提高人民的阶级觉悟，推动社会的民主，抵抗日军的侵略，争取国际的同情都起到了无法估量的作用。它的诞生掀起了新一轮的歌剧创作热潮，1945年以前中国音乐的创作以歌曲为主，自它之后则主要是歌剧的创作。它是整风运动的胜利，是音乐抗战和中国音乐发展的里程碑。

新一时期抗战歌曲创作热潮袭来，仍以秧歌剧、歌剧为主。整风运动开展后，经过一系列反复讨论和实践尝试，我党在思想上和行动上的步调渐渐趋于一致，许多脱离实际、脱离群众的小资产阶级自由主义的倾向逐渐得到

1 徐迺翔主编：《中国新文艺大系（1937—1949）》，《理论史料集》，中国文联出版公司1998年版，第331页。

2《艾克恩文集》，中国文联出版公司1999年版，第227页。

3《艾克恩文集》，中国文联出版公司1999年版，第228页。

4《吕骥文选》上集，人民音乐出版社1988年版，第97页。

清算，毛泽东指出的为工农大众服务的方向成为主要趋势。就在文艺座谈会召开之后不久，出现了一部由安波作词，安波、马可、张鲁、关鹤童、刘炽作曲的组歌《七月里在边关》，这部作品是在民间采风的基础上创作的，具有陕北民歌的风格，其中的《开会来》《纪念碑》等优秀歌曲流传至今。这是一部别开生面的作品，是《黄河大合唱》到《兄妹开荒》之间的一座桥梁，而连接这座桥梁的5位音乐家则被称为中国的“五人团”，他们为音乐抗战作出极大贡献。安波创作了《开会来》的曲子，《运动战，歼灭战》《打倒蒋介石，解放全中国》《都因为有共产党》等歌曲；马可创作了《纪念碑》《南泥湾》《黄河水手服》《变工队生产》，秧歌剧《夫妻识字》等，都大受欢迎；张鲁在新秧歌运动中创作了《支援前线》《还是咱们边区好》《运盐小调》《自卫军之歌》《加紧生产》等歌曲，《夫妻逃难》《张丕模锄奸》《二流子变英雄》等秧歌剧，根据陕北民歌《山扁担》曲调改编的《有吃有穿》传唱广泛；刘炽积极参加闹秧歌，创作了《走三边》《赵富贵自新》《货郎担》《减租会》等秧歌剧，《减租会》中的《翻身道情》流传至今；关鹤童的作品较少，《抗日战争歌曲选集》仅收入他的一首歌曲《黄河小调》。除“五人团”外，还有李鹰创作了《组织起来》《拉骆驼》等，晋察冀边区的徐曙、卢肃、王莘、曹火星等，山东根据地的李淦、肖民等，华中根据地的沈亚威、晓河等优秀音乐家，创作了一大批优秀的抗日歌曲，为抗日战争作出了突出贡献。

（四）音乐抗战团体及抗战活动

音乐抗战的主要形式是建立抗战音乐团体和开展抗敌音乐演出。抗战时期音乐界进步人士积极从事抗日救亡运动，大批爱国音乐者自觉团结在中国共产党的周围，相继组建各种音乐团体，凝聚集体的力量，团结抗日，救亡音乐组织如雨后春笋般涌现，音乐演出活动络绎不绝，抗战音乐呈现出一派繁荣的景象。其中音乐抗战团体活跃的地区有延安、重庆、桂林等。

1. 延安。以延安为中心的陕甘宁抗日根据地作为当时抗日思想最炽热，抗日情绪最高昂的地区，救亡音乐团体及音乐抗战活动相当兴旺。1938 年 1 月，陕甘宁边区音乐界救亡协会在延安成立，简称“边区音协”，1939 年 4 月 13 日，“边区音协”与重庆军事委员会抗敌演剧三队联合举办了大型音乐晚会，演出了《生产大合唱》《黄河大合唱》《延水谣》等音乐节目。1940 年 7 月，“边区音协”隆重举行了“聂耳逝世五周年纪念会”，演唱了聂耳创作的许多歌曲，并把聂耳逝世之日——7 月 17 日定为“人民音乐节”。此外，“边区音协”还出版了《歌曲月刊》《歌曲半月刊》等刊物，创办“延安星期音乐学校”，对延安音乐普及和音乐抗战作出了极大贡献。“鲁艺”音乐系为抗战救亡及中国音乐的发展作出重大贡献。音乐系是“鲁艺”成立后最早设立的三个系之一。在毛主席和中共中央的关怀及广大音乐同志的努力下，培养了大批的革命音乐人才。1939 年，“鲁艺”成立民歌研究会（后改名为“中国民间音乐研究会”）采集民歌，研究和出版民歌集，出版刊物《民族音乐》，在采集和演奏民歌、创作民歌、发展民族音乐方面作出了重要贡献。1940 年 7 月，“鲁艺”音乐系成立了“音乐工作团”，以研究音乐理论和技术、开展群众性活动、普及音乐知识为任务，举办音乐会，积极开展音乐演出。1941 年 12 月，为庆祝十月革命胜利 25 周年演出了大型合唱《凤凰涅磐》和苏联的一些革命歌曲及独唱、乐器演奏等节目。1941 年，延安又成立了“延安作曲者协会”，创办了《歌曲旬刊》。1942 年，联合“边区音协”编译出版了《民族音乐》杂志。这些刊物不仅发表了大量音乐理论文章和歌曲，而且介绍了国内外音乐消息以及苏联和西方的音乐消息，开设音乐艺术讲座专栏，对边区音乐的发展起到良好的作用。1940 年 5 月，在延安成立了“延安青年大合唱团”，是陕甘宁边区规模最大和影响最深的音乐合唱团体。该团以“联合延安青年歌咏爱好者和专业音乐工作者，从事新音乐的研究和实践，提高音乐修养，加强艺术工作，积极开展群众性的音乐活动”为宗旨，举行和参加过纪念五四青年节演唱活动，欢迎和欢送华侨领袖陈嘉庚访问延安演唱活动等大型活动。这些活动丰富了延安的音乐文化生活，也促进了边区群众歌咏运动的发展。

以延安为中心的陕甘宁抗日根据地音乐抗战活动，是全民族发出的抗战吼声最集中的力量，它起到了激励和教化民众，鼓舞士气的作用，同时也丰富了抗日军民的精神生活，在外敌入侵、民族危亡的时期，传承了中国民族音乐，并促进了中国音乐的发展。

2. **重庆**。抗战全面爆发后，重庆音乐界进步人士也积极从事音乐抗战活动，以歌声来唤醒民众。重庆音乐界的抗战活动与中共中央南方局周恩来等革命家以及各界爱国人士的大力支持是分不开的，当然也离不开广大音乐工作者的艰辛奋斗。1937 年 9 月，重庆市救亡歌咏协会宣告成立，该会活跃于街头巷尾，在民众中教唱抗战歌曲；1938 年 12 月 25 日，重庆音乐界人士成立了“中华全国音乐界抗敌协会”；重庆市市民、医院护士自动组织了“谐医歌咏团”；1939 年，李凌、赵砜成立了“新音乐社”，是中共领导下的在渝合法开展救亡音乐运动的团体；1940 年 11 月，国立音乐院也在重庆成立；此外，还成立了普及群众歌咏运动委员会、中华交响乐团、重庆山城合唱乐团、中国实验剧团等等。

这些音乐团体积极从事音乐演出，为抗战谱写了华美的战歌。如 1938 年 10 月 10 日，重庆首届戏剧节期间，各音乐团体都参加了音乐演出，据记载，“七七剧团”就演出 3 次，演唱了《义勇军进行曲》《大刀进行曲》《救亡进行曲》等抗日救亡歌曲。1939 年元旦，“中华全国音乐界抗敌协会”为扩大抗战宣传的力度，举行了以“节约现金、鼓励服兵役、铲除汉奸、褒扬忠烈、持久抗战、募集寒衣”等为内容的演出。演出规模十分宏大，影响巨大，募集的钱款衣物全部捐献给前线战士，为抗战作出贡献。1939 年 1 月，重庆市市民医院谐医歌咏团举行游艺会，演唱抗战歌曲，欢送该院 100

多名伤愈将士重返前线。1939 年 2 月 5 日，中国电影制片厂合唱团举行露天音乐会，演唱救亡歌曲 20 余首。1942 年 10 月，国立音乐学院实验管弦乐团首次举行雾季音乐会，演奏《未完成的交响曲》《组曲》等节目。1943 年 4 月，育才中学音乐组为筹集难童教养经费，举行了庆祝儿童月和响应音乐月演出。重庆音乐界还开展了对外演出，1940 年 5 月，国立音乐学院实验管弦乐团应国际广播电台邀请举行了对美广播演出。1940 年 12 月 29 日，孩子剧团、育才学校、巴蜀小学应“中苏文化协会妇女委员会”之约，在国际广播电台举行了儿童对苏音乐广播，宣传了我国儿童爱国精神及抗战歌咏艺术。这些演出都获得了广泛好评，激发了民众的爱国热情，增强了民族志气，增强了抗战胜利的信心，而且对外演出表达了中国人民不屈不挠的坚强意志，扩大了中国抗战的影响，向国际社会揭露了日本帝国主义的丑恶行径，争取了国际同情和援助。1940 年 9 月 3 日，周恩来出席“重庆文化界追悼青年音乐家张曙的大会”，在会上高度评价了重庆音乐界的成就，他指出：“这文化战线包括着文艺、诗歌、漫画、木刻、音乐各部门，给全民的抗战起了伟大的作用。救亡歌咏便是最明显的代表，大家发出了反抗的怒吼，代表了大众发出了团结的呼声。”[1]

3. **桂林**。抗战时期，广西人民的音乐抗战活动也十分兴盛，桂林音乐界的抗战活动在中国艺术界抗战史上有着重要地位。1937 年冬，国防艺术社和乐群社共同组织了一个抗战歌咏团，报名参加的有 32 个单位，团员达 5700 多人，多次举行抗战演出会，还举行过一次万人参加的火炬歌咏大游行。1938 年 11 月在日军接连轰炸桂林的情况下，张曙等音乐家举办了桂林反轰炸歌咏大会，推动了桂林新音乐的发展。当时活跃在桂林的歌咏团有桂林乐群歌咏团、广西省立艺术馆合唱团、国防艺术合唱团、国际艺术合唱

1 中国音乐家协会：《渝文化界追悼张曙》，载《张曙纪念文集》，人民音乐出版社 2015 年版，第 167 页。

团、广西艺术师资训练班学生合唱团、青年歌咏团、凯声歌乐团、桂林音乐界联谊会漓咏合唱团、1935 年成立的以音乐教师为主体的广西音乐会等。还有许多机关学校也成立了业余歌咏队和歌唱团。

各乐团在广大音乐工作者的推动下，经常在街头进行抗战宣传，频繁举行音乐会、歌咏比赛和各种游行。据统计，抗战期间，在桂林举行的演唱会达 326 场，演出曲目达 318 首。[1] 许多抗日歌曲也因此流传开来。1940 年夏，由乐群歌咏团和国防艺术合唱团发起组织了“抗战三周年音乐会”，此次演出了冼星海的《黄河大合唱》和一些抗战歌曲及广西少数民族歌舞。1941 年夏，为表达对国民党顽固派的不满，广西音乐界又组织了一次由 16 个单位和学校参加的千人大合唱，演唱了《洪波曲》《我们是中国人》《最后胜利是我们的》《反投降进行曲》《中国人民大团结》《保卫黄河》等曲目。演唱的最后千人合唱变成了万人大合唱，全场演员和观众近万人齐唱《义勇军进行曲》，歌声久久回荡在桂林城上空。桂林的音乐工作者还相当重视民歌，尤其是抗战民歌的搜集整理，成绩最大的是广西艺术师资训练班的音乐工作者陆平，他所采集的《玉林民歌》中就有不少是反映抗战内容的新民歌。在许多抗战活动中，广西民歌被争相传唱，广西民歌成为桂林救亡音乐的一部分。当时可谓是哪里有抗战活动，哪里就有抗战歌声。

抗战开展了新音乐运动，同时新音乐运动也推动了抗战。音乐成了动员民众抗战的不可缺少的精神武器。

三、记录斗争画卷的抗战电影活动

1905 年，中国电影开始起步，经过 30 多年的发展，到 20 世纪 30 年

1　丘振声、魏华龄主编：《桂林抗战文化研究文集》（四），广西师范大学出版社 1997 年版，第 548 页。

代，已粗具规模，电影在人民生活中的影响也越来越大。1931 年，日本关东军发动震惊世界的九一八事变，从此开始了对华侵略。中国电影界在中国共产党的带领下紧跟时代步伐，用镜头记录着日军惨绝人寰的暴行，用动人的影视作品为抗战呐喊，和戏剧界紧密联系为抗战作出重大贡献。抗日战争期间的电影界抗战活动可以分为前后两期，前期是 1931—1937 年电影界响应抗战的萌发期，后期是 1937 年全面抗战开始，电影界也转入全面抗战时期。电影抗战以大后方电影运动显著，电影界的抗战活动不仅在抗战历史上有着重要影响，在中国电影史上也有着重要影响。

（一）1931—1937 年的电影界抗战

随着政治形势的变化，中国电影逐步由原来的商业类型电影泛滥转为抗战电影滥觞。在这一时期，为抗战作出重大贡献的是“三足两翼”，这些电影公司几经磨难，不断作斗争，它们拍摄出许多抗日题材的优秀影视作品，也推动了国片复兴、新兴电影、国防电影、教育电影等运动，产生重要影响。

1.“三足两翼”的主要抗战活动。“三足”是指明星公司、天一公司、联华公司三大巨头，“两翼”是指成立较晚的艺华公司和新华公司。这 5 家公司对抗战初期中国电影的发展产生了很大的影响，甚至左右了中国电影的发展。这一时期电影公司的影视作品与左翼文化人有着密切的联系，如田汉、阿英、夏衍等。在“三足两翼”左翼文化人的作用下，抗战初期电影界形成了轰轰烈烈的“国片复兴”运动。

1930 年 8 月，罗明佑成立联华影业公司（前期为“联华影业制片印刷有限公司”），联华是“三足两翼”中最有实力，发挥作用最大的公司。罗明佑是一位热衷于宣扬传统文化和爱国精神的儒商，他建立联华公司提出的一个口号就是“国片复兴运动”。在抗战前期拍摄了许多宣扬爱国精神、揭露社会现实、反映阶级矛盾的影片。1929 年 12 月，他与明星影片公司合拍了《故都春梦》，掀起了复兴国片的潮流，随后拍摄了一系列高质量的国片，如《桃花泣血记》《银汉双星》《自由魂》等一系列严肃文艺片。《故都春梦》讲述了贪慕虚荣而迷失自我的小学教师经历了一番挫折，幡然醒悟，一心向善的故事，主旨是教化与警醒世人。此片一经播出，引起广泛关注，票房极佳。这样的严肃文艺影片，将中国电影从鬼怪妖魔的影片中解救出来，回归到对人性、对现实生活、对底层人民的关注，特别是《银汉双星》台词“自誓做艺术革命军的前锋，去和恶势力斗争”；《自由魂》台词“我们也是人，时机来了，我们也可以做出一番轰轰烈烈的好事来，让那些行尸走肉、横行霸道的所谓上层阶级之人羞愧死”，发出对现实的控诉和斗争的声音。1932 年严春堂创立了艺华公司。公司创立之初，磨难颇多，并不像联华公司资金雄厚，但也为抗战作出了重要贡献。在田汉的帮助下，拍摄了《民族生存》和《肉搏》两部影片，这两部影片充满浓浓的抗日情绪，颇受观众欢迎。1934 年，张善琨创办了新华公司，拍摄了《红羊豪侠传》《新桃花扇》等。明星公司在 1930 年下半年完成了中国第一部有声片《歌女红牡丹》的拍摄。天一公司拍摄了《歌场春色》等。这些流露斗争情绪的影片为后来抗战题材电影打下了良好基础。罗明佑还发表了《为国片复兴问题敬告同业书》，提出“提倡艺术，宣扬文化”“启发民智，挽救影业”“复兴国片”的口号，以抵制外片文化的侵略。“国片复兴”运动轰轰烈烈地进行着，各方政治势力逐渐意识到电影的政治宣传作用。李淞耘《在国片复兴声浪中的几个基础问题》一文指出，“要注意民族的意识和政治的环境”，[1] 借助电影的力量来表达民主的思想和政治诉求。1930 年，田汉发表了《从银色的梦里醒转过来》和《苏联电影艺术发展的教训与我国电影运动的前途》两篇文章，指出电影已经成为掌握在不同阶级手中，会展现出不同风貌的宣传工具。电影的社会宣传力度逐渐增大，各政治势力也逐渐意识到电

1 李淞耘：《在国片复兴声浪中的几个基础问题》，《影戏杂志》1931 年第 2 卷第 3 期。

影的政治作用。

2. **抗战教育电影运动**。教育电影在1920年就已出现，但由于条件限制，并未兴盛。到20世纪30年代初，随着教育救国理念的深入和乡村建设运动的实践以及国家对电影教化作用的重视，“教育电影运动”兴起。

1932年7月8日，在中国共产党的领导下，电影界及各方人士的努力下在南京成立了“中国教育电影协会”。该协会不仅推动了抗战时期中国教育电影的发展，为抗日战争作出贡献，而且是很好的国际传声筒，向世界传达了中国的声音。协会推出“教育电影化，电影教育化”，以“研究利用电影，辅助教育，宣扬文化，并协助教育电影事业之发展”为宗旨，以“关于教育电影的研究及改进、编制、调查、审计、宣传”等为职务。[1]

协会在抗战期间积极开展活动，影响重大。一是积极倡导国产影片运动，举办优良国产影片的比赛并在中国教育电影协会第二届年会时举行了国产影片比赛，联华影片公司的无声片《人道》，明星影片公司的有声片《自由之花》获得高分。二是自行拍摄教育电影和购置国外教育电影。拍摄了《首都风景》《西湖风景》《开封》《防毒》《酱油》《灯泡制作》《玻璃仪器》《调味粉》《紫砂器》《陶瓷》《农人之春》《中国体育》《世界风云》等16部影片，购置了国外63种教育电影片，并加印中文字幕，进行宣传播放。三是制定影片标准，抵制不良影片。协会专门制定了教育电影取材的5条标准，发扬民族精神，鼓励生产建设，灌输科学知识，发扬革命精神，建立国民道德。旨在宣传中国历史的光荣，取材以农村为主，灌输科学的生活经验和自然现象，发扬牺牲奋斗和刻苦耐劳的精神，恢复固有的公民美德等。四是组织影片放映。在京沪、沪杭甬、京芜、南淮4条铁路沿线的中学放映教育电影。在南京第一公园内建立了一座露天民众教育台，以作推行教育电影及集会讲

1 郭有守：《中国教育电影协会成立史》，中国教育电影协会年鉴编撰委员会：《中国电影年鉴》，南京正中书局1934年版。

演之用。郭有守称其“第一公园内的露天放映台，是这个运动中最值得纪念的建筑物”。[1]五是出版发行电影书籍刊物。1934 年，出版了《中国电影年鉴》，刊载了电影界及艺术界有关电影的论述，如孙瑜的《电影导演论》、郭有守的《中国教育电影协会成立史》等，反映了当时中国电影的发展状况，是“当时的一本电影百科全书”。[2]六是组织电影教育学术团体。中国教育电影协会在南京时，参加十二教育学术团体联合组织，办事处设在协会所。七是进行国际交流。1934 年 4 月，参加了国际教育电影会议，与美、德、意三国的教育电影机构交换教育影片。1935 年 7 月，中国教育电影协会携《农人之春》参加国际教育电影协会发起的在比利时举办的国际农村影片比赛，《农人之春》因独特的中国风和中国味道，反映了真实的中国农人面貌，备受国际教育电影协会的喜爱，在 22 个参赛国家中脱颖而出，获得三等奖，得以在北京火车站展映，向世界传达了中国的身影，给予中国电影人与中国民众很大鼓舞。

中国教育电影协会的活动一直持续到 1946 年。为教育电影运动的开展以及抗日战争的发展起了十分积极的作用。

国民党对于电影创作的管束与限制，也在一定程度上促进了教育电影的发展。1930 年 11 月国民党政府颁布《电影检查法》规定电影检查的标准，“有以下情形之一者不得核准：一、有损中华民族之尊严者；二、违反三民主义者；三、妨害善良风俗或公共秩序者；四、提倡迷信邪说者。”随后，又制定了《电影片检查暂行标准》。此举看似为了规范电影事业的发展，实则打压反映社会现实、揭露阶级矛盾电影和鼓舞抗战斗争电影的创作发行，使电影在其所谓的“三民主义”核心下，呈现出高度“净化”的形态，强化专制道德思想。在检查法的依据下，1931 年国民党教育部内政部电影检查

1 郭有守：《记忆中的中国教育电影运动》，《电影与播音》1945 年第 4 卷第 5 期。
2《中国电影年鉴（1934）》，中国广播电视出版社 2008 年版。

委员会成立，从此以后，任何影片必须经过检查，核给执照，才能公映。在此打压下，现实题材电影和抗战题材电影制作颇为艰难，教育题材电影的创作更为轻松，所以出现了一大批教育电影。如1932年一·二八事变爆发，电影界认为战争实况是敌人侵略我们的证据，遂努力摄取战地实况，剪辑成片，取名《淞沪血痕》，加上英文字幕上映。1931年“中央电影企业股份有限公司”成立后规定“新闻片每月出片最少三本，教育片全年最少出片四套，戏剧片全年最少出片两套”。[1]据统计，1932—1933年，共出品教育电影《棉业改良》《杭徽公路》和有声片《中央广播无线电台》等8部。

教育电影运动中，省市区县的民众教育馆、高校电影机构、私人影院等社会组织也发挥了极大的作用。据统计，当时的社会教育机关在1928年就达到10773所，1936年更达到121713所。[2]高校中教育电影的拍摄以金陵大学起步最高。院长魏学仁热心于电影教育，1930年，学院成立电影教育委员会，开始教育电影的拍摄，“以科学片辅助理化、生物、地质各科的教学”，“他们每月在校放映一次，招待附近中学学生来参观。鉴于人数激增，便每月派人到中学放映一次”。[3]后来，放映规模逐渐扩大，1933年，开始到京沪沿线各中学及扬州、芜湖各中学放映。1936年4月，金陵大学拍摄了《蚕丝》《陶器》《西湖》《酱油之速酿》《皮革》《防毒》等9部影片。1935年，与中国教育电影协会合作的《农人之春》参加国际教育电影农村片大赛获得三等奖。此外，上海大夏大学、无锡教育学院也是开展教育电影运动的突出代表。大夏大学创立了中国教育电影社，拍摄了《火柴》《科学养鸡法》《动物园》等小型影片。无锡教育学院拍摄了一部卡通形式的记录日本侵略中国的史实教育片《五十六年之痛史》，受到民众的喜爱。当时的统计资料

1 中国教育电影协会年鉴编撰委员会：《中国电影年鉴》，南京正中书局1934年版。
2 彭大铨：《民众教育馆》，重庆正中书局1941年版。
3 陈友兰：《电影教育论》，长沙商务印书馆1938年版。

显示，仅1935年2月到1936年2月，上海就有21所大学、198所中学、811所小学常年放映教育电影。南京主要影院如国民、首都、新都、世界、新华等，常年放映教育电影，一年中观看人次高达2410836人次[1]，产生了较大的社会影响。许多私人影院也拍摄了教育电影。如香港银光公司的《罐头食物》《摄影镜头之制造》《印象纸的制造》等，民营中国电影教育用品公司的《抵抗》《交通》《电灯与煤气灯》等，明星公司的《献机》《献机祝寿》等。

教育电影运动起到了很好的科普教学作用，一些工业教育片，普及工业常识，利于增强人民的民族自信心，利于发展大后方的工业，以支持抗战。许多教育电影都涵盖浓浓的爱国内容，激发人民的爱国情怀与抗战热情。此外，教育电影运动起到了很好的国际宣传作用，让世界看到中国的身影，增强中国的自信心。

3. **新兴抗战电影运动**。九一八事变和一·二八事变，使中华民族到了生死存亡的紧要关头，救亡图存、保家卫国成为人民的一致愿望，以前电影界较为隐晦地表达爱国抗敌情怀的国片复兴运动已不能满足人民的需求，加之日军入侵使中国电影事业遭到重创，各电影公司为了谋求生存纷纷将电影创作的目光投向抗战，国片复兴运动逐渐演变为新兴电影运动。

新兴电影运动与左翼文化人关系密切，可以说是在左翼文化人的影响下进行的。首先行动起来的是明星公司，其负责人周剑云向夏衍请教公司生存的方法，夏衍指出“改弦易辙，另走一条合乎时代的拍片路线”。明星公司于1932年5月邀请阿英、夏衍、郑伯奇担任公司编剧，开始了抗战电影的拍摄。左翼文化人也由此进入电影领域。随后，沈西苓、柯灵、郑君里、舒绣文、司徒慧敏等左翼文化人，纷纷被聘入明星、联华等公司；此外，一批左翼评论家与上海各大报纸的电影副刊取得密切联系，如《时报》的“电影

---

1 虞吉：《中国电影史》，重庆大学出版社2017年版，第61页。

时报”、《晨报》的“每日电影”、《申报》的电影专刊、《民报》的“电影与戏剧”，电影理论评论也空前活跃。在左翼文化的强势影响下，电影创作在1933年出现了重大转变，被称为“中国电影年”，由于这场电影运动深受左翼文化人的影响，所以也被称为“左翼电影运动”。

拉开新兴电影运动序幕的影片是由田汉编剧、朴万苍导演的1933年元旦上映的《三个摩登女性》。《三个摩登女性》讲述了青年男演员张瑜与痴情自杀女影迷陈若英、爱慕虚荣的虞玉、电话接线员周淑贞三位女性，在时代背景下对个人命运的思考和选择。最终，张瑜通过周淑贞认识到真正的社会下层生活，参加了罢工斗争。三个女性成为现实社会三种人生的象征，形成对比，张瑜最后的选择表明了电影倡导关注底层社会劳动人群的意图。成为“新兴电影运动的第一只报春之燕”。[1]之后出现的更为直接地关注社会现实的影片是明星公司的《狂流》。这部由夏衍编剧、陈步高导演的影片，以1931年的长江大水灾为背景。讲述傅庄首富傅柏仁为富不仁，在大水来临之际，以驾船观赏水灾为乐，私吞救灾捐款；面对暴涨的洪水，小学教师刘铁生与乡亲们强行搬取傅家水泥木料抗洪，并遭到傅家毒打的故事。在影片的最后，洪水淹没了田地，刘铁生奋力游向求救的村民。如果说《三个摩登女性》对不同阶级之间的斗争点到即止的话，《狂流》则是以直面现实的态度，揭示出中国社会存在的贫富差距和激烈的阶级斗争。随后，一大批暴露现实黑暗，号召斗争的影片接踵而来，其中《春蚕》真实再现了中国农民和中国丝产业在帝国主义经济侵略下，一步步陷入“丰收成灾”的残酷现实。《都会的早晨》《母性之光》《小玩意》《城市之夜》等影片都不同程度地反映了在帝国主义军事侵略和经济侵略下，百姓遭受的苦难，揭露了贫富差距，表现出不同阶级之间的尖锐矛盾。影片上映后，大获好评。

1 陆弘石、舒晓鸣：《中国电影史》，文化艺术出版社1998年版。

1933年2月，中国电影文化协会正式成立，涵盖了电影界多种力量。协会成员既有共产党身份的左翼文化中坚分子，也有电影公司老板以及当时中国电影界权威的编导、演员、摄影等方面人才，在电影复兴、电影救国的一致目标下，这些人聚集在一起，用电影做武器，启发民智，团结民众与日军作斗争。

由于新兴电影表达的社会现实、贫富差距、阶级矛盾等有违国民党的统治，对阶级斗争的鼓动，引起国民党恐慌，国民党声称新兴电影违反三民主义，鼓吹阶级斗争，严重违反了《电影检查法》的规定。遂对新兴电影采取删减、禁演等打压手段。1933年11月，国民党以“上海电影界铲共同志会”的名义，捣毁了当时左翼倾向明显的艺华公司。在国民党的威压下，中国电影文化协会被迫停止活动，原来由左翼影评人主持的电影副刊，也相继停刊，新兴电影运动的热浪逐渐低转。暴露现实黑暗，号召斗争是新兴电影所表现的主题。新兴电影运动由原来国片复兴运动中，对个人命运的关注转变为对整个民族和受压迫阶级的关注，对个人磨难的表现转变为对整个社会黑暗现实的揭露，软弱苍白的呐喊也变为拿起武器参加革命或抗战的具体行动。

4.“国防电影”运动。1935年5月，华北事变后，日本帝国主义加紧对我国的侵略，中国岌岌可危，民众抗日的呼声也日益高涨，电影运动进入一个新的阶段，“国防电影”成为主流。“国防电影”有广义、狭义之分，广义的国防电影指通过宽泛地取材，反映帝国主义军事侵略和经济侵略下的各种现实生活问题，揭露社会现实的影片；狭义的国防电影则专指反映抗敌斗争，号召民众团结抗战的影片。这两种电影从不同的侧面来宣传抗战思想，发挥了电影强大的宣传功能，也为后期抗战电影的发展铺垫了基础，指引了方向。

广义的国防电影主要有夏衍编剧、张石川导演的《压岁钱》，袁牧之编导的《马路天使》，沈西苓编导的《十字街头》，洪深编剧、程步高导演的《新旧上海》，蔡楚生编导的《迷途的羔羊》，欧阳予倩编剧、程步高导演的《小玲子》，沈浮编导的《天作之合》等一批富有批判意义的作品。《压岁钱》1937 年上映，影片以小女孩儿蓉蓉的一块银圆压岁钱的流转为线索，讲述了这块银圆在歌舞团领班孙家明、穷孩子、老医生、骗子老妇、银行吴经理、茶叶蛋小贩、捡垃圾的小三、地头蛇、贫困女教师、小偷等人手里产生的不同作用，最后，蓉蓉的压岁钱变成了一张法币。构思极为巧妙，以一块银圆的流通展现了不同阶级的人的生活，揭露了贫富差距、阶级矛盾，银圆变成法币又揭示了社会的变迁。《马路天使》1937 年 1 月上映，以 20 世纪 30 年代的上海都市生活为背景，讲述了吹鼓手小陈、报贩老王、水果小贩、剃头匠、歌女小红等社会底层人民的遭遇以及小红与小陈之间的爱情故事，影片运用活泼的喜剧手法传达了深沉的悲剧内容，揭露下层人民的苦难生活，抨击为富不仁的富商和实业家，是“国防电影”阶段的一部经典之作。《十字街头》1937 年 4 月上映，描写了 20 世纪 30 年代处于尖锐的民族矛盾和生存的高压下，数万年轻人被抛在了人生的十字路口，事业、爱情、理想等都成为他们不得不去面对与抉择的关键。以老赵和杨志英的爱情为全片的线索，典型的苦涩悲喜剧，是左翼电影代表作，借表现青年失业的痛苦，对社会现状提出了批判，是现实主义的电影。最后他们走向斗争的行列，也揭示出国难当头，抗战斗争才是主要任务。

狭义的国防电影，由于政治管制，拍摄数量不如广义国防电影多，但由于其更加直白地描写抗日战争，揭露斗争的最重要性，更具有煽动性，产生的影响更大。有《狼山喋血记》《壮志凌云》《夜奔》《青年进行曲》等。其中，《狼山喋血记》1936 年 11 月由联华公司拍摄，费穆导演。讲了一个饱受狼群袭击的村庄，村民一开始对狼群采取不同的态度，最后猎户团结打狼的故事。以残酷的狼群代表日本帝国主义，人民的团结代表团结抗日的必要性。因为电影稍显晦涩，票房一般，但在左翼影视评论界反响强烈，32 位影评人联名推荐，将其誉为“中国电影史的新纪元”。《壮志凌云》1936 年由新华影业出品，吴永刚导演，更加直白地描写了遭遇强盗侵扰的太平村村民面对强盗进犯，冰释前嫌，团结一致，拿起了武器抗敌的故事。1937 年田汉编剧，史东山导演的《青年进行曲》，讲了日本侵略华北时，奸商王文斋趁战囤积粮食卖给日本，儿子王伯麟由软弱不敢劝阻，到后来幡然醒悟，阻止父亲的汉奸行为，随后投奔了抗日义勇军队伍的故事。影片用王伯麟由弱到强的变化，提出了知识分子在斗争中走向进步的主题。影片公映适逢七七事变，反汉奸的题材深得人心，大获好评，被誉为国防电影的经典之作。1937 年 3 月 25 日，《夜奔》上映，影片讲了奸商徐震欧、刘正明狼狈为奸，贩卖日货，冯德成、徐晓云等爱国青年反对奸商贩卖日货，并与奸商展开一系列斗争，冯德成牺牲，最后，广大爱国群众反奸商反走私的斗争取得胜利的故事。

这些影片无一例外，都讲了在帝国主义的残暴下，面对山河破碎、民族危亡、家不存矣的社会现实，社会各阶层，特别是底层人民纷纷觉醒，不断成长，拿起武器，投身到抗战的洪流中。这一阶段的国防电影，是新兴电影运动的延续与发展，比新兴电影更加直接地披露社会现实，更多地关注民族命运，号召人民站起来斗争，具有很强的鼓动性和教育性。

（二）电影界抗日民族统一战线的建立及其抗战活动

1937 年 7 月，中国进入全面抗战时期，此时的电影界也显示出与前期不同的形态，整个电影界都洋溢着浓浓的抗日氛围。上海、南京等地相继沦陷，中国电影业遭到重创。众多电影公司或停产或迁移，一些小的电影公司直接倒闭，大量摄影场地、摄影器材、影视剧本被毁，电影界损失惨重。但这并没有熄灭电影界人士的抗战热情，他们重整旗鼓，为抗战服务。1938 年

1 月 20 日，阳翰笙、罗刚发起组织全国电影界同人的抗敌组织，1 月 29 日，中华全国电影界抗敌协会在武汉宣告成立，其《成立宣言》中写道，“要求每一个电影从业人员，要把自己锻炼成民族革命战斗中勇敢的斗士，将自己献身祖国，将自己的工作献给神圣的抗战”。号召“要使每一张影片成为抗战的有力武器，使它深入军队、工厂和农村去，作为训练民众的基本的工具”。“表示要建立一个新的电影的战场”。[1] 电影要为抗战服务，反击敌人的电影侵略。中华全国电影界抗敌协会的成立和宣言的发表宣告了战时电影界抗日民族统一战线的建立。

1. **大后方的电影抗战活动**。抗日战争进入相持阶段后，以重庆为中心，包括湖南、湖北局部及四川、广西、贵州、云南、甘肃、陕西、西藏等未沦陷的中西部广大地区被称为大后方。在南京国民政府迁都重庆后，中央电影摄影场（简称“中电”）、中国电影制片厂（简称“中制”）先后迁往重庆，西北影业公司也于 1938 年迁往成都，成为大后方民族影业的中坚力量。大后方有了雄厚的电影实力，拍摄了大量抗战题材的电影，轰轰烈烈的电影界全面抗战拉开序幕。

主要官营制片机构及电影抗战：战时，官营电影制片机构的中坚力量是中央电影摄影场、中国电影制片厂以及隶属于山西政府的西北影业公司。它们相较私营电影公司拥有雄厚的资金和政治支持，在抗战期间拍摄了大量反映抗战的影片，主要是纪录片。

“中电”1931 年成立于南京，虽直属于国民党中央宣传部领导，但由于沈西苓、孙瑜、赵丹、白杨、魏鹤龄、王人美等优秀革命电影人士参与制片工作，所以“中电”在抗战期间拍摄了许多抗战新闻纪录片，发挥了重要的宣传抗战、鼓舞民众、记录日本罪行的作用。七七事变爆发后，于 1937 年

1 武汉地方志编纂委员会办公室编：《武汉抗战史料》，武汉出版社 2007 年版，第 564 页。

12月撤离南京，迁往重庆。“中电”擅长拍摄新闻纪录片，如中国电影史上唯一一部记录“卢沟桥事变”的纪录片《卢沟桥事变》，记录日军制造“重庆大轰炸”惨案的《二十八年一月十五日敌机轰炸重庆》和《二十八年五月三、四日敌机滥炸重庆》，记录淞沪空战的《空军战绩》，记录淞沪抗战的《淞沪前线》，徐苏灵编辑的《东战场》等纪录片，真实地再现了日军对中国无情的荼毒，中国人民所遭受的沉痛苦难，以及中国军民奋勇抗敌的精神。纪录片是“中电”出品的强项，起到了极大的抗战宣传作用。除纪录片外，“中电”还拍摄了3部抗战故事片。第一部是《孤城喋血》，讲述了淞沪抗战中姚子清营全营士兵坚守宝山，英勇牺牲的故事。第二部故事片是《中华儿女》，讲述了日军侵占下，东北抗日联军“八女投江”的真实故事。第三部是《长空万里》，讲述了一群青年逐步走向抗战前线，献身于空中战场的爱国故事，是首部空军题材故事片。这些影片以革命人士和进步青年坚守爱国主义，为国牺牲的故事，歌颂革命英雄气概，弘扬中华民族英勇不屈的爱国精神，极大地激励了人心，是抗战电影的优秀作品。

“中制”前身是南昌行营政训处电影股，1938年2月，国民党将训政处电影股扩充成为“中制”。虽然“中制”的行政领导权掌握在国民党官僚手中，但掌握直接领导权的却是政治部第三厅，第三厅的真正控制权在以周恩来为中心的共产党手中。如史东山、孙瑜、司徒慧敏、蔡楚生、夏衍、吴蔚云等都是优秀的、革命的、进步的电影工作者，在他们的努力下创作了大量优秀的抗战影片。在武汉期间，“中制”拍摄了《保卫我们的土地》《热血忠魂》《八百壮士》等抗战故事片和46部抗战新闻纪录片、抗战宣传片等，是大后方电影抗战的主力。《保卫我们的土地》讲述了九一八事变后，流亡青年刘山带领家人逃难和抗敌斗争的故事，揭露了日本侵略者的残暴。1938年4月，推出《热血忠魂》，讲述了一位国军旅长和他的家庭抗战殉国的悲壮故事。1938年7月，拍摄了《八百壮士》，取材于真实新闻事件，讲述八一三抗战中守卫大场防线的800名国民革命军官兵在副团长谢晋元指挥下，英勇奋战4昼夜，困守孤军营，最后被俘的故事。这些影片的上映起到了积极的抗战宣传效果。武汉沦陷后，“中制”迁往重庆继续从事抗战活动，出品了故事片《保家乡》《胜利进行曲》《火的洗礼》《青年中国》《塞上风云》《白云故乡》等，抗战标语片《军民合作》《五月纪念歌》《上前线》等，拍摄新闻纪录片《抗战特辑》《电影新闻》等。1941年国民党发动“皖南事变”，抗日统一战线风雨飘摇，加之战事紧张，物资匮乏，“中制”影片拍摄难以为继，许多影视演员参演话剧，为话剧界抗战提供了坚实的力量。“中制”在抗战期间为电影界作出的贡献是不可估量的。

西北影业公司：1935年成立，隶属于山西省政府，实际被阎锡山控制，但由于公司邀请了沈浮、谢添、贺孟斧、瞿白音、陈默等进步电影人士参与影片拍摄，在抗战事业中发挥了重要作用。由于公司规模不如“中制”“中电”大，存在时间也较短，拍片数量较少，但影片影响很大。抗战前期拍摄了短纪录片《绥蒙前线》，故事片《千秋万岁》《无限生涯》。1938年太原失守后，西北影业公司迁往成都，在迁移的过程中吸收了一大批优秀的电影人才，壮大了西北影业公司的队伍和实力。到成都后，拍摄了长纪录片《华北是我们的》，记录了八路军晋东南抗日根据地的真实状况，影片在大后方广为放映，引起重大反响。1940年后更名为《华北风云》在香港上映。拍摄故事片《风雪太行山》，讲述了太行山农民和矿工共同抗日的英勇故事。冼星海为其创作主题歌《在太行山上》。随后，拍摄了第二部故事片《老百姓万岁》，根据真实新闻事件吉县井疙瘩村惨案创作而成，故事悲壮，揭露了日寇袭村屠村的恶行，但因阎锡山下令停办，最终拍摄未完而搁置。西北影业公司从成立到1940年停办，其主要影视创作集中在迁移成都后，短短几年的时间，为抗战作出了不可磨灭的贡献。

都市影院的抗战电影活动：抗战的爆发使电影的文化角色发生变化，娱乐作用减弱，宣传与教化作用加强。此时的电影发行放映主要有三种途径，一是政府组织建立放映队，巡回放映抗战电影以达到“电影下乡、出国、上前线”的目的。二是各区、县的群众教育馆，定期放映抗战电影，以达到动员抗战，教化民众的作用。三是各大城市建立的都市电影院，这是战时电影放映的主力。

抗战时期的都市影院以重庆为中心，涵盖成都、昆明、西安、桂林、长沙、兰州等大后方的主要城市。以重庆为例，抗战期间就产生了大量影剧院，如国泰大戏院、唯一大戏院、文华电影院、中央电影院、七星岗影戏院、大同电影院、上新民电影院、七七电影院、陪都大戏院、第二剧场、现代电影院、光明电影院、大世界电影院、大梁子新川电影院、升平大戏院等。这些电影院线为抗战电影的播放、宣传作出重大贡献。据记载，1941年8月《新蜀报》刊登的电影广告，仅“国泰”“民众”两家电影院的上片量就达15部。抗战电影的故事片和纪录片在大后方都市主流影院纷纷上映，首轮上映的时间基本维持在5—10天，多数还进行了二轮、三轮放映。如“中制”拍摄的《东亚之光》在国泰大戏院、唯一大戏院首映8天，在抗建堂二次放映3天；《八百壮士》在唯一、民众首映3天；《白云故乡》在唯一首映5天，在抗建堂二次上映7天；《火的洗礼》在国泰、唯一首映10天，在抗建堂二次上映4天。

各大都市影院与电影出品机构积极宣传，为抗战电影的上映作出重要贡献。“中制”“中电”为抗战影片的出品做了大量的宣传工作，有计划地在报纸上做广告宣传，如《前程万里》《东亚之光》上映时，就在报纸上用了1/2的版面进行宣传，普通抗战影片在上映时往往也刊登广告宣传。利用节假日投放大量的宣传广告。甚至采取和话剧团演出互动的方式来宣传。大量都市电影院采取灵活的促销方式，使得抗战电影票房大卖。有的抗战电影采用观影送礼品的促销方式，如《前程万里》上映时就宣传到“赠送歌谱”。

广大都市电影院线的积极努力宣传使得抗战电影在民众中广受欢迎，从而扩大了抗战电影在宣传、教育民众方面的积极作用。

电影出品公司的努力宣传、电影院线的灵活促销、民众对抗战的热情关注，使得大后方抗战电影在民众中颇具影响力。这些影片所表达的民族情感，所蕴含的民族凝聚力和号召力，是战争背景下的民众所需要感受和宣泄的，从而对抗战起了积极作用。

2. 延安抗日根据地的电影抗战活动。中国共产党领导的延安抗日根据地的电影抗战活动，由于物质条件限制，抗战电影活动不如大后方繁盛，但也在抗战中艰难起步，“以战斗的姿态，揭开了中国电影史上划时代的又一页，开拓了党和人民军队电影历史的新纪元”。[1]

1938 年 4 月，中国共产党领导的延安抗日根据地成立了第一个民间电影社团——陕甘宁边区抗敌电影社。虽然电影社由于物资、人员条件所限，并没有开展拍片活动，但也积极进行着电影抗战，如下乡深入群众播放抗战电影。

延安抗日根据地作出突出贡献的抗战电影社团是延安电影团。1938 年春，袁牧之在周恩来的鼓励下，前往延安，团结延安的电影力量，成立了八路军总政治部电影团即延安电影团。延安电影团被称为“人民电影机构的初创，人民电影的开端”。[2] 延安电影团的主要电影活动是拍摄纪录片。1938 年 10 月 1 日，大型纪录片《延安与八路军》在桥山黄帝陵开机拍摄，由袁牧之编导，吴印咸、徐肖冰摄影，历时一年多的艰辛，1940 年基本拍摄完成。但在将底片送往苏联洗印时，恰逢苏德战争爆发，底片丢失，仅寻回一小部分，实为中国电影史的一大憾事。《延安与八路军》立意宏大，讲述了

1 中国人民解放军文艺史料编辑部编：《中国人民解放军文艺史料选编（抗日战争时期）》第 1 册，解放军出版社 1988 年版，第 156 页。

2 虞吉：《中国电影史》，重庆大学出版社 2017 年版，第 83 页。

抗日战争爆发后延安抗日根据地人民的生活和八路军的抗敌斗争。共分为4个部分，第一部分讲了抗战时期，延安作为政治思想最自由的地区，吸引了全国各地的进步青年来此学习；第二部分讲了延安根据地的政治、经济、文化、军事等方面的面貌；第三部分讲了八路军的敌后抗战，展现出八路军战士的风采；第四部分讲了来延安接受革命学习的进步青年，学习以后奔赴全国各地抗日战场的情况。影片忠实地记录了延安和抗日根据地生机勃勃的面貌和八路军的战斗生活，歌颂了中国共产党领导根据地军民英勇抗战的丰功伟绩，形象地表现了“天下人心归延安”的主题思想。影片是拍摄者深入群众、深入部队，在抗日斗争第一线实地拍摄的，具有重要文献价值。对抗战有着极其重要的作用，向全中国乃至世界展现了中国人民英勇不屈的抗战精神，展现了共产党的精神面貌，向人民宣传了中国共产党的政策方针、精神风貌，得到了广大人民群众的支持，展现了八路军战士的风采和不怕牺牲、保家卫国的伟大精神，激励了全国人民的抗战热情。

在袁牧之前往苏联之后，延安电影团在吴印咸的领导下拍摄了《延安庆祝百团大战胜利大会和追悼会》《国际青年节》《陕甘宁边区第二届参议会》《毛泽东同志在延安文艺座谈会上》《九一扩大运动会》《十月革命》《边区生产展览会》《刘志丹同志移灵》等新闻纪录片。其中，1942—1943年拍摄的《生产与战斗结合起来》是这一阶段的代表作品，影片又名《南泥湾》，钱筱璋编导，吴印咸、徐肖冰摄影。影片记录了中国共产党领导南泥湾人民辛勤生产、开荒种田的情景和南泥湾人民积极抗战的斗争，记录了三五九旅广大指战员以饱满的革命热情，克服重重困难开荒种地、挖窑洞、盖房子、养猪放羊、纺线织布、土法造纸，把南泥湾变成了塞北江南的真实情景。保存了毛主席为影片书写“自己动手、丰衣足食”题词时的珍贵镜头。影片通过对南泥湾大生产的记录，说明在中国共产党的领导下，边区军民通过自力更生、艰苦奋斗，是能够战胜日本侵略者的围攻和国民党军队的经济封锁的；生动地表现了边区军民不畏困难、顽强战斗的革命英雄主义精神。影片于1943年2月在延安和陕甘宁边区上映，受到中共中央领导同志和广大军民的热烈欢迎，是一部具有革命文献价值的纪录片。延安电影团的纪录电影创作虽说不上景观盛大，却在战时中国电影的纪实性探索中独树一帜，被后来的学者称为“延安纪录学派”。

延安电影团纪录片拍摄活动之外的另一个主要活动是电影放映。电影团成立摄影队和放映队，放映队担负起根据地的电影放映的工作，放映队只有周恩来同志从苏联和重庆带回的两套放映设备，工作条件极其艰苦，但放映队成员的抗日宣传从未懈怠。他们克服艰苦条件，放映了大量纪录片与苏联影片，如《列宁在十月》《夏伯阳》《十三勇士》《假如明天发生战争》《粉碎敌巢》《虹》《女战士》《保卫斯大林格勒》等。电影放映队在革命根据地艰苦的条件下，为边区人民带来了鲜活的抗战新形式，极大地调动了民众的兴趣与抗战热情。

3.“孤岛”和香港的电影抗战活动。1937年11月，上海沦陷后，在上海的美、英、法租界区成为“孤岛”，上海所有的电影企业纷纷停业倒闭。在此情况下，1938年年初，张善琨主持恢复了新华影业公司，以古装片《貂蝉》的票房成功激活了“孤岛”影业。随后，艺华、国华、合众等大大小小29家电影公司成立，上海电影再度兴盛。这种情形直到1941年12月8日，太平洋战争爆发，租界区被日军占领而宣告终结。

身处沦陷区的上海电影活动即使再度兴盛，也不复往日繁华，抗战电影亦不如从前“明目张胆”，面对种种政治压力，上海电影力量依然努力活动着，上海电影以古装片和时装片的形式承担着抗战的任务。这一时期的“孤岛”古装片，甚为繁盛。从1938年的6部到1939年的20部再到1940年高达54部，可以看出其增长速度之快。主要有《貂蝉》《儿女英雄传》《冷月诗魂》《武松与潘金莲》《潘金莲》《木兰从军》。这一时期的古装片像前期古装片一样多取材于话本小说、民间传说和戏文故事。但整体来看，这一时期的古装片与早期古装片又大为不同。其中，出现了一批制作态度比较严肃，选材谨慎，着重表现气节、忠义等主题及抗争主题的古装片，代表影视作品有《木兰从军》《葛嫩娘》《岳飞》《忠义千秋》《太平天国》《洪宣娇》《关云长忠义千秋》《孔夫子》等，都是采取以古示今的策略，呼应抗战救国的时代主题。这一时期的“孤岛”电影，爱情片也是其一道亮丽的风景，如《战地情花》《野蔷薇》《玫瑰飘零》《魂断蓝桥》《泪洒相思地》《金粉世家》等。这些影片描写了战争给情人家人带来的苦难，因战争而生离死别，在歌颂爱情的同时，表达出和平的珍贵，使人们更加痛恨残暴的日本帝国主义，从而呼应了抗战。

其中，《花溅泪》《乱世风光》《孔夫子》《世界儿女》秉承了严肃的文化立场和社会批判态度，是“孤岛”抗战电影的代表。《花溅泪》描写了几个舞女的不幸遭遇和悲惨生活，反映出舞客的形形色色。舞女米米在悲惨的生活折磨下，醒悟到唯有斗争才能活下去，最终与丁香一起参加了抗战。在话剧中，米米和丁香参加抗战救亡工作描写得十分明显，而在电影中改成了“担负起服务国家的责任，走上了光明的道路”。因为政治压力，抗战描写稍显模糊，但也充分地表明“孤岛”中电影界人士的抗战决心。《孔夫子》是1940年由民华公司出品，费穆执导，唐槐秋、张翼主演的一部电影。影片根据《史记》中对孔子的记载编写而成，主要讲述了圣贤孔子在鲁国励精图治，却遇鲁定公贪图享乐，不理朝政，自己无力施展抱负，终弃官而去，周游列国讲学的故事。影片没有过于戏剧性的情节，但通过对孔子身处乱世，学说不被采纳，弟子家人凋零，仍不改与世抗衡、节高气傲的精神的刻画，表达了创作者们期盼中国进步人士、知识分子发扬不屈的勇于抗战的精神。《孔夫子》所寄托的，就是费穆在痛苦的抗战年代里对拯救的渴求，对信仰的坚定。《世界儿女》由民华影业公司、大风影片公司于1941年联合出品。

影片讲述了抗日战争时期，两对青年男女的感情纠葛以及两对年轻男女响应祖国的号召，一同踏上征途的故事。当时的评论认为，“全剧充满着青春的朝阳，显示着奋斗的精神”。几位主要演员来自话剧舞台，他们的表演也带给观众一种清新的感觉。

香港的抗战电影活动在抗战时期占有重要地位。抗战前，由于地缘和英属殖民地的原因，香港的电影一直处于自主循环的状态，与内地的电影交流和合作甚少。全面抗战爆发后，面对民族危亡，抗战成为整个中华民族的头等大事，香港电影界进步人士深感国家危亡，积极投身抗战。1937 年，著名电影人邝山笑、林坤山、苏怡等人成立“华南电影界赈灾会”，从事救亡工作，并组织拍摄了《最后关头》等一批爱国抗日电影，影片讲述了日军入侵，国难当头，一个爱国大学生唤醒一群大学生的抗战救国思想，学生们深入工商界、妇女界、军界、文艺界及厂矿、农村进行抗日宣传的故事，号召国人奋起抗战。此后，也有一些影片公司拍摄抗战题材的故事片，如《前进曲》《上海火线后》《女战士》《焦土抗战》《血肉长城》《大义灭亲》等。

1937 年年底，上海进步电影人士蔡楚生抵达香港后，发表了《战后的中国电影动态及目前的改进运动》一文，明确指出，香港电影总体上没有和伟大的民族解放斗争合拍。他呼吁应主动地“改善粤语片的内容”，“摄制健全的国防片”。蔡楚生、司徒慧敏等人克服诸多困难，1938 年与新时代影片公司合作拍摄了抗战故事片《血溅宝山城》。《血溅宝山城》根据八一三抗战中的真实事件改编，写了宝山驻军姚子清营将士血战死守、以寡敌众，多次击退日军猛烈的进攻，直至弹尽援绝，最后全营殉国的故事。1941 年，由司徒慧敏导演，与启明公司合作拍摄粤语抗战故事片《游击进行曲》。讲述了抗战期间，游击战士王志强及其家人动员组织游击战，游击队伍日益扩大，多次击溃敌人，抗击日寇的故事。

1939 年“中制”在港设立分支机构——大地影片公司，抽调骨干黎莉莉、吴蔚云、罗静予、凤子、江村等充实力量，蔡楚生、谭友六、司徒慧敏、李清、蓉小意、卢敦、黎灼灼等爱国影剧人士也加入大地影片公司，大地影片公司实际上成为香港的抗战电影基地。大地公司于1939年9月推出第一部抗战故事片《孤岛天堂》，讲述了上海沦陷后，一群爱国青年在“孤岛”与日寇汉奸进行殊死斗争，将汉奸一网打尽，最终加入游击队，抗日救亡的故事。影片讲述流畅，高潮迭起，上映后受到观众普遍欢迎。1940年出品第二部抗战影片《白云故乡》，讲述了青年大学生林怀冰逃往香港避难，而后发生一系列事情，历经磨难，最终返回内地参加抗战为国牺牲的故事。影片拍摄一半时大地影片公司停办，转回重庆，由“中制”接手完成，1940年上映后反响强烈。

大地影片公司停办后，人员多数参加了“中电”在香港的合资机构——新生影片公司。蔡楚生编导了《前程万里》，讲述司机老高、小张、小凤三人在香港艰难讨生活，历经磨难，最终在一位内地抗战司机刘大哥的带领下，从香港前往内地参加抗敌斗争的故事。1940年上映，在大后方都市院线摘取了当年的票房冠军。

1940—1941年，香港电影出现了一大批抗战题材的电影，如宝山公司的《小广东》，太平洋公司的《大地晨钟》，新中公司的《烽火故乡》，南洋公司的《国难财主》，大观公司的《小老虎》《民族的怒吼》等，烘托出浓烈的抗战氛围。到1941年12月8日，太平洋战争爆发，12月25日，香港沦陷，香港的抗战电影人士大多转向大后方。

四、激励人心的抗战美术活动

以画笔为武器，不断举办巡回画展，在农村举办流动画展，街头绘画，绘制各种墙报、宣传画，出版画集画刊，对抗日宣传作出颇多贡献。积极加强工作，用以揭露日本侵略者的残暴行径，唤醒民众的斗志。这是抗战时期中国共产党领导的美术界抗战的生动写照。

（一）新兴木刻运动

抗战初期，由于木刻简单易学，操作方便，感染力强，便于传播等原因，成为抗战绘画宣传的主力军。全国各地相继成立木刻协会，艺术家们团结在一起，冒着枪林弹雨，坚持不懈地通过木刻的艺术形式，为国家和民族的生存不息的斗争。

为抗战木刻作出突出贡献的是鲁迅先生，鲁迅先生被称为“中国新兴木刻之父”。1929 年，鲁迅先生刊印了两本木刻集，首次把西洋木刻介绍到中国，随后介绍了许多外国的木刻作品，发行了一些木刻选集，鼓励青年艺术家进行木刻学习，并聘请国外木刻家传授技法，在鲁迅先生的倡导下，“捏刀向木”的艺术家越来越多，形成了中国的新兴木刻运动。

抗日战争爆发后，木刻家秉承反帝反封建的精神，用刻刀作为武器，用木刻表达他们内心的呼喊。从他们的作品中可以看出对敌人的憎恨，对受苦受难民众的同情，对大众生活的体验，对自由和平的向往。在新兴木刻萌芽初期，国民党顽固势力就大力阻挠，认为木刻是危险的东西，封闭解散了许多木刻社团，如木铃社、一八艺社，取消木刻展览，查封木刻作品，甚至囚禁木刻家。然而，反动势力的打击并没有使艺术家们就此放弃，他们越挫越勇，转入地下积蓄力量。终于，新兴木刻在上海重新兴起，随后扩大到北平、广州。木刻抗战也轰轰烈烈地展开，主要表现在以下几方面。首先，爱国木刻家们联合起来，自发成立爱国木刻团体，一面进行抗战创作，举行画展，出版木刻，一面积极培育新成员。主要的木刻团体有 1931 年成立的上海春地画社，1932 年成立的野风画会，1933 年成立的上海绘画研究社和上海中国版画研究会，1932 年在北平成立的平津木刻会、太原木刻研究会、广州现代版画会，1934 年成立的南昌木刻会等。其次，创办大大小小的木刻期刊，发表木刻抗战文章，出版抗战木刻画集，数不胜数，影响较大的有《现代版画》《木刻界》《木刻集成》《木艺》《木刻艺术》等。再次，涌现一大批木刻家及大量抗战题材的木刻作品。如野夫、陈烟桥、夏风、李桦、王琦、刃锋、古元、罗清桢等，他们满怀革命热情，积极致力于木刻抗战宣传，推动中国新兴木刻运动，他们深入群众生活，寻求素材，创作抗战题材的木刻画，宣传抗战。他们创作了大量反映抗战、反映百姓生活的木刻，受到群众的喜爱，如《角斗》《打靶》《行军小憩》《为死者复仇》《两代》《秋收》《开路》《卖唱的孩子》《货郎担》《悲惨的童年》《修铁道》《紧急撤退》《欢送》《牧羊女》《生活的倾诉》等。最后，举办大型木刻画展或流动画展，进行抗战宣传。如 1934 年在北平文庙举办的木刻展览，收获巨大，随后木刻家从北平出发，将这些作品带到天津、太原、济南、上海、汉口等地，所到之处受到人民的热烈欢迎。1945 年，又举行了由广州到北平，途经 27 个大小城市的全国性巡回展览，并取得成功，起到了良好的抗战宣传作用。

全面抗战爆发后，是中国新兴木刻运动高速发展的时期，这一时期木刻界空前团结，形成了全国性的团体。武汉成立了中华全国木刻界抗敌协会，重庆也成立了中国木刻研究会，上海成立了中华全国木刻协会。发行木刻期刊，举办木刻展览，出版木刻版画集等，配合抗战宣传，举办木刻培训班，培养木刻人才，成立木刻供应站，建立木刻工厂等。此外，在乡村和抗战前线组织标语、传单、连环画等。木刻艺术家真正地融入群众生活，到达战争前线，成为抗战宣传的一支有力武器。这一时期举办的大规模的木刻画展有：如 1937 年武汉的“全国抗战木刻展”，1938 年桂林的“七七纪念木刻展”、“鲁迅先生逝世三周年纪念木刻展”和“木刻十年展”，1941 年重庆地区举行的“中国木刻研究会纪念展”和“送苏木刻展”。影响最大的是 1942—1944 年，全国 17 个地区同时举行的大规模的“双十木刻展”。1939 年以后掀起了木刻出国热潮，将中国木刻刊印成册，送往苏联、英国、美国、印度等地进行展览，博得一致好评，控诉了日军的残暴，传递了中国人民的呐喊。

延安由于特殊的物质环境和政治环境，抗战木刻较为繁荣。这是因为延安革命根据地物质条件贫弱，绘画颜料、笔墨纸砚匮乏，而木刻的底料来源丰富，易于寻找，适应了延安艰苦的环境，木刻与木版画成为广大画家的有力宣传武器。为延安木刻抗战作出重要贡献的是延安鲁迅艺术学院。1938年4月“鲁艺”创办，随后就成立了木刻研究班，以研究木刻技术，提高理论修养，推动木刻运动为宗旨。木刻研究班的学生经常在街头开展流动画展，进行木刻抗战宣传。1939年10月，在延安举行了首次木刻作品展，参观群众络绎不绝，受到广泛好评。1938年年底成立“鲁艺木刻工作团”，成员们前往晋东南和晋察冀等根据地，深入抗战前线，深入生活，创作了大量反映军民生活与战争画面的抗日木刻，形成了具有延安风格的黑白木刻，使延安成为中国木刻史上璀璨的一隅。

（二）以“桂林文化城”为代表的国统区美术抗战

1938年，广州、武汉相继失守后，周恩来、郭沫若等中共领导人曾多次来桂林主持艺术工作。大批艺术界进步人士纷纷转移到桂林，进行坚持不懈的艺术抗战活动。加之，当时桂林政治文化环境较为宽松，所以，桂林文学、戏剧、音乐、美术、电影、绘画等方面的抗战运动十分活跃，形成了文化繁荣的局面，成为大后方的文化艺术中心之一，后桂林被称为“抗战文化城”。美术方面的抗战活动十分繁荣，主要有以下几方面：

1. 众多美术机构与团体纷纷成立，积极从事抗战活动。在中国共产党的倡导下，早在1936年徐悲鸿、张安志就在桂林创建“桂林美术学院”，最后因国民党当局阻挠而被搁置。1937年，李漫涛等在桂林创办了“广西版画研究会”，从事版画的创作与研究，举办讲座，普及木刻知识，积极宣传抗日。1938年12月，中华全国漫画作家抗敌协会迁至桂林。1939年3月，在桂林成立了中华木刻界抗敌协会桂林办事会，1939年7月，中华全国木刻界抗敌协会迁往桂林。该会团结全国木刻界人士，发展木刻艺术，进行抗日宣传。多次举行木刻作品展览，进行抗日救亡宣传和木刻艺术探讨交流，并于1940年12月12日在桂林创刊《木艺》。1941年阳太阳参与筹建桂林美术专科学校，1943年自筹经费创办初阳美术院。此外，还有中华全国美术会桂林分会、广西美术会、广西版画研究会、广西省立艺术馆美术部、国防艺术社美术部、紫金艺社、波漓社、春秋画社、集美书画社等美术团体，以及许多美术师资培训班、美术讲习班。

2. **美术作者纷纷创作与抗日有关的画作**。中国共产党呼吁美术界将美术创作与现实生活紧密相连。大批美术作者纷纷以抗日题材为绘画主题进行抗日宣传，抨击日本法西斯的残忍暴行，讴歌共产党领导人民艰苦抗战。当时在桂林为美术抗战作出突出贡献的有徐悲鸿、关山月、特伟、廖冰兄、丰子恺、余所亚、黄新波、刘元、叶浅予、赖少其、陈烟桥、阳太阳、张一尊、何香凝、张志安、高剑父、黄独峰、尹瘦石等一大批优秀美术作家。

作出突出贡献的是徐悲鸿，徐悲鸿在桂林期间进行了大量的抗战创作，主要有《晨曲》《逆风》《风雨思君子》《古柏》《漓江春雨》《青厄渡》《广西三君子》《马》《雪景柳鹊》《牧童和牛》等。《漓江春雨》《桂林山水》等画漓江美景，现山河壮阔，显国家忧难，表现了深深的忧国忧民之情。《奔马》《马》等是徐悲鸿的代表作，徐悲鸿爱画马是出了名的，画马重在画骨，使马人格化，借用刚劲有力的马，傲骨嶙峋的马，暗喻中国人民铮铮铁骨，顽强不屈的品格，呼吁中国人民团结一致，同仇敌忾，打败日本侵略者。《风雨思君子》《风雨鸡鸣》借《诗经·国风》典故“风雨如晦，鸡鸣不已。既见君子，云胡不喜”，表达了中国处于风雨飘摇的危难之际，渴望“君子”

的出现，“君子”“雄鸡”暗喻中国共产党和进步人士，表达了中国人民坚韧不拔夺取抗日最后胜利的顽强意志。《古柏》用历寒不衰、“百木之长”的古柏暗喻中国必将经历风雨而屹立不倒。美术理论作品有《国画与国事》《悼泰戈尔先生并论其绘画》《中国艺术的贡献及其趋向》《画碟余墨》《新国画建立之步骤》《当前中国之艺术问题》等。

另一位作出突出贡献的是桂林美术家阳太阳。1937 年抗战全面爆发后，阳太阳返回家乡桂林积极投身到抗战事业中，进行与抗战有关的美术创作，主要作品有《女战士》《赤色之恋》《战士和马》《磨刀的人》等。其中《女战士》描绘了为了保家卫国，一名中国女性扛起钢枪，穿上军装，为国而战，展现了中国人民积极抗战的决心和毅力，也歌颂了妇女抗战。《战士和马》《磨刀的人》也是对抗战画面的刻画，中国战士骑上战马，拿起刀枪，为抗战时刻准备着，歌颂了中国人民投身于抗日洪流的决心与毅力。还有《农妇》《归来》等都是与抗战息息相关的作品。

张安治是桂林美术抗战的重要组织者之一，主要作品有《深山立马》《游击队员》《担草妇》《三等车中》《执戈者》等。其中《苦难与新生画集》深刻刻画了抗日战争给人民带来的沉重灾难，表现了中国人民顽强抗争，获得新生的形象。美术理论作品有《论现实主义与理论主义》《画家的正义感及其责任》《中国画理论研究》等。

3. **举办画展，宣传抗战**。这是广大桂林爱国美术工作者参与抗战的最直接形式。由于政治与地理原因，当时大批文艺工作者聚集在桂林，美术作者在此进行创作并举办画展，宣传抗战，徐悲鸿、关山月、阳太阳、丰子恺、李桦等都在此举办过画展。据不完全统计，阳太阳参与画展或举办个人画展 10 余场，如“阳太阳个人画展”“留桂画家抗日画展”“名家书画展”“西洋画名作印刷品欣赏展览”等，展出作品丰富，内容题材也都多姿多彩，主要是与抗日爱国有关的题材，吸引了大批美术爱好者和广大群众观展，反响甚好，有力地宣传了抗战，对于唤醒民众的保家卫国意识有巨大作用。阳太阳还进行个人画作义卖活动，把所筹得款项悉数捐给国家，支援抗战。徐悲鸿在桂林期间对桂林的美术界产生了巨大影响，徐悲鸿多次在桂林举办画展，广结各路进步人士，并将几年来卖画所得近 10 万美元全部捐出用于抗战救灾。1939 年 10 月，为纪念新兴木刻运动的创始者鲁迅先生逝世 3 周年，中华全国木刻界抗敌协会在桂林举行了“纪念鲁迅逝世三周年木刻展览会”，此次画展规模盛大，影响甚广，对抗日起到了很好的宣传作用。为响应党的艺术政策，呼吁美术大众化、通俗化，许多进步画家纷纷下到农村举办农村流动画展，开展街头漫画展览，在民众中产生了良好反响，促进了民众觉醒，激起民族斗志，表现了强烈的爱国主义精神。

4. 开办美术讲习班、研讨会，宣传抗战思想。在此期间，在中国共产党的领导下，桂林的美术社团活动十分活跃，主要是开办各种美术讲习班、研讨会，以宣传抗日思想。如 1937 年 7 月，广西版画研究会举办的有关木刻的美术讲座，普及木刻的相关知识。1938 年 7 月，徐悲鸿开办的广西全省艺术教师暑期讲习班。1939 年，陆志庠等举办的美术座谈会，主要讲述了推进当前漫画与木刻运动。1940 年，留桂美术家举办的美术座谈会，主要讨论了绘画工作者的修养问题。1940 年 8 月，广西省立艺术馆在八桂镇公所举办的暑期美术讲座，主要探讨了宣传画的创作问题。1941 年 10 月，桂林美专开办的美术讲座，讨论了艺术与时代。1942 年 7 月，艺术馆美术部举办的暑期美术讲座，主题是“生活艺术化”。1942 年 8 月，傅思达主持的暑期美术讲座，主题是“从中国画的工具说到精神”。诸如此类的讲习会从未间断，形式多种多样，内容也不拘一格。其兴盛的直接原因无疑是山河破碎、国破家亡的残酷现实激发了人民的爱国热情，进步艺术家纷纷放下架子，深入老百姓中，为抗战而奔走疾呼。也正是广大美术作者的呐喊与付出，桂林美术抗战活动才取得良好的成效，人民纷纷走上战场为抗战加油出力，打击了日本侵略者的嚣张气焰。

（三）其他地区的美术抗战也十分活跃

1. **武汉**。1937年，上海失守后，救亡运动转移至武汉，周恩来、王明等中共领导人先后来到武汉，指导艺术界抗战活动。在此期间，美术抗战活动也十分活跃。主要画家及作品有：木刻家李华的《旗手》《被枷锁着的中国，怒吼了》《骆驼队》《送别》《失望的人们》《风烛残年》《打石工人》，沃扎的《联合战线》《耕农》，江烽的《光荣的回忆》《难忘的女友》《夏伯阳》《何处是家》，马达的《以轰炸还轰炸》，力群的《一个惨死在敌机下的同胞》，陈烟桥的《二万五千里长征记》《冬夜》《群情激怒》等。漫画家叶浅予主编了照片集《日寇暴行实录》，宋一痕主编了《战斗画报》特辑、《第八路军抗战特辑》。主要抗日美术团体有：1938年6月6日，在武昌成立的中华全国美术界抗敌协会，中华全国美术界抗敌协会成立后举办了为期3天的“抗战美术展览会”，还举办了张善子、徐悲鸿、叶浅予、力群等人的个人抗战画展，起到抗日宣传的作用。但此协会实际上为国民党所操控，并未为抗战作出大的贡献。于是，木刻界脱离中华全国美术界抗敌协会，1938年6月12日，单独成立中华全国木刻界协会，周恩来、郭沫若出席会议。协会多次召开会议发表声明，协会的任务是发展中国木刻事业，积极为抗战事业服务，并呼吁各地木刻艺术爱好者为抗战作出贡献。该协会实际上取代中华全国美术界抗敌协会成为武汉美术界抗日救亡的重要堡垒。此外，还有中华全国漫画界协会。1937年成立于上海，上海失守后于1938年迁至武汉，改组为漫画作家协会战时工作委员会，强调抗战工作为本会唯一主要任务，集中力量为抗战服务，出版《抗战漫画》，举办抗敌漫画展，协助宣传机关制作漫画宣传品，抗战漫画运动蓬勃一时。

2. **重庆**。以宣传抗战为主题的美术活动也十分活跃。1940年12月，重庆成立了全国漫画作家抗敌协会，高龙生、陆志庠、张光宇等10余人参与会议。协会为加强各地漫画界之联系及抗日宣传作出了重要贡献，如举办鲁少飞个人速写画展，第二次全国漫画展览，出版抗战漫画特刊、丛书及会报等。1941年7月8日，军委政治部文化工作委员会在重庆召开第三次文艺讲演会，会议的主要议题是“抗战艺术新任务”。指出抗战美术的新任务是：建立新美术运动健全的理论体系，以作家不断的努力创作作为实践的保证。争取影响顽固作家，使他们放弃旧的观念，纠正其轻视美术宣传工作的态度。政府保障青年作家的进修，鼓励他们走上创作建设新美术之路。加强美术教育，使美术教育与实际生活密切联系，普及国民美术知识。此外，许多美术作者，积极活跃于抗战运动中。如徐悲鸿，1942年在重庆磐溪筹备成立中国美术学院，1943年在重庆举办画展。漫画家张光宇、余所亚、汪子美等举办漫画展。国画大师张善子、张大千兄弟也创作了许多抗日救亡的国画。如《苏武牧羊》《精忠报国》《文天祥正气歌图》，表现国共合作的《双马齐驱》，表现中国人民同仇敌忾打败日本帝国主义的《猛虎扑日图》等。张氏兄弟还曾在周恩来等赞助下出国举办展览，募捐抗日，募捐的20余万美元全部支援抗战。《新华日报》为木刻艺术开辟专栏副刊《木刻阵线》，《救亡日报》也开辟《救亡漫木》专栏。1945年10月20日，木刻家陈烟桥、刘岘、丁正献、梁水泰等在重庆举办木刻研究会第二次复原会议，总结抗战美术活动的成果，决定把“中国木刻研究会”改名为“中华全国木刻作家协会”，并决定在上海举办抗战八年木刻展览会，编辑“抗战木刻八年年鉴”。还开展各种形式的美术抗日活动，如第三厅漫画宣传队，深入各地，用漫画宣传抗日。

第九章
中国共产党领导的科学界抗战活动

抗日战争爆发后，日本帝国主义的侵略造成了中国科学界巨大的损失。由于战争的爆发，日军对中国教育机构、研究机构以及工厂企业的轰炸与焚烧，导致许多大学、研究机构被迫迁移与漂泊，许多研究设备因此遭到损毁，研究人员颠沛流离，学术交流和研究计划被迫中断，严重影响中国科学技术的发展。抗日根据地处于落后的西北及省际交界边区，科技工作可以说是一张白纸。在中国共产党领导下，各根据地的科技工作者团结一致，在艰苦的条件下进行科研和科技普及、推广工作，有力地支持了根据地的抗日战争，也为新中国的科技工作积累了经验。

一、抗日根据地的科技教育和科技团体

抗日根据地特别是陕甘宁边区处于战争环境且经济很落后，科技工作可以说是一片空白。中国共产党高度重视发展科技，把发展科学技术当作一项重要的任务提到议事日程上来。陕甘宁、晋察冀等抗日根据地开始相对较系统、全面地开展科学技术工作，开展科技教育，创办科技团体，促进了抗日根据地科学技术事业的建立和发展，有力地推动了根据地的经济建设，巩固了根据地政权，为抗战的胜利打下了一定的基础。

以毛泽东为首的中共中央领导人亲自演讲、写文章，提倡自然科学，宣

传马克思主义科学技术思想。对科学服务的对象、性质及其在社会发展中的地位和作用以及科学技术对发展边区工农业生产的重要作用等诸多问题，作了大量的精辟论述。尤其是反复强调科学技术是生产力这个马克思主义的基本原理，初步形成了自己的科技理论，用以指导抗战。

1940 年 2 月，毛泽东在《在边区自然科学研究会成立大会上的讲话》中指出，“自然科学是人们争取自由的一种武器”，“因为自然科学是很好的东西，它能解决衣、食、住、行等生活问题，所以每一个人都要赞成它，每一个人都要研究自然科学”，“人们为着要在自然界里得到自由，就要用自然科学来了解自然，克服自然和改造自然”，“马克思主义包含有自然科学，大家要来研究自然科学，否则世界上就有许多不懂的东西”。[1] 在这里，毛泽东强调了自然科学的认识自然和改造自然的功能，表现出他对自然科学的认知和重视。1942 年 12 月，毛泽东明确提出，发展农业生产必须提高农业技术，“这里说的提高技术，是说从边区现有的农业技术与农民生产知识出发，依可能办到的事项从事研究，以便帮助农民对于粮棉各项主要生产事业有所改良，达到增产目的。某些改良是完全可能的，我们已有了相当的经验，对这方面缺乏信心、缺乏热情是不对的，但夸大改良可能性以为边区可以实行现代化的大规模农业技术，则是没有根据的”。[2]1944 年 5 月，毛泽东发表了题为“发展工业，打倒日寇”的讲话，他在讲话中指出，“所有的共产党员都应该学习经济工作，其中许多人应该学习工业技术”，“我们应该反对这种空头革命家，学习使中国工业化的各种技术知识”。[3]

此外，陈云、朱德、李富春、徐特立等中共领导人也陆续发表与传播

---

1 武衡主编:《抗日战争时期解放区科学技术发展史资料》第 1 辑，中国学术出版社 1983 年版，第 5—6 页。

2 中共中央党校党史教研室编:《中国近代经济史资料选编》，中央党校出版社 1985 年版，第 489 页。

3 武衡主编:《抗日战争时期解放区科学技术发展史资料》第 2 辑，中国学术出版社 1984 年版，第 2—3 页。

马克思主义科技思想，提出要重视科学技术，发展科学技术。

陈云在边区自然科学研究会成立大会上指出，“自然科学研究可以大大提高生产力，可以大大地改善人民的生活。我们共产党对自然科学是重视的，对于自然科学者是尊重的”，“自然科学界目前在边区的任务，为进行研究发展边区已有的经济建设基础，这些工作大体上是顺利开展的，因为有中国共产党的尽力支持，希望大家抱着不怕困难，绝不灰心的奋斗精神去进行自然科学事业”。[1]

1941 年 8 月，朱德在《把科学与抗战结合起来》中讲道：“马列主义是反对黑暗与落后，尊重科学与文明的。马列主义的本身，就是科学的最高成果。唯物辩证法的哲学，是人类五千年科学思想的结晶。”“现在中华民族正处在伟大的抗战建国过程中，不论是要取得抗战胜利，或者建国的成功，都有赖于科学，有赖于社会科学，也有赖于自然科学。一切科学，一切科学家，要为抗战建国而服务、而努力，才有利于战胜日本法西斯强盗，才有利于建设一个三民主义民主共和国。自然科学，这是一个伟大的力量。自然科学的进步，工农各业的发达，生产能力的提高，资源的开发与正确利用，实业的正确管理，只有做到了这些，才能充实我们的力量，充实军队的战斗力，使人民获得富裕的生活，提高人民的文化程度与政治觉悟，来取得抗战的胜利，建国的成功。谁要忽视这个力量，那是极其错误的。”[2]

1943 年 1 月，李富春在给自然科学研究会的一封信中说道：“这方面的工作，需要自然科学的帮助与提高是很多很多的，诸凡农业、畜牧、工业、运输、盐业及改善生活等等，其中有几百件几千件的事业，无不需要自然科

1《延安自然科学院史料》编辑委员会编：《延安自然科学院史料》，中共党史资料出版社、北京工业学院出版社 1986 年版，第 31—32 页。

2 中共中央文献研究室、中央档案馆编：《建党以来重要文献选编（一九二一—一九四九）》第 18 册，中央文献出版社 2011 年版，第 536—537 页。

学的指导，无不需要技术来恰当的解决生产建设中的实际问题。”[1] 徐特立曾撰文指出，“我们的科学应该替抗战建国服务。无论是一般的研究，专门的研究，理论的研究和技术的研究，其总的任务只一个：即在物质上加强和扩大我们的抗战建国力量。我们不是为科学而研究科学，不是企图在科学上争取地位，造成特殊的科学家，因为目前还是处在全面战争的时期，还是技术远落后于敌人的时期，还是处在后方区域狭小和文化经济落后的地区，财力、人力、一切经济力量还十分赶不上抗战建国的需要”，“一切科学都是建筑在产业发展的基础上，科学替生产服务，同时生产又帮助了科学正常的发展”。[2] 徐特立还指出：“前进的国家与前进的政党对于自然科学不应该任其自发的盲目的发展，而应是有计划的有步骤的发展。它不仅应该把握着全国的政治方针，还应该把握着全国科学和技术发展的方针。尤其在中国，科学和技术落后，人力物力财力亦有限，且当着战争的破坏和封锁的严重时期，更不容许有无组织无计划的行动，在政治方面如此，在科学技术方面也应该如此。”[3]

中国共产党领导人对科技工作的阐释和重视，是中国共产党领导科学界抗战的重要指导理论，为促进抗日根据地科技界的抗战指明了方向。

（一）抗日根据地的科技教育

抗日战争时期，中国共产党领导在抗日根据地进行的科技教育抗战活动，主要体现在科技人才的培养，既创办各类学校培养科技人才，同时也通过多种方式进行科技文化普及教育。

在中国共产党的领导下，先后创立了延安自然科学院等一系列中高等科技学校，培养了一批科技干部和专业技术人才，使得抗战时期科技教育事业

1　陕西省高等院校自然辩证法研究会延安大学分会编：《陕甘宁边区自然辩证法研究资料》，陕西人民出版社 1984 年版，第 28 页。

2　武衡主编：《抗日战争时期解放区科学技术发展史资料》第 7 辑，中国学术出版社 1988 年版，第 1 页。

3　湖南省长沙师范学校编：《徐特立文集》，湖南人民出版社 1980 年版，第 248 页。

得到了蓬勃发展，为抗战中科技事业的发展起到了重要的推动作用。抗日战争时期创建的中高等科技学校主要有 20 所，如下表所示。

抗日战争时期创建的中高等科技学校简表[1]

学校名称	创办时间	学校性质	学校名称	创办时间	学校性质
延安摩托[2]学校	1937 年冬	理工	延安自然科学院	1939 年 5 月	理工农
太行工业学校	1941 年春	理工	中国工农红军通信学校	1932 年 5 月	通信人才培养
陕北通信学校即军委无线电通信学校	1935 年 11 月	通信人才培养	中央农业学校	1933 年 3 月	农业
陕甘宁边区农业学校	1939 年 4 月	农业	红军军医学校（后改名为中国工农红军卫生学校）	1931 年 11 月 20 日	医药
红军护士学校	1931 年冬	护士人才培养	中央红色医务学校（后改名为红军卫生学校）	1932 年夏	医药
八路军卫生学校（后改名为中国医科大学）	1938 年 5 月	医药	晋察冀军区卫生学校	1939 年 9 月 18 日	医药
晋察冀边区白求恩卫生学校	1940 年 1 月 5 日	医药	中国医科大学	1940 年 9 月	医药
晋绥军区卫生学校	1941 年 4 月	医药	陕甘宁边区医药学校	1941 年年底	医药

1《延安自然科学院史料》编辑委员会编：《延安自然科学院史料》，中共党史资料出版社、北京工业学院出版社 1986 年版；武衡主编：《抗日战争时期解放区科学技术发展史资料》第 7 辑，中国学术出版社 1989 年版；余伯流、凌步机：《中央苏区史》，江西人民出版社 2001 年版，第 856 页；中国人民政治协商会议延安市委员会文史资料委员会编印：《延安文史资料》第 6 辑，1992 年；陕西省地方志编纂委员会编：《陕西省志》第 70 卷《卫生志》，陕西人民出版社 1996 年版；曲士培：《抗日战争时期解放区高等教育》，北京大学出版社 2005 年版；许文博等：《中国解放区医学教育史》，人民军医出版社 1994 年版等。

2 英语“发动机”的音译名。

续表

学校名称	创办时间	学校性质	学校名称	创办时间	学校性质
延安药科学校	1942 年	医药	华中医学院	1942 年秋	医药
晋察冀军区白求恩护士学校	1942 年 12 月	护士人才培养	山东军区卫生学校	1943 年 3 月	医药

从上表我们可以看出，中国共产党在抗日战争各时期建立的中高等科技学校涉及领域颇宽，包括农、理、工、医等领域。其中医药卫生方面的学校占绝大部分，多达 13 所，涉及理工类的学校 3 所，涉及农业的学校 3 所，通信技术学校 2 所。这些学校大部分集中于陕甘宁边区和晋察冀边区，避开交战区，有利于学校教育工作的开展。高等科技教育学校的创办，培养了一大批科技人才，这些人才在抗战中发挥了重要的作用。

1. **延安自然科学院**。从创办起，就是“以培养抗战建国的技术干部和专门的技术人才为目的”，[1] 它着重进行战时工业的研究，打破了敌人的经济封锁，培养了一批既通晓革命理论又掌握科学技术的人才，前前后后多达 500 余人，[2] 它培养出的这批科技人才，包括理工类和农业技术人才，他们绝大多数成为业务专家和领导骨干，或者成为大学教授、工程师、研究员等，他们为抗战作出了重要的贡献。

2. **延安摩托学校**。以培养特种兵干部为主，重点学习装甲和航空 2 个专业，设有汽车、坦克技术、航空及修理等课程，在边区抗战中的技术力量方面发挥了一定作用，其中的许多优秀学员被派到苏联深造，成为解放军技术兵种建设的骨干力量。[3]

1《延安自然科学院史料》编辑委员会编：《延安自然科学院史料》，中共党史资料出版社、北京工业学院出版社 1986 年版，第 97 页。

2《延安自然科学院史料》编辑委员会编：《延安自然科学院史料》，中共党史资料出版社、北京工业学院出版社 1986 年版，第 14 页。

3 李韬、易辉：《刘鼎》，人民出版社 2002 年版，第 65—67 页。

3. **中国工农红军通信学校**。刚开始是中央苏区的一个红军无线电队，进行无线电训练，1932 年 5 月，改称为中国工农红军通信学校。到 1934 年 10 月红军长征前，包括建校前的训练班，共招收了 11 期学员，培训报务、机务、电话、司号、旗语等各类通信人才 2100 余人，其中无线电和有线电人员共 500 余人，在校学员最多时有 1050 人。学校为红军培养了一大批通信技术人才，他们或奔赴前线，或支援后方，为抗战作出了重要的贡献。

4. **中央农业学校**。创建于 1933 年 3 月，是一所半工半读的农业干部学校。农校的任务是搜集苏区农民群众经验和农事试验场的经验，加以科学的整理，广泛进行一般农业技术传播，培养农业干部以进行苏维埃农业建设。[1]农校下设农事试验场和农产品展览所，用理论与实践相结合的方法进行教学，并将各种优良品种的栽培方法供给农民群众采用。

5. **陕甘宁边区农业学校**。创建于 1939 年 4 月，学校以培养农业技术干部为主，进行农业科学知识的教授。学校的教育方针是："吸收边区农业生产经验，加以科学整理，求得改良边区的农业技术，推动边区经济的建设。"学校讲授的课程有农田作物的栽培管理、土壤、肥料、选育良种、科学种田，还有园艺、林业、畜牧、水利、合作等科目，并将在试验场里培育出的各种树苗、各种蔬菜良种到地方进行推广，如西红柿就是从农场开始推广的。学校两期培训的学员 300 多人，毕业后分配到全国各地工作，开垦荒地 1200 多亩，每年收获粮食二三十万斤[2]，培育出的蒙古马、关中牛、三边的白羊，是边区农展会上获奖的优良畜种，为抗战提供了一定的粮食补给保障。

6. **红军军医学校**。是在中国共产党领导下建立的第一所医学校，地址在

1 江西省教育学会编：《苏区教育资料选编（1929—1934）》，江西人民出版社 1981 年版，第 143 页。

2 武衡主编：《抗日战争时期解放区科学技术发展史资料》第 1 辑，中国学术出版社 1983 年版，第 156 页。

江西省瑞金，贺诚任校长。学校的任务是“培养政治坚定、技术优良的红色卫生干部”。第一期学员19名学习3个月，毕业后，随军参加战地医疗。1932年10月，改名为中国工农红军卫生学校，到1934年10月，共培养军医200多名，培养卫生长、卫生员、药剂师、护士等四五百人。他们在红军部队和苏区地方卫生医疗工作中，都发挥了重要作用。[1]1936年中央红军到达陕北后重新开课，1937年在校学员达300余人。抗日战争全面爆发后，改名为“八路军卫生学校”，9月卫校随军东征，参加了著名的平型关战役，在大捷中立了战功。[2]

7. **八路军卫生学校**。1938年年初，八路军卫生学校招收800余名青年学生到卫校学习，连同原有学员共900余人。学校建立了解剖、生理、细菌、病理、药理、内科、外科等7个教研室，图书、仪器、设备、化学试剂等都有增加。解剖学教研室有骨骼标本七八副，尸体标本3具，组织学标本200余片。生理学教研室有一套生理实验仪器，包括自动记纹鼓、水银减压计、体积菌计器等，这套仪器大部分是蔡翘教授支援的。细菌学教研室有接种室、血清制造室、动物室等，可以一面学习，一面制作疫苗、血清，供边区医院使用。病理学教研室有病理切片100余片、脏器标本60余种，各学科都有一些中文、外文书刊。学校还在延安柳树店建设了图书馆、实验室、大礼堂和运动场，至此该校初具规模，培养出一大批医药卫生人才，为抗战前线作出有力支援。1940年9月卫校改名为中国医科大学。[3]

8. **陕甘宁边区医药学校**。学校的宗旨是“为发展边区医药卫生事业，培养医药技术人才”。学校自创办开始，一直在艰难中生存，到抗战胜利为止，学校共培养医生110人，护士30名，司药13人，[4]是边区医药干部的主

1 佘伯流、凌步机：《中央苏区史》，江西人民出版社2001年版，第854页。
2 武衡：《延安时代科技史》，中国学术出版社1988年版，第360页。
3 武衡：《延安时代科技史》，中国学术出版社1988年版，第360页。
4 陕西省地方志编纂委员会编：《陕西省志》第72卷《卫生志》，陕西人民出版社1996年版，第111页。

要来源地之一。

9. 中国医科大学。前身是中国工农红军卫生学校（也称八路军卫生学校），学校以“培养政治坚定、技术优良、为革命工作、为大众服务的卫生干部”为宗旨，用比较系统的教学计划为中国共产党培养出了各类医务人员，1938—1940 年这 3 年中，培养出各类卫生人员 498 名，[1]他们分赴各个战场，大大加强了前线部队的战场救治力量。到 1940 年，学校学员多达 900 多名，为中国卫生战线输送了大批技术骨干。

10. 华中医学院。华中医学院是在艰苦的战争环境和根据地被分割封锁的极端条件下创办起来的，但其不畏艰难与困苦，在恶劣的条件下坚持办学，用特殊战时教育学制，培养了一大批卫生干部。其他的医药卫生学校也皆是党在艰难的条件下创办的，培养了大批医疗技术优良的医务工作者以及卫生技术干部，是抗战中重要的后援力量，有力地支援了抗日战争。

11. 晋察冀军区白求恩护士学校。白求恩护士学校自成立起，采取一面学习，一面实际工作的方法。到 1945 年为止，学校共招收了 160 多名学员，为抗日根据地培养了一批护理骨干，他们毕业后很多被分配到边区、军队系统，为抗日战争贡献了一定的力量。[2]

12. 晋绥军区卫生学校。原名为晋西北军区卫生学校，学校的课程内容都是按照当时部队和医院需要设置的。军医班开设解剖、生理、病理、微生物、诊断、药物、内科、外科和手术科、小儿科、眼科、耳鼻喉科、皮肤科、防毒、卫生、政治等课，护士班课程则根据临床护理需要开设课程。学校从成立起，共为部队培养了 400 多名卫生干部以及许多卫生看护人员，为抗战作出了一定的贡献。

---

1 中国人民政治协商会议延安市委员会文史资料研究委员会编印：《延安文史资料》第 4 辑，1988 年版，第 127 页。

2 中国人民解放军历史资料丛书编审委员会编：《院校回忆史料》，解放军出版社 1995 年版，第 427—431 页。

13. **晋察冀边区白求恩卫生学校**。原名为晋察冀军区卫生学校，创建于1939年9月18日。创立之初，条件艰苦，环境恶劣，全校上下在军区党委和首长的领导下，依靠自力更生、艰苦奋斗的革命精神坚持办学，逐步发展壮大。除军医、调剂、护士班外，还办了老干部班和高级军医班，先后培养了1000多名卫生技术干部，[1]有力地支援了抗日战争。

其他的医药卫生学校也皆是党在艰难的条件下创办的，它们为根据地培养了大批医疗技术优良的医务工作者和卫生技术干部，如延安药科学校在抗战期间培训了100多名中专程度的制药技术人才，这些医务人员是抗战中重要的后援力量，为抗战作出了重要的贡献。

除了高等学校的教育外，还有一些其他形式的科技教育活动。在通信方面，红四方面军从1931年秋起至1935年夏，共举办了4期无线电训练班，有87名学员毕业。红二方面军从1932年起至1935年办了3期训练班，有毕业学员23名。西征中的西路军到新疆后也办了3期训练班，毕业35人。红三军团也举办了2期训练班，毕业33人。闽浙赣和湘赣根据地也都开办了无线电训练班。[2]在医药卫生方面，1931—1932年，红四方面军后方总医院为培训卫生人员和护理人员，在箭厂河总医院开办多期训练班。开设医疗技术课，按学员医护技术基础组编医务班，该院两年共培训医护人员60多名。[3]除此之外，还有各抗日根据地的科研机关，例如实验农场、工矿部门的技术研究机构和科学技术团体等等。其中主要有延安光华农场、晋察冀边区工矿管理局和军工部的技术研究室、陕甘宁边区自然科学研究会、晋察冀边区自然科学界协会等。它们除了完成科技研究的任务之外，在科技教育方

1 武衡主编:《抗日战争时期解放区科学技术发展史资料》第1辑，中国学术出版社1983年版，第220页。

2《中国电子工业中等专业教育与技工教育简史》编审委员会编:《中国电子工业中等专业教育与技工教育简史》，电子科技大学出版社1996年版，第4页。

3 新县教育志编纂委员会编:《新县教育志1783—1994》，中州古籍出版社1995年版，第67—68页。

面也发挥了重要作用。有的通过定期举行专题报告会，交流研究心得，提高专业干部的科学水平；有的接受政府的委托，举办较正规的训练班，培养科技人才；有的通过师傅带徒弟或以老带新的方式，培养技术人才。这些非教育部门的科技教育弥补了教育部门的不足，成为当时培养科技人才的一种重要方式。

另外，中国共产党还通过各种形式对在职干部进行科学文化知识教育。1942年2月28日，中共中央政治局通过《中共中央关于在职干部教育的决定》，在决定中明确在职干部教育的重要性，并对教育内容和教育方法都作了明确的规定，其中重点涉及科技教育的内容，“对一切在职干部，都须给以业务教育，实行‘做什么、学什么’的口号。不论从事军事、政治、党务、文化、教育、宣传、组织、民运、除奸、财政、经济、金融、医药、卫生及其他任何工作部门的干部，必须学会与精通自己的业务，这是第一个教育任务与学习任务”。[1]强调每一个部门都需掌握自己的专业知识，因此必须加强各岗位干部对自己业务科学知识的学习，以提高自己的业务能力。通过这些知识的学习，使得在职干部的科学文化水平进一步提高，使他们更加科学地开展实际工作，有的甚至转化为专门科学技术人员，适应了抗战需要。

（二）抗日根据地的科技团体

为了团结科技人员共同抗战，中国共产党大力倡导和支持科技社团，许多综合的或单科的自然科学学会、协会、研究会在抗日根据地相继成立。科技社团在汇聚人才、培养科技干部、服务边区经济建设、推进科学知识的传播等当面做了大量工作，为巩固后方、支援前线作出了不可磨灭的贡献。

抗日战争时期建立的科技社团总数多达41个，主要集中在全面抗战爆

1 武衡主编：《抗日战争时期解放区科学技术发展史资料》第1辑，中国学术出版社1983年版，第40页。

发之后。这些社团既有专业性的，也有综合性的，涉及国防、医药卫生、农学、生物、数理、机械电机、军工、冶炼、航空、土木、化学和地质等众多学科范围。有代表性的科技社团有：中华苏维埃共和国卫生研究会、陕甘宁边区国防科学社、陕甘宁边区自然科学研究会、晋察冀边区自然科学界协会和自然辩证法研究小组等，具体如下表所示。

抗日战争时期成立的科技社团一览表[1]

序号	社团名称	成立日期	发起人或负责人	成立地点
1	中华苏维埃共和国卫生研究会	1933.9	中央军委等	瑞金
2	陕甘宁边区国防科学社	1938.2.6	高士其等	延安
3	卫生人员俱乐部	1938.12	马寒冰	延安
4	山西第三行政区自然科学研究会	1939.6.20	—	—
5	医药讨论会	1939.10	魏一斋等	延安
6	陕甘宁边区自然科学研究会	1940.2.5	吴玉章	延安
7	晋西北自然科学研究会	1940.3.12	段炽华	兴县
8	自然科学研究会农牧专门委员会	—	—	延安
9	自然科学研究会造纸专门委员会	1940.5.20	—	延安
10	陕甘宁边区国医研究会	1940.6.29	毕光斗	延安
11	自然辩证法研究小组	1940	徐特立	延安
12	中国农学会	1941	乐天宇等	延安
13	延安护士学会	1941.5.12	—	延安
14	陕甘宁边区医药学会	1941.9	林伯渠	延安
15	陕甘宁边区生物学会	1941.11.6	乐天宇、陈凌风	延安
16	陕甘宁边区数理学会	1941.11.7	力一	延安
17	陕甘宁边区机械电机学会	1941.11.8	阎沛霖、聂春荣	延安

1 资料主要来源：余伯流、凌步机：《中央苏区史》，江西人民出版社 2001 年版，第 854 页；万立明：《民主革命时期中国共产党领导的科技事业研究》，九州出版社 2015 年版，第 111—112 页。

续表

序号	社团名称	成立日期	发起人或负责人	成立地点
18	陕甘宁边区军工学会	1941	江泽民、徐驰	延安
19	陕甘宁边区冶炼学会	1941	吴崇陵	延安
20	陕甘宁边区土木学会	1941	丁仲文、武可久	延安
21	陕甘宁边区航空学会	1941	王弼、黎雪	延安
22	陕甘宁边区化学学会	1941	李苏、董立文	延安
23	延安地质矿冶学会（地质学会）	1941	武衡	延安
24	晋察冀边区自然科学学会	1941.7.10	成仿吾	晋察冀边区
25	太行自然科学研究会	1941.9.26	李非萍等	—
26	自然科学研究会绥德分会	1942.1.18	丁仲文、何楠若	绥德
27	自然科学研究会关中分会	1942.1	武衡、汪家宝等	关中
28	晋察冀边区自然科学界协会	1942.6.10	陈凤桐	晋察冀边区
29	晋察冀边区工程学会	1942.6.10	—	晋察冀边区
30	晋察冀边区电学学会	1942.8.10	—	晋察冀边区
31	晋察冀边区医学会	1942.9	—	晋察冀边区
32	晋察冀边区工学会	1942.9	—	晋察冀边区
33	晋察冀边区农学会	1942.11	阎一清	晋察冀边区
34	米脂自然科学研究分会	1942.10.15	唐海等	米脂
35	晋察冀边区理科教育学会	1943	董辰、白忍等	晋察冀边区
36	延县中西医药研究会	1944.7	曹扶	延县
37	延市西区中西医学研究会	1944.8	周毅胜	延安
38	定边医药研究会	1944	阎桂枝	定边
39	兴县中医医药研究会	1945.1.29	张仲武	兴县
40	陕甘宁边区中西药研究总会	1945.3.13	李富春	延安
41	三边分区中西医药研究会	1945.5	高丹如	三边

1. **中华苏维埃共和国卫生研究会**。是中国共产党领导下成立的第一个科技社团，由中央内务部卫生管理局、军委总卫生部、红军卫生学校及附属医

院共同发起成立，并发布了《卫生研究会简章》。简章规定："本会以研究卫生医药等学术，提高红色卫生人员技术，保障工农劳苦大众及红色战士的健康为宗旨。"研究会下分卫生、医学、药学3组，进行有针对性的研究。苏区卫生研究会的成立，为促进苏区卫生医药事业的发展和红色卫生人员技术水平的提高，发挥了积极的作用。[1]

2. **陕甘宁边区国防科学社**。陕甘宁边区国防科学社的成立，一方面是为了研究与发展国防科学，另一方面是为了增进大众的科学常识，以此加强抗战的力量，争取抗战胜利。具体做法有：第一，它在新哲学的基础上研究国防科学的理论与实施，做了许多有利于抗战的研究和工作，如防空防毒的宣传、小规模国防工业的发展，以及调查边区天然富源等等。[2]第二，它协助国防工业的建设，指导农业的改良和进行医药材料的供给。第三，它教育民众国防科学常识，每月在《新中华报》的副刊《边区文化》上出一期"国防科学专号"，并派员在边区民众教育馆进行科学常识的讲演，包括防空、防毒、防疫以及救护等项目。

3. **陕甘宁边区自然科学研究会**。是抗日战争时期规模最大并且影响最大的科技社团，是包含工、农、理、医等多方面的综合性科技社团。它成立的目的是团结和组织自然科学界各种力量，用以加强经济抗战战线的力量。研究会认为研究自然科学是加强抗战建国的有效办法，也是提高边区和发展边区的重要措施。研究会通过筹办科学副刊、筹备科学俱乐部以及举行科学座谈会等，进行科技经验交流与推广，还成立了一些研究小组，如自然辩证法、农牧、卫生、化学、机械等小组，进行专门的科学研讨。到1942年年初，已先后成立机电、炼铁、土木工程、航空、数理、化学、农业、生物、医药、地质矿冶等10个专门学会。同时，在研究会的倡导下，边区各地纷

1 余伯流、凌步机：《中央苏区史》，江西人民出版社2001年版，第855页。

2 齐礼总编：《陕甘宁边区实录》，延安解放社1939年版，第109页。

纷成立分会，如绥德分会、关中分会、米脂分会等，研究会同这些分会一起，对根据地的科学文化教育事业，推动生产和发展经济，培养科技管理干部，粉碎敌人的封锁，作出了不可磨灭的重要贡献。

4. **陕甘宁边区医药学会**。是延安学术团体中最高级别的学术组织，它可以协调延安3个医药系统的医学学术活动。下设有中华护士学会延安分会、国医研究会和中西医药研究会等。它的成立是为了更好地团结全边区医药工作者，加强他们之间的联系，并且加强对在职医药干部的技术教育。医药学会在战时的艰难困苦中，广泛开展医学学术交流，定期进行学术讨论，讨论交流各自的医学研究成果，在边区地方性疾病之研究、卫生宣传教育、营养研究、中药研究等工作中起了重要的作用，为抗战时期边区军民的医药卫生工作作出了重要的贡献，对抗战进行了有力的支持。1944年夏，各分区相继成立医药卫生研究会。

5. **中国农学会**。是在大生产运动中成立起来的。许多在陕甘宁边区农校、农业试验场、光华农场、边区林务局、延安自然科学院以及延安农校等单位工作的农业技术人员，诸如乐天宇、李世俊、陈凌风、方悴农、吴力永、王荫圃、朱明凯、唐迪等都参与了进来。农学会成立之后的主要活动有：第一，结合革命战争的需要，对农地进行实地调研，并提出改进意见。据1942年12月《解放日报》报道，在农学会的指导下，仅延县的棉田面积就比去年增加了一倍，产棉量达50万斤。第二，组织召开学习座谈会、专题讨论会以及经验交流会等，如交流敌后根据地开展大生产运动和反“扫荡”中的收抢种的斗争经验等。第三，引进推广各种粮食、蔬菜品种，指导养鸡养畜，传播栽培甜菜和制糖的技术，并在《解放日报》上发表指导性的文章。第四，发动各个不同专业的会员，进行改良作物品种、防除病虫害、提倡植棉、发展养蚕、扑灭牛瘟等工作。中国农学会在抗战时期，充分发挥了农业科学技术的作用，对抗战胜利进行了有力的支援。

6. **晋察冀边区自然科学界协会**。晋察冀边区自然科学界协会以“团结全边区自然科学家与自然科学工作者，开展自然科学的工作为抗战建国服务”为宗旨，在其纲领中明确提出“团结边区一切自然科学家及工作者，为抗日反法西斯而奋斗”，“帮助边区经济建设，改善边区人民生活”，“促进自然科学研究工作，培养自然科学工作干部，普及自然科学知识”，“与国内外自然科学界密切联系”的科技工作方针。[1] 许多科技专家诸如班·威廉、陈凤桐、柯棣华、林迈可、张珍、张芳等为协会理事。协会下设电学会、工学会、农学会、医学会等学会组织，这些分会成立后，对抗战作出了重要贡献。工学会供给并保证了边区子弟兵充分的武器和弹药，特别是广大民兵游击队的大量地雷、手榴弹（这是民兵地雷战的基础，敌人最恐惧的战术），以及保障硫酸、鼓风炉的制造和大量纸张及农具的供给；农学会展开了全边区的水利建设、压绿肥运动和造林、防兽疫、除虫害等推广工作，以及粟、小麦的育种实验等。医学会在极端困难的条件下，用科学方法制造了大量土药，整理出许多土法治疗术，保证了伤病军民的医疗和健康。特别是在国际名医白求恩、柯棣华的指导下，取得了辉煌的成绩；电学会同样在极端困难的条件下，解决了电力的供给问题，保证了足够的电气交通，使灵敏的军事指挥和行政领导达到最高度，这一工作，英国友人林迈可教授是有很大的功绩的。[2] 协会每年出版会刊《自然界》一期，发表各学会各会员的研究报告和专科论文，举办展览会，普及科学知识等等，加强了边区科技工作者的团结与联系，大大促进了根据地科技的发展，对抗战进行了极有力支援。

抗战时期的科技团体是边区重要的科研机构，他们在科学研究用以为抗战服务上发挥了举足轻重的作用，并且在科技研究上取得了较大的成果。抗战时期科技社团的主要成就如下表所示。

1《晋察冀边区自然科学界协会纲领》，《晋察冀日报》1942 年 6 月 18 日。

2 刘晓松：《陈凤桐文选》，中国农业科技出版社 1997 年版，第 33 页。

抗日战争时期科技社团主要成就[1]

社团名称	主要成就
陕甘宁边区自然科学研究会	推动延安相继建立了各科专门学会，如医药、农学、地质矿冶、生物、机械电机、化学等学会，促进各学会间的科学技术交流。
陕甘宁边区医药学会	学会组织中西医医疗队下乡防治流行病，举办训练班培训中医，召开中西医学术座谈会等。对开展中西医药研究及中西医合作起了积极作用。
陕甘宁边区生物学会	学会与延安自然科学院生物系共同开展了对边区生物的调查，发现了新的植物品种。
陕甘宁边区数理学会	制造简单仪器，如七色板、日晷等，编审通俗科学教材，参加通俗科学讲演，为1942年牛顿诞辰300周年筹备纪念会，研究牛顿对天文、光学、力学、数学的贡献及牛顿的哲学思想等。
陕甘宁边区机械电机学会	研究炼铁、动力、制造干电池等。
陕甘宁边区土木学会	边区水利、交通、建筑研究。
陕甘宁边区航空学会	进行飞机的管理和维修工作。
陕甘宁边区化学学会	研究制造硫酸、磷、耐火瓷土、单宁。
延安地质矿冶学会（地质学会）	对边区的矿产资源进行考察研究，为边区开采石油、煤炭、铁矿等矿藏提供了有价值的科学依据。
晋察冀边区自然科学学会	推动建设工、农、电、医、教育五大学会，促进各学会间科学技术交流。
晋察冀边区电学学会	在极端困难的条件下，解决了电力的供给，保证了足够的电器交通，使灵敏的军事指挥和行政领导达到最高度。
晋察冀边区医学会	研究以针刺治疗疾病，交感神经节摘除手术、胃肠结合术；设计了部队的正规护理制度，以及中草药的制造等。

1 武衡：《延安时代科技史》，中国学术出版社1988年版，第414—426页；武衡主编：《抗日战争时期解放区科学技术发展史资料》第2辑，中国学术出版社1984年版，第69页；第6辑，第356页；第7辑，第400页；万立明：《民主革命时期中国共产党领导的科技事业研究》，九州出版社2015年版，第90—91页。

续表

社团名称	主要成就
晋察冀边区工学会	充分供给并保证了边区子弟兵的武器和弹药，特别是广大民兵游击队的大量地雷、手榴弹（有名的民兵地雷战是敌人最恐惧的战术），硫酸、鼓风炉的创造和大量纸张及农具的供给。
晋察冀边区农学会	展开了全边区的水利建设，压绿肥运动和造林、防兽疫、除虫害等推广工作及粟、小麦的育种实验等。
米脂自然科学研究分会	试制成功肥皂、牙粉、墨水等。
陕甘宁边区中西药研究总会	粗制成功青霉菌素。

由上表可见，抗日战争时期的科技社团以抗战需要为依托，围绕各种军需日用进行研究，诸如日用品、军工产品、农业技术和医疗卫生技术等，并取得了大量的重要科技成果。科技社团还积极进行各科技工作之间的交流，以更好地解决技术问题，极大地推动了边区工农业生产和医疗卫生事业的发展，为打破国民党经济封锁和保障抗战胜利发挥了重要作用。

（三）抗日根据地的科技人才

随着抗日战争的发展，中国共产党越来越意识到科技人才对科技发展的重要性。因而极为注重科技人才的培养与引进，对他们委以重任，他们也在抗战时期发挥了重要的作用，例如贺诚、吴汉杰、刘鼎、李强、陈凤桐、张克威等。在这批科技人才的努力下，取得了一系列科技成就，成为抗战中有力的支持。

1. **贺诚**。贺诚毕业于北京医科大学，1925 年加入中国共产党。1927 年 12 月广州起义时期，担任红军司令部军医处处长。1928 年 9 月后，在香港、上海、武汉从事党的地下工作。1931 年年初进入中央苏区，担任军委总卫生部部长，后又兼任中华苏维埃临时中央政府内务部卫生局局长。贺诚在红色根据地建立初期，为解决医务人员严重不足的情况，致力于医疗系统的组织建设工作，他建立从连到方面军的卫生组织系统，在红军从前方到后方医院的几百里的兵站线上，建成了由师绷带所—野战医院—兵站医院—后方医院—总医院组成的后送救治体系。与此同时，紧抓医院管理和医德教育工作，以卫生部的名义颁布卫生法规和有关卫生工作训令，成立卫生学校，规定了培养政治坚定、技术优良的红色医生的教育方针。在根据地创办了《健康报》，宣传卫生知识，进行医德教育。开办卫生材料厂，适应医院医疗的需要。[1]这一系列措施使得根据地的卫生条件和医务人员的医德医风有了很大改善，为红军和苏维埃政府的医疗卫生事业作出了重要贡献。

2. **吴汉杰**。吴汉杰于1926年6月加入中国共产党。1931年10月受命在江西官田创建中央苏区第一家兵工厂，并担任该厂厂长。在担任厂长的3年多时间里，该厂为工农红军配制4万多支步枪，40多万发子弹；修理2000多挺机枪，100多门迫击炮，2门山炮，制造6万多枚手榴弹，5000多个地雷，[2]是中共人民兵工事业的开创者。抗日战争全面爆发后，先后任八路军总供给处出纳科长、中央军委总兵站延安办事处处长、军委后勤部审计处长等职，组织领导了南泥湾大生产运动。

3. **刘鼎**。刘鼎于1924年在德国留学时加入中国共产党，对我军军工建设事业作出很大的贡献。抗战时期，他在方志敏领导的赣东北苏区成功研制出3门35毫米的钢质迫击炮和一批铸铁迫击炮弹，这是中共自己设计的最早的火炮；在太行山制造出能与日军“三八式”步枪相抗衡的新式标准步枪——“八一式步马枪”，研制出能与日军装备抗衡的五〇掷弹筒和弹药，研制生产了硝化甘油、硝铵炸药、复装子弹、武工队专用短枪，普及地雷技

1 何兆雄主编：《中国医德史》，上海医科大学出版社1988年版，第254页。

2 湖南省地方志编纂委员会编：《湖南省志》第30卷《人物志》下，湖南出版社1995年版，第457页。

术使得家家户户有地雷，为抗战提供了重要的武器装备支持。除此之外，刘鼎在艰难的条件下创办延安摩托学校，培养的学员许多成为人民军队技术兵种建设的骨干力量；创办抗战特科大队，设立兵器研究室，通过研究各式枪械的特点，设计出适合前线部队使用的武器，培养出的大批干部后随刘鼎调往军工部，抗战时期在军工战线上作出很大贡献；在太行军工学校担任校长的 3 年期间，为敌后抗日根据地培养了 400 多名青年军工人才，为抗日战争提供了重要的人才储备。

4. **李强**。1925 年 8 月加入中国共产党。抗战爆发后，他担任军工局和无线电局局长，为人民兵工事业奋斗。当时由于敌人的封锁，军工生产原料极为匮乏，他组织人员拆铁轨、捡弹壳，终于在 1939 年 4 月 25 日生产出第一支七九步枪，又名“无名氏马步枪”。从此，八路军战士手中开始有了自己生产的步枪。

5. **陈凤桐**。1936 年 5 月加入中国共产党。1941 年，由于他农业专业知识扎实，被任命为晋察冀边区行政委员会农林牧殖局局长，致力于地方上的农业生产和农业科技的组织领导工作。他领导并亲自开展科学实验；他引进、推广良种，研究增产和储粮方法；他积极提倡造林、护林和兴修水利；他创建农场、林场、牧场；他发起并成立了晋察冀边区自然科学界协会，被选为理事长；他创办了学术刊物《自然科学界》，大力开展学术活动，宣传农林牧的科学知识。这一系列卓有成效的工作，推动了边区军民开展大生产运动，对打破敌人的经济封锁和支援抗日战争作出了重要贡献。

6. **张克威**。1936 年成为中国共产党党员。抗战期间，他利用自己的农业技术专长，在太行山区培育良种，使得 129 师农业生产获得大丰收，获推举成为 129 师生产部部长兼边区政府农林局局长，自此以后，他着手大力发展部队生产，进行包括农业种植、商业贸易、畜牧业养殖等多种经营事业，并且在群众中大力推广农业科学技术，进行“科技兴田”。之后，他在边区开办农产品博览会，推广“金皇后”玉米等新农作物，有效地促进了边区生产事业发展，据当时估算，仅推广“金皇后”玉米一项，即为晋冀鲁豫根据地增产粮食25%—30%，[1] 使得边区粮食供给有了一定的保障。

7. **乐天宇**。1924年就读北京农业大学期间加入中国共产党。1939年，延安自然科学院成立后，他被任命担任农业科主任兼陕甘宁边区林务局局长，领导南泥湾大生产的科学技术工作。为了充分发挥农林科技人员在大生产运动和开发边区经济的作用，他与边区农校方悴农、光华农场陈凌风等同志一道发起成立中国农学会，在改良农作物品种、推广植棉种稻、防治病虫害、发展种桑养蚕、扑灭牛瘟等方面做了大量工作，有效地推动了农牧生产和边区军民的大生产运动。

除此之外，中国共产党非常重视吸纳科学技术人员，在共产党尊重科学的良好氛围影响下，众多科技人员纷纷加入中国共产党，他们中不少人历经千难万险来到抗日根据地，投身于党领导下的抗战中。著名的有王诤、沈鸿、钱志道、陆达、林华、李世俊等科技专家。

8. **王诤**。曾就读于国民党交通技术学校及国民党陆军军官学校，学习理工、无线电和机务等。毕业后分配到国民党军交通兵团，参加国民党对中共的第一次“围剿”。1930年2月，在中共的感召之下加入红军，并带来一部英国制造的军用电台，在中共电台工作中发挥了重要作用。后于1934年加入中国共产党，担任军委通信科科长兼红一方面军通信科科长，致力于组建和扩大通信部队，为中共通信事业作出了重要贡献。

9. **沈鸿**。沈鸿在八一三事变之后，不愿沦为亡国奴，便于1938年9月带领他开办的锁厂的7名工人和10部机床向大后方迁移。他逐渐认识到中国共产党才是真心抗战的，于是他带领全部工人和机器，经西安奔赴延安。

---

1 张昆明:《红色专家张克威与晋冀鲁豫边区经济建设》,《档案天地》2013年第5期。

在抗日期间，面对国民党的物资封锁，他为抗日根据地研制出无烟火药[1]，使得复装子弹、手榴弹的杀伤力大大提高；和徐驰一起研究设计出一套炼铁设备，组织开展炼铁技术，为前线生产迫击炮弹、手榴弹用的弹壳。

10. **钱志道**。毕业于浙江大学化学系。抗战期间，他失业家居时偶然看到《新华日报》上刊登的八路军为防毒募捐的启事后，便写信给毛泽东自荐，随即接到回信，他便赶赴延安，利用其化学专业知识致力于军火化工事业的研究。1940年，在他的组织下，建立起一座生产火药、炸药等化工产品工厂，并且主持设计和安装硫酸（铅室法）、硝化甘油（硝化喷射分离器法）、硝化棉（汤姆逊法）等工艺装置，这在当时的国内都是先进的。除此之外，他创造性地在手榴弹中装入强棉（含氮量13%左右），使枪弹、手榴弹、掷弹筒弹和迫击炮弹的威力有了明显的提高，在抗战中起到震慑敌人的作用；制造出氯化钾，不仅解决了军火上的大问题，同时使火柴制造也得到了重要原料。

11. **陆达**。陆达原先是中国反帝大同盟成员，在德国留学期间，放弃攻读学位，随杨虎城返回祖国，参加抗日。回国后，分配他在延安兵工局担任工程师，后于1938年加入中国共产党，从此，陆达便作为太行山抗日根据地的冶金专家从事军工生产，支援抗日战争。在太行山期间，他将自己所学的科学技术与当地的实际条件相结合，创造性地将白口生铁进行韧化处理，开创了太行山根据地大量制造迫击炮弹的历史。继而又在太行山根据地创建了第一座（近代高炉）炼铁厂，制造炮弹所用的灰生铁，为支援抗日战争作出了重大贡献。

12. **林华**。林华1936年毕业于上海光华大学化学系。七七事变之后，他目睹了国民党政府的反动腐败和消极抗日行径，于1940年从重庆奔赴延安参加革命。抗战期间，为打破敌寇对延安的经济封锁，他受命承担研制玻

1　无烟火药是近代常规武器用的硝化棉火药。

璃的任务。他紧紧依靠人民群众和现有科技力量，研制出军工生产急需的玻璃、耐酸陶瓷和耐火材料，为延安生产生铁创造了条件。接着又负责筹建西北铁厂，有力地支援了抗日战争。

13. **李世俊**。于 1932 年在国立北京农业大学农业化学系毕业。1936 年，被国民党以“少将”军衔招至南京国民政府军政部。全面抗战爆发后，李世俊看穿了国民党的用心，带领江心、相里矩、高应明等农林科技人员投奔延安，参加中国共产党领导的抗日战争。在陕甘宁边区，他作为当时有军垦经验的农业专家，在不到两年的时间内，就将南泥湾从烂泥洼变成了粮食堆满仓、牛羊遍满山的陕北好江南，大大支援了边区抗战事业。

值得一提的是，抗战时期，还有一批外籍专家自愿留在中国，甚至加入中国共产党，为抗日根据地的科技事业作出了重要贡献，下表列举了几位典型的外国科技专家：

抗日根据地外国科技专家及其贡献一览表[1]

姓名	国别	专业	主要贡献
班·威廉	英国	物理学家	班·威廉和妻子一起，在晋察冀抗日根据地军区主办的无线电技术培训班中，讲授物理、数学和理论电磁学等课程，为八路军培养了一批无线电技术人才。
林迈可	英国	无线电通信	1942 年在晋察冀军区总部担任军区通信部技术顾问，为晋察冀根据地电台设备的整修改进作出了重要贡献，并且培养了一批无线电技术人员。
白求恩	加拿大	胸外科医师	1938 年担任晋察冀军区卫生顾问，倡议成立特种外科医院，举办医务干部实习周，训练了一批卫生干部；倡导创办卫生材料厂，解决了药品不足问题；创办卫生学校，培养了大批医务干部；编写的《游击战争中师野战医院的组织和技术》《战场治疗技术》《战地救护须知》等多本战地医疗教材，为当时中共医疗技术水平的提高作出了重要的贡献。

1 资料主要来源：万立明：《民主革命时期中国共产党领导的科技事业研究》，九州出版社 2015 年版，第 90—91 页；苏平、苏菲：《马海德》，辽宁人民出版社 1990 年版，第 70 页。

续表

姓名	国别	专业	主要贡献
马海德	美国	医学博士	1937 年加入中国共产党，致力于发展八路军的医疗卫生事业，先后创办了卫生部直属医疗所，陕甘宁边区医院，又以延安的白求恩国际和平医院为总院，创办发展了 8 所中心医院，24 所分院，形成了总计约 1.18 万张病床的医疗网，为抗日根据地的医疗卫生事业作出了杰出贡献。
福莱	奥地利	医学	1944 年加入中国共产党，对晋冀察地区流行的麻疹、疟疾等疾病的治疗付出了大量心血，并且培养了大量医务工作人员。
安德烈·阿洛夫	苏联	医学博士	1942 年来到延安，负责中央医院的外科工作，利用香蒲制成药用棉，大大改善了医用棉效果，并且先后为根据地培养出 80 余名外科大夫。

由上表可以看到，这些在抗日根据地的外国科技专家绝大部分是医学方面的。他们是典型的为发展抗日根据地的医疗和无线电通信事业，以及培养相关技术人才方面作出了卓越贡献之人。其中马海德、福莱等人先后加入了中国共产党。白求恩为了中国人民的抗战胜利献出了自己的生命。

二、直接服务于抗战的军工与医药科研

军工和医药是直接服务于抗战的。中共在土地革命战争时期就致力于建立自己的兵工企业和医药机构。全面抗战开始后，中国共产党在各抗日根据地克服各种困难，努力发展军事工业和医疗事业，为抗战服务。

（一）军工科研

抗战初期，边区的经济文化极为落后，根据地几乎没有现代军事工业技术，武器装备极为落后，并且大部分依赖于战场上缴获的武器。但战场上缴

获的武器装备极为有限，因此，中共领导人极为重视军事工业的发展，用以为抗战服务。刚开始只是建立一些工厂，生产基本的枪支弹药。随着抗战的全面爆发，开始了一些武器装备的科技研究，用以为抗战服务。1938 年 10 月，毛泽东在中共中央六届六中全会《论新阶段》的报告中说道："游击战争的军火接济是一个极重要的问题。一方面，大后方尽可能的接济他们；又一方面，每个游击战争根据地都必须尽量设法建立小的兵工厂，办到自制弹药、步枪、手榴弹等的程度，使游击战争无军火缺乏之虞。"[1]1941 年 4 月 23 日，中央军委作出《关于兵工建设的指示》，强调："各个根据地对兵工建设应有正确的原则与注意。在田地抗日根据地上，应该建立中等后方；兵工建设应以弹药为主，枪械为辅；在兵工建设上，应注意收集专家，给以负责工作。"[2]1942 年 2 月，刘少奇在中共中央华中局第一次扩大会议上指出："建设与提高各地兵工厂生产，是十分重要的任务。"[3]1942 年 2 月，陈毅在中共中央华中局第一次扩大会议上提出："兵工建设的方针是：扩大兵工制造所，扩大生产数量，提高兵工技术，利用和改造旧式兵器，至少每分区或每县应有一兵工制造所，专门训练最可靠的技术人才，从雇用外来技术人员，逐渐过渡到自己能全部掌握技术，收集和储藏大批兵工器材，做长期打算，后方生产要力争保证对前线的供给。"[4] 因此，为抗战服务的军事工业逐渐建立发展起来。

抗战初期，中共抗日根据地的工业科技研究机构主要是各根据地的兵工

---

1 新四军军工史资料征集委员会等编印：《新四军军事工业史资料 · 浙东游击纵队》，新四军军工史资料征集委员会　浙江省国防科学技术工业办公室印 1984 年版，第 54 页。

2 新四军军工史资料征集委员会等编印：《新四军军事工业史资料 · 浙东游击纵队》，新四军军工史资料征集委员会　浙江省国防科学技术工业办公室印 1984 年版，第 55—56 页。

3 新四军军工史资料征集委员会等编印：《新四军军事工业史资料 · 浙东游击纵队》，新四军军工史资料征集委员会　浙江省国防科学技术工业办公室印 1984 年版，第 65 页。

4 新四军军工史资料征集委员会等编印：《新四军军事工业史资料 · 浙东游击纵队》，新四军军工史资料征集委员会　浙江省国防科学技术工业办公室印 1984 年版，第 67 页。

厂：中央苏区的中央红军兵工厂（又称官田兵工厂）、银坑弹药处（厂）、寨上军械厂，赣东北革命根据地的闽浙赣省兵工厂，湘鄂西革命根据地的洪湖兵工厂，鄂豫皖苏区的军委兵工厂和红山兵工厂，川陕革命根据地的红四方面军兵工厂（又称通江兵工厂、罗坪兵工厂），湘鄂川黔革命根据地的塔卧镇兵工厂。全面抗战爆发后，中共抗日根据地主要进行工业科技研究的机构有延安自然科学院、陕甘宁边区军事工业局、晋察冀边区军工部的技术研究室、山东胶东工业研究室，以及抗日根据地各军工单位。中央红军兵工厂制造枪炮和弹药。银坑弹药处（厂）主要制造子弹、马尾炸弹和地雷。寨上军械厂主要生产“洋镐”、“洋锹”、刺刀等。闽浙赣省兵工厂除生产各式枪支、刺刀、炸弹、地雷，还能制造迫击炮弹、枪管和迫击炮炮筒，该厂研制的小迫击炮是中共最早自行研制火炮的实例。洪湖兵工厂能生产炸药、复装子弹、仿汉阳造步枪、迫击炮弹和水雷等。军委兵工厂生产“撇把子枪”、“汉阳造枪”、大刀、长矛和大量子弹。红山兵工厂制造土枪、七子枪和子弹等。红四方面军兵工厂生产枪弹、手榴弹和子弹等。塔卧镇兵工厂制造手榴弹、梭镖、火枪、铁叉等武器。延安自然科学院化工系（化学系）制造出硫酸、硝酸，研制出黄色炸药，制造了手榴弹需要的灰生铁；机械工程系（物理系）研制出众多军事机械配件。陕甘宁边区军事工业局负责指导边区兵工厂的军工生产工作，这些兵工厂主要为：茶坊兵工厂（又称军工局兵工一厂、陕甘宁边区机器厂）、紫芳沟化学厂（军工局兵工四厂）、温家沟兵工厂、工艺实习厂等。晋察冀边区军工部的技术研究室负责军工产品的研制工作，即利用边区的原材料和土制设备，依据科学原理研究制造各种必需的化学品及各种军械弹药。在研制无烟药、自制子弹、高级炸药和雷银纸雷管等方面取得了卓绝的成就，而且在改制军火武器上也有很多创新，把边区军工生产水平更向前推进一步。山东胶东工业研究室是在抗日战争末期组建的，是由胶东军区后勤部和军工部领导的一个兵工科研机构。这些军事工业科技的研究，打破了国民党的经济封锁，是抗战胜利重要的物质基础。

抗战期间，根据地军工企业在保证生产的同时，也开展了一些科研工作，取得了显著的成绩，打破了日寇和国民党顽固派的封锁，保障了八路军、新四军的基本供给，

1. **研制火炸药**。1935年10月，中央红军胜利到达陕北，组建红军兵工厂。兵工厂研究并制造了黑火药和起爆药，促进了弹药生产的发展。兵工厂在安塞县紫坊沟筹建的化学厂，名为紫坊沟化学厂（军工局兵工四厂），研制出三酸、硝化棉、双基药和硝化甘油，用来制作炸药和发射弹药。硝化棉（硝硫酸制成的氯含量高的强棉）的装入手榴弹，以及用强棉或木粉吸收约20%的硝化甘油，在黑火药中加入7%的硝化甘油制成的黑炸药，代替黑火药装入手榴弹和掷弹筒弹，使得它们的威力明显增大。这也是紫芳沟化学厂的创造性发明。

为解决炸药原料极度缺乏的问题，晋察冀抗日根据地的技术人员利用猪、牛、羊骨头，用干馏法制取氨气，与硫酸作用产生硫酸铵，制成“硝氨混合炸药”。而后，又利用油脂加石灰乳制成“钙皂”，再把“钙皂”粉碎，用水溶出甘油，再经蒸馏，按照一定方法做成硝化甘油高级炸药。有了硝化甘油高级炸药，对炸药生产的灵活性就大了，可以按照不同性质，配成多种炸药。如用少量硝酸甘油加上糠粉、锯末、硫黄和火硝按比例做成“朱迪生炸药”等等。这些炸药比黑火药的爆炸威力大，而且可以根据各种性质不同的炸药，大量生产炮弹、掷弹筒弹、手榴弹和攻坚用的各种规格的炸药箱等。[1]硫酸也是制造火药与炸药的关键原料，由于简单的“铅室法”缺乏原材料铅，无法生产，晋察冀抗日根据地的技术人员创造性地研究出“缸塔法”，这种缸是采用当地盛产的一种硅酸盐材料，经过磨碎成型烧制而成，

1 武衡主编：《抗日战争时期解放区科学技术发展史资料》第1辑，中国学术出版社1983年版，第187页。

具有耐酸和抗腐蚀性能，按设计要求在缸上加工打孔，制成通气口，并将这种耐酸罐子按生产流程连接装凑起来，就成了制造硫酸的设备。后来又进一步选用当地的材料，烧制成耐酸缸；还装配成蒸发器皿生产线，采用特制的反焰炉灶加热。晋察冀抗日根据地的技术人员还创造性地研究生产出雷银，制造出大批雷管，并制成装有雷银的纸雷管，用于弹药起爆药。

1941 年 11 月，晋冀豫抗日根据地军工部用群众创造的“缸室法”试制硫酸获得成功。1943 年，军工部化学厂又以棉花和硫酸为原料用土法试制出枪弹用硝化棉发射药。1945 年又用“盆式硝化法”（将瓷盆浸在滨水中以保持温度在 10℃—17℃之间）制成了硝化甘油。[1] 在这样的基础上，终于制造成功硝铵炸药，完成了从制造黑色火药到烈性炸药的发展，大大提高了晋冀鲁豫抗日根据地的作战能力。

1941 年，胶东抗日根据地在山东昆仑县大宋格庄（今文登县）设立了一个工业研究室，为抗战进行生产研究服务。尽管当时条件简陋，但仍然取得了丰硕的科研成果。开始时他们用大瓷缸，继而用当地盛产的花岗岩造塔，生产硫酸。秦仲达利用花生油提炼出汽油和甘油，为火药生产提供了原料。有了硫酸、甘油，他们又进一步研究，突破重重难关，陆续生产出盐酸、硝酸、硝化棉、无烟火药、硝化甘油炸药、苦味酸炸药、二硝基萘和硝基铵混合炸药，进而制造出燃烧弹、信号弹、烟幕弹、宣传弹、爆破筒等。八路军的武器得到了显著改善，加重迫击炮、后膛炮、炸药包、“土坦克”……使敌人遭到了意想不到的沉重打击。[2]

2. **制造枪支弹药**。陕甘宁边区机器厂（茶坊兵工厂、军工局兵工一厂）枪械修理部自行设计并制造成功第一支七九式步枪，名为“无名式步枪”，这种步枪性能优良，而且易于制造，在抗战中得到了广泛应用。枪械修理

1 李韬、易辉：《刘鼎》，人民出版社 2002 年版，第 65—67 页。
2 武衡：《延安时代科技史》，中国学术出版社 1988 年版，第 296 页。

部还研制出高射机枪、地雷、复装枪弹等，为抗战前线提供了重要的军火支持。

1940 年 8 月 1 日，在刘鼎的带领下，晋冀豫抗日根据地制造出第一支自行设计的新式步枪，名为“八一式”步马枪，这种枪射击准确，刺刀锋利，枪体轻巧、坚固、外形美观，作战效果好，很受部队欢迎。1940 年全年共生产步马枪 3300 多支，有力地支援了前线。[1]

1940 年 4 月，第 120 师在开辟晋绥抗日民主根据地的过程中，成立牸牛沟修械所。1940 年，该所仿制成七九式步枪，命名为四六式七九步枪。1941—1942 年，又仿制出中正式步枪 200 多支。[2]

1938 年年底，山东黄县筹办的兵工厂，利用废六棱空心风钻杆作枪管，仿制成汉阳式七九步枪。仿制成功后，平均每月生产步枪 2080 支，子弹 5000 发。

制造子弹壳的关键是合格的黄铜料，当时，为解决此问题，晋察冀抗日根据地的技术人员利用从边区收购来的含大量锌的杂铜，先按有色金属冶炼办法，把杂铜装入坩埚中进行蒸馏，炼出纯度合格的锌。然后，把提出了锌的粗铜放入小型反射炉中熔化、去渣，并用树枝搅拌，将生成的氧化铜还原，得到适宜做电解槽的阳极板的铜。将这种铜铸成阳极板，进行电解后，就可以得到纯度很高的电解铜，解决了制造子弹壳的黄铜料供应问题。

晋冀鲁豫抗日根据地军工部在太行山上兴办枪弹厂。1944 年冬，枪弹厂采用电解技术，以制钱（圆形方孔铜钱）和铜圆为原料，冶炼出了枪弹壳所需原料三七黄铜，从此开创了全新枪弹的制造历史，基本保证了作战的需要。

3. 制造炮弹。1934 年 6 月，闽浙赣省兵工厂在刘鼎的带领下，制造出 3 门 35 毫米口径的小迫击炮和铸铁迫击炮。小迫击炮威力巨大，在战斗中能

---

1 吴东才：《晋冀豫根据地》，兵器工业出版社 1990 年版，第 91 页。
2 曾祥颖：《中国近代兵工史》，重庆出版社 2008 年版，第 279 页。

摧毁敌人碉堡。这是人民军队兵工史上自己研制的最早一批火炮，也是红军最早使用自己研制的火炮于战斗中的实例。[1]

陕甘宁抗日根据地的温家沟兵工厂研制并生产了大量木柄手榴弹，克服了以前麻花手榴弹作战性能差的缺点，此外，该厂突破壳体破裂技术，仅用两个月时间就成功生产出枪弹，到 1941 年年底，每月产量达 13.5 万发。[2]

1941 年，陕甘宁边区机器厂和化学厂合并为工艺实习厂，该厂用土铁制造出第一批 10 门掷弹筒（口径 60 毫米），射程较日本的 50 毫米掷弹筒远 200 米，1943 年最高月产量为 120 门，同时，该厂仅用 40 天时间，就建成了一座工艺水平较高的炮弹制造厂，并造出了炮弹。[3]

1941 年年初，在晋冀鲁豫抗日根据地军工部的组织下，水窑一所、高峪三所分别试制成功 2 门五〇小炮。五〇小炮是日本帝国主义在第二次世界大战中发明的一种单兵小型火炮，体积小，携带方便，结构简单，使用灵活，适于山地作战。当时前线八路军被日军五〇小炮压得抬不起头来，甚至造成很大伤亡。军工部五〇小炮的成功试制，打破了敌人的压制，大大减少了前线士兵的伤亡。

1938 年年底，山东黄县筹办的兵工厂，用废柴油机轴作炮管仿制成 75 毫米迫击炮、82 毫米迫击炮；用废铁铸造炮弹壳，制成迫击炮弹；用废电影片脱胶洗净后，剪碎代替无烟火药，复装成枪弹。每月平均生产迫击炮 15 门，迫击炮弹 200 发，手榴弹约 5000 枚，地雷 200 个。枪筒用玲珑金矿的凿岩钻杆制成，按照当时加工水平，质量优良，很受战士欢迎。[4] 在山

---

1 李韬、易辉：《刘鼎》，人民出版社 2002 年版，第 34—35 页。

2 武衡主编：《抗日战争时期解放区科学技术发展史资料》第 1 辑，中国学术出版社 1983 年版，第 171 页。

3 武衡主编：《抗日战争时期解放区科学技术发展史资料》第 1 辑，中国学术出版社 1983 年版，第 172 页。

4 武衡：《延安时代科技史》，中国学术出版社 1988 年版，第 294 页。

东抗日根据地，还研制出100毫米的迫击炮，发射重炮弹，射程达到3000米，并研制了九二步兵炮，大大提高了作战能力。

新四军的军工生产在皖南军部时期已经开始，1941年年初在苏北盐城附近的岗门镇成立了军工部。他们随军转战长江南北，队伍逐渐壮大，提高技术，终于能成批生产手榴弹、枪榴弹、枪榴弹筒、60毫米小口径迫击炮和炮弹、82毫米迫击炮、少量水雷、地雷、信号弹、燃烧弹和带来复线的37毫米口径、45毫米口径的平射炮等[1]，为华北地区的抗战作出了重要贡献。

1941—1942年，晋绥抗日根据地仿制成50毫米掷弹筒和60毫米掷弹筒。1942年，制造了一批手榴弹、地雷和掷弹筒。1942年秋，该厂温承鼎、吴奎龙将按照日军50毫米掷弹筒仿制的一二〇式掷弹筒加以改进，性能比原式优越，叫做鼎龙式掷弹筒。该厂用津浦铁路的钢轨作材料，生产了大量的掷弹筒。[2]

炮弹的原料是钢或灰口生铁，并且需求量非常大。太行山根据地技术人员为解决此项难题，利用当地土法炼钢技术生产白口生铁，白口生铁含碳量高、质硬而脆，不能切削加工，它是铸造成形的地雷、手榴弹壳很好的原料。但炮弹铸造成型后，要车弹口、弹带和尾部，要求表面车光，尺寸精确，两端还要挑出螺绞丝扣，以便安装引信和尾翅。如何把白口生铁铸成的炮弹壳变成可进行切削加工的半成品，是炮弹生产中必须首先突破的技术难关。在武乡县柳沟铁厂的试验小组中，曾留学德国的冶金专家陆达同工人合作，把美国式的黑心韧化处理工艺，同太行山的焖火技术结合起来，发明了火焰反射加热炉，经过这种加热炉焖火处理的炮弹壳表面的碳被析出，形成铁素铁，即可进行车削加工。自此，白口生铁焖火技术试验成功，太行山上开创了大量自制炮弹的历史。

1 武衡：《延安时代科技史》，中国学术出版社1988年版，第297—298页。
2 曾祥颖：《中国近代兵工史》，重庆出版社2008年版，第279页。

除此之外，陕甘宁边区机器厂机械制造部还自行设计制造出小型车床、铣床、刨床、钻床、砂轮机等设备，用来装备兵工厂。

抗战期间，在敌人的严密封锁下，各抗日根据地的技术人员从当地实际出发，利用一切可能的技术和原材料，研制和生产出一大批枪支弹药和其他武器装备。据不完全统计，抗战期间各根据地共生产步枪 9990 支、轻机枪 20 挺、掷弹筒 3877 个、枪榴筒 1226 个、枪弹 266.65 万发、平射炮弹 2620 发、迫击炮弹 7.6 万发、掷榴弹 35.1 万发、枪榴弹 14.9 万发、手榴弹 177.6 万枚、地雷 11.47 万枚、刺刀 4.03 万把。根据地的兵工厂还协助地方制造了大量手榴弹、地雷，没有统计在内。这些枪支弹药，除了从敌人那里缴获的小部分，其余都是自力更生制造出来的。到 1944 年，新四军所需的兵器，手榴弹可以全部自给，迫击炮弹、枪榴弹、掷榴弹在材料不缺的情况下自给 70% 左右，步枪弹在有弹壳的条件下自给 40%，[1] 是抗战有力的支援。

4. 通讯技术。在抗战时期，通讯技术首先是为战争的需要而服务的，中国共产党的通讯技术部门也隶属于中共中央军事委员会。当时，中国共产党为了将中央的声音及时传播到全中国、全世界建立了延安广播电台。广播电台在宣传抗战，反对投降；宣传团结，反对分裂；宣传进步，反对倒退；鼓舞全国军民抗战必胜的信心，争取国际援助等方面都发挥了重大的作用。通信技术不只是限于军用，从其隶属关系来看，从其主要为抗战服务来看，本文将它列入军事工业技术篇章内。

中共成立早期，通讯装备主要是无线电收发报机。之后，利用战场上缴获的无线电台和电池开始了自己的无线电台研究事业，逐渐建立起自己的无线电通讯。1931 年 11 月，中央苏区成立无线电通讯材料处，主任是涂作潮。在他的带领下，利用从上海秘密运送到苏区的无线电零件装配了一部

1　曾祥颖：《中国近代兵工史》，重庆出版社 2008 年版，第 283 页。

50 瓦电台，是赣东北无线电台通讯的开始。1932 年夏，材料处改名为材料厂，能制造电源插头、蓄电池、活塞胀轮、齿轮等，还改装成功一台手摇发电机，[1] 对红军通讯技术的发展起到了重要的作用。到 1938 年，中共中央军事委员会三局机务室共组装约 20 部电台，供前方部队、地方机关使用。

自 1932 年下半年起，中央苏区的有线电话通讯开始建立。最初只是利用战场上缴获的电话机，在主要领导间进行使用。之后，瑞金成立中央电话局，建立起从瑞金到各省苏维埃政府、各周边重要县政府及中央各单位的电话线路网络。

抗战初期，电台的电源有用干电池的，有用手摇发电机的，其功率最大的为 15 瓦，最小的为 5 瓦。1938 年年初，为加强延安广播电台的功率，以自制的主要元器件把电台功率由 50 瓦加大到 100 瓦，使党中央的声音能传播到全国。

1938 年，中共中央军事委员会三局成立“通讯器材厂”（后改名为电器材料修造厂），主要负责批量生产通讯器材。在此期间，生产通讯设备所需原材料遭国民党封锁禁运，工厂研制出一系列代用材料进行通讯设备的生产工作，其中符合军用电台频率范围的可变电容器就是这样生产出来的。

1940 年，电器材料修造厂成功试制并生产了 10 门、50 门等几种电话总机约 50 部，大大改善了各根据地的通讯条件。该厂还独立制造出很多通信新产品，如罗沛霖等试制成功木壳三灯收报机；程明升等仿制小型直流发电机；申仲义等试制携带式短波报话机；孙俊人在改造中央军委中心电台上起了极为关键性的作用。他们还改装发电设备，将 1 台直流发电机改为交流发电机，这台发电机的电压是 220 伏，电流 20 安。该厂在三局局长的带动下，系统地整理制造器材的生产工艺，帮助其他抗日根据地走出一条自制器

---

1 中国人民解放军总参谋部通信部编研室编：《红军的耳目与神经——土地革命战争时期通信兵回忆录》，中共党史出版社 1991 年版，第 40 页。

材的路子。不仅为党中央和中央军委的对外通讯作出了贡献，还大力保障了前方所需的通讯器材。

电源是通讯设备的重要保障。1944 年胶东军区下属的电器厂研究生产干电池。1945 年正式投产，产品有两种，一种是“一号电池”，供收发报机用。另一种是“二号电池”，供手电筒用。他们生产的“永久”牌电池可与当时国民党统治区的“大无畏”电池相媲美。生产干电池的一种重要原料是二氧化锰，胶东没有，于是他们就研究用活性炭代替。其做法是先将花生壳用氯化铵浸泡，再将花生壳干馏，制成活性炭进而制造出空气干电池，重 300 克，供电话使用，寿命可达 500—600 小时，大大解决了胶东地区电池供应问题。后来空气干电池发展到除可供电话、收发报机、手电筒用外，还可供摩托车、汽车使用。

（二）医疗卫生科技

中共的医药卫生技术工作是在第二次国内革命战争时期开始发展的。随着革命和抗战事业的发展，逐步形成了一套有边区特色的医疗卫生制度，制定了“以预防为主，积极开展群众性的卫生防疫运动，防治结合，中西医结合，为战争和人民健康服务”的医疗卫生方针。1941 年陕甘宁边区第二届参议会通过的《施政纲领》第 15 条规定：“推广卫生行政，增进医药设备，欢迎医务人才，以达减轻人民疾病之目的。”同年 5 月，边区政府决定，由边区卫生处拟定 3 年建设计划，提出“卫生工作先从机关、部队、学校、团体做起，逐渐推广到一般居民”，定期进行卫生大检查，加强中医、中药的研究，加强卫生宣传教育。从而大大改善了边区的医药条件，提高了边区军民的健康水平，为边区培养了一支可观的医药卫生队伍，[1] 为抗战胜利作出了

1 武衡：《延安时代科技史》，中国学术出版社 1988 年版，第 309 页。

重要贡献。

抗战时期，由于其特殊环境，医疗卫生机构众多，其科技研究工作也是这些医疗卫生机构一边治病一边研究进行的。1931 年红军军医学校的创办是进行医疗卫生科技研究的开始。1932 年红军军委总军医处改名为总卫生部，负责统一领导红军医疗卫生工作。苏维埃政府设立卫生管理局，负责地方医疗工作，如管理地方医院预防和控制疾病，考察并监督医生和药剂师，检查药品药材的营业等等。之后，为适应抗战的需要，将中央的红军总医院改为军委后方医院，下设 20 余所预备医院和 7 所后方医院。各军团和各军区也分别设立后方医院和野战医院。1933 年，中央政府在叶坪成立了中央红色医院（后改名为苏维埃国家医院），其医疗设备与医疗水平在苏区堪称一流。院内有正规的手术室、药房和化验室，手术器械也相当完备，能做一般外科手术和某些腹部手术。[1]1932 年年初，湘鄂西军医部成立，部队和后方医院都有了进一步发展，根据地的生物制品能生产牛痘疫苗等制剂。1931 年 11 月，鄂豫皖革命根据地成立红四方面军后方总医院，其规模和建制已相当完备，以总院为主，附属 1 个中医院，1 个红色医务训练班，在苏区各地还分设 6 个分院和皖西北中心医院。川陕革命根据地在较短时间内建立起由红四方面军野战医院—工农医院—私人医院和诊所三大序列组成的医疗卫生机构网络。1935 年组建军委后方卫生部，对驻边区军队卫生工作进行集中领导。1938 年在陕甘宁边区形成了三大卫生系统，即中央卫生处、军委卫生处以及边区政府卫生科，是包括医疗卫生学校、科技团体组织以及医院等在内的一套较为完备的医疗卫生系统，如中国医科大学、陕甘宁边区医药学校、延安药科学校等学校，中央医院、八路军医院、陕甘宁边区医院、白求恩国际和平医院等医院，国医研究会、护士学会、中西药研究会等医药研

---

1 中国人民解放军历史资料丛书编审委员会编：《院校回忆史料》，解放军出版社 1995 年版，第 51 页。

究组织。其他抗日根据地医疗卫生机构系统与陕甘宁边区大致相同，但没有陕甘宁边区完善。

1. 医疗卫生技术的提高。1935 年，中央红军到达陕北后，在军委后方办事处领导下设立后方卫生部。卫生部下属 3 个后方医院及 1 所卫生学校，3 所医院共有 19 个医疗所，卫生学校也设有附属医院。后方医院的设备虽然简陋，医务水平不高，但在保证部队战斗力方面发挥了很大的作用。红军各军团和各军区也分别设立了后方医院和野战医院。红军团以下至连队，后来都相继配备了卫生人员，承担部队的疫病预防和战场紧急救治任务。全面抗战爆发后，经过军委总卫生部和军委后方办事处及边区政府的共同努力，医疗卫生事业有了很大的进步。下面对 3 家主要医疗机构的医疗成果进行介绍：

中央医院。直属于中央卫生处，创办于 1939 年 4 月，位于延安北面的李家湾。经过几年的建设，到 1942 年，医院已有病床 170 张，设置了内、外、妇、结核和传染等科。医疗技术科室的建设也从刚开始的仅药剂室发展增加为有检验室和 X 光室。护理部下设接诊室、病历统计保管室、供应室和流质房。至此，成为一所科室基本配套、设备较为齐全的医院，成为延安的重要医疗中心之一。医院培养了一批医务卫生工作者，1939—1945 年，培养出检验员 23 人、药剂人员 25 人、护士 105 人，共有来自全国各地的实习医生 115 人。中央医院从成立到 1945 年共收治伤病员 12.677 万人，为广大干部、边区群众，为中央领导人的保健，作出了重大贡献。[1]

白求恩国际和平医院。原名八路军总医院，也称第十八集团军总医院，成立于 1938 年年初，直属于军委卫生部，位于延安城东 30 华里的拐峁村。1940 年为纪念白求恩医生而改名。医院设病床 200 张，病人多时还可临时加床。拐峁村后设有分院，可住病人 100 多人。医院设有护士培训班，其下

1　武衡主编：《抗日战争时期解放区科学技术发展史资料》第 1 辑，中国学术出版社 1983 年版，第 240 页。

属的护士学校为医院培养了一大批护士工作人员。白求恩国际和平医院由曲正主持研制牛痘疫苗预防牛痘病，是当时难得的自制的预防疾病之药。医院引进了许多外籍医生，如柯棣华、巴苏华、马德海等，他们在医院工作并进行技术指导，马德海还带来很多外文书刊，对医院医务人员的科学技术水平的提高，发挥了很大的作用。很多医生在此基础上进行中西医结合治病，在抗战中为军人治疗伤病取得较大效果。

边区医院。直属于边区政府卫生科，成立于 1937 年。刚开始时医院只有 32 名护士，只能照顾护理病人，没有医生，不能诊病。后来从国统区来了一些医生护士在边区医院工作，白求恩大夫在这里工作过一段时期，中国红十字会的护士队、X 光队、29 队、23 队、33 队均在这里工作过。1938 年，边区医院进行扩建，共有 100 多张病床，宋庆龄和华侨捐赠的医疗救济物资和仪器设备都集中在这里。在中央医院和八路军医院建成前，这里是边区最大的医疗机构，分内、外两科。

据统计，1938—1944 年，仅陕甘宁边区就创建了 49 个医疗卫生单位。[1]这些医疗卫生单位在中共的领导下，在医护人员的努力工作以及国内外朋友的支援下，出院比例大大提升，治愈率、床位周转率明显提高，残废率大大降低。仅就陕甘宁边区内各医院 1938 年和 1939 年对所收容伤病员治疗情况的比较看：1938 年治愈率为 65%，残废率为 32%，死亡率 3%；1939 年治愈率为 77.5%，残废率为 21%，死亡率只有 1.5%，[2]可见医疗卫生技术水平大为提升。

医院除完成住院和门诊医疗任务外，还常常派医疗队帮助部队防病治病，如 1943 年就曾派涂通今、肖志功同志到甘泉附近的部队中进行集体灭

---

1 武衡主编：《抗日战争时期解放区科学技术发展史资料》第 1 辑，中国学术出版社 1983 年版，第 107 页。

2 武衡主编：《抗日战争时期解放区科学技术发展史资料》第 1 辑，中国学术出版社 1983 年版，第 212 页。

疥；1943 年曾派李资平同志率医疗队到三五九旅为准备出发回部队的伤病员进行手术治疗，为前线作出了重要的贡献。

卫生试验所。1945 年，延安成立了卫生试验所，不久迁到山西省离石县，改为晋绥卫生试验所，李志中任主任。下设破伤风研究室、疫苗室、培养基消毒室、化验室和采血室，从事牛痘疫苗、伤寒副伤寒混合疫苗生产，研究破伤风抗毒素和气性坏疽抗毒素。卫生试验所在艰苦的条件下，经 3 个月时间，终于完成了破伤风类毒素和抗毒素的研究，并不断扩大生产，保证了前方战士和群众防疫的需要。

2. **研制药物**。在抗战期间，药材供应十分紧张。抗战初期，军委卫生部的药品来源主要是靠周恩来等通过统一战线的关系取得，如宋庆龄领导的保卫中国大同盟和中国红十字会等国内外一些团体、个人都赠送过不少药品，其余的药物依靠同志们采购而得。但 1939 年秋后，在国民党的严密封锁下，采购药物已不可能，于是只能依靠自己，自行制药。

陕甘宁边区利用当地盛产的麻黄、甘草、当归、桔梗、柴胡等中草药，经过加工，制成许多成药。边区的药材加工是在卫生部办的药厂内进行的。药厂内有龙在云、饶孟文等技术人员，有工人 100 多名，分西药部、中药部、材料部等 3 个部，有压片机、灌注机等设备制药。卫生部药厂虽然条件简陋，但是生产的东西还不少，有用化学方法提出中药有效成分而制成的麻黄素、黄芩碱、当归油和用其他方法制成的桂皮酊、陈皮酊、桔梗丸等。也有西药片剂、注射剂，如吗啡片、苏打片和麦角、安钠钾、普鲁卡因、阿托品等注射剂。装注射剂的安瓿的封口是用酒精灯一个一个地烧结。注射剂的制作、消毒和检验都十分严格，从未因质量问题出过事故。[1]

1938 年秋，陕甘宁边区政府用宋庆龄捐助的经费筹建西北制药厂，厂

1　武衡主编：《抗日战争时期解放区科学技术发展史资料》第 1 辑，中国学术出版社 1983 年版，第 215 页。

址在栒邑县吕家村，翌年建成。开始主要生产已有的西药，其中注射剂有：樟脑、福白龙、盐酸吗啡、硝酸士的宁、氯化钙等10多种；片剂有：水杨酸钠片、苏打片等10多种；中药有：解热、强壮、镇咳、泻下、利尿类10多种。中药是用传统的药方配制的，还大批生产了“仁丹”。这批药品对边区医疗工作和支援前方都发挥了作用。1944年，药厂迁至延安，扩大了生产规模，中西药的生产品种增加到100多种。制药厂自己研制出一种强神滋补剂“壮尔神”，主要成分是黄芩、当归、人参、白术、柏子仁、远志等，有安神、健胃、补血之功效。又自制“黄芩碱”，一次服用1克即可达到解热的目的，只相当于原用药量的1/10。另用蒸馏法生产杏仁水，用作止咳剂。制药厂成立了研究室，以提高药品质量和试制新药为目标。先后试制成功肝脏注射剂、麻黄素、乳酸钙片、行军丹（散）、精制食盐、石膏、羊肠线等。该厂还自制制药工具，用硬木制成压水机，用铁皮制成蒸馏器，改制压片机等。[1]

延安边区政府卫生处在安塞设卫生材料厂，该厂采集边区土产的药材供各地需要。生产有司砒罗、散热霜、杀淋吞、痢疾能、防疫片、麻樟丸、咳利痰尽、白陶土、健胃散、福归灵、红色大补丸、婴儿散等成药，其疗效不亚于西药，深受群众欢迎。

延安的各医院、门诊所等也结合自身条件，制造某些药品，如中央医院制成康氏反应抗原、盐酸吗啡、滑石粉等，中央门诊部制成水银合金粉和纹银齿冠，中央卫生处材料科用酒精配制各种酊剂，有樟脑剂、鸦片酊、大黄酊、远志酊等。延安边区光华药厂生产药品30余种。精选古今流行的中药药方，经过整理、研究、试验，订出产品标准，制成各种丸、散、膏、丹。

1943年，在华东胶东牟平县山区垂柳村成立了一个制药小组。他们利

1 武衡：《延安时代科技史》，中国学术出版社1988年版，第349—350页。

用从敌人手中缴获的《中华西药木草》以及《药物制造化》两本书进行药物研制。他们利用盐碱滩的卤水和纯碱熬制成硫酸镁，用石灰和纯碱做出烧碱水，用五倍子和蛋白（后用豆腐汁）制成鞣酸蛋白等供应前方需要。1944年，其生产工厂迁至井口，生产有了进一步发展，产品增加了远志、复方大黄、龙胆等酊剂，以及止咳露、硫酸亚铁丸、当归流浸膏、鸦片散、柳酸钠、一片丹、红色人丹、芦荟丸、调经丸等产品。1945年，研究室扩大，试制成功乙醚、小苏打、鱼肝油、甘油、麻黄素、盐酸吗啡等。[1]另外，胶东桂山制药厂研发生产中西成药20种，是胶东根据地医院所用药物的主要来源地。1945年，日军投降前，胶东各县流行黑热病，许多群众为购买进口药物倾家荡产。新华制药厂研究出一种叫“斯蒂黑克”的特效药，配合灭蚊措施，逐步消灭了山东的黑热病。

其他抗日根据地的制药事业也各有成就。在晋东南地区，山西平定县山区的一个药厂，既能制造盐酸，也能烧制玻璃，还能生产多种注射剂。在华东根据地，有设在沂蒙山区的新华制药厂，不仅能生产大量的药品，还能制造成套的外科手术器械，这些都是对抗战有力的支援。[2]

三、根据地的工农业科技工作

抗日战争初期，党和政府创建了一些工厂，用以保障前线与后方的物资供应，如红军服装厂、印刷厂、斗笠厂、煤炭厂、硝盐厂等等。在中央苏区，民间还创办了樟脑厂、锅炉厂、被服厂、夏布厂、纺织厂、草鞋厂、石灰厂、铁矿、煤矿、造船厂、农具厂、碗厂等。这些工厂最初的生产技术较

---

1 武衡主编:《抗日战争时期解放区科学技术发展史资料》第4辑，中国学术出版社1983年版，第369—372页。

2 武衡主编:《抗日战争时期解放区科学技术发展史资料》第5辑，中国学术出版社1986年版，第332—333页。

为落后，基本靠经验进行手工劳动，生产技术发展缓慢。到1936年，红军进驻陕甘宁边区，仅剩小规模的军械修理厂、被服厂和印刷厂，以及民间零散的传统手工业。1938年，沈鸿从上海迁来自己的机械厂，带来了10多台机床，从此党和政府开始了现代工业的发展，边区工业有了很大的进步。到1943年，随着毛泽东发出“发展工业、打倒日寇”的号召，边区工业更是得到了迅猛发展，对抗战进行了有力的支持。

（一）纺织制革

抗战初期，纺织制革技术较为落后，仅有几个工厂进行传统加工。到1939年，陕甘宁边区建立了难民纺织厂。在生产技术的改进上，难民纺织厂是有许多成绩的。该厂技师朱次复对竹筘及织布梭仿制、立式水轮动力机和木车床及卷经轴机的创造，打毛机、钻车、合股机的改造等，为该厂解决了不少器械工具上的困难。制造部学徒周景升创造性地将铣纬管与钻孔合并在一个木车床上进行，使得产量增加不少。在织布技术上，该厂也不断提高。1942年，该厂棉织科股长袁光华用机试织洋纱终获成功，解决了洋纱原料来源困难问题。在染色方面，经该厂毛织科科长刘佐魁试验用植物染料染色，大批采用当地出产的黑葛兰根、栾树叶、蓬蓬草等植物染料代替一部分化学颜料。[1]难民纺织厂从建厂到1945年，共织布达31672.179匹，毛毯25475床[2]，为前线及后方提供了重要的物资支持。

在苏区，面对国民党反动派的封锁，红军一度面临严重的食盐缺乏，为此，苏维埃政府鼓励各地研究熬制硝盐。红军利用《红色中华》等报纸介绍熬制硝盐的经验，中央国民经济部还印发了关于怎样熬制硝盐的小册子，并

1 陕甘宁边区财政经济史编写组：《抗日战争时期陕甘宁边区财政经济史料摘编》第3编，《工业交通》，陕西人民出版社1981年版，第165—166页。

2 陕甘宁边区财政经济史编写组：《抗日战争时期陕甘宁边区财政经济史料摘编》第3编，《工业交通》，陕西人民出版社1981年版，第158页。

积极培养这方面的人才进行实践探索，增加了食盐的生产量，提高了质量。

陕甘宁边区的科技人员还改进了丝绸纺织技术。交通丝织厂厂长白品星将旧式手推梭机改为手拉木机，产量提高 2 倍。该厂试验的烤茧杀蛹法，即将茧置于窑内，架空，封闭窑口，在窑外加火使窑内温度升至 130—160 华氏度，蛹死，随即可以抽丝，这种方法得到的丝质较好，成本亦低，抽丝又快。1943 年该厂已能生产色彩艳丽的各种丝绸。全年可生产哔叽 140 匹、纺绸 120 匹、棉绸 10 匹，以及丝手帕、丝手绢、丝线、生丝等多种产品，供军需民用。[1]

陕甘宁边区还创造了人造丝生产技术。华寿俊等人用自制的土耳其红油（蓖麻油加硫酸制成）溶解于水，做成乳化液，使之渗透到每一根植物纤维组织里。经过 3 个月的研究，制成适合麻纤维的柔软剂——硫化油的乳化液。脱脂的大麻纤维，经过乳化剂处理后，大麻纤维显得特别柔软，其光泽度超过棉花和羊毛。这就是边区创造的人造丝，这种人造丝适用于各种染料，五光十色，将这种纤维切成 2—3 寸长，与羊毛混纺，织成呢绒，强度大，色泽艳丽，美观耐穿。由于边区各地产麻丰富，人造丝技术广泛应用于生产发展。

在华北地区，战斗纺织厂于 1944 年试用土经土纬织帆布成功，肖树良和梁恩波研究制成 30 根头的自动合股机，用纺车股，从每天产量 0.5 斤，提高到每天合股 10 斤，提高工效 20 倍。太岳地区某纱厂的技师宋福田发明一种 20 根头的新式纺纱机，小巧轻便，坚固耐用。用这种新式纺纱机每人每日可产纱 1.75—2 斤，其功效比老式纺纱机提高 7 倍。根据地为了表彰这项发明，将该机命名为“福田纺纱机”。[2]

晋察冀边区盛产羊毛和羊绒，在边区政府的扶持下，毛纺织业得到发

1 武衡：《延安时代科技史》，中国学术出版社 1988 年版，第 188 页。
2 武衡：《延安时代科技史》，中国学术出版社 1988 年版，第 194 页。

展。在技术上经过一番精心研究试制后，创造了一整套简便的生产方法。将弹棉花的机器改造为弹毛机，将洗净、晒干的羊毛、羊绒用弹毛机弹成毛絮，再用纺车纺成毛线，织成毛衣、围巾等，供应军需民用。

在华东地区，胶东各工厂还能制造纺纱机、弹花机、织布机、织袜机、织毛巾机、倒纱机等纺织机械。兴业机械厂的满书阁技师对研制这些机械，作出了重要的贡献。到 1944 年，据不完全统计，胶东共产土布 35 万匹，还有若干呢绒、斜纹布、哔叽、平纹布等较高级的产品。此外，还生产丝绸 10 万匹。[1] 不仅布匹可以自给，还有部分供应兄弟区，有力地打破了敌人的封锁。

为解决染料问题，华北、华东根据地群众就地取材，采用槐籽、橡壳、芝麻壳、松烟、荆条的嫩尖、黄柏根、桑葚、苏木、杏树根、椿树根、黑豆皮等植物做染料，直到用红泥、黑土等。他们创造了很多染色的方法和工艺，使颜色牢固、耐用，克服了染料缺乏的困难。还创造了先用石灰水，后用淡碱水煮的漂白方法。

在制革技术上，陕甘宁边区的兴华制革厂取得较大成果。当时制约边区制革业发展的决定性环节为栲胶的生产，制革厂经过一系列试验，终于找出当地资源较多的青冈树（橡树的一种）皮、山茶树皮、沙枣树皮、橡椀子（青冈树的子壳）可以作为提取栲胶的原料，五倍子则可直接配合使用。并且制革厂靠着自己研究设计，在茶坊军工机器厂的支援下，研制成功了一整套铜制设备，成功地生产出栲胶。这是边区制革技术上重大的突破，使边区制革工业进一步的发展。1941 年产量为：羊皮革 11054 张、牛皮革 437 张、绵羊毛皮 7871 张，这些皮革都由该厂制成了军用和民用皮件。在兴华制革厂的带动下，1943 年边区已有制革厂 3 家，年产牛皮 1800 张、羊

1 武衡：《延安时代科技史》，中国学术出版社 1988 年版，第 195 页。

皮 24000 张，不仅供应边区的需要，还为前方提供了皮带、枪带、炮衣、鞍具、皮鞋、皮帽等，有力地支援了战争。[1]

（二）造纸印刷

受原材料影响，各抗日根据地发展文化教育所需的纸张紧张，严重影响了抗日战争的宣传教育和边区各项建设的发展。1936 年，陕甘宁边区的振华造纸厂用稻草实验造纸成功，5 月正式投入生产，月产纸 560 刀（每刀 100 张）。[2]之后，该厂技术人员用马兰草实验成功作为造纸原料，创造出用水力作造纸动力的水力碾压机，并且为改进造纸技术，他们开展了一系列技术革新，如用钢丝帘代替竹帘，用土碱代替烧碱漂白，用火墙烘干代替自然晾干等，大大改变了生产面貌。

马兰草在边区各地都有生长，从 1942 年起，边区政府实行征购，保证和改善了造纸厂的原料供应来源。到 1942 年，边区共有造纸厂 12 家，基本满足了边区出版书报和办公、学习用纸。

这种淡黄色的、粗糙的马兰草纸，在当时战争环境下和经济、科学技术极端落后的陕甘宁边区，为宣传马克思列宁主义，宣传党在抗日战争中的方针政策，为边区的经济、文化建设，为培养干部作出了巨大的贡献，创建了历史的功绩。

为了打破敌人的封锁，各根据地还需要自己制造证券纸，以满足各种证券、证书、奖状和纸币等贵重印刷品的用纸。为此，华寿俊经过研究，创造了一整套苎麻证券纸加工工艺：原料处理—加压蒸煮—洗、晒、切断—碾碎打浆—加料—捞纸。

在晋察冀地区，研究利用麦秸造纸成功。他们还对一台旧轧面机加以改

1 武衡：《延安时代科技史》，中国学术出版社 1988 年版，第 200 页。
2 武衡：《延安时代科技史》，中国学术出版社 1988 年版，第 201 页。

造，制成两面光的纸，为《晋察冀日报》解决了部分印刷用纸。为了提高纸的质量，他们不断进行试验，在纸浆中加入滑石粉和坩子土，增加纸的色泽和滑润程度，又添加肥皂、明矾等原料增加纸的致密度和减少吸水性，使纸的质量明显提高。在造纸过程中，他们不断改进生产工具和操作技术，如曾使用水力槽碾、罗底帘子、简单打浆机和碎解机、火墙干燥等方法，提高生产效率。[1]

到抗日战争后期即1945年年初，山西省太行地区利用各种草类，如麦秸、白草、金针叶、马兰草、玉茭皮等造纸均获成功，可以制造印刷纸、新闻纸、油光纸、卷烟纸、包装纸和其他民用纸。产品不仅自给，还可以少量输出到敌占区。[2]

在延安以及其他抗日根据地，宣传马列主义和党的方针政策的重要文献，文艺、科学等著作，都需要及时地、大量地印刷出版。为解决印刷材料的短缺问题，提高印刷技术水平，八路军印刷所的工人们于1939年开始制造了铸字铜模，除本所使用外，还供应中央印刷厂、晋西北等根据地印刷厂。中央印刷厂的工人曹国兴创造了切纸机，切好的书刊整齐、美观。王万定制造刨铅版的刨子，为制版工作提供很大便利。该厂成功试验出毛边纸压纸型，这是我国（包括国民党统治区）首次用国产纸取代日本产薄型纸的突破，填补了我国制造印刷材料的一项空白。后发现一种岩石代替舶来品用作石印版。

其他抗日根据地的印刷技术也有了一定程度的进步。在晋察冀边区，制成轻便铅印机、照片制版技术的代用品和简易工具、空心铸字模，以适应战时出版印刷的需要。太行地区的新华日报社创造了以锡版代替铅版的技术和用当地的土胶代替洋胶制版。鲁西根据地大众印书馆研制出黑色油墨制作方

1 魏宏运：《晋察冀抗日根据地财政经济史稿》，档案出版社1990年版，第309页。
2 武衡：《延安时代科技史》，中国学术出版社1988年版，第201页。

法，打破了封锁，保证了书报印刷。[1]

（三）日用化工

抗日根据地的日用化工技术进步主要体现在肥皂、火柴、陶瓷、玻璃等方面。1939 年，陕甘宁边区的新华化学厂经过 3 年的努力，生产出洗涤肥皂、香皂、牙粉、粉笔、墨水、小苏打、精盐、白酒和酒精等十来种产品。化学厂利用当地出产的五倍子，经过发酵，提取五倍子酸，用硫酸和铁屑制成亚硫酸铁，以这两种原料加工制成化学墨水，其质量优于国民党统治区生产的“民生墨水”，不仅解决了学习、办公用墨水，更重要的是解决了边区银行、财政经济部门记账用的墨水。[2]

在制造火柴上，西北火柴厂成功制出黄磷，生产军民所需火柴。1943 年，化工厂研究提取赤磷成功，同时挖出再生锰矿，解决了安全火柴的助燃剂，制造出安全火柴。1944 年，紫坊沟火药化工厂钱志道总工程师利用制造硝酸的残渣——硫酸氢钾制造氯酸钾。同时屈伯传、程叔仁也在火柴厂试制氯酸钾成功，从此解决了制造火柴的这一关键原料。

晋察冀边区工矿管理局技术研究室试验从植物油中提炼煤油代用品，获得成功，解决了工业用油问题。在此基础上，边区政府于 1942 年 4 月成立化学厂，从植物油中提炼原油。产品有滑机油、灯油、轻油、重油和煤油代用品。每百斤植物油可分馏出原油 65—70 斤、重油 20 余斤，原油中可提炼出与普通煤油相同之灯油 30 余斤、汽油代用品 10 余斤、机器油 20 余斤，年产各种用油可达千余斤。化学厂的建立，为边区军事工业及各种机器加工工业提供了动力燃料。此外，该厂还利用炼油的副产品生产电池、油墨和肥

1 武衡：《延安时代科技史》，中国学术出版社 1988 年版，第 210 页。
2 武衡：《延安时代科技史》，中国学术出版社 1988 年版，第 213 页。

皂等物品。[1]

1943 年在晋绥根据地的西北化工厂改进了油墨的质量，制成了墨锭。他们还利用熬火碱的废料，制成了很好的粉笔。

胶东化学实验室用花生油和自制的火碱制造肥皂，还从松木里提取粗制木焦油，经过分馏成轻油、中油和重油，对于制造油墨、药品以及兵工生产都发挥了很大作用。此外还有甘油、药棉、纱布、蒸馏水等医药用品，墨水、蜡纸、复写纸等文化用品，以及电池、赛璐珞等都试制成功。1944 年胶东化学实验室试制成功钢笔，除橡胶笔囊外，白金笔尖及其他零件全部自制，钢笔定名为“英雄”牌钢笔。[2]

在制作陶瓷方面，陕甘宁边区建设厅在延安十里堡建立陶瓷实验工厂，研究试制工业用陶瓷、玻璃，解决了边区工业和医药用器皿问题。1944 年，关中创办的建华瓷厂生产出红色和白色的优质瓷器。延安陶瓷实验工厂和关中建华瓷厂生产民用及化工陶瓷 200 多种，供边区军民及工业使用，是对抗战有力的物资支援。

在制作玻璃上，陕甘宁边区试制玻璃是从 1941 年开始的，1942 年，延安自然科学院首次试制玻璃成功。后来经过不断改进，产品达数十种，主要的有医药用品和化学仪器，如安瓿瓶、玻璃瓶、烧瓶、漏斗、玻璃棒、比重表等，日用品中有灯罩及多种瓶、杯等。1942 年年初，晋察冀工矿局技术研究室陶瓷组的技术人员在该厂研究烧制玻璃，经过反复试验，于 1942 年 6 月研制了高温耐火熔罐，并以石英为原料烧制玻璃成功。从此，该厂附设玻璃厂，边区开始出现玻璃器皿，产品有灯罩、药瓶、玻璃管以及注射针管等。主要供给医药卫生部门使用，同时，也为军区硫酸厂和化学厂生产玻璃

1 魏宏运：《晋察冀抗日根据地财政经济史稿》，档案出版社 1990 年版，第 298—299 页。
2 武衡：《延安时代科技史》，中国学术出版社 1988 年版，第 218 页。

试管，支援军工生产。[1]

（四）冶金石油

中央苏区利用当地丰富的钨砂矿石发展采矿业。1932 年 2 月，中华苏维埃政府钨砂公司在会昌县丰田正式成立，钨砂公司直辖经营着白鹅洗砂（选矿）场，管辖国营的丰田矿和泰和县小垅矿场、民营的仁凤山和上坪矿场。据当事人回忆，1933 年，丰田矿、仁凤山矿、小垅矿 3 个矿场“年产量计 1800 吨左右”；1931 年至 1934 年秋，仅仁凤山钨矿产值就有“约 200 多万银元”。[2] 钨精矿主要销售往白区和国外，以换回根据地所需的各类紧缺物资。

在炼铁方面，1943 年 5 月，关中衣食村炼铁中心自行研究炼制出灰生铁。1944 年，陕甘宁边区的延安大砭沟炼铁厂，在赵俊、沈鸿、徐驰等人的带领下，修造了第一座大炼铁炉，生产出白生铁，之后，在炼铁研究会的组织下，研究出炼制灰生铁。灰生铁的生产，解决了机械制造和炮弹生产的亟须问题。

在开采石油方面，1938 年，在中共的领导下，陕北的延长油田在技术和设备极度困难的条件下，打了 1 口旺井，日产原油 1600 公斤，被誉为油厂的“起家井”。1940 年，在军事工业局的努力下，制造出一套打井设备，并用充气法打了第一口新井，用茶坊兵工厂制造的高速蒸汽机，月产原油 10 吨左右。[3]

在炼制石油方面，延长油田采用常压蒸馏法炼油，因沸点不同而得出汽油、甲级煤油、乙级煤油、白蜡油、机油和油渣，用白蜡油加工制成润滑油

---

1 魏宏运：《晋察冀抗日根据地财政经济史稿》，档案出版社 1990 年版，第 297 页。

2 邱若宏：《中国共产党科技思想与实践研究：从建党时期到新中国成立》，人民出版社 2012 年版，第 90 页。

3 武衡：《延安时代科技史》，中国学术出版社 1988 年版，第 246 页。

和蜡块。蜡块色灰黑，再用骨炭脱色，经加热、过滤可制成漂白的蜡片，再浇成蜡烛。为提高炼油能力，军工局调茶坊兵工一厂的铆工班支援油厂制造炼油设备。他们将 12 寸的钢管剖开、展平，用 3 块拼铆成炼油锅，造锅 2 口，增加了 50% 炼油能力。[1]边区的石油工业改善了边区交通和工业的能源供应，有力地支援了抗日战争。

（五）农牧水利

农业是抗日根据地经济建设的基础，中国共产党因此提出一系列发展农业生产的方针政策，以提高农业技术，促进根据地农业发展，为抗战服务。1934 年，毛泽东在第二次全国苏维埃代表大会上明确指出，“我们的经济政策的原则，是进行一切可能的和必要的经济方面的建设，集中经济力量供给战争”，“在目前的条件下，农业生产是我们经济建设工作的第一步，它不但需要解决最重要的粮食问题，而且需要解决衣服、砂糖、纸张等项日常用品的原料即棉、麻、蔗、竹等的供给问题”，“为着促进农业的发展，在各地组织小范围的农事试验场，并设立农业研究学院和农产品展览所，确实迫切地需要的”。[2]1938 年 2 月 5 日，刘少奇在《关于抗日游击战争中的政策问题》一文中阐述了抗日游击战争中的经济政策，并指出：“为了保障游击区的粮食，应该进行春耕运动，帮助农民解决各种耕种的困难。要号召农民多种粮食，少种棉花及其他日寇所需用的原料。”[3]1938 年 8 月 30 日，《中共晋察冀边委目前施政纲领》中提出抗战救国十大纲领，其中第 10 条为：“发展农业，积极垦荒，防止新荒，扩大耕地面积，保护并繁殖耕畜，改良种子、肥

1 武衡：《延安时代科技史》，中国学术出版社 1988 年版，第 249 页。
2《毛泽东选集》第 1 卷，人民出版社 1991 年版，第 131 页。
3 张静如、梁志祥、镡德山主编：《中国共产党通志》第 4 卷，中央文献出版社 2001 年版，第 604 页。

料、农具等农业生产技术，有计划的开井、开渠、修堤、改良土壤。”[1]《1941年的陕甘宁边区经济建设计划》中亦提出：“农业方面——总的任务是，普遍提高粮食产量，发展牲畜；局部推广种植棉麻，有计划地发展林业，广泛发展水利，扩大耕地，以达到粮食确保自给，增加纺织及其他工业原料为中心。”[2]在一系列农业方针政策指导下，根据地的农业科技机构逐渐成立，它们积极开展农业科技研究工作，取得了一定的科研成果，保障了抗战后方的粮食与物资供给。

抗战初期，农业科技研究机构主要为农事试验所、研究所。全面抗战爆发后，根据地的农业科技研究机构逐渐增多，主要有晋察冀农林牧殖局及下属的农事试验场、延安光华农场、晋冀鲁豫边区农林局和农业指导所，还有陕甘宁边区农业学校及其所属农事试验场、延安自然科学院生物系（后改名为农业系）、延安中国农学会、晋察冀边区农学会等等。这些单位的农业技术人员以及农业生产者，在毛泽东提出的“自己动手，丰衣足食”的号召下，从延安扩展到各根据地开展了大生产运动，他们克服当时被国民党经济封锁的艰难条件，进行了一系列卓有成效的创造性工作。抗战初期的农事试验所和研究所主要进行培育良种、改良土壤、创造丰收等方面的研究工作。延安光华农场在引进与试种新品种、推广指导种棉花、种烤烟、制食糖等方面做了大量的工作。[3]晋察鲁豫边区的农林局和农业指导所主要开展了优良品种的引进、推广工作。[4]晋察冀边区农事试验场进行了农作物品种试验、

1 中共中央文献研究室、中央档案馆编：《建党以来重要文献选编（一九二一——一九四九）》第17册，中央文献出版社2011年版，第500—501页。

2 武衡主编：《抗日战争时期解放区科学技术发展史资料》第2辑，中国学术出版社1984年版，第35—36页。

3 武衡主编：《抗日战争时期解放区科学技术发展史资料》第1辑，中国学术出版社1983年版，第150—152页。

4 赵秀山：《抗日战争时期晋察鲁豫边区财政经济史》，中国财政经济出版社1995年版，第268页。

育种、农具改良、农田水利技术、林业、畜牧技术等方面的研究。[1]陕甘宁边区农业学校及其所属农事试验场培育出各种树苗、各种蔬菜良种并交地方进行推广。[2]延安自然科学院生物系（后改名为农业系）一面培养农业技术人才，一面进行森林考察、植物采植、水土病源考察、病虫害防治、棉花栽培等研究工作，并取得有效的成果。[3]延安中国农学会先后进行了作物改良和新品种引进工作，取得较好的成绩，特别是研究和推广蔬菜栽培技术，扩大蔬菜种植面积。[4]这些农业科技研究机构有力地促进了边区经济建设，是抗战中重要的保障力量。

1. 培育优良作物。陕甘宁边区原有的蔬菜、水果极少，抗战时期也引进、栽培与推广了诸如西红柿、美国紫圆茄、甜玉米、甘露西瓜、草莓、苹果等蔬菜与瓜果，大大丰富了陕甘宁边区的食品种类。

延安光华农场引进并推广了狼尾谷、金皇后玉米（又名马齿玉米）、甜菜、美国白皮和四川彭县黄皮马铃薯、烟草、优良蔬菜和瓜果等，[5]它们产量高，品种优良，有效打破了敌人的封锁，解决了抗战时期粮食与物资严重短缺等问题。

晋察冀边区实验农场坚持“少而精”的原则，进行作物品种试验，并使小麦增产 10%，玉米增产 10%—20%，茄子增产 40%，成功培育并推广了燕京 811 号、14 号、15 号抗旱新谷种，以及黄牙齿、白马牙、大金贵等玉米新品种，使其增收了 10%—25% 不等。[6]

---

1 魏宏运：《晋察冀抗日根据地财政经济史稿》，档案出版社 1990 年版，第 213—214 页。

2 武衡主编：《抗日战争时期解放区科学技术发展史资料》第 1 辑，中国学术出版社 1983 年版，第 156 页。

3《延安自然科学院史料》编辑委员会编：《延安自然科学院史料》，中共党史资料出版社、北京工业学院出版社 1986 年版，第 15 页。

4 郭文韬、曹隆恭主编：《中国近代农业科技史》，中国农业科技出版社 1989 年版，第 433 页。

5 武衡主编：《抗日战争时期解放区科学技术发展史资料》第 3 辑，中国学术出版社 1984 年版，第 235—237 页。

6 魏宏运：《晋察冀抗日根据地财政经济史稿》，档案出版社 1990 年版，第 213 页。

晋冀鲁豫抗日民主根据地引进推广的优良品种有：金皇后玉米、九号小麦和西红柿等，据不完全统计，推广金皇后玉米一项，即为晋冀鲁豫抗日根据地增产粮食 25%—30%。优良粮食作物的引进与推广，解决了根据地军民的粮食与物资供应问题，是对抗战的有力支持。

2. **推广优良棉花种植技术**。棉花是抗日根据地的紧要物资，直接关系到军民的穿衣问题，因此党和政府十分重视棉花种植技术的传播与推广。中央苏区政府为鼓励农民种棉花，棉花种子不要钱发给农民栽种，并印发《种棉须知》技术指导资料。1934 年，中央苏区棉花产量大幅增加。[1]

1941 年，陕甘宁边区开始试种棉花，研究棉花栽培技术。光华农场试种的洋花棉棉桃大，产量颇高，适宜于边区恶劣的气候条件种植，在当时大为推广；斯字棉产量较高，纤维较长，产棉量多。经过边区政府一系列推广政策，1942 年边区棉花种植面积达 5 万亩，1943 年则一跃为 15 万亩，产籽棉 170 万—200 万斤。1945 年种植面积达到 31.9 万亩，产籽棉 300 余万斤，[2] 基本保证了边区军民纺纱、织布所需要的原料。

3. **推广植桑养蚕技术**。西北、华北、山东等抗日根据地的政府，积极推广植桑养蚕技术。陕甘宁边区发动群众耕耘、锄草、施肥、整枝以提高桑树产量，并推广繁殖桑树的两种方法：一是剪条法，即在早春，桑树发芽前，剪取上年生的桑条，插入土中，待生根发芽后即能成苗。这种方法，在边区较为普遍。二是压条法，即在桑树发芽时，将枝条一部分压入土中，待扎根抽芽后，将其割断而与母体分离，即成独立的树苗。在养蚕方面，总结并推广剪条法、压条法、饲育、除沙、上簇、结茧、制种等养蚕的经验方法，用杂交培育出优良蚕种，推广新法养蚕，甘露还编写了一本《怎样养蚕》的小册子。在山东胶东地区也设有许多养蚕场，这些养蚕场在培育优良品种、提

---

1 余伯流、凌步机：《中央苏区史》，江西人民出版社 2001 年版，第 688 页。

2 武衡：《延安时代科技史》，中国学术出版社 1988 年版，第 52 页。

高养殖技术、防治蚕的病虫害、研究桑园栽培方法等方面发挥了重要作用。

4. **发展畜牧及兽医技术**。延安光华农场引进饲养荷兰种奶牛和沙能奶山羊，进行家畜改良、牛瘟疫苗和血清的试制及其他家畜疾病的防治，[1]家畜改良后体型大、体质好、耐粗饲，牛瘟疫苗和血清的成功研制，控制了牛瘟的流行，使得边区畜牧数量大大增加。

晋察冀边区农林局繁殖场培养了一批马、骡、驴的繁殖技术人员和兽医，开展防疫检疫工作，尽可能地减少战时牲畜的损失。另外，繁殖场还进行了部分外来品种的培育和推广实验，并取得了一定的成果。比如，边区农林局繁殖场饲养的来亨鸡，每年可产蛋 300 个，比本地鸡多 3 倍；波支猪每年每头比本地猪多产肉 40 斤；美利奴羊每只比本地绵羊多产羊毛 3 倍，而且羊毛又细又长。再如，繁殖场饲养的瑞士奶羊，是当时世界上唯一的奶羊品种，每只羊一天可接鲜奶 6 磅以上。[2]

太行山根据地长治农林局繁殖的优良牲畜品种有“来航鸡”“鲁花鸡”“红岛鸡”。“来航鸡”系卵用种，每年能产卵 250—300 个，这种鸡素称“鸡中之王”。“鲁花鸡”和“红岛鸡”系肉卵兼用种，公的一只能长 7 斤左右，母的一只能长 4 斤左右。每年产卵 150—200 个。[3]

5. **兴修水利与改良农具**。水利是农业的命脉，中共在抗战早期就对水利建设十分重视。在中央苏区政府的指示下，各级土地部都建立了水利局或水利委员会，负责水利工程的兴建维修，并在水利建设上取得显著成绩。据不完全统计，只江西兴国一县，就修好坡圳 820 多座，水塘 184 口，水车、筒车 71 乘，能灌溉 425951 亩田。并新开坡圳 49 条，水塘 49 口，能灌溉

1 武衡主编：《抗日战争时期解放区科学技术发展史资料》第 3 辑，中国学术出版社 1984 年版，第 237—240 页。

2 魏宏运：《晋察冀抗日根据地财政经济史稿》，档案出版社 1990 年版，第 214—215 页。

3 中国革命博物馆编：《解放区展览会资料》，文物出版社 1988 年版，第 310 页。

94676 亩田。[1]

陕甘宁边区多是严重干旱地区，严重影响农作物产量。在边区政府的号召下，各地群众因地制宜兴修水利，主要有流水灌溉法、井水灌溉法、水漫地、修埝地（修梯田）等水利灌溉方法。流水灌溉法根据河流和地势，修筑了坝、壕和退水闸。他们利用坝（堤）阻拦河水，使之流入灌溉渠内，而不流入旧河道。例如从 1939 年开始兴修的靖边杨桥畔水利工程，几年内共修成水田 10800 亩，增收粮食 1 万多石（每石 400 斤）；延安分区 1943 年共修水田近 3000 亩，增收细粮 1000 多石。井水灌溉面积不大，多用于菜园，对于小面积农作物，单位面积产量比山地高五六倍。水漫地是利用地形，由被雨水从山上冲下来的泥土淤漫而成。这是三边分区所特有的，具有保持水土、耐旱、耐雨、耐风、省肥等优点。修埝地是在关中分区推行的一种通过改良土质、改造地形、保持水土以增加粮食产量的措施。具体做法是把山洪冲下来的泥土，用人工修筑成的坝棱阻挡住，使它沉积于原耕地的低洼处。用这种方法将坡地或凸凹地改造成较肥沃的一块小平地。1939—1942 年，赤水县全县共修埝地 7260 亩，增产粮食 1089 石。[2]陕甘宁边区政府修建的较大的水利工程有：延河支流西川河流水利工程，可灌溉田地 1500 亩，以及杨桥畔水利工程、安塞至延安水利工程等，解决了很大一部分田地的灌溉问题。在增施肥料方面，陕甘宁边区有很多农民种庄稼不施肥，致使农作物的单位产量很低，于是边区政府号召大家“多积粪、多施肥”。1943 年，施肥的麦田、秋田产量比过去大大增加。各县都普遍发动群众开展了拾粪、垫圈、修建厕所、沤肥等积粪运动。定边县劳动英雄刘兴太，在给农作物进行

1 余伯流、凌步机：《中央苏区史》，江西人民出版社 2001 年版，第 685 页。

2 武衡主编：《抗日战争时期解放区科学技术发展史资料》第 2 辑，中国学术出版社 1984 年版，第 74—77 页。

上粪之后，他的庄稼产量比一般地高出几倍。[1]

晋察冀边区自成立起至1939年大水灾之前，发布了《兴修农田水利暂行条例》。平山等13个县整理旧渠13条，浇地92264亩，阜平等11个县开新渠74条，浇地30602亩；完县、灵寿、曲阳等8个县凿井639眼，浇地近万亩。山西雁北地区开展凿井运动，仅唐县、行唐2个县就凿井273眼，浇地4724亩。大水灾后到1941年，为恢复滩地，边区政府颁布《边区垦修滩地办法》，并派水利专家指导，冀中还成立了水利局，并发放水利贷款。边区政府自成立以来，共开渠2272条，浇地418136亩。阜平等22个县修滩地146349亩，易县等17个县凿井3114眼，浇地22128亩，唐县等5个县修堤坝175道，保护土地4万亩。1943年又发布《兴修水利条例》，号召大家一起开凿水渠等水利工程，如曲阳的荣臻渠，可灌溉旱田3万余亩，繁峙扬魏庄农业渠，灌田万亩。在防洪方面，改修了浑源城关的防洪堤坝工程和行唐沙河大堤工程。疏浚定北唐河工程等。盂县、阜平等县修堤筑坝121处，保护村镇41个，保护土地7992亩。[2]除此之外，边区科技人员还创造了摇力吸水机、水力簸箕、磨犁机、自动抽水机、人力抽水机、玉米脱粒机、单杆播种机、水力自动机以及改良的水车、轮滑犁、三角耙、活底粪筐等农具，大大提高了农业生产效率。

西北区的技术人员为解决当地打井取水效率低下的问题，试造了龙骨水车来提水灌溉，成功试造了两种，一种是留守兵团战部罗营长制造的脚踏水车，能提水8尺高，一天能浇地20亩；另一种是兵站刘科长试制的手摇水车，一天能浇地10余亩。[3]

---

1 武衡主编：《抗日战争时期解放区科学技术发展史资料》第2辑，中国学术出版社1984年版，第77—78页。

2 武衡：《延安时代科技史》，中国学术出版社1988年版，第108—109页。

3 邱若宏：《中国共产党科技思想与实践研究：从建党时期到新中国成立》，人民出版社2012年版，第187页。

6. **防治病虫害**。抗日根据地对病虫害采取的主要防治措施有，防治蝗虫：进行秋翻地、溜崖拍畔将虫卵冻死；掘出虫卵烧死或磨碎；挖沟歼灭蝗蝻；组织群众围打飞蝗等方法。1945 年山东根据地蝗灾严重，人民政府组织农民捕打蝗虫，仅渤海区就捕打蝗蝻 30 万斤，救出田禾 1 亿亩。[1] 防治蛉虫：找出蛉虫卵、幼虫及成虫蛰伏处进行毁灭。防治排黄牛：用推迟高粱下种防治排黄牛牛虫病。防治油汗（蚜虫）：用浸泡棉叶法防治油汗（蚜虫）。防治金龟壳（路虎）：及时除草防治路虎虫病。防治麦子黄疸、黑疸、黑穗病：选择抗病良种、砍烧病株、换茬种植和用黑帆、地药浸种籽等防治麦子黄疸、黑疸、黑穗病。防治小麦黑疸病：用蓖麻油、拌石灰粉、拌酒、温汤浸种等方法防治小麦黑疸病。防治稻弄蝶（稻包虫）：用捕杀、烟熏、稻田滴油煤的方法防治。防治粟灰螟（谷虫）：用清除田中谷茬的办法防治。防治蔬菜病虫害：用摘除病叶烧掉或洒石灰、硫黄液等办法防治蔬菜病虫害。虫害的生物防治：利用虫害天敌进行生物防治等等。

中国共产党领导的抗日根据地的科技贡献，首先是对前线的后勤保障，是科学界对抗战提供的直接支持。这种支持体现在：发展农业科技，极大限度地创造条件进行生产，为前线提供粮食物资补给支持；发展工业科技，为前线提供日常生活用品支持；发展军事工业科技，为前线提供枪支弹药等火力支持；发展医疗卫生科技，为前线伤员提供重要保障支持。这些支持，不仅成为抗战胜利的物质保障，更是抗战胜利的信心保障，激励了前方将士的抗战信心。

中国共产党在战时艰难的条件下积极发展科学技术，在一定程度上发展了近代科学技术。无论是在农业、工业、军事工业还是医疗卫生科技发展上，都在向近代科技方向发展，并且取得了一定成就。如利用近代技术生产

1　武衡：《延安时代科技史》，中国学术出版社 1988 年版，第 116 页。

出的优质硝化甘油，为我军军事工业制造双基发射弹药和大量生产各种烈性炸药创造了条件。

四、社会科学界的抗战救亡活动

在人文社会科学领域，抗战学术最大的贡献是马克思主义人文社会科学的成长。唯物史观的传播和马克思主义中国化的发展，使得人文社会科学工作者越来越自觉地运用马克思主义理论与观点研究哲学、历史、文学以及社会领域，从而产生和形成了中国马克思主义哲学与社会科学各学科。毛泽东的《矛盾论》《实践论》，李达的《社会学大纲》等著作为中国马克思主义哲学奠定了基础；郭沫若、范文澜、翦伯赞、吕振羽、侯外庐开创了中国马克思主义史学；王亚南、许涤新、薛暮桥则为中国马克思主义政治经济学的创建作出了杰出贡献；周扬为中国马克思主义文艺学的形成与发展开了先河。因此，就中国马克思主义人文社会科学发展历史进程来看，抗战时期是一个关键的时期，随着马克思主义中国化、大众化的进程，中国马克思主义人文社会科学开始建立，并伴随中国共产党领导的民族独立、人民解放事业的胜利而确立为20世纪后半期中国的主流学术形态。

（一）中国马克思主义史学的形成与发展

历史学是具有浓厚意识形态的学科，也是最具有鉴今资治功能的学科。因此，在文化抗战中，史学工作者积极投身于抵抗日寇文化侵略的战争之中，取得了巨大的成绩。

首先，形成了一支力量雄厚且充满活力的马克思主义的史学研究队伍。20世纪初，中国史学正处在由传统史学向资产阶级“新史学”的转变过程中。由于中国资产阶级本身的局限性和马克思主义在中国的传播，资产阶级新史学并没有完成其体系建构而被以唯物史观为指导的马克思主义史学所逐步取代。随着 20 世纪 20—30 年代中国社会史论战而形成的中国马克思主义史学研究队伍，在文化抗战中迅速壮大。抗战时期中国马克思主义史学研究队伍主要聚集在延安和重庆这两个国共两党的政治文化中心。

在延安，摆脱了教条主义的中国共产党领导人，基于马克思主义中国化的需要，十分重视中国历史研究。1938 年 10 月，毛泽东提出党内一切有研究能力的人都应该研究理论和中国历史。他说："学习我们的历史遗产，用马克思主义的方法给以批判的总结。是我们学习的另一任务。我们这个民族有数千年的历史，有它的特点，有它的许多珍贵品。对于这些，我们还是小学生。今天的中国是历史的中国的一个发展；我们是马克思主义的历史主义者，我们不应当割断历史。从孔夫子到孙中山，我们应当给以总结，承继这一份珍贵的遗产。这对于指导当前的伟大运动，是有重要的帮助的。"[1]1937 年 3 月，张闻天组织建立了"中国现代史研究委员会"，以求对中国革命史进行研究。1939 年 2 月，延安马列学院成立了历史研究室。1941 年 10 月，中央书记处成立了由毛泽东、王稼祥、彭真、任弼时、康生 5 人组成的历史委员会。中共中央对历史研究的重视，吸引了包括国统区在内的进步史学家奔向延安，范文澜、吕振羽、何干之、吴玉章、尹达、陈伯达、叶镬生、金灿然、荣孟源等一批文化界人士纷纷落脚延安，形成了延安的马克思主义史学研究队伍。

在重庆，在以周恩来为首的中共中央南方局的领导下，通过公开或秘密的方式，团结了一大批文化界进步人士，展开了轰轰烈烈的文化抗战。社会科学领域成绩斐然，史学研究尤为突出，成为国统区马克思主义史学研究的重镇，建立了一支马克思主义史学研究队伍。"抗战时期，一些革命的史学

1《毛泽东选集》第 2 卷，人民出版社 1991 年版，第 533—534 页。

家来到大西南，他们以国民政府的文化工作委员会文工会作为合法的活动阵地，并以重庆为中心，在西南地区形成了一支掌握马克思主义世界观与方法论的史家队伍。”[1] 这支队伍包括郭沫若、翦伯赞、侯外庐、杜国庠、华岗、胡绳、吴泽、嵇文甫、赵纪彬、陈家康等人。他们在重庆创办《读书月报》《理论与现实》《群众》等刊物，并发起成立了“新史学会”。团结了一大批进步史学工作者，顾颉刚、张志让、周谷城等著名学者都汇聚到这面“新史学”的旗帜之下。这标志着抗战时期重庆马克思主义史学研究队伍的形成。

其次，推进了中国马克思主义史学的发展。中国马克思主义史学是随着唯物史观在中国的传播而逐步形成的。20 世纪 20—30 年代，是中国马克思主义史学初步形成的时期。在这一时期，李大钊的《史学要论》标志着中国马克思主义史学理论的初步形成，郭沫若的《中国古代社会研究》是中国第一部马克思主义史学著作，并由此引起了中国社会史论战。在论战中，进步的史学工作者用马克思主义立场、观点、方法对中国社会性质进行深入的探讨，推进了中国马克思主义史学的发展。

抗战时期，中国马克思主义史学在社会史论战的基础上继续发展，使作为独立学科的中国马克思主义史学得以形成，并随着新民主主义革命的胜利而成为占据主导地位的科学。其标志，一是毛泽东史学思想的形成。毛泽东在延安时期撰写了《中国革命和中国共产党》《新民主主义论》《改造我们的学习》《整顿党的作风》《如何研究中共党史》《学习和时局》等以辩证唯物主义和历史唯物主义观点和方法为指导的著作，系统地阐述了马克思主义关于人类社会历史的一般原理，特别是阶级斗争学说，历史发展的动力，经济政治与观念意识形态的关系等等，并将这些一般原理运用于中国社会几千年的文明史，特别是近百年来的半殖民地半封建社会历史的规律性探讨，得出

1 侯外庐：《韧的追求》，生活 · 读书 · 新知三联书店 1985 年版，第 94 页。

了符合唯物史观原则和中国历史实际的结论，归纳了实事求是、历史主义、阶级观点、“一分为二”等对于社会科学具有普遍意义的研究方法，为中国马克思主义史学的发展确立了正确的指导思想。二是马克思主义史学理论体系初步形成，逐步取代了以梁启超《中国历史研究法》为代表的资产阶级新史学的理论体系。在抗战时期，出现了一批结合中国历史实际阐释马克思主义史学理论的著述，如吴玉章的《研究中国历史的方法》、翦伯赞的《历史哲学教程》、华岗的《历史为什么是科学和怎样变成科学》和《研究中国历史的锁钥》、吴泽的《中国历史研究法》、吕振羽的《怎样研究历史》等。三是构筑了一个关于中国历史的科学认识体系，即对于中国社会历史发展阶段的认识体系，论证了中国历史经原始社会、奴隶社会、封建社会，到近代半殖民地半封建形态社会的宏观发展过程及其规律，构建了认识中国历史过程的科学体系。这一体系是建立在唯物史观基础之上的，既突破了封建史学以王朝为中心，叙述朝代循环更替的体系，也超越了资产阶级新史学所谓“传疑时代”“化成时代”“极盛时代”之类的模糊表达，而是以社会性质即社会形态的演变为标准，构建中国历史的发展认识体系。四是以马克思主义指导研究历史，不仅仅是个人的学术指向，而且成为一代史学家的共同学术价值和学术追求，由此形成了中国马克思主义史学的基本队伍。

再次，抗战时期中国马克思主义史学研究取得了丰硕的成果。史学工作者以文化抗战为契机，以服务于抗战为宗旨，发挥史学鉴今资政的功能，在史学的各个领域展开研究，取得了丰硕的成果。在史学理论方面，探讨了阶级斗争和农民战争对中国历史发展的推动作用，说明了人民群众的阶级斗争是历史发展的根本动力，树立了人民本位即人民是历史的主体的历史本体观，确立了辩证法与唯物史观的主导研究方法地位，充分发挥了历史学为抗战服务的马克思主义史学的实践品格。在通史研究方面，以马克思主义的历史观构建了中国通史的科学体系和叙述体例，出现了一批高质量的中国通史著作，如翦伯赞的《中国史纲》、范文澜的《中国通史简编》、吴泽的《中国社会简史》、吕振羽的《简明中国通史》、邓初民的《中国社会史教程》等。在专门史研究方面，主要体现在社会史和思想史等与抗战时期社会思潮相关的领域。吕振羽的《中国社会史诸问题》、李达的《中国社会发展迟滞的原因》、侯外庐的《中国古典社会史论》、尹达的《中国原始社会》、吴泽的《中国原始社会史》、郭沫若的《甲申三百年祭》、陈家康的《明末农民运动研究》、翦伯赞的《桃花扇底看南朝》等著作，即是针对“中国社会停滞论”等，以马克思主义的理论与方法探讨了中国古代社会的状况；郭沫若的《青铜时代》和《十批判书》、何干之的《近代中国启蒙运动史》和《三民主义研究》、杜国庠的《先秦诸子思想概要》、嵇文甫的《晚明思想史论》、范文澜的《中国经学史的演变》、侯外庐的《中国古代思想学说史》和《中国近世思想学说史》等著作，对中国历史上不同时期的思想状况进行了深入研究，特别是将思想观念的研究置于不同历史时代进行分析的历史唯物主义方法，为中国思想史的马克思主义研究范式确立了样本。在史料学建设方面，抗战时期的马克思主义史学界十分重视史料与史学的关系和史料学科的建设。在他们的研究中，均以翔实的史料为基础，尤其注重文献史料与考古史料的相互印证，如郭沫若的《青铜时代》、范文澜的《中国通史简编》等，使他们的研究结论具有扎实的史料基础，很高的可靠性和可信性。

抗战时期中国马克思主义史学的发展，既是中国共产党领导的文化抗战的一部分，又对文化抗战产生了重要的影响，发挥了历史学科资政鉴今的功能。主要体现在以下 3 个方面：

第一，为文化抗战指导思想提供了历史依据。中国共产党领导的文化抗战的指导思想，是新民主主义文化理论。新民主主义文化理论是毛泽东基于对中国历史的深刻认识而提出来的。首先，毛泽东从中国历史发展的角度，论证了自鸦片战争以来，中国处于半殖民地半封建社会，其经济政治发生了相应的变化，从而使中国革命的性质也呈现出阶段性特征。毛泽东在《中国革命与中国共产党》《新民主主义论》中，分析了中国古代社会和近代社会的特点、社会阶级力量的变化，指出，中华民族的发展与世界其他民族一样，经历了原始社会、奴隶社会、封建社会。鸦片战争以后，由于外国资本主义的入侵，中国社会中断了正常发展的道路，进入半殖民地半封建的社会。因此，帝国主义与中华民族的矛盾，封建主义与人民大众的矛盾是半殖民地半封建社会的主要矛盾。由此鸦片战争以来中国的革命运动，就是反帝反封建的民主革命。但是由于时代的特点和领导革命的阶级变化，中国资产阶级民主革命又分为旧民主主义革命和新民主主义革命。毛泽东指出，五四运动以来，中国无产阶级已经成为革命的领导阶级，而且中国革命已经与世界社会主义革命相联系，因此，现阶段的新民主主义的革命，就是在无产阶级领导之下的人民大众的反帝反封建的革命。[1] 与此相适应的新民主主义政治，是几个阶级联合的抗日的、反对帝国主义的联合统一战线；新民主主义经济，则是无产阶级领导的以国营经济为领导力量的多种所有制形式的、在耕者有其田的基础上发展各种合作经济的混合制经济体制。建立在新民主主义经济政治基础上的文化，则是人民大众的反帝反封建的文化，即抗日的文化。其次，毛泽东从五四以来文化发展的历史，论证了抗战时期的文化属于新民主主义文化范畴，文化抗战的指导思想只能是新民主主义的文化理论。毛泽东指出，由于中国近代以来半殖民地半封建的社会性质，中国社会的经济、政治及革命以五四为界线分为新旧两个阶段，五四以后，中国文化革命进入了新民主主义阶段，而五四以后的新民主主义文化，又经历了四个时期。“第一个时期是一九一九年到一九二一年的两年，第二个时期是一九二一年到一九二七年的六年，第三个时期是一九二七年到一九三七年的十年，第四个

1《毛泽东选集》第 2 卷，人民出版社 1991 年版，第 647 页。

时期是一九三七年到现在的三年。”[1]第四个时期是抗日战争时期，与政治上的统一战线相适应，在文化战线上，也形成了4个阶级联合的文化统一战线。这个文化统一战线是无产阶级领导的、共产主义思想居于指导地位的文化，即“抗日统一战线的文化”，也就是新民主主义文化。作为指导思想的新民主主义文化理论，在文化抗战中，“应该扩大共产主义思想的宣传，加紧马克思列宁主义的学习，没有这种宣传和学习，不但不能引导中国革命到将来的社会主义阶段上去，而且也不能指导现时的民主革命达到胜利。但是我们既应把对于共产主义的思想体系和社会制度的宣传，同对于新民主主义的行动纲领的实践区别开来；又应把作为观察问题、研究学问、处理工作、训练干部的共产主义的理论和方法，同作为整个国民文化的新民主主义的方针区别开来。”[2]毛泽东关于新民主主义文化理论的论述，是对中国历史文化发展的深入思考总结出来的，符合抗战时期的客观实际，是指导文化抗战的正确思想。

第二，马克思主义史学适时回击了消弭抗战意志的种种错误乃至反动的历史思潮。在文化抗战中，先后出现过配合日本帝国主义侵略的“中国社会停滞论”的所谓史学思潮以及呼应国民党专制独裁思想的史学研究。对此，马克思主义史学理论给予了批判和揭露。“中国社会停滞论”是日本学界为侵略中国而炮制的所谓历史观点，最早出自福泽谕吉，后来逐渐成为日本史学界比较普遍的观点。如白鸟库吉在其代表作《支那上古史》中，认定中国文化始终停留在“知情意”的阶段，其文化贡献只表现在伦理道德方面，而正是这种伦理道德导致了中国社会的停滞。[3]在抗日战争时期，这一论调又被日本侵华史学宣扬，为其侵略寻找根据。日本史学家秋泽修二在其1939年出版的《支那社会构成》中，认为中国社会具有所谓停滞性的“根本性

1《毛泽东选集》第2卷，人民出版社1991年版，第699页。
2《毛泽东选集》第2卷，人民出版社1991年版，第706页。
3 王向远：《日本对中国的文化侵略：学者、文化人的侵华战争》，昆仑出版社2015年版，第144页。

质”，这种停滞性是中国社会“一以贯之”的“特有”属性，造成中国的落后；“支那社会和巴比伦、埃及并称世界文明古国之一，至少在汉代处于亚细亚的‘罗马’的地位，但由于其特有的停滞性——亚细亚的停滞性的缘故，结果变成了欧美帝国主义的隶属国、欧美资本的半殖民地。所以，应该说，支那社会的最大的不幸，就是将支那社会导向隶属于欧美的这种特有的停滞性。至少，支那社会的停滞的性格，为欧美列强将支那半殖民地化提供了可能的根本条件。”而日本的侵略，“是给支那社会带去了光明。也就是说，皇军的武力，把支那社会‘亚细亚式’停滞性的政治的支柱——军阀统治，从支那的主要区域清扫了出去。这样，由于和前进的、自立的日本的结合，就为支那社会特有的停滞性的最后克服，并获得真正自立的道路——东亚协同体实际如此——开辟了道路。”[1] 这种所谓历史研究实际上是为日本帝国主义侵略寻找历史根据。针对这种“侵华史学”，马克思主义史学家进行了坚决的批判。吕振羽撰写了《关于中国社会史的诸问题》《“亚细亚生产方式”和所谓中国社会的“停滞性”问题》《创造民族新文化与文化遗产的继承问题》等文章，李达发表了《中国社会发展迟滞的原因》，吴泽发表了《中国社会历史是“停滞”、“倒退”的吗？》，华岗发表了《评侵略主义的中国历史观》，蒙达坦、罗克汀、王亚南等也发表了文章，以马克思主义唯物史的观点，对秋泽修二的观点进行了驳斥，阐明中国社会发展与人类社会发展的一般性和特殊性，揭露了秋泽修二的所谓史学研究为日本帝国主义侵略服务的本质。此外，对于“战国策派”宣扬的极端的民族主义、国家主义也进行了批判，指出他们所宣扬的“一个固定的元首制度是最为重要的，因为政局的稳定与否，就由元首产生时的平静与否而定。近年来吃了群龙无首的大亏之后，国人已渐觉到首领的必要；此次抗战尤其增进了这种认识，我们已有了全民族

1［日］秋泽修二：《支那社会构成》，中国农村经济研究社、生活社 1939 年版，第 4—5 页。

所绝对拥护的领袖”的观点，其本质是为蒋介石“一个主义”“一个领袖”等反共的专制主义辩护的。[1]

第三，以历史教育和普及的形式，发挥了为抗战服务的史学功能。抗战教育是文化抗战的重要组成部分，承担着“一切文化教育事业均应使之适合战争的需要”和“以民族精神教育新后代”的任务，[2]而历史教育，正是培养民族精神的最好课程。在抗日战争时期的根据地，马克思主义史学成为干部教育、国民教育中的重要内容。《中共中央关于在职干部教育的决定》规定：“政治科学以马列主义论战略策略的论述为理论材料，以我党二十年奋斗史为实际材料；思想科学以马克思主义的思想方法论为理论材料，以近百年中国的思想发展史为实际材料；经济科学以马克思主义的政治经济学为理论材料，以近百年中国的经济发展史为实际材料；历史科学则研究外国革命史与中国革命史。”[3]八路军的教育也非常重视历史教育，“我们要使所有的战士和干部……懂得历史，首先是中国近代革命运动史以及近代世界革命史……以中国革命及社会科学常识为中心，说明中国革命的任务、性质和动力、中国革命运动的简单历史，社会形式发展简史”。[4]在延安的中小学中，历史课程承担着“发扬民族气节与反抗强暴的历史传统，及民族英雄与革命烈士英勇奋斗的史迹”的任务，[5]《陕甘宁边区暂行中学规程》规定，高中、初中每学年均开设历史课。此外，抗日战争时期，马克思主义史学工作者还通过编写通俗历史读物，创作历史剧等方法，普及历史知识。如许立群的《中国史

1 雷宗海：《建国——在望的第三周文化》，载《中国文化与中国的兵》，商务印书馆1940年版。

2 中共中央文献研究室、中央档案馆编：《建党以来重要文献选编（一九二一——一九四九）》第15册，中央文献出版社2011年版，第618—619页。

3 中共中央文献研究室、中央档案馆编：《建党以来重要文献选编（一九二一——一九四九）》第19册，中央文献出版社2011年版，第150页。

4《红色档案：延安时期文献档案汇编》编委会编：《红色档案：延安时期文献档案汇编》，陕西人民出版社2013年版，第207页。

5 中央教育科学研究所编：《陕甘宁边区战时教育方案》，关保英主编，游然、戴婷副主编：《陕甘宁边区行政救助法典汇编》，山东人民出版社2016年版，第353页。

话》、范文澜的《大丈夫》（描写张骞、卫青、霍去病、李广、文天祥、岳飞、戚继光、史可法等25位民族英雄的爱国事迹）以及郭沫若的《屈原》《虎符》《棠棣之花》《高渐离》《南冠草》《孔雀胆》、阿英的《海国英雄》《杨娥传》《碧血花》以及《石达开的末路》《金田村》《翼王石达开》《李秀成之死》《天国春秋》《忠王李秀成》等历史剧，成为教育人民、鼓舞人民投身抗战的精神食粮。

总之，抗战时期中国马克思主义史学既是中华民族伟大的文化抗战的一部分，又以其丰硕的成果影响着文化抗战。因此，抗战时期马克思主义史学研究构成文化抗战的重要内涵。

（二）中国马克思主义哲学的发展

抗日战争爆发以前，马克思主义哲学在中国已经有了较为广泛的传播，并且产生了一批具有深刻影响的理论成果。最早在中国宣传和传播马克思主义哲学的是李大钊和李达。李大钊的《我的马克思主义观》是中国最早阐释马克思主义唯物史观的文献。在他之后，李达比较系统地宣传和传播了马克思主义哲学。李达在学术上的贡献，首先是他对马克思主义哲学即历史唯物主义和辩证唯物主义的阐释和传播。唯物史观是马克思主义揭示的认识人类社会的真理，在党的创立时期，李达即用唯物史观对中国社会问题进行解剖，体现了他对唯物史观的初步理解、阐释与运用。他最早的哲学著作即《现代社会学》（1926年）就是对马克思主义唯物史观进行阐释的著作，也是中国对马克思主义唯物史观最早、最系统的阐释。在这本书中，他结合中国革命的实际，全面阐释了社会的本质、构造、起源、家族、氏族、国家、社会意识、社会变革、社会进化、社会阶级、社会问题、社会思想、社会运动、帝国主义、社会革命等一系列唯物史观的基本问题。

大革命失败以后，进步学术界出现了传播和宣传唯物辩证法和唯物史观的热潮。马克思的《哲学的贫困》、恩格斯的《路德维希·费尔巴哈和德国古典哲学的终结》和《反杜林论》等有着丰富唯物辩证法思想的经典著作的中文全译本也纷纷出版，被列宁称为“辩证法经典”的马克思的《资本论》也开始被部分地翻译出版。在此期间，李达翻译的《辩证法唯物论教程》（苏联西洛可夫等著，上海笔耕堂书店 1932 年版）和《唯物史观解说》[（荷）郭泰（H. Gorter）著，中华书局 1932 年版] 就产生了很大的影响。《唯物史观解说》是中国第一本专门介绍唯物史观的著作。李达系统、全面地阐释了唯物史观，并在湖南大学开设社会学课程，传播唯物史观，对青年学生接受马克思主义产生了重要的影响。其次李达阐释了历史唯物主义与社会科学诸学科的关系，为中国马克思主义的社会科学诸学科的创立和发展奠定了理论基础。他指出：“唯物论的自然观与唯物论的历史观，是唯物辩证法与自然诸科学及社会诸科学之间的媒介的环。”[1] 他还具体说明了唯物史观与其他社会科学学科的关系，[2] 鲜明地阐释了唯物史观在人文社会科学中的指导地位。李达对马克思主义哲学的研究和阐释，是对中国早期马克思主义研究的重大贡献，促使马克思主义理论与方法在人文社会科学领域的运用。《辩证法唯物论教程》对毛泽东产生了很大影响。毛泽东在 1936 年 11 月至 1937 年 4 月阅读了该书，并写下了 1 万多字的批注，为毛泽东撰写《实践论》提供了丰富的思想资料。[3] 在抗日战争时期，李达继续研究和宣传马克思主义哲学。《社会学大纲》就是这一时期阐释和研究马克思主义唯物辩证法的经典之作。该书于 1935 年由北平大学法商学院作为讲义首次印行，1937 年 5 月由上海笔耕堂书店出版，同年再版 3 次。在该书中，李达完整地阐释了唯物辩证法的基本原理，指出：“当作世界观看的唯物辩证法，当作自然科学与社

1 李达：《社会学大纲》，《李达文集》第 2 卷，人民出版社 1981 年版，第 282 页。

2 李达：《现代社会学》，武汉大学出版社 2007 年版，第 9—10 页。

3 汪信砚：《马克思主义哲学在中国的传播与马克思主义哲学中国化》，《马克思主义研究》2013 年第 8 期。

会科学的成果之普遍化的概括看的唯物辩证法，其中包含着两个部分，两个领域，即唯物论的自然观（自然辩证法）与唯物论的历史观（历史辩证法）。唯物论的自然观，以自然现象的发展法则为对象，因而它是自然诸科学的成果的概括；唯物论的历史观，以社会现象的发展法则为对象，因而它是社会诸科学的成果的概括。”[1] 该书毛泽东曾多次阅读，并称之为“中国人自己写的第一本马列主义哲学科教书”，向延安抗日军政大学和哲学研究会作了推荐，在中国马克思主义传播史上产生过巨大影响。

延安时期，为了总结中国革命的经验教训，中共中央十分强调对马克思主义理论特别是马克思主义哲学的学习，以作为反对教条主义的重要武器。1938 年 9 月，毛泽东在中共六届六中全会上提出：“一切有相当研究能力的共产党员，都要研究马克思、恩格斯、列宁、斯大林的理论……干部应当着重地研究这些，中央委员和高级干部尤其应当加紧研究。”[2] 为此，中共中央采取了一系列措施。首先是组织翻译出版了一批马克思主义的著作，如解放翻译出版社翻译了《马克思恩格斯丛书》，包括《哥达纲领批判》《反杜林论》等哲学著作，此外，《费尔巴哈论》《社会主义从空想向科学的发展》《德意志意识形态》（部分内容）和《列宁关于辩证法的笔记》等也陆续翻译出版。其次是编写了一批马克思主义哲学著作，如博古编译的《辩证唯物论与历史唯物论基本问题》、艾思奇和吴黎平合作撰写的《唯物史观》以及吴亮平、张仲实、艾思奇、柯柏年等人翻译、编撰的《马恩列斯思想方法论》等。再次是组织哲学讨论小组。1938 年，毛泽东便倡议成立“新哲学会”，由此带动了延安理论界和干部学习马克思主义哲学的风气，各种哲学学习小组纷纷建立，起到了很好的效果。

延安对马克思主义哲学的学习和探讨，推进了马克思主义哲学的中国

1 李达：《社会学大纲》，《李达文集》第 2 卷，人民出版社 1981 年版，第 282 页。

2《毛泽东选集》第 2 卷，人民出版社 1991 年版，第 532—533 页。

化。马克思主义哲学的中国化，即将辩证唯物主义普遍原理与中国实践相结合，与中国历史相结合。“马克思主义哲学中国化，原则上不外两点：第一要能控制中国传统的哲学思想，熟悉其表现方式；第二要消化今天的抗战实践的经验与教训。”[1]在第一个方面，延安的马克思主义理论工作者做出了成绩，范文澜的《中国经学史的演变》，艾思奇的《孙中山先生的哲学思想》，陈伯达的《老子的哲学思想》《孔子的哲学思想》《墨子的哲学思想》系列文章等，应用辩证唯物主义观点对中国哲学史上的概念、范畴、学派进行了研究和探索，初步构建了马克思主义的中国古代哲学体系。在第二个方面，毛泽东是杰出的代表，他的《实践论》《矛盾论》《改造我们的学习》《整顿党的作风》《反对党八股》《关于领导方法的若干问题》等著作，系统阐述和正确解决了马克思主义同中国具体实际相结合的问题，既是毛泽东哲学思想形成的标志，也是马克思主义哲学中国化的重要理论成果。同时，抗战时期马克思主义哲学中国化的推进，表现了中国的特色，这就是其现实性和大众化的特点。马克思主义哲学的中国化，并不是以纯理论的方式呈现，而是更加关注解决中国的实际问题，如革命的道路、革命的战略策略、革命的方式方法、新民主主义的经济、政治、文化等等，因而具有强烈的实践性。而大众化既是抗战时期马克思主义哲学中国化的具体表现形式，也是抗战时期马克思主义哲学中国化的具体成果，它的意义在于使广大干部特别是高级领导干部应用辩证唯物主义的观点、方法解决革命和工作中的实际问题，避免教条主义和经验主义的错误。

（三）马克思主义经济学理论的发展

抗战时期，中国共产党在马克思主义经济学方面的最大贡献，是新民

1《艾思奇全书》第3卷，人民出版社2007年版，第623页。

主主义经济理论体系的建立。早在土地革命战争时期，以毛泽东为代表的一批共产党人，基于中国政治经济发展不平衡规律以及经济建设在战争中的作用，提出了根据地经济政策原则和经济建设的中心任务，提出了国营、合作、私营3种经济成分并存的思想，形成了土地革命战争时期解决农民土地问题、发展根据地经济的思想，是新民主主义经济理论的萌芽。

1939年12月，毛泽东在《中国革命和中国共产党》一文中明确提出了“新民主主义”的概念，此后，中国共产党领导人和进步理论界对新民主主义革命理论进行了探索，特别是毛泽东发表《新民主主义论》《论联合政府》等一系列论著，对新民主主义经济理论进行了系统的阐述，从而形成了完整的新民主主义经济理论。

新民主主义经济理论的逻辑前提和理论基础是近代以来半殖民地半封建的经济形态的发展及其现状。近代中国是半殖民地半封建社会，社会的生产关系主要表现为落后性和反动性，即代表外国资本主义殖民地经济关系、代表地主阶级的封建经济关系和代表官僚资本主义的具有外国资本主义附庸性质的生产关系；民族资本主义受到帝国主义和封建主义、官僚资本主义双重压迫，得不到充分的发展。因此，近代中国社会的基本矛盾是帝国主义与中华民族、封建主义与人民大众的矛盾。因而，“中国现时社会的性质，既然是殖民地、半殖民地、半封建的性质，它就决定了中国革命必须分为两个步骤。第一步，改变这个殖民地、半殖民地、半封建的社会形态，使之变成一个独立的民主主义的社会。第二步，使革命向前发展，建立一个社会主义的社会。”由此可见，新民主主义经济是由近代中国半殖民地半封建社会性质和社会状况所决定的。

新民主主义经济是无产阶级领导的以公有制为主导的混合制经济形态。大银行、大工业、大商业，归这个共和国的国家所有。“凡本国人及外国人之企业或有独占的性质，或规模过大为私人之力所不能办者，如银行、铁道、航路之属，由国家经营管理之，使私有资本制度不能操纵国民之生计，此则节制资本之要旨也。”“在无产阶级领导下的新民主主义共和国的国营经济是社会主义的性质，是整个国民经济的领导力量，但这个共和国并不没收其他资本主义的私有财产，并不禁止‘不能操纵国民生计’的资本主义生产的发展。”[1]“我们对于资本主义采取调节的政策，包括发展中农的生产运动，办好消费合作社扶持中农生产，与富农竞争，成立商品合作社扶持小手工业生产者，废除苛捐杂税培植小商业者，发展国防工业与资本主义开展竞争，大胆地让资本主义去发展而不压制资本主义，对于劳资关系也采取调节的政策。”[2]简而言之，“新中国的经济构成：（1）国营经济，这是领导的成分；（2）由个体逐步向着集体方向发展的农业经济；（3）独立小工商业者的经济及小的与中等的私人资本经济。这些，就是新民主主义的全部国民经济。”[3]

新民主主义的土地政策，是实行“耕者有其田”、发展合作经济的方针。“没收地主的土地，分配给无地和少地的农民，实行中山先生‘耕者有其田’的口号，扫除农村中的封建关系，把土地变为农民的私产。农村的富农经济，也是容许其存在的。这就是‘平均地权’的方针。这个方针的正确的口号，就是‘耕者有其田’。在这个阶段上，一般地还不是建立社会主义的农业，但在‘耕者有其田’的基础上所发展起来的各种合作经济，也具有社会主义的因素。”[4]

在分配问题上，“将采取调节劳资间利害关系的政策。一方面，保护工人利益，根据情况的不同，实行八小时到十小时的工作制以及适当的失业救济和社会保险，保障工会的权利；另一方面，保证国家企业、私人企业和合作社企业在合理经营下的正当的赢利；使公私、劳资双方共同为发展工业生

1《毛泽东选集》第 2 卷，人民出版社 1991 年版，第 678 页。
2《毛泽东选集》第 2 卷，人民出版社 1991 年版，第 647 页。
3《毛泽东选集》第 4 卷，人民出版社 1991 年版，第 1254 页。
4《毛泽东选集》第 2 卷，人民出版社 1991 年版，第 678 页。

产而努力。”[1]

新民主主义经济的发展方向是为建立社会主义社会提供物质基础和前提条件。“中国的经济，一定要走‘节制资本’和‘平均地权’的路，决不是‘少数人所得而私’，决不能让少数资本家少数地主‘操纵国计民生’，决不能建立欧美式的资本主义社会，也决不能还是旧的半封建社会。”[2]“新民主主义的革命任务，除了取消帝国主义在中国的特权以外，在国内，就是要消灭地主阶级和官僚资产阶级大资产阶级的剥削和压迫，改变买办的封建的生产关系，解放被束缚的生产力”，[3]“完成中国资产阶级民主主义的革命（新民主主义的革命），并准备在一切必要条件具备的时候把它转变到社会主义革命的阶段上去，这就是中国共产党光荣的伟大的全部革命任务”。[4]“要达到社会主义，实现社会主义的工业和农业，必须经过新民主主义经济一个时期的发展，在新民主主义社会中大量地发展公私近代化工业，制造大批供给农民使用的农业机器并因此将农民的个体经济逐步地转变为集体农场经济之后，才有可能。”[5]

新民主主义经济理论是对马克思主义经济学说的发展，也是对列宁“新经济政策”的超越。马克思所设想的，是在高度发达的资本主义经济基础上进行社会主义革命，建立起社会主义的经济形态；列宁的“新经济政策”是希望通过一个过渡时期“容许建设中的社会主义同力图复活的资本主义，在通过市场来满足千百万农民需要的基础上实行经济竞赛”，使国家进入社会主义。新民主主义经济理论则是基于半殖民地半封建社会的落后的中国，在经济政治诸方面都受到帝国主义和封建主义压迫的、生产力极端落后的社会

1《毛泽东选集》第 3 卷，人民出版社 1991 年版，第 1082 页。
2《毛泽东选集》第 2 卷，人民出版社 1991 年版，第 678 页。
3《毛泽东选集》第 4 卷，人民出版社 1991 年版，第 1254 页。
4《毛泽东选集》第 2 卷，人民出版社 1991 年版，第 651 页。
5《毛泽东书信选集》，人民出版社 1983 年版，第 239 页。

环境中，既坚持社会主义前途，又结合实际发展生产力的经济制度。它明确提出中国半殖民地半封建社会要走向社会主义必须经历一个独立的、特定的新民主主义社会经济发展阶段，在经济上没收官僚资本、废除封建土地关系以后，实行国营经济、合作社经济及私人资本主义多种经济成分并存的经济结构，利用国家资本主义和商品经济来发展生产力，实现“中国的工业化和农业近代化”，以完成别的国家在资本主义历史阶段所完成的商品经济和社会化大生产的任务，为向社会主义过渡创造物质前提条件。它不仅坚持了马克思主义生产力决定论，社会主义必须建立在高度发达的物质基础上的原则，又避免了中国新民主主义革命资本主义的前途，也避免了陷入社会主义的空想。从而成功探索出了一条半殖民地半封建中国所特有的经济发展道路，是马克思主义经济学说的中国化成果。从抗战的实际来说，有利于坚持无产阶级的领导权，也有利于建立广泛的抗日民族统一战线，团结人民，夺取抗日战争的胜利。

（四）马克思主义文艺理论的发展

延安时期，马克思主义文艺理论的发展是以马克思主义文艺理论的介绍传播为前提的。马克思主义文艺理论的介绍传播主要是通过翻译出版马克思主义文艺理论的相关论著、撰写介绍马克思主义文艺理论的相关文章和专著、发行传播马克思主义文艺理论的报纸和杂志等方式实现的。早期马克思主义文艺理论的翻译介绍的大家是瞿秋白。1932 年以后，瞿秋白编译了《现实：马克思主义文艺论文集》《马克思恩格斯和文学上的现实主义》《恩格斯和文学上的机械论》等文章，马克思主义经典作家的文艺论述开始比较系统地被译介到中国。延安时期，中国共产党有计划地系统翻译出版了马克思主义理论著作。在文艺理论方面，有延安鲁艺印行的列宁的《论党的组织与党的文学》、高尔基的《论年轻的文学及其任务》、拉法格的《论作家与生活》等论著；周扬编校出版了《马克思恩格斯列宁论艺术》一书，其中有马克思恩格斯关于文艺的5封书信、列宁论托尔斯泰的4篇文章、苏联学者写的马列艺术思想研究论文2篇以及后记等。同时，文艺工作者也在延安的众多文艺报刊上发表了介绍、宣传马克思主义文艺理论的文章，推动了马克思主义文艺理论的学习和研究。由马列研究院改名的中央研究院下设专门的文艺研究室，成为学习和研究马克思主义文艺理论的重要阵地。在主任欧阳山的带领下，在结合中国革命文艺实践的基础上编写了《中国新文学史纲》一书，还与政治研究室一起合编了供全党研究和学习马列理论使用的《马恩列斯思想方法论》一书。中央研究院编译室翻译了《马克思恩格斯论中国》《马恩通信选集》《马克思恩格斯关于唯物史观的书信》等经典著作，特别是译介了马克思主义文艺理论思想的代表作——《马克思恩格斯列宁论艺术》一书，对延安的马克思主义文艺理论的普及宣传与研究学习起到了重要作用。

毛泽东《在延安文艺座谈会上的讲话》是充满中国特色的马克思主义文艺理论的经典之作，也是马克思主义文艺理论中国化形成的标志。张闻天也发表了《作家要同工农群众相融合》《抗战以来中华民族的新文化运动与今后任务》等相关理论文章。由此，延安文艺界开始在马克思主义文艺理论的指导下，兴起了革命文学的研究和创作热潮。其中，周扬是其重要的代表。

周扬在20世纪30年代初即致力于马克思主义文艺理论和苏联文艺的介绍，其中1933年在《现代》杂志上发表的《关于社会主义现实主义和革命浪漫主义》的论文，是国内较早系统介绍“社会主义的现实主义”文艺理论的论文。此外，他还发表了《文学的真实性》《十五年来的苏联文学》《现实的与浪漫的》《现实主义试论》《我们需要新的美学》等系列论文。这些论文的显著特征是大量引用马克思、恩格斯、列宁、斯大林及普列汉诺夫等经典作家关于文艺理论的论述，并努力建构中国马克思主义文艺理论的体系，这对于马克思主义文艺理论的传播产生了积极的效果。

周扬的马克思主义文艺理论思想主要体现在他编辑的《马克思主义与文艺》一书之中。该书按“意识形态的文艺”“文艺的特质”“文艺与阶级”“无产阶级文艺”“作家、批评家”五大专题辑录马克思、恩格斯、普列汉诺夫、列宁、斯大林、毛泽东、鲁迅、高尔基等人关于文艺的论述。从体例的编排和内容的选择来看，反映出周扬对马克思主义文艺理论的理解。在“序言”中，周扬则对马克思主义文艺理论，特别是毛泽东《在延安文艺座谈会上的讲话》的基本精神进行了论述，既是对马克思主义文艺理论和党的文艺政策的宣传，也是周扬文艺思想的表达。周扬认为文艺是劳动人民创造的，必须为劳动人民服务，这是文艺的本质：“文艺从群众中来，必须到群众中去。”[1]

围绕“大众化”“提高与普及”“如何表现新的群众的时代”问题，周扬进行了马克思主义的阐述。他指出，“大众化”不是简单地看作创造大众能懂的作品，以为只是一个语言文字的形式问题，而不知道同时甚至更重要、更根本的是思想情绪的内容的问题。“大众化就是我们的文艺工作者的思想感情和工农兵大众的思想感情打成一片”，[2] 只有“思想情感真正地做到与工农兵大众的思想感情打成一片，这样才能完成文艺大众化的任务”。[3] 关于普及与提高，他认为首先需要解决的是立场问题，只有站在人民大众的立场上，把人民大众的需求即普及的要求放在第一位，才能正确地解决普及与提高的问题。如何表现时代的问题，周扬赞同毛泽东延安文艺座谈会讲话的精神，认为“根据地与非根据地的区别，不但是两种地区，而且是两个时代。到了根据地，就是到了中国历史几千年来空前未有的工农兵和人民大众当权的时代。因此根据地的作家必须描写新的人物，新的世界”。[4] 总的来说，周

1 周扬：《马克思主义与文艺》，作家出版社 1984 年版，第 1 页。
2 周扬：《马克思主义与文艺》，作家出版社 1984 年版，第 1 页。
3 周扬：《马克思主义与文艺》，作家出版社 1984 年版，第 11 页。
4 周扬：《马克思主义与文艺》，作家出版社 1984 年版，第 16 页。

扬作为中国马克思主义文艺理论和文艺批评的代表人物，在延安时期致力于马克思主义文艺理论的宣传，致力于党的特别是毛泽东文艺思想和政策的宣传与阐释，对中国马克思主义文艺理论的形成作出了贡献。

延安时期马克思主义文艺理论的研究取得了丰硕的成果。特别是毛泽东文艺思想的形成，是延安时期马克思主义文艺理论中国化的主要成果，丰富和发展了马克思文艺理论。他的关于文艺与政治、文艺与人民关系、文艺创作、批判继承文化遗产以及文艺批评等方面的理论思想，创造性地发展形成了具有中国特色、中国作风、中国气派的中国化马克思主义文艺理论体系。作为文艺创作的理论指导，为文化抗战提供了文艺思想武器，也成为抗日战争时期中国马克思主义文艺理论发展的标志，推动抗战文艺的繁荣。

第十章
中国共产党领导的文化抗战的地位与作用

中国共产党领导的文化抗战，从九一八事变开始，到1945年日本无条件投降，经历了14年的漫长岁月。在中国共产党的文化抗战思想和政策指导下，文化抗战取得了丰硕的成果，抗战文化成为时代的主流文化，成为党领导的伟大抗日战争的重要组成部分，凝聚了中华民族精神，使抗战精神成为中华民族精神的集中体现；中国共产党在文化抗战中的中流砥柱作用和引领先进文化的作用，得以充分彰显；文化抗战改变了中国文化的地理布局，延续了五四以来中国新文化的传统，使中国文化在马克思主义的引领下，薪火相传，进入新的发展阶段。

一、中国共产党领导的抗日战争的重要组成部分

中国共产党领导的文化抗战，是中国共产党领导的抗日战争的重要组成部分，它与中共领导的平型关大捷、百团大战等军事战役以及遍及华北、江南的敌后游击战、边区的政治经济建设一样，构成中华民族抗日战争史的辉煌篇章。中国共产党确立的以马克思主义为指导的新民主主义文化理论，为工农兵服务的文学艺术，鼓舞民族精神的音乐美术创作，培养千百万干部的抗战教育，不但为夺取抗日战争的胜利提供了精神和物质的力量，也为抗战胜利后中国共产党领导的人民解放战争奠定了基础。

（一）文化抗战是抗日战争的重要组成部分

毛泽东指出："长期而又广大的抗日战争，是军事、政治、经济、文化各方面犬牙交错的战争，这是历史上的奇观，中华民族的壮举，惊天动地的伟业。"[1]中国共产党领导的文化领域的抗战，抵御了日本帝国主义对中国的文化侵略和文化奴役，捍卫了中华民族的文化；它振奋了抗日军民的士气，凝聚了民族精神；它弘扬了民族文化，延续了民族血脉。

1. **文化抗战抵御了日本帝国主义对中国的文化侵略和文化奴役**。日本对华侵略，在文化领域实行的是殖民地奴化政策，妄图在文化上灭亡中国、征服中华民族。"它用武力毁灭与强占中国的文化机关与学校，焚毁与取缔中国革命的图书、文献、报章、杂志，屠杀与监视爱国的文化人与青年知识分子。它直接由日本文化浪人与经过汉奸文化人宣扬其奴化理论。如建立'东亚新秩序'，'东亚协同体'，提倡'中日亲善'，'共存共荣'等。在它的占领区，建立奴化教育的统制机关与制度。报纸杂志、通讯社的建立。各种教科书的修改与编印。它还收买、欺骗、引诱、麻醉与强迫文化人与青年知识分子为其服务。它强迫尊孔、祭孔、读经，实行复古运动；它提倡迷信、盲从、落后、诲淫诲盗；它强迫学习日文日语，以日文日语代替国文国语。它还利用各种下流无耻的、多种多样性的宣传鼓动方法，以达到它奴化之目的。"[2]尤其是日本帝国主义为了使其侵略合法化，还制造了所谓"中国社会停滞论"的"理论"，为其侵略寻找"理论依据"。"中国社会停滞论"是日本学界为侵略中国而炮制的所谓历史观点，最早出自福泽谕吉，后来逐渐成为日本史学界比较普遍的观点。在抗日战争时期，这一论调又被日本侵华史学宣扬，为其侵略寻找根据。日本史学家秋泽修二在其 1939 年出版的《支

1《毛泽东选集》第 2 卷，人民出版社 1991 年版，第 441 页。

2 中央党史研究室张闻天选集传记组编：《张闻天文集》3，中共党史出版社 2012 年版，第 23 页。

那社会构成》中，认为中国社会具有所谓停滞性的“根本性质”，这种停滞性是中国社会“一以贯之”的“特有”属性，造成中国的落后，而日本的侵略，“是给支那社会带去了光明。也就是说，皇军的武力，把支那社会‘亚细亚式’停滞性的政治的支柱——军阀统治，从支那的主要区域清扫了出去。这样，由于和前进的、自立的日本的结合，就为支那社会特有的停滞性的最后克服，并获得真正自立的道路——东亚协同体实际如此——开辟了道路。”[1]这种所谓历史研究实际上是为日本帝国主义侵略寻找历史根据。针对这种“侵华史学”，马克思主义史学家进行了坚决的批判。

在战争中，日本帝国主义还对中国的文化设施进行摧毁。据统计，到1943年全国文教机构损失情况为：在全国专科以上高等院校中，国立26所院校损失35970千元。省立20所院校损失7700千元。私立43所院校损失31080千元。总上89所院校，合共损失74750千元；抗战6年沦陷区中等学校数约1450所，损失约为118900千元，再加上后方被炸损失，合共损失不低于150000千元；沦陷区小学校数约100000处，损失额为181000千元，共损失约200000千元；社会教育机关包含一切短期民众学校、教养院、体育场、公园、古物保存所、博物院、图书馆等，损失更难以计算，仅以普通财产为限，图书、古物等项损失不在此列，沦陷区损失约93500千元，加入后方损失，总计损失约534750千元。[2]在沦陷区，日本帝国主义还推行奴化教育，实施“铲除狭隘之排外思想”“建设东亚新秩序之始基”“根绝容共思想”“亲仁善邻”的奴化教育方针，对课程进行删改，规定日语为必修课程，篡改教科书，对教师实施思想控制。针对日本帝国主义的文化摧残和文化教育，文化领域的爱国之士，在中国共产党的领导下，展开了坚决的斗争。在极为艰苦的条件下，抢救古物典籍，恢复、创办学校，实施抗战

1［日］秋泽修二：《支那社会构成》，中国农村经济研究社、生活社1939年版，第4—5页。
2 韩启桐：《中国对日战争损失之估计（1937—1943）》第9辑，（台北）文海出版社1974年版。

的教育方针，取得了巨大的成绩，使日本帝国主义妄图消弭中国文化的图谋破产，弘扬和发展了中国文化。

2. **文化抗战振奋了抗日军民的士气，凝聚了民族精神**。文化抗战通过媒体、文学、艺术、教育等文化的形式，以振奋人心的新闻报道、感人肺腑的文字、生动活泼的艺术形象、提高民族自尊心的教育内容，提振了抗日军民的士气。以抗战美术为例，美术是富有感染力的直观艺术，抗战时期木刻、版画、漫画成为宣传抗战的有力武器。在延安，“有人说延安城是标语和图画装成的，这是真话，一座不十分大的城里，无论大街小巷、墙壁上、门板上、土堆上，甚至一棵树上都贴满了……在延安城的每一个角落，也没有一处找不到抗战宣传画和木刻的痕迹。”[1]“1937 年秋，在我们快到陕北的路上……我们每进一村，映入眼帘的首先是满墙的标语、漫画。记得其中一幅是：一个袖口上写着‘中国’的大拳头，把个小日本打得脚板朝天。”[2]聂荣臻元帅在回忆录中写道：“至于美术工作，不论你走到什么地方，到处都可以看到醒目的大幅抗战壁画。在村庄的墙壁上，贴的是手持钢枪、大刀的子弟兵和民兵的英雄形象，很有战斗性。”[3]李公朴在当时所写的《华北敌后——晋察冀》一书中也记载：“随便你走到什么地方，到处是醒目的大幅的壁画。美术工作者随时随地的掮着梯子爬到墙上创作他那抗战大众的墙画。每个村庄里，你也可以看见每家门上贴着的门神已不是秦叔宝、尉迟恭，而是标有‘加紧站岗放哨’，‘捉拿汉奸敌探’字样，手持红缨枪和亮闪闪的大刀的自卫队队员的英姿。过去由天津运送来的什么《麒麟送子》、《老鼠娶妻》一类的年画已代之为《妻子送郎上战场，母亲叫儿打东洋》、《抬伤兵，

1 季植：《美术活动在延安》，黄宗贤：《大忧患时代的抉择》，重庆出版社 2000 年版，第 93 页。

2 李琦：《抗战剧团的美术工作》，载中国人民解放军文艺史料编辑部编：《中国人民解放军文艺史料选编（抗日战争时期）》第 1 册，解放军出版社 1988 年版，第 180 页。

3《晋察冀革命文化艺术大事记》，花山文艺出版社 1998 年版，第 4 页。

送茶饭》、《开展民主运动，选举好村长》一类的抗日年画。”[1] 在晋冀鲁豫边区，“墙头画的数量远过木刻，所起的作用也最大，在本区深山僻壤的村庄里，都满布着墙头画。”[2] 正是这些鼓舞人心的美术作品，提振了民众的抗日士气，坚定了人民的抗战决心。同时，在抗日战争时期，中国共产党在文化抗战领域，坚持最广泛的抗日民族统一战线，团结各方面的文化人士，在各个领域进行坚决的抗战，以弘扬和践行中华民族优秀文化为主旋律，颂扬爱国主义精神，激励民族牺牲精神。《义勇军进行曲》《黄河颂》《大刀进行曲》等优秀文化艺术作品，更成为中华民族精神的象征，鼓舞着千千万万爱国人士为民族解放和民族独立而献身。

3. **文化抗战弘扬了民族文化，延续了民族血脉**。习近平总书记指出：“文化是一个国家、一个民族的灵魂。文化兴国运兴，文化强民族强。”[3] 中国共产党领导的文化抗战，实际上也是中华民族的文化保卫战，是从文化上抵御日本帝国主义的侵略，弘扬中华民族文化，使中华文化血脉得以延续和发展，它最终与政治、军事、经济方面的抗战一样，取得了伟大的胜利。文化抗战所形成的抗战文化是代表中国近代文化前进方向的文化形态。毛泽东对鸦片战争以来的中国文化发展做过精到的分析。他指出，鸦片战争以来中国文化的发展以五四为界标，构成了两个不同的历史时期。分为资产阶级的新文化和中国共产党人所领导的无产阶级新文化，即具有共产主义的文化思想的新民主主义文化。中国共产党的文化抗战，即是近代文化发展史上第二个时期的一个重要阶段。这个阶段的文化发展，正如毛泽东所说，“却是新民

---

1 李公朴：《华北敌后——晋察冀》，生活·读书·新知三联书店 1979 年版，第 156 页。

2 刘增杰等编：《抗日战争时期延安及各抗日民主根据地文学运动资料》（中），山西人民出版社 1983 年版，第 276 页。

3 习近平：《决胜全面建成小康社会　夺取新时代中国特色社会主义伟大胜利——在中国共产党第十九次全国代表大会上的报告》，人民出版社 2017 年版。

主主义性质的文化，属于世界无产阶级的社会主义的文化革命的一部分”，[1]因此，“中国新的国民文化的内容，既不是资产阶级的文化专制主义，又不是单纯的无产阶级的社会主义，而是以无产阶级社会主义文化思想为领导的人民大众反帝反封建的新民主主义文化”。[2]在抗战时期，中国共产党人以高度的文化自信，担当起文化抗战的领导责任，高举抗日民族文化统一战线的旗帜，创造着“中华民族的新文化”。这一时期创造的抗战文学、抗战音乐、抗战戏剧、抗战电影、抗战诗歌等等抗战文化形态，构成抗战时期中国文化发展的绚丽篇章，特别是反映中华民族文化精神的抗战精神，成为中华民族精神的象征，融入中华文化的血脉，成为中华民族优秀文化的组成部分，为中华民族精神家园的构建添上浓墨重彩的一笔。

（二）文化抗战推进了马克思主义中国化

马克思主义中国化，即把马克思主义的普遍原理与中国的具体实际相结合，中国实际包括中国历史与现状。1938 年 10 月中共六届六中全会上，毛泽东总结中国革命特别是土地革命时期的经验教训，提出了“马克思主义中国化”的命题。在此之前，中国共产党包括文化领域的进步人士，就致力于探索中国社会、中国革命的性质，寻找适合于中国实际的中国道路。中国共产党领导的文化抗战，推进了这一进程，并在抗日战争时期取得了马克思主义中国化的丰硕成果。在这一过程中，作为文化抗战重要方面的马克思主义史学工作者作出了重要贡献。

在 20 世纪 20—30 年代关于中国社会史性质、中国社会发展和中国农村社会性质的三次论战（统称为中国社会史论战）之中，中国进步史学界就开始了运用马克思主义基本原理特别是马克思主义社会发展的理论来研究中国

1《毛泽东选集》第 2 卷，人民出版社 1991 年版，第 698 页。
2《毛泽东选集》第 2 卷，人民出版社 1991 年版，第 706 页。

社会历史，正确地得出了中国社会形态发展符合马克思主义揭示的人类社会发展一般规律的结论。同时，论战中关于自鸦片战争以来中国社会性质的确定，又为马克思主义中国化的实现确立了特殊的历史前提。

大革命失败以后，中国社会各阶级都在思考“中国向何处去”的问题。以蒋介石为代表的大资产阶级及其政权，企图消弭中国共产党的革命理论，发起了文化“围剿”。陶希圣在1928年发表了《中国社会到底是什么社会?》，认为中国社会不是封建社会，也不是资本主义社会，而是宗法封建社会，次年，他出版了《中国社会之史的分析》和《中国封建社会史》两本书，集中阐释了他的主张。中国共产党为了贯彻六大关于中国社会是半殖民地半封建社会的判断，通过《新思潮》杂志，组织讨论中国社会性质问题，以批驳陶希圣等人的观点，由此开启了关于中国社会史的论战。论战主要集中在中国有没有经历过奴隶社会、中国社会是否存在亚细亚生产方式、现阶段中国社会的性质三个问题上。正在形成中的马克思主义史学以唯物史观为武器，参与了论战。郭沫若出版了《中国古代社会研究》一书，开创性地将唯物史观与中国古代社会相结合，论证了中国社会同样经历了马克思主义所揭示的五种社会形态的演变；李达则出版了《中国产业革命概观》，对鸦片战争以后的中国社会结构进行了具体的分析，指出现阶段的社会性质不是资本主义或商业资本主义，而是半殖民地半封建社会。此外，翦伯赞发表了《中国农村社会之本质及其历史的发展阶段之划分》《前封建时期之中国农村社会》《关于“亚细亚生产方法”问题》《关于历史发展中之“奴隶所有者社会”问题》等论著，论证了中国农村社会并不是所谓亚细亚生产方式；侯外庐的《中国古代社会与老子》、华岗的《中国封建制停滞的历史根源》以及邓拓的《论中国经济发展中的奴隶制问题》都是论战中标志性的成果。通过论战，中国马克思主义史学家认为，中国古代社会经历了原始社会（亚细亚原始公社）、奴隶社会、封建社会的发展阶段；鸦片战争以前的中国是封建社会，随着商品经济的发展和手工业作坊的出现，出现了资本主义生产方式的萌芽；鸦片战争以后，帝国主义的商品和生产技术的进入，瓦解了小农业生产和小手工业相结合的封建自然经济，但是，帝国主义并没有摧毁封建生产关系，也阻碍了民族工商业的发展，使中国资本主义生产关系不能正常地建立起来，近代中国成为一个特殊的社会形态，即帝国主义侵略下的半殖民地半封建社会形态。1937 年，何干之出版了《中国社会性质问题论战》和《中国社会史论战》两本书，对论战中涉及“亚细亚生产方式问题”、“奴隶制社会问题”、“封建制社会问题”和“商业资本主义问题”及“前先资本主义社会问题”等重大问题，进行了比较深入的讨论。马克思主义史学的研究有力地论证了马克思主义适合中国国情以及中国必须走新民主主义革命的道路，为马克思主义中国化提供了历史基础。

中共中央到达陕北以后，以毛泽东同志为主要代表的中国共产党人深切感到土地革命时期“左”的错误对中国革命造成的巨大危害，认识到马克思主义与中国实际相结合即马克思主义中国化的迫切性。在中共六届六中全会上，毛泽东正式提出了马克思主义中国化的问题。指出：“指导一个伟大的革命运动的政党，如果没有革命理论，没有历史知识，没有对于实际运动的深刻的了解，要取得胜利是不可能的。”[1] 将对中国历史的了解和认识，提高到了关乎革命胜利的高度。中国历史是中国实际的一部分，中国历史的发展状况是中国革命的起点，也是马克思主义中国化的历史前提。因此，毛泽东十分重视对历史的研究：“学习我们的历史遗产，用马克思列宁主义的方法给以批判的总结，是我们学习的另一任务。我们这个民族有数千年的历史，有它的特点，有它的许多珍贵品。对于这些，我们还是小学生。今天的中国是历史的中国的一个发展。我们是马克思主义的历史主义者，我们不应当割

1《毛泽东选集》第 2 卷，人民出版社 1991 年版，第 533 页。

断历史。从孔夫子到孙中山，我们应当给以总结，承继这一份珍贵的遗产。这对于指导当前的伟大的运动，是有重要的帮助的。”[1]毛泽东主张研究中国历史，实际上就是强调对中国实际的认识，这是马克思主义中国化的历史前提。毛泽东认识到：“马克思主义必须和我国的具体特点相结合并通过一定的民族形式才能实现。马克思列宁主义的伟大力量，就在于它是和各个国家具体的革命实践相联系的。对于中国共产党来说，就是要学会把马克思列宁主义的理论应用于中国的具体的环境，成为伟大中华民族的一部分。而和这个民族血肉相连的共产党员，离开中国特点来谈马克思主义，只是抽象的空洞的马克思主义。”“因此，使马克思主义在中国具体化，使之在其每一表现中带着必须有的中国的特性，即是说，按照中国的特点去应用它，成为全党亟待了解并亟须解决的问题。洋八股必须废止，空洞抽象的调头必须少唱，教条主义必须休息，而代之以新鲜活泼的、为中国老百姓所喜闻乐见的中国作风和中国气派。”[2]

毛泽东关于马克思主义中国化的论述，推动了马克思主义中国化的历史进程，而随着马克思主义中国化的深入，马克思主义史学者对中国历史的认识也更为深入。从此，作为文化抗战一部分的中国马克思主义史学，把马克思主义唯物史观与中国历史的实际相结合，深入研究中国历史和社会的发展及其规律，推动了马克思主义中国化的理论创造和实践活动。

在理论创造方面，马克思主义史学运用历史唯物主义深入研究中国历史，取得了丰硕的成果，论证了马克思主义中国化的历史合理性。毛泽东倡导学习和研究历史，“对于近百年的中国史，应聚集人才，分工合作地去做，克服无组织的状态。应先作经济史、政治史、军事史、文化史几个部门

1《毛泽东选集》第 2 卷，人民出版社 1991 年版，第 534 页。
2《毛泽东选集》第 2 卷，人民出版社 1991 年版，第 534 页。

的分析的研究，然后才有可能作综合的研究。”[1]同时，毛泽东对中国历史也有浓厚的兴趣，并进行了深入的研究。他的《〈共产党人〉发刊词》《中国革命与中国共产党》《新民主主义论》《矛盾论》《实践论》《论联合政府》等著作，就是在对中国历史的深刻认识的基础上形成的。他对中国封建社会、半殖民地半封建社会的分析，都是建立在历史事实基础之上的。特别是关于封建社会经济特征、封建社会发展的动力、半殖民地半封建社会的矛盾变化、阶级关系、人民是历史创造的动力等论述，为中国马克思主义史学建构了研究体系和研究范式，也构成了马克思主义中国化成果——毛泽东思想的重要组成部分。

马克思主义史学对马克思主义中国化的理论推进，体现在对中国历史发展体系的理论建构和叙述范式构建，这就是以唯物史观建构的中国通史体系。在文化抗战中，中国通史的研究和撰述取得了很大的成就。吕振羽的《简明中国通史》、范文澜的《中国通史简编》、翦伯赞的《中国史纲》、邓初民的《中国社会史教程》、吴泽的《中国社会简史》等通史著作，以马克思主义关于社会发展的理论为指引，从历史事实出发，建立了中国历史从原始社会、奴隶社会、封建社会到半殖民地半封建社会的理论体系；建构了生产力决定生产方式、经济基础决定上层建筑、文化是经济政治的反映的历史叙述范式。

随着中国历史研究体系和叙述范式的构建，马克思主义理论与方法在思想史研究领域也得以运用。郭沫若的《青铜时代》和《十批判书》，吕振羽的《中国政治思想史》、杜国庠的《先秦诸子思想概要》和《先秦诸子批判》、嵇文甫的《晚明思想史论》、何干之的《近代中国启蒙运动史》和《三民主义研究》、范文澜的《中国经学史的演变》、侯外庐的《中国古代思想学说史》和《中国近世思想学说史》以及抗战胜利后出版的《中国思想通史》

1《毛泽东选集》第 3 卷，人民出版社 1991 年版，第 802 页。

等论著，以马克思主义的理论与方法，对中国古代及近代的各种思想流派进行梳理和研究，从唯物史观的角度，分析其产生的背景、内容及对后世的影响，从而确立了马克思主义在中国思想史研究领域的话语体系。

在社会史、经济史领域，马克思主义史学作出了贡献。王亚南的《中国经济原论》（又名《中国半封建半殖民地经济形态》）、《中国官僚政治研究》，吕振羽的《中国社会史诸问题》，侯外庐的《中国古典社会史论》，尹达的《中国原始社会》，吴泽的《中国原始社会史》，等等，应用马克思主义社会发展形态的理论，对中国原始社会、封建社会和近代半殖民地半封建的经济、社会形态进行研究，得出了中国古代社会遵循了人类社会发展的共同规律，近代社会则由于帝国主义的入侵而呈现的特殊发展特征的结论。这一结论既符合马克思主义的基本原理，又说明了马克思主义中国化的历史必然。

在实践活动方面，马克思主义史学的重要贡献是以其丰富的成果，对中共的干部历史教育作出了贡献，帮助广大干部特别是高级干部认识中国的历史，从而认识马克思主义与中国实际相结合的重要性，推进马克思主义的中国化历程。毛泽东对党内不重视历史学习，特别是不重视近代史的现象提出了批评："对于自己的历史一点不懂，或懂得甚少，不以为耻，反以为荣。特别重要的中国共产党的历史和鸦片战争以来的中国近百年史，真正懂得的很少。近百年的经济史，近百年的政治史，近百年的军事史，近百年的文化史，简直还没有人认真动手去研究。"[1]因此，在延安时期，毛泽东多次强调要学习和研究中国历史，在干部教育中加强历史教育。《中共中央关于在职干部教育的决定》特别强调历史教育，除历史教育列入一般干部必修课程外，对于高中级干部有较高的要求："高级及中级干部之具有学习理论资格（文化程度理解力与学习兴趣等）者，于业务学习与政治学习之外均须学习理论。

1《毛泽东选集》第3卷，人民出版社1991年版，第798页。

其学习范围分为政治科学，思想科学，经济科学，历史科学等项，依次逐步学习之。其学习方法，以理论与实际联系为原则。例如政治科学以马列主义论战略策略的著述为理论材料，以我党二十年奋斗史为实际材料；思想科学以马克思主义的思想方法论为理论材料，以近百年中国的思想发展史为实际材料；经济科学以马克思主义的政治经济学为理论材料，以近百年中国的经济发展史为实际材料；历史科学则研究外国革命史与中国革命史。其具体进行，应采取高级学习组与中级学习组的办法，以自学为主，加以集体的讨论与指导。"[1] 在《中共中央关于延安干部学校的决定》中，毛泽东和党中央强调干部学习马克思主义理论"是为了使学生能够正确的应用这种理论去解决中国革命的实际问题，而不是为了书本上各项原则的死记与背诵。"因此，"必须增加中国历史与中国情况及党的历史与党的政策的教育，使学生既学得理论，又学得实际，并把二者生动的联系起来。"[2] 在干部教育中，马克思主义史学工作者发挥了积极的作用，研究撰述，编写教材，讲授课程，为马克思主义中国化提供了思想养料，从而推动了马克思主义中国化的历史进程。

（三）文化抗战为抗日战争培养和为解放战争准备了大批干部

文化抗战为抗战作出贡献并成为伟大抗战的一部分，在于它为抗日民族解放战争培养了一大批干部并为中国人民解放战争做了干部准备。在这一方面，抗战教育特别是抗战干部教育作出了重要的贡献。毛泽东指出："指导伟大的革命，要有伟大的党，要有许多最好的干部。"[3]"中国共产党是在一个几万万人的大民族中领导伟大革命斗争的党，没有多数才德兼备的领导

---

1 中共中央文献研究室、中央档案馆编：《建党以来重要文献选编（一九二一——一九四九）》第 19 册，中央文献出版社 2011 年版，第 149 页。

2 中共中央文献研究室、中央档案馆编：《建党以来重要文献选编（一九二一——一九四九）》第 18 册，中央文献出版社 2011 年版，第 761 页。

3《毛泽东选集》第 1 卷，人民出版社 1991 年版，第 277 页。

干部，是不能完成其历史任务的”，“政治路线确定之后，干部就是决定的因素”。[1] 全面抗战爆发后，为了能够更好地领导和团结一切力量抗战，中共对干部教育提出了“干部教育第一”，实行抗战教育政策，使教育为抗战服务，坚持思想政治教育与军事教育并存、教育课程和内容“少而精”等原则，并在陕甘宁边区创办了中国人民抗日军政大学、陕北公学、鲁迅艺术文学院等一大批干部学校并发展到全国各革命根据地，通过改变过去的教育体制、重新规划教育内容、注重思想政治教育和军事技能教育，为党内发展和抗战前线提供了大量能立即投身抗战的实用人才。

全面抗战开始后，中国共产党为了解决干部不足的问题，在陕甘宁边区开展了大规模的干部教育，“在中央直接指导下建立了抗大、陕公、党校、马列学院、鲁艺、青训班、女大、工人学校、卫生学校、通讯学校、组织部训练班、行政人员训练班、边区党校、鲁迅师范、边区中学、鲁迅小学、儿童保育院等十七所学校，学生多的万余人，少的几百人几十人，几千个干部从事教育工作，教育出来的及尚未出来的学生三万以上。”《中共中央关于在职干部教育的决定》中指出，“干部教育工作，在全部教育工作中的比重，应该是第一位的”。[2]

为了培养适合于民族解放战争和准备将来的革命战争的干部，毛泽东制定了干部教育的方针：“军事与政治并重；理论与实际并重；理论与实际相联系；教育课少而精。”[3] 根据这一原则，《中共中央关于在职干部教育的决定》规定：“在职干部教育，以业务教育、政治教育、文化教育、理论教育四种为范围。”业务教育就是“做什么、学什么”：“第一是关于与各部门业务密切关联的周围情况的调查研究”；“第二是关于与各部门业务密切关联的

1《毛泽东选集》第 2 卷，人民出版社 1991 年版，第 526 页。

2 中共中央文献研究室、中央档案馆编：《建党以来重要文献选编（一九二一—一九四九）》第 19 册，中央文献出版社 2011 年版，第 146 页。

3 中共中央文献研究室编：《毛泽东年谱（1893—1949）》上卷，中央文献出版社 2013 年版，第 595 页。

政策法令指示决定的研究”；“第三是关于各部门业务具体经验的研究”；“第四是各部门业务的历史研究”；“第五是关于各部门业务的科学知识”。

政治教育，“其范围，包括时事教育及一般政策教育二项。关于进行时事教育的办法包括督促所属干部看报，对所属干部讲解时事问题，以及地区或部门为单位召集干部作时事报告等项。关于进行一般政策教育的办法，或为一切干部所应普遍学习的；例如将中央对时局宣言，中央关于增强党性决定，关于调查研究决定及边区施政纲领等，督促干部阅读，加以解释及讨论等；或为虽与本部门业务无直接关系，但有间接关系，有使所属干部加以研究之必要者，例如向军事指挥员解释中央关于土地政策的决定等。政治教育之目的，于使干部除精通其专门业务局部情况与局部政策之外，还能通晓一般情况与一般政策，扩大干部的眼界，避免偏畸狭隘不懂大局的弊病。必须指出，好谈一般政治而忽视专门业务的倾向是不对的，但局限于专门业务而忽视般政治的倾向，也是不对的。”

文化教育，“其教育与学习范围，暂定为国文、历史、地理、算术、自然、社会、政治等课”，“文化班或文化学校，可分为初级的及中级的两种，初级班为不识文字及粗识文字的人而设，以学至大体相当于高小程度为合格。中级班为已有相当于高小程度的人而设，以学至大体相当于中学程度为合格。干部分班应以文化程度为标准。不以职位为标准。”对于高中级干部有较高的要求：“高级及中级干部之具有学习理论资格（文化程度理解力与学习兴趣等）者，于业务学习与政治学习之外均须学习理论。其学习范围分为政治科学，思想科学，经济科学，历史科学等项，依次逐步学习之。其学习方法，以理论与实际联系为原则。”[1]在《中共中央关于延安干部学校的决定》中，毛泽东和党中央强调干部学习马克思主义理论“是为了使学生能够

1 中共中央文献研究室、中央档案馆编：《建党以来重要文献选编（一九二一—一九四九）》第19册，中央文献出版社2011年版，第149页。

正确的应用这种理论去解决中国革命的实际问题，而不是为了书本上各项原则的死记与背诵。”因此，“必须增加中国历史与中国情况及党的历史与党的政策的教育，使学生既学得理论，又学得实际，并把二者生动的联系起来。”[1]

抗战时期，党的干部教育工作进行得扎实而有成效。“一是为当时抗日战争和解放战争培养了成千成万的革命战士，二是为全国解放以后的社会主义建设准备了成千成万的骨干力量。”[2]据不完全统计，抗战时期，陕甘宁边区、各抗日根据地和中央直属的干部学校共计60多所，主要分为培养党政干部的学校和培养各类专门人才及少数民族干部的学校，这些干部学校都形成了自己的办学特色，层次分明，有初级、中级和高级学校；门类齐全，包括文化、军事、政治及专业技术等类别。干部学校的生源广泛，有来自八路军、新四军部队的干部以及各抗日根据地的地方干部，还有来自国统区的进步爱国青年学生。以抗日军政大学为例，该校是延安培养抗日军政干部的主要基地，以适应抗战的需要、理论联系实际的教育为特点，“抗大的政治课程包括中国问题、马列主义概论、哲学、统一战线、政治经济学、日本问题、时事政策、社会科学概论等；军事课程包括战略学、游击战术、步兵战术、军事地形学，战术动作、战斗指挥和队列、射击、投弹、刺杀、爆破等技术课程。”[3]从1936年6月到1945年9月抗日战争胜利，总校（包括其前身红军大学）在艰苦的环境中创办了8期，培养干部29072人。[4]之后又在晋察冀、山东、华中等抗日根据地陆续开办了14所分校，培养和训练了10余万名德才兼备的政治干部。[5]从1937年8月到1941年8月，陕北公学在四年

1 中共中央文献研究室、中央档案馆编：《建党以来重要文献选编（一九二一——一九四九）》第18册，中央文献出版社2011年版，第761页。

2 李维汉：《回忆与研究》（下），中共党史出版社2013年版，第449页。

3 顾明远：《中国教育大系·马克思主义与中国教育》（下），湖北教育出版社1994年版，第1089页。

4 董纯才：《中国革命根据地教育史》第2卷，教育科学出版社1991年版，第123页。

5 潘晔：《中国共产党知识分子政策的变迁与创新》，武汉理工大学出版社2008年版，第72页。

期间共培养7000余名抗日干部。[1]抗日战争胜利时期，干部队伍的数量已达数百万人，为抗日战争的胜利提供了干部保障。

抗战教育也为解放战争的胜利做了干部准备。随着抗日战争走向胜利，中国共产党在抗战后期，适时地调整了教育政策，即由抗战的教育向人民的教育转变。1942年，毛泽东在延安文艺座谈会上发表讲话，提出了“现阶段的中国新文化，是无产阶级领导的人民大众的反帝反封建的文化……一定是无产阶级领导的。”人民大众包含4种人，即“第一是为工人的，这是领导革命的阶级。第二是为农民的，他们是革命中最广大最坚决的同盟军。第三是为武装起来了的工人农民即八路军、新四军和其他人民武装队伍的，这是革命战争的主力。第四是为城市小资产阶级劳动群众和知识分子的，他们也是革命的同盟者，他们是能够长期地和我们合作的。这四种人，就是中华民族的最大部分，就是最广大的人民大众。”[2]1944年10月，毛泽东在陕甘宁边区文教大会上作了《文化工作中的统一战线》的报告，指出：“我们的文化是人民的文化，文化工作者必须有为人民服务的高度热忱，必须联系群众，而不要脱离群众。”[3]1945年4月，毛泽东在《论联合政府》中提出了教育方针：“中国国民文化和国民教育的宗旨，应当是新民主主义的，就是说，中国应当建立自己的民族的、科学的、人民大众的新文化与新教育。”[4]因此，抗战后期，特别是经过延安整风运动以后，抗战教育具备了人民民主即新民主主义的特性，注重教育中的共产主义思想的教育。这就使抗日根据地的教育发生了变化，承担了为人民解放战争和建设新中国培养人才的任务。

---

1 余子侠：《民族危机下的教育应对》，华中师范大学出版社2001年版，第264页。

2《毛泽东选集》第3卷，人民出版社1991年版，第855—856页。

3 中共中央文献研究室、中央档案馆编：《建党以来重要文献选编（一九二一—一九四九）》第21册，中央文献出版社2011年版，第583页。

4《毛泽东选集》第3卷，人民出版社1991年版，第1083页。

二、文化抗战与中华民族精神的凝聚

“在中国人民抗日战争的壮阔进程中，形成了伟大的抗战精神，中国人民向世界展示了天下兴亡、匹夫有责的爱国情怀，视死如归、宁死不屈的民族气节，不畏强暴、血战到底的英雄气概，百折不挠、坚忍不拔的必胜信念。伟大的抗战精神，是中国人民弥足珍贵的精神财富，永远是激励中国人民克服一切艰难险阻、为实现中华民族伟大复兴而奋斗的强大精神动力。”[1]习近平总书记的重要论述从凝聚民族精神的角度阐释了中国共产党领导的抗日战争的伟大意义。抗战精神是中华民族精神在抗战时期的凝聚和表现形式，是中国共产党领导的文化抗战铸就的精神形态，也是文化抗战的重要组成部分和巨大成就。

（一）中国共产党关于中华民族思想的形成

19 世纪末 20 世纪初，“中华民族”这一概念逐步成为中国境内民族的指称。[2]中国共产党成立以后，也在很多文献中使用过“中华民族”这一词汇，但由于中国共产党把马克思主义与中国实际相结合的探索有一个过程，因此在早期，对中华民族的表述，其内涵是不明确的。有时指中国境内包括少数民族在内的所有民族，有时指汉、满、蒙、回、藏所谓“五族”，也有时仅指汉族。这反映了中国共产党人寻求马克思主义中国化的历史轨迹，也反映了共产国际对处于幼年时期的中国共产党的深刻影响。

中国共产党在党的决议中最早出现“中华民族”一词是《中国共产党第

---

1 习近平：《在纪念中国人民抗日战争暨世界反法西斯战争胜利 69 周年座谈会上的讲话》，《人民日报》2014 年 9 月 4 日。

2 王继平、张晶宇：《论 1895 年——19 世纪末 20 世纪初中华民族意识的觉醒》，《湘潭大学学报（社会科学版）》2016 年第 5 期。

二次代表大会宣言》，会议通过了新民主主义革命时期中国共产党的最低纲领，宣布在民族问题上要完成的任务是："推翻国际帝国主义的压迫，达到中华民族的完全独立统一；中国本部（包括东三省）为真正民主共和国，蒙古、西藏、回疆三部实行自治，成为民主自治邦；用自由联邦制，统一中国本部、蒙古、西藏、回疆，建立中华联邦共和国。"[1]

但"中华民族"一词，并没有成为中国共产党文献的规范或专门名词。在《中国共产党第三次代表大会宣言》中，则以"中国民族"指称："我们的使命，是以国民革命来解放被压迫的中国民族，更进而加入世界革命，解放全世界的被压迫民族和被压迫的阶级。全世界被压迫的民族解放万岁！！全世界被压迫的阶级解放万岁！！！"[2]

1923年6月，中国共产党在广州召开了第三次全国代表大会。在这次大会上通过了中国共产党的《党纲草案》。在《党纲草案》第九项"党在当前的任务"中规定："西藏、蒙古、新疆、青海等地和中国本部的关系由各该民族自决。"[3]这同中共二大宣布的纲领有所不同，主要的就是强调民族自决权。

1924年1月，中国共产党人参加了由孙中山先生主持召开的中国国民党第一次全国代表大会，大会通过了孙中山先生所著的著名《宣言》。这个《宣言》说："国民党之民族主义，有两方面之意义：一则中国民族自求解放，二则中国境内各民族一律平等。第一方面，国民党之民族主义，其目的在于中国民族得自由独立于世界。""第二方面，辛亥以前，满洲以一民族宰

1 中共中央文献研究室、中央档案馆编：《建党以来重要文献选编（一九二一—一九四九）》第1册，中央文献出版社2011年版，第133页。

2 中共中央文献研究室、中央档案馆编：《建党以来重要文献选编（一九二一—一九四九）》第1册，中央文献出版社2011年版，第277页。

3 中共中央文献研究室、中央档案馆编：《建党以来重要文献选编（一九二一—一九四九）》第1册，中央文献出版社2011年版，第253页。

制于上，具如上述。辛亥以后，满洲宰制政策既已摧毁无余，则国内诸民族宜可得平等之结合，国民党之民族主义所要求者即在于此。然不幸而中国之政府乃为专制余孽之军阀所盘踞，中国旧日之帝国主义死灰不免复燃，于是国内诸民族因以有杌陧不安之象，遂使少数民族疑国民党之主张亦非诚意。故今后国民党为求民族主义之贯彻，当得国内诸民族之谅解，时时晓示其在中国国民革命运动中之共同利益。今国民党在宣传主义之时，正欲积集其势力，自当随国内革命势力之伸张，而渐与诸民族为有组织的联络，及讲求种种具体的解决民族问题之方法矣。国民党敢郑重宣言，承认中国以内各民族之自决权，于反对帝国主义及军阀之革命获得胜利以后，当组织自由统一的（各民族自由联合的）中华民国。”[1] 虽然是国民党全国代表大会的宣言，但这是第一次国共合作期间由国共两党共同制定的民族纲领。

1924 年 1 月，中共中央局、共青团中央局提出《对于国民党全国大会的意见》，指出：“对于党纲草案，我们大致赞同；惟关于民族主义内容的解释，我们主张是：对外反抗侵略主义的列强加于我人之压迫，对内解除我人加于殖民地弱小民族（如蒙古、西藏）之压迫。”[2]

1928 年 6—7 月，中国共产党在苏联莫斯科近郊召开了第六次全国代表大会。在这次代表大会上通过的《政治决议案》的第四部分“中国革命现在阶段的口号”中提出“统一中国，承认民族自决权”，并将它作为党的十大政治口号之一。[3]

1931 年 11 月 7 日，经中华苏维埃第一次全国代表大会通过的《中华苏维埃共和国宪法大纲》规定：“中国苏维埃政权承认中国境内少数民族的自

1 孟庆鹏编：《孙中山文集》（上），团结出版社 2016 年版，第 264 页。

2 中共中央文献研究室、中央档案馆编：《建党以来重要文献选编（一九二一—一九四九）》第 2 册，中央文献出版社 2011 年版，第 1 页。

3 中共中央文献研究室、中央档案馆编：《建党以来重要文献选编（一九二一—一九四九）》第 5 册，中央文献出版社 2011 年版，第 378 页。

决权，一直承认到各弱小民族有同中国脱离，自己成立独立的国家的权利。蒙、回、藏、苗、高丽人等，凡是居住中国地域内的，他们有完全自决权：加入或脱离中国苏维埃联邦，或建立自己的自治区域。中国苏维埃政权在现在要努力帮助这些弱小民族脱离帝国主义、国民党、军阀、王公、喇嘛、土司等的压迫统治而得到完全的自由自主。苏维埃政权更要在这些民族中发展他们自己的民族文化和民族语言。”[1]

1934 年 1 月 22 日至 2 月 1 日召开的第二次全国苏维埃代表大会，通过了新的《中华苏维埃共和国宪法大纲》。这个宪法大纲重申了 1931 年宪法大纲中关于民族问题的规定。[2]

1935 年 12 月 10 日，中华苏维埃中央政府发出《对蒙古人民宣言》，并庄严宣告：“我们认为内蒙古人民自己才有权利解决自己内部的一切问题，谁也没有权利用暴力去干涉内蒙古民族的生活习惯，宗教道德以及其他的一切权利。同时，内蒙古民族可以从心所欲的组织起来，它有权按自主的原则，组织自己的生活，建立自己的政府，有权与其他的民族结成联邦的关系，也有权完全分立起来。总之，民族是至尊的，同时一切民族都是平等的。”[3]

1935 年 12 月，瓦窑堡会议通过的《目前的形势与党的任务》宣布该“苏维埃工农共和国”为“苏维埃人民共和国”，但在民族问题上仍然保持以往的观点：

为了使民族统一战线得到更加广大的与强有力的基础，苏维埃工农共和

1 中共中央文献研究室、中央档案馆编：《建党以来重要文献选编（一九二一——一九四九）》第 8 册，中央文献出版社 2011 年版，第 652—653 页。

2 中共中央文献研究室、中央档案馆编：《建党以来重要文献选编（一九二一——一九四九）》第 11 册，中央文献出版社 2011 年版，第 162—163 页。

3 中共中央文献研究室、中央档案馆编：《建党以来重要文献选编（一九二一——一九四九）》第 12 册，中央文献出版社 2011 年版，第 510—511 页。

国及其中央政府宣告，把自己改变为苏维埃人民共和国。把自己的政策，即苏维埃工农共和国的政策的许多部分，改变到更加适合反对日本帝国主义变中国为殖民地的情况。这些政策的改变，首先就是在更充分地表明苏维埃自己不但是代表工人农民的，而且是代表中华民族的。中华民族的基本利益，在于中国的自由独立与统一，而这一基本利益，只有在苏维埃的坚决方针之下，才能取得，才能保持，才能彻底战胜反对这种利益的敌人：帝国主义和卖国贼。[1]

……

苏维埃人民共和国拿自己的榜样和真诚的口号给蒙古人、回人等被压迫民族看，你们也组织自己的国家呵！日本帝国主义及中国卖国贼，是我们共同的敌人，联合起来打倒这个敌人呵！[2]

1936 年 5 月，中华苏维埃政府发出《对回族人民的宣言》，并庄严宣告："我们根据民族自决的原则，主张回民自己的事情，完全由回民自己解决，凡属回族的区域，由回民建立独立自主的政权，解决一切政治、经济宗教、习惯、道德、教育以及其他的一切事情，凡属回汉杂居的区域，亦以区乡村为单位，回民自己管理自己的事情，在民族平等的原则上，建立联合的政权，解决回汉两民族共同的问题。"[3]

1936 年 8 月 24 日，中共中央发出了《关于内蒙工作的指示信》。当时，日本帝国主义利用德王等制造的所谓内蒙古独立政府已经成立，日军正向绥东进攻，形势非常紧急，《指示信》针对这种情况，明确指出，"德王等所组

1 中共中央文献研究室、中央档案馆编：《建党以来重要文献选编（一九二一——一九四九）》第 12 册，中央文献出版社 2011 年版，第 540—541 页。

2 中共中央文献研究室、中央档案馆编：《建党以来重要文献选编（一九二一——一九四九）》第 12 册，中央文献出版社 2011 年版，第 546 页。

3 中共中央文献研究室、中央档案馆编：《建党以来重要文献选编（一九二一——一九四九）》第 13 册，中央文献出版社 2011 年版，第 129 页。

织的内蒙古独立政府与内蒙古人民的真正独立解放没有丝毫相关”，[1]“中国苏维埃红军与共产党，坚决反对中国国民党对国内弱小民族的压迫，主张民族自决一直到弱小民族组织独立国家与政府。在目前阶段上，中国一切民族在日本帝国主义侵略面前都发生亡国的危险，一切民族都应当在平等自愿的原则上最亲密的团结起来，反对共同的敌人，应当彼此帮助，以加强抵抗侵略者的力量”。[2]

从以上文献可以看出，自中国共产党诞生到全面抗战爆发之前，中国共产党对于中国的民族问题还没有一个切合中国实际的马克思主义民族观。对于中华民族的内涵和范畴也没有一个规范性的表达。在这一时期，党的民族思想和政策主要体现在3个方面：其一，各民族是平等的，具有同等的权利。中国各民族长期以来深受封建主义和帝国主义的压迫，少数民族还深受大汉族主义的歧视和压迫，都有着争取民族解放的要求。其二，中国共产党主张民族自决，即中国境内的蒙、回、藏等民族可以自己决定“加入或脱离中国苏维埃联邦，或建立自己的自治区域”。其三，在政治上实行联邦制度，各少数民族在成立自己的国家之后，可以自愿加入苏维埃工农共和国或苏维埃人民共和国。中国共产党这一民族思想并不完全切合中国实际，带有比较浓厚的苏联色彩，如民族自决和联邦制。出现这种情况，一是受到共产国际的影响。作为共产国际的一个分支，中国共产党政策的制定，在很大程度上受制于共产国际的方针、决定和决议。二是中国共产党在这一时期还没有完全认识到马克思主义的基本原理必须与中国的实际相结合，实现马克思主义中国化。在中共六届六中全会上，毛泽东提出了马克思主义中国化的问题，指出：“马克思主义必须和我国的具体特点相结合并通过一定的民族形

1 中共中央文献研究室、中央档案馆编：《建党以来重要文献选编（一九二一—一九四九）》第13册，中央文献出版社2011年版，第255页。

2 中共中央文献研究室、中央档案馆编：《建党以来重要文献选编（一九二一—一九四九）》第13册，中央文献出版社2011年版，第257—258页。

式才能实现。马克思列宁主义的伟大力量，就在于它是和各个国家具体的革命实践相联系的。对于中国共产党来说，就是要学会把马克思列宁主义的理论应用于中国的具体的环境。成为伟大中华民族的一部分而和这个民族血肉相联的共产党员，离开中国特点来谈马克思主义，只是抽象的空洞的马克思主义。因此，使马克思主义在中国具体化，使之在其每一表现中带着必须有的中国的特性，即是说，按照中国的特点去应用它，成为全党亟待了解并亟须解决的问题。"[1]在民族问题上，中国共产党早期也没有根据中国的实际，分析中国多民族的特点，特别是中国自周秦以来就是一个多民族的统一封建国家这一中国历史和民族特征，从未科学地应用马克思主义，而是照搬苏联的做法，片面地理解列宁、斯大林的个别结论。三是中华民族这一概念和内涵还只是19世纪末20世纪初在中国开始逐步形成的，中华民族的民族意识没有成型，因此对于中华民族的理解存在不确定性，也是难免的。

毛泽东历来倡导马克思主义与中国革命具体实际相结合，一直致力于探索适合中国实际的马克思主义中国化道路。遵义会议确定其领导地位后，在党内倡导马克思主义与中国实际相结合。在中共六届六中全会上，毛泽东提出了抗日民族统一战线下的国内各个民族的问题，指出，"我们的抗日民族统一战线，不但是国内各民主党派各个阶级的，而且是国内各个民族的"，因此，当前的重要任务，"就在于团结各民族为一体，共同对付日寇"。为此，"第一，允许蒙、回、藏、苗、瑶、彝、番各民族与汉族有平等权利，在共同对日原则之下，有自己管理自己事务之权，同时与汉族联合建立统一的国家。第二，各少数民族与汉族杂居的地方，当地政府须设置由当地少数民族的人员组成的委员会，作为省县政府的部门，管理和他们有关事务，调节各族间的关系，在省县政府委员中应有他们的位置。第三，尊重各少数民

1《毛泽东选集》第2卷，人民出版社1991年版，第534页。

族的文化、宗教、习惯，不但不应强迫他们学汉文汉语，而且应赞助他们发展用各族自己言语文字的文化教育。第四，纠正存在着的大汉族主义，提倡汉人用平等态度和各族接触。使日益亲善密切起来，同时禁止任何对他们带侮辱性与轻视性的言语、文字与行动，上述政策，一方面，各少数民族应自己团结起来争取实施，一方面应由政府自动实施，才能彻底改善国内各民族的相互关系，真正达到团结对外之目的，怀柔与羁縻的老办法是行不通了的。”[1] 在这里，毛泽东提出了各民族团结为一体、各民族与汉族有平等权利、有自己管理自己事务之权、与汉族联合建立统一国家这些原则，可以说确立了多民族统一国家与民族区域自治相结合的民族纲领。王明在六中全会上也发表讲话，指出：“抗日民族统一战线的内容是……过去信任不够和仇忌甚深的各民族——汉、满、回、藏、苗、夷、番等，现在紧密团结为一致抗日的中华民族。”[2] 党在六中全会上形成的民族问题思想和毛泽东“马克思主义中国化”的号召，使中国共产党开始从中国实际出发应用马克思主义探索中国民族问题。尤其是会后成立的党中央西部工作委员会，主持除陕甘宁边区以外的陕、甘、宁、青、新、蒙各省地下党的工作，因此，西部工作委员会成为中国共产党以马克思主义关于民族问题的理论，系统研究国内少数民族问题和指导国内少数民族工作的机构，为中国共产党制定正确的民族工作方针和政策奠定了基础。

1939 年，毛泽东撰写了《中国革命与中国共产党》这部重要的著作，进一步系统地阐释了中国共产党的民族观。该书的第一部分“中国社会”的第一节为“中华民族”，表达了 3 个观点：第一，中国是一个由多数民族结合而成的拥有广大人口的国家。“中国现在拥有四亿五千万人口，差不多占

1 中共中央文献研究室、中央档案馆编：《建党以来重要文献选编（一九二一—一九四九）》第 15 册，中央文献出版社 2011 年版，第 621 页。

2 中央档案馆编：《中共中央文件选集》第 10 册，中共中央党校出版社 1985 年版，第 643 页。

了全世界人口的四分之一。在这四亿五千万人口中，十分之九以上为汉人。此外，还有蒙人、回人、藏人、维吾尔人、苗人、彝人、壮人、仲家人、朝鲜人等，共有数十种少数民族”；[1]第二，中华民族又是一个有光荣的革命传统和优秀的历史遗产的民族。“在中华民族的开化史上，有素称发达的农业和手工业，有许多伟大的思想家、科学家、发明家、政治家、军事家、文学家和艺术家，有丰富的文化典籍。在很早的时候，中国就有了指南针的发明。还在一千八百年前，已经发明了造纸法。在一千三百年前，已经发明了刻版印刷。在八百年前，更发明了活字印刷。火药的应用，也在欧洲之前，所以，中国是世界文明发达最早的国家之一，中国已有了将近四千年的有文字可考的历史”，“中华民族不但以刻苦耐劳著称于世，同时又是酷爱自由、富于革命传统的民族”。[2]第三，中华民族不是单一结构的民族，而是由汉族与少数民族组成的多民族融合的民族，毛泽东在文中多次使用“中华民族的各族人民”这一表述。毛泽东的这些观点，标志着中国共产党关于“中华民族”观念的最终形成。此后，中国共产党关于中华民族的阐释就比较一致和规范了。1939 年 12 月，中国共产党阐释了“中华民族”的基本内涵，即“中国位置于亚洲的东南部……分二十八个行省和蒙古西藏二行政区域。中国有四万万五千万人口，组成中华民族。中华民族包括汉、满、蒙、回、藏、苗、瑶、番、黎、夷等几十个民族，是世界上最勤苦耐劳，最爱和平的民族。中国是一个多民族的国家，中华民族是代表中国境内各民族之总称，四万万五千万人民是共同祖国的同胞，是生死存亡利害一致的。”[3]这是抗战时期中国共产党对“中华民族”概念最完整的表达。它具备了区域、人口、民族构成、民族特性几大要素，描述了中华民族的基本特征，是一个科学和

1《毛泽东选集》第 2 卷，人民出版社 1991 年版，第 622 页。

2《毛泽东选集》第 2 卷，人民出版社 1991 年版，第 622—623 页。

3 中共中央统战部编:《民族问题文献汇编》，中共中央党校出版社 1991 年版，第 807—808 页。

准确的概念。中国共产党关于中华民族内涵的探索及其思想，对抗战时期中华民族精神的凝聚具有重大的意义。

（二）文化抗战是抗战精神形成与发展的动力

抗战精神是抗战时期中华民族精神的集中体现，中国共产党领导的文化抗战则是抗战精神形成与发展的动力。民族精神是一个民族的灵魂，是一个民族自立于民族之林的生生不息的血脉和原动力，是引领民族前行的精神支柱，也是民族文化的深层结构和核心价值。抗战时期的中华民族精神，是中华民族在反抗日本侵略的民族解放战争中所表现出来的主体精神。它反映了抗日战争时期中华民族成员广泛认同和接受的思想品格、价值取向、道德规范与行为准则，体现在中华民族成员的思维方式、行为方式、情感方式诸方面，成为激励中国人民坚决反抗日本帝国主义侵略的思想基础，是鼓舞中华民族血战到底、夺取最后胜利的精神支柱，它就是抗战精神。

抗战精神作为抗战时期民族精神的集中体现，首先它是在中华民族面临亡国的危急关头凝聚的。中国自鸦片战争以来就一步一步沦为西方列强的半殖民地，领土丧失，主权沦丧。面对西方列强的侵略，中华民族没有屈服，一直在坚持着不屈不挠的斗争，从三元里人民的抗英斗争，到席卷中国半壁江山的太平天国运动；从义和团的群众反帝浪潮，到辛亥革命推翻封建帝制，建立资产阶级共和国，都体现了中华民族“我自横刀向天笑，去留肝胆两昆仑”的英雄主义气概。“中华民族的各族人民都反对外来民族的压迫，都要用反抗的手段解除这种压迫。他们赞成平等的联合，而不赞成互相压迫。在中华民族的几千年的历史中，产生了很多的民族英雄和革命领袖。”[1] 日本帝国主义对中国的侵略，直接威胁到国家的存亡和民族的生存，是近代史上最

1《毛泽东选集》第 2 卷，人民出版社 1991 年版，第 623 页。

严重的民族危机，中华民族到了最危险的时刻。面对这样一种严重的危机，是对中华民族团结抗敌的凝聚力的考验，是中华民族反抗外来侵略的爱国主义精神的体现。中华民族通过14年艰苦卓绝的奋战，终于取得了胜利，“正是这个战争，锻炼了中国人民。这个战争促进了中国人民的觉悟和团结的程度，是近百年来中国人民的一切伟大的斗争没有一次比得上的。”[1]其次，抗战精神集中体现了中华民族救亡图存的核心价值观念。“中华民族有着自己的伟大民族精神，这个民族精神积千年之精华，博大精深，根深蒂固，是中华民族生命肌体中不可分割的重要成分，中华民族在五千年的发展中，历经磨难而信念愈坚，饱尝艰辛而斗志更强，开发建设了祖国的大好河山，创造了灿烂的中华文明，为人类文明进步，做出了不可磨灭的贡献。”[2]近代以来，面对西方列强的侵略，中华民族精神的最大特征就是凝聚全民族力量救亡图存。鸦片战争、太平天国运动、戊戌变法、义和团运动、辛亥革命，都是中华民族的仁人志士随着中国逐步沦为半封建半殖民地而发起的救亡图存的伟大运动，弘扬了以救亡图存为主旨的中华民族精神。在抗击日本帝国主义侵略的战争中，中华民族抛弃党派、阶级、政见、利益的不同，齐聚在抗日救亡的旗帜下，使中华民族救亡图存的共同价值得到了全面展现与升华。此外，抗战精神集中反映了中华民族面对外来强敌坚持民族独立解放斗争的共同意志，是对中华民族精神的继承和发扬。日本帝国主义的侵略，不仅损害了以广大工农为代表的底层人民的利益，同样损害了资产阶级、小资产阶级等各种社会阶级、阶层的利益，更是中华民族各民族根本利益的巨大危害。因此，反对外来侵略、争取民族独立解放，成为全民族大众的共同意志。在这一危急时刻，中华民族的各个民族、各个阶级、各个阶层，都团结一致抗战，以各种方式投入抗战斗争之中，以血肉之躯筑起了中华民族新的长城，

1《毛泽东选集》第2卷，人民出版社1991年版，第1032页。

2 中共中央宣传部：《毛泽东邓小平江泽民论弘扬和培育民族精神》，学习出版社2003年版，第277页。

表现了誓与民族敌人血战到底，不获全胜绝不罢休的共同意识。

作为抗战时期中华民族精神集中体现的抗战精神，是中国共产党领导的文化抗战运动的精神成果。因此，文化抗战是抗战精神形成和发展的动力。民族精神是民族文化的观念意识形态构成，是文化的深层结构，因此，民族文化是孕育民族精神的摇篮和沃土，集中反映了民族精神的抗战精神是抗战文化的一部分，抗战文化以中华民族的优秀文化为深厚土壤，在中国共产党领导的文化抗战实践中得以形成和发展，在抗日民主根据地、国统区和沦陷区广泛开展的以抗日救亡为中心的多种形式的文化抗战活动，在教育界、新闻界、文艺界、科技界所展开的群众性抗日救亡运动，对于唤起民族觉醒，鼓舞人民斗志，反抗日寇侵略的斗争和弘扬民族精神，发挥了重要作用，是抗战时期抗战精神形成和发展的巨大推动力。

九一八事变以后，中国共产党在号召全国人民以军事、政治、经济的手段进行抵抗的同时，也号召在文化领域进行坚决的抗战，由此兴起了轰轰烈烈的文化抗战运动。

中央红军到达陕北以后，鉴于国际国内形势的变化，特别是社会主要矛盾的变化，中华民族与日本帝国主义的矛盾逐渐上升为主要矛盾。为了动员全国人力、财力、物力反对日本帝国主义，1935 年 12 月，中共中央在瓦窑堡召开了政治局扩大会议，确立了抗日民族统一战线方针。随后，中国共产党在文化战线上积极转变策略，开始由苏区工农民主文化向抗日民主文化的思想转变，并结合抗日战争的特殊形势，阐述了有关抗战文化的意义、抗战文化队伍的建设、抗战文化的任务以及如何开展抗战文化运动等一系列主张，逐步形成了独具特色的抗战文化思想体系。确立了文化战线抗日的方针和任务。[1]1936 年 11 月 22 日，毛泽东在中国文艺协会上的讲话提出了这

1 朱汉国、李小尉：《略论中国共产党的抗战文化思想》，《北京师范大学学报》2005 年第 4 期。

一思想。毛泽东指出："中国苏维埃成立已很久，已做了许多伟大惊人的事业，但在文艺创作方面，我们干得很少。今天这个中国文艺协会的成立，这是近十年来苏维埃运动的创举。过去我们是有很多同志爱好文艺，但我们没有组织起来，没有专门计划的研究，进行工农大众的文艺创作，就是说过去我们都是干武的。现在我们不但要武的，我们也要文的了，我们要文武双全。因为现在中国有两条战线，一条是抗日战线，一条是内战。要结成抗日民族统一战线，把日本帝国主义赶出去，争取中国民族的独立解放，首先我们就要停止内战。但现在有人不愿停止内战，反而来进攻抗日主力的人民红军，要消灭抗日的领导者和核心的苏维埃，要消灭一切抗日力量，抗日的文艺也要消灭。所以我们要抗日首先就要停止内战。怎样才能停止内战呢？我们要文武两方面都来。要从文的方面去说服那些不愿停止内战者，从文的方面去宣传教育全国民众团结抗日。"[1] 在这里，毛泽东提出了"抗日文艺"的概念，也提出了抗日文艺的作用是"宣传教育全国民众团结抗日"，提出了"发扬民族革命战争的抗日文艺"的"伟大的光荣任务"。[2] 这标志着抗日民族统一战线方针确立后，中国共产党在文化战线上指导思想的转变。全面抗战开始后，中共进一步加强了文化抗战的工作，成立了中央文化委员会。颁布了一系列开展文化运动文件，如《中央关于开展抗日民主地区的国民教育的指示》《中央关于发展文化运动的指示》《中央宣传部、中央文化委员会关于各抗日根据地文化人与文化团体的指示》《关于党的宣传鼓动工作提纲》等，阐述了开展文化抗战的重要性，制定了文化抗战的方针、政策和策略，1940 年 1 月，毛泽东在陕甘宁边区文化协会第一次代表大会上作了题为《新民主主义的政治与新民主主义的文化》（即《新民主主义论》）的报告，指

1 中共中央文献研究室、中央档案馆编：《建党以来重要文献选编（一九二一——一九四九）》第 13 册，中央文献出版社 2011 年版，第 386 页。

2 中共中央文献研究室、中央档案馆编：《建党以来重要文献选编（一九二一——一九四九）》第 13 册，中央文献出版社 2011 年版，第 387 页。

出“所谓新民主主义的文化，就是人民大众反帝反封建的文化；在今日，就是抗日统一战线的文化。这种文化，只能由无产阶级的文化思想即共产主义思想去领导，任何别的阶级的文化思想都是不能领导了的。所谓新民主主义的文化，一句话，就是无产阶级领导的人民大众的反帝反封建的文化。”[1]这标志着中国共产党文化抗战指导思想的正式确立。从此，毛泽东提出的民族的、科学的、大众的新民主主义文化理论，成为了抗日根据地和国统区进步文化界文化抗战的指导思想，推动着文化抗战的发展。

在文化抗战的组织方面，1937 年 11 月 24 日陕甘宁边区成立了陕甘宁边区文化界救亡协会，艾思奇、赵伯平、柯仲平先后为主任。下设社会科学研究会、国防教育研究会、战歌社、海燕社、音乐界救亡协会、文艺突击社、戏剧界抗战联合总会等文化团体，这标志着在中国共产党领导的边区，实现了文化统一战线。1938 年 3 月 15 日，《新中华报》明确提出了“确立全国文化界统一战线”的目标和任务，1938 年 3 月 27 日，在周恩来、郭沫若等人的领导下，中华全国文艺界抗敌协会在武汉成立，标志着抗日战争时期中国文化界结成了最广泛的统一战线。在中国共产党文化抗战思想的指导下，在抗日民族文化统一战线的组织形式下，中国共产党领导全国人民特别是文化界人士开始了伟大的文化抗战。

与此同时，国统区各级党组织按照中共中央的指示，在广大地区开展文化领域的抗日救亡活动。1935 年 8 月 1 日，中国共产党发表了《为抗日救国告全体同胞书》，号召建立广泛的抗日民族统一战线。北平、上海、南京、广州等地的学生也立即行动起来，走上街头，贴标语，呼口号，散传单，发报纸，聚众演讲，宣传抗日。1935 年 12 月 9 日，在中国共产党的领导下，北平学生发动了声势浩大的爱国学生运动，在全国产生了巨大的影响。12

1《毛泽东选集》第 2 卷，人民出版社 1991 年版，第 698 页。

月 12 日，上海文化界首先响应，发表了《上海文化界救国运动宣言》，坚决支持北平学生的爱国行动，表示“在这生死存亡间不容发的关头，负着指导社会使命的文化界，再也不能苟安偷生，而应当立刻奋起，站在民众的前面而领导救国运动！华北教育界‘最后一课’的决心是值得赞佩的。华北青年热烈的爱国运动，尤其引起我们的十二万分同情……与其到了敌人把刀放在我们的项颈的时候，再下最大的决心，毋宁早日奋起，更有效地保存民族元气，争取民族解放。尽量的组织民众，一心一德的拿铁和血与敌人作殊死战，是中国民族的唯一出路”。[1]1935 年 12 月 27 日，上海文化界救国会召开成立大会，发表第二次救国运动宣言，指出，“在当前严重的危机下，全国大众已超过了忍耐的限度，眼下全国学生的爱国救亡的高潮，明显的是全国大众一致奋起救亡图存的先导。这一爱国运动正在开展中，钢铁般的民族阵线，将有全国大众自动建立起来，形成不可侮的巨力。可惜，我们的政府未见及此，爱国运动正在被军警摧残……所以，我们现在要先组织自己，用集团的力量，来负担我们时代的任务”。并明确提出了“开放民众组织，保护爱国运动，迅速建立起民族统一阵线”的主张。[2]1936 年 1 月 28 日，上海各界抗日救亡联合会成立。1936 年 1 月，北平的文艺界、教育界、新闻界人士也组成了北平文化界救国会，呼吁“全国文化界火速起来，促进全国民众的抗敌救亡运动”。[3]1936 年 5 月，全国各界救国联合会在上海建立，表明了文化界与全国各界人民一起，树立了统一抗战的决心。全国各界救国联合会呼吁建议停止内战，制定共同抗战纲领。

抗日民族文化统一战线建立后，中国共产党领导的文化抗战进入了全面和深入的时期。为了进一步团结全国文化界人士共同抗日，1938 年 4 月 1

1《韬奋文集》增补本第 6 卷，上海人民出版社 2015 年版，第 572—573 页。
2《韬奋文集》增补本第 6 卷，上海人民出版社 2015 年版，第 574—575 页。
3《陶行知全集》第 3 卷，四川教育出版社 2009 年版，第 664 页。

日，国民党政治部成立第三厅。第三厅是当时国统区文化抗战的战斗堡垒，是由共产党人士主导的包括民主党派、人民团体和爱国人士参加的抗日民族文化统一战线组织。1939年1月，经中共中央书记处批准，中共中央南方局正式成立，成为中国共产党领导国统区抗日民族文化统一战线的核心机构。从此，中国共产党领导的文化抗战在更广大的地区、更多的领域、更深的层面展开。

在全国范围内建立了各种文化抗战团体，在广泛的文化领域开展了抗战文化工作。在中共抗日中心延安，1937年8月12日，第十八集团军西北战地服务团（简称“西战团”）在延安成立，丁玲为主任，吴奚如为副主任。它是一个以宣传为主的文艺团体。1937年11月14日，陕甘宁边区文艺界救亡协会（简称“边区文协”）成立，艾思奇任主任（后由吴玉章接任）、柯仲平任副主任。它是陕甘宁边区抗日文艺运动的领导机构，也是一个广泛的群众性的文化组织。1938年1月，陕甘宁边区音乐界救亡协会（简称“边区音协”）成立。1938年9月11日，陕甘宁边区文艺界抗战联合会（简称“边区文联”）成立。1939年2月7日，延安美术工作协会成立（后更名为陕甘宁边区美术工作者协会，简称“边区美协”）。1939年2月10日，中华戏剧界抗战协会边区分会成立，潘汉年任理事长，沙可夫任副理事长。1939年5月14日，中华全国文艺界抗敌协会延安分会（简称“边区文抗”）成立，周扬、萧三、沙可夫为常务理事。1940年年底，延安文化俱乐部成立，萧三任主任。文化俱乐部既是一个群众性的文化场所，也是一个组织和推动抗战文艺运动的团体。[1]在国统区，也成立了许多由中共领导的或中共占主导地位的以及受中共影响的文化抗战团体。如在桂林一地，就有中华全国文艺界抗敌协会桂林分会、广西建设研究会、中华木刻界抗敌协会桂林分会、中

1 黄华文：《抗日战争史》，湖北人民出版社2007年版，第250页。

华全国漫画家抗敌协会桂林分会、中华戏剧界抗敌协会西南分会、救亡日报社、国际新闻社和文化供应社等众多文化抗战团体。在重庆，中共党员创办的重庆救国会，下属有重庆学生界救国联合会（简称“学救会”）、重庆职业青年救国联合会（简称“职救会”）、重庆文化界救国联合会（简称“文救会”）、重庆妇女界救国联合会（简称“妇救会”）以及重庆怒吼剧社、重庆市救亡歌咏协会、中华全国戏剧界抗敌协会重庆分会、重庆文化界抗敌支会。此外，全国各地也建立了许多文化抗战团体。在遍布全国的文化抗战团体的领导与组织下，戏剧、电影、文艺创作、教育、科学以及群众文化各领域开展了轰轰烈烈的抗战救国运动，形成了丰硕的抗战文化成果。

与此同时，中国共产党领导的文化抗战活动遍及全国及海外。一是中共领导的抗日根据地，二是国统区，三是海外华侨华人地区。抗日根据地的文化抗战是由中国共产党直接领导和组织的，因而是最活跃和繁荣的。根据地的宣传、教育、报刊、出版、文艺创作、文化活动均围绕抗战展开。如文艺宣传通过组织文艺团体上前线深入部队，走上街头、田间，深入民众进行救亡文艺宣传。陕甘宁边区文协下属的“抗日文艺工作团”，曾先后组织 6 个小组分赴晋察冀、五台山、河北、晋东南、陇海等前线开展救亡文化宣传。边区文抗下属的数十个文艺小组，则经常走进工厂、街头、田间，用各种文艺形式，向工人、市民、农民宣传抗日救亡。[1]戏剧创作与演出，美术创作与美术作品展览也是紧密联系全民抗战主题进行。仅以大众传播媒体的繁荣为例，就可以反映根据地的文化抗战的迅猛发展及抗战文化的繁荣发达。在陕甘宁边区，除新华社及党报《解放日报》外，还组建了广播委员会，建立了广播发射台，以 XNCR 为呼号正式播音，设立了延安新华广播电台。报刊更是如雨后春笋般诞生。

1 黄华文：《抗日战争史》，湖北人民出版社 2007 年版，第 251 页。

在国民党统治区，特别是在西南大后方，周恩来领导的中共中央南方局，团结一切爱国、进步的文化人士，在文化的各个领域掀起了抗战的热潮。其中抗战文艺运动是最具特色的文化抗战形式。如戏剧运动，1938年6月中华全国戏剧界抗敌协会重庆分会成立后，推动了重庆抗战戏剧运动的大发展。据统计，从抗战开始至1941年7月，在重庆公演的剧目达99个，先后在重庆演出过的剧社、剧团近30个。而从1941年10月至1945年10月，仅重庆春季公演的剧目就达106个，其中有影响力的话剧有《屈原》《天国春秋》《棠棣之花》《大地回春》等。在桂林，先后有70多个剧团在桂林活动过。据不完全统计，从1938年至1944年，在桂林出版话剧30多部；据统计，先后在桂林演出过的话剧团体有102个，演出的话剧剧目有360多个。[1] 再如文学运动，大量文艺刊物问世，仅在重庆就有40多种。此外，还有抗战音乐运动、抗战电影运动，也出现了许多抗战爱国的佳作。当然，最有影响力的是新闻报业的发展。据不完全统计，在西南大后方各大城市出版发行的期刊达1600种以上。其中，重庆900多种、成都400多种、桂林300多种、昆明40多种、贵阳10多种。[2]

在海外及港澳地区，中国共产党在文化领域也进行了卓有成效的工作。抗日战争爆发前，中国共产党就已经开始着手对外宣传工作。最著名的有《先锋报》和《救国时报》。《先锋报》于1927年在美国创办，1930年在纽约正式创刊，以在美国卖苦力的华侨为主要读者对象，被视为“美洲华侨劳苦群众唯一喉舌”。《救国时报》是以中共驻共产国际代表王明的名义、实际上由吴玉章等人于1935年在巴黎创办的一份重要的宣传刊物，发行范围遍及欧美等国家，在美国华人华侨中影响力很大。宣传了中国共产党及其领导的军队和所在根据地的情况，并大力呼吁建立抗日统一战线，团结一切力

1 唐正芒等：《中国西部抗战文化史》，中共党史出版社2004年版，第128—129、第134—135页。
2 黄华文：《抗日战争史》，湖北人民出版社2007年版，第209页。

量，一致抗日。抗战爆发后，中国共产党尽一切力量在海外创办报刊，特别强调对华侨的宣传，争取对外宣传的话语权。1938 年 1 月，中国共产党在香港成立了八路军驻香港办事处，开展对外宣传工作，创办了《华侨通讯》《抗战大学》《东江》《海外青年》等刊物，为争取国际友人援助中国抗战和扩大国际反法西斯战线作出了贡献。1940 年，中共中央创办外文宣传刊物《中国通讯》，邀请在延安的外籍友好人士，用英文、德文、俄文、法文撰写稿件。1941 年 3 月，陕甘宁边区文委国际宣传委员会成立了国际报道社，出版了多份国际报道外文刊物，向全世界宣传了中国共产党的抗日思想主张和军民英勇抗日的事迹。[1]

在中国共产党的领导与影响下，海外华侨华人的文化抗战如火如荼。据统计，1935 年世界各地华侨报刊有 84 种，至 1941 年年底达 135 种，是华侨报刊史上空前繁荣的时期。其中声势和影响较为突出的是东南亚各地华侨所办报刊。其次，抗战的文艺团体不断涌现，救亡歌曲、剧本广为流传。据统计，至 1940 年世界各地有侨办电影院、戏剧院、戏剧社 97 个。关于抗战题材的小说、诗歌、散文等作品大量涌现。最后，华侨华人组织救亡团体数量猛增。据统计，截至 1940 年，海外华侨组织大型救国团体 649 个；抗战时期全球共有 3900 多个各类华侨社团，其中 900 多个专门从事抗战工作。[2]

中国共产党领导的文化抗战推动了抗战精神的形成和发展。首先，中国共产党领导的文化领域的抗战推动了抗战文化的勃兴，为抗战时期中华民族精神即抗战精神的形成提供了沃土。习近平总书记指出："文化是一个国家、一个民族的灵魂。文化兴国运兴，文化强民族强。"[3] 日本对华侵略，在

---

1 刘婕：《抗战时期中共对美宣传工作历史考察》，湖南科技大学硕士论文，2017 年。

2［澳］彭小壮：《辛亥革命、抗日战争中的华侨》，《统一论坛》2018 年第 5 期。

3 习近平：《决胜全面建成小康社会　夺取新时代中国特色社会主义伟大胜利——在中国共产党第十九次全国代表大会上的报告》，人民出版社 2017 年版。

文化领域实现的是殖民地奴化政策，妄图在文化上灭亡中国、征服中华民族。“它用武力毁灭与强占中国的文化机关与学校，焚毁与取缔中国革命的图书、文献、报章、杂志，屠杀与监视爱国的文化人与青年知识分子。它直接由日本文化浪人与经过汉奸文化人宣扬其奴化理论。如建立‘东亚新秩序’，‘东亚协同体’，提倡‘中日亲善’，‘共存共荣’等。在它的占领区，建立奴化教育的统制机关与制度。报纸杂志、通讯社的建立。各种教科书的修改与编印。它还收买、欺骗、引诱、麻醉与强迫文化人与青年知识分子为其服务。它强迫尊孔、祭孔、读经，实行复古运动；它提倡迷信、盲从、落后、诲淫诲盗；它强迫学习日文日语，以日文日语代替国文国语。它还利用各种下流无耻的、多种多样性的宣传鼓动方法，以达到它奴化之目的。”[1] 中国共产党领导的文化抗战，实际上也是中华民族的文化保卫战，是从文化上抵御日本帝国主义的侵略，弘扬中华民族文化，使中华文化血脉得以延续和发展，更使中华民族文化在这一时期进入了昂扬向上、充满活力的发展阶段，使抗战精神成为新时代中华民族精神的集中表现。

其次，中国共产党领导的文化抗战，引领了抗战文化的方向，代表着先进的抗战文化方向，成为抗战精神的主旋律，进而成为抗战时期中华民族精神的内核和主导价值形态。在抗战时期，国民党及其国民政府在文化领域也采取了一些措施，其中最重要的有所谓“新生活运动”及“国民精神总动员”。但这两个运动，在本质上是为维护所谓“一个国家、一个主义、一个领袖”的独裁统治服务的，对中国共产党及其进步力量采取限制、防范的态度；在具体推动中，也存在形式主义的倾向，因而实际效果乏善可陈。中国共产党的文化抗战，是以科学的、先进的文化理论和思想为指导的。这就是毛泽东在《新民主主义论》中所阐述的“人民大众的反帝反封建的文化”，

1 中央党史研究室张闻天选集传记组编:《张闻天文集》3，中共党史出版社 2012 年版，第 23 页。

就是“民族的、科学的、大众的文化”，是为全民族百分之九十以上的工农劳苦大众服务的。同时，由于中国革命的特点，即中国新民主主义革命是由无产阶级领导的，由于中国共产党抗战文化是无产阶级社会主义文化思想领导的人民大众反帝反封建的新民主主义文化，因此它代表着历史的进步方向，引领了包括国统区在内的抗战文化发展方向。

最后，中国共产党领导的文化抗战，成为中华民族精神的凝聚剂，使全民族的精神凝聚到抗日救亡的主题上，推进了反映中华民族精神的抗战精神的生成。在抗日战争时期，中国共产党坚持维护抗日民族统一战线，与国民党顽固派破坏统一战线的行径进行了坚决的斗争，坚持“有理、有利、有节”的原则，以斗争求团结，巩固了抗日民族统一战线。在文化抗战领域，也坚持最广泛的抗日民族统一战线，团结各方面的文化人士，在各个领域进行坚决的抗战，以弘扬和践行中华民族优秀文化为主旋律，颂扬爱国主义精神，激励民族牺牲精神。同时，中国共产党在抗日战争中形成了关于中华民族的理论和思想，构建了关于中华民族的话语体系，既体现了中国共产党作为一个具有担当的政党，主动构建和传播中华民族话语，肩负起动员民众参与抗战的责任；又以中华民族话语的构建和传播强化中国共产党在抗日战争中地位合法化并获得广大民众的支持，使中国共产党领导的文化抗战及其抗战文化，凝聚起中华民族精神，推动抗日战争的胜利。

（三）中国共产党是抗战精神形成的主导力量

中国共产党领导的文化抗战，推动了抗战时期中华民族精神——抗战精神的形成和凝聚，抗战精神成为中华民族精神在抗战时期的集中体现。胡锦涛在纪念中国人民抗日战争暨世界反法西斯战争胜利60周年大会上的讲话对抗战精神进行了高度概括：“坚持国家和民族利益至上、誓死不当亡国奴的民族自尊品格；万众一心、共赴国难的民族团结意识；不畏强暴、敢于同敌人血战到底的民族英雄气概；百折不挠、勇于依靠自己的力量战胜侵略者的民族自强信念；开拓创新、善于在危难中开辟发展新路的民族创造精神；坚持正义、自觉为人类和平进步事业贡献力量的民族奉献精神。”[1]

作为中华民族精神集中表现的抗战精神，在其形成过程中，充分显示了中国共产党的主导作用。中国共产党通过其思想表达与斗争实践，推动了抗战精神的形成和发展。首先，在中华民族生死存亡的危急关头，民族利益高于一切，抗日救亡的实际行动就是中华民族精神的具体体现。中国共产党以自己的坚定意志和模范行动，在全民族抗战中发挥了中流砥柱作用。以毛泽东为杰出代表的中国共产党人，把马克思列宁主义同中国革命具体实际相结合，创立和发展了毛泽东思想的科学理论，对抗日战争发挥了重要思想和战略指导作用。中国共产党坚持抗战、反对妥协，坚持团结、反对分裂，坚持进步、反对倒退，成为引导全民族抗战走向胜利的一面旗帜。中国共产党积极倡导、促成、维护抗日民族统一战线，最大限度地动员了全国军民共同抗战，成为凝聚全民族力量的杰出组织者和鼓舞者。中国共产党坚持全面抗战路线、制定正确战略策略，实施动员人民、依靠人民的路线政策，提出持久战的战略总方针和一整套人民战争的战略战术，开辟广大的敌后战场，成为坚持抗战的中坚力量。中国共产党人以自己最富于牺牲精神的爱国主义、不怕流血牺牲的模范行动，支撑起全民族救亡图存的希望，成为夺取抗战胜利的民族先锋。[2]九一八事变发生后，中国共产党号召工农红军和被压迫民众以民族革命战争驱逐日本帝国主义出中国，全民族团结起来抗日救国，反对不抵抗政策。在中国共产党救亡图存、全民抗战的号召下，一二九运动促进了中华民族的觉醒，标志着中国人民抗日救亡民主运动新高潮的到

1《胡锦涛文集》第 2 卷，人民出版社 2016 年版，第 336 页。

2《胡锦涛文集》第 2 卷，人民出版社 2016 年版，第 332 页。

来。全面抗战爆发后，中国共产党领导的敌后战场，广泛发动群众，开展游击战争，八路军、新四军、华南游击队、东北抗日联军和其他人民抗日武装力量奋勇作战。平型关大捷打破了“日军不可战胜”的神话，百团大战振奋了全国军民争取抗战胜利的信心。敌后战场钳制和歼灭日军大量兵力，歼灭大部分伪军，逐渐成为中国人民抗日战争主战场。因此，中国共产党不仅是领导抗日战争直至取得胜利的中流砥柱，而且是抗战时期中华民族精神形成的主导力量，其坚强正确的领导是在艰苦卓绝的战争环境中孕育产生出伟大民族精神的关键所在。

其次，中国共产党主导和坚持抗日民族统一战线是抗战精神形成的基础。九一八事变发生后，国民党奉行不抵抗、攘外必先安内的妥协政策，中国共产党第一次提出了建立反帝统一战线的设想。1931年9月22日，中共中央在《由于工农红军冲破第三次“围剿”及革命危机逐渐成熟而产生的党的紧急任务》的决议案中第一次提出了“反帝统一战线”的概念。决议指出：“党应该特别加紧反帝斗争尤其是反日斗争的领导，以开展反帝的革命运动，尽量同下层小资产阶级群众，如像一部分革命学生、小商人以至城市贫民成立反帝的统一战线，并且成立这种反帝的公开组织，而取得其领导。应该利用一切公开与半公开的可能，发行反帝日报与传单标语，并且组织宣传队等，利用各种公开名义到街道上尤其是工人区域去演讲。在上海等地，现在应该立刻以‘罢工、罢课、罢操，反对日本帝国主义’尤其是‘工农武装起来，反对日本帝国主义’应该是党目前的中心鼓动口号。”[1]1933年1月17日，以毛泽东为主席的中华苏维埃临时中央政府和中国工农红军革命军事委员会主席朱德发表宣言，提出了有条件地与全国各军队共同抗日的主

1 中共中央文献研究室、中央档案馆编：《建党以来重要文献选编（一九二一—一九四九）》第8册，中央文献出版社2011年版，第560页。

张，是抗日民族统一战线初步提出的标志。[1]《宣言》宣布："中华苏维埃政府与工农红军革命军事委员会在中国民众面前宣言，在下列条件之下，中国工农红军准备与任何武装部队订立作战协定，来反对日本帝国主义的侵略：（一）立即停止进攻苏维埃区域，（二）立即保证民众的民主权利（集会、结社、言论、罢工、出版之自由等），（三）立即武装民众创立武装的义勇军，以保卫中国及争取中国的独立统一与领土的完整。我们要求中国民众及士兵，拥护这个号召，进行联合一致的民族革命战争，争取中国的独立统一与领土的完整，将反对日本及一切帝国主义的斗争与反对帝国主义的走狗国民党军阀的卖国与投降的斗争联结起来，开展武装民族革命战争，反对日本及一切帝国主义。"[2]1933 年 6 月 8 日，中共中央发出《致各级党部及全体同志的信——论反帝运动中的统一战线》，提出在日本帝国主义侵略和国民党继续镇压红军的情况下，只有反帝的统一战线才能够发挥作用，"在这一个严重与险恶的形势之前，中国共产党的任务比任何时候都要严重：组织千百万的群众，号召他们及各种武装部队起来作反国民党意志的战争，不许国民党这样干下去，起来反对日本及一切帝国主义的侵略，不许这些强盗们侵犯中国而建立在反帝运动中真正的统一的战线，就是组织这一广大群众走上革命斗争的基本策略。只有团结与统一工人、农民及一切劳苦群众，才是民族抵抗的力量与胜利的保证"，"只有我们党坚决实行广大的统一战线，才能团结

1 毛泽东在《论新阶段》也将这一《宣言》的发表当作抗日民族统一战线形成的起点："自九一八事变以来，中华民族的敌人日本帝国主义，经过侵略东四省的第一步骤，进到准备并实行向全中国侵略的第二步骤。这种空前的历史事变，使得国内国际情况都发生了变化。首先变化了与变化着国内各个阶层，各个党派，各个集团之间的相互关系，同时也变化了与变化着国际间的相互关系。因而我们的党，根据这种空前的历史事变，根据新的国内国际关系，沿着远在一九三三年就已开始采取了的新的政治立场（三个条件下与国民党内任何愿意同我们合作的成分订立抗日作战协定）的道路，把它提高到抗日民族统一战线的新政策。"（中共中央文献研究室、中央档案馆编：《建党以来重要文献选编（一九二一——一九四九）》第 15 册，中央文献出版社 2011 年版，第 575 页。）

2 中共中央文献研究室、中央档案馆编：《建党以来重要文献选编（一九二一——一九四九）》第 10 册，中央文献出版社 2011 年版，第 28 页。

和组织千百万的广大群众来进行这一反帝的革命斗争，才能团结一切反帝的力量”。[1]

1935年的《八一宣言》提出了建立抗日民族统一战线的方针、途径和目标。建立抗日民族统一战线的方针：一是团结一切爱国力量，“无论各党派间在过去和现在有任何政见和利害的不同，无论各界同胞间有任何意见上或利益上的差异，无论各军队间过去和现在有任何敌对行动”，确立“兄弟阋墙外御其侮”的真诚觉悟，停止内战，集中一切国力（人力、物力、财力、武力等）为抗日救国的神圣事业而奋斗；二是苏维埃政府和中国共产党愿意摒弃政治分歧，与爱国抗日力量“亲密”合作，“只要国民党军队停止进攻苏区行动，只要任何部队实行对日抗战，不管过去和现在他们与红军之间有任何旧仇宿怨，不管他们与红军之间在对内问题上有任何分歧，红军不仅立刻对之停止敌对行为，而且愿意与之亲密携手共同救国”；[2] 三是全国爱国力量（一切不愿当亡国奴的同胞们、一切有爱国天良的军官和士兵兄弟、一切愿意参加抗日救国神圣事业的党派和团体的同志、国民党和蓝衣社中一切有民族意识的热血青年、一切关心祖国的侨胞们和中国境内一切被压迫民族（蒙、回、韩、藏、苗、瑶、黎、番等）的兄弟与苏维埃政府和东北各地抗日政府一起组织全中国统一的国防政府；与红军和东北人民革命军及各种反日义勇军一起组织全中国统一的抗日联军。[3] 建立抗日民族统一战线的目标是：为祖国生命而战，为民族生存而战，为国家独立而战，为领土完整而战，为人权自由而战。这一目标与土地革命时期党的建立工农联盟的苏维埃

1 中共中央文献研究室、中央档案馆编：《建党以来重要文献选编（一九二一——一九四九）》第10册，中央文献出版社2011年版，第269页。

2 中共中央文献研究室、中央档案馆编：《建党以来重要文献选编（一九二一——一九四九）》第12册，中央文献出版社2011年版，第265页。

3 中共中央文献研究室、中央档案馆编：《建党以来重要文献选编（一九二一——一九四九）》第12册，中央文献出版社2011年版，第265—266页。

国家比较，具有民族国家的意义。《宣言》还提出了国防政府的主要责任在于抗日救国，其行政方针应包括：（一）抗日救国收复失地。（二）救灾治水安定民生。（三）没收日帝在华一切财产，充作对日战费。（四）没收汉奸卖国贼财产、粮食、土地，交给贫苦同胞和抗日战士享用。（五）废除苛捐杂税、整理财政金融、发展工农商业。（六）加薪加饷、改良工农军学各界生活。（七）实行民主自由、释放一切政治犯。（八）实行免费教育、安置失业青年。（九）实行中国境内各民族一律平等政策，保护侨胞在国内外生命、财产、居住和营业的自由。[1]

1935 年 10 月，到达陕北的中共中央召开政治局会议，会上确定了“将土地革命战争变为民族革命战争”的方针，实现了党在战略任务上的重大转移。[2] 会后，中共中央发表《为日本帝国主义并吞华北及蒋介石出卖华北出卖中国宣言》，重申了共同联合抗日反蒋的意愿：“一切抗日反蒋的中国人民与武装队伍，不论他们的党派、信仰、性别、职业、年龄有如何的不同，都应该联合起来，为打倒日本帝国主义与蒋介石国民党而血战！……中国苏维埃政府与工农红军愿意与任何武装队伍，订立抗日反蒋的作战协定，愿意实际的援助一切方式的抗日反蒋的组织。”12 月，中国共产党在陕北瓦窑堡召开了中央政治局会议，正式确立了抗日民族统一战线的方针和政策。

1936 年 12 月 12 日西安事变发生，为了团结抗日，中共中央坚持了和平解决的方针，赢得了全国各阶层特别是国民党中主张坚决抗日的部分上层的理解和赞扬。1937 年 2 月，国民党三中全会召开，中共中央给会议发出电报，向国民党提出建议，要求国民党政府确定“停止一切内战，集中国力，一致对外；言论集会结社之自由，释放一切政治犯；召集各党各派各界

---

1 中共中央文献研究室、中央档案馆编：《建党以来重要文献选编（一九二一—一九四九）》第 12 册，中央文献出版社 2011 年版，第 266—267 页。

2 程中原：《张闻天传》，当代中国出版社 1993 年版，第 261 页。

各军的代表会议，集中全国人才共同救国；迅速完成对日抗战之一切准备工作；改善人民的生活”为国策，在此国策下，“为表示团结御侮之诚意，愿给贵党三中全会以如下之保证：（一）在全国范围内停止推翻国民政府之武装暴动方针；（二）苏维埃政府改名为中华民国特区政府，红军改名为国民革命军，直接受南京中央政府与军事委员会之指导；（三）在特区政府区域内实施普选的彻底的民主制度；（四）停止没收地主土地之政策，坚决执行抗日民族统一战线之共同纲领”。[1]

为了统一全党思想，1937年5月，中国共产党召开全国临时代表大会（名曰苏区代表大会，有当时苏区、非苏区及红军代表参加），通过了《抗日民族统一战线在目前阶段的任务》，制定了党在抗日战争时期的政策和策略，党实现了由国内战争的状态转到开始建立抗日民族统一战线的新时期。

卢沟桥事变后，彭德怀等红军将领向国民政府请求红军即刻改编为国民革命军，并请授命为抗日前驱，与日寇作战。7月15日，中共中央发布《为公布国共合作宣言》，第二天，蒋介石发表谈话，认为中共发表的宣言即为民族意识胜过一切的例证，宣言中所举诸项，皆为集中力量、救亡御侮之必要条件。今日，凡为中国国民，但能信奉三民主义而努力救国者，政府当不问其过去之如何，而咸使有效忠国家之机会。对于国内任何派别，只要诚意救国，愿在国民革命抗敌御侮之旗帜下共同奋斗者，政府无不开诚接纳，咸使集中于本党领导之下，而一致努力。这个谈话实际上承认了中国共产党的合法地位，“从此以后，以国共两党为基础的抗日民族统一战线，就完全建立起来了”。[2]

中国共产党倡导和推进的抗日民族统一战线的建立，使中华民族在反

1 中共中央文献研究室、中央档案馆编：《建党以来重要文献选编（一九二一—一九四九）》第14册，中央文献出版社2011年版，第38—39页。

2 中共中央文献研究室、中央档案馆编：《建党以来重要文献选编（一九二一—一九四九）》第15册，中央文献出版社2011年版，第576页。

抗日本帝国主义侵略的共同目标上团结起来，为凝聚民族精神奠定了基础。在抗日民族统一战线存在的8年全面抗战的过程中，中国共产党始终从抗日大局出发，对国民党顽固势力破坏统一战线的行为进行有理、有力、有节的斗争，维护统一战线的团结。中国共产党是以马克思主义为指导思想的无产阶级政党，有着自己独立的政治纲领和阶级利益，在民族矛盾成为主要矛盾的民族革命战争时期，政党和阶级的利益“必须服从于抗日战争的利益，而不能违反抗日战争的利益。但是阶级和阶级斗争的存在是一个事实；有些人否认这种事实，否认阶级斗争的存在，这是错误的。企图否认阶级斗争存在的理论是完全错误的理论。我们不是否认它，而是调节它。我们提倡的互助互让政策，不但适用于党派关系，也适用于阶级关系。”[1] 因此，“为了坚持抗战和争取最后胜利，为了变片面抗战为全面抗战，必须坚持抗日民族统一战线的路线，必须扩大和巩固统一战线。任何破裂国共两党的统一战线的主张是不许可的。‘左’倾关门主义仍然要防止。”[2] 毛泽东反复强调：“在民族斗争中，阶级斗争是以民族斗争的形式出现的，这种形式，表现了两者的一致性。一方面，阶级的政治经济要求在一定的历史时期内以不破裂合作为条件；又一方面，一切阶级斗争的要求都应以民族斗争的需要（为着抗日）为出发点。这样便把统一战线中的统一性和独立性、民族斗争和阶级斗争，一致起来了。”[3] 中国共产党为了中华民族的利益所表现出来的这种思想境界，既是中华民族在强敌面前团结御侮的精神的体现，又为在抗日战争的新的历史时期中华民族精神的弘扬树立了典范。

最后，在文化抗战运动中，中国共产党确立了马克思主义的主导地位，实现了马克思主义中国化的理论创新，形成了新民主主义的文化理论，并以

1《毛泽东选集》第2卷，人民出版社1991年版，第525页。
2《毛泽东选集》第2卷，人民出版社1991年版，第524页。
3《毛泽东选集》第2卷，人民出版社1991年版，第538—539页。

此引领抗战精神的发展方向。

1940年1月，毛泽东在陕甘宁边区文化协会第一次代表大会上作了题为《新民主主义的政治与新民主主义的文化》（即《新民主主义论》）的报告，这标志着中国共产党文化抗战指导思想的正式确立。从此，毛泽东提出的民族的、科学的、大众的新民主主义文化理论，成为抗日根据地和国统区进步文化界文化抗战的指导思想，推动着文化抗战的发展。新民主主义文化理论包含以下几方面的内容。

第一，抗日战争时期的文化，是新民主主义文化的一部分。由于中国革命性质在五四运动以后发生了变化，中国文化的性质也相应发生了变化。“在‘五四’以前，中国的新文化，是旧民主主义性质的文化，属于世界资产阶级的资本主义的文化革命的一部分。在‘五四’以后，中国的新文化，却是新民主主义性质的文化，属于世界无产阶级的社会主义的文化革命的一部分。”“所谓新民主主义的文化，就是人民大众反帝反封建的文化；在今日，就是抗日统一战线的文化。这种文化，只能由无产阶级的文化思想即共产主义思想去领导，任何别的阶级的文化思想都是不能领导了的。所谓新民主主义的文化，一句话，就是无产阶级领导的人民大众的反帝反封建的文化。”[1]

第二，新民主主义文化必须由无产阶级领导。“新民主主义的政治、经济、文化，由于其都是无产阶级领导的缘故，就都具有社会主义的因素，并且不是普通的因素，而是起决定作用的因素。”[2]“在‘五四’以前，中国的新文化运动，中国的文化革命，是资产阶级领导的，他们还有领导作用。在‘五四’以后，这个阶级的文化思想却比较它的政治上的东西还要落后，就绝无领导作用，至多在革命时期在一定程度上充当一个盟员，至于盟长资

1《毛泽东选集》第2卷，人民出版社1991年版，第698页。
2《毛泽东选集》第2卷，人民出版社1991年版，第705页。

格，就不得不落在无产阶级文化思想的肩上。这是铁一般的事实，谁也否认不了的。”[1]“由于现时中国革命不能离开中国无产阶级的领导，因而现时的中国新文化也不能离开中国无产阶级文化思想的领导，即不能离开共产主义思想的领导。”[2]

第三，新民主主义文化是民族的、科学的、大众的文化。所谓民族的，“它是反对帝国主义压迫，主张中华民族的尊严和独立的。它是我们这个民族的，带有我们民族的特性。它同一切别的民族的社会主义文化和新民主主义文化相联合，建立互相吸收和互相发展的关系，共同形成世界的新文化”；所谓科学的，“它是反对一切封建思想和迷信思想，主张实事求是，主张客观真理，主张理论和实践一致的”；所谓大众的，“它应为全民族中百分之九十以上的工农劳苦民众服务，并逐渐成为他们的文化。要把教育革命干部的知识和教育革命大众的知识在程度上互相区别又互相联结起来，把提高和普及互相区别又互相联结起来。”[3]

第四，在现阶段，“当作国民文化的方针来说，居于指导地位的是共产主义的思想，并且我们应当努力在工人阶级中宣传社会主义和共产主义，并适当地有步骤地用社会主义教育农民及其他群众。”[4]因此，“应该扩大共产主义思想的宣传，加紧马克思列宁主义的学习，没有这种宣传和学习，不但不能引导中国革命到将来的社会主义阶段上去，而且也不能指导现时的民主革命达到胜利。”必须应用共产主义理论与方法来“观察问题、研究学问、处理工作、训练干部”。[5]

新民主主义文化理论，科学地概括了新民主主义文化的性质和重要内

1《毛泽东选集》第2卷，人民出版社1991年版，第698页。
2《毛泽东选集》第2卷，人民出版社1991年版，第705页。
3《毛泽东选集》第2卷，人民出版社1991年版，第706—708页。
4《毛泽东选集》第2卷，人民出版社1991年版，第704页。
5《毛泽东选集》第2卷，人民出版社1991年版，第706页。

容，对五四新文化运动以来的文化思潮进行了科学的分析，确立了以马克思主义为指导思想，以民族的、科学的、大众的为特征的新民主主义意识形态。明确了中华民族精神的发展方向。在中国共产党的新民主主义文化理论引领下，知识界、文化界第一次真正深入民众，从抗战的实际出发，广泛发展大众的文化教育，努力提高人民群众的民族文化水平和民族文化自信心，用崭新的抗战文艺、抗战文化去发动人民大众投身到抗日的洪流中来，有效地唤起了广大群众的民族意识，为凝聚抗战精神引领了方向。

三、文化抗战的中流砥柱和先进文化的引领者

中国共产党在文化抗战领域，与其在军事、政治、经济、对外交往等抗战领域一样，发挥了中流砥柱的作用。在文化抗战中，始终坚持和引领着正确的方向，对妥协、投降以及专制、复古的文化现象和思潮进行严厉的批判，保证了文化抗战的光明前途；在文化领域的各个方面，中国共产党领导文学、艺术、教育、新闻、出版、科学等领域的抗日力量，坚持、坚定地进行不屈的斗争，发挥了中流砥柱的作用。

（一）中国共产党是文化领域抗战的中流砥柱

文化抗战是通过文化各领域的抗战活动来体现的。在文化抗战的各个领域，中国共产党发挥了中流砥柱的作用。无论是文化抗战运动，还是在文学、艺术、教育、媒体、科学研究等具体领域，中国共产党都发挥了不可替代的作用。

文化抗战运动是抗战时期反对日本帝国主义侵略的、民族的、群众性的文化运动。七七事变以后，随着抗日战争的开始，群众性的文化运动即已展开，战地服务团、救亡演剧队、抗敌后援工作团、抗敌歌咏团、漫画宣传队

等等文化运动相继展开，形成了抗战时期文化运动的高潮。中国共产党十分重视文化抗战运动工作，1940 年 9 月 10 日，中共中央发出《关于发展文化运动的指示》，指出："在国民党统治区域很可能广泛发展与极应该广泛发展的一项极端重要的工作，是抗日文化运动。这项工作的意义在目前有头等重要性，因为他不但是当前抗战的武器，而且是在思想上干部上准备未来变化与推动未来变化的武器。因此在国民党统治区域的党（敌占大城市亦然）应对发展文化运动问题特别提起注意，应把对文化运动的推动、发展及其策略与方式等问题经常放在自己的日程上。对于文化运动的进行，应该联合一切不反共的自由资产阶级（即民族资产阶级）与广大小资产阶级的知识分子共同去做，而不应使共产党员尖锐突出与陷于孤立。在反对复古，反对大资产阶级的文化专制政策，反对日寇汉奸的奴隶文化等方针之下（根据各地情况将口号具体化）是能够动员各阶层知识分子、各部门文化人与广大青年学生加入这一运动的。"[1] 在抗日根据地，"我们有全部权力来推行全部文化运动。我各地党部与军队政治部应对全部宣传事业、教育事业与出版事业作有组织的计划与推行，用以普及与提高党内外干部的理论水平及政治水平，普及与提高抗日军队抗日人民的政治水平及文化水平，要使各根据地上干部军队与人民的理论政治及文化水平高于与广于全国各地。各根据地上的文化教育工作，不论是消灭文盲工作，学校教育工作，报纸刊物工作，文学艺术工作，除党校与党报外，均应与不反共的资产阶级知识分子及小资产阶级知识分子联合去做，而不应由共产党员包办。要注意收集一切不反共的知识分子与半知识分子，使他们参加在我们领导下的广大的革命文化战线，应反对在文化领域中的无原则的门户之见。"[2]

---

1 中共中央文献研究室、中央档案馆编：《建党以来重要文献选编（一九二一——一九四九）》第 17 册，中央文献出版社 2011 年版，第 526 页。

2 中共中央文献研究室、中央档案馆编：《建党以来重要文献选编（一九二一——一九四九）》第 17 册，中央文献出版社 2011 年版，第 527 页。

在文化领域抗战的具体领域，中国共产党的领导作用也是巨大的。在文学抗战方面，在抗战时期，延安和陕甘宁边区的抗战文学，在中国共产党中央的直接领导下，得到了健康地发展，并推动着整个抗日根据地的文学运动的发展。首先是抗战文学团体繁盛，有党和边区政府领导的，如中华全国文艺界抗敌协会延安分会、中华全国文艺界抗敌协会晋东南分会、中华全国文艺界抗敌协会晋西分会、中华全国文艺界抗敌协会晋察冀边区分会、中华全国戏剧界抗敌协会陕甘宁边区分会、中华全国戏剧界抗敌协会太行山分会、中华全国戏剧界抗敌协会晋察翼边区分会、中华全国戏剧界抗敌协会晋西分会、中华全国戏剧界抗敌协会晋冀鲁豫边区分会、山东文化界救亡协会筹备委员会、苏北文化协会等。也有由解放区作家自由结社建立的文艺团体，如延安和陕甘宁边区的战歌社、新诗歌会、山脉诗歌社、青年文艺学习会、延安诗会、怀安诗社、草叶社，晋察冀边区的燕赵诗社、战地社、铁流文艺社、晋察冀诗会，晋绥边区的根据地文社，晋冀鲁豫边区的太行诗社，华中地区的湖海诗文社等。[1] 文学团体促进了文学创作的繁荣。小说创作成绩喜人，短篇小说成就很大，代表性作品有丁玲的《一颗未出膛的枪弹》，吴奚如的《土地在笑着》《老革命碰着新问题》，白浪的《杨树下》，杜映的《代耕》，刘御的《儿子到前线去了》，张英的《放了足干革命》，柳风的《边区故事》，雷加的《炮位周围》《一支三八式》，荒煤的《支那傻子》，刘白羽的《战斗着》，魏伯的《我们跟下原弥熊师团》，李清泉的《一颗石头》，孔厥的《调查》等；写游击队活动的有刘白羽的《总的突破》，雷加的《三个人的阵地》，刘祖春的《一个夜间的故事》，杜映的《在火光里》等；写勇于与敌人斗争的有严文井的《儿子与父亲》，金漫辉的《铁蹄下》，刘白羽的《在黄河一湾上》，李威深的《火车司机》等；写后方生产及动态的有《老宁

1 刘增杰主编：《中国解放区文学史》，河南大学出版社 1988 年版，第 29 页。

的病》，师田手的《劳动日记》，严文井的《春天》《一家人》，野蕻的《新垦地》，刘白羽的《突击运动》，白晓光的《动员》，梁彦的《战士的家》，莎寨的《红五月的补充教材》，周而复的《灾难里》《被炸毁的街市》，沙汀的《勘察加小景》《联保主任的消遣》等。这些作品密切配合全民抗战，富有生活气息，起到了动员群众、鼓舞斗志的作用，思想倾向是健康的，人物形象也相当生动。[1]涌现了丁玲、刘白羽、赵树理、孙犁等一大批作家。诗歌创作也获得丰收。朗诵诗、街头诗以其群众性、大众化在根据地获得发展，出现了《黄河大合唱》《生产大合唱》《八路军大合唱》等著名朗诵诗。

在艺术抗战领域，包括戏剧、音乐、美术和电影等方面，中国共产党也发挥了重要作用。在抗日根据地，抗战戏剧最初是以街头剧、活报剧、独幕剧的形式展开的，出现了《放下你的鞭子》《三江河》《最后一计》等著名的剧目。延安文艺座谈会以后，秧歌剧和新话剧获得发展。文艺工作者对古老的秧歌进行发掘和改造，创作了新的秧歌剧，服务于抗战。其中《兄妹开荒》成为新秧歌剧的起点和代表作。从此，秧歌剧在根据地特别是延安和陕北兴盛起来。“从一九四三年农历春节至一九四四年上半年，一年多的时间就创作并演出了300多个秧歌剧，观众达8万人次。1944年春节期间，由延安的街道、工厂、部队、机关、学校组织起来的业余秧歌队有27个之多，演出了150多个节目。”[2]新歌剧的代表作是《白毛女》。此剧获得巨大的成功，风靡各个抗日根据地。在它的带动下，出现了《刘胡兰》《王秀鸾》《赤叶河》《不要杀他》《孙大伯的儿子》《英雄刘四虎》等一大批新歌剧。在大后方，在中国共产党的领导和影响下，出现了抗战话剧高潮。仅以重庆为例，话剧团体就有怒吼剧社、上海业余剧人协会、怒潮剧社、国立剧校、复旦剧社、青年剧社、教导剧团、孩子剧团、抗敌剧社等，中华全国戏剧界抗

1 刘增杰主编：《中国解放区文学史》，河南大学出版社 1988 年版，第 131—132 页。
2 刘增杰主编：《中国解放区文学史》，河南大学出版社 1988 年版，第 267 页。

敌协会在重庆举办了两届戏剧节，演出了《我们的国旗》《死里求生》《抗战进行曲》《全面总动员》《金玉满堂》《钦差大臣》《狐群狗党》《渡黄河》《冰天雪地》等剧。特别是郭沫若创作了一批历史剧，如《棠棣之花》《屈原》《虎符》《高渐离》《孔雀胆》《南冠草》等，产生了深远的影响。

在音乐抗战领域，中国共产党领导的音乐界抗战活动自九一八事变后就开始兴起，党领导的进步音乐界人士就以音乐为武器，创作了大批抗战歌曲，著名的如《松花江上》《义勇军进行曲》《大路歌》《新的女性》等成为不朽的经典，鼓舞了全国人民的抗战精神。全面抗战后，进步音乐界创作了大批反映抗战、鼓动群众的歌曲，如冼星海创作的《祖国的孩子们》《做棉衣》《到敌人后方去》《游击军》《在太行山上》等，张曙创作的《赶豺狼》《日落西山》《洪波曲》，麦新创作的《大刀进行曲》《游击队歌》，贺绿汀创作的《游击队歌》，江定仙创作的《打杀汉奸》《焦土抗战》《为了祖国的缘故》，夏之秋的《歌八百壮士》《思乡曲》，陈田鹤的《巷战歌》，吕骥的《武装保卫山西》《抗日军政大学校歌》等歌曲，有力地推动了抗日救亡歌咏运动的深入开展，鼓舞着全国人民的抗日热情。中国共产党领导的抗日根据地的抗战音乐创作活动更是轰轰烈烈，特别是延安文艺座谈会之后，创作了一批优秀的歌曲，如《游击乐》《战斗进行曲》《抗日军政大学校歌》《八路军军歌》《八路军进行曲》《新四军军歌》《行军小唱》《歌唱二小放牛郎》《晋察冀小姑娘》《红缨枪》《八路好》《忘不了》《五枝花》《没有共产党就没有新中国》《纪念碑》《子弟兵进行曲》《团结就是力量》《红五月》《大生产》《韩略村战斗小调》《我们的家乡光复了》《南泥湾》《反攻》《兄妹开荒》《夫妻识字》《减租会》《扬子江暴风雨》《农村曲》《军民进行曲》《白毛女》等。

美术是富有感染力的直观艺术，中国共产党领导的木刻、版画、漫画活动，成为宣传抗战的有力武器。无论是抗日根据地还是大后方，抗战美术方兴未艾。在抗日根据地，美术成为宣传抗战的普遍形式，到处是宣传抗战的壁画、漫画。李公朴在当时所写的《华北敌后——晋察冀》一书中也记载：“随便你走到什么地方，到处是醒目的大幅的壁画。美术工作者随时随地的掮着梯子爬到墙上创作他那抗战大众的墙画。每个村庄里，你也可以看见每家门上贴着的门神已不是秦叔宝、尉迟恭，而是标有‘加紧站岗放哨’，‘捉拿汉奸敌探’字样，手持红缨枪和亮闪闪的大刀的自卫队队员的英姿。过去由天津运送来的什么《麒麟送子》、《老鼠娶妻》一类的年画已代之为《妻子送郎上战场，母亲叫儿打东洋》、《抬伤兵，送茶饭》、《开展民主运动，选举好村长》一类的抗日年画。”[1] 在晋冀鲁豫边区，“墙头画的数量远过木刻，所起的作用也最大，在本区深山僻壤的村庄里，都满布着墙头画。”[2]“敌后的美术工作有多种活动形式，主要是配合各种具体革命任务出版画报……为了宣传‘军民誓约’，采用木刻石版相结合的制作方法；为了瓦解敌人，采用漫画传单，在战场上散发；为了开展地雷战，根据边区内爆炸大王李勇的事迹，绘制成连环画印发各农村张贴；为了配合重大节日的庆祝纪念活动，办画展，巡回画展。平时美术工作者每到一个地方，在街头画壁画，写标语，搞街头展览更是经常性的工作。1942 年，文艺工作者配合武装工作队对敌开展政治攻势，还曾进入敌占区写墙标语，散发传单，发挥了美术工作的战斗作用。”[3]

在电影领域，党领导的电影抗战活动也获得了发展。1938 年 1 月 20 日，阳翰笙、罗刚发起组织全国电影界同人的抗敌组织，1 月 29 日，中华全国电影界抗敌协会在武汉宣告成立，其《成立宣言》中写道，“要求每一个电影从业人员，要把自己锻炼成民族革命战斗中勇敢的斗士，将自己献身祖国，将自己的工作献给神圣的抗战。”号召“要使每一张影片成为抗

1 李公朴：《华北敌后——晋察冀》，生活・读书・新知三联书店 1979 年版，第 156 页。

2 刘增杰等编：《抗日战争时期延安及各抗日民主根据地文学运动资料》（中），山西人民出版社 1983 年版，第 276 页。

3 田零：《我对战争中美术工作的点滴回忆》，载刘佳、胡可等编：《抗敌剧社实录》，军事译文出版社 1987 年版，第 477 页。

战的有力武器，使它深入军队、工厂和农村去，作为训练民众的基本的工具。”“表示要建立一个新的电影的战场。”[1]由沈西林、孙瑜、赵丹、白杨、魏鹤龄、王人美等优秀革命电影人士参与中央电影摄影场制片工作，在抗战期间拍摄了许多抗战新闻纪录片，发挥了重要的宣传抗战、鼓舞民众、记录日本罪行的作用。记录卢沟桥事变的纪录片《卢沟桥事变》，记录日军制造“重庆大轰炸”惨案的《二十八年一月十五日敌机轰炸重庆》和《二十八年五月三、四日敌机滥炸重庆》，记录淞沪空战的《空军战绩》，记录淞沪抗战的《淞沪前线》等等。在延安等抗日根据地，由于物质条件艰辛，抗战电影活动不如大后方繁盛，但也在抗战中艰难起步，“以战斗的姿态，揭开了中国电影史上划时代的又一页，开拓了党和人民军队电影历史的新纪元。”[2]1938 年 4 月，中国共产党领导的抗日根据地延安根据地成立了第一个民间电影社团——陕甘宁边区抗敌电影社。虽然电影社受物资、人员条件的所限，并没有开展拍片活动，但也积极地进行着电影抗战，如下乡深入群众播放抗战电影。延安革命根据地作出突出贡献的抗战电影社团是延安电影团。1938 年春，袁牧之在周恩来的鼓励下，前往延安，团结延安的电影力量成立了八路军总政治部电影团即延安电影团。延安电影团被称为“人民电影机构的初创，人民电影的开端。”延安电影团的主要电影活动是拍摄纪录片。1938 年 10 月 1 日，大型纪录片《延安与八路军》在桥山黄帝陵开机拍摄，由袁牧之编导，吴印咸、徐肖冰摄影，历经一年多的艰辛，1940 年基本拍摄完成。以后又陆续拍摄了《延安庆祝百团大战胜利大会和追悼会》《国际青年节》《陕甘宁边区第二届参议会》《毛泽东同志在延安文艺座谈会上》《九一扩大运动会》《十月革命》《边区生产展览会》《刘志丹同志移灵》《南

---

1 武汉地方志编纂委员会办公室编：《武汉抗战史料》，武汉出版社 2007 年版，第 564 页。

2 中国人民解放军文艺史料编辑部编：《中国人民解放军文艺史料选编（抗日战争时期）》第 1 册，解放军出版社 1988 年版，第 156 页。

泥湾》等新闻纪录片。

抗战教育是抗战文化的重要组成部分。国民政府在抗战时期，将沦陷区的大学陆续内迁，使中国的高等教育得以延续，也改变了中国教育的布局，促进了西部地区教育的发展，取得了很大的成绩，特别是西南联合大学，堪称抗战高等教育的典范。中国共产党十分重视抗战教育，1937 年，毛泽东在《反对日本进攻的方针、办法和前途》一文中指出，国防教育必须“根本改革过去的教育方针和教育制度。不急之务和不合理的办法，一概废弃。新闻纸、出版事业、电影、戏剧、文艺，一切使合于国防的利益。”[1] 中国共产党制定的《抗日救国十大纲领》第 8 条“抗日的教育政策”中提出：“改变教育的旧制度、旧课程，实行以抗日救国为目标的新制度、新课程。”[2]1938 年 10 月，毛泽东在中共六届六中全会扩大会议上作了《论新阶段》的报告，提出：“伟大的抗战必须有伟大的抗战教育运动与之相配合”，应该把“实行抗战教育政策，使教育为长期战争服务”作为全民族当前的紧急任务之一。报告还明确指出：“第一，改订学制，废除不急需与不必要的课程，改变管理制度，以教授战争所必需之课程及发扬学生的学习积极性为原则。第二，创设并扩大增强各种干部学校，培养大批的抗日干部。第三，广泛发动民众教育，组织各种补习学校，识字运动，戏剧运动，歌咏运动，体育运动，创办敌前敌后各种地方通俗报纸，提高人民的民族文化和民族觉悟。第四，办理义务的小学教育，以民族精神教育后代。”[3] 在十分困难的条件下，各抗日根据地根据实际情况，有针对性地举办了干部、部队、群众和儿童等 4 个层次的抗战教育。干部的抗战教育主要通过干部学校、在职教育和短期训练班 3 种形式进行。干部教育最有名的是抗日军政大学，培养了成千上万的军

1《毛泽东选集》第 2 卷，人民出版社 1991 年版，第 318—320 页。

2《毛泽东选集》第 2 卷，人民出版社 1991 年版，第 328 页。

3 毛泽东：《论新阶段》，重庆新华日报馆 1938 年版，第 48 页。

事、政治、文化、地方各类人才。对部队的教育是经常的，主要是爱国教育、政治思想教育、军事技术教育和文化知识教育。对民众的抗战教育是通过冬学、民众学校和民众教育馆来进行。其中冬学是最主要的形式，“一般设在人口比较集中的村庄，学习时间为3个月（一般从11月到次年1月）。民众学校是冬学的延续，主要在巩固区和群众基础较好的游击区举办，它将教学时间从冬季农闲延长为全年”。[1]冬学教材由各根据地教育部门编写，如陕甘宁边区教育厅编有《识字课本》《日用杂字》《庄稼杂字》和《卫生课本》；山东根据地的冬学教材统一规定，识字教材用《战时民众课本》，政治课用《抗战道理》；晋冀鲁豫边区编印了《冬学政治教材》。儿童的抗战教育主要通过小学教育的方式进行。语文课教学生学写抗战标语、路条、墙报。美术课教学生画抗战漫画。音乐课教唱《义勇军进行曲》等抗战歌曲。

对于学术研究领域，中国共产党也特别重视其对抗战的重要作用。在中国共产党领导下的抗日根据地，也十分重视自然科学工作。1940年2月毛泽东在《在边区自然科学研究会成立大会上的讲话》中指出：“自然科学是人们争取自由的一种武器。”[2]1940年2月陕甘宁边区《自然科学研究会宣言》中号召：“加强自然科学运动，掌握与提高自然科学成为抗战中的战斗力量……我们要用自然科学的战线，来粉碎敌人的经济封锁，打击敌人的文化政策。”[3]抗日根据地制定了优待科技人员的政策，设立了中国医科大学、延安自然科学院、陕北通信学校、延安摩托学校、太行工业学校、延安药科学校、晋察冀边区白求恩卫生学校、晋绥军区卫生学校、延安农业学校等科研和科技教育机构以及延安光华农场、农事试验场等农业科研机构。在人文社会科学领域，抗战学术最大的贡献是中国马克思主义人文社会科学的成

1 赵国娟：《简论中国共产党的抗战教育》，《军事历史》2011年第1期。

2 武衡主编：《抗日战争时期解放区科学技术发展史资料》第1辑，中国学术出版社1983年版，第5页。

3 何志平主编：《中国科学技术团体》，上海科学普及出版社1990年版，第388页。

长。唯物史观的传播和马克思主义中国化的发展，使得人文社会科学工作者越来越自觉地运用马克思主义理论与观点研究哲学、历史、文学以及社会领域，从而产生和形成了中国马克思主义哲学与社会科学各学科。毛泽东的《矛盾论》《实践论》，李达的《社会学大纲》等著作为中国马克思主义哲学奠定了基础；郭沫若、范文澜、翦伯赞、吕振羽、侯外庐开创了中国马克思主义史学；王亚南、许涤新、薛暮桥则为中国马克思主义政治经济学的创建作出了杰出贡献；周扬也为中国马克思主义文艺学的形成与发展开了先河。因此，从中国马克思主义人文社会科学发展历史进程来看，抗战时期是一个关键的时期，随着马克思主义中国化和大众化的进程，中国马克思主义人文社会科学开始建立，并伴随中国共产党领导的民族独立、人民解放事业的胜利而确立为20世纪后半期中国的主流学术形态。

中国共产党在文化抗战中，领导包括文化界在内的全国人民进行了英勇的抗战，形成了伟大的抗战精神。抗战精神是文化抗战的核心成果，是引领抗战文化发展的价值内核，是千百年来形成的中华民族在抗战时期的表现形态。精神抗战精神体现了“坚持国家和民族利益至上、誓死不当亡国奴的民族自尊品格；万众一心、共赴国难的民族团结意识；不畏强暴、敢于同敌人血战到底的民族英雄气概；百折不挠、勇于依靠自己的力量战胜侵略者的民族自强信念；开拓创新、善于在危难中开辟发展新路的民族创造精神；坚持正义、自觉为人类和平进步事业贡献力量的民族奉献精神。”[1]在中国共产党的领导下，在新民主主义文化理论的引领下，文化抗战起到了团结各民族人民、唤醒民族意识、抵御日本侵略，为实现民族独立和解放而斗争的巨大作用，历史证明，中国共产党在文化抗战史上发挥了中流砥柱的作用。

1　胡锦涛：《在纪念中国人民抗日战争暨世界反法西斯战争胜利60周年大会上的讲话》，人民出版社2005年版。

（二）中国共产党是文化抗战先进方向的引领者

在整个文化抗战中，中国共产党始终起着文化抗战进步方向的引领作用。九一八事变后，中国共产党就领导东北、上海等地的文化界人士开展抗日救亡活动。九一八事变后，中国共产党先后发表了《中国共产党为日本帝国主义强暴占领东三省事件宣言》《中央关于日本帝国主义强占满洲事变的决议》《中国共产党为日帝国主义强占东三省第二次宣言》等抗战宣言，号召全国人民进行抗战。在九一八事变第二天，中共满洲省委就发表《中共满洲省委为日本帝国主义武装占领满洲宣言》，发动和领导东北的抗战。在文化领域，广泛争取文化界的爱国人士，创办刊物，1932 年年初，创办《哈尔滨新报》，宣传抗战；1933 年 8 月，《夜哨》创刊；1934 年，《国际协报》设立《文艺》周刊，以这些刊物为核心，团结了一大批爱国文化界人士，促进了抗战舆论和抗战文艺的发展。在上海，成立不久的左联于 1931 年 9 月发表了《告国际无产阶级及劳动民众的文化组织书》，呼吁民众共同抗日。党还设立了专门的文化领导机构，领导文化抗战活动。早在 20 世纪 20 年代末，中国共产党在上海成立文化工作委员会，直属中共中央宣传部领导，由潘汉年任书记，负责领导上海文化界的革命活动，成立了中国左翼文化界总同盟，具体领导各左翼文化联盟的活动。1935 年 8 月，“文委”重新组建，周扬任书记，胡乔木任“文总”党团书记。全面抗战爆发后，“文委”仍负责上海抗战文化的领导，中共江苏省委重建之后，上海抗战文化斗争归其下设的文化工作委员会领导，直到抗战的最后胜利。可以说，自九一八事变以来，中国共产党就开始引领文化抗战的方向。

1. 始终坚持抵抗日本帝国主义的文化侵略和文化奴役。中国共产党特别强调文化战线的抗日斗争的重要性，指出这是反抗日本帝国主义对中国进行文化侵略和文化奴役的唯一方法。日本帝国主义为了巩固其对中国的占领，除了军事、政治、经济的手段外，“它用武力毁灭与强占中国的文化机关与学校，焚毁与取缔中国革命的图书、文献、报章、杂志，屠杀与监视爱国的文化人与青年知识分子。它直接由日本文化浪人与经过汉奸文化人宣扬其奴化理论。如建立‘东亚新秩序’，‘东亚协同体’，提倡‘中日亲善’，‘共存共荣’等。在它的占领区，建立奴化教育的统制机关与制度。报纸杂志、通讯社的建立。各种教科书的修改与编印。它还收买、欺骗、引诱、麻醉与强迫文化人与青年知识分子为其服务。它强迫尊孔、祭孔、读经，实行复古运动；它提倡迷信、盲从、落后、诲淫诲盗；它强迫学习日文日语，以日文日语代替国文国语。它还利用各种下流无耻的、多种多样性的宣传鼓动方法，以达到它奴化之目的。”[1]因此，必须坚定地推进文化抗战，“我们必须同日寇的奴化活动与奴化政策进行坚决的斗争，而只有打到鸭绿江边，把日寇驱逐出中国，才能根本粉碎它奴化中国人民的阴谋毒计。”[2]无论是在局部抗战时期，还是在全面抗战时期；无论是在战略防御阶段，还是在战略相持阶段和战略反攻阶段，中国共产党始终坚持率领人民进行文化领域的抗战，通过报刊宣传、文学艺术作品、教育、科学等各种方式，揭露日本帝国主义对中国文化的侵略与摧残，凝聚人民的抗战精神，弘扬民族文化，为中华文化的传承和发展付出了巨大的努力。

2. **反对国民党的“专制文化”和文化独裁**。抗日民族统一战线是多个阶级、阶层和党派的联合，其内部存在不同的政治主张和政治利益，甚至是根本对立的阶级矛盾和斗争，中国共产党认识到，“今天的抗战，中间包含着极大的危险性。这主要的是由于国民党还不愿意发动全国人民参加抗战。相反的，他们把抗战看成只是政府的事，处处惧怕和限制人民参战运动，阻碍政府、军队同民众结合起来，不给人民以抗日救国的民主权利，不去

1 中央党史研究室张闻天选集传记组编：《张闻天文集》3，中共党史出版社 2012 年版，第 23 页。
2 中央党史研究室张闻天选集传记组编：《张闻天文集》3，中共党史出版社 2012 年版，第 24 页。

彻底改革政治机构，使政府成为全民族的国防政府。这种抗战可能取得局部的胜利，然决不能取得最后的胜利。相反的，这种抗战存在着严重失败的可能。”“所以在今后抗战过程中，可能发生多挫败、退却，内部的分化叛变，暂时和局部的妥协等不利的情况。”[1]因此，中国共产党不但坚持在统一战线中的独立自主的原则，而且对国民党保持警惕，努力成为抗战的领导力量，“共产党员及其所领导的民众和武装力量，应该最积极的站在斗争的最前线，应该使自己成为全国抗战的核心，应该用极大力量发展抗日的群众运动。不放松一刻工夫、一个机会去宣传群众、组织群众、武装群众，只要真能组织千百万群众进入抗日民族统一战线，抗日战争的胜利是无疑义的。”[2]抗日民族文化统一战线作为抗日民族统一战线的一部分，也必然受到这种影响。国民党政府不但在政治上限制中国共产党，在军事上制造“摩擦”，多次发动反共高潮，而且在文化上也限制抗战言论、封杀进步刊物，破坏党领导的文化抗战。对此，中国共产党在维护统一战线的基础上，采取有理、有利、有节的原则，坚决给予抵制和反对，始终引领文化抗战的进步方向。

1939 年 3 月 12 日，国民党以抗战之名发布《国民精神总动员纲领及其实施办法》，这实际上是国民党加强文化、精神控制的举措，其中心口号是“国家至上，民族至上”“军事第一，胜利第一”“意志集中，力量集中”。所谓“国家至上，民族至上”，就是必须认定国家的利益应高于一切，国民“应牺牲一切私见、私心、私利、私益”，“牺牲个人之自由”。所谓“军事第一，胜利第一，”就是要“国民一切之思想行动，均应绝对受国家民族军事利益之支配”，所谓“意志集中，力量集中”，就是在抗战时期“要求国民全体的思想，绝对集中于国家至上民族至上与军事第一胜利第一两义之下，

1 中共中央文献研究室、中央档案馆编：《建党以来重要文献选编（一九二一—一九四九）》第 14 册，中央文献出版社 2011 年版，第 474 页。

2 中共中央文献研究室、中央档案馆编：《建党以来重要文献选编（一九二一—一九四九）》第 14 册，中央文献出版社 2011 年版，第 474 页。

不容其分歧及怀疑，不容作其他之空想空论”。《纲领》要求确立所谓“救国之道德”。这种道德就是“忠孝仁爱信义和平之八德”。“八德之中，最根本者为忠孝”。要求国民“对国家尽其至忠，对民族行其大孝”，要求一切思想言论不能违反“三民主义”，不能“破坏军政军令及行政系统之统一”。违反规定，就要“一体纠绳”。实际上就是宣扬“一个政府”“一个主义”“一个领袖”，限制和排挤中国共产党在民众中的影响和活动。针对国民党的“国民精神总动员”，中共中央先后发出《关于精神总动员的指示》《关于精神总动员的第二次指示》，指出国民党政府公布《国民精神总动员纲领及实施办法》具有两面性：一方面是为抗日的，另一方面是防共的。对此中国共产党应采取的立场是：一方面运用与发挥其中一切积极的东西，来提高全民族的觉悟，振奋革命精神，为争取抗战建国的最后胜利而奋斗牺牲；另一方面要反对与打击一切反共防共阴谋和反民族分子的观点。号召全国为坚持抗战，为坚持统一战线，为坚持国共长期合作，争取民族最后胜利而奋斗。[1]各地的党组织要利用精神总动员的形式，根据其中一切积极的东西，来实际解释与发挥中国共产党坚持抗战的正确路线；使这一动员成为中国共产党巩固抗日民族统一战线，坚持抗战，开展群众运动，反对防共要求民主的武器，以防止和打击顽固分子利用作为防共武器的企图。[2]

在抗战进入相持阶段以后，国民党不仅在政治、军事方面制造“摩擦”，挑起事端，而且在文化上也加紧对共产党采取限制措施，对进步刊物、进步文化团体进行迫害。陆续颁布了《防制异党活动办法》《异党问题处理办法》《共党问题处置办法》《沦陷区防范共党活动办法》等一系列秘密反共文件，同时，“从 1938 年 7 月至 1944 年 10 月的六年间，国民党和国民

1 李勇、张仲田编著：《统一战线大事记・抗日战争时期卷》，群言出版社 2014 年版，第 214 页。
2 李勇、张仲田编著：《统一战线大事记・抗日战争时期卷》，群言出版社 2014 年版，第 215 页。

党政府先后制定发布了43种图书审查查禁法规文件”，[1]1943年8月，国民党政府还发布了《抗战期间宣传名词正误表》，“表中规定：‘边区政府’、‘抗日政府’等词不许用；‘两面派’、‘亲日派’、‘团结’、‘解放’、‘国共合作’、‘各阶层人民’、‘抗日民族统一战线’等词为‘谬误名词’；‘革命的三民主义’、‘真正的三民主义’要改为‘三民主义’；‘拥护革命的领袖’、‘拥护抗日的领袖’必须改为‘拥护领袖’，甚至‘妇女解放’要改为‘妇女复兴’。”[2]1940年9月，国民党当局以改组政治部为名撤销了军委会政治部第三厅，文化抗战运动遭遇极大阻力。在中国共产党和周恩来领导的中共中央南方局的斗争下，迫使国民党同意以原第三厅为基础成立了中国国民政府军事委员会政治部文化工作委员会（简称“文工会”），继续坚持抗战文化斗争。“皖南事变”后，国民党当局对进步文艺及进步文艺工作者进行压制、打击，实行文化专制主义政策。1941年1—4月，重庆《全民抗战》等数十种进步刊物被取缔。1942年，先后被查禁的书刊有500余种。[3]从1941年年初开始，国民党当局还强令解散了48个进步文化团体，解散和改组了几个抗敌演剧队和抗敌宣传队，将保留下来的改名为抗敌演剧宣传队。[4]对国民党的文化专制主义，中国共产党进行了坚决的斗争，首先，在舆论上进行批判，张闻天、王稼祥、艾思奇、范文澜、陈伯达等分别发表了《拥护真三民主义　反对假三民主义》《关于三民主义与共产主义》《关于三民主义的认识》《谁革命？革谁的命？》《袁世凯再版》《没有共产党，就没有中国》《评〈中国之命运〉》等一系列文章，予以批判，特别是毛泽东的《新民主主义

1 吴效刚：《民国时期查禁文学史论》，中国社会科学出版社2013年版，第113页。

2 江沛、纪亚光：《毁灭的种子：国民政府时期意识形态管理研究》，陕西人民教育出版社2000年版，第168页。

3 薛新力：《抗战时期重庆文化的发展演变及特点》，《渝州大学学报（哲学社会科学版）》1995年第2期。

4 彭亚新：《中共中央南方局的文化工作》，中共党史出版社2009年版，第113页。

论》，系统地阐述了新民主主义文化理论，成为指导中国共产党文化抗战的纲领性文献。

3. **坚决反对封建复古文化和妥协投降文化**。毛泽东在分析近代中国文化时指出："在中国，有帝国主义文化，这是反映帝国主义在政治上经济上统治或半统治中国的东西。这一部分文化，除了帝国主义在中国直接办理的文化机关之外，还有一些无耻的中国人也在提倡。一切包含奴化思想的文化，都属于这一类。在中国，又有半封建文化，这是反映半封建政治和半封建经济的东西，凡属主张尊孔读经、提倡旧礼教旧思想、反对新文化新思想的人们，都是这类文化的代表。"[1] 在抗战时期，面对民族危机和文化危机，各阶级、阶层人士提出了不同的救亡方案。在文化领域也是如此，其中比较有影响力的是具有复古倾向的新儒学思想。新儒家学派将挽救民族危机与文化危机的希望寄托在复兴儒家文化上面，认为"民族复兴本质应该是民族文化的复兴，儒家文化的复兴"，[2] 主张把封建伦理道德作为中国传统文化精华并将其发扬光大，等等。新儒学的某些观点和主张为当时的统治集团所利用，自觉不自觉地充当了维护国民党一党专制和文化统制的工具，在客观上也给抗战文化的发展带来了危害。对此，中国共产党和进步文化界予以了批判。胡绳发表文章指出，封建文化的核心价值——伦理道德已经不适应现代社会了，"当我们发现了它们已不合于新时代的生存时，就要毫不容情地加以抛弃，这才能使我们对于民族的新生有充分的自信"。[3] 至于儒学复兴可以拯救文化危机甚至民族危机，则更是谬误，因为，"理学是决定地终结了"。[4] 毛泽东则指出，"中国的长期封建社会中，创造了灿烂的古代文化。清理古代文化的发展过程，剔除其封建性的糟粕，吸收其民主性的精华，是发展民族

1《毛泽东选集》第 2 卷，人民出版社 1991 年版，第 694—695 页。
2 贺麟：《文化与人生》，商务印书馆 1988 年版，第 2 页。
3《胡绳全书》第 1 卷（上），人民出版社 1998 年版，第 220 页。
4《杜国庠文集》，人民出版社 1962 年版，第 377 页。

新文化提高民族自信心的必要条件；但是决不能无批判地兼收并蓄。必须将古代封建统治阶级的一切腐朽的东西和古代优秀的人民文化即多少带有民主性和革命性的东西区别开来。”[1]但是“替帝国主义和封建阶级服务的，是应该被打倒的东西。不把这种东西打倒，什么新文化都是建立不起来的。不破不立，不塞不流，不止不行，它们之间的斗争是生死斗争”。[2]

对宣扬妥协投降的文化，中国共产党也引导人们加以辨别和批判。汪精卫公开叛国投敌以后，国内投降主义暗流涌动。在这种情况下，中共中央科学地分析了形势，提出了正确的对策，提出“积极发展全国党政军民学各方面的统一战线，力争国民党中的大多数，力争中间阶层，力争抗战军队中的同情者，力争民众运动的深入，力争知识分子，力争抗日根据地的巩固和抗日武装、抗日政权的发展，力争党的巩固和进步”，指出“我们的方针，就在于在全国范围内一切有共产党组织的地方，极力扩大反对汪精卫卖国协定的宣传”。[3]并且提出了在讨汪宣传中的重点：“（一）拥护抗战到底的国策，反对汪精卫的卖国协定；（二）全国人民团结起来，打倒汉奸汪精卫，打倒汪精卫的伪中央；（三）拥护国共合作，打倒汪精卫的反共政策；（四）反共就是汪精卫分裂抗日统一战线的阴谋，打倒暗藏的汪派汉奸；（五）加紧全国团结，消灭内部摩擦；（六）革新内政，开展宪政运动，树立民主政治；（七）开放党禁，允许抗日党派的合法存在；（八）保证人民有抗日反汉奸的言论集会自由权；（九）巩固抗日根据地，反对汪派汉奸的阴谋破坏；（十）拥护抗日有功的军队，充分接济前线；（十一）发展抗战文化，保护进步青年，取缔汉奸言论。”[4]要求“各地应大量发表文章、宣言、传单、演说

1《毛泽东选集》第 2 卷，人民出版社 1991 年版，第 707—708 页。
2《毛泽东选集》第 2 卷，人民出版社 1991 年版，第 695 页。
3《毛泽东选集》第 2 卷，人民出版社 1991 年版，第 713 页。
4《毛泽东选集》第 2 卷，人民出版社 1991 年版，第 714 页。

和小册子，并增加适合地方情况的口号。延安定二月一日召开反对汪精卫卖国协定的民众大会。各地应在二月上旬或中旬，联合各界和国民党抗日派，普遍举行民众大会，掀起全国反投降反汉奸反摩擦的热潮。”[1]毛泽东出席延安军民讨汪大会并发表演讲，提出还要警惕“暗藏之汪精卫也”，“若夫暗藏之汪精卫，则招摇过市，窃据要津；匿影藏形，深入社会。贪官污吏，实为其党徒；摩擦专家，皆属其部下。若无全国讨汪运动，从都市以至乡村，从上级以至下级，动员党、政、军、民、报、学各界，悉起讨汪，则汪党不绝，汪祸长留，外引敌人，内施破坏，其为害有不堪设想者。宜由政府下令，唤起全国人民讨汪。有不奉行者，罪其官吏。务绝汪党，投畀豺虎。”[2]周恩来和中共中央南方局在大后方也发动了声势浩大的讨汪运动，“中华全国文艺界抗敌协会于1939年1月4日就在重庆召开讨汪肃奸大会。其他各地也纷纷召开讨汪大会。各地报刊发表大量文章、社论，或辟专栏声讨汪逆，此外还有戏剧、战歌、漫画、广播、演讲、募捐、火炬游行、万人签名、学校教育等多种讨汪斗争形式。”[3]许多省还铸汪逆跪像、塑汪逆泥像以供万人唾骂。

4. 坚持无产阶级对新民主主义文化的领导作用，并适时地将抗战文化向人民民主文化推进。“所谓新民主主义的文化，就是人民大众反帝反封建的文化；在今日，就是抗日统一战线的文化。这种文化，只能由无产阶级的文化思想即共产主义思想去领导，任何别的阶级的文化思想都是不能领导了的。所谓新民主主义的文化，一句话，就是无产阶级领导的人民大众的反帝反封建的文化。”[4]因此，“应该扩大共产主义思想的宣传，加紧马克思列宁主

1《毛泽东选集》第2卷，人民出版社1991年版，第714页。
2《毛泽东选集》第2卷，人民出版社1991年版，第721页。
3 张静如、唐正芒：《抗战文化与中国先进文化的前进方向》，《求索》2003年第3期。
4《毛泽东选集》第2卷，人民出版社1991年版，第698页。

义的学习，没有这种宣传和学习，不但不能引导中国革命到将来的社会主义阶段上去，而且也不能指导现时的民主革命达到胜利。”[1]在文化抗战中，中国共产党始终注意对马克思主义思想的宣传和学习。在抗日根据地，出现了马克思主义中国化、大众化的热潮。共产党员、进步人士自觉地学习和宣传马克思主义，用马克思主义的理论和方法训练干部、指导实际工作。在大后方，《新华日报》和《群众》周刊也发表了不少文章，如《纪念马克思与孙中山》《列宁与中国》等，介绍共产主义，翻译介绍马列著作、出版进步社科书籍，大力宣传马列主义，郭沫若、胡绳、侯外庐、吕振羽、翦伯赞、许涤新、蔡仪等马克思主义学者或进步人士运用马克思主义研究哲学、史学、经济学、文学、美学，特别是郭沫若的《甲申三百年祭》影响深远，这些对启迪大后方人民的觉悟，接受马克思主义，起到了很大的作用。

随着抗战形势向胜利发展，中国共产党又适时地引导抗战文化向人民民主文化方向发展。在延安，召开了延安文艺座谈会，毛泽东发表了《在延安文艺座谈会上的讲话》，提出了文艺为工农兵服务，无产阶级文学艺术是无产阶级整个革命事业的一部分，要用辩证唯物主义和历史唯物主义观察世界、观察社会、观察文学艺术。在延安文艺座谈会精神的指引下，抗日根据地广大文化工作者掀起了深入基层、深入社会、深入工农兵群众的热潮，世界观、文化观发生了深刻地变化，创作了一批优秀的文艺作品，为抗战服务，为工农兵大众服务。在大后方，中国共产党提出的废除一党独裁、建立民主联合政府的主张，得到文化界人士的赞同。重庆文化界300余人签名发表了《对时局进言》，被视为文化界的“民主宣言”，接着昆明、成都文化界也发表了同样的宣言。由此导致国统区文化领域发生了变化，在文化抗战进行的同时，出现了反独裁、反压迫、争民主、争自由的人民民主文化运

1《毛泽东选集》第2卷，人民出版社1991年版，第706页。

动，标志着文化抗战正在向争取人民民主的方向转变。1945 年 6 月，《新华日报》发表社论《中国文艺工作者的路程》，指出“争民主、争自由”是知识分子的斗争目标，文艺工作者要为人民的民主、为斗争的幸福服务。同年 10 月，中华全国文艺界抗敌协会更名为中华全国文艺界协会，成为领导文化界进行人民民主文化运动的机构，标志着文化抗战转变为民主文化运动。中国共产党引领着进步文化界，进入了人民民主文化的新阶段。

四、中国近代文化发展史上的辉煌篇章

中国共产党领导的文化抗战，以其广度和深度，推动了文化领域的抗战，也推动了中国文化的现代发展。鸦片战争以后，中国文化在近代资本主义经济政治发生深刻变化的情况下，在西学的影响下，也发生了深刻的变化，形成了中国资产阶级新文化。由于中国半殖民地半封建社会的特殊性质，中国资产阶级新文化并不成熟，也不能够抵御封建文化残余和西方帝国主义文化的侵蚀。五四运动以后，马克思主义传入中国，中国文化进入了一个新的转型时期。中国共产党领导的文化抗战，探索了先进的文化理论，创造了丰富的文化成果，凝聚了新的民族文化精神，改变了中国文化的面貌，为中国近代文化发展开辟了道路。

（一）文化机构大迁移与中国文化地理的变化

历史上中国文化的重心一直是以中原为中心向中东部辐射，因而华北和江南成为中国文化的重镇，鸦片战争以来，由于西学东渐，通商口岸和东南沿海地区成为现代文化的集聚地。以高等学校为例，抗日战争前全国有高校（包括专科以上学校）108 所，大多分布在东南沿海沿江地区。其中北平 14 所，上海 25 所，河北（天津最多）8 所，广东 7 所，占去一半。整个西部

地区仅有 8 所。[1] 再以图书馆事业为例，图书典籍是文化的载体，图书的保存和传播就是对文化的积累和弘扬。中国自古有保存典籍的传统，自公共图书馆事业传入中国以来，中国保存典籍的传统与公共图书馆的服务职能相结合，促使中国图书馆事业获得发展。民国初年有 20 余所，1936 年已达 2840 所。我国初步构建了公立的国立图书馆、省立图书馆、县（市）立图书馆体系。国家级图书馆有国立北平图书馆和国立中央图书馆，以典藏图书和政府文献为特色，由教育部主管，经费由中英庚款管理基金支出。省立图书馆，大凡每省一所，江苏、湖南、广西河南则有两所以上。北平、上海、南京、青岛、衡阳、广州等大城市，另设市立图书馆，据统计，战前我国省市立图书馆有 42 所，其中包括东北地区的 9 所。县级图书馆分县立图书馆和县民众教育图书馆。但是，与经济发展适应，中国图书馆事业发展极不平衡，藏书多、影响大、有规模的图书馆多分布于经济文化较发达的沿海东部地区和大中型城市，县级图书馆也是如此。1936 年，江苏省有县立图书馆 20 余所，民教馆之图书馆 76 家。而湖南省仅有安化及溆浦县立图书馆 2 所。[2] 博物馆事业同样如此，1936 年，全国已有博物院 77 所，古物保存所 101 所（其中私立 4 所）。但同样大部分建立在北平、上海等大城市和经济发达的东部沿海地区。至于现代的媒体，如报刊、出版、广播、电影等文化设施，基本上集中在大城市和东南沿海地区。以出版业为例，抗战爆发前，全国的主要都市均有出版机构，主要集中在北平、天津、上海、杭州、武汉、重庆等地。1936 年，中国出版图书已达 9438 种。然而，中国出版机构布局并不平衡。民国以来，“我国出版家十之八九在上海”，上海逐渐成为中国出版的中心。1930 年，上海书业同业公会有法人会员 80 家。1935 年，上海有各类

---

1 戴知贤、李良志主编，中国抗日战争史学会、中国人民抗日战争纪念馆编：《抗战时期的文化教育》，北京出版社 1995 年版，第 146 页。

2 孟国祥：《抗战大迁移丛书：烽火薪传——抗战时期文化机构大迁移》，商务印书馆 2015 年版，第 134 页。

书店261家，其中出版、发行的有142家。[1]形成了战前中国出版业以商务印书馆、中华书局、正中书局、世界书局、大东书局、开明书店6家大出版机构并立的基本格局，它们占据了图书市场的主要份额，并在各地设立分局或办事处。六大出版机构中，除正中书局设在南京外，其他均为上海的民营出版企业。此外，报刊事业也集中在大城市，抗日战争前，全国报纸多集中于经济文化较发达的东部地区及沿海一带的大都市。据有关资料统计，1932年上海有日报41家，1936年已达57家。[2]《北平晨报》(北平)、《世界日报》(北平)、《申报》(上海)、《新闻报》(上海)、《时事新报》(上海)、《大公报》(天津)、《益世报》(天津)、《中央日报》(南京)、《东南日报》(杭州)、《中山日报》(广州)、《扫荡报》(武汉)、《武汉日报》都是全国一流的大报。南京、上海自1927年后一直是国民政府的新闻中心。

可见，抗日战争以前，中国现代文化设施基本上集中在大城市和东南沿海地区，西部地区则相对落后。但也由于这种布局，抗战爆发后，这些文化设施遭到日本帝国主义沉重的打击，损失巨大。为了保存中国文化，文化界开始了艰难的内迁过程。高等学校、图书馆、文物博物馆、报业、出版业纷纷迁往西南、西北地区，造成了中国文化版图的西移，文化重心转移到西部地区。

以高等学校为例。抗日战争期间，由外地先后迁入四川省的高等院校共计48所，占战前国民党统治区全部108所高等学校的44%。[3]迁川的高校有山东大学、牙医专科学校、武汉大学、清华大学航空研究所、东吴大学法

1 孟国祥：《抗战大迁移丛书：烽火薪传——抗战时期文化机构大迁移》，商务印书馆2015年版，第382页。

2 孟国祥：《抗战大迁移丛书：烽火薪传——抗战时期文化机构大迁移》，商务印书馆2015年版，第352页。

3 戴知贤、李良志主编，中国抗日战争史学会、中国人民抗日战争纪念馆编：《抗战时期的文化教育》，1995年版，第152页。

学院、药学专科学校、中央工业职业学校、戏剧学校、金陵大学、金陵女子文理学院、光华大学成都分部、朝阳学院、山东医学专科学校、中央政治学校、复旦大学、蒙藏学校、北平师范大学劳作专修科、江苏省立蚕丝专科学校、武昌文华图书馆学专科学校、两江女子体育专科学校、武昌中华大学、齐鲁大学、江苏医政学院、南通学院医科、铭贤学校、南开大学经济研究所、武昌艺术专科学校、吴淞商船学校、国立音乐院、之江文理学院、东亚体育专科学校、华侨工商学院、交通大学唐山土木工程学院、交通大学北平铁道管理学院、东方语文专科学校。迁往云南的高校最著名的是北京大学、清华大学、南开大学（先后合组为长沙临时大学、西南联合大学）；迁往贵州的有大夏大学、湘雅医学院、唐山工程学院、浙江大学、广西大学、桂林师范学院。迁往云南的高等院校有中山大学、杭州国立艺专、中法大学、华中大学、中正医学院等。迁往西北（西安）的有北平大学、北师大、北洋工学院和北平研究院，先后合组为西安临时大学、西北联合大学、西北大学。

科技界的西迁也同样规模巨大。以迁入重庆的科研院所为例，几乎集中了当时中国顶级和最先进的科研院所，如下表所示：[1]

内迁重庆的科研院所

院所名称	迁入时间	院所名称	迁入时间
中央研究院	1938 年春	中央工业试验所	1937 年
中央农业实验所	1938 年	中央矿冶研究所	1938 年
中央地质调查所	1938 年	中央林业实验所	1941 年
中央卫生实验院（前身为卫生署卫生实验处）	1941 年	中国特效药研究所（由中央政治学校医务所附设特效药物研究室扩编而成）	1942 年

1 唐正芒：《中国西部抗战文化史》，中共党史出版社 2004 年版，第 20 页。

续表

院所名称	迁入时间	院所名称	迁入时间
中国科学社生物研究所	1939 年	中国地理研究所	1939 年
油料研究所	1938 年	陆军制药研究所	1938 年
应用化工研究所	1938 年	弹道研究所	1937 年
中央水利实验处	1937 年		

同时，还有一批科技团体迁入重庆，如下表所示：

内迁重庆的科技团体

团体名称	迁入时间	团体名称	迁入时间
中国工程师学会	1937 年	中国水利工程学会	1937 年
中国护士学会	1937 年	中国化学学会	1937 年
中国度量衡学会	1937 年	中国测绘学会	1937 年
中国化学工程学会	1938 年	中国地理教育研究会	1937 年
中国农学会	1938 年	中国气象学会	1938 年
中国地理学会	1938 年	中国自然科学社	1938 年
中华图书馆协会	1938 年	中国教育学术团体联合会	1938 年
中国科学社	1939 年	中国卫生教育社	1939 年
中国矿冶工程协会	1940 年	中华药学会	1942 年

此外，《大公报》《中央日报》以及中共的《新华日报》《救亡日报》和《群众》杂志均西迁至重庆；新知书店、中华书局、商务印书馆等著名出版机构迁入四川。

伴随文化机构的内迁，文化人也大量进入西部。据不完全统计，整个抗战期间，中国难民总数达 2000 万至 3000 万。其中，“文化教育者占 55%，党政及国营事业者占21%，商人占10%，工人占6%，农民仅占2%”。[1]当时，“高级知识分子十分之九以上西迁，中级知识分子十分之五以上西迁，低级知识分子十分之三以上西迁。”[2]众多文化名人也先后进入西部，包括郭沫若、茅盾、巴金、夏衍、田汉、阳翰笙、欧阳予倩、艾青、叶圣陶、胡风、曹禺、杜国庠、胡绳、张恨水、臧克家、沙汀、艾芜、光未然、洪深、于伶、赵丹、金山、丰子恺、徐悲鸿、关山月、李可染、廖沫沙、吴晗、侯外庐、吕振羽、翦伯赞、冯友兰、朱自清、闻一多、陈寅恪、周立波、周而复、周扬、邵荃麟、沈从文、刘白羽、王昆仑等。竺可桢、王淦昌、华罗庚、周培源等一大批杰出科学家，也进入西部。

文化机构和文化名人内迁西部，使中国文化的重心西移，从而改变了中国文化的地理格局，由过去的“东高西低”变成了“西部崛起”。这一现象不仅深刻改变了抗日战争时期中国文化的地理分布，也对战后中国文化的发展产生重要影响。

首先，深刻改变了抗日战争时期中国文化的地理分布，西部地区出现了一批因文化迁徙而诞生的文化重镇，如重庆、昆明、桂林、延安。

重庆是战时首都，随着国民政府迁移而来的文化机构和文化名人众多。以高等学校而论，先后迁到重庆的就有31所，占全国内迁77所高等学校的近1/2。加上重庆本地设立的高等学校，到抗战后期，重庆地区的高校达到38所，居全国之冠。商务印书馆、中华书局、世界书局、大东书店、开明书店等出版机构先后从上海迁到重庆恢复营业和出版工作。到1943年上半年，在重庆的全国性的文艺团体约有35个。文化名人更是云集重庆，茅盾、张恨水、胡风、叶以群、田汉、艾青、臧克家、夏衍、洪深、金山、黄宗江、谢添、徐悲鸿、叶浅予、丁聪等等，先后到达重庆。文化机构和文化

1《新华日报》1938年5月22日。

2 孙本文：《现代中国社会问题》第2卷，商务印书馆1943年版，第261页。

名人的云集，加上中共中央南方局的领导，重庆迅速成为大后方文化抗战的中心。新闻出版、文学艺术、社会教育、科学研究等各个领域掀起了文化抗战的热潮。仅以戏剧界为例，1938 年 10 月 10 日，中国第一届戏剧节在重庆举行。戏剧节历时 22 天，有 20 个剧团、1500 名专业和业余团体的戏剧工作者参加演出，公演剧目 40 个，观众达 10 万人次。还有 25 个街头演剧队，如怒吼剧社、国立剧校、华北宣传队等等，进行了为期 3 天的大规模街头剧演出，盛况空前。[1] 据统计，自 1941 年 10 月至 1945 年 10 月，重庆雾季公演剧目仍有 106 个，其中大型剧 98 个、短剧和独幕剧 8 个；参加演出的剧团有中华剧艺社、中国万岁刷团、中央青年剧社、孩子剧团、育才学校戏剧组、中国艺术剧社等 27 个团队。[2] 电影业也成为重庆文化重镇的抗战文艺代表。由上海迁渝的中央电影制片厂和中央电影摄影场以及大批电影工作者也汇集重庆，如著名的导演和演员史东山、郑君里、于伶、田汉、夏衍、白杨、阳翰笙、金山、吴茵、张瑞芳、秦怡、谢添、陈白尘等等，推动了重庆抗战电影事业迅速发展。先后摄制了《保家乡》《好丈夫》《塞上风云》《胜利进行曲》《火的洗礼》《东亚之光》《青年中国》《长空万里》《日本间谍》《中华儿女》《抗战诗集》《民族万岁》《东战场》和《光复台儿庄》等故事片、新闻片、纪录片和科教片，奠定了重庆在抗战电影制作中的地位。

桂林当时是仅次于重庆的第二个抗战文化城。由于桂系与蒋介石的矛盾以及桂系对抗战的坚定态度，使得中共得以在此团结和影响进步文化界人士，开展轰轰烈烈的文化抗战活动。据不完全统计，从 1938 年至 1944 年的短短 6 年中，在桂林路过或在桂林逗留和居住过的文化人有 1000 多位，在桂林发表作品的达 2000 人以上。其中，闻名全国的社会科学家、自然科学家、作家、

1 戴知贤、李良志主编，中国抗日战争史学会、中国人民抗日战争纪念馆编：《抗战时期的文化教育》，北京出版社 1995 年版，第 110 页。

2 戴知贤、李良志主编，中国抗日战争史学会、中国人民抗日战争纪念馆编：《抗战时期的文化教育》，北京出版社 1995 年版，第 113 页。

艺术家、学者和教授近200人。此外，从1938年年底开始，先后迁入桂林的文化机构也非常多，其中不少是在全国有影响力的，如中央研究院地质研究所、物理研究所、地理研究所，中华职业教育社、江苏教育学院、无锡国学专修馆、汉民中学，救亡日报社、国际新闻社、国民公论社、中国旅行剧社、新华日报桂林办事处、中国记者协会、生活教育社等等。中共桂林党组织充分利用这些有利条件，在桂林进行各种抗日救亡的文化活动。造成了空前繁荣的新闻、出版、文学、戏剧、音乐、美术、教育、科技事业，使桂林成为战时西南地区著名的“文化城”，奠定了桂林开展文化抗战活动的传统和基础。

昆明地处西南边陲，因文化机构的迁入也成为抗战时期著名的文化重镇。昆明文化抗战有一个显著的特点，就是以西南联大师生为主体的校园抗战文化与昆明城的社会抗战文化各具特色而又相得益彰，互为犄角。西南联大是人文学者荟萃之地，文学院院长冯友兰、法商学院院长陈序经、师范学院院长黄子坚，中文系教授朱自清、罗常培、闻一多、陈寅恪；外国语文学系叶公超、吴宓、陈铨；历史学系刘崇鋐、雷海宗、钱穆、傅斯年、郑天挺、蔡维藩、蒋廷黻，哲学心理学系汤用彤、金岳霖、冯文潜，政治系张奚若、钱端升、王赣愚，法律系燕树棠，经济学系陈岱孙，社会学系陈达、潘光旦、李景汉等等，都是当时中国的学界名流、文化精英。他们的爱国情操和文化素养，带动了联大校园抗战文化的开展。除了时事讲演、壁报宣传之外，联大师生最有特色的是群声歌咏队抗战歌咏活动。他们致力于普及救亡歌曲。他们的歌声不仅飘扬在校园里，而且经常随群社组织的兵役宣传队在龙潭街、大板桥等处活动。当时流行的抗日爱国歌曲《毕业歌》《大刀进行曲》《救亡进行曲》《松花江上》《游击队歌》《祖国的孩子们》《旗正飘飘》《丈夫去当兵》《五月的鲜花》《中国不会亡》等，跟随着群社社员及联大学生的脚步，传遍昆明的大街小巷。昆明广播电台正式成立之日，联大歌咏团受邀参加广播音乐会。合唱团演唱了《黄河大合唱》中的《黄水谣》《河边对口曲》《黄河颂》《保卫黄河》，贺绿汀的《游击队歌》，黄自的《抗敌歌》《旗正飘飘》，杜涛声、冼星海的《太行山上》，田汉、贺绿汀的《胜利进行曲》。联大学生的歌声，这些激励人们同仇敌忾、抗日救亡的著名歌曲，通过电波传遍昆明，传向西南抗战大后方。著名的《黄河大合唱》就是经联大歌咏团首次介绍给云南广大听众的。[1]

延安是中共中央所在地，是追求进步的爱国青年向往的圣地。这个西北贫瘠的小城，因为抗战的爆发，更因为中共中央和革命力量的汇集，成为文化抗战的重镇，是抗战文化的繁盛之处。1935 年 10 月，红军长征到达陕北，在这里建立起陕甘宁边区，成立了革命民主政府。1936 年 11 月下旬，在陕北保安成立了中国文艺协会。毛泽东亲临成立大会发表讲话，号召文艺工作者要向全国人民宣传团结抗日。1937 年全面抗战爆发后，海内外成千上万进步的爱国青年和知识分子纷纷投奔延安，为延安抗战文化的兴起和发展提供了有利条件，延安抗战文化迅速发展。陕甘宁边区文化界救亡协会、文艺界抗敌联合会、“边区音协”、“边区美协”、“边区剧协”、战歌社、山脉诗歌社、延安新诗歌社、延安文化俱乐部和许多剧社、剧团等抗战文化团体纷纷成立。《文艺突击》《大众文艺》《文艺战线》《文艺月刊》《谷雨》《草叶》《诗刊》《新诗歌》《部队文艺》和《解放日报》副刊《文艺》等文艺刊物纷纷创办。抗战教育、新闻出版业逐步兴起，形成了浓厚的文化抗战气息。延安抗战文化显著的特点是群众性。在新民主主义文化理论指导下，在文艺为工农兵服务的号召下，延安文化工作者到前线去、到农村去，深入群众，而获得解放的群众也兴起了学文化，掀起了抗战文化活动的热潮。陕北高原的延安城成为西北文化抗战的中心。

其次，抗战时期中国文化重心的西移也对战后中国文化的发展产生重要

---

1 戴知贤、李良志主编，中国抗日战争史学会、中国人民抗日战争纪念馆编：《抗战时期的文化教育》，北京出版社 1995 年版，第 233 页。

的影响。虽然西迁的文化机构和文化名人在战后回迁或复员，但它对于西部文化发展的影响是深远的。其中影响最深远的是教育。教育承载着传承文化的使命。由于历史的原因，中国西部地区教育长期相对中东部地区落后。抗战时期教育机构的内迁，为西北地区教育的发展提供了助力。

以基础教育为例，长期以来，西部地区的基础教育面临经费不足、学校少、师资力量缺乏、教学质量不高等困难。抗战时期，一方面国民政府加强了对西部教育的投资，国民政府设立“国民教育中央补助”、地方国民教育“特种基金，并对西部地区倾斜；同时，国民政府先后在河南、陕西、甘肃、四川、贵州、广西、青海、宁夏、绥远、重庆等省市设立国立中学 23 所，国立华侨中学 3 所，国立中山中学 2 所，国立女子中学 2 所，加上改办为国立中学的 4 所，共 34 所国立中学。另一方面内迁的高等学校在师资力量方面与地方资源共享（教师到地方学校兼课或与地方合作办师范学校和师资培训班），传输先进的教学理念和方法，促进了西部基础教育的发展，使西部学校数、学生数迅速增长。如下表所示：

抗战前后四川省基础教育情况表

年份	小学教育		中学教育	
	学校数（所）	学生数（人）	学校数（所）	学生数（人）
1935	17177	1022254		
1936	20322	1360309	230	
1937	24474	1891979		
1938	25975	2001194		
1939	25481	2045192		
1940	31330	2169060	521	
1945	52711	3814743		

资料来源：教育部教育年鉴编纂委员会编：《第二次中国教育年鉴》第三编第二章“各省实施义务教育概况”、第三章“各省市实施国民教育概况”。

上表数字统计并不完整，但可以看出其增长的速度和规模的扩大。贵州、云南的情况同样如此。贵州省1937年有小学3171所，学生264588人；到1940年，小学增加至5503所，学生441250人；到1945年，小学达8825所，学生达772217人。[1]抗日战争前，贵州办有高中的学校只有3所，而且都集中在贵阳。到1945年，贵州办有高中的学校增加到了38所。全省每个中学区（专区）都办有高中。据统计，当时贵州87个县、市，有内迁院校和国立中学的就有25个县、市。1945年，贵州办有高中的学校增加到了38所，全省每个中学区（专区）都办有高中。[2]抗日战争前夕，云南的114个县和设治局，仅有66所省县立中学，6所省立中等师范，9所县立简易师范及乡村师范，4所工、农、商职业学校。不少县只有小学，而没有中学。到1946年西南联大复员时止，云南有167所公、私立中学，14所省立中级师范，25所县立师范（含简易师范、乡村师范），11所职业学校（工、农、医、商、女子职中）。其中有省立完全中学21所，分布于12个中学区；县立初中（有的后改为省立）108所，设于9个县内；另有2所市立中学，36所私立中学。[3]从师资力量来说，以云南为例，据云南省教育厅1934年的统计，这一年，在云南1000多名中学教师中，属中等以下学校毕业的学业不合格教师占35%左右，其中，云南省立中等学校占10%—15%，县立中等学校占40%—60%。抗战初期的1938年，云南省200多名中等学校教师中，属国内外大学专科以上学校毕业的也达不到半数。而且，大部分都没有高等师范教育。为此，云南当局联合迁滇高校采取多种形式，来加速云南师资队伍的培养。如国立西南联大除应云南教育界的要求而于1938年增办师范学院外，还为云南培养中学教师及对在职教师进行培训。1940年，西南

1　教育部教育年鉴编纂委员会编：《第二次中国教育年鉴》，第三编第二章“各省实施义务教育概况”、第三章“各省市实施国民教育概况”。

2　张羽琼、郭树高、安尊华：《贵州：教育发展的轨迹》，贵州人民出版社2009年版，第271页。

3　蔡寿福主编：《云南教育史》，云南教育出版社2001年版，第590页。

联大师范学院有 363 名本科生，其中云南籍学生就有 116 人，占 32%；1941 年，云南省为缩短师资培养的进程，在师范学院内设 3 年制专业科，设文史地、数理化两个综合专业组，每年招收 60 余名学生，其中 80% 以上的学生是云南籍的。更重要的是，西南联大复员后将昆明师范学院留下，使之成为云南教师的摇篮。[1]

在中共抗日根据地的陕北，虽然没有如西南一样的文化大迁徙，但是也有成千上万的知识青年和文化名人来到陕甘宁边区，中国共产党也千方百计地大量吸收知识分子加入抗战队伍，同时在抗日根据地创办了抗日军政大学、陕北公学、鲁迅艺术学院、延安自然科学院等一系列文化院校，尤其是利用冬学的形式，开展广泛的识字运动，不但提高了民众的民族意识，也提高了民众的文化程度，使陕北以及其他处于偏僻地区的抗日根据地的文化状况得到改善，为西北地区的文化发展奠定了基础。

由上可知，抗战时期文化机构的西迁造成中国文化重心的西移，确实为西部文化带来深刻的变化。教育事业受惠巨大。教育的发展，提高了人的素质，改变了人们的观念，同时也直接推动了科学技术、文学艺术、新闻出版等其他文化事业的发展，还为经济社会的发展带来动力，使西部获得了发展的机遇。应当说，这是自鸦片战争以来西部的第一次大开发，更是文化的大启蒙和大发展。

（二）近代中国文化发展的新阶段

抗战时期，正是中国文化处在五四新文化运动以来一个重要的转型时期。中国共产党在领导文化抗战的过程中，探索了中国文化发展的路径，提出了以马克思主义为指导的新民主主义文化理论，引领中国文化实现了从资

1 蔡寿福主编：《云南教育史》，云南教育出版社 2001 年版，第 590 页。

产阶级文化到新民主主义文化的转变，为无产阶级文化在中国的发展准备了条件。因此，中国共产党领导的文化抗战构成了中国文化发展的新阶段。

自鸦片战争以来，中国文化的发展，以五四运动为界，分为两个阶段。

鸦片战争以后，中国文化在近代资本主义经济政治新的条件下，在西方资本主义文化"西学东渐"的过程中，开始了由封建文化向资本主义文化的转型。先进的中国人，面对西方文化的东来，认识到中国文化的不足，在探寻救国救民的真理的同时，也探寻着文化转型的道路。随着中国资本主义的发展和具有资本主义性质的戊戌维新运动和辛亥革命运动，中国文化实现了它的近代转换，即由封建文化转换为近代资本主义文化。但是，由于近代中国半殖民地半封建社会的性质，中国资本主义发展不充分，在半殖民地半封建社会环境中成长的中国资产阶级具有与封建主义和帝国主义相联系的特点，导致其在政治上具有软弱性和妥协性的特点，反映在文化上则表现为近代中国资本主义文化具有多种文化因素并存并彼此冲突斗争的特征。也就是毛泽东所说的，既具有帝国主义文化，也具有半封建的文化。因此，"中国文化战线上的斗争，是资产阶级的新文化和封建阶级的旧文化的斗争。在'五四'以前，学校与科举之争，新学与旧学之争，西学与中学之争，都带着这种性质。"[1]"可是，因为中国资产阶级的无力和世界已经进到帝国主义时代，这种资产阶级思想只能上阵打几个回合，就被外国帝国主义的奴化思想和中国封建主义的复古思想的反动同盟所打退了，被这个思想上的反动同盟军稍稍一反攻，所谓新学，就偃旗息鼓，宣告退却，失了灵魂，而只剩下它的躯壳了。旧的资产阶级民主主义文化，在帝国主义时代，已经腐化，已经无力了，它的失败是必然的。"[2]因此，进入20世纪以后，中国资产阶级文化表现出日益衰落的趋势，于是有了新文化运动的发生。

1《毛泽东选集》第2卷，人民出版社1991年版，第696页。
2《毛泽东选集》第2卷，人民出版社1991年版，第697页。

新文化运动的展开，出现了3种文化思潮：一是全盘西化的文化虚无主义，对民族文化的全盘否定；二是文化本位主义，是以保守本位文化为主旨的文化传统主义；三是伴随马克思主义传播而成长起来的中国共产党人所领导的共产主义的文化思想。这种共产主义的文化思想所体现的文化，在不同的革命阶段表现为不同的形态，在土地革命时期它表现为无产阶级革命文化（在革命根据地称之为工农苏维埃文化），在抗战时期则表现为新民主主义论，在抗战后期它又向人民民主文化转变。

中共中央文件最早提出“无产阶级文化”一词是中共四大通过的《对于宣传工作之议决案》。中共四大检讨了过去中共在宣传工作中3个方面的问题，其中之一是：“我们在群众中的政治宣传，常常不能深入。尤其在智识分子中，我们党员常以只能得其同情的错误观念，很少注意于共产主义理论的宣传和引导，致使无产阶级的文化在他们中间尚很少发生影响。其实，殖民地运动中的智识分子是很值得我们注意的，是可造就之革命战士。”为此，必须改进党的宣传工作，其中措施之一是：“在知识界中以马克思列宁主义的见地传播无产阶级的文化是很重要的一件工作。中央于此，应指导各地于可能范围内，设立马克思列宁主义研究会或其他临时的讲演讨论会，以扩大共产主义运动。”[1] 显然，中共四大针对的是当时正在推进的大革命中缺少以共产主义理论为指导的无产阶级文化的宣传，尤其是在知识分子中的宣传。其实，这不仅仅是无产阶级文化领导权的问题，而是与中共在大革命中领导权的缺失相一致的。但在实际工作中，中共在此时并没有关于无产阶级革命文化的论述和实践。

土地革命时期，由于中共有了革命根据地，有了进行文化建设的基础，因此关于无产阶级革命文化的表达和实践才提上了议事日程。在革命根据

1 中共中央文献研究室、中央档案馆编：《建党以来重要文献选编（一九二一—一九四九）》第2册，中央文献出版社2011年版，第255—256页。

地，表现为工农苏维埃文化的思想和实践；在国统区，则是左翼作家们的无产阶级革命文学的倡导与弘扬。

1934 年 1 月，毛泽东在《中华苏维埃共和国中央执行委员会与人民委员会对第二次全国苏维埃代表大会的报告》中指出："为着创造革命的新时代，苏维埃必需实行文化教育的改革，解除反动统治阶级所加在工农群众精神上的桎梏，而创造新的工农的苏维埃文化。"[1] 他还提出了"苏维埃文化教育的总方针"，就是以共产主义的精神来教育广大的劳苦民众，使文化教育为革命战争与阶级斗争服务，使教育与劳动联系起来，使广大中国民众都成为享受文明幸福的人。[2] 苏维埃文化建设的中心任务是什么？是厉行全部的义务教育，是发展广泛的社会教育，是努力扫除文盲，是创造大批领导斗争的高级干部。[3] 毛泽东提出的"工农苏维埃文化"指的什么呢？它包括：工农优先的教育，即"一切文化教育机关，是操在工农劳苦群众的手里，工农及其子女有享受教育的优先权。苏维埃政府用一切方法来提高工农的文化水平"，"学龄儿童的多数是进入了列宁小学校"，成年男女进入夜校，"妇女群众要求教育的热烈，实为从来所未见"，"群众识字的人数是迅速增加"，"苏区群众文化运动的迅速发展"，"苏区中群众的革命的艺术，亦在开始创造中"，"群众的红色体育运动，也是迅速发展的"，"设立了红军大学，苏维埃大学，马克思共产主义大学，及教育部领导下的许多教育干部学校。中等

1 中共中央文献研究室、中央档案馆编：《建党以来重要文献选编（一九二一——一九四九）》第 11 册，中央文献出版社 2011 年版，第 124 页。

2 关于苏维埃文化建设的总方针的表述，《在第二次全国苏维埃代表大会上的报告》的两个版本表述不一致。江西省教育学会编的《苏区教育资料选编（1929—1934）》（江西人民出版社 1981 年版，第 46 页）的表述是："苏维埃文化教育的总方针在什么地方呢？在于以共产主义的精神来教育广大的劳苦民众，在于使文化教育为革命战争与阶级斗争服务，在于使教育与劳动联系起来，在于使广大中国民众都成为享受文明幸福的人。"中共中央文献研究室、中央档案馆编的《建党以来重要文献选编（一九二一——一九四九）》收录的该报告则缺少"在于使广大中国民众都成为享受文明幸福的人"一句（见该书第 11 册，中央文献出版社 2011 年版，第 127 页）。

3 中共中央文献研究室、中央档案馆编：《建党以来重要文献选编（一九二一——一九四九）》第 11 册，中央文献出版社 2011 年版，第 127 页。

教育与专门教育之应该跟着普通教育的发展而使之发展起来”。[1]也就是说，所谓“工农苏维埃文化”乃是以工农为中心的文化政策和文化建设。

在国统区的左翼文化战线，无产阶级文化主要是指以中国左翼作家联盟为主体的无产阶级革命文学运动。1930 年 8 月 22 日，中国左翼作家联盟在参加全国苏维埃区域代表大会的代表报告后的决议案中指出：“本联盟是肩负着无产阶级的文化运动的职责，那尤应在这个中国革命之阶段上，全国胜利之前夜，努力于无产阶级文化之宣传，深入与建立。”“本联盟自信，在此革命高潮日益迫近，全国苏维埃日益扩大的时候，只有努力地和一切反动思想作战斗；才能创造出工农文化；建树起适应于新的苏维埃政权的新兴文化。因此，为完成我们的任务，我们要……创造工农文化！”[2]

中国共产党在土地革命时期所倡导的以工农为核心、为工农服务的无产阶级文化，应当说是代表五四文化运动之后的进步的文化趋势，是对文化本位主义和全盘西化文化现象的超越，代表着马克思主义在中国传播以后中国文化发展的方向。但是，土地革命时期中国共产党提出的无产阶级文化或工农苏维埃文化，并不成熟。鸦片战争以来，由于西方文化的传播，中国文化的转型所必须解决的问题，就是如何对待传统文化和西方文化。这个时期的无产阶级文化，由于受到苏联文化理论的影响，表现为否定除“革命”（即苏联的、苏维埃的）文化以外的任何文化的态度，主要是中国传统文化和西方的资本主义文化都是采取完全否定的态度。1930 年 3 月通过的《中国左翼作家联盟的理论纲领》宣称：“我们的艺术是反封建阶级的，反资产阶级的，又反对‘失掉社会地位’的小资产阶级的倾向。我们不能不援助而

1 中共中央文献研究室、中央档案馆编：《建党以来重要文献选编（一九二一——一九四九）》第 11 册，中央文献出版社 2011 年版，第 124—127 页。

2 中共中央宣传部办公厅、中央档案馆编研部编：《中国共产党宣传工作文献选编：1915—1937》，学习出版社 1996 年版，第 983 页。

且从事无产阶级艺术的产生。”[1]同年8月通过的《中国左翼作家联盟在参加全国苏维埃区域代表大会的代表报告后的决议案》中指出：无产阶级文化必须“去和那些经常不断的欺骗民众的各种宣传斗争，去和那些把民众麻醉在里面几乎不能拔出的，封建意识的，旧大众文艺斗争，去和大众自己的封建的，资产阶级的，小资产阶级的意识斗争，去和大众的无知斗争同时引起大众批评文艺作品的兴趣和习惯，要和每个研究会，读书会，朗读会，都举行批评和辩论，特别要由大众的批评来克服我们的作家的小资产阶级性，同路人性，以及落后性等等。”[2]可见，包括左翼作家在内的文化战线的中国共产党人，在倡导无产阶级文化或工农苏维埃文化的时候，对传统文化和西方文化是持否定态度的。作为从新文化运动中分离出来的知识分子，中国共产党的早期领导人对于封建文化是坚决反对的，尤其是对于三纲五常所代表的封建道德是激烈反对的。同时，受苏联社会主义革命理论和无产阶级文化思想的影响，中国共产党人对处于帝国主义和无产阶级革命时代的西方文化也是持否定态度的。瞿秋白可以说是一个代表，他在《东方文化与世界革命》一文中论述了中国文化、西方文化与无产阶级文化的关系。他认为，宗法的中国封建文化，“早已处于崩坏状态之中”，“宗法社会的伦理也曾一度为社会中维持生产秩序之用。但是他现在已不能适应经济的发达，所以是东方民族之社会进步的障碍”，“中国的文化，宗法社会，已经为帝国主义所攻破；封建制度，已经成帝国主义的武器，殖民地的命运已经注定，现在早已成帝国主义的鱼肉”，“宗法社会及其封建制度不破，则于帝国主义的侵略无法抗拒”。[3]而“西方之资产阶级文化，何尝不是当时社会的大动力。但是他既成资产阶级的独裁制，为人类文化进步之巨魔，所以也成了苟延残喘的废

1 中共中央宣传部办公厅、中央档案馆编研部编：《中国共产党宣传工作文献选编：1915—1937》，学习出版社1996年版，第967页。

2 中南区七所高等院校编：《中国现代文学史资料汇编》，河南人民出版社1979年版，第352页。

3《瞿秋白文选》，四川文艺出版社2010年版，第12页。

物。”[1]因此，只有以“世界革命”，破除封建宗法文化和资本主义文化，才能有无产阶级文化的发展：“只有世界革命，东方民族方能免殖民地之苦，方能正当的为大多数劳动平民应用科学，以破宗法社会、封建制度的遗迹，方能得真正文化的发展。”“必须以正确的社会科学的方法，自然科学的方法，为劳动平民的利益，而应用之于实际运动；当令西方的无产阶级与东方的弱小民族一致的起来反抗帝国主义，乘现代各地生产力发展之矛盾性，凭客观的政治经济实力以斗争，即此锻炼其主观的阶级意识；逐步前进，颠覆宗法社会、封建制度、世界的资本主义，以完成世界革命的伟业。如此，方是行向新文化的道路。”[2]1927 年 7 月，《中国共产党中央委员会对政局宣言》指出：“中国共产党将继续绝不妥协的反对帝国主义的斗争，力争废除切不平等的条约，收回租界，取消治外法权，实行关税自主，解放中国……中国共产党将要反对一切封建余孽，力求革命之完全胜利，以求中国经济、政治、文化之发展。”[3]

因此，土地革命时期的中国共产党人认为，无产阶级文化或工农苏维埃文化的任务是“一切革命的文化团体，必须用文化运动的方式去发动广大的群众，来参加苏维埃政权的全部斗争”。一方面，“反对日本和一切帝国主义的瓜分和进攻中国革命，反对进攻红军、苏维埃，发展和巩固苏维埃区域，发动和参加革命的民族战争，革命的红军战争……同样，要动员群众来实行反对进攻苏联，反对帝国主义的战争。”另一方面，完成反封建的任务，“中国的反封建的文化革命，所谓五四的新文化运动，是没有完成它的任务的。这个任务，只有无产阶级领导的工农苏维埃革命，能够彻底的完成。”[4]

对中国传统文化和西方文化全盘否定的文化思想，与当时政治上的左

1《瞿秋白文选》，四川文艺出版社 2010 年版，第 13 页。
2《瞿秋白文选》，四川文艺出版社 2010 年版，第 14 页。
3 中央档案馆编：《中共中央文件选集》第 3 册，中共中央党校出版社 1983 年版，第 181 页。
4 江苏省瞿秋白研究会印：《瞿秋白文集》第 7 卷，《政治理论编》，人民出版社 2013 年版，第 233 页。

的错误有着密切的联系，是党内照搬苏联教条的关门主义在文化上的表现。遵义会议以后，中国共产党逐步摆脱了教条主义的束缚，在土地革命战争中深受“左”的错误排挤的毛泽东，切实感受到教条主义对中国革命的巨大危害，深切地认识到必须把马克思主义的普遍原理与中国实际相结合，实现马克思主义中国化，探寻符合中国实际的革命道路成为中国共产党的思想路线。毛泽东指出：“共产党员是国际主义的马克思主义者，但马克思主义必须通过民族形式才能实现。没有抽象的马克思主义，只有具体的马克思主义。所谓具体的马克思主义，就是通过民族形式的马克思主义，就是把马克思主义应用到中国具体环境的具体斗争中去，而不是抽象地应用它”，“因为马克思主义的中国化，使之在其每一表现中带着中国的特性，即是说，按照中国的特点去应用它，成为全党亟待了解并亟须解决的问题。”[1] 马克思主义中国化理论的提出，为中国共产党探寻中国新文化建设与发展的理论提供了正确的思想和方法，使中国共产党得以正确地认识中国传统文化和西方文化，从而创立新民主主义文化理论，进而引领中国文化进入新的阶段。

系统提出正确认识古今中外文化遗产思想的是毛泽东。毛泽东揭示了文化的本质。他指出：“一定的文化（当作观念形态的文化）是一定社会的政治和经济的反映，又给予伟大影响和作用于一定社会的政治和经济；而经济是基础，政治则是经济的集中的表现。”[2] 中国传统文化是中国传统的经济政治的反映。半殖民地半封建的文化是半殖民地半封建经济政治的反映。新民主主义文化则是新民主主义经济政治的反映。因此，文化的变革和发展离不开既定的经济政治，同时又反过来给予经济政治以反作用力。毛泽东从中国

1 中共中央文献研究室、中央档案馆编：《建党以来重要文献选编（一九二一—一九四九）》第 15 册，中央文献出版社 2011 年版，第 651 页。

2《毛泽东选集》第 2 卷，人民出版社 1991 年版，第 663—664 页。

历史、中国文化和中国革命运动的实际出发，梳理了自鸦片战争以来中国文化发展的脉络，正确地分析了中国文化当下所处的阶段，阐释了当前阶段中国文化的性质、特点和发展方向，提出了新民主主义文化的概念，从而确定了马克思主义在新民主主义文化的指导地位，也就确定了中国共产党在新民主主义文化发展中的地位。由此，解决了自鸦片战争以来就困扰人们的文化价值选择问题，即中国文化发展与传统文化以及西方文化的关系，引领了文化发展的正确方向。这就是吸取中西文化的精华，发展新民主主义文化，构建中华新文化的中国道路。

毛泽东分析了鸦片战争以来中国文化发展的现状，科学地确定了五四以来中国文化的当下定位，即新民主主义文化阶段。毛泽东指出，鸦片战争以来，中国产生了资本主义经济，与之相随的是出现了新的政治力量，就是资产阶级、小资产阶级和无产阶级的政治力量，也就必然出现在观念形态上作为反映这种新的经济力量和政治力量并为它们服务的新文化，这就是中国资产阶级的新文化。这种资产阶级新文化在与封建旧文化的斗争中具有革命的作用。但是，由于在半殖民地半封建社会成长的中国资产阶级具有先天的软弱性和妥协性，其新文化也具有不成熟性，在与半殖民地的资本—帝国主义文化抗争中，只经过几个回合，就被帝国主义的奴化思想和中国封建主义的复古思想所击败。旧的资产阶级的新文化，在五四以后就暴露了其腐化无力的状况。五四以后，中国产生了新的文化力量，这就是中国共产党领导的共产主义的文化思想，从而开启了中国文化发展的新阶段，这就是新民主主义性质的文化，属于世界无产阶级的社会主义文化的一部分。这一新民主主义文化，“这支生力军在社会科学领域和文学艺术领域中，不论在哲学方面，在经济学方面，在政治学方面，在军事学方面，在历史学方面，在文学方面，在艺术方面（又不论是戏剧，是电影，是音乐，是雕刻，是绘画），都有了极大的发展。二十年来，这个文化新军的锋芒所向，从思想到形式（文字等），无不起了极大的革命。其声势之浩大，威力之猛烈，简直是所向无敌的。其动员之广大，超过中国任何历史时代。”[1]

五四开创的中国新民主主义文化，是无产阶级领导的人民大众的反帝反封建文化，“在今日，就是抗日统一战线的文化”。[2]它不同于“五四”以前的资产阶级旧民主主义文化，“由于其都是无产阶级领导的缘故，就都具有社会主义的因素，并且不是普通的因素，而是起决定作用的因素。”因此，新民主主义文化离不开无产阶级的领导，离不开共产主义思想的指导。但从整个文化的性质来看，“现阶段上中国新的国民文化的内容，既不是资产阶级的文化专制主义，又不是单纯的无产阶级的社会主义，而是以无产阶级社会主义文化思想为领导的人民大众反帝反封建的新民主主义。”[3]这就是中国共产党确立的新民主主义文化阶段的性质。

中国共产党关于新民主主义文化阶段的论述，为构建中华新文化，提供了方法和路径。首先，必须正确对待中国传统文化。如何对待中国的传统文化，是鸦片战争以来文化领域争论的焦点。全盘西化论者从根本上否定传统文化的价值，文化本位主义则坚守传统文化的立场。毛泽东运用马克思主义的基本观点和立场，结合中国文化发展的实际，确立了“去其糟粕，取其精华”的原则：“中国的长期封建社会中，创造了灿烂的古代文化。清理古代文化的发展过程，剔除其封建性的糟粕，吸收其民主性的精华，是发展民族新文化提高民族自信心的必要条件；但是绝不能无批判地兼收并蓄。必须将古代封建统治阶级的一切腐朽的东西和古代优秀的人民文化即多少带有民主性和更革命性的东西区别开来。中国现时的新政治新经济是从古代的旧政治旧经济发展而来的，中国现时的新文化也是从古代的旧文化发展而来的，因

1《毛泽东选集》第 2 卷，人民出版社 1991 年版，第 697—698 页。
2《毛泽东选集》第 2 卷，人民出版社 1991 年版，第 698 页。
3《毛泽东选集》第 2 卷，人民出版社 1991 年版，第 706 页。

此，我们必须尊重自己的历史，绝不能割断历史。但是这种尊重，是给历史以一定的科学的地位，是尊重历史的辩证法的发展，而不是颂古非今，不是颂扬任何封建的毒素。”[1]

其次，发展新民主主义文化，构建中国新文化，必须正确对待外来文化。毛泽东指出：“中国应该大量吸收外国的进步文化，作为自己文化食粮的原料。”[2]但是，这种吸收，是批判地吸收。“对于外国文化，排外主义的方针是错误的，应当尽量吸收进步的外国文化，以为发展中国新文化的借鉴；盲目搬用的方针也是错误的，应当以中国人民的实际需要为基础，批判地吸收外国文化。”[3]“一切外国的东西，如同我们对于食物一样，必须经过自己的口腔咀嚼和胃肠运动，送进唾液胃液肠液，把它分解为精华和糟粕两部分，然后排泄其糟粕，吸收其精华，才能对我们的身体有益，决不能生吞活剥地毫无批判地吸收。所谓‘全盘西化’的主张，乃是一种错误的观点。形式主义地吸收外国的东西，在中国过去是吃过大亏的。中国共产主义者对于马克思主义在中国的应用也是这样，必须将马克思主义的普遍真理和中国革命的具体实践完全地恰当地统一起来，就是说，和民族的特点相结合，经过一定的民族形式，才有用处，决不能主观地公式地应用它。”[4]

最后，发展新民主主义文化，构建中国新文化，必须坚持马克思主义的指导和不断扩大共产主义思想的宣传，并适时地引领新民主主义文化向人民民主文化转变。毛泽东指出：“当作国民文化的方针来说，居于指导地位的是共产主义的思想，并且我们应当努力在工人阶级中宣传社会主义和共产主义，并适当地有步骤地用社会主义教育农民及其他群众。”[5]在文化抗战的过

1《毛泽东选集》第 2 卷，人民出版社 1991 年版，第 707—708 页。
2《毛泽东选集》第 2 卷，人民出版社 1991 年版，第 706 页。
3《毛泽东选集》第 3 卷，人民出版社 1991 年版，第 1083 页。
4《毛泽东选集》第 2 卷，人民出版社 1991 年版，第 707 页。
5《毛泽东选集》第 2 卷，人民出版社 1991 年版，第 704 页。

程中，中国共产党始终坚持以马克思主义为指导，注重在人民群众特别是在共产党员和进步人士中进行社会主义和共产主义思想的教育和宣传。1942年，召开了延安文艺座谈会，提出了文艺为工农兵服务，无产阶级文学艺术是无产阶级整个革命事业的一部分，要用辩证唯物主义和历史唯物主义观察世界、观察社会、观察文学艺术。在大后方，中国共产党提出的废除一党独裁、建立民主联合政府的主张，得到文化界人士的拥护。重庆文化界 300 余人签名发表了《对时局进言》，被视为文化界的“民主宣言”，接着昆明、成都文化界也发表了同样的宣言。由此导致国统区文化领域发生了变化，出现了反独裁、反压迫、争民主、争自由的人民民主文化运动，标志着文化抗战正在向人民民主文化转变。1945 年 6 月，《新华日报》发表社论《中国文艺工作者的路程》，指出“争民主、争自由”是文化领域的斗争目标，文化工作者要为人民的民主、为斗争的幸福服务。同年 10 月，中华全国文艺界抗敌协会更名为中华全国文艺界协会，成为领导文化界进行人民民主文化运动的机构，中国共产党引领进步文化界进入了人民民主文化的新阶段。中国文化的发展，将随着抗战的胜利，进入新的发展阶段。

结　语

文化抗战是中华民族伟大抗日战争的重要组成部分。抗日战争是一场全面的战争。它汇集了全民族的力量，在军事、政治、经济、文化等各个领域、各个方面展开了对日本帝国主义的殊死抵抗，并最终获得了伟大的胜利。文化领域的抗战，乃是中国共产党领导的全民族文化精英和进步人士以及全体中国人民共同奋斗的过程，成为中华民族伟大的抗日战争的一部分，对中华民族精神的凝聚起到了巨大的作用，为中华民族文化的复兴和发展谱写了辉煌的篇章。

抗战文化、抗战文化运动、文化抗战是既有联系又有区别的概念。抗战文化是指抗日战争时期因文化抗战而形成的文化现象和文化形态，如抗战音乐、抗战戏剧、抗战文学、抗战漫画、抗战电影等等，是文化抗战所形成的结果，是对抗战的经济、政治、军事的反映；文化抗战则是中华民族特别是文化领域或文化界的爱国人士以各种文化媒介（如报刊、电台、出版、音乐、美术、戏剧、电影、学校、教育等）为武器，展开对日本帝国主义的抵抗，以此凝聚民族精神，激励抗战斗志，以夺取抗战胜利的抗战形式之一。它与政治、经济、军事、外交等领域的抗战一样，是中华民族伟大抗日战争的重要组成部分，是鼓舞人民士气和激励民族精神的有力武器。抗战文化运动，是抗战时期反对日本帝国主义侵略的、民族的、群众性的文化运动，包括战地服务团、救亡演剧队、抗敌后援工作团、抗敌歌咏团、漫画宣传队等等文化运动，它是文化抗战的表现形式之一。

文化抗战是对日本帝国主义对华文化侵略和文化奴役的抵抗。日本帝国主义除了直接采取全面的军事侵略以外，在文化上对我国也采取了野蛮残暴的手段，对中国文化造成了极大的破坏。中国的中小学、高校、科学研究机构、图书馆、出版社等文化设施遭受了巨大的损失，给我国的文化事业造成严重的破坏，给源远流长的中华文明带来了沉重的灾难。日本帝国主义通过确立文化侵略的“思想指导”政策，扶植建立文化侵略组织，肆意摧残中国的文化事业和文化成果；在占领区大力推行奴化教育、实行文化专制等手段，企图消灭中国的传统文化，牢牢控制我国人民的思想，来达到从文化上控制中国人民的目的。

日本帝国主义对中国文化的摧残和破坏，激起了文化界人士和全国人民的愤慨，由此展开了波澜壮阔的文化抗战。中国共产党作为中华民族文化的优秀代表，领导包括文化界爱国进步人士在内的全国人民，在全国及海外华人华侨中开始了艰苦卓绝的文化抗战。

中国共产党领导的文化抗战自九一八事变发生后即已开始。1931—1932年，中国共产党发表了《中国共产党为日本帝国主义强暴占领东三省事件宣言》《中央关于日本帝国主义强占满洲事变的决议》《中国共产党为日帝国主义强占东三省第二次宣言》，这些文件，是中国共产党动员和号召全国民众以民族革命战争来争取民族的解放与独立的宣言，也是中国共产党担当抗日救亡领导责任的宣言，同时也开启了中国共产党文化抗战的序幕。卢沟桥事变以后，全民族抗战开始。国共两党第二次合作，抗日民族统一战线形成。在中国共产党的领导下，抗日民族文化统一战线也逐步形成。中国共产党领导的文化抗战进入了全面和深入的时期。中国共产党领导的抗日根据地的文化抗战活动也轰轰烈烈地开展起来。在陕甘宁边区，除新华社及党报《解放日报》外，还组建了广播委员会，设立了延安新华广播电台。报刊更是如雨后春笋般诞生。中共领导的文化抗战在国统区各地广泛进行。北平、上海沦陷后，武汉、广州、重庆、桂林等地成为文化抗战的中心。抗日战争进入相持阶段以后，文化抗战出现了两种趋势。一是文化抗战持续发展，形成了丰富的抗战文化成果；二是随着相持阶段的到来，国民党顽固派加强了对中共领导的抗日力量的限制、排挤乃至镇压。中国共产党领导的抗日根据地的文化抗战继续蓬勃发展并走向成熟。在理论上，中国共产党形成了完整的新民主主义文化理论，明确了党在抗战时期文化工作的任务；通过延安文艺座谈会，在文艺界确立了正确的文艺方针。理论上的成熟，推动了根据地的文化抗战运动，涌现了优秀的文化成果。随着抗战进入反攻阶段，文化抗战也随着抗战胜利的到来进入了新阶段。中国共产党提出了废除一党独裁、建立民主联合政府的主张，得到文化界人士的赞同。在文化抗战进行的同时，出现了反独裁、反压迫、争民主、争自由的人民民主文化运动，标志着文化抗战正在向争取人民民主的方向转变。1945 年 6 月，《新华日报》发表社论《中国文艺工作者的路程》，指出“争民主、争自由”是知识分子的斗争目标，文艺工作者要为人民的民主、为斗争的幸福服务。同年 10 月，中华全国文艺界抗敌协会更名为中华全国文艺界协会，成为领导文化界进行人民民主文化运动的机构，标志着文化抗战转变为民主文化运动。

中国共产党领导的文化抗战经历 14 年艰苦卓绝的斗争，取得了伟大的胜利，成为中国人民抗日战争的重要组成部分，凝聚了中华民族的伟大精神，引领了抗战时期的先进文化，推动了中华民族文化发展的新时期，创造了“历史上的奇观，中华民族的壮举，惊天动地的伟业”。[1]中国共产党以其坚强的领导、先进的文化理论、最广泛的抗日民族文化统一战线，动员最广泛的人民群众参加，实行坚定的原则和灵活的策略，取得了文化抗战的领导权，并在文化抗战领域获得巨大胜利，创造了丰富多彩、绚烂夺目的抗战文

1《毛泽东选集》第 2 卷，人民出版社 1991 年版，第 474 页。

化，为抗日战争的胜利作出了贡献。

中国共产党在文化抗战中，确立了正确的指导思想，这就是新民主主义的文化理论。中国共产党人认为，抗日战争时期的文化，是新民主主义文化的一部分。“所谓新民主主义的文化，就是人民大众反帝反封建的文化；……一句话，就是无产阶级领导的人民大众的反帝反封建的文化。”[1]新民主主义文化必须由无产阶级领导。“新民主主义的政治、经济、文化，由于其都是无产阶级领导的缘故，就都具有社会主义的因素，并且不是普通的因素，而是起决定作用的因素。”“由于现时中国革命不能离开中国无产阶级的领导，因而现时的中国新文化也不能离开中国无产阶级文化思想的领导，即不能离开共产主义思想的领导。”[2]在新民主主义文化理论的指导下，中国共产党在文化抗战的实践中，逐步确立了系统的文化抗战思想，明确了文化抗战的意义、基本任务、文化抗战的领导阶级，组织了广泛的文化抗战的队伍，制定了文化抗战的路径和策略。

抗日民族文化统一战线是中国共产党领导下，以党的文化工作者为主体，团结抗日爱国文化界人士进行文化领域抗战的联合阵线。建立广泛的抗日民族文化统一战线，是组织文化抗战的主要形式，是确保文化抗战发展和胜利的组织保障。中国共产党领导的抗日民族文化统一战线，是在日本帝国主义侵略中国造成的民族危亡日益发展，由无产阶级革命文化不断克服“左”倾宗派主义、关门主义转变而来的，也是伴随中国共产党抗日民族统一战线的建立而建立的。1936 年 10 月，鲁迅、郭沫若、茅盾等文艺界各方面代表人物共 21 人联合签名发表《文艺界同人为团结御侮与言论自由宣言》，“主张全国文学界同人应不分新旧派别，为抗日救国而联合。……在文学上，我们不强求其相同，但在抗日救国上，我们应团结一致以求行动之

1《毛泽东选集》第 2 卷，人民出版社 1991 年版，第 698 页。
2《毛泽东选集》第 2 卷，人民出版社 1991 年版，第 705 页。

更有力”。[1] 这一宣言标志着新文学已发展到了一个新的时期，即由左翼文艺运动过渡到了为民族解放而斗争的文艺运动，代表了“文艺界终于在抗日救亡的旗帜下联合起来了”，[2] 初步促成了文艺界抗日民族统一战线的形成。在革命根据地，1936 年 11 月，文化工作者和文艺爱好者在党和苏维埃政府领导下，为了扩大抗日民族统一战线，争取和团结全国各种倾向的文艺团体和文化工作者，发起成立“中国文艺协会”。全面抗战爆发以后，随着抗日民族统一战线的建立，抗日民族文化统一战线也开始确立。1937 年 11 月 24 日，陕甘宁边区成立了陕甘宁边区文化界救亡协会，下辖社会科学研究会、国防教育研究会、战歌社、海燕社、音乐界救亡协会、文艺突击社、戏剧界抗战联合总会等文化团体，这标志着在中国共产党领导的边区，实现了文化战线的统一。1938 年 3 月 15 日，《新中华报》明确提出了“确立全国文化界统一战线”的目标和任务，1938 年 3 月 27 日，在周恩来、郭沫若等人的领导下，中华全国文艺界抗敌协会在武汉成立，标志着抗日战争时期中国文化界结成了最广泛的统一战线。国民政府军事委员会第三厅成为共产党领导的文化界抗日统一战线组织。

文化抗战团体是中国共产党领导的抗日民族文化统一战线的组织形式、抗日民族文化统一战线建立后，中国共产党通过建立文化抗战团体，组成了文化界广泛的统一战线组织，领导全国的文化抗战。中国共产党领导或影响的文化抗战团体，数量众多，分布在抗日根据地、国统区乃至海外华人社会。1937 年 8 月 12 日，第十八集团军西北战地服务团（简称“西战团”）在延安成立。1937 年 11 月 14 日，陕甘宁边区文艺界救亡协会（简称“边区文协”）成立，它是陕甘宁边区抗日文艺运动的领导机构，也是一个广泛的群众性的文化组织。1938 年 1 月，陕甘宁边区音乐界救亡协会（简称“边区

1《文学》第 7 卷，1936 年 10 月 1 日第 4 期。

2 茅盾：《“左联”的解散与“两个口号”论争——回忆录［十九］》，《新文学史料》1983 年第 2 期。

音协”）成立。1938年9月11日，陕甘宁边区文艺界抗战联合会（简称“边区文联”）成立。1939年2月7日，延安美术工作者协会成立（后更名为陕甘宁边区美术工作者协会，简称“边区美协”）。1939年2月10日，中华戏剧界抗战协会边区分会成立。1939年5月14日，中华全国文艺界抗敌协会延安分会（简称“边区文抗”）成立。1940年年底，延安文化俱乐部成立。文化俱乐部既是一个群众性的文化场所，也是一个组织和推动抗战文艺运动的团体。[1]在国统区，也成立了许多由中共领导的或中共占主导地位的以及受中共影响的文化抗战团体。在桂林，有中华全国文艺界抗敌协会桂林分会、广西建设研究会、中华木刻界抗敌协会桂林分会、中华全国漫画家抗敌协会桂林分会、中华戏剧界抗敌协会西南分会、救亡日报社、国际新闻社和文化供应社等众多文化抗战团体。在重庆，中共党员创办的重庆救国会，下属有重庆学生界救国联合会（简称“学救会”）、重庆职业青年救国联合会（简称“职救会”）、重庆文化界救国联合会（简称“文救会”）、重庆妇女界救国联合会（简称“妇救会”）以及重庆怒吼剧社、重庆市救亡歌咏协会、中华全国戏剧界抗敌协会重庆分会、重庆文化界抗敌支会。此外，全国各地也建立了许多文化抗战团体。如成都，成立了成都市妇女华北抗敌后援会、四川青年救国会、成都市文化界救亡协会、成都市回教抗敌后援会等，还有成都工人抗敌宣传团、星芒抗敌宣传团、大声抗敌宣传团、成都群力抗敌宣传团、大众壁报抗敌宣传团、四川省妇女抗敌后援会、成都学生抗敌宣传团、成都大众抗敌宣传团、成都少年抗敌宣传团、成都市工商抗日后援会、四川民众华北抗敌后援会、成都市青年抗敌协会、四川旅外剧人抗敌演剧队、成都市记者抗敌后援会、成都天明歌咏团、成都四川妇女出征军人家属救济会、成都星芒通讯社、战时教育协会、成都战时学生社、救亡抗敌宣传社，等等。[2]

---

1 黄华文：《抗日战争史》，湖北人民出版社2007年版，第250页。

2 唐正芒：《中国西部抗战文化史》，中共党史出版社2004年版，第95页。

在西安，有西安文化界协会、西安编辑人协会、西北青年救国联合会、西北作家协会、陕西青年抗日决死队、西北民众抗战剧社、易俗社、西安新文艺促进会、新时代歌咏团、西安市世界语学会、西安市中等学校教职员联合会、中华民族解放先锋队西安队、西北教育界抗日救国大同盟，等等。在海外，华侨华人纷纷组织救亡团体。据统计，截至1940年，海外华侨组织大型救国团体649个；抗战时期全球共有3900多个各类华侨社团，其中900多个专门从事抗战工作。[1]中国共产党通过遍布全国的文化抗战团体的组织，领导戏剧、电影、文艺创作、教育、科学以及群众文化各领域开展了轰轰烈烈的文化抗战活动。

在中国共产党抗战思想的指导下，在抗日民族文化统一战线的旗帜下，中国共产党领导的文化抗战在全国各地、各个领域迅猛展开。为推动文化抗战的深入发展，中国共产党制定了一系列文化政策，以指导文化抗战的开展。

文化领域的抗战有赖于广大知识分子的积极参与。瓦窑堡会议决议标志着中国共产党抗日民族统一战线下的知识分子政策的转变。在抗日战争时期，毛泽东先后发表了《五四运动》《青年运动的方向》《大量吸收知识分子》《中国革命与中国共产党》等著作，对中国共产党的知识分子政策进行了总结和思考，以马克思主义的分析方法，全面分析了知识分子的特性、主要是其阶级性和革命性，形成了系统的关于知识分子的理论和政策，使中共的知识分子理论与政策达到了成熟阶段。中国共产党的知识分子政策吸引了广大知识分子和文化人投身于轰轰烈烈的文化抗战之中。

舆论宣传工作是马克思主义意识形态建设的重要组成部分。在文化抗战中，舆论宣传是战胜日寇的有力武器。中国共产党制定了正确的新闻政策，

1［澳］彭小仕：《辛亥革命、抗日战争中的华侨》，《统一论坛》2018年第5期。

保证了舆论宣传为抗战服务。中国共产党坚持新闻特别是党的报刊指导党的抗战工作的功能定位，要求所办的党报“它的任务在于及时的报导时局的动向，具体的解释党、政、军、民的各方面的政策，具体的反映当地的各种情况与实际工作，尤其是每个时期的中心工作，并指导之”；所办的党刊“它的任务是：论述国内外重大的时事政治问题，系统的深入的解释党、政、军、民的各种政策，反映当地各种情况，总结工作经验，宣传马列主义，用马列主义解释中国历史与现状，并指导干部的学习”；所办的党内刊物，“它的任务是在不妨碍党的秘密工作的原则下着重于党的建设、党的教育、党的政策之党内的传达和解释及各种实际工作之党内的检讨等”；所办的综合的文化文艺性质的杂志，“作为各种学术研究与文艺活动的理论的和实践的指导刊物，及文艺作家发表作品的园地”；所办的作为社会教育工具的通俗报纸（如晋西北的《大众报》及陕甘宁的《群众报》），“它担负着政治的、社会的、科学的和大众文化的有计划的启蒙任务”。[1]

文艺领域是文化抗战的重要方面。正确的文艺政策是保障文艺抗战的前提。随着全国抗日形势的高涨和抗日民族统一战线的形成，中共中央调整文艺政策，以适应抗日民族解放战争的需要。1936 年，毛泽东在《在中国文艺协会成立大会上的讲话》中指出：“发扬苏维埃的工农大众文艺，发扬民族革命战争的抗日文艺，这是你们伟大的光荣任务。”[2] 毛泽东提出了“抗日文艺”的概念，反映了中共在文艺上的统一战线的思想。这标志着中共的文艺政策已经开始由苏维埃的无产阶级革命文艺向民族的革命战争即抗战文艺转变。毛泽东的《在延安文艺座谈会上的讲话》作为中国共产党抗战时期文艺政策的纲领性文件，为中国共产党制定文艺政策奠定了理论基础。中国共

---

1 中央档案馆编：《中共中央文件选集）》第 13 册，中共党史出版社 1991 年版，第 148—149 页。

2 中共中央宣传部办公厅、中央档案馆编研部编：《中国共产党宣传工作文献选编：1915—1937》，学习出版社 1996 年版，第 1240 页。

产党确立了文艺从属于政治，无产阶级的文学艺术是无产阶级整个革命事业的一部分，文艺的基本方针是为工农兵服务，为抗战服务；文艺批评是繁荣文艺的重要手段，文艺批评要坚持政治与艺术的统一；为工农兵服务的抗战文艺必须是普及与提高相结合；文艺的本质是社会生活，文艺工作者必须深入生活。

抗日战争爆发后，中国共产党制定了适合全民抗战的教育方针和教育政策。随着抗日教育的实践，中国共产党逐步完善了抗战教育政策。确立了“教育为长期战争服务”的教育方针；建立了适应抗战的战时教育体制。在“在一切为着战争的原则下，一切文化教育事业均应使之适合战争的需要”的教育方针指导下，中国共产党实行的是干部教育第一，社会教育第二，国民教育第三的战时教育体制；确定了服务抗战的课程结构，“以普及人民大众的抗战知识技能和提高民族自尊心为中心”是抗战时期中国共产党确定的教学内容和课程结构的基本原则。

在中国共产党文化抗战思想和文化抗战各项政策的指导下，文化抗战取得了巨大成就。在抗战教育方面，全面抗战爆发后，为了能够更好地领导和团结一切力量抗战，中国共产党提出了“干部教育第一”，实行抗战教育政策，使教育为抗战服务，坚持思想政治教育与军事教育并存、教育课程和内容“少而精”等原则，并在陕甘宁边区创办了中国人民抗日军政大学、陕北公学、鲁迅艺术文学院、中国女子大学、延安自然科学院等20多所干部培训学校，并在其他抗日根据地建立抗大的分校、各级党校等一大批干部学校，通过改变过去的旧教育体制、重新规划教育内容、注重思想政治教育和军事技能教育，为党内发展和抗战前线提供了大量能立即投身抗战的实用性人才。为了发动广大工农群众参与抗战，形成全民族的抗日统一战线，中国共产党在抗战中结合陕甘宁边区和各根据地的实际情况，对学校教育和社会教育提出了一系列具体举措，恢复与重建边区和各根据地不同层次的学校教育，为以多种方式开展社会教育提供了方法上的指导。在新民主主义的教育方针的指导下，以陕甘宁边区为中心，各抗日根据地根据地区的实际情况恢复与重建学校教育，利用各种形式开展社会教育，并将学校教育和社会教育相结合开展职业教育，主要以生产党在抗战时期的必需品为目标。通过学校教育、社会教育为党在抗战时期培养了许多优秀的工农战士，团结了广大的劳苦农民群众，巩固了抗日民族统一战线。

在新闻舆论界的抗战中，中国共产党领导的新闻出版界的抗战活动，成为宣传抗战、团结人民，打击敌人的有力武器。抗日战争时期，中国共产党极为重视新闻舆论工作，充分发挥了它的鼓舞人民、战胜敌人的作用。抗日战争全面爆发前夕，中共中央就成立了有四名政治局委员参加的中央党报委员会，统一领导新闻、报刊及出版工作，负责管理新华社、《新中华报》和中央印刷厂。各根据地在党的领导下，积极创办各种抗日报刊，宣传中国共产党的抗日主张，宣传党领导下的抗日武装的斗争事迹，宣传抗日根据地的建设成就。根据统计，在 1944 年根据地的报纸总数有 198 种，在这之中华北地区 115 种，华中 35 种，陕甘宁边区 48 种。[1] 在国统区，中国共产党团结新闻舆论界的进步力量，创办了大量的进步报刊、出版机构，通过各种方式传播马克思主义和中国共产党领导人的著作，传播抗日根据地和八路军、新四军抗日斗争事迹，引领了国统区进步舆论。

在文艺界抗战中，中国共产党为了更好地领导文艺界的抗战，确立了抗战的文艺理论，制定了一系列文艺方针和政策。特别是毛泽东《在延安文艺座谈会上的讲话》科学地总结了五四运动以来，文艺工作中的经验和教训，提出文艺运动中存在的一系列问题和解决方法，主要针对文艺工作者的立场问题、态度问题、学习问题、工作对象问题、服务问题、文艺战线问题等做

1《解放区的各种统计》，《群众》1944 年第 13 期。

出了系统阐述和总结，明确了无产阶级革命文艺的理论、路线、方针和政策。为革命文艺工作者指引了方向，引领文艺工作者向着中国先进文化的发展方向不断前进。在党的抗战文艺方针指引下，抗日根据地文艺取得了丰硕的成果，涌现了如丁玲、周立波、欧阳山、草明、赵树理、马烽、西戎、孙犁、康濯、秦兆阳、萧也牧、刘白羽等一大批优秀作家，创作出《白洋淀》《小黑二结婚》《李有才板话》《李家庄的变迁》等优秀作品；也出现了田间、何其芳、卞之琳、艾青、柯仲平、光未然等一大批诗人，创作了《东方红》《十绣金匾》《十二月唱革命》《咱们的领袖毛泽东》等一大批民歌，也创作了《黄河大合唱》《生产大合唱》等一批经典名作。在国统区，中国共产党团结进步人士，创作了大量歌颂爱国主义、反映抗战生活的戏剧，如《北京人》《雷雨》《日出》《李香君》《金玉满堂》《天国春秋》，尤以郭沫若的历史剧《棠棣之花》《屈原》《虎符》《高渐离》《孔雀胆》《南冠草》等影响深远。抗战音乐更是硕果累累，从抗战初期的《松花江上》到《义勇军进行曲》，从《在太行山上》到《南泥湾》，从 1943 年春节以延安为中心兴起的新秧歌运动到以《白毛女》为代表的新歌剧，中国音乐逐渐找到了自己的道路，创作出了具有中国气派、中国作风的民族音乐。

在科学界抗战中，在中国共产党领导下，各根据地的科技工作者团结一致，在艰苦的条件下进行科研和科技普及、推广工作，有力地支持了根据地的抗战斗争，也为新中国的科技工作积累了经验。在人文社会科学领域，抗战学术最大的贡献是中国马克思主义人文社会科学的成长。唯物史观的传播和马克思主义中国化的发展，使得人文社会科学工作者越来越自觉地运用马克思主义理论与观点研究哲学、历史、文学以及社会领域，从而产生和形成了中国马克思主义哲学与社会科学各学科。毛泽东的《矛盾论》《实践论》，李达的《社会学大纲》等著作为中国马克思主义哲学奠定了基础；郭沫若、范文澜、翦伯赞、吕振羽、侯外庐开创了中国马克思主义史学；王亚南、许涤新、薛暮桥则为中国马克思主义政治经济学的创建作出了杰出贡献；周扬也为中国马克思主义文艺学的形成与发展开了先河。因此，从中国马克思主义人文社会科学发展历史进程来看，抗战时期是一个关键的时期，随着马克思主义中国化和大众化的进程，中国马克思主义人文社会科学开始建立，并伴随中国共产党领导的民族独立、人民解放事业的胜利而确立为20世纪后半期中国的主流学术形态。

中国共产党领导的文化抗战，从九一八事变开始，到1945年日本无条件投降，经历了14年的漫长时间。在中国共产党的文化抗战思想和政策指导下，文化抗战取得了丰硕的成果，抗战文化成为时代的主流文化，成为党领导的伟大抗日战争的重要组成部分，凝聚了中华民族精神，使抗战精神成为中华民族精神的集中体现；中国共产党在文化抗战中的中流砥柱作用和引领先进文化的作用得以充分彰显；文化抗战改变了中国文化的地理布局，延续了五四以来中国新文化的传统，使中国文化在马克思主义的引领下，薪火相传，进入新的发展阶段。

中国共产党领导的文化抗战，是中国共产党领导的抗日战争的重要组成部分，它与党领导的平型关大捷、百团大战等军事战役以及遍及华北、江南的敌后游击战、边区的政治经济建设一样，构成中华民族抗日战争史的辉煌篇章。中国共产党确立的以马克思主义为指导的新民主主义文化理论，为工农兵服务的文学艺术，鼓舞民族精神的音乐美术，培养千百万干部的抗战教育，不但为夺取抗日战争的胜利提供了精神和物质力量，也为抗战胜利后中国共产党领导的人民解放战争奠定了基础。

中国共产党领导的文化抗战，推进了马克思主义中国化。马克思主义中国化，即把马克思主义的普遍原理与中国的实际相结合，中国实际包括中国历史与现状。1938年10月，在中共六届六中全会上，毛泽东总结中国革命特别是土地革命时期的经验教训，提出了“马克思主义中国化”的命题。在此之前，中国共产党包括文化领域的进步人士，就致力于探索中国社会、中国革命的性质，寻找适合于中国实际的中国道路。中国共产党领导的文化抗战，推进了这一进程，并在抗日战争时期取得了马克思主义中国化的丰硕成果。

中国共产党领导的文化抗战，凝聚了中华民族的精神，即抗战精神。抗战精神是中华民族精神在抗战时期的凝聚和表现形式，也是中国共产党领导的文化抗战铸就的精神形态，也是文化抗战的重要组成部分和巨大成就。抗战时期的中华民族精神，是中华民族在反抗日本帝国主义侵略的民族解放战争中所表现出来的主体精神。它反映了抗日战争时期中华民族成员广泛认同和接受的思想品格、价值取向、道德规范与行为准则，体现在中华民族成员的思维方式、行为方式、情感方式诸方面，成为激励中国人民坚决反抗日本帝国主义侵略的思想基础，是鼓舞中华民族血战到底、夺取最后胜利的精神支柱。中国共产党领导的文化抗战，引领了抗战文化的方向，代表着先进的抗战文化方向，成为抗战精神的主旋律，进而成为抗战时期中华民族精神的内核和主导价值形态。抗战精神是在中国共产党领导的文化抗战实践中形成和发展的，在抗日民主根据地、国统区和沦陷区广泛开展的以抗日救亡为中心的多种形式的文化抗战活动，在教育界、新闻界、文艺界、科技界所展开的群众性抗日救亡运动，对于唤起民族觉醒，鼓舞人民斗志，反抗日寇侵略的斗争和弘扬民族精神，发挥了重要作用，是抗战时期抗战精神形成和发展的巨大推动力。

中国共产党是文化抗战的中流砥柱。中国共产党在文化抗战领域与其在军事、政治、经济、对外交往等抗战领域一样，起到了中流砥柱的作用。在文化抗战中，始终坚持和引领着正确的方向，对妥协、投降以及专制、复古的文化现象和思潮进行严厉的批判，保证了文化抗战的光明前途；在文化领域的各个方面，中国共产党领导文学、艺术、教育、新闻、出版、科学等领域的抗日力量，坚持、坚定地进行不屈的斗争，发挥了中流砥柱的作用。

中国共产党领导的文化抗战，以其广度和深度，推动了文化领域的抗战，也推动了中国文化的现代发展。鸦片战争以后，中国文化在近代资本主义经济政治发生深刻变化的情况下，在西学的影响下，也发生了深刻的变化，形成了中国资产阶级新文化。由于中国半殖民地半封建社会的特殊性质，中国资产阶级新文化并不成熟，也不能够抵御封建文化残余和西方帝国主义文化的侵蚀。五四运动以后，马克思主义传入中国，中国文化进入了一个新的转型时期。抗战时期，中国文化正处在“五四”新文化运动以来一个重要的转型时期。中国共产党在领导文化抗战的过程中，探索了中国文化发展的路径，提出了以马克思主义为指导的新民主主义文化理论，创造了丰富的文化成果，凝聚了新的民族文化精神，改变了中国文化的面貌，引领中国文化实现了从资产阶级文化到新民主主义文化的转变，为无产阶级文化在中国的发展准备了条件。因此，中国共产党领导的文化抗战构成了中国文化发展的新阶段。

中国共产党领导的文化抗战，是中国共产党历史上，在中国近现代史上伟大的奇迹。“文化是一个国家、一个民族的灵魂。文化兴国运兴，文化强民族强。没有高度的文化自信，没有文化的繁荣兴盛，就没有中华民族伟大复兴。”[1] 在抗日战争时期，中华民族到了生死存亡的最危急时刻，中华民族文化也面临着存亡兴衰的关键节点。在这一危机时刻，以毛泽东同志为代表的中国共产党人，以中华民族、中华民族文化的传人为己任，担当起挽救民族危亡、捍卫民族文化血脉的责任，率领中国人民经过艰苦卓绝的斗争，取得了抗日战争的胜利，使中华民族获得独立和解放，中华民族文化得以赓续和弘扬。因此，中国共产党领导的文化抗战是“历史上的奇观，中华民族的壮举，惊天动地的伟业”，将永远镌刻在中华民族文化史的丰碑上。

1 习近平：《决胜全面建成小康社会 夺取新时代中国特色社会主义伟大胜利——在中国共产党第十九次全国代表大会上的报告》，人民出版社 2017 年版。

参考文献

一、史料

1.《毛泽东选集》，人民出版社 1991 年版。

2. 中共中央文献研究室编：《周恩来文化文选》，中央文献出版社 1998 年版。

3. 中共中央文献研究室编：《建党以来重要文献选编（1921—1949）》（共 26 册），中央文献出版社 1992—1998 年版。

4. 中央档案馆编：《中共中央文件选集》（共 18 册），中共中央党校出版社 1989 年版。

5. 中国社会科学院近代史研究所、中国抗日战争史学会主编：《抗日战争史料丛编》第一辑（100 册），国家图书馆出版社 2014 年版。

6. 中国社会科学院近代史研究所、中国抗日战争史学会主编：《抗日战争史料丛编》第二辑（50 册），国家图书馆出版社 2015 年版。

7. 中国社会科学院近代史研究所、中国抗日战争史学会主编：《抗日战争史料丛编》第三辑（50 册），国家图书馆出版社 2016 年版。

8. 虞和平主编：《中国抗日战争史料丛刊》（全 1038 册），大象出版社 2015 年版。

9. 庄建平主编：《抗日战争》（7 卷 11 册），四川大学出版社 1997 年版。

10. 中国第二历史档案馆编：《中华民国史档案资料汇编》第五辑第二

编“文化”(一)(二)，凤凰出版传媒集团、凤凰出版社 1998 年版。

11. 章伯锋、庄建平主编:《抗日战争》(1—6 卷)，中国近代史资料丛刊之十三，四川大学出版社 1997 年版。

12. 全国政协文史资料委员会编:《文史资料存稿选编》，中国文史出版社 2002 年版。

13. 季啸风、沈友益《中华民国史史料外编》，广西师范大学出版社 1997 年版。

14. 宋原放主编，吴道弘辑注:《中国出版史料》，山东教育出版社 2000 年版。

15. 张静庐辑注:《中国近现代出版社史料》，上海书店 2003 年版。

16. 王瑞璞主编:《抗日战争歌曲集成》，花山文艺出版社 2003 年版。

17. 皇甫建伟、张基祥:《抗战诗歌选》，山西人民出版社 2012 年版。

18. 庄福祥:《抗战救亡歌曲集》，安徽教育出版社 1995 年版。

19. 周勇、任竞主编:《抗战大后方歌谣汇编》，重庆出版集团、重庆出版社 2011 年版。

20. 重庆文史研究馆编:《中国抗日战争诗词典选》，重庆出版社 1997 年版。

21. 刘增杰等编:《抗日战争时期延安及各抗日民主根据地文学运动资料》(上、中、下)，知识产权出版社 2010 年版。

22. 中国人民政治协商会议西南地区文史资料协作会议编:《抗战时期西南的科技》，四川科学技术出版社 1995 年版。

23. 申泮文:《天津旧南开学校覆灭记》，南开大学出版社 1995 年版。

24.《桂林抗战文化史料》，漓江出版社 1995 年版。

25. 龙谦、胡庆嘉编著:《抗战时期桂林出版史料》，漓江出版社 1999 年版。

26. 苏雪林等:《抗战时期文学回忆录》，台湾文讯杂志社 1987 年版。

27. 王佳:《抗战时期昆明的文化空间与文学表达》，中国社会科学出版社 2017 年版。

28. 张道藩:《抗战四年来的文化运动》，正中书局 1941 年版。

29. 叶波澄主编:《抗战言论集》第 1 辑，汉口现代出版社 1937 年版。

30.《红藏：进步期刊总汇 1915—1949》编委会:《红藏：进步期刊总汇 1915—1949》，湘潭大学出版社 2014 年版。

二、著作

1. 步平、荣维木主编:《中华民族抗日战争全史》，中国青年出版社 2010 年版。

2. 文天行:《抗战文化运动史》，中国文联出版社 2015 年版。

3. 郜世奇:《抗战时期中华民族精神研究》，吉林人民出版社 2006 年版。

4. 中华全国文艺界抗敌协会抗战文艺编辑委员会:《抗战文艺》，上海文艺出版社 1963 年版。

5. 武献民、杨丽红、赵树婷等:《抗战文化》，山西人民出版社 2016 年版。

6. 蓝海:《中国抗战文艺史》，秀威资讯科技股份有限公司 2010 年版。

7. 涂文学等:《抗战时期的中国文化》，人民出版社 2006 年版。

8. 李建平等:《抗战文化研究》(1—11 辑)，广西师范大学出版社 2008—2013 年版。

9. 金正纯:《抗战精神》，华中科技大学出版社 2011 年版。

10. 文天行:《20 世纪中国抗战文化编年》，四辞书出版社 2005 年版。

11. 王大明:《抗战文艺报刊篇目汇编》，四川省社会科学院出版社1984年版。

12. 陈志昂:《抗战音乐史》，黄河出版社2005年版。

13. 中华全国木刻协会:《抗战八年木刻选集》，开明书店1951年版。

14. 洪深:《抗战十年来中国的戏剧运动与教育》，中华书局1948年版。

15. 丁守和等:《抗战时期期刊介绍》，社会科学文献出版社2009年版。

16. 沈建中:《抗战漫画》，上海社会科学院出版社2005年版。

17. 周勇、任竞:《抗战大后方歌谣汇编》，重庆出版社2011年版。

18. 刘增杰:《抗战诗歌》，河南大学出版社2005年版。

19. 田本相、史博公:《抗战电影》，河南大学出版社2005年版。

20. 李琳等:《伟大的抗战精神》，中共党史出版社2006年版。

21. 孟国祥:《抗战时期的中国文化损失》，中共党史出版社2010年版。

22. 四川省社会科学院文学研究所抗战文艺研究室:《抗战文艺报刊篇目汇编》续一，四川省社会科学院出版社1986年版。

23. 乔玲梅:《抗战时期的中国戏剧》，中国友谊出版公司2001年版。

24. 田亮:《抗战时期史学研究》，人民出版社2005年版。

25. 闻黎明:《抗日战争与中国知识分子》，社会科学文献出版社2009年版。

26.《抗战文艺研究》编委会:《抗战文艺研究》，四川省社会科学院出版社1988年版。

27. 王金铻:《抗战时期的中国知识分子》，中国社会出版社1996年版。

28. 饶良伦、段光达、郑率:《烽火文心:抗战时期文化人心路历程》，北方文艺出版社2000年版。

29. 朱猷武、王俊芳:《国统区的文化与文化人》，天津人民出版社2009年版。

30．苏光文：《抗战诗歌史稿》，四川教育出版社 1991 年版。

31．姜廷玉等：《中华民族抗战精神永存》，人民出版社 2005 年版。

32．中共河南省委党史研究室编：《伟大的抗战精神》，中共党史出版社 2006 年版。

33．臧运祜：《近代日本亚太政策的演变》，北京大学出版社 2009 年版。

34．王向远：《日本对中国的文化侵略——学者、文化人的侵华战争》，昆仑出版社 2005 年版。

35．郜元宝等：《破碎与重建：1937—1945 抗战时期的中国文学研究》，上海人民出版社 2015 年版。

36．孟国祥：《大劫难——日本侵华对中国文化的破坏》，中国社会科学出版社 2005 年版。

37．孟国祥：《烽火薪传：抗战时期文化机构大迁移》，商务印书馆 2015 年版。

38．曲士培：《抗日战争时期解放区高等教育》，北京大学出版社 2005 年版。

39．洪认清：《抗战时期的延安史学》，安徽大学出版社 2006 年版。

40．刘增杰：《抗日战争时期延安及各抗日民主根据地文学运动资料》，山西人民出版社 1983 年版。

41．王培元：《抗战时期的延安鲁艺》，广西师范大学出版社 1999 年版。

42．王玉珏：《抗战时期陕甘宁边区社会教育研究》，中国社会科学出版社 2015 年版。

43．魏华龄等：《桂林抗战文化研究文集》（1—8），漓江出版社、广西师范大学出版社 1992—2005 年版。

44．刘小林等：《桂林抗战文化与中华民族精神》，广西师范大学出版社 2018 年版。

45. 李建平:《桂林抗战文艺概观》,漓江出版社 1991 年版。

46. 蔡定国等:《桂林抗战文学史》,广西教育出版社 1994 年版。

47. 魏华龄等:《桂林抗战文化史》,漓江出版社 2011 年版。

48. 唐正芒:《南方局领导的大后方抗战文化运动》,湖南师范大学出版社 1999 年版。

49. 张红:《抗战中内迁西南的知识分子》,江西人民出版社 2004 年版。

50. 苏光文:《抗战时期重庆的文化》,重庆出版社 1995 年版。

51. 郝民工:《抗战时期的重庆文化》,商务印书馆 2016 年版。

52. 张泉:《抗战时期的华北文学》,贵州教育出版社 2005 年版。

53. 齐卫平、朱敏彦、何继良:《抗战时期的上海文化》,上海人民出版社 2015 年版。

54. 文天行:《国统区抗战文艺运动大事记》,四川省社会科学院出版社 1985 年版。

55. 靳明全:《重庆抗战文学与外国文化》,重庆出版社 2006 年版。

56. 魏红珊、冯宪光、马晶:《四川文化抗战地理学研究》,中国文联出版社 2015 年版。

57. 苏光文:《大轰炸中的陪都文化》,中国文联出版社 2015 年版。

58. 马晶:《抗战时期重庆戏剧文学的文学地理学研究》,中国文联出版社 2015 年版。

59. 李东北:《四川抗战哲学史》,中国文联出版社 2015 年版。

60. 袁小伦:《粤港抗战文化史论稿》,广东人民出版社 2005 年版。

61. 张桂林:《山东抗战歌曲选》,山东文艺出版社 2005 年版。

62. 房福贤、赵湘轶主编:《山东抗战诗文选》,山东文艺出版社 2005 年版。

63. 重庆抗战丛书编纂委员会:《抗战时期重庆的新闻界》,重庆出版社

1995 年版。

64．重庆地区中国抗战文艺研究会、四川省社会科学院文学研究所编：《国统区抗战文艺研究论文集》，重庆出版社 1984 年版。

65．程雨辰主编：《抗战时期重庆的科学技术》，重庆出版社 1995 年版。

66．邵迎建：《上海抗战时期的话剧》，北京大学出版社 2012 年版。

67．林默涵等：《中国抗日战争时期大后方文学书系》，重庆出版社 1989 年版。

68．齐卫平、朱敏彦、何继良：《抗战时期的上海文化》，上海人民出版社 2001 年版。

69．吕进等：《重庆抗战诗歌研究》，西南师范大学出版社 2009 年版。

70．中国人民政治协商会议西南地区文史资料协作会议：《抗战时期西南的科技》，四川科学技术出版社 1995 年版。

71．钟树梁主编，中国人民政府协商会议、西南地区文史资料协作会议编：《抗战时期西南的文化事业》，成都出版社 1990 年版。

72．李蓉、叶成林编著：《抗战时期大后方的民主运动》，华文出版社 1997 年版。

73．中共重庆市委党史工作委员会：《南方局领导下的重庆抗战文艺运动》，重庆出版社 1989 年版。

74．靳明全：《重庆抗战文学区域性》，重庆出版社 2012 年版。

75．靳明全：《重庆抗战文学论稿》，重庆出版社 2003 年版。

76．柳建辉主编：《教授的傲骨（文化名人抗战实录）》，黑龙江出版集团、黑龙江教育出版社 2015 年版。

77．万忆等编著：《广西抗战文化史料汇编》第三辑，复旦大学出版社 2017 年版。

78．于宗皓主编：《中国东北角之文化抗战（1895—1945）》，辽宁人民出版社 2015 年版。

79. 申国昌:《抗战时期区域教育研究——以山西为个案》，社会科学文献出版社 2014 年版。

80. 覃仕勇:《隐忍与抗争：抗战中的北平文化界》，北京时代华文书局 2015 年版。

81. 虞吉:《大后方电影史》，重庆出版集团、重庆出版社 2015 年版。

82. 徐辉主编:《抗战大后方教育研究》，重庆出版集团、重庆出版社 2015 年版。

83. 周勇主编:《中国抗日大后方出版史》，重庆出版集团、重庆出版社 2015 年版。

84. 张瑾等著:《抗战时期中国共产党在重庆的舆论话语权研究》，重庆出版集团、重庆出版社 2015 年版。

85. 张小航:《抗战八年广播纪》，重庆出版集团、重庆出版社 2015 年版。

86. 周国良、叶志良:《抗战时期的金华文化》，中国戏剧出版社 2008 年版。

87. 邱文生主编:《永安抗战进步文化活动》，海峡文艺出版社 1994 年版。

88. 王升远:《文化殖民与都市空间》，生活·读书·新知三联书店 2017 年版。

89. 谭丕模:《抗战文化动员》，中苏文化协会湖南分会 1938 年版。

90. 刘中龢:《抗战文化阵地的建立及其运动》，中华抗战文化运动协会 1938 年版。

索　引

后　记

本书是我承担的国家社会科学基金重点项目“中国共产党文化抗战史研究（1931—1945）”的结项成果，并入选2022年度《国家哲学社会科学成果文库》。

本书以中国共产党领导的文化抗战为研究对象，系统地叙述了1931年到1945年14年间中国共产党领导全国人民特别是文化战线上的进步人士和爱国力量在思想、文化领域抵抗日本帝国主义侵略，捍卫和弘扬中华民族文化的历史，包括思想、舆论宣传、教育、新闻出版、文学艺术、科学技术等领域的抗战活动。从文化战线抗战的角度，揭示中国共产党是文化抗战的领导核心和主要力量；阐释通过文化抗战，中国共产党为中华民族文化的复兴、为中华民族精神的凝聚所作出的巨大贡献。主要从日本侵略对中国文化的破坏、中国共产党的文化抗战思想与抗日民族文化统一战线、中国共产党的抗战文化政策、中国共产党领导的文化抗战团体、中国共产党领导的抗战教育、中国共产党领导的新闻出版界抗战活动、中国共产党领导的文学界抗战活动、中国共产党领导的艺术界抗战活动、中国共产党领导的科学界抗战活动、中国共产党领导的文化抗战的地位与作用等十章展示了中国共产党文化抗战的历史及其历史意义和贡献，揭示了中国共产党领导的文化抗战是抗日战争的重要组成部分，是文化抗战的中流砥柱，凝聚了中华民族的精神，以其引领的先进文化方向开辟了中华民族文化发展的新时代。因此，在研究内容上，本书的主要创新和建树是，第一，拓展了抗战史的研究。抗日战争是一场全面的抗战。正如毛泽东指出的："长期而又广大的抗日战争，是军事、政治、经济、文化各方面犬牙交错的战争，这是历史上的奇观，中华民族的壮举，惊天动地的伟业。"文化抗战是中国共产党领导的抗日战争的重要组成部分，学术界对于抗战的研究，较多地集中在政治、经济、军事和外交方面，对于文化抗战多以抗战文化的范式进行研究。实际上，抗战文化是文化抗战的成果，是文化抗战的反映。本书从文化抗战的视角展开，体现了文化领域的抗战，是中国共产党领导的抗战的重要组成部分，体现了中国共产党对中华民族的文化担当，也阐释了抗战文化产生、发展的根本动力；第二，本书系统、完整地描述了中国共产党文化抗战的历史。从文化史的角度研究中国共产党领导的文化抗战，目前学术界还不多见，已有的成果大多从抗战文化立论，且大多是对区域（如大后方、桂林、重庆等）或方面（如艺术界、文学界等）文化抗战的研究，全面、系统地对中国共产党领导的文化抗战包括文化抗战思想、文化抗战政策、文化抗战团体、文化各个领域（如新闻、出版、艺术、科学等）进行研究，并阐释中国共产党领导的文化抗战对马克思主义中国化、中华民族精神的凝聚、近代中国文化的发展的深刻影响，本书是目前比较全面和完善的尝试。

本书以马克思主义唯物史观的理论与方法和党史学以及历史学的方法进行研究，充分发挥多种方法相结合的特点，多角度对中国共产党领导的文化抗战进行考察，在方法上有所创新和特色：第一，坚持唯物史观的立场方法，对文化抗战研究领域存在的历史虚无主义观点进行辨析和厘清，客观评价国民党的"新生活运动"和"国民精神总动员"，揭示其维护国民党一党专制、限制和打击中国共产党的本质。以历史事实阐明中国共产党是文化抗战的中流砥柱，是中华民族先进文化的引领者，是中华民族精神的弘扬者和传承者；第二，以党史学的政治原则与历史学的史实特点相结合，以丰富的历史资料为基础，阐释中国共产党在文化抗战中的历史贡献，说明中国共产党是文化抗战的领导者，是中华民族优秀文化传统传承和弘扬的杰出代表，并通过中国共产党领导的文化抗战说明中国共产党是抗日战争的领导力量和中流砥柱。

本书作为国家社科基金重点课题，虽然基本上完成了课题立项的预期目标，但还存在一些不足和欠缺：第一，文化抗战与抗战文化是两个不同但又相互联系的概念，其研究范畴也存在交叉和模糊的边界。本成果虽然厘清了两个概念的内涵与外延，并在研究过程中注意二者的区别，但由于其本身的联系以及学术界抗战文化研究成果的深厚基础和成果，本课题在研究过程中难以完全清晰地避免交叉和模糊的状况，在某些问题的阐释方面，存在与抗战文化研究范式的近似，创新不足；第二，由于党史学科的政治属性鲜明，本书所依据的资料，特别是党的文献及重要史料，必须严格把握政治导向，因而对没有公开出版的档案文献，使用较为谨慎，这在一定程度上影响了本书史料的丰富性。

中国共产党领导的文化抗战是抗日战争的重要组成部分，是体现中国共产党在抗日战争中的中流砥柱作用的重要方面。从文化抗战的视角，研究中国共产党在文化领域的抗战地位与作用，值得进一步深入。加强中国共产党文化抗战资料的搜集、整理和研究，特别是对抗战时期的档案资料、报刊资料的搜集整理研究，能够更加全面地展现中国共产党文化抗战的全貌。

本书在写作过程中，我的研究生武永峰、汤琰、李雪莲、谭雨桑、张莹亮等同学根据课题负责人的思路与设计，参加了资料搜集和部分初稿的撰写。在修改过程中，吸取了评审专家的宝贵意见，得到全国哲学社会科学工作办公室宣传处董婉同志的帮助。在申报和出版过程中，得到湖南人民出版社杨帆同志及学习出版社李岩等诸位编辑同志的支持与帮助，在此一并致谢。

王继平

2023 年 6 月 29 日